2024

安吉年鉴

ANJI NIANJIAN

安吉县人民政府地方志编纂室　编

中国文史出版社

图书在版编目（CIP）数据

安吉年鉴. 2024 / 安吉县人民政府地方志编纂室编.
北京 ： 中国文史出版社, 2024. 11. -- ISBN 978-7
-5205-4954-7

Ⅰ. Z525.54

中国国家版本馆CIP数据核字第202457JT61号

责任编辑：张春霞

出版发行：中国文史出版社
社　　址：北京市海淀区西八里庄69号院　邮编：100142
电　　话：010-81136606　81136602　81136603（发行部）
传　　真：010-81136655
装帧设计：杭州美迪图文设计有限公司
印　　装：浙江海虹彩色印务有限公司
经　　销：全国新华书店
开　　本：889mm×1194mm　1/16
印　　张：25.25
字　　数：830千字
版　　次：2024年12月北京第1版
印　　次：2024年12月第1次印刷
定　　价：200.00元

1月9日，中共安吉县委十五届四次全体（扩大）会议暨县委经济工作会议举行

○12月4日，首届自然资源与生态文明论坛在安吉余村举行

○3月5日，全国人大代表、安吉县天荒坪镇余村村党支部书记汪玉成（左）出席十四届全国人大一次会议，会前在代表通道接受媒体采访

○7月2日，中国式现代化乡村路径专题研讨会在安吉余村召开

○10月29日，世界最佳旅游乡村联盟成立暨浙江省乡村旅游"五创"行动启动仪式在安吉举行

○5月5日，安吉县竹产业振兴发展大会暨竹林碳汇、以竹代塑工作推进大会召开

○7月25日，首届国际竹材应用创新大会在安吉举行

○8月16日，国际（安吉）“以竹代塑”创新大会暨竹产品推广对接活动在安吉举行

○9月5日，CIFF2023年首届安吉绿色家居博览会开幕式在上海举行

○12月11—13日，首届“世界椅·安吉造”中东椅业博览会在阿联酋沙迦博览中心举办

○10月27日，深化“在湖州看见美丽中国”实干争先主题实践项目建设攻坚年重点项目集中开工活动举行

○11月18日，2023安吉县第十六届投资贸易人才洽谈会开幕式在天荒坪镇“余村印象”举行

○6月30日，安吉“数·智”创新（上海）投资洽谈会在上海举行

○10月12日，2023年长三角·安吉黄浦江源生态产品招商推介会在上海举行

○ 11月27日，“绿水青山 安且吉兮”安吉县文化创意产业招引北京推介会在京举行

○7月19—20日，长三角基层依法治理工作推进会在安吉召开

○11月15—17日，第二届ECI国际绿色乡村（中国·余村）创新论坛暨2023余村梦想大会在安吉余村举行

○3月31日，中宝新材集团有限公司在香港联交所主板首次公开发行并挂牌上市

○4月27日，梅斯健康控股有限公司在香港联交所主板上市

○5月18日，盛大科技在美国纳斯达克挂牌上市

○10月20日，环球墨非纳斯达克上市庆典在安吉举行

○4月9日，首届“两山杯”全国大学生乡村振兴创新创意创业大赛在安吉启动

○4月26日，“就业创业最安吉”——“十城百企千岗万人”高校毕业生千人专场招聘会在安吉举行

○10月15日，“缘定安吉”2023青年人才集体婚礼暨安吉县首届婚博会在安吉灵溪公园举行

○12月30日，安吉县首届青年徒步大会举行

○5月8日，安吉县实验小学新校区启用

○12月18日，安吉县企业综合服务中心启用

○11月10日，安吉县首条旅游航线——西苕溪旅游航线开通

○11月10日，安吉县首条旅游航线——西苕溪旅游航线开通

○6月23日，大麓青年音乐会在安吉县灵峰旅游度假区开幕

○11月26日，首届中国（安吉）美丽乡村音乐节开幕

○4月15日，2023首届肿瘤精准免疫治疗（安吉）峰会举行

○10月18日，浙江中医药大学与县政府战略合作协议签约仪式举行

○9月19日，安吉技师学院学生陈伟昊获得全国第二届职业技能大赛“管道与制暖”项目金牌

○6月2日，中国优秀民间工艺作品特别展暨“民俗里的湖州”·安吉非遗长城展示活动在北京居庸关举行

○12月30日，昌硕街道双一村竹林碳汇共富项目首次分红

○11月14日，中国美丽乡村——孝丰镇竹根前村“千亩方”迎接丰收

○5月，安吉小鲵国家级自然保护区首次发现鸟类新纪录——黑眉柳莺

○中国美丽乡村——安吉县灵峰街道横山坞村

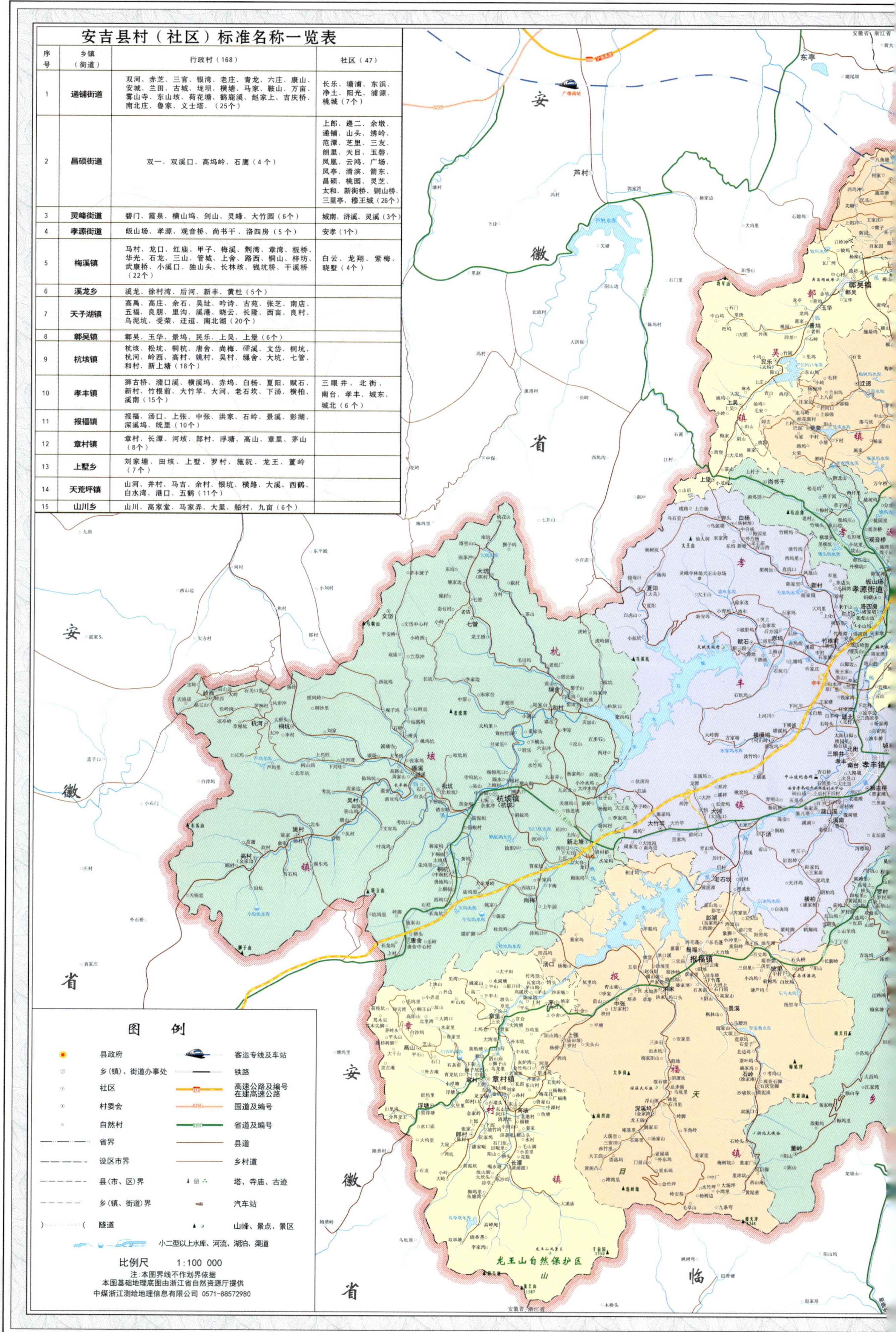

安吉县村（社区）标准名称一览表

序号	乡镇（街道）	行政村（168）	社区（47）
1	递铺街道	双河、赤芝、三官、银湾、老庄、青龙、六庄、康山、安城、兰田、古城、垅坝、横塘、马家、鞍山、万亩、雾山寺、东山垓、荷花塘、鹤鹿溪、赵家上、吉庆桥、南北庄、鲁家、义士塔、（25个）	长乐、塘浦、东浜、净土、阳光、浦源、桃城（7个）
2	昌硕街道	双一、双溪口、高坞岭、石鹰（4个）	上郎、递二、余墩、递铺、山头、绣岭、范潭、芝里、三友、朗里、天目、玉磬、凤凰、云鸿、广场、凤亭、清滨、箭东、昌硕、桃园、灵芝、太和、新街桥、铜山桥、三里亭、穆王城（26个）
3	灵峰街道	碧门、霞泉、横山坞、剑山、灵峰、大竹园（6个）	城南、浒溪、灵溪（3个）
4	孝源街道	皈山场、孝源、观音桥、尚书干、洛四房（5个）	安孝（1个）
5	梅溪镇	马村、龙口、红庙、甲子、梅溪、荆湾、章湾、板桥、华光、石龙、三山、管城、上舍、路西、铜山、梓坊、武康桥、小溪口、独山头、长林垓、钱坑桥、干溪桥（22个）	白云、龙翔、紫梅、晓墅（4个）
6	溪龙乡	溪龙、徐村湾、后河、新丰、黄杜（5个）	
7	天子湖镇	高禹、高庄、余石、吴址、吟诗、古苑、张芝、南店、五福、良朋、里沟、溪港、晓云、长隆、西亩、良村、乌泥坑、受荣、迂逗、南北湖（20个）	
8	鄣吴镇	鄣吴、玉华、景坞、民乐、上吴、上堡（6个）	
9	杭垓镇	杭垓、松坑、桐杭、唐舍、尚梅、磻溪、文岱、桐坑、杭河、岭西、高村、姚村、吴村、缫舍、大坑、七管、和村、新上塘（18个）	
10	孝丰镇	狮古桥、潴口溪、横溪坞、赤坞、白杨、夏阳、赋石、新村、竹根前、大竹竿、大河、老石坎、下汤、横柏、溪南（15个）	三眼井、北街、南台、孝丰、城东、城北（6个）
11	报福镇	报福、汤口、上张、中张、洪家、石岭、景溪、彭湖、深溪坞、统里（10个）	
12	章村镇	章村、长潭、河垓、郎村、浮塘、高山、章里、茅山（8个）	
13	上墅乡	刘家塘、田垓、上墅、罗村、施阮、龙王、董岭（7个）	
14	天荒坪镇	山河、井村、马吉、余村、银坑、横路、大溪、西鹤、白水湾、港口、五鹤（11个）	
15	山川乡	山川、高家堂、马家弄、大里、船村、九亩（6个）	

编 辑 说 明

一、《安吉年鉴》以马克思列宁主义、毛泽东思想、邓小平理论、“三个代表”重要思想、科学发展观、习近平新时代中国特色社会主义思想为指导，坚持辩证唯物主义和历史唯物主义的立场、观点和方法，全面系统地逐年记载安吉县政治、经济、文化、社会、生态的基本面貌和发展状况。

二、《安吉年鉴 2024》记载时间为 2023 年 1 月 1 日至 12 月 31 日。

三、《安吉年鉴 2024》按类目、分目、条目三级结构层次编排，以条目为主要载体。

四、《安吉年鉴 2024》所采用的稿件，均由有关单位专人撰写或提供，并经供稿单位领导把关，县保密局作保密审查。凡涉及县内国民经济和社会发展全局性的数据，以安吉县统计局统计数据为准，统计局未作统计的，由各业务部门提供。个别数据因资料来源和统计口径各不相同，可能不尽一致。

五、《安吉年鉴》所采用的图片由安吉县融媒体中心及各相关单位提供，不单独标注摄影者和供稿者信息。

特　载

专　记

大事记

概　述

中共安吉县委员会

中共安吉县纪律检查委员会 安吉县监察委员会

安吉县人民代表大会

安吉县人民政府

政协安吉县委员会

民主党派

人民团体

法　　治

军　　事

应急　救援

交　　通

邮政　通信

电　　力

住房和城乡建设

生态环境

经济管理

农业　林业　水利

工业和信息化

财税　金融

教　育

科学技术

文化·新闻

卫生·医疗

社会生活

名　　录

乡镇　街道　开发区

索　引

Contents

Housing and urban-rural development

Ecological environment

Economic management

Agriculture, forestry and water conservancy

Industry and informatization

Finance, taxation and banking

Education

Science and technology

Culture and news

Health and medical care

Social Life

Directory

Towns, streets and development zones

Index

全面贯彻习近平总书记考察浙江重要讲话精神
持续深化中国式现代化安吉实践
奋力开辟国际化绿色山水美好城市新境界

——在县委十五届六次全体(扩大)会议暨县委经济工作会议上的报告

杨卫东

（2024年1月2日）

这次全会的主要任务是：坚持以习近平新时代中国特色社会主义思想为指导，全面学习贯彻党的二十大和习近平总书记考察浙江重要讲话精神，坚决贯彻落实中央经济工作会议、省委十五届四次全会、省委经济工作会议和市委九届五次全会部署要求，回顾总结2023年工作，研究部署2024年任务，动员全县上下深入实施“八八战略”，忠实践行绿水青山就是金山银山理念，持续深化中国式现代化安吉实践，奋力开辟国际化绿色山水美好城市新境界。

一、勇毅前行，中国式现代化安吉实践迈出坚实步伐

2023年是全面贯彻党的二十大精神的开局之年，是三年新冠疫情防控转段后经济恢复发展的一年。县委常委会团结带领全县上下，坚决贯彻党中央和省市委决策部署，高扬“以实绩论英雄”风向标，全面抓实县委“133”工作体系，全力推动中国式现代化安吉实践开好局、起好步。预计全年地区生产总值610亿元，一般公共预算收入65.1亿元，城乡居民人均可支配收入分别增长5%和6.8%。一年来，我们致力于扩投资，深入开展项目建设攻坚年行动，300个亿元以上项目、100个3亿元以上项目、300亿元固定资产投资任务全面完成，在黄浦江畔牵手新经济、在绿水青山汇聚新青年，人才招引量质并举，企业上市再创新高。一年来，我们致力于促蝶变，深入开展乡村能级提升年行动，率先探索中国式现代化乡村路径，全国首发乡村能级指数，三大片区快速拉开框架，农民利益联结机制更加深入人心，成功入选全省深化“千万工程”试点，青年入乡发展工作、大余村建设工作分别获李强总理和易炼红书记批示肯定。一年来，我们致力于强作为，深入开展能力作风建设年行动，县四套班子领导主动领衔中心任务，国企、部门和乡镇(街道)并肩打赢大仗硬仗，村社干部积极投身赛马比拼，极大地形成了工作合力、强化了干事担当、锤炼了能力作风，一批批优秀年轻干部脱颖而出、快速成长。一年来的工作成效主要体现在：

这一年，我们以深耕之志，坚决铸牢政治忠诚。县委常委会始终坚定听党话、跟党走，聚

焦习近平总书记考察浙江重要讲话精神，专题召开学习研讨会，专门制定“1+5”贯彻落实方案，统筹抓好“白叶1号”协作帮扶、“导师帮带制”深化拓展、新时代乡村治理“余村经验”研究阐释等工作，全县上下更加坚定拥护“两个确立”、坚决做到“两个维护”。围绕学习贯彻习近平新时代中国特色社会主义思想主题教育，组织开展循迹溯源，精心编制总书记关心指引安吉发展专题片及文献汇编，系统实施“三进三解”调研破难行动，深入推进政治检视、党性体检，广大党员干部的政治品格进一步锤炼，溪龙乡钱义荣入选“中国好人榜”。紧扣省委三个“一号工程”和市委实干争先主题实践，多领域开展24项标志性事项比拼，全方位推进“5+1”领域扬长补短，各级部署要求在安吉大地创造性转化、创新性发展。

这一年，我们以攻坚之力，全力推动稳进提质。县委常委会始终坚持稳中求进工作总基调，一周一例会、一月一调度，全面落实中央和省市拼经济一揽子政策，累计兑付稳进提质政策资金39.4亿元，牢牢守住县域经济基本盘。全力做好拓增量文章，全年引进项目130个，其中制造业项目65个、新经济项目38个，国家级引才计划入选人数超历史总和。坚持培大育强，优化提升传统产业、培育壮大新兴产业，新增上市企业6家、国家级专精特新小巨人企业3家、省级专精特新企业35家，省级未来工厂实现零的突破。不断提升营商环境软实力，全面优化企业全生命周期一站式服务，积极探索政务服务增值化改革，助力企业组团出海抢市场，成功举办首届“世界椅·安吉造”中东椅业博览会，连续五年获评中国县域投资竞争力百强县。

这一年，我们以创新之举，积极探路向绿而行。县委常委会始终坚持以绿兴业，着力完善生态文明总体督导机制，积极整改销号省市环保督察问题，获评全市首批生态鼎。深化生态资源价值转化改革，探索开展林地空间综合治理、土地生态溢价、用水权改革，获批全省唯一生态综合补偿试点县，成为全国首个“以竹代塑”应用推广基地。持续扩大生态文明影响力，隆重举办首个全国生态日系列活动，发起成立世界最佳旅游乡村联盟，首届自然资源与生态文明论坛等活动相继举办。做深做实绿色富民产业，大力发展订单农业，积极培育文旅新业态，成功举办安吉文化创意产业北京推介会，“安吉优品汇”营收超5.5亿元，全年接待游客3152.8万人次，实现旅游总收入448.1亿元，连续五年位居全国县域旅游综合实力百强县榜首。持续释放绿水青山吸引力，深入推进乡村振兴新青年行动，招引大学生及各类人才3万余名，青年发展型县域迈上新台阶。

这一年，我们以破竹之势，加快打开发展格局。县委常委会始终坚持提质扩容并举，聚焦城市品质再提升，大力攻坚拆改建项目，开发区平台西拓快速推进，第二轮城市有机更新行动圆满收官，“两山”未来科技城五大标志性建筑拔地而起，获评2023全球智慧城市大会宜居和包容大奖。创新片区化组团发展新模式，大余村“四季看变化”成效显著，黄浦江源片区发展能级快速跃升，临港绿水经济带平台项目提能增劲，乡村振兴连片起势、各美其美的发展格局进一步成熟。着力完善城乡配套，高效启动县域城乡“两元三级”寄递物流体系建设，全速推进老石坎水库加高扩容、云鸿快速路、高海拔“天路”等重点项目，入选全国第三批城乡交通运输一体化示范创建县。全面优化国土空间格局，统筹推进“腾笼换鸟”和全域土地整治，深入开展“两无两违”专项治理，全年淘汰关停、整治提升企业2142家，处置“两未”土地6905亩，完成“百千万亩方”集中连片整治2万亩，建设用地复垦1558亩，垦造耕地1549亩，保障供地9109亩，为安吉未来发展积蓄了新空间。

这一年，我们以改革之功，持续打造共富场景。县委常委会始终坚持以人民为中心，持续抓好共同富裕“十百千万”工程，累计建成共富产业园20个、共富公寓13788套、五彩共富路2053公里，投运竹材分解点103个，新改建共富乡宿508套，入选全省首批百万家庭奔富行动培育县，共同富裕建设获省政府督查激励。高度关注“平均数以下”群体，统筹做好临困救助、全民参保、助老护幼等工作，一路同行慈善超市“1+4+N”全县覆盖，“六无六有”综合救助为低收入群众户均减支1.5万元、增收2万元，困难群体城乡居保“三率”均达100%，入选全国残疾人就业精准帮扶试点县。聚焦高品质公共服务，快速推进人民医院、妇保院改扩建工程，加快提升教育保障水平，新增公办学位7300余个，连续四年获评健康浙江建设优秀县。突出全域善治，迭代升级美丽楼道长工程，群众安全感满意度达98%以上，深入开展大排查、大起底、大整治专项行动，坚决打好意识形态主动仗，交出护航亚运高分答卷，平安建设实现“金鼎加星”。

这一年，我们以实干之风，全面加强党的建设。县委常委会始终坚持和加强党的全面领导，聚焦“五张责任清单”“七张问题清单”，持续深化国企工作例会、乡镇（街道）“以实绩论英雄”、部门“四重”例会、村社“两山雄鹰”擂台赛等比拼载体，推动全县上下比学赶超、大抓落实。强化干部队伍建设，创新探索“千里马”发现机制，大力实施项目服务专员选派、中层干部制度性交流、年轻干部多岗位历练等工作，让人人皆可成才、人人尽展其才。坚持大抓基层，深入开展“两村一带”建设，创成全省首批“红色根脉强基”示范村社20个，2名“85后”村书记获评全省担当作为好支书，孝丰镇李允武获评全国“见义勇为”奖，我县作为全国唯一区县在中组部抓党建促乡村振兴工作推进会上交流发言。纵深推进全面从严治党，常态化开展警示教育，深入实施主体责任履责常态化述评，切实深化招投标、投融资、医药等重点领域专项治理，立案查处各类违纪违法问题330起，作出党纪政务处分354人，风清气正的政治生态持续巩固。

与此同时，县委常委会大力支持人大及其常委会、政府、政协和法院、检察院积极履行职能，高度重视县咨询委作用发挥，大力巩固发展新时期爱国统一战线，不断推动人武、工会、共青团、妇联、科协、工商联、残联、红十字会、老干部、关心下一代等工作取得新进展。这些成绩来之不易，充分展现了各级干部真抓实干、攻坚克难的智慧勇气，充分凝聚了各界人士奋勇拼搏、和衷共济的团结之力。在此，我代表县委常委会，向大家的辛勤付出表示衷心的感谢，并致以崇高的敬意！

在看到成绩的同时，我们也要清醒认识到存在的一些突出问题和短板：传统产业转型升级还存在不少堵点；新兴产业还未形成集聚之势；民间投资、制造业投资占比还较低；高层次人才赋能产业升级成效还不够明显；城乡管理、乡村运营还需加快补齐短板；保护生态环境的底线意识仍需强化；社会治理快速响应能力，特别是应对非传统突发事件应急处置能力还需加快提升；党员干部的服务意识、服务能力和斗争本领还需进一步提高。对于这些问题，我们务必高度重视，努力加以解决。

二、感恩奋进，全面对标落实习近平总书记考察浙江重要讲话精神

这次总书记考察浙江发表重要讲话，赋予浙江“中国式现代化的先行者”新定位和“奋力谱写中国式现代化浙江篇章”的新使命，为我们持续深化中国式现代化县域实践指明了前进方向、提供了根本遵循。安吉是绿水青山就是金山银山理念诞生地，总书记3次亲临考察，对我县4项工作作出9次重要批示，并在多个场合11次点赞勉励安吉，还特别赋予我们“再接再厉、顺势而为、乘胜前进”的殷切期望。为此，县委常委会主持起草了《中共安吉县委关于全面贯彻习近平总书记考察浙江重要讲话精神 持续深化中国式现代化安吉实践 奋力开辟国际化绿色山水美好城市新境界的决定》，提出8个“示范引领”的主要目标，部署了7个方面的贯彻落实举措，大家要统一思想、统一意志、统一行动，切实抓好创造性贯彻落实、创新性转化发展。在全面对标落实总书记考察浙江重要讲话精神的过程中，我们还要做到“三个结合”：

*（一）要结合习近平总书记系列重要讲话精神，进一步增进捍卫之志。*党的十八大以来，总书记在改革发展稳定、内政外交国防、治党治国治军等各个方面，先后发表了一系列重要讲话，引领“中国号”巍巍巨轮扬帆起航、破浪前行、行稳致远。我们要把总书记考察浙江重要讲话精神作为其中的重要组成部分，充分结合学、一体贯通学、系统把握学，持续深化对习近平强军思想、经济思想、生态文明思想、外交思想、法治思想、文化思想的理论认知和实践认同，进一步把绝对忠诚镌刻在灵魂深处、融入于血脉之中、体现到具体行动，坚决做到“总书记有号令、党中央有部署、省市委有要求，安吉见行动”。

*（二）要结合党中央省市委系列重大决策部署，进一步把牢中心任务。*总书记考察浙江重

要讲话，释放了以经济建设为中心、全面推进中国式现代化的强烈信号。党中央和省市委相继召开经济工作会议，明确要求坚持稳中求进、以进促稳、先立后破。我们要深刻学习领会总书记考察浙江重要讲话的丰富内涵、精神实质、核心要义，全面对标党中央和省市委决策部署要求，始终坚持以经济建设为中心，切实把牢中国式现代化这个最大的政治，深入践行高质量发展这个新时代的硬道理，系统谋划经济发展主战场我们应该干什么、关键抓什么、能够成什么，努力以“今日之安吉”为“明日之大局”探路闯关破题。

（三）要结合安吉探索中国式现代化系列实践，进一步坚定奋斗方向。这些年，我们沿着总书记指引的路子，大力谋划实施了一批中国式现代化县域实践的路径、方法、举措，持续推动安吉迈向生态文明新高地、拓宽绿色发展新通道、开辟共同富裕新境界。我们要把总书记考察浙江重要讲话精神贯彻到全县经济社会发展的各个方面，坚定绿水青山就是金山银山理念不动摇，坚定高质量建设国际化绿色山水美好城市奋斗目标不动摇，坚定现代产业振兴、城乡能级提升、共同富裕先行三大主攻方向不动摇，并在此基础上不断深化拓展新的抓手、载体、举措，以实干实效奋力谱写中国式现代化安吉新篇章。

综上，为完整准确全面贯彻总书记考察浙江重要讲话精神，有力有效抓好今年及今后一个时期的工作，县委常委会立足当前发展实际，根据新的形势任务，系统迭代“133”工作体系，形成新的“135”工作体系，总体考虑是：保持一个奋斗目标、三大主攻方向不变，全面部署开展有效投资提质、新经济见效提速、城乡管理提标、改革富民提能、服务能力提升“五大行动”：

有效投资提质行动。有效投资兴，则实体实业兴。要牢牢锚定1000亿元固投目标，紧盯产业投资占项目投资70%、制造业投资占产业投资70%、民间投资占项目投资70%的结构要求，加快形成优质投资实物量。要引导各类市场主体改善预期、提振信心，潜心谋发展、增资再扩产，撬动更多“二轮投资”、激发更多“二次创业”、造就更多“二期现象”。要立足当下、谋划长远，精准对标产业导向和行业动向，滚动谋划一批战略性、支撑性、引领性重大项目，源源不断做优做大有效投资“蓄水池”。

新经济见效提速行动。发展新质生产力，关键在新，根本在质。要紧盯招引100个新经济项目、实现1000亿营收、集聚1万名青年大学生的目标，确保见人、见数、见场景。要大力招引数字经济、总部经济等“链主型”项目，构建投资赛道精细化、行业运作市场化、服务团队专业化运行机制，全年培育1个新经济主导产业、1家以上新经济龙头企业。要坚持招引十万青年大学生第一战略目标不动摇，加快推动青年入乡发展，打响乡村创业首选地品牌，打造青创新城县域标杆。

城乡管理提标行动。城乡管理水平，折射现代化建设水平。要探索建立城乡管理总体督导机制，突出重要性、灵敏性、有效性，精准划分赛道，强化专班推进，全面提升城乡管理个性化、科技化、精细化水平。要着力攻坚生态环境突出问题，持续擦亮“两山”理念诞生地金字招牌，加快打造生态文明典范城市先行区。要打造城区15分钟品质生活圈、农村15分钟公共服务圈，开展以改造重点交通路口、改造村社农贸市场、改造口袋公园公厕，治违章搭建、治违章经营、治违法占地、治违规排放，管风貌、管秩序、管服务、管文明、管安全为重点的“两圈三改四治五管”幸福民生工程。

改革富民提能行动。改革是为了更好地发展，发展是为了更好地富民。要聚焦强村富民集成改革，大力谋划一批富民项目、富民机制、富民改革，确保全县村均集体经营性收入增长8%以上，力争100万元、200万元、300万元以上村分别达到100%、50%和30%。要做好生态资源转化大文章，以老石坎水库加高扩容为示范引领，大力推进用水权、林权、矿权等改革，最大限度破解要素制约、激活生态资源、促进群众增收。要加快片区组团发展，突出住房改善、全民参保、利益联结等重点领域，推动各片区“八仙过海、各显神通”，奋力打造一批中国式现代化和美乡村示范集群。

服务能力提升行动。服务是最直观的营商环境，也是极其重要的生产力。要探索构建大服务工作格局，以机构改革为牵引，创新服务项目、服务企业、服务群众有效载体，用服务破解制度障碍，用制度打通发展堵点。要着力健全干部多岗位历练机制，全年遴选不少于400名干部到乡镇村社、招商前沿、项目一线压担历练，寻求服务最优解，提升队伍战斗力。要强化服务绩效评估，推行重点服务事项全生命周期管理，大力评选一批服务尖兵、服务干将，全面掀起时时讲服务、处处抓服务、事事见服务的浓厚发展氛围。

三、实干争先，以顽强拼搏全力做好2024年各项工作

2024年是新中国成立75周年，是实施“十四五”规划的关键一年。今年工作的总体要求是：坚持以习近平新时代中国特色社会主义思想为指导，全面落实党的二十大战略部署，深入贯彻习近平总书记考察浙江重要讲话精神，坚定不移实施“八八战略”，忠实践行绿水青山就是金山银山理念，坚持生态立县、工业强县、开放兴县，大力实施青创活县，聚焦经济建设这一中心工作和高质量发展这一首要任务，稳中求进、以进促稳、先立后破，扎实推进现代产业振兴、城乡能级提升、共同富裕先行三大主攻方向，创新开展有效投资提质行动、新经济见效提速行动、城乡管理提标行动、改革富民提能行动、服务能力提升行动，持续深化中国式现代化安吉实践，奋力开辟国际化绿色山水美好城市新境界。

2024年的主要预期目标是：地区生产总值增长6%以上，一般公共预算收入与经济增长基本同步，城乡居民人均可支配收入增长快于经济增长，固定资产投资增长12%以上。按照总体要求和预期目标，要全力抓好六方面重点任务：

（一）聚力提质增效，乘势而上壮大产业集群。坚持把高质量发展作为新时代的硬道理，加快产业总量增长、质量提升、结构调整，着力推动新旧动能快速平稳高质量转换。

全力扩大有效投资。坚持项目为王，全面优化招商工作体系，着力完善“尖刀班”管理布局，力争引进固投3亿元以上项目35个，努力实现百亿级制造业项目再突破。突出产业投资、民间投资、制造业投资，大抓项目开工数、紧盯投资完成率，滚动推进各类项目350个以上，全面掀起新一轮项目建设攻坚热潮。发挥政府投资带动放大效应，积极引导社会资本“想投、敢投、放心投”，深入探索国企和社会资本在房地产领域的合作新机制，切实走好房地产市场差异化、特色化、国际化、品质化发展之路。聚焦国家和省市重大支持政策，抓紧谋划储备一批好项目、大项目，全力争取补助资金、长期国债、政策性贷款等更大份额。

全力建设青创新城。深入实施数字经济创新提质“一号发展工程”，优化完善新经济投资管理机制，力争新经济总部经济数量翻一番、产值翻两番，切实让新经济成为青创新城的鲜明标签。坚持以项目聚人才、以人才带项目，着力提升“百人楼”“千人园”“万人社区”项目入驻率，鼓励发展民营科创园，力争引进科技人才创业项目50个以上，聚集青年大学生及各类人才3万名。围绕引得进、留得住、用得好，迭代升级人才新政5.0版，积极举办青年赛事、丰富青年活动、优化青年服务，全力营造“一听就心动、一看就行动、一来就感动”的人才创业生态。

全力优化产业格局。坚持传统产业和新兴产业双轮驱动，鼓励绿色家居产业向全家装拓展、向销售端延链、向内循环进军，支持生命健康、装备制造、电子信息、新材料四大新兴产业提能造峰，加快单业态“孤峰”向多业态“高原”转变。积极发展特色种业，大力研发白茶产品，力争“安吉优品汇”全年销售总额翻一番。聚焦全域全季全天候旅游目的地建设，大力发展全民旅游，积极打造高端游憩中心、夜间经济商圈、生态亲水乐园、活力户外基地、安吉白茶庄园，优化配套改善体验，解码流量塑造IP，积极争创全国乡村旅游集聚区示范县。

（二）聚力厚积薄发，坚定不移发展实体经济。坚持把实体经济作为构建现代化产业体系的根基，引导和支持实体经济可持续健康发展，全面夯实县域高质量发展基本盘。

强化实体实业发展。坚持民营企业和企业家“三个第一”，迭代用好“惠企政策直达”“一指减负”等应用，高效落实“民营经济32条”“绿色家居产业转型升级实现高质量发展政策”，进一步厚植民营经济发展沃土。聚焦企业培大育强，全面释放“小升规”“新升规”潜力，全力打好“专精特新”“单项冠军”“金牛金象”“雄鹰雏鹰”培育组合拳，全心支持企业上市，确保全年新增规上企业50家，培育国家级专精特新小巨人企业3家，新增上市企业6家。强化经济宣传和舆论引导，着力提振实体实业发展信心。

强化平台要素支撑。围绕"浙江制造"省级特色产业集群核心区创建，支持开发区打造光电半导体"万亩千亿"平台、现代家具与智能家电产业集群和长三角生命健康产业高地，持续提升开发区综合竞争力。推进笔架山农高区建设，积极推动纳入国家农业高新技术产业示范区创建名单，着力完善国家级竹产业示范园区配套，加快热电联产项目竣工投产，确保园区总产值突破45亿元。深入做好"两无两违"专项治理"后半篇文章"，统筹推进"腾笼换鸟"攻坚、"两未"土地处置、土地综合整治，确保完成"两未"土地处置4000亩，完成耕地功能恢复1万亩，新增建设用地指标3000亩，保障土地供应5000亩。

强化重大战略融入。深入实施"地瓜经济"提能升级"一号开放工程"，建强省级跨境电商产业园，发展"产业集群＋跨境电商"特色模式，加速孵化跨境电商企业，加快布局企业海外仓，全力助推企业"走出去""卖全球"。聚焦"一带一路"新兴市场，深入开展"政企联手、三子联动"全球拓市行动，继续办好中东椅业博览会，高水平推进欧洲、中亚、南美、南非经贸交流，持续扩大安吉产业"朋友圈"。深度融入和服务长三角一体化，积极争取沪苏湖高铁安吉始发，抢抓杭湖一体化、沪浙合作区建设契机，争取"两山"未来科技城纳入杭州城西科创大走廊，着力打造杭湖一体化合作先行区。

（三）聚力守正创新，持之以恒深化改革攻坚。坚持把全面深化改革作为根本动力，从影响和制约高质量发展的堵点难点入手，着力推动全方位改革、全领域创新。

推进政务服务增值化改革。深入实施营商环境优化提升"一号改革工程"，闭环落实政企恳谈会"两交办、两回头、两通报、两监督"机制，健全完善联审联批中心，持续擦亮"安吉这个朋友真能处""安吉这个朋友靠得住"营商环境品牌。整合政府、市场、社会等资源，系统构建"1＋1＋8＋N"企业增值服务体系，全面落实政务服务午间"不打烊"，积极打造15分钟政务服务圈，加快形成全链条、全过程、全天候的办事服务新常态。全力承接机构改革任务，进一步优化生态文明、社会治理等领域机构职能体系，着力破解深层次体制机制障碍。

推进生态资源高水平转化。深化国家林业碳汇试点，推进"以竹代塑"应用推广基地建设，大力推动竹林培育、竹材加工、产品制造、市场拓展，全面推广绿色家居产品碳标签、碳足迹，扎实推进林耕置换改革省级试点，再造林地2万亩。充分挖掘县域潜能资源，稳妥推进矿业权改革，全力做好矿产品强链、延链、补链文章，构建矿产资源合理开发、管理、利用长效机制。聚焦省级生态综合补偿试点，深化土地出让领域综合改革，创新用水权投融资机制，探索特定地域单元VEP生态资源可持续开发模式，让好生态更具"好身价"、好资源释放高价值。

推进经济社会全领域创新。深入实施新一轮科技型企业"双倍增"行动，全域推广"产业大脑＋未来工厂"新模式，新增高新技术企业50家以上，工业新产品产值率高于全省平均水平，R&D经费支出占GDP比重达3.55%。深化产学研合作，全年发放科技创新券600万元，实现技术交易30亿元以上。协同推进知识产权强县建设，纵深推进知识产权全链条集成改革，着力提升国家标准、国际标准话语权。积极鼓励基层首创，强化农村改革创新，持续浓厚全民创新氛围。

（四）聚力日见日新，内外兼修提升城乡能级。坚持推进新型城镇化和乡村全面振兴有机结合，建管一体推进城乡能级提升，加快展现新时代美丽中国安吉画卷。

做优新城图景。突出昌硕街道主城区定位，扎实推进城市有机更新地块拆后利用工作，同步开展小规模、精品化、高品质有机更新，持续推动老城区焕发新面貌。围绕标志性点位"四季看变化"，加快推进"两山"未来科技城八大中心建设，引入山水、植入产业、带入人气，全力打造"一城一谷、双新汇聚、潮涌未来"产城融合新高地。聚焦灵峰国旅，协同推进灵峰智慧谷和乡旅梦工厂建设，着力推动外树形象、内增实力。统筹推进云鸿快速路、灵峰快速路建设，加快实施宁杭高铁二通道前期，尽早启动德安高速、合温高速，着力打造内部道路"十字黄金轴"和绕城交通"高速大环线"。

做强片区组团。深化运用"千万工程"经验，持续提升乡村能级，加快片区组团发展，努力探索中国式现代化乡村实践。纵深推进大余村建设，全力打造习近平生态文明思想国际传播高地，努力成为新时代全面展示美丽中国的第一窗口。聚焦建设临港绿水经济带，全力打造"万亩千亿大平台"，积极推进西苕溪旅游示范带建设，加快建成县域经济第二主战场。全面振兴西南片区，启动实施老石坎水库加高扩容工程，加快推动黄浦江源旅游度假区争创国家级旅游度假区。全力支持孝丰高质量推进千年古城复兴、鄣吴打造"浙里昌硕"国际文化品牌、天子湖成为安吉融入和服务长三角一体化的桥头堡。

做美生态底色。强化生态文明总体督导，深入打好污染防治攻坚战，全域规范工程渣土等建筑垃圾管理，全力推进工程运输车纯电动化中心城区全覆盖，力争"无废城市"提星升级、三夺"大禹鼎"银鼎。统筹生态系统保护修复，加强生物多样性保护，布局跨乡镇土地综合整治，争创全国全域幸福河湖建设试点县、省级生物多样性体验地。积极弘扬生态文明理念，引导公众践行绿色出行、垃圾分类、"光盘行动"，创建一批省级低（零）碳试点，高质量办好全国生态日系列活动，谋划筹备好"两山"理念提出20周年系列活动，持续向全球输出生态文明建设安吉方案。

（五）聚力可感可及，久久为功推进共同富裕。坚持以缩小"三大差距"为主攻方向，创新实施富民、惠民、济民重点举措，努力让共富图景更加触手可及。

持续深化利益联结。坚持产业兴农、质量兴农、绿色兴农，建强用好强村富民公司，迭代推进共同富裕"十百千万"工程，高质量推动"三农"协同发展。树牢共同富裕意识，着力在收入分配制度、资源股权变现、重大民生工程等领域下功夫、谋改革，努力让方方面面的发展惠及千千万万的群众。扎紧企业与员工利益纽带，鼓励上市企业开展股权激励，深化"万名技工"培育选树计划，着力推动"企业强"与"员工富"相得益彰。大力弘扬先富帮后富精神，扎实推进"白叶1号"协作帮扶，再捐赠白茶苗300万株以上，续写"一片叶子再富一方百姓"新故事。

持续加固民生底座。全面建设共富型大社保体系，积极探索全民参保提标扩面改革，基本养老保险、医疗保险参保率保持在99%、99.8%以上。强化困难群体就业帮扶，全年新增城镇就业1.25万人以上，就业困难人员帮扶率达95%以上。深化公共服务"七优享"工程，着力抓好十个方面民生实事，大力实施"三名培育"工程，加快推动安高"县中崛起"，全面提升县级医院综合实力，努力让老百姓在家门口享受高品质公共服务。健全"六无六有"综合救助体系，完善城乡统筹、分层分类、精准高效的城乡救助体系，进一步打响"善行安吉"城市品牌。

持续打造人文盛景。深挖文化资源、守好"红色根脉"，创新发展生态、邮驿、竹、茶、孝等传统文化，办好吴昌硕诞辰180周年系列活动，在建设中华民族现代文明上先行探索。突出城市文化空间塑造，深化艺术乡建，守好古村、古景、古建筑，建设书香安吉，为广大群众和子孙后代留住文化印记。聚焦文化产业扩容提质，高质量发展音乐、影视、文创等文化产业，常态化举办音乐节、艺术展、体育赛事等活动，让群众在绿水青山间畅享文化盛宴。弘扬社会主义核心价值观，大力选树道德模范、身边好人，持续提升全体人民的精神文明素养。

（六）聚力善治有为，全力以赴抓好平安稳定。坚持以人民为中心，统筹发展与安全，确保实现高质量发展和高水平安全良性互动。

夯实民主法治之基。坚持发展全过程人民民主，支持和保证人大依法履行职权，推动大余村代表联络站成为中国式基层民主示范窗口，全面落实"2+6+X"协商体系，持续深化《一线》栏目曝光机制，确保全过程人民民主深度融入县域治理体系。注重以良法促善治，深化合法性审查，推动"大综合一体化"行政执法改革建章立制、成果定型，健全现代公共法律服务体系、法治监督体系，更高水平推进依法治县。深入开展"八五"普法，扎实推进基层民主法治村（社区）创建，努力让尊法学法守法用法在全社会蔚然成风。

提升除险保安之效。坚决守牢安全风险底线，着力健全风险预警预测机制、企业分级分类管理机制和除险保安常态化推进机制，全面防控安全生产、金融债务、网络舆情、房地产、食药品等各类风险，加速推动公共安全治理向事前预防转变。强化基层应急消防治理体系建设，推动应急与消防救援深度融合，打造快速反应的“最强末梢”，坚决遏制重特大安全事故发生，再创平安中国建设示范县。紧盯群众身边的安全风险，严厉打击金融犯罪、围标串标、电信诈骗等违法犯罪活动，坚决守住不发生系统性风险的底线。

汇聚共建共享之力。强化县乡协同、深化“四治融合”，全面推广新时代乡村治理“余村经验”，优化网格化管理、精准化服务、信息化支撑的“141”基层治理体系，打造线上智治、数据监测、事件协同、多元解纷、联动共治五大中心，进一步迭代夯实社会治理“四梁八柱”。突出全民共建共享，用好楼道长队伍，发挥网格员力量，构建城市“熟人社区”，全力打造县域社会治理共同体。坚持加强和改进人民信访工作，实行信访日报制度，强化信访预警、联席处置，落实领导接访下访、包案化解机制，切实把矛盾化解在基层、解决在萌芽。

四、勠力同心，为加快建设国际化绿色山水美好城市汇聚智慧力量

事业兴衰，关键在党。我们要坚持以高质量党建引领高质量发展，始终同全县人民想在一起、站在一起、干在一起，凝心聚力把美好蓝图转化为生动现实。

（一）要加强总体谋划。聚焦党的“六大建设”，始终心系中国式现代化安吉实践工作大局，持续巩固拓展主题教育成果，系统谋划推进一批牵引性、带动性、长远性工作载体，确保纲举目张、执本末从。深入践行新时代党的组织路线，积极打造一批具有安吉辨识度、全国引领性、国际影响力的标志性成果，谱写更多红色引领、绿色发展、蓝色创新、橙色创业、金色丰收的新故事。坚决落实意识形态工作责任制，全面建设党政主导、干部挺膺、媒体响应、群众参与的新时代舆论文明高地，全力奏响奋进高质量发展时代强音。

（二）要聚力实干争先。牢固树立和践行正确政绩观，坚守“为公为民、无私无损”价值判断，以“功成不必在我”的境界创造“功成必定有我”的实绩。突出“以实绩论英雄”“让英雄有舞台”“英雄不问出处”，探索建立干部多岗位交流历练机制，扎实做好30周岁以下干部选派工作，持续打好容错纠错、能上能下、松绑减负系列组合拳，不断激励各级干部争做务实派、实干家、奋斗者。坚持以全领域比拼推动全方位发展，迭代深化赛马比拼机制，让更多“千里马”在一线、火线、长线中脱颖而出。

（三）要突出大抓基层。深入实施“红色根脉强基工程”，迭代提升“双创双全”组织力，持续释放党建联建、“两村一带”、共富工坊惠民效应，全力打造一批先锋集群。强化党建统领现代社区建设，大力激活强社惠民发展动能，积极推动美丽楼道长工程提质增效，加快提升社区管控力、服务力、自治力，让更多社区家底更殷实、治理更有效。深化推行“导师帮带制”，积极培育乡村领头雁、强社领军人、振兴新青年，着力打响国企、机关、两新组织各领域党建品牌，全面形成党组织带动、党员带头、党群联动的生动局面。

（四）要凝聚各方力量。充分发挥党总揽全局、协调各方的领导核心作用，县四套班子要聚焦中心、找准赛道、创新履职，始终做到服务大局更有力、建言资政更有效、助力发展更有为。着力完善大统战工作格局，更好团结各民主党派、各团体、各民族、各阶层、各界人士，持续深化工青妇等群团改革，推动各方在项目攻坚、城乡管理、青创新城建设等中心工作中勇担当、作贡献、创佳绩。聚焦“最中国”的党员干部、企业家和人民群众，千方百计调动方方面面的积极性，带动全县上下积极投身中国式现代化安吉实践，全面汇聚团结奋斗伟力。

（五）要服务保障发展。牢固树立抓作风就是抓发展的意识，坚决落实中央八项规定精神，持续推进“一掌柜六先生”专项治理，切实发挥政治巡视利剑作用，着力根治影响高质量发展的不正之风。坚持不敢腐、不能腐、不想腐一体推进，严肃查处重点领域和关键环节腐败问题，持续整治群众身边的腐败问题和不正之风，全面构建大监督格局，确保权力在阳光下运行、为老百姓所用。构建亲清统一的新型政商关系，坚决治理政商勾连破坏政治生态和经济发展环境问题，引导广大企业家遵纪守法办企业、光明正大搞经营、洁身自好走正道，努力营造创新创业创造的良好政商生态。

各位委员、同志们，让我们更加紧密地团结在以习近平同志为核心的党中央周围，全面贯彻习近平总书记考察浙江重要讲话精神，牢记嘱托、感恩奋进、实干争先，持续深化中国式现代化安吉实践，奋力开辟国际化绿色山水美好城市新境界，为全面建设社会主义现代化国家、全面推进中华民族伟大复兴作出新的更大贡献！

附名词解释：

1.“三进三解”调研破难行动：即进农村、进社区、进企业，了解社情民意、化解矛盾纠纷、破解发展难题。

2.生态鼎：生态鼎是湖州市委市政府在生态文明领域设立的最高奖项，系统设置生态环境质量、绿色低碳发展、城乡品质提升等3大类一级指标和28项二级指标，综合评价湖州市各区县生态文明建设实绩。

3.县域城乡“两元三级”寄递物流体系：即城市农村两元横向循环互融、县—乡—村三级直连双向贯通、城乡末端服务要素多元叠加的寄递物流布局体系。

4.困难群体城乡居保“三率”：即困难群体城乡居保的调查率、应保尽保率、应享尽享率。

5.“两村一带”：即明星村提质、后进村整转、示范带打造。

6.“三个第一”：即坚持科技是第一生产力、人才是第一资源、创新是第一动力。

7.“政企联手、三子联动”全球拓市行动：即围绕传统产业转型升级，强化一把椅子、一根竹子、一片叶子“三子联动”发展系统思维，通过政府引导、政企联手积极开拓“一带一路”等全球新兴市场。

8.“1＋1＋8＋N”企业增值服务体系：即建强1个县级联审联批中心，建设1个企业综合服务中心，设立政策服务、金融服务、人才服务、法律服务、科技服务、知识产权服务、税务服务、企业诉求等8个增值服务专区，编制N类增值服务事项包。

9.特定地域单元VEP生态资源可持续开发模式：即通过探索特定地域单元生态产品价值核算应用，撬动更多社会资本、科技力量参与生态产品价值实现的一种生态资源开发模式，涉及生态环境保护修复、资源可持续利用、产业融合发展、项目设计开发、生态产品认证、绿色金融支持等多领域。

10.“2＋6＋X”协商体系：“2”即政协全委会协商、专题议政性常委会协商2种面上例会协商，“6”即县委书记及县长与政协委员“面对面”协商、重点调研课题协商、专项集中民主监督协商、提案办理协商、双月对口协商、委派民主监督小组协商6种线上常态协商，“X”即界别议事厅协商、桥梁工作室微协商等X种点上特色协商。

政府工作报告

——在安吉县第十七届人民代表大会第三次会议上

安吉县人民政府县长　宁　云

（2024 年 2 月 3 日）

我代表县人民政府，向大会作工作报告，请予审议，并请县政协委员和其他列席的同志提出意见。

一、2023 年工作回顾

过去的一年，是三年新冠疫情防控转段后经济恢复发展的一年，也是我们承重奋起、攻坚克难、续写新篇的一年。面对严峻复杂的外部环境和叠加交织的风险挑战，在县委的坚强领导下，在县人大和县政协的监督支持下，我们坚持以习近平新时代中国特色社会主义思想为指导，认真贯彻落实习近平总书记考察浙江重要讲话精神，扎实开展主题教育，紧紧围绕县委“133”工作体系，迎难而上、砥砺前行，较好地完成了县十七届人大二次会议确定的目标任务。地区生产总值、规上工业产值分别突破 600 亿元、1000 亿元大关；一般公共预算收入增长 4.2%；城乡居民人均可支配收入分别增长 4.8%、8.1%。

这一年，我们打开发展新格局，体制聚合更趋高效。聚焦发展共谋、产业共建、资源共享，创新实施片区化、组团式新机制，高规格组建余村旅游度假区、黄浦江源旅游度假区、临港绿水经济带，探索实行“县领导＋党工委＋事业单位＋国企公司”新模式，三大板块发展态势加速转变、平台框架全面拉开、经济活力显著增强。

这一年，我们竞逐发展新赛道，产业向新更具势能。创新“基金＋直投＋落地”新模式，落户新经济产业项目 38 个，成功推动梅斯健康、盛大科技、中宝新材、环球墨非等 4 家数字经济总部项目实现当年签约、当年落地、当年上市，新经济企业上市总数累计达 7 家，实现了新经济产业在绿水青山间“落地见人”“上市见效”。

这一年，我们攻坚发展新难题，空间优化更富张力。坚持用最好政策、聚最大合力、以最快速度，全力打好第二轮城市有机更新、“两无两违”专项治理攻坚，主城区成规模老旧区块基本实现更新覆盖，递铺街道安全生产隐患大、生态环境问题多、产业空间利用低等问题得到有效解决。孝源街道上影区块、天荒坪镇三特田野牧歌、梅溪镇康桥佳苑等多个历史遗留问题成功破解，城乡发展格局顺势打开，产业发展空间加快重塑。

这一年，我们探索发展新路径，群众有感更显充实。聚焦强村富民乡村集成改革，持续深化“两入股三收益”“两退出三保障”等富民机制，竹林碳汇首年分红资金全部落实到位，共富型大社保体系扎实推进，一大批民生工程有序实施，十方面民生实事高标落实，人民群众获得感满意感幸福感认同感明显提升。

一年来，我们统筹兼顾谋发展，各项工作都取得了新进展、新成效。

（一）坚定不移引增量、强存量，经济发展韧性更强

工业运行稳中有进。全面承接省“8＋4”经济政策体系，累计兑现稳进提质政策资金 39.4 亿元。全省唯一入选联合国“生态设计理念在工业领域应用”项目试点，现代家具与智能家电、生物医药与医疗器械分别入选省级特色产业集群核心区、协同区。市场主体加快发展，新增上市企业 6 家、规上企业 60 家，获评国家级绿色工厂 2 家，恒林家居成功入围省级未来工厂。平台能级加速提升，开发区省级高新区正式挂牌，孝源西拓框架全面拉开，临港化工园区顺利通过省级复评。

项目攻坚强势有力。扎实开展项目建设攻坚年行动。优化“五位一体”招引体系，奥芯半

导体、海希新能源等一批重大项目签约落地,新引进3亿元以上备案项目41个,完成率全市第一。高效运行"三中心、一例会"工作机制,3亿元以上项目开工入库72个、竣工投产16个,完成固投300亿元,增幅全市第一。要素保障全面增强,统筹推进"两未"土地处置、"百千万亩方"建设,消化"两未"土地6905亩,完成供地9109亩,全域土地整治相关案例入选全国生态产品价值实现典型案例。

文旅消费稳步回升。牵头成立世界最佳旅游乡村联盟,探索旅游新品发布机制,首批推出云上滑雪等六大户外运动新品,全年接待游客突破3000万人次,实现旅游总收入448亿元,连续五年位居全国县域旅游综合实力百强县榜首,长三角户外运动首选地品牌持续打响。消费潜力加快释放,发放消费券2300万元,撬动消费超5亿元,全社会消费品零售总额增长8.2%。

现代农业加速发展。新增亿元以上乡村产业项目13个、市级农业"大好高"项目14个,新认定市级以上农业龙头企业9家、未来农场3家。持续推进"1+1+N"农产品品牌体系建设,农业总产值增长5.6%,安吉白茶、安吉冬笋、安吉竹林鸡均入选浙江省"土特产"百强名单。

(二)坚定不移激活力、增动力,科技创新势头更足

创新生态更富活力。坚持"引进十万青年大学生"第一战略目标,建成投运市级青年人才社区2个、百人楼30个、青创空间44个,累计引进大学生及各类人才3万名,入选国家级引才计划人数超历年总和,"青年入乡发展"工作得到李强总理等党和国家领导人批示肯定。深入实施"万名技工"培育选树工程,新培育高技能人才4790名,新选树技工人才1108名。鼓励和支持企业加大研发投入,全社会研发投入强度达3.36%。

创新平台显著提升。灵峰"智慧谷"、国家竹产业研究院建设全速推进,浙江科技学院成功升格,新增省级企业研究院4家、企业研发中心16家,建成市级以上博士创新站7家,实施产学研合作重点项目63个。浙北生命健康小微产业园、"两山"未来科技城科技人才中心成功入选省创新强基项目库。世界技能大赛全国集训基地成功落户安吉。

创新主体不断壮大。深入实施科技企业"双倍增"行动,洁美电子、天草生物、杭摩新材料入选国家级专精特新小巨人企业,富特科技入选省级科技小巨人企业,新增省级专精特新中小企业35家,新入库国家级高新技术企业54家、省级科技型中小企业228家。

(三)坚定不移抓聚合、促融合,改革开放步伐更快

改革动能充分释放。持续巩固"两山"试验区建设成效,新增省级以上改革试点35项,其中国家级试点6项。统筹推进自然生态资源转化改革,获批国家级"以竹代塑"应用推广基地,用水权改革入选省级水权确权和交易试点,竹林碳汇改革入选全省乡村振兴最佳创新案例。绿色金改不断深化,存贷款余额突破3000亿元。国企改革走深走实,政府产业引导基金规模突破100亿元,农高新集团成功通过AA+信用评级,县属国企AA+实现全覆盖。

开放势能更加澎湃。绿色家居内外贸一体化加速推进,成功举办首届绿色家居博览会、中东椅业博览会,完成自营出口374.3亿元,"世界椅·安吉造"品牌进一步打响。深度融入长三角一体化战略,安吉至杭州高速有条件免费通行正式实行,申嘉湖高速省际"断头路"全面打通,宁杭高铁二通道、合温高速、德安高速前期有序推进,安吉上港集装箱吞吐量连续十三年位居全省内河码头第一。持续深化对口合作,新增"白叶1号"帮扶茶苗1000亩,带动"三省五县"茶农人均增收3921元。

营商效能更趋优化。深入推进营商环境优化提升"一号改革工程",连续五年入选中国县域投资竞争力百强县,成为全国首批营商环境创新县。持续推动"增值化"政务服务,"一站式"企业服务中心建成投用,真正实现"一个门户进、一个门户办"。创新推出"开工零审批","80天审批"升格为"1天备案",项目审批效率提升22%。闭环落实政企恳谈会"两交办、两回头、两通报、两监督"机制,累计解决涉企问题878个,"安吉这个朋友真能处""安吉这个朋友靠得住"营商环境品牌全面打响。

(四)坚定不移提品质、显气质,城乡发展能级更高

县城承载不断增强。"两山"未来科技城国际会展中心、科技人才中心等五大地标性建

筑拔地而起，第一轮城市有机更新安置区块塔吊林立，云鸿路综合改造、凤凰山公园（二期）等工程加速推进，入选全国深化城市体检试点县、省级城市更新试点。基础设施逐步完善，完成老旧小区改造3个，新建农饮水管网175公里、燃气管网172公里，累计惠及群众6.3万户。

精细管理深入实施。全力推进“微改精提十百工程”，新增省级未来社区创建试点10个、城乡风貌样板区2处、未来乡村3个、城市幸福驿站100家。持续推进新时代文明实践中心建设，建成美丽小区20个、美丽街巷20条，创成文明村165个，发布全国首个文明养犬市级规范。群众出行更加便利便捷，新投用共享电动自行车1000辆、充电桩1751个，新增公共停车位932个，成功入围全国城乡交通运输一体化试点，获评全国农村物流服务品牌示范县。

乡村运营全域推进。积极探索中国式现代化乡村路径，深入开展乡村能级提升年行动，实施全域乡村运营，发布全国首个乡村能级指数、《乡村美丽庭院建设指南》国家标准，获评全省深化新时代“千万工程”建设宜居宜业和美乡村优胜县。创新“国资投建＋民企运营＋利益联结”乡村运营机制，招募乡村运营团队50个，余村“全球合伙人”、数字游民公社、大自然工位等乡创模式接连破圈，乡村咖啡、乡村露营、乡村音乐等乡创经济持续爆点。

生态建设扎实有效。生态品牌持续扩大，顺利完成首个全国生态日主场考察活动、成功举办全国首届自然资源与生态文明论坛，创成全市首个“中国天然氧吧”，入选省级生态综合补偿改革试点，夺取全市首批“生态鼎”，安吉的知名度、美誉度和影响力持续攀升。生态治理更加有效，PM2.5、空气优良率稳居全市第一，地表水、饮用水、断面水年均Ⅱ类水达标率均达100%，成功夺取省五水共治“大禹鼎”银鼎，连续两年获评省三星级“无废城市”、垃圾分类优秀县。生态实践不断创新，完成林地空间治理2万亩。

（五）坚定不移守底线、拉高线，人民生活品质更优

社会保障提标扩面。扎实推进“十百千万”共富工程，新改建共富乡宿508套，建成共富产业园20个、竹材分解点103处、五彩共富路2053公里、共富公寓1.4万套，连续两年获评全省高质量发展建设共同富裕优秀示范区。保障体系更加完善，新增城镇就业1.4万人，公积金缴存职工11.2万人，“六无六有”综合救助覆盖低收入家庭1.3万户，“一路同行”慈善超市惠及困难群众4.3万人，入选中国残疾人精准就业帮扶试点。加快构建“一老一小”关爱服务体系，新改建居家养老服务（照料）中心50家，新增婴幼儿托位数1064个。

公共服务提优赋能。教育供给持续优化，实验小学、第四初中等6所新建学校顺利投用，实验初中、安吉高级中学等9个改扩建项目实现竣工，新增学位7300个，义务教育集团化办学入选全省试点，“安吉游戏”品牌持续擦亮，城乡一体优质教育普惠均衡进一步提升。卫生服务逐步扩面，县中医院晋级三乙医院，人民医院综合楼、妇保院迁建工程有序推进，连续四年获评健康浙江建设优秀县。文化生活更加丰富，成功举办首届吴昌硕艺术国际论坛，新增省级乡村博物馆4个，小微体育公园10个、品质文化生活圈35个，中小学校体育场所实现市民开放共享，永安寺塔、南门老街等一批文化工程相继投用。

基层治理提质增效。统筹推进安全生产领域“1＋6”专项攻坚、燃气安全、防汛防台等工作，老石坎水库加高扩容成功立项，生产安全事故起数、亡人数同比分别下降30.8%、40%，创成省级食品安全示范县。平安护航杭州亚运会，连续两年获评全国信访工作示范县，位居新时代“枫桥经验”指数样本县全省第一，省双拥模范县实现“三连冠”，平安建设实现“十八连冠”，成功摘得首批“二星平安金鼎”。

一年来，我们始终坚持把政治建设摆在首位，严格落实“第一议题”制度，深入开展学习贯彻习近平新时代中国特色社会主义思想主题教育，坚定捍卫“两个确立”，坚决做到“两个维护”。自觉接受人大依法监督、政协民主监督和社会舆论监督，全年办理各级人大代表议案建议和政协委员提案281件，满意率均达100%。扎实开展能力作风建设年行动，全面加强政府系统党风廉政建设，强化重点领域和关键环节监管，推动审计监督和统计监督全覆盖，政治生态风清气正。与此同时，民宗、外事、港澳台侨、档案、地方志、气象、

机关事务等工作迈上了新台阶，青少年、妇女、残疾人、红十字、老龄、关心下一代等事业取得了新成效。

各位代表，成绩背后凝聚的是汗水，工作背后体现的是作风。过去一年，广大党员干部在攻坚克难中志不求易、事不避难、义不逃责，充分展现了新时代党员干部的风采和担当；广大企业在风险挑战中知重负重、知难克难、知新创新，充分彰显了新时代企业家的格局和气魄；广大群众在家园建设中共担使命、共谋出彩、共促发展，充分弘扬了新时代人民群众的正能量和新风尚。在此，我代表县人民政府，向奋发作为、奋勇争先、奋斗不息的全县人民，向全体人大代表、政协委员、离退休老同志，向各民主党派、工商联、无党派人士、人民团体和各界人士，向省市驻安机构、武警部队官兵、消防救援队伍，向所有关心支持安吉发展的海内外朋友，表示衷心的感谢，致以崇高的敬意！

我们也清醒认识到，我县经济社会发展还存在不少短板和弱项：从产业发展看，新招引项目落地见效周期较长，科技创新载体平台能级偏低，绿色家居企业外贸市场持续承压，数字经济、电子信息、生命健康等未来产业还未形成集聚之势。从风险底线看，污染防治任重道远，治气、治水还需要持续加大攻坚力度。债务管控、安全生产、房地产等领域依然承压。从公共服务看，优质教育资源共享、医疗保障能力、“一老一小”、城乡基础设施等领域还存在短板弱项，与共同富裕发展目标还有差距。从能力作风看，少数干部观念视野、专业能力跟不上新形势新要求，统筹思维、法治意识、担当精神仍需加强。对此，我们要努力改进工作，切实履职尽责，尽心竭力不辜负全县人民的期待。

二、2024 年总体要求和主要任务

2024 年，是新中国成立 75 周年，是实施“十四五”规划的关键一年，也是安吉高质量建设国际化绿色山水美好城市的攻坚之年。根据县委十五届六次全会部署，做好今年的政府工作，总的是要坚持以习近平新时代中国特色社会主义思想为指导，全面落实党的二十大战略部署，深入贯彻习近平总书记考察浙江重要讲话精神，坚定实施“八八战略”，忠实践行绿水青山就是金山银山理念，坚持生态立县、工业强县、开放兴县，大力实施青创活县，聚焦经济建设这一中心工作和高质量发展这一首要任务，坚持稳中求进、以进促稳、先立后破，扎实推进现代产业振兴、城乡能级提升、共同富裕先行三大主攻方向，创新开展有效投资提质行动、新经济见效提速行动、城乡管理提标行动、改革富民提能行动、服务能力提升行动，持续深化中国式现代化安吉实践，奋力开辟国际化绿色山水美好城市新境界。

综合考虑各方面因素，建议今年全县经济社会发展的主要预期目标是：地区生产总值增长 6%以上，一般公共预算收入与经济增长基本同步，城乡居民人均可支配收入增速快于地区生产总值增速，节能减排降碳完成省市下达目标任务。

实现上述目标，必须在“两山”转化上迈出更大步伐。坚定不移践行深化“两山”实践，持续挖掘生态资源价值，创新更多“两山”转化路径，全面赋能绿色高质量发展。必须在产业生态上迈出更大步伐。聚焦三大未来产业布局，做好创链建链、稳链强链、延链补链文章，加快数字经济集群成势，生命健康、电子信息领域产品贯通成链，全面构建高能级、高品质、高颜值的产业生态圈。必须在城乡一体上迈出更大步伐。科学统筹“生产、生活、生态”三大布局，加快产业质量、人才动力、运营效率三大革命系统集成，推动人居环境、基础设施、公共服务、文化风尚、融合治理五大能级全面跃升，打造更具国际范、时尚风、活力劲的城乡融合样板。必须在共富先行上迈出更大步伐。把为民造福作为最大政绩，坚持尽力而为、量力而行，让群众就业更优质充分、让公共服务更均衡可及、让民生实事更暖心惠民、让城市文化更多元丰富，努力探索走出一条具有标志性、引领性、示范性的绿色低碳共富新路子。必须在风险防控上迈出更大步伐。更好统筹发展和安全，坚持问题导向、极限思维，防范化解重点领域风险隐患，有效提升底线工作管控水平，以新安全格局保障新发展格局。

（一）聚力抓项目、强产业，在做强高质量发展引擎上再攻坚

做强产业标识。全力打造“4＋3”现代产业体系，规上工业、服务业增加值分别增长 6%、7%，农业总产值增长 5%以上。

实施新经济见效提速行动，全年招引数字经济项目30个以上，实现营收超200亿元、人员入驻3000人以上，确保见人、见数、见场景。加快构建生命健康产业生态圈，深耕生物创新药、医疗器械等细分赛道，新落地产业项目10个以上。加快电子信息产业产能释放，主攻光电半导体细分领域，乐通股份、富特科技（二期）等实现投产，全年产值突破50亿元。加快绿色家居转型升级，力争规上产值增长10%以上。加快竹产业二次振兴，力争竹产业产值达185亿元。持续加强安吉白茶产业"三茶"统筹发展，建设一批茶庄园，促进茶农户均增收5%以上。健全旅游新品发布机制，完成文旅投资45亿元，力争旅游人次、旅游总收入分别增长12%、8%，全面打响全域全季全天候旅游新IP。

抓实有效投资。开展有效投资提质行动，对标"3个70%"要求，确保3亿元以上产业项目开工入库50个、竣工投产30个，完成固定资产投资336亿元，其中制造业投资120亿元。大力践行产业链招商、务实招商，迭代"尖刀班"攻坚机制，确保全年新引进3亿元以上项目35个。持续推进省"千项万亿"重大工程、市"十百千万"重大项目，加快国能9H燃机、热电联产等项目建设，启动老石坎水库加高扩容工程。深化"破五未、提六率"专项攻坚行动，确保项目销号率90%以上，投资完成率提升5个百分点，亩均产值提升100万元。着力强化要素保障，新增建设用地指标3000亩，处置"两未"土地4000亩，保障土地供应5000亩以上。

提升平台能级。大力推进开发区绿色家居核心区、生物医药协同区两大省级特色产业集群建设，全力争创省级"万亩千亿"大平台、高能级战略平台。推进临港化工园区优化提能，打造浙北精细化工集聚发展区。推动孝丰竹产业园科产一体，加快形成以竹制生物新材料、竹工机械为主的"专精特新"示范区。做强笔架山农高区，力争纳入国家农高新产业示范区创建名单。支持灵峰国旅提质升级，加快"智慧谷"建设，构筑产城人融合新高地。全年完成园区投入29.5亿元，新开工共富产业园5个、竣工投用3个。

增值营商服务。扎实开展服务能力提升行动，着力构建"1+1+8+N"企业增值服务体系。建立"立刻响应、一次性答复、一揽子解决"的高效处置机制，推动政务服务"办问协同""智办秒办""就近可办"。迭代用好"惠企政策直达""一指减负"等应用，让企业最快速度享受到真金白银，确保全年新上规企业30家以上，力争上市公司总量突破20家。大胆为企业"站台"，真心为企业"撑腰"，进一步畅通政企沟通渠道，办好办实"亲清直通车·政企恳谈会"，进一步营造亲商安商富商的浓厚氛围。

（二）聚力抓改革、强创新，在积蓄高质量发展动能上再攻坚

培育科技企业集群。强化创新主体，实施新一轮科技企业"双倍增"行动，新增国家级专精特新小巨人企业3家、省级以上专精特新中小企业30家，新认定国家级高新技术企业50家、省级科技型中小企业150家。建强创新平台，加快构建"需求牵引+技术转移+成果转化"创新生态综合体，新增省级以上研发机构15家，实施产学研技术攻关80项以上。加大创新投入，力争全社会研发投入强度达3.55%，规上工业研发活动覆盖率超80%，工业新产品产值率高于省均。

打响"青创新城"品牌。统筹高层次双创人才和实用型产业人才队伍建设，在精准引才、系统育才、用心留才上持续用力。强化高匹配人才供给，迭代升级人才新政5.0版，新增省级以上领军人才20人以上、引进科技人才创业项目50个以上。塑造高品质人才生态，全面推广余村"全球合伙人"、数字游民公社、大自然工位等新模式，优化百人楼、千人园、万人社区配套体系，力争全年集聚大学生及各类人才3万名，新增技能人才8500名，确保创成全国青年发展型县域。

推进重点领域改革。开展改革富民提能行动，持续推进生态资源高水平转化，统筹打好竹林碳汇、用水权、矿产权、林权等系列改革"组合拳"，全力打造一批特色标志性成果。开展集体林权三轮延包试点，再实施林地空间治理2万亩，农村集体山塘水库撬动投资35亿元以上。深入推进低效用地再开发国家试点，完成再开发5000亩以上。积极探索EOD、VEP项目开发新模式，力争大余村乡村能级提升、黄浦江源生态与户外休闲项目入选省级以上EOD项目库。

聚焦主责主业，做强做优县属国企，加强融资产品“四色”管理，力争优良资产占比提高50%。

深化对外开放合作。全力稳外贸稳外资，优化企业境外参展、出口信保、境外采购支持力度，继续办好中东椅业博览会，鼓励企业以中东、南美、非洲等“一带一路”新兴市场为重点精准拓市，新增海外仓7个、跨境电商25个，确保自营出口占省份额保持稳定，实到外资2.5亿美元。全力抢抓长三角一体化发展机遇，积极推进宁杭高铁二通道、合温高速、龙王山抽蓄电站等重大项目前期取得突破，力争德安高速、数字物流港公用码头开工建设，开行高铁安吉站始发至上海通勤列车。持续深化对口协作，安松双向飞地安吉园区挂牌运营，力争“白叶1号”产值突破3000万元。

（三）聚力抓品质、强能级，在优化高质量发展支撑上再攻坚

高标准完善城市形态。开展城乡管理提标行动，探索建立城乡管理总体督导机制，大力实施“两圈三改四治五管”幸福民生工程，实施老旧小区改造3个，建成美丽小区、美丽街巷各20个，新增城区公共停车位200个以上。全面提速“两山”未来科技城建设，科技人才中心、国际会展中心等地标性建筑主体建成。做好城市有机更新后半篇文章，芝里、气象弄等地块安置房全面交付，云鸿路综合改造建成通车，后寨路、灵峰路等启动改造，同步开展小规模、高品质有机更新，全力争创国家级城市更新试点。实施“五山五水”改造提升工程，深化城市门户、城市会客厅等细胞创建，确保凤凰山公园（二期）竣工投用，全面展现具有“国际范”的城市新形象。

多元化激发城市活力。加快繁荣夜间经济、商圈经济，持续提升九州昌硕广场、经典1958等一批城市商圈品质功能，力争“安市集”“长乐市集”建成运营，积极争创省级夜间经济试点及高品质消费街区，以浓郁文化味、青春活力范、生活烟火气，高质量打造一批“年轻态”消费场景。支持建筑业做大做强，建筑业产值增长10%以上。全面落实房地产新政，促进房地产市场差异化、特色化、国际化、品质化发展。

全方位提升乡村能级。全面深化全域乡村运营，招募乡村运营团队超20个，培育农创客350名以上，全力争夺“神农鼎”。推动农文旅一体融合，实施“微改造·精提升”项目250个以上，建成省级和美乡村40个、民宿（乡宿）共富村18个，全力争创全国乡村旅游集聚区示范县，集体年经营性收入100万元以上的行政村实现全覆盖。持续开展“三位一体”农合联改革，全面落实耕地保护和粮食安全责任，改造提升高标准农田1.5万亩，粮食播种面积、产量分别达到19.8万亩、8万吨。纵深推进片区化、组团式发展，启动实施黄浦江源全域畅游工程，加快推进南部景区联通工程建设，推动大余村、黄浦江源、临港绿水经济带三大组团放大优势，持续做强“新青年”“户外运动”“精细化工”产业标识，加速形成蝶变跃升之势。

（四）聚力抓生态、强底线，在厚植高质量发展底色上再攻坚

推进节能降碳。深入实施“双碳”战略，综合实施技改项目63项以上，撬动技改投入超8亿元，全年腾出用能空间9万吨标准煤、环境要素300吨以上。扎实开展农村能源革命国家试点，新增光伏装机并网8万千瓦，工程运输车纯电动化实现中心城区全覆盖。推进国家林业碳汇试点县建设，全力争取国家级“以竹代塑”试点。持续倡导绿色出行、垃圾分类、“光盘行动”等绿色生活方式。

增效环境治理。强化挥发性有机物和氮氧化物协同减排，PM2.5平均浓度控制在27微克/立方米以下，空气优良率保持在93%以上。启动金山污水处理厂扩建工程，国省控断面年均水质保持Ⅱ类及以上，力夺省五水共治“大禹鼎”金鼎。建成全市首个共享危废仓库，着力提升工业固废、建筑垃圾等处置能力，创成省四星级“无废城市”。开展西苕溪流域水生态修复，启动生物多样性体验馆建设，全力争创全国生物多样性魅力城市、幸福河湖示范县。高标准落实省委生态环境保护督察反馈问题整改。

强化本质安全。深化“除险保安”隐患常态治理机制，大力开展建筑施工、消防、燃气、道路安全等重点领域专项整治攻坚行动，加强“一厂多租”企业分类管理，生产安全事故起数、亡人数均同比零增长，力争平安建设实现“十九连冠”，再创“平安中国建设示范县”。健全基层应急消防治理体系，组建乡镇（街道）

应急消防管理站，启动县消防救援大队改扩建工程。

（五）聚力抓民生、强保障，在共享高质量发展成果上再攻坚

健全社会保障体系。全力推进共富型大社保体系建设，力争基本医疗、基本养老保险参保率分别保持在99.8%、99%以上。强化困难群体就业帮扶，全年城镇新增就业1.25万人以上，就业困难人员帮扶率超95%。开展公积金“双覆盖·助共富”扩面行动，力争规上企业常住员工建缴率达80%，新筹建保障性租赁住房3705套。持续深化“六无六有”综合救助体系，完善“一路同行”慈善超市运行机制，帮助困难群众户均增收2万元。

办好人民满意教育。持续优化教育资源布局，确保孝高迁建、第六初中新建等4个项目启动开工，第二初中、杭垓小学等5个改扩建项目竣工投用，积极稳妥应对中小学入学“双高峰”。实施普高提质行动，加快实现“县中崛起”。推进义务教育集团化办学省级试点，完成第二批城乡集团化办学改革。组建安吉游戏研究院，创成全国学前教育普及普惠县，不断提升“安吉游戏”国际影响力。加快本土高校发展壮大，支持浙江科技大学（安吉校区）、宇翔职业技术学院、技师学院提能升级。

推进健康安吉建设。持续完善卫生基础设施，确保人民医院综合楼新建、妇幼保健院迁建等项目主体竣工。深化“健共体”改革，推进人民医院“三乙”创建，力争公立医院综合医改、“健康浙江”建设保持“连优”。扎实开展基层卫生院（站）中医馆、中医阁建设，全力创成全国中医药示范县。聚焦“一老一小”，确保云安里综合为老服务中心主体建成，新改建居家养老服务中心50家，每千人婴幼儿托位数增至4.6个。

促进文化事业发展。持续讲好“两山”故事，高标准打造习近平生态文明思想国际传播高地。办好吴昌硕诞辰180周年系列活动，推动吴昌硕书画艺术研究院实体化运作，加快昌硕故里半日邨艺术家村落建设，着力打造“浙里昌硕”国际文化品牌。传承和发扬孝文化，全力支持孝丰高质量推进千年古城复兴。做好文旅融合发展大文章，新招引优质文化产业项目5个以上，全力争取浙江自然博物院天文馆项目启动建设。着力打造城区15分钟品质生活圈、农村15分钟公共服务圈，不断推动公共文化服务提质增效。

各位代表，民生无小事，枝叶总关情！今年我们继续按照“群众提、代表定、政府办、人大评、政协商”理念，经过公开征集、对比筛选和反复征求意见，梳理形成了十三个方面民生实事候选项目，提请本次大会票决。民生实事项目确定后，我们将全力组织实施，确保高质量完成。

三、全面加强政府自身建设

任重千钧，唯有担当。干好新一年的政府工作，我们将把高站位和真落实结合起来，全面落实机构改革部署要求，加快建设人民满意的服务型政府。

把政治建设摆在首位。巩固好、运用好主题教育成果，严格落实“第一议题”制度，进一步把“学思想、强党性、重实践、建新功”的总要求，落实到政府工作各方面全过程。严守政治纪律、政治规矩，不折不扣贯彻落实党中央决策部署，全面抓实抓细上级党委政府和县委工作要求，做到一个目标奋斗、一个态度落实、一张蓝图绘到底。

把法治理念贯穿始终。主动接受人大依法监督、政协民主监督和法律监督，坚决办好人大议案和政协提案，深入推动行刑反向衔接。严格执行“三重一大”决策机制和民主集中制，全面落实政务公开，推进权力公开透明运行。大力推进行政执法与12345热线合作国家试点，推动“大综合一体化”改革提档升级。贯彻落实新《行政复议法》，进一步规范依法行政，强化行政争议化解。

把实干争先落到实处。坚持实事求是，树立和践行正确的政绩观，努力办好群众牵肠挂肚的民生大事、天天有感的关键小事、所忧所盼的心头难事。坚持责任闭环，以“工作项目化、项目清单化、清单责任化”推进各项工作落实落细。坚持“职务服从业务”，严格落实“归口管理”，提升条抓块统能力，打造高效协同落实体系。

把清正廉洁化为自觉。严格履行全面从严治党主体责任，持之以恒落实中央八项规定及其实施细则精神，把防治“四风”隐形变异摆在更加突出位置，开展重点领域专项治理，驰而不息推进正风肃纪反腐。纵深推进清廉安吉建设，持续营造风清气

正的政治生态。一以贯之落实过“紧日子”要求，严格预算管理、严控新增支出、突出绩效导向，大幅压减政府举办的论坛、展会、庆典等活动，一般性支出压减不低于50%，专项资金压减不低于20%，把有限财力更多用于保障民生和促进发展上。

各位代表，时代因奋斗而进步，事业因实干而出彩。让我们更加紧密地团结在以习近平同志为核心的党中央周围，在县委的坚强领导下，在县人大、县政协和社会各界的监督支持下，紧紧依靠全县广大人民，坚定信心、开拓奋进，强化执行落实，擦亮实干底色，为持续深化中国式现代化安吉实践，奋力开辟国际化绿色山水美好城市新境界而努力奋斗！

附名词解释：

1.“133”工作体系：“1”，即聚焦高质量建设国际化绿色山水美好城市目标一条主线；第一个“3”，即现代产业振兴、城乡能级提升、共同富裕先行三大主攻方向；第二个“3”，即项目建设攻坚年、乡村能级提升年、能力作风建设年“三个年”行动。

2.“基金＋直投＋落地”：指通过基金选商、资本投资等方式，引进一批优质拟上市企业，推动其早日上市。

3.“两无两违”：指无合法房产、无安保措施，违章经营、违规操作。

4.“两入股三收益”：指推动农民和村集体以乡村资源、资产入股，农民挣薪金、拿租金、分股金，实现农民、村集体、项目主体利益共享，加快推动共同富裕。

5.“两退出三保障”：“两退出”，即农村宅基地暂时性退出和永久性退出两种退出方式；“三保障”，即政府和村集体通过教育、养老、住房三方面对退出农户给予保障。

6.省“8＋4”经济政策体系：指省出台的扩大有效投资等8个重点领域政策包和财政金融等4张要素保障清单。

7.“五位一体”招引体系：指“县领导＋产业链＋国企（产业基金）＋属地平台＋部门”五位一体招引体系。

8.“三中心、一例会”：指谋划招引中心、联审联批中心、督考服务中心以及项目建设攻坚年例会。

9.“百千万亩方”：指“百亩方”“千亩方”“万亩方”永久基本农田集中连片整治工程。

10.“1＋1＋N”农产品品牌体系：指加快推进安吉白茶产业健康发展，加快推动安吉竹林鸡产业高速发展，挖掘培育N个新兴特色农产品品牌。

11.“十百千万”共富工程：指建成10个以上大型共富产业园、100个以上小型共富产业园、1000家以上共富乡宿、3000公里五彩共富路、10万套以上共富职工公寓。

12.安全生产领域“1＋6”专项攻坚：指围绕市“拔钉除患”安全生产整治，开展飞线、“一厂多租”、建筑施工、道路交通、“小火亡人”、有限空间治理等六大领域攻坚行动。

13.“135”工作体系：“1”，即聚焦高质量建设国际化绿色山水美好城市目标一条主线；“3”，即现代产业振兴、城乡能级提升、共同富裕先行三大主攻方向；“5”，即有效投资提质、新经济见效提速、城乡管理提标、改革富民提能、服务能力提升五大行动。

14.“4＋3”现代产业体系：“4”，即椅、竹、茶、旅四大富民产业；“3”，即生命健康、数字经济、电子信息三大未来产业。

15.“三茶”统筹：指以共同富裕为导向，统筹推进茶文化弘扬、茶产业发展、茶科技创新，全面推动安吉白茶产业高质量转型、竞争力提升和可持续发展。

16.“破五未、提六率”：指聚焦“备案未开工、开工未竣工、竣工未投产、投产未上规、上规未达产”五类项目，全面提升“开工率、竣工率、上规率、达产率、备案项目投资转化率、竣工项目投资转化率”等“六率”水平。

17.“1＋1＋8＋N”企业增值服务体系：指建强1个县级联审联批中心，建设1个企业服务中心，设立政策服务、金融服务等8个增值服务专区，编制N类增值服务事项包。

18.EOD模式：指生态导向发展模式，是以生态保护治理为基础，以特色产业运营为支撑，推动生态环境治理项目与关联产业项目统筹推进、一体化实施的模式。

19.VEP模式：指通过探索特定地域单元生态产品价值核算应用，撬动更多社会资本、科技力量参与生态产品价值实现的一种生态资源开发模式。

20.融资产品“四色”管理：指围绕融资金额、年限、利率三个关键指标，采用得分制的形式综合测算融资产品等级，将融资产品质量从高到低分为绿色、黄色、橙色、红色四个区间开展精细化管理。

21.“两圈三改四治五管”幸福民生工程：“两圈”，即打造城区15分钟品质生活圈、农村15分钟公共服务圈；“三改”，即改造重点交通路口、改造村社农贸市场、改造口袋公园公厕；“四治”，即治违章搭建、治违章经营、治违法占地、治违规排放；“五管”，即管风貌、管秩序、管服务、管文明、管安全。

22.“五山五水”：“五山”，即凤凰山、营盘山、馒头山、王母山、祥溪山等山体；“五水”，即递铺港、石马港、铜山港、浒溪、西苕溪等水系。

安吉县人民代表大会常务委员会工作报告

——在安吉县第十七届人民代表大会第三次会议上

安吉县人大常委会主任　何晓红

（2024年2月4日）

我受县第十七届人民代表大会常务委员会的委托，向大会报告工作，请予审议，并请县政协委员和其他列席人员提出意见。

2023年主要工作回顾

2023年是全面贯彻落实党的二十大精神的开局之年，也是高质量建设国际化绿色山水美好城市的关键之年和深入推进中国式现代化安吉实践的起步之年。县人大常委会高举习近平新时代中国特色社会主义思想伟大旗帜，深入学习贯彻党的二十大和习近平总书记考察浙江重要讲话精神，深入践行全过程人民民主，切实履行宪法法律赋予的职责，在中共安吉县委的坚强领导下，认真落实县第十五次党代会及县委十五届历次全会部署，圆满完成了县十七届人大二次会议确定的目标任务，各项工作取得新成效。全年召开常委会会议10次、主任会议12次，审议议题120余项，听取和审议重大规划调整、重要基础设施建设等"一府一委两院"专项工作报告32个，做出有关决议、决定10项，发出审议意见9份87项，任免国家机关工作人员67人次。全国人大常委会副委员长武维华等3名全国人大领导亲临指导，省人大常委会陈金彪书记，市委陈浩书记和市人大常委会孙贤龙主任等省市领导对安吉人大工作作出8次批示肯定。成功争创全国第34个、全省第2个全国人大基层立法联系点。全国人大、人民网等省级以上重要媒体报道80余篇。

一、坚持正确方向，在锤炼政治忠诚上强党性、勇担当、作表率

常委会始终坚持党的全面领导，牢牢把握人大工作政治方向，确保与县委同频共振、同轴共转、同向共力。

坚定不移坚持党的全面领导。始终把政治机关建设摆在首位，自觉把党的全面领导贯穿于人大工作的全过程、各方面。充分发挥人大职能优势，认真落实"在湖州看见美丽中国"实干争先主题实践，围绕县委"133"工作体系履职行权，扎实推进代表助力三个"一号工程"，高标准完成县委交办的各项牵头工作。坚持请示报告制度，及时向县委报告人大常委会工作要点、重点监督计划、主体责任落实等相关工作，确保人大工作正确、规范、高效。提请县委出台《关于进一步加强和改进新时代安吉人大与乡镇（街道）人大工作的意见》，明确五大方面18项具体任务举措，全面提升人大工作质量和水平，切实做到县委工作重心在哪里，人大工作就跟进到哪里、力量就汇聚到哪里、作用就发挥到哪里。

坚定不移强化思想政治引领。全面系统学习习近平新时代中国特色社会主义思想和习近平总书记考察浙江重要讲话精神，深刻领悟"两个确立"的决定性意义，增强"四个意识"、坚定"四个自信"、做到"两个维护"。高质高效完成主题教育各项任务，常委会领导讲党课6次，召开研讨会、培训会等8次，形成调研成果6项，推动破解问题18个。常委会成员深入践行"四下基层"，扎实开展"大走访大调研大服务大解题"活动，收集意见建议100余条。坚持把学习抓在经常、融入日常、做在平常，不断提高政治判断力、政治领悟力、政治执行力。

坚定不移深化基层民主实践。紧紧围绕全省基层人大工作座谈会关于"在新的起点上高质量推进基层人大工作，助力打造全过程人民民主实践高地"的部署要求，召开专题工作推进会，努力打造全过程人民民主县域最佳实践地。举办基层人大代表、议政员系列座谈，通过“联群网”线上线下各平台收集代表群众建议1.3万余条，推动解决一批产业发展、共同富裕、生态环境等方面的实际问题，用心用情听民声、察民意、解民忧，“五大民主”的基层探索进一步走深走实。全面启动开发区人大监督工作，着力在优化体制机制、深化依法监督、强化工作联动等方面取得新突破，推动基层民主实践贯穿经济发展和社会治理等重大决策重大事项的全过程、全链条。

二、服务中心大局，在推动高质量发展和共同富裕示范中献良策、聚合力、增动能

常委会始终坚持在全县工作大局中谋划推进人大工作，积极探索监督与支持相统一的有效路径，切实扛起护航发展大局的责任使命。

实干之劲助推经济社会高质量发展。紧紧围绕县委稳中求进工作总基调依法高效履职，全年提出事关国民经济和社会发展的意见建议80余项。围绕“把牢图”，听取和审议县政府关于“十四五”规划纲要中期评估报告，调研监督制造业高质量绿色发展、农业农村现代化、旅游业发展、生态环境保护、应急管理等重点领域专项规划实施情况，专题审议县国土空间总体规划并作出决议，推动经济社会走绿色低碳发展之路。围绕“管好钱”，专题听取年度财政专项资金管理使用、财政预算执行和审计、国有资产管理等情况报告，依法审查批准全县2022年度财政决算、2023年财政预算和调整等方案，助力经济稳进提质。围绕“促发展”，听取和审议关于“项目建设攻坚年”工作情况报告，现场视察重点建设项目20余个，多措并举推动重点项目“加速跑”。关注竹产业振兴、绿色家居发展等传统产业，紧盯科技创新首位战略，就产学研协同发展、人才引育留用等开展监督，形成高质量建议20余条供县政府决策参考，进一步激发各类创新主体活力，助推新经济发展。

关心关切助推共同富裕先行。聚焦强村富民，持续关注余村共同富裕现代化基本单元试点建设，开展共富主题走访、调研活动30余次，推动竹林碳汇、“白叶1号”协作帮扶、两入股三收益、数字游民公社等富民新路径见行见效。开展千家农业主体培育以及带动小农户增收致富工作调研，实地走访11个乡镇（街道）、25个行政村，形成专题报告并提出农业主体培育、农业要素供给等四方面建议供政府决策参考。视察春耕备耕工作，通过“数字人大”平台收集意见建议780余条，梳理形成11条重点建议交相关部门研究办理。开展新时期灵活就业和新就业形态劳动者权益保障专题调研，提出相关建议7条，更好维护“新就业群体”合法权益。听取关于促进社会保险扩面提质应保尽保工作情况的汇报，提出四方面针对性意见，推动落实更加可靠、更加充分的社会保障。

协同合力助推城乡能级提升。按照县委关于中国式乡村现代化安吉路径的部署，及时出台《关于全域提升乡村能级 全面推进乡村振兴 探索中国式乡村现代化安吉路径的决议》，听取关于“乡村能级提升年”工作情况的报告并开展专题视察，全面总结二十年来安吉人大持续助力“千万工程”经验做法，加快推动美丽乡村发源地向乡村振兴示范地迈进，相关工作受到省人大常委会刘忻副主任批示肯定。连续两年开展全域土地综合整治调研，听取和审议专项工作报告，提出6项审议意见交政府研究办理，助推规划引领、要素保障、联动协同等方面问题解决。围绕“两山”未来科技城建设、云鸿路改造、老石坎水库加高扩容等重大基础设施项目，召开代表座谈会、听证会10余次，进一步凝聚共识，协同合力，持续推进城乡品质跃上新台阶。

三、致力良法善治，在推进县域治理上重规范、建闭环、提质效

常委会始终把维护宪法法律权威作为履职重点，推进“一府一委两院”依法行政、依法监察、公正司法，为县域治理现代化提供有力支撑。

大力助推法治政府建设。听取和审议关于2022年度法治政府建设情况的报告，提出加强优化法治营商环境、深化综合行政执法改革等五方面审议意见，推动法治政府建设水平不断提升。高质量完成省市县联动的十余次执法检查，有效推动《中华人民共和国社会保险法》等法律法规贯彻实施。扎实做好规范性文件备案审查，常委会和全县乡镇（街道）人大共审查清理文件420余件，累计梳理完成县乡两级规范性文件备案49件，修订14件，废止24件。专项监督法治营商环境，开展《浙江省民营企业发展促进条例》等宣贯检查工作，督促落实出台《关于鼓励安吉县绿色家居产业转型升级实现高质量发展的十条意见》等相关制度，累计收集上报典型案例10余个，其中《安吉创新"露营"监管一件事 规范新经济业态健康发展》等4个案例被评为全市最佳和优秀案例。关注法护营商环境工作创新，《关于打造国际化商事仲裁新高地助力营商环境最优省建设》专题报告在市人大《联群参阅》上全文刊发。

全力保障司法公平正义。首次专门审议"法检"两院专项工作，听取行政审判工作与行政检察、行政公益诉讼工作情况，提出建立健全行政争议多元化解机制等监督建议20余条。创新"两官"评议，通过以案述职方式有效提升评议精准性和实效性，支持公安机关探索建立社会力量参与罪错未成年人分级教育矫治工作，形成《关于预防未成年人违法犯罪的视察建议》并获县委主要领导批示。全力推进人大和"一府两院"核心业务下沉基层单元并以县委发文形式实施，38项重点工作下沉到各基层单元听取代表选民意见，发动各级代表参与"生态警长""森林法官""'益'起护两山"等行动，市级基层立法联系点工作扎实有效，充分保障"看得见的正义"，推进法治建设的相关工作获市委陈浩书记和市人大常委会孙贤龙主任批示肯定。

着力推动生态治理体系构建。结合8·15首个全国生态日设立，及时作出《关于坚定"生态立县"战略 奋力谱写生态文明建设安吉新篇章的决定》，以人大方式推动习近平生态文明思想更加深入人心。作为全省首批试点县，常委会试行生态文明建设报告制度，在本次人代会上首次实行"口头审议＋代表票决"，助推安吉现代化生态治理制度体系先行示范。创新环境品质提升"代表一本账"专项监督，联动开展"一气呵成督治气"，全县各级代表提出生态监督建议100余条，推动问题整改530余个，以"现场＋云上＋直播"方式开展专题询问暨代表问政会，全县所有15个基层单元约500名各级代表同步参与，助推县域生态"治源头、治根本、治长效"，相关工作获新华网、浙江人大杂志等媒体多次专题报道。

四、强化为民宗旨，在增进民生福祉上干实事、出实招、求实效

常委会坚持以人民为中心，始终把维护民生权益作为人大履职的根本宗旨，推动解决民生热点难点问题。

重督民生实事票决实施。推动县乡两级民生实事项目票决制，"征、商、定、督、评"全链条闭环监督，推进项目落地。成立专项监督小组定期视察调研，督促落实任务分解、项目推进、资金保障、进度公示等工作，收集意见建议150余条，及时反馈相关部门研究处理。开展常委会对民生实事办理情况满意度评价，助推县政府10项民生实事项目完成率达100%，其中教育保障提升工程、大学生就业创业支持工程等6项工作超额完成。深化2024年民生实事项目征集工作，以"线上＋线下"模式向代表群众征集项目初步建议725条，2023年11月1日，县乡两级人大向同级政府移交民生实事项目人大代表重点建议共147条，纳入2024年民生实事备选项目比例达60%以上，"群众所望、代表所呼、政府所应"的工作合力进一步形成。

助推民生事业协调发展。紧盯县域医疗能力提升工作深入开展专题调研，先后视察县级公立医院及部分乡镇卫生院，收集代表意见建议26条，提出审议意见5项，有力助推提升卫生健康保障水平，持续筑牢民生健康保障网。关注职业教育产教融合、孝高易地搬迁等百姓关心的民生事项，持续助推办好人民满意教育。开展建设生育友好型社会意见征集、托育服务工作情况视察等活动，持续助力建成更高质量公共服务体系。专题听取关于道路交通安全管理工作报告，提出意见建议5条，进一步推动完善全县道路基础设施。连续两年实施"你的微心愿代表来点亮"活动，关心关注新居民、残疾人、困难群众等群体，持续助推健全关爱机制，相关工作在人民日报、省市人大公众号等重要媒体平台上刊登报道。

力促民生治理体系完善。探索推动省际边界人大协作工作，发起召开首届浙皖边界基层人大工作联席会议，积极推动长三角区域人大工作协同发展。递铺街道人大工委联合三都人大打造"1＋3＋N"新居民人大网格，构建全覆盖局域网、零距离服务网和闭环式监督网，助力新居民办理跨省跨区域服务事项1800余件次。开展“一盯到底、拔钉除患”专项监督活动，共组织各级代表检查、暗访260余次，发现“钉子”830余个，完成“拔钉”810余个，在全面助力安全生产、有力护航亚运方面发挥了积极作用，相关工作情况获浙江人大杂志、省人大网站等关注报道。

五、突出履职尽责，在全过程人民民主作用发挥上赋新能、谋新篇、建新功

常委会始终坚持把夯实人大工作主阵地、构建代表履职新格局、打通建议转化新路径作为重要抓手，充分发挥代表主体作用，着力打造中国式基层民主的示范样本。

迭代基层实践平台。发布全国首个《践行全过程人民民主基层单元县域工作规范》，聚力打造常态长效的全过程人民民主工作体系，大余村代表联络站成为中国式基层民主示范窗口的影响力逐渐形成。首次承接2023年“在湖外籍人士走进人大”活动。开展代表联络站新星级评定和代表亮身份示范点评比，组织“聚力实干争先、争创四新代表”年度主题比拼，书记县长带头开展“社情民意我来说”活动，全年推动32名市县领导、部分市县两级政府部门负责人以及代表进站听取意见建议，收集高质量代表建议100余条，推动解决群众急难愁盼的实际问题90余个，确保民情民意贴得近、听得清、议得准。上墅乡“三联三带”人大代表“导师帮带”工作品牌全面推广，相关工作获省人大常委会陈金彪书记批示肯定。“一域一品”取得新进展，昌硕街道“竹城帮帮团”、报福镇“监督三步曲”、杭垓镇“贴心垓代表”等基层人大工作品牌展现新活力。坚持数字赋能，“县长请您来”数字化场景实现实战实效，推动以小切口解决民“声”小事百姓大事，该模块成为全市首个推广的区县人大数字化改革应用成果。

深化助力三个“一号工程”。制定出台《安吉县人大助力三个“一号工程”“6245”行动方案》，明确三大方面20项具体举措，全年围绕主题开展代表视察、调研活动60余次，梳理问题清单110余项、建议清单90余项，推动解决主导产业供应链体系提能升级、现代农业深度融合等方面问题110余个。活动开展以来，全县涌现出一批优秀的代表履职、助力破难的典型案例，形成了富有人大代表辨识度和显示度的履职成果，6篇典型案例入选全市代表助力三个“一号工程”成效比拼展示，其中《安吉县人大全程监督倾力服务助推“深蓝计划X”变危为宝 不断拓宽绿色共富路》获评全省优秀案例，《打造闭环式帮扶机制 助推“一片叶子富裕八方百姓”》等3篇获评全市优秀案例。

提级代表建议转化通道。持续加大代表建议督办力度，创新工作举措，采取线上线下协同督、人大政府联合督等方式，打通建议办理“最后一公里”。坚持“内容高质量、办理高质量”，明确涉及城乡建设、民生保障、经济发展等方面的9件代表建议为全年重点建议，采取常委会领导领衔督办、各专工委对口督办的方式进行重点监督，助推生态资源价值转换等一系列改革措施落地。深化代表建议“二次开发”，深度研究群众反映集中、具有普遍性的重点问题，形成椅业企业保稳提质、农村生活污水处理终端改造等专题监督报告6篇。首次将政府相关部门代表建议的办理质效纳入人大对政府部门负责人的年度评价指标，县十七届人大二次会议的152件代表建议面商率、办结率和代表满意率均达100%。

六、打造过硬队伍，在提升履职能力上强基础、重创新、转作风

常委会始终把自身建设摆在重要位置，努力打造政治坚定、服务人民、尊崇法治、发扬民主、勤勉尽责的人大队伍。

创新改革提升质效。制定出台《安吉县人民代表大会常务委员会会议议题确定和审议意见办理实施办法》，坚持把改革审议工作、提高审议质量，作为提升人大履职质效的“牛鼻子”，做到情况“摸得透”、问题“议得深”、建议“找得准”、监督“落得实”。健全乡镇（街道）人大工作联动评价办法，持续加强和改进基层人大工作。重视代表履职能力提升，各代表小组全面完成“4111”任务，举办县人大代表中心（小组）组长履职暨理想信念教育专题培训班、数字化应用场景培训会，全年组织县乡两级代表履职培训近1800人次。完成省市代表向选区同级人大常委会的首次述职，全面推进县乡代表向原选区选民述职工作，不断增强代表责任感和使命感。创新工作模式，响应绿色低碳办会，2023年常委会全年实施无记名电子表决，人大首次实行“数字两会”。

谋深谋实调查研究。充分发挥调查研究和信息宣传在创新举措、总结经验、营造氛围等方面的重要作用，信息宣传量质并举，连续两年蝉联全省人大信息工作成绩突出单位。以首个全国生态日主场考察活动在安吉举办为契机，率先在全市区县中发表“湖人轩”专栏文章《安吉人大与一个日子的交响》并获全国人大官网刊发，贵州、甘肃等多个省人大网站转发，点击率超5万，短视频作品《这一天每一天》在新时代浙江机关党建微视频大赛中获奖。组建人大理论研究青年小组，《赓续“八八战略”价值内涵 强化基层直接民主的实践与探索》等3篇理论调研分别荣获省市人大优秀论文二等奖，全年获奖文章数量和质量均居全市前列。

党建引领优化作风。牢牢把握“四个机关”定位要求，坚持以党的政治建设为统领，常委会全年召开党组会议15次，扎实做好理论学习、意识形态、主体责任常态化述评等工作。组织开展“实干争先走前列·清正廉洁做表率”、青年人大干部学习交流等主题活动，着力塑造“品质人大”党建品牌。在县委的重视下，队伍年龄结构得到进一步优化，县乡两级人大呈现学历层次提升和平均年龄降低的“一升一降”好势头，全县人大系统队伍活力持续激发。切实加强党风廉政建设，严格执行中央八项规定及其实施细则精神，驰而不息纠“四风”、正作风。

各位代表，过去一年常委会工作取得的成绩，得益于省市人大的关心指导和县委的正确领导，是“一府一委两院”密切配合和县政协委员以及社会各界大力支持的结果，是常委会组成人员和全体人大代表实干担当、履职尽责的结果。在此，我谨代表县人大常委会，向一年来对县人大常委会工作给予关心支持的各级领导和社会各界表示衷心的感谢！致以崇高的敬意！

在肯定成绩的同时，我们也清醒地认识到，常委会工作还存在一些需要改进和加强的地方：一是基层民主的示范窗口建设还需进一步走深走实；二是监督工作中重审议轻督办的问题还需进一步解决；三是与代表群众沟通联系的渠道还需进一步拓展，等等。对于这些问题，我们将高度重视、认真研究、持续改进。

2024年指导思想和主要任务

各位代表，2024年是深入贯彻党的二十大精神的承上启下之年，是人民代表大会成立70周年，是监督法修订实施之年，也是全县高质量建设国际化绿色山水美好城市攻坚之年。县人大常委会工作的指导思想是：坚持以习近平新时代中国特色社会主义思想为指导，全面落实党的二十大战略部署，深入贯彻习近平总书记考察浙江重要讲话精神，全力服务经济建设这一中心工作和高质量发展这一首要任务，在市人大的有力指导下，在县委的坚强领导下，积极投身“在湖州看见美丽中国”实干争先主题实践，牢牢锚定县委“135”工作体系，深入践行全过程人民民主，紧贴中心大局，依法忠诚履职，勇于创新实践，强化自身建设，为持续深化中国式现代化安吉实践、奋力开辟国际化绿色山水美好城市新境界作出人大新贡献。

一是坚持党的领导，在政治建设上提高站位、把牢方向。坚持不懈用习近平新时代中国特色社会主义思想凝心铸魂，进一步深刻领悟“两个确立”的决定性意义，以理论清醒铸就绝对忠诚，以行动自觉践行绝对忠诚。深入学习习近平总书记关于坚持和完善人民代表大会制度的重要思想，高质量协助完成省市人大开展的庆祝人民代表大会成立70周年系列活动，认真贯彻省委人大工作会议精神，召开人大工作座谈会，研究提出加强人大工作新举措。按照省市人大和县委各项决策部署，围绕助力科技创新、民营经济发展等方面出台相关决定，及时把县委的主张通过法定程序转化为全县人民的共同意志。

二是坚持人民民主，在基层实践上示范引领、续写新篇。以把大余村代表联络站打造成为中国式基层民主示范窗口为主线，落实“联商督促智”职责，构建“目标、工作、制度与评价”四大体系，加强“两码”“双联”“团组”“站点”四项建设，实现服务水平和作用发挥双提升。高效落实市县代表小组“4111”任务机制，推动代表“组团化”“小切口”“课题式”履职。健全代表建议督办制度，完善责任落实、协商办理、评价激励、转化运用等机制，持续深化代表议案建议“二次开发”工作。探索常委会会议网络直播等制度，拓宽人民群众参与管理社会事务渠道，着力用“人民视野”书写“人民满意”，推动形成全过程人民民主实践高地安吉样本。

三是坚持服务大局，在推动发展上主动作为、务求实效。紧紧围绕县委“135”工作体系，助力有效投资提质和新经济见效提速，以推进新质生产力为重点，持续深化代表助力三个“一号工程”，开展新经济发展情况视察和专题询问，推动经济实现质的有效提升和量的合理增长。督促落实“过紧日子”要求，助推风险防范化解。聚焦首位战略，专题调研科创平台建设情况，密切关注“引进十万青年大学生”。助力城乡管理全方位提标，跟踪监督人居环境提升、绿色生产生活等工作，加大保障性租赁住房供给、农村公路改造提升等情况调研，切实推动民生实事项目落地见效，进一步助推“大镇带小乡”组团式发展。听取和审议自然资源国有资产管理、“以竹代塑”推广和竹产业振兴等情况报告，推动竹林碳汇、水权、林权和矿业权改革，助力“美丽中国”建设安吉样本形成更大知名度和影响力。

四是坚持问题导向，在依法监督上找准切口、靶向发力。全面贯彻实施新修改的监督法，聚焦省委“七张问题清单”和省市各类专项督查、《看见》栏目等实施靶向监督。开展换届以来常委会决议决定“回头看”，以“常委会监督建议”“专工委视察建议”等工作载体为抓手提升监督效能，加强计划执行和预决算审查监督，建立审议政府债务管理情况报告制度，跟踪监督国有企业资产审议意见落实情况，加大对建筑领域垃圾处置等督办问题整改监督力度。深入推进“一气呵成督治气”活动，深化完善生态文明建设情况报告制度试点工作。持续开展安全生产和消防安全“一盯到底、拔钉除患”专项监督，联动调研医疗保障工作，加强医保基金管理、居家养老服务等关注力度，继续完善民生实事项目的代表票决制和满意度评价工作，有力促进社会事业更加可触可感。承接“合力键督”数字场景，推进人大监督、纪检监察监督、司法监督、审计监督、社会监督贯通协同，做好“人大监督＋”的文章。

五是聚焦公平正义，在护航法治上强化保障、打造样板。持续加强法治政府监督，跟踪问效法治化营商环境优化工作，建立法治政府建设满意度评价制度，高质量开展省市县联动的对省优化营商环境条例、科技进步“一法两条例”等执法检查。听取和审议公检法机关关于知识产权司法保护工作、生态环境和资源保护领域执法司法工作等情况报告，推进“1＋300”反诈体系构建，监督助推基层治理工作，推动新时代乡村治理的“余村经验”走深走实。加大“一府一委两院”规范性文件备案审查力度，做深做实法检“两官”述职评议和案件评查。建立健全全国人大基层立法联系点工作机制，用好用实“国字号”工作载体，参与国家《生态环境法典》编纂相关协助工作，建立拓展国际生态文明立法合作交流新渠道，不断彰显安吉在践行习近平法治思想和习近平生态文明思想的国际影响力。

六是聚焦履职行权，在守正创新上勇于探索、培育特色。进一步落地落实“四监督”法，坚持监督议题“少而精、精而优、优而有效”工作要求，推动提升人大监督实绩实效。织密织牢织好“联群网”，健全“五联”工作机制，分领域组建专业代表小组，建立青年人大代表工作联盟，推动跨区域代表联动，深度发挥各级代表在经济社会发展中的创新赋能作用。设立“五个活动日”“1米视野看民主”等工作品牌，做到门常开、人常在、事常办、情常联。支持各乡镇（街道）基层人大工作品牌激发新活力，着力讲好各级代表践行全过程人民民主的生动故事。

七是聚焦固本强基，在自身建设上内强素质、外树形象。以服务能力提升行动为契机，进一步加强让党放心、让人民满意的“四个机关”建设，全面落实全面从严治党主体责任，不断健全人大干部“选、育、管、用”全链条机制。提升基层人大工作规范化水平，进一步加大宣传力度，持续做强人大宣传工作阵地，以调查研究为牵引，不断提升常规工作求深化、难点工作求突破的能力水平，促进基层人大工作扬长补短，持之以恒加强常委会及机关政治、思想、理论、作风、纪律和制度建设，践行实干争先，凝聚发展合力。

各位代表，风劲帆满海天阔，砥砺奋进正当时。新的一年，让我们更加紧密地团结在以习近平同志为核心的党中央周围，在中共安吉县委的坚强领导下，把坚持和完善人民代表大会制度生动具体地落实到人大工作实践中，把握新定位新使命，展现新担当新作为，为持续深化中国式现代化安吉实践、奋力开辟国际化绿色山水美好城市新境界而不懈奋斗！

附名词解释：

1. 五大民主：即坚持民主选举、民主协商、民主决策、民主管理、民主监督，五个环节环环相扣、内在统一，形成了全过程人民民主的完整链条。

2. 联动执法检查：联动执法检查是指上级人大常委会根据需要，可以组织下级人大常委会联动开展执法检查。有关地方人大常委会根据区域协调发展的需要，可以协同开展执法检查。

3. 代表专题询问：代表专题询问是指各级人大常委会组织常委会组成人员对本行政区域内关系改革发展稳定大局和群众切身利益、社会普遍关注的重大问题，向本级人民政府或者有关部门、监察委员会、人民法院、人民检察院进行询问，依法履行监督职权的活动。

4.“1＋3＋N”新居民人大网格：安吉人大在外地来安务工新居民集中的递铺街道探索形成的一项工作机制：“1”即1个新居民人大联络点，“3”即3名议政员，“N”即若干名新居民人大网格员，建立意见建议快速反映渠道，帮助解决新居民的各类困难。

5.“6245”工作方案：为贯彻落实省市人大助力三个“一号工程”行动方案和人大代表助力三个“一号工程”主题活动等文件精神，经县人大常委会主任会议研究，决定组织实施“6245”行动，即人大履职的6项功效、20项具体举措、4张清单任务、5项工作要求。

6. 代表建议“二次开发”：安吉县人大常委会高度重视代表提出的议案建议，采取系统梳理、深度调研等程序充分挖掘普遍性问题，做好代表议案建议的再开发工作，形成高质量“二次开发”专项报告交“一府一委两院”研究处理，实现“开发一类、调研一方、联动一片”效果。

7.“两码”“双联”“团组”“站点”：“两码”即方便群众联系代表的“代表码”和方便记录代表履职情况的代表活动码；“双联”即国家机关联系代表、代表联系群众；“团组”即会议期间的代表团和闭会期间的代表中心组、代表小组、代表专业小组；“站点”即在乡镇街道设立的代表联络站和在村居设立的代表联络点。

8. 生态文明建设情况报告制度：省人大常委会在全省范围内探索建立生态文明建设情况报告制度，安吉县为七个试点地区之一。根据省人大常委会有关方案要求，县人大常委会制定《安吉县人大常委会关于建立生态文明建设情况报告制度的实施方案（试行）》，县乡两级政府需每年通过“口头审议＋代表票决”方式，定期向同级人大报告当地生态文明建设情况，法院、检察院根据工作需要在相关报告中体现生态文明建设有关内容。

9. 全国人大基层立法联系点：全国人大基层立法联系点是全国人大常委会在基层设立的用以征集与立法决策工作相关意见和建议的联络平台，是基层群众和社会组织参与立法的重要载体，民主立法的重要渠道，也是全过程人民民主重大理念的生动实践。2023年12月，安吉县人大常委会成功争创全国第34个、全省第2个全国人大基层立法联系点。

10.“四监督”法：安吉县人大常委会深入贯彻落实中央人大工作会议精神，认真探索监督工作改革，出台实施《安吉县人民代表大会常务委员会会议议题确定和审议意见办理实施办法》，创新全口径、靶向式、方程式、全过程“四监督”法，突出监督重点、提高审议质量、丰富方式方法、实现闭环管理，全力提升人大监督工作实效。

中国人民政治协商会议第十届安吉县委员会常务委员会工作报告

——在政协第十届安吉县委员会第三次会议上

何承明

（2024年2月2日）

我代表政协第十届安吉县委员会常务委员会，向大会报告工作，请予审议，并请列席人员提出意见。

一、2023年工作回顾

2023年，县政协及其常委会坚持以习近平新时代中国特色社会主义思想为指导，认真学习贯彻习近平总书记关于加强和改进人民政协工作的重要思想，在中共安吉县委的坚强领导和省市政协的有力指导下，坚持党的领导、统一战线、协商民主有机结合，坚持发扬民主和增进团结相互贯通、建言资政和凝聚共识双向发力，坚持固本强基和提质增效协同共促，聚焦县委决策部署深入开展调查研究、协商议政、民主监督，为高质量建设国际化绿色山水美好城市凝聚了人心，集聚了智慧，汇聚了力量。

（一）筑牢政治之魂，进一步强化思想引领力

一年来，我们坚持把党对人民政协工作的全面领导贯穿履职的全过程各方面，不断巩固思想根基。

高站位推进政治建设。始终牢记政协之“政”就是政治之“政”，推动习近平新时代中国特色社会主义思想学习常态化制度化，形成以党组理论学习中心组为引领，党组成员带头学、主席会议交流学、常委会会议专题学、委员培训集中学、机关干部共同学的长效化、全覆盖学习机制，在学思践悟中深刻领悟“两个确立”的决定性意义，进一步筑牢增强“四个意识”、坚定“四个自信”、做到“两个维护”的思想根基。把坚决贯彻落实县委决策部署作为讲政治的具体体现，建立县政协与县委、县政府工作常态化沟通机制，严格执行请示报告制度，重大事项及时报告、年度工作专题报告、重要建言专项报告，同县委共同制定年度协商与监督工作计划，做到县委有号召，政协有行动。切实强化政协党组的政治功能和组织功能，协商调研活动由党组统一组织领导，协商调研课题由党组成员带头负责落实，协商调研成果由党组统一研究把关，把牢政协协商的正确政治方向。

高标准推进主题教育。紧扣“学思想、强党性、重实践、建新功”的总要求，深入开展学习贯彻习近平新时代中国特色社会主义思想主题教育。全年开展党组理论学习中心组（扩大）集中学习14次，组织“主席读书会”“崇学讲堂”“吉兮学堂”“书香政协·同心筑梦”等学习活动41场，在学深悟透中深化思想认识、坚定理想信念。班子成员常态化开展联系支部和单位走访调研、讲授党课，累计走访基层174次、蹲点调研25次、发现问题100余条，均得到有效办理。认真开展“循迹溯源学思想促践行”，深入学习贯彻习近平总书记对“八八战略”实施20周年、“千万工程”和科技特派员制度等重要指示批示精神，努力做到入心见行、善思善用。开展“百名委员大调研大走访大服务”活动，用好委员“民情日记本”，反映并会同相关部门和乡镇（街道）为群众办理实事480余件，着力在工作实践中推动理论转化、检验主题教育成效。

高水平推进党建赋能。坚持党建与履职同频共振、同步提高，系统打造“同行筑梦·同心向党”党建工作品牌，完善涵盖政协党组、机关党组、专委会功能型党支部、机关党总支的组织体系和责任体系，增强党建引领

履职的实效。严格落实“第一议题”“三会一课”等制度，把落实中央和省、市、县委决策部署有效融入政协履职中。加强政协理论研究，围绕“基层政协党的建设”“省市县政协联动履职”等开展研讨，所撰写的文章在省政协理论研讨会上荣获三等奖。借力“数字政协”建设，完善“协同先锋”履职平台，增强党建工作的辐射效应。

（二）把握前行之势，进一步提升发展推动力

一年来，我们紧扣党政中心工作，多层次、多角度、全方位开展履职活动，不断提升工作质效。

深入调研献策。坚持以高水平调研推动高质量履职，大兴调查研究，锚定县委“现代产业振兴、城乡能级提升、共同富裕先行”三大主攻方向，以“人文城市建设”“深化区域合作”为主题开展重点课题调研，相关报告提交县委理论学习中心组交流，切实做到调查围绕大势、研究紧跟形势、成果形成优势。深度融入“三个年”行动，围绕长合区一体化体制机制调整、园区能级提升、开发区义务段学校布局等开展专项课题调研，各类履职成果的批示转办率大幅高于往年，建筑业高质量发展、学校体育场地开放等一批建议得到采纳落实。

多层协商聚智。主动把协商放到中国式现代化安吉实践大场景中进行谋划和推进，围绕“加快发展动能转换，推动乡村能级提升”“优化项目攻坚机制”主题，开展县委书记、县长和政协委员“面对面”协商，推动“开工零审批”等惠企惠民机制完善落地，促成“安吉冬笋”溯源码启用。创新开展“书记和委员话民生”“县长和委员话经济”专题协商，建强安吉高级中学等建议写入县委全会报告。围绕“破解旅游淡旺季难题”“提高养老服务综合能力”“提升与丰富安吉旅游形象”等主题开展双月对口协商，围绕“全县强村富民公司运营”“西苕溪水葫芦治理”开展委派民主监督小组协商，推进县委决策部署有效落实，协商的广度和深度进一步提升。

广泛参与助力。自觉肩负起新征程赋予的新使命，切实做到躬身入局，以干为先。县政协班子成员根据县委、县政府工作安排，积极领办城市有机更新、夜间经济发展、“两无两违”专项治理、宁杭铁路二通道建设、竹林碳汇方法学研究、生态文明总体督导等中心工作，各项任务扎实推进，成效逐步显现。政协常委会先后听取营商环境优化、文化设施建设、农业项目推进等工作通报，“加强城市交通安全”等意见建议被相关部门采纳。轮值举办“亲清直通车·政企恳谈会”10场，收集并交办145个问题建议，均已办结。开展年度政协委员“六下乡”服务活动，深入村社开展名医义诊、名师送课、法律咨询、农技辅导、文艺演出等活动，惠及基层群众近万人。

（三）激活平台之效，进一步彰显协商品质力

一年来，我们积极探索专门协商机构建设的新思路、新方法，不断完善协商体系。

平台更趋多元互补。以“基层欢迎、群众满意、议而有效、事有推进”为导向，推动基层协商平台从“有形覆盖”向“有效覆盖”进阶。围绕“环浙科大创新创业园建设”“赋能乡村运营”“助力打造熟人社区”等主题，全年开展民生议事堂活动61场，推动落实解决民生实事47件，“让游客‘旺季来’变‘四季来’”等主题协商入选省政协民生议事堂优秀案例汇编，灵峰街道城南社区协商驿站“银杏树下协商”工作经验在市政协作交流发言。各乡镇（街道）和行业委员工作室围绕“助发展、惠民生、聚共识、促和谐”目标，开展履职活动65场、回应群众咨询2200余人次。坚持线上线下同步，通过社情民意信息联系点广泛征集、编发信息专报97期，其中全国政协和省政协录用29期，在市对县考核中实现争先进位。

格局更趋多层立体。以跨省域、跨层级、跨界别“三跨”联动为基础，构建形成多层立体的协商矩阵。围绕“在安吉水族新居民融合发展”等主题，与贵州三都、四川金川等地政协开展调研协商，推动跨省就医结算等一批事项落地落细，对口帮扶之路越走越宽。突出“一个议题，多层共商”，以“推进特色农产品（竹林鸡）健康发展”等为主题，开展市县镇村联动的“两山”农情议事会，有效串起跨层级协商链条，为助力地方特色产业发展建言献策。突破界别界限，推进组团联合，聚焦助企纾困开展“界别＋区域”调研协商，有效协调解决各类涉企问题176个，推进营商环境持续优化。

成果更趋多样有效。紧扣会议监督、提案监督、专项监督三项抓手，将协商建议成果落实

纳入监督范围，大力促进协商成效向“实”演进、向“高”提升。专题听取县国土空间总体规划、县政府为民办实事项目等一批重要事项的落实情况通报，并提出建议，助力党政精准施策。制定出台民主评议提案办理工作办法和重点提案遴选与督办实施办法，推进提案“批示、调研、座谈”三督办，提高提案立案率、问题解决率、建议采纳率。积极协助省政协开展“营商环境优化提升‘一号改革工程’”“深化‘千万工程’，建设美丽乡村”主题监督，相关工作经验在省政协工作信息专报上刊发推广。

（四）凝聚各方之识，进一步扩大政协影响力

一年来，我们坚持高举团结民主旗帜，力争谋求最大公约数，画出最大同心圆，不断汇聚奋进共识。

做大合作共事的“朋友圈”。高举“两山”旗帜，充分依托余村的影响力和集聚力，紧扣首个全国生态日、“千万工程”实施20周年等节点开展形式多样的学习、协商、联谊活动，推进安吉绿色发展政协委员会客厅成功晋升全省“五星级”。借力长三角“一地六县（市）”主席联席会议，聚焦绿色发展进行主旨发言，在共叙合作之宜、共商合作之策中大力宣扬绿色发展理念。积极配合全国政协“推动绿色发展，促进人与自然和谐共生，推进美丽中国建设”主题调研，相关工作得到全国政协领导的充分肯定。

拓展联络联谊的“交流群”。完善与各党派团体的沟通协作、联系交流、信息通报等制度，举办政协参加单位和民主党派工作交流会，安排民主党派界别委员参与协商监督等履职活动，各界人士参与政协履职活动的频度和深度不断增加。经常性走访政协各参加单位，加强同县工商联及安吉异地商会的联系，持续拓展党外知识分子、非公有制经济人士、新的社会阶层人士的发声通道，助力营造团结和谐的社会氛围。率先出台加强委员联系界别群众实施意见，创新构建“双联双进双应”委员联系服务界别群众机制，全年邀请358名界别群众代表参与政协各类协商活动，拓宽“双走进”渠道。承办省市政协重要会议活动，热情接待全国各地政协来我县考察，推介安吉发展成果，提升安吉对外形象。

奏响美美与共的“协奏曲”。高质量承办“推动建立生态产品价值实现机制”全国政协远程协商会安吉视频连线点活动，得到王沪宁主席充分肯定，远程连线组织工作成为全国政协系统示范样板。立足“亲历、亲见、亲闻”原则，开展安吉移民史、手工艺和饮食史料编撰，生动展现安吉人民包容开放、热爱生活的和美品质。对外宣传持续加强，全年共在人民网、新华网、学习强国等省级以上刊物和媒体发布新闻稿件84篇，20次上榜“浙江政协同心苑”微信公众号一周热文，连续第六年获评省政协宣传工作先进单位。

（五）夯实工作之基，进一步激发队伍战斗力

一年来，我们牢固树立“一线”思维和“一线”标准，内强素质、外树形象，不断提升工作动能。

委员能力有效提升。完善政协委员学习培训机制，分批组织委员赴省外高校开展履职能力培训。完善数字政协“履职在线”数据舱，修订履职综合评价办法，鼓励引导委员在本职工作和政协履职上“双岗建功”。推荐委员列席县政府常务会议，安排委员分批次列席县政协常委会会议，提升委员的参与度和责任感。引导政协委员在推动企业转型、指导乡村经营、化解矛盾纠纷、投身民生事业等一线工作中建功立业，以实际行动践行责任与担当。全年有15位政协委员获得省级以上荣誉，3位委员成为杭州第19届亚运会火炬手。

委组特色持续彰显。完善专委会履职工作规则，加强“一委一品”建设，通过抱团协商、共同调研、专题攻坚，构建统分结合、协同推进的良好工作格局，形成了双周提案办理、“四季主题读书沙龙”等一批专委会工作品牌。主动适应发展需求，新设环境资源界，提升深入研究解决环境资源领域问题的能力与水平，为政协履职注入“新绿”色彩。成立生态文明法律服务委员工作室，联动相关部门开展“白茶祖保护”等主题调研活动，以法律力量保护县域特色产业根基。

严实作风不断巩固。高扬以实绩论英雄风向标，深入推进“五型机关”建设，健全担当作为激励机制，认真开展干部季度评优工作，选派机关干部到上级政协和乡镇（街道）挂职锻炼。严格贯彻落实中央八项规定及其实施细则精神和省、市、县委实

施办法的具体措施，坚决反对形式主义、官僚主义。开展“党纪党性教育一刻钟”和“主体责任履责常态化述评”，签订全面从严治党责任书，支持县纪委县监委派驻纪检监察组开展工作，推动政协履职“严起来、实起来、活起来”。开展青年干部“头脑风暴”和信息攻坚，经常性开展机关干部交流座谈，做到工作上时时紧盯、生活上常常关心，心齐气顺、劲足实干的机关氛围更加浓厚。

各位委员，中共安吉县委对政协工作高度重视，县委主要领导多次出席政协重要会议和活动并作重要讲话，为政协履职提供了科学指引和强大动力。县政府对政协工作大力支持，为政协履行职能、发挥作用创造了良好条件。一年来，县委、县政府主要领导对政协各类履职成果作出批示肯定19件次。过去一年，我县政协工作取得的成绩，是中共安吉县委坚强领导的结果，是县人大、县政府大力支持的结果，是县直部门单位协力同心的结果，是县各民主党派、工商联、人民团体和社会各界通力合作的结果，是各位老领导、老同志热情关心的结果，凝结着县政协各参加单位、广大政协委员的辛勤工作与无私奉献。在此，我代表县政协常委会向所有关心、重视、支持政协工作的领导和同志们，向广大政协委员和界别群众，表示衷心的感谢，并致以崇高的敬意！

肯定成绩的同时，我们也清醒地认识到，工作中还存在一些不足和短板，主要是：调查研究的针对性需要进一步加强，凝聚共识的广度深度需要进一步拓展，委员联系服务界别群众工作机制需要进一步深化，等等。这些问题在今后工作中我们要认真研究，加以改进。

二、2024年工作任务

2024年是中华人民共和国成立75周年，也是人民政协成立75周年，更是实施“十四五”规划的关键一年，做好今年政协工作意义重大。2024年县政协工作的总体要求是：坚持以习近平新时代中国特色社会主义思想为指导，深入学习贯彻习近平总书记关于加强和改进人民政协工作的重要思想，全面贯彻落实习近平总书记考察浙江重要讲话精神，忠实践行绿水青山就是金山银山理念，围绕县委“135”工作体系，主动对标三大主攻方向，积极融入五大具体行动，充分发挥专门协商机构作用，着力推进协商平台提质、界别功能拓展、民主监督增效，提高深度协商互动、意见充分表达、广泛凝聚共识水平，打造深入践行全过程人民民主的县域标志性成果，为持续深化中国式现代化安吉实践，奋力开辟国际化绿色山水美好城市新境界展现担当作为。

具体要做好以下五方面工作：

（一）感恩奋进，在思想政治建设上展现新高度

坚决扛起绿水青山就是金山银山理念诞生地政协人的新担当，牢牢把握新时代人民政协新使命，在事关道路、制度、旗帜、方向等根本问题上统一思想和步调。进一步强化理论武装。坚持把习近平新时代中国特色社会主义思想作为统揽政协工作的总纲，构建以党组理论学习中心组为核心，面向全体委员和机关干部的“崇学讲堂”+“吉兮学堂”一核两翼学习格局，及时跟进学习习近平总书记重要讲话和指示批示精神，抓好创造性贯彻落实、创新性转化发展。举办庆祝人民政协成立75周年系列活动，配合开好县委政协工作会议。发挥政协理论研究牵引作用，扩大征集面和参与面，形成一批高质量、有分量的研究成果。进一步压实党组责任。充分发挥政协党组把方向、管大局、保落实的领导核心作用，落实党建工作要求，做到党建与履职工作同部署、同落实、同检查、同考核，严格落实“一岗双责”，全面压实党的建设、意识形态和党风廉政“三个责任”。巩固深化习近平新时代中国特色社会主义思想主题教育成果，深化落实“两个全覆盖”，切实将党的领导和党的工作延伸到界别活动上、延伸到委员履职链条上，实现深度融合、同向发力。进一步提升党建效能。深化“同行筑梦·同心向党”党建工作品牌，结合安吉政协成立40周年，系统开展循迹溯源、重温嘱托、感恩奋进活动，全面回顾历程、总结经验、坚定信心、努力奋斗，团结引导各党派团体、广大政协委员和各族各界代表人士，积极投身经济发展主战场、乡村振兴第一线、社会服务各领域。建立健全政协党组织“双创双全”组织力提升机制，持续以党建之效激发履职之能。

（二）锚定发展，在服务中心大局上创造新业绩

把推进中国式现代化作为

最大的政治，把坚持高质量发展作为新时代的硬道理，全力融入全县发展大局。围绕中心建言。以“发展新质生产力，推动新经济见效”“打造全域全季全天候旅游目的地”为主题，开展县委书记、县长与政协委员“面对面”协商。关注“融入长三角区域大战略”“城市精细化管理”等开展重点课题调研，以深研究、细思考形成一批切合实际、可行管用的协商成果。突出重心献策。围绕党委政府决策部署的落实情况开展民主监督，围绕“生命健康产业发展”“‘两山’未来科技城建设推进”等主题开展专题议政性常委会视察，围绕“建强预防科学”“职工公寓建设运行”等落实推进情况开展协商式监督，为改革发展减阻力、添动力、增活力。聚焦民心协商。找准事关群众切身利益的民生问题，深化双月对口协商同“民生议事堂”协商平台的协同融合，围绕“拓宽农产品销售渠道”“初中教育优质均衡发展”“促进电商产业发展”“残疾人就业创业”等主题开展协商。健全完善双周提案办理机制，拓宽群众参与各类主题协商渠道，走好政协工作的群众路线。

（三）聚焦主业，在践行协商民主上迈出新步伐

积极探索形成更多富有时代特征、安吉特点、政协特色的鲜活经验，在彰显品牌效应中推动政协工作走在前列。集成打造平台矩阵。用好“五星级”绿色发展委员会客厅，以点连线带面拉动基层协商平台集成提质。把提案、调研、协商、视察、委员读书活动、反映社情民意等工作有机融合起来，把协商地点从会议室延伸到工厂社区、田间地头，搭建集协商、监督、参与、合作于一体，全链条、全过程制度化协商平台，探索更有实效的全过程人民民主县域实践的载体和抓手。深化协商品牌建设。进一步完善跨区域协商机制，巩固拓展横跨“五省九县”、纵联“市县镇村”的立体协商格局，同省外相关县区围绕“深化区域农产品产销合作”开展跨区域协商，联动上级政协开展“以竹代塑绿色发展”协商。持续跟进跨区域协商成果的落实，提升跨层级联动协商成效，支持引导政协委员跨界别联合履职。完善民主监督机制。把准协商式、参与式监督的定位，坚持问题导向，深入调查研究，精准及时反映情况，把协商民主贯穿于监督全过程。完善定期例会等制度，实施民主监督“五个一”工程，构建“9＋2＋N”提案办理工作机制，推进民主监督从会上“说”走向实地“看”、现场“议”、网上“评”，确保“监”在点子上，“督”到关键处。

（四）广聚人心，在推动团结联合上构建新格局

始终坚持团结和民主两大主题，把加强思想政治引领、广泛凝聚共识作为履职中心环节，不断完善从党内到党外、从政协委员到界别群众的凝聚共识工作格局。巩固联谊交流渠道。持续深化同各民主党派、工商联、各人民团体和无党派人士的沟通联络，探索重要课题联合调研、重点提案联动督办、重大活动通力合作机制，努力促进政党关系、民族关系、宗教关系、阶层关系、海内外同胞的团结和谐，持续在坚定一致性“圆心”、拉长多样性“半径”中，寻求全社会最大公约数，为安吉发展聚势赋能。优化联系群众机制。把加强新时代界别工作作为更好展现政协组织优势的支点，建立健全“界别主体、委室依托，联有机制，商有成效”的联系服务界别群众制度机制，探索开展政协委员“12345 天天在行动”活动，充分发挥“民情日记本”、界别服务队、社情民意信息联系点作用，推动委员把群众“需求清单”变成自身“履职答卷”，让凝心聚力促团结成为安吉政协的最大优势、最强法宝、最美名片。扩大文史宣传影响。有序开展文化和文史资料编辑整理，充分运用阶段性成果，创新形式展现安吉厚重的历史文化和人文底蕴，实现以文化人、以文聚人。突出“两山味”“安吉味”“政协味”，发挥好新媒体舆论阵地作用，推动政协宣传工作常态化、在线化、立体化，有效提高新时代政协工作的传播力、感染力和影响力。

（五）实干争先，在强化自身建设上展现新形象

把握提高现代化履职能力的要求，突出实干争先，唯实唯先，持之以恒推进自身建设。强化委员实干导向。坚持以事业凝聚委员，在委员评价上更加注重委员在助推经济发展、提升民生福祉、服务联系基层群众方面的力度和效度。坚持以机制激励委员，动态调整委员履职考核评价制度，会同组织、统战部门做好政协委员“后备库”建设，永葆队伍活力。以真情服务委员，主席会议成员听取委员履职述

职，常态化开展委员走访、谈心谈话活动，协助解决委员困难，让委员感受政协大家庭的温暖。强化专委联络功能。发挥政协专委会的基础性作用，完善主席会议成员联系专委会、专委会联系界别制度，加强对专委会和界别的联系指导，以做深专委会工作推进做活界别工作。聚力打造“一委一品”履职矩阵，强化各专委会联系服务委员、组织履职活动的重要功能，持续为委员发挥优势、展现专长搭舞台、拓渠道，推动专门协商机构“专”出质量、“专”出特色、“专”出水平。强化机关作风建设。在勤廉并重中提升政协机关工作水平，完善机关运行管理机制，以“能干事、干好事”为标准，持续优化干部成长环境，高效开展理论学习、调查研究，履职保障、委员服务等工作。严格落实党风廉政建设各项制度要求，加强干部教育培训和实践锻炼，大力提升干部政治素质和业务能力，打造适应新时代要求的高素质专业化机关干部队伍。

各位委员，各位同志！团结铸就辉煌伟业，实干创造光明未来！让我们更加紧密地团结在以习近平同志为核心的中共中央周围，在中共安吉县委的坚强领导下，脚踏实地、凝心聚力、踔厉奋发、并肩前行，努力推进全过程人民民主县域实践，奋力谱写新时代安吉政协事业发展新篇章，为全面贯彻习近平总书记考察浙江重要讲话精神，持续深化中国式现代化安吉实践，奋力开辟国际化绿色山水美好城市新境界作出新的更大贡献！

附名词解释：

1.“两个确立”“四个意识”“四个自信”“两个维护”：“两个确立”即确立习近平同志党中央的核心、全党的核心地位，确立习近平新时代中国特色社会主义思想的指导地位；“四个意识”即政治意识、大局意识、核心意识、看齐意识；“四个自信”即道路自信、理论自信、制度自信、文化自信；“两个维护”即坚决维护习近平总书记党中央的核心、全党的核心地位，坚决维护党中央权威和集中统一领导。

2.专委会功能型党支部：以安吉县政协8个专委会为依托，在各专委会所联系指导的界别活动组中建立8个专委会功能型党支部，推动实现党的组织对党员委员的全覆盖、党的工作对政协委员的全覆盖。

3.两无两违：指“无合法房产、无安保措施，违章经营、违规操作”的企业。

4.民生议事堂：2021年8月，浙江省政协下发《关于推进“请你来协商·民生议事堂”平台建设的指导意见》，把“请你来协商·民生议事堂”平台建设作为县（市、区）政协深化“请你来协商”工作的重要组成部分。在有条件的乡镇（街道）创建“请你来协商·民生议事堂”平台，有序推进政协协商向基层延伸，助力基层社会治理，更好释放政协专门协商机构潜能效能。

5.安吉绿色发展政协委员会客厅：2022年，安吉县政协在余村建设安吉绿色发展政协委员会客厅，以“学习交流的新载体、联系群众的新纽带、协商民主的新路径、团结联谊的新平台”为定位，发挥向安吉县绿色产业、乡村振兴的代表人士和省内外政协组织和政协委员大力宣传习近平生态文明思想以及生态文明建设的路线、方针、政策的功能，推进建言资政和凝聚共识“双向发力”。

6.四季主题读书沙龙：安吉县政协委员读书品牌，是由各专委会组织界别委员开展的“春之萌”“夏之盛”“秋之硕”“冬之韵”四季读书沙龙。

7.一地六县（市）政协主席联席会议：2020年，由安吉县政协发起，长三角产业合作区“一地六县”（上海白茅岭农场，江苏宜兴市、溧阳市，浙江长兴县、安吉县，安徽广德市、郎溪县）每年在轮值地开展一次政协主席联席会议，助推区域合作发展。

8.两个全覆盖：党的组织对党员委员的全覆盖、党的工作对政协委员的全覆盖。

9.双创双全：即“组织创强、队伍创优，全域提升、全面过硬”。

10.民主监督“五个一”工程：即以“举行一次会议、制定一套制度、谋划一批主题、提升一支队伍、形成一批成果”为抓手，推进政协民主监督工作提质增效。

11.提案办理“9+2+N”：探索开展年度9件重点提案、列入政协常委会评议2个部门的重要提案及纳入双周提案办理协商的N件提案，试行提案建议“条目式”督办，逐一销号，真正实现政协提案由“高言值”向“高价值”转化。

安吉践行“八八战略”纪实

2003 年，浙江省委提出的“八八战略”超前谋划浙江创新和科学发展的战略布局，擘画浙江不断深化改革、在全面建设小康社会的基础上推进社会主义现代化建设的蓝图，是引领浙江发展的总纲领。安吉县委以坚定的政治自觉和高度的历史自信，全面学习领会“八八战略”的深刻内涵，科学推动“八八战略”在安吉有效落地、走深走实，深入践行“八八战略”所蕴含的绿色发展理念，奋力推进县域实现美丽蝶变。20 年来，在“八八战略”指引下，安吉从一个名不见经传的山区县跃升为全国首个生态县、首个联合国人居奖获得县，从一个省级贫困县跻身为全国百强县，成为“两美”浙江建设典范。

一、坚持以“八八战略”为指引，不断开辟县域发展新境界

安吉县委以“八八战略”为遵循，科学判断安吉发展面临的新形势、新挑战，抢占发展新机遇，制定有安吉特色的发展战略，扎实推动全县实现高质量发展，迈向共同富裕，不断开辟县域发展新境界。

（一）以坚定的政治担当坚决贯彻“八八战略”

“八八战略”的“八个优势”，深刻阐明了经济社会发展的内在规律和推动各地发展的基本思路。“八八战略”的“八项举措”又为安吉谋求更大发展指明了前进方向和实践路径。安吉县委以坚定的政治担当深刻领会“八八战略”，紧密结合县情，提出了安吉下一步发展的奋斗目标和主攻方向。

贯穿“八八战略”的主线，就是推进经济社会发展的全面转型升级，特别是经济建设上，如何加快产业转型升级，至关重要。2004 年 1 月，安吉县委十一届三次全体（扩大）会议提出坚持走新型工业化之路，以更有力的措施发展生态工业，着力打造特色先进制造业基地。2006 年 12 月，安吉县第十二次党代会围绕打造先进特色制造业集聚区，部署实施“大企业培育战略”和“中小企业助飞行动”，加大对企业的支持力度，引导企业增强核心竞争力和行业带动力。同时，加快建设工业大平台，以省级开发区为龙头，以乡镇工业功能区为基础，形成工业经济发展带。2009 年 1 月，安吉全面实施加快工业经济转型升级计划，提升椅、竹两大特色产业，加快发展壮大以绿色食品、特色机电、新型医药、太阳能光伏为主的新兴产业规模。2011 年 12 月，安吉县第十三次党代会提出，要加快工业强县步伐，培育壮大装备制造、新能源新材料、绿色食品和生物医药等战略性新兴产业。

加快推进城乡一体化是“八八战略”的重要内容。安吉县委积极谋划如何发挥县城对农村的辐射带动作用和农村对县城的支持促进作用，推动实现城乡互补、协调发展和共同繁荣。2003 年，安吉开始实施“经济薄弱村五年脱贫”工程和“异地致富”工程，加大农村富余劳动力转移力度，拓展农民增收空间，加速推进城市化、现代化进程。2004 年，安吉推行城乡统筹就业，创新统筹就业服务机制，建立城乡统一的劳动力市场和公平的服务平台，扩大就业和再就业空间，同时深入实施新型农村合作医疗和新型城乡合作医疗制度。从 2007 年开始，安吉统

筹推进山区新型城市化与新农村示范区建设，并于2008年创造性地开展了中国美丽乡村建设。2011年12月，安吉县第十三次党代会提出全面提升中国美丽乡村和生态县建设水平，争创“联合国人居奖”。

“八八战略”提出进一步发挥人文优势，积极推进科教、人才建设，加快建设文化大省。安吉县委也根据经济社会发展的新阶段、新特点，把加强文化和精神文明建设等作为重要任务。2003年，安吉围绕建设生态文化大县的目标，提出要充分挖掘传承安吉特有历史文化和地域民俗文化，打响安吉特色文化品牌。2005年10月，进一步作出加快建设生态文化大县的决定，部署实施文明素质、文化精品、文化保护、文化产业、文化阵地、文化人才、科教发展、健康保障等八大工程。2009年，安吉成功创建浙江省文化先进县。2011年12月，安吉县第十三次党代会提出推动文化大县向文化强县迈进，要求完善公共文化设施网络，发展新兴文化业态，推进安吉文化走向国内外。

从2003年到2011年，安吉地区生产总值由66亿元增加到220亿元。成为全国农业与乡村旅游示范县、全国生态农业建设先进县、国家卫生县城、全国文明县城，并被授予“中国竹地板之都”和“中国椅业之乡”称号。

（二）立足安吉优势致力推动高质量发展

经过多年的奋斗实践，安吉各个方面都取得了显著发展，践行“八八战略”已成为自觉行动。党的十八大以来，安吉更加深入实施“八八战略”，加大开放兴县力度，加强改革创新，推动实现深层次变革、系统性重塑、高质量发展。

不断提高对内对外开放水平是“八八战略”的应有之义，安吉依托“八八战略”实施以来取得的丰硕成果，进一步发挥长三角中心区位优势，积极参与区域分工合作，以开放促发展。主动参与国家“一带一路”、长江经济带战略。深入实施“融杭接沪”行动计划，积极推进“浙澳经贸合作区”建设，进一步拓宽科技、人才、金融、产业等领域合作。积极开拓国际市场，开展与联合国人居署等国际组织的经常性合作交流，与“一带一路”沿线50多个国家建立贸易关系。应用跨境电商等新型贸易方式，推动企业扩大海外投资，支持企业加强境外营销网络建设，促进外贸结构优化。建设交通大网络，加快构建“公铁水空”现代综合交通运输体系。安吉已经初步构建起重点突出、双向互济的对内对外开放新格局。

改革创新是贯穿“八八战略”各个方面的一条金线，是推动经济社会发展全面转型的根本动力。党的十八大以来，安吉以改革创新突破发展空间。持续优化体制机制，深化大部门制改革，纵深推进行政审批制度改革，大力推动“四张清单一张网”等建设，深入实施“最多跑一次”改革、政府数字化转型和数字化改革。在全国首创国地税联合办公、基层国土规划联合办公、森林公安与地方公安联动执法，创新成立生态文明办、矿资办、督查办。在全省率先建立“五证合一”“一照一码”[①]登记制度。推动“两山银行”建设等一批创新实践走在前列、成为示范；深化农村集体建设用地入市、农村宅基地“三权分置”等改革；完成全国首宗农业“标准地”、旅游“标准地”成功出让，让资源要素活力得到激发。安吉以改革创新释放出实实在在的红利，激发人民群众创新创业的积极性，保障了群众的改革获得感，也进一步解放和发展了生产力。长龙山抽水蓄能电站等一批优质项目相继落地运营。

2022年6月，长龙山抽水蓄能电站实现全面投产

①“五证合一”“一照一码”是指将企业申请的营业执照、组织机构代码证、税务登记证、社会保险登记证和统计登记证合为一证，由一个部门核发加载统一社会信用代码的营业执照。

2023年，安吉地区生产总值增加到615.12亿元，财政总收入112.95亿元；规模以上工业企业635家，其中"金象金牛"企业5家、工信部单项冠军示范企业2家、"专精特新"小巨人企业19家、浙江省"雄鹰"企业1家、省隐形冠军企业8家；建成全省产业集群2个。全县累计上市企业15家。经济社会各个领域持续沿着高质量发展的轨道前行。

（三）着眼美好生活向往积极有为促进共同富裕

深入实施"八八战略"给安吉带来了全方位、深层次、历史性的变化，给安吉人民带来了实实在在、可观可感的实惠。高水平全面建成县域小康社会，筑牢了不断迈向社会主义现代化的坚实基础。在强县富民的道路上，安吉人民始终牢记党的恩情和实现社会主义的伟大理想，积极助力祖国贫困地区脱贫攻坚。2018年4月，安吉县黄杜村党员就带头主动向贵州、四川、湖南等中西部地区捐献白茶苗，这些白茶苗被当地村民誉为"浙江亲人"送来的"希望苗"，为当地贫困人群脱贫奔小康作出了积极贡献。习近平总书记对黄杜村党员"为党分忧、先富帮后富"的壮举给予高度肯定。

共同富裕是社会主义的本质要求。2021年5月，习近平总书记和党中央将高质量发展建设共同富裕示范区的光荣使命赋予浙江。在新的伟大征程中，安吉继续做好"八八战略"的忠实践行者，深刻理解用"八八战略"推动高质量建设共同富裕示范区的政治逻辑、理论逻辑、实践逻辑、历史逻辑。7月，安吉县委十四届十一次全体（扩大）会议通过"十四五"时期共同富裕安吉样本实施方案，提出要加快实施"绿色发展提升""美丽城乡领跑""居民收入和中等收入倍增""幸福民生提质""新时代文明风尚引领""生态环境提标""新时代'余村经验'品牌""党建统领强效"等八大工程及全面构建现代产业体系、强村富民等一揽子举措。同月，作为省"建设共同富裕现代化基本单元领域"首批试点单位，安吉迅速出台三年行动计划，突出产业强村、富民增收、美丽宜居、数字赋能、党建统领等五大提升行动任务，落实推动镇村组团发展等15条具体举措。12月，安吉县第十五次党代会进一步提出，要实施"共同富裕先行"工程，打造人民满意的幸福之城。2022年4月，安吉出台高水平推进余村共同富裕现代化基本单元省级试点建设的改革总体方案，统筹落实"十个一"改革举措①，以国家级田园综合体项目、省级未来乡村创建为抓手，以开展竹林碳汇收储交易、建设区域强村富民公司、建立"两入股三提升"②共富机制等重点改革为突破，在实现高质量赶超发展中推进共同富裕。同月，安吉县共同富裕领导小组第三次会议上提出全力推进"十百千万"工程③，以实绩实效拓宽共富通道。

经过全县上下探索拼搏，安吉共同富裕工作扎实有序推进。2023年全年城镇居民人均可支配收入71704元，农村居民人均可支配收入45469元，城乡居民收入倍差进一步缩小到1.58，全县基本养老保险、医疗保险参保率分别达到99%和99.8%，常住人口城镇化率超60%。安吉人民的幸福感、满意感、安全感得到显著提升，一幅生机盎然的共富画卷正在安吉徐徐展开。

二、坚持以绿色发展为先导，着力开拓生态文明建设新高地

在忠实践行"八八战略"过程中，安吉县委坚定绿色发展理念，敢闯敢为、先行先试，全面推进生态文明改革创新。注重找准改革创新着力点，积极构建生态文明建设重要载体，不断创造经验、提供示范，形成许多具有中国气派、浙江特色、安吉辨识度的改革创新标志性成果。

（一）绿水青山就是金山银山理念诞生地

2001年，安吉开始实施"生态立县"发展战略，采取了一系列政策措施保护和改善生态环境，发展生态经济，取得了初步成效。2003年4月，习近平同志到安吉考察调研时对"生态立县"

①即管理体制一张网、基层组织一面旗、全域发展一幅图、产业振兴一盘棋、"两山"银行一本账、万众创业一家人、全民就业一站式、全民参保一座城、零碳建设一把尺、数字化改革一条链。

②即优质资产资源量化入股，实现村集体和农民收租金、挣薪金、分股金。

③即建成10个大型共富产业园、100个小型共富产业园、1000家共富乡宿、10万套职工公寓，并投资建设3000公里以上"五彩共富路"。

战略给予充分肯定。他强调，像安吉这样生态环境良好的地方，要把抓特色产业和生态建设有机结合起来，深入实施“生态立县”发展战略，努力在全省率先基本实现现代化。安吉深受鼓舞，坚定“生态立县”之路，深入推进生态经济强县、生态文化大县、生态人居名县建设，推动经济发展方式实现战略性调整。

2005 年 8 月 15 日，习近平同志第二次到安吉调研。在余村座谈上，他听到当地关停矿山转型发展生态旅游时指出，安吉今后要扎扎实实走一条生态之路，要有所为有所不为；生态资源是最可宝贵的资源，不要以牺牲环境为代价来推动经济增长；不要迷恋过去的那种发展模式。正是在这次座谈会上，习近平同志提出了绿水青山就是金山银山的重要理念。

安吉是绿水青山就是金山银山重要理念的诞生地，这是安吉的自豪和骄傲，也是推动安吉发展的指南和动力。安吉县委对绿水青山就是金山银山重要理念有着深刻的认识。对安吉来说，绿水青山是最大优势，必须坚定护美绿水青山，始终坚持生态优先、绿色发展，在改革发展进程中不断保持优势、创造优势、放大优势，牢牢守住县域生态环境的“家底”；同时，必须不断做大金山银山，切实把生态环境之美转化为绿色发展之美；更要坚持以人民为中心，大力推进生态惠民，积极扩大生态价值，着力推动老百姓共享“两山”转化成果。

(二)“中国美丽乡村”发源地

2003 年 1 月，习近平同志在全省农村工作会议上明确指出，要全面建设小康社会，提前基本实现现代化，增加农民收入的任务最迫切，发展现代农业的任务最艰巨，改变农村面貌的任务最繁重。同年 6 月，省委在全省启动“千村示范、万村整治”工程。安吉县委积极响应省委号召，在全县实施以“双十村示范、双百村整治”为内容的“两双工程”，大力推进农村环境整治，集中攻坚工业污染、违章建筑、生活垃圾、污水处理等突出问题，同时自加压力，扩大“双百村”创建面，达到当时行政村总数的 90%。经过多年努力，安吉县农村人居环境改善明显，极大提高了农村生态文明创建水平。2007 年，安吉被国家林业局和国家环保总局命名为全国林业推进社会主义新农村建设示范县和新农村与生态县建设互促共建示范区。

为深入推进新农村建设，县委大胆提出了建设“中国美丽乡村”的设想。2008 年 1 月，安吉县委十二届三次全体(扩大)会议作出“全面抓好示范区建设，塑造中国美丽乡村新品牌”这一重要决策，努力把安吉农村建设成为“村村优美、家家创业、处处和谐、人人幸福”的“中国美丽乡村”。“中国美丽乡村”建设涉及社会、经济、政治、文化、环境等各方面，是一次全面行动。安吉坚持全域化推进，在空间上实现全覆盖，把全县域作为一个大乡村来规划建设，同时凸显特色，体现一村一品、一村一业、一村一景，构建城、镇、村立体化推进格局。坚持标准化引领，制订涵盖“美丽乡村”建设全过程、全方位的标准体系。坚持品质化打造，高起点规划，拉高建设标杆，推进“美丽乡村”精品示范村建设和精品观光带提升，同时建立“美丽乡村”摘牌、降级和复牌制度。坚持多元化投入，形成政府主导、乡村主体、社会参与的多元资源流入渠道。坚持产业化经营，深化农村改革，创新经营模式，推进产业融合，不断提升产品价值。在县委、县政府的正确领导和政策鼓励下，“中国美丽乡村”建设在安吉高效推进，至 2012 年底，全县创建覆盖面达 95.7%。

安吉推进“中国美丽乡村”建设的做法，在全省乃至全国受到广泛关注，《人民日报》、中央电视台等主流媒体竞相报道，“中国美丽乡村”品牌呼之欲出。2010 年 5 月，省委、省政府决定打造浙江“美丽乡村”品牌。“美丽乡村”建设上升为省级战略。在省委、省政府的推动下，全省各地不断涌现许多新的“美丽乡村”。“美丽乡村”还得到国家有关部门的充分肯定和大力推广。同年 10 月，安吉被国家标准化管理委员会命名为“中国美丽乡村国家标准化示范县”。

安吉继续加大力度推进“美丽乡村”建设，实施美丽乡村升级版。2015 年 5 月，以安吉县人民政府为第一起草人的《美丽乡村建设指南》国家标准正式发布，实现了“美丽乡村”建设从地方经验到国家标准的提升。同年，省委、省政府在全省美丽乡村建设现场会上要求努力打造好“美丽乡村”升级版，着力推进“美丽乡村”全域规划、连线成片和示范县建设。安吉县委再次抓住机遇，深化“中国美丽乡村”建设，做优做强“美丽乡村”品牌。实施连片提升工程，把县城打造成为“优雅竹城”、集镇建成“风情小镇”、乡镇建成“美丽乡镇”、村庄成为“美丽乡村”、农户成为“美丽家庭”。大力推进“中国大竹海”“黄浦江源”“昌硕故里”“白茶飘香”四条“美丽乡村”精品观光带建设，并在此基础上把全县所有公路、河道都建成“美丽廊道”，使一个个美丽的村庄串成线、连成片。2016年，安吉县荣获第一批浙江省美丽乡村示范县第一名。

（三）新时代浙江（安吉）县域践行“两山”理念综合改革创新试验区

党的十九大把绿水青山就是金山银山重要理念写入党章。为继续强化安吉县践行绿水青山就是金山银山重要理念的先行优势和引领作用，充分展示绿水青山就是金山银山重要理念的巨大理论力量和实践力量，省委、省政府决定在安吉开展新时代践行“两山”理念综合改革创新试验区（以下简称“试验区”）建设。通过试验区建设进一步探索践行绿水青山就是金山银山重要理念的有效路径，完善协同推进经济高质量发展和生态环境高标准保护的体制机制，对促进全省县域经济社会持续健康发展、加快“两个高水平”建设具有重要示范意义。

试验区建设围绕打造全国绿色发展标杆、全国城乡融合样板、全国美丽宜居大花园典范三大目标，着力构建高标准生态保护机制、高质量绿色发展机制、高水平开放合作机制、一体化城乡融合机制、市场化要素配置机制和现代化县域治理机制等六大机制，并依此确定22项重点任务，匹配重大改革、重大政策、重大项目等“三张清单”，包含健全环境治理与生态产品价值实现机制、“强县扩权”改革等8项重大改革，土地、产业等8类重大政策和西苕溪全流域河湖生态修复与综合整治工程、抽水蓄能电站等10个重大项目。

改革创新是试验区建设的核心和关键。安吉探索生态产品价值实现机制，成立“两山银行”生态资源运营平台，并实体化运行，对县域生态资源统筹管控、开发、运营、监管，分类分级管理低效开发经营的林地、农村闲置宅基地、村集体闲置经营性建设用地等八类重点资源，实现零散生态资源的高效集聚利用和项目的有序开发。开展省南湖监狱农场用地支持地方发展试点，探索建立国有农用地“收回补偿＋留地”、联合开发共同持有、代建独立产权、农用地租赁流转、建设用地共享、小规模土地置换等方式。此外，还探索农村宅基地“三权分置”和集体经营性建设用地入市；开展黄浦江流域生态共建共享，成立黄浦江源生态保护基金用于生态保护、生态补偿等领域；发布全国首个《绿色乡镇建设指南》地方标准规范；建立健全森林和湿地生态补偿制度等。

通过一年一年抓落实、钉钉子，试验区建设成果斐然。美丽环境有新提升。安吉实现天更蓝、水更绿、空气更新鲜，荣获全省首批大花园典型示范建设县，成为中国最美乡村百佳县。绿色发展实现新跃升。安吉成功入选全国综合竞争力百强县，“竹林碳汇”改革获得国开行高度肯定，绿色家居、生物医药、装备制造、电子信息、新材料等5大产业为主的生态产业体系逐步形成，生态环境的“含绿量”正在加快转化为产业发展的“含金量”。改革项目有新突破。安吉数字化改革累计获得省级试点55个，首创的农村产权制度集成化改革、“强县扩权”改革、监地融合发展等一批重大改革项目取得突破性进展。

（四）打造绿色发展县域样本

在“八八战略”指引下，安吉坚持以绿水青山就是金山银山重要理念为遵循，将生态文明建设融入经济社会发展的方方面面，通过积极发展生态农业、生态工业、生态服务业等，经济发展与生态质量实现良性互动，推动经济的快速发展和人民生活水平的显著提高。

安吉持续推进生态环境治理。从2005年到2023年，全县森林覆盖率、植被覆盖率持续保持在72%以上，空气优良率达95%，地表水、饮用水、出境水达标率均为100%，污染地块安全利用率100%，24个县控及以上断面水质全部Ⅱ类及以上，实现了“气净、水净、土净”。从2016年开始，安吉4次夺取全省“五水共治”“大禹鼎”，2017年还成为全省首批“无违建县”。安吉成功创成全国生态文明建设示范县、国家节水型社会建设达标县、首批国家森林城市、首个气候生态县，成为全国首个自然资源综合改革试点、全国首个发布《“无废城市”建设指南》的县域。

在特色农业方面，安吉农产品品牌已经打响。全县累计建成现代农业园区93个，形成了安吉白茶等一批高收益的农业产业。推动"互联网＋特色农业＋金融"融合式发展，安吉白茶成为全国首个在华东林交所上市的绿茶品牌。2023年，安吉白茶区域公用品牌价值达到52.06亿元，连续14年入选全国十强。全县规模茶园面积20.06万亩，年产值35.88亿元，带动全县农民人均增收9960元。竹产业是安吉的一项重要产业。安吉以开展竹林碳汇改革推进竹业绿色发展，2021年12月，设立启用全国首个县级竹林碳汇收储交易中心。2022年，成立全国首个县级森林碳汇管理局。通过成立竹林碳汇收储交易平台，推动碳汇交易入市，逐步构建起"林地流转—碳汇收储—平台交易—收益反哺"的工作体系，实现竹林碳汇"可度量、可抵押、可交易、可变现"，带动全县17.15万名林农取得长久性收益，广大林农人均增收2000元以上，有效探索走出了一条绿色低碳共富的可持续发展之路。

在绿色工业方面，绿色发展推进机制基本形成，安吉工业绿色发展整体水平显著提升。单位GDP能耗大大优于全省平均水平。绿色家居产业行业入选省级分行业试点，2019年度综合评估获得全省第二批14个地区第一名，绿色家居产业入选国家工信部"国家新型工业化示范基地"。大力支持以椅、竹为主的绿色家居产业高端化、集团化发展，推动企业加快从制造向创造转型、从质量向品牌提升，不断扩大安吉椅业的行业影响力，推动优质企业实施行业和国际兼并，打造全球绿色家居基地。另外，生命健康、高端装备、电子信息、新材料等新兴产业也得到长足发展，占规上工业增加值比重达49.9%。2023年，全县累计创建国家级绿色园区1家，国家级绿色工厂7家，省级绿色低碳工厂7家；并成为全省"现代家具与智能家电"产业集群核心区和生物医药与医疗器械产业集群协同区。

在休闲旅游业方面，经过多年的发展，安吉迈入"双千百时代"①，2019年，全年接待游客突破2800万人次，旅游总收入达到388.24亿元，成为"国家首批全域旅游示范区"，全域旅游产业增加值GDP占比全省领先，是全国国际品牌酒店最多的县。2021年，余村入选首批联合国世界旅游组织"最佳旅游乡村"；2022年获首批国家气候标志品牌"中国天然氧吧"。2023年全年接待游客3152.8万人次，连续5年位居全国县域旅游综合实力百强县榜首。旅游业成为安吉的一张"金名片"。

三、坚持探索乡村善治之路，打造县域乡村治理新标杆

法治建设是"八八战略"的重要内容和实践载体。2004年9月，习近平同志就批示要求研究建设"法治浙江"问题。基层民主法治是"法治浙江"建设的重要内容。2005年8月15日，习近平同志专程到安吉余村调研法治建设工作，强调村级民主法治建设很重要，特别是从农村开始的基层民主，步子可以大一点，要求各级干部在推动基层民主法治建设方面要深化认识，做出有益探索。

（一）"余村经验"的产生

20世纪90年代，余村开始在全村实行村聘法律顾问，让村民在家门口就能享受到专业的法律服务。"八八战略"提出后，法治建设成为进一步发挥软环境优势的主要举措。余村村"两委"认真学习领悟，坚持科学发展、和谐发展、"三个文明"一起抓，在法治建设上迈出更加坚实的步伐，大力推进民主法治村建设。

余村充分发挥村民主体作用，创造形成了"两山议事会"等具有借鉴意义的好做法。余村坚持把协商民主贯穿深化绿水青山就是金山银山重要理念实践的全过程，逐步形成民主恳谈、村"两委"商议、党员审议、村民代表决议等的议事平台，探索出一套"自主提事、按需议事、约请参事、民主评事、跟踪监事"的议事机制。2017年初，这套机制和平台正式命名为"两山议事会"。通过"两山议事会"，全体村民议定通过了村级公共服务项目、"两山"绿道建设等涉及村民权益的重大事项，取得良好成效。仅2019年全村就协商议事65件次，群众对办理结果的满意度达97%以上。此外，余村还成立由退职干部、村民组长、党员代表等组成的村民议事会、道德评议会、禁毒禁赌会、红白理事会等"四会"组织，统筹负责村民生产生活行为管理与监督。

①即旅游总人次达2500万以上，旅游总收入达300亿元以上。

余村多年来的民主法治建设取得显著成效，村民从学法、知法、守法到信法、敬法、用法，有事大家议，决策大家定，真正做到了民主选举、民主协商、民主决策、民主管理、民主监督，实现了将矛盾化解在基层、消灭在萌芽状态。村民自治能力、公共服务质量和社会管理水平明显提升，全村实现零上访、零诉讼、零事故、零刑案、村“两委”干部零违纪。余村先后获评美丽宜居示范村和全国文明村、全国创建文明村镇工作先进单位，成为浙江乡村善治的典型。

（二）总结推广“余村经验”

余村坚持生态文明与社会治理同步推进、美丽乡村与善治乡村一体建设，深入推行民主法治村建设，以创新的社会治理经验，形成了一套自治法治德治相结合、生产生活生态齐发展的治村之道，不断提升党建引领社会治理的能力和水平，受到了广泛关注。

2017年，司法部相关领导到余村专题调研，形成《关于安吉余村践行“两山”理念、坚持三治结合推进乡村治理等相关内容的调研报告》。2018年4月8日，习近平总书记在该报告上作出重要批示，要求“总结提炼‘余村经验’之价值”。同年5月，中宣部调研组专题调研余村乡村治理的做法，形成了《坚持自治法治德治相结合推进新时代乡村治理的生动范例——关于浙江“余村经验”的调研报告》。

经过不断地总结和提炼，以“支部带村、发展强村、民主管村、依法治村、道德润村、生态美村、平安护村、清廉正村”为主要特点和核心内涵的“余村经验”正式亮相。“支部带村”，就是加强村级党组织建设、发挥村级党组织在村庄治理中的领导核心作用，以党风促民风，形成良好的村风。“发展强村”，就是围绕发展做文章，打通“两山”转化通道，实现经济发展与生态保护双赢。“民主管村”，就是完善基层民主制度，突出村民主体地位，保障村民权益。“依法治村”，就是运用法治思维和法治手段解决村庄发展和治理中遇到的问题，促进乡村治理规范有序。“道德润村”，就是积极引导村民认同和践行社会主义核心价值观、提高思想道德素养，践行家规家训，以德育人、以文兴村。“生态美村”，就是坚持生态优先，美化村容，洁化环境，绿化村庄，着力优化人居环境。“平安护村”，就是加强社会治安管理，建设平安村庄，保障群众安全，实现共建共享。“清廉正村”，就是以“清廉乡村”建设为主导，大力弘扬崇尚廉洁的新风正气，构筑清廉乡村廉洁屏障。“余村经验”在乡村治理方面除了具有上述八个方面的特点外，还突出体现了“生态引领、党建为核、三治融合”的治理精髓。

“余村经验”是对新时代“枫桥经验”的继承和发展，为健全自治法治德治相结合的乡村治理体系提供了生动范例。为推动落实习近平总书记关于“余村经验”重要指示精神往深里走、往实里走，推进乡村治理现代化，各级党委和有关部门对推广“余村经验”也都作了专题部署。2018年9月，安吉根据“余村经验”制定发布了全国首部《乡村治理工作规范》，为开展乡村治理提供了接地气、重实操、规范化的标准指导。2019年3月，湖州市委在全市范围内全面推广“余村经验”，大力提升全市乡村治理现代化水平，努力率先建成乡村治理现代化样板区。7月，“余村经验”入选中组部《贯彻落实习近平新时代中国特色社会主义思想、在改革发展稳定中攻坚克难案例》。12月，安吉入选首批全国乡村治理体系建设试点县。

（三）新时代乡村治理安吉样板

安吉从“余村经验”出发，努力推动县域治理现代化从“点上发力”向“花开满园”转变、从“末端治理”向“源头治理”转变、从“一元主体”向“多元共治”转变。在乡村治理体系建设试点工作中，充分发挥“余村经验”的示范引领作用，全面推进县域乡村治理体系和治理能力现代化。

安吉县委明确要求参照学习“余村经验”，因地制宜、因地创新，形成更多具有很强实践性的乡村治理经验。在县委的推动下，高禹村以“五个所有”[①]构建党建引领乡村治理新格局，横溪坞村以“四个不出村”[②]探索乡村治理新样板，鲁家村以“三化路径”[③]实现乡村振兴领跑新蜕

①即所有工作党领导、所有村务都讨论、所有决策都留痕、所有财务都公开、所有干部不碰钱。

②即大事不出村、办事不出村、创业不出村、垃圾不出村。

③即山水资源化，创建美村；农场产业化，联营强村；资产股权化，红利富民。

变。安吉县委还探索推进信访“一站式管理、一条龙处理”模式。2019年3月，安吉综合县级综治中心、人民来访接待中心、诉讼服务中心、公共法律服务中心、12345统一政务咨询投诉举报平台等线下线上工作平台，成立县社会矛盾纠纷调处化解中心，整合纪委监委、政法委、信访、法院、检察院、公安、司法等18个部门(单位)力量进驻，并吸收行业性专业调委会、法律咨询、心理服务、社会帮扶、仲裁、鉴定、公证、评估、保险、公益服务等社会力量，为群众提供全覆盖、全领域、全过程的优质服务。县社会矛盾纠纷调处化解中心覆盖全县各乡镇、村(居)的矛盾调解机构，让人民群众遇事“有地找说法”，全面推广“掌上矛调”APP，有效推动数字赋能乡村治理。安吉还建立县、乡、村三级信访代办平台，为群众提供委托代办、主动代办、指定代办等服务。安吉在各村(社区)形成“重点人员有人管、矛盾纠纷有人调、村庄街巷有人巡、问题困难有人帮”治理格局，营造出村民有序参与基层治理的乡村自治新风貌，连续三次被评为“平安中国建设示范县”。

安吉县社会矛盾纠纷调处化解中心接访区

2020年3月30日，习近平总书记再次到安吉视察，在余村，他指出，乡村也要现代化，乡村现代化要走乡村振兴道路。在安吉县社会矛盾纠纷调处化解中心，他指出，基层是社会稳定的基础，要让老百姓遇到问题能有地方“找说法”，切实把矛盾纠纷解决在萌芽状态、化解在基层；社会矛盾纠纷调处化解中心真正有效的是，把它当成一个处理事情的平台，各单位都派出具有解决问题能力的人，给他们授予权限，群众慢慢也就认可这个地方了，做到真正能把问题解决在基层。

基层是社会的细胞，加强社会治理，根基在基层。加强和创新基层社会治理，打造共建共治共享的基层社会治理共同体，对于推动建设共同富裕基本单元意义重大。为落实习近平总书记重要指示精神，安吉县持续深化和推广新时代乡村治理“余村经验”，不断推动县域社会治理现代化建设，为全市全省乃至全国积累了经验、提供了样板。2021年4月，安吉成为首批法治浙江(法治政府)建设示范县，12月，夺得全国平安建设最高奖“长安杯”。2022年5月，被中组部列为党建引领乡村治理试点县。2023年，安吉累计建成全国民主法治示范村7个、省级民主法治村102个、“浙江省善治示范村”109个。安吉基本形成了“治理体制现代化、治理布局现代化、治理方式现代化”的“三位一体”现代化建设格局，绘就出人与自然和谐、人与社会和谐、人与人和谐的安吉画卷。

20年来，安吉县忠实践行“八八战略”，精彩演绎绿水青山就是金山银山重要理念在基层的生动实践，实现了从“一域美”到“全域美”、从“形态美”到“发展美”、从“外在美”到“内涵美”的美丽蝶变。展望未来，安吉将再接再厉、顺势而为、乘胜前进，高水平打造生态文明典范城市先行区，高质量建设国际化绿色山水美好城市，奋力谱写中国式现代化安吉篇章。

(中共安吉县委党史研究室)

1月

2日 中共安吉县委副书记、安吉县长宁云先后到天荒坪镇卫生院、递铺街道吉庆桥社区卫生服务站、经典1958发热诊疗站、县人民医院急诊室及ICU重症监护室,看望慰问奋战在一线的医务人员。

3日 浙江省副省长刘忻带队到安吉县天荒坪镇余村、灵峰街道"小瘾·半日村"民宿集群村落、天子湖镇高禹村调研并开展"大走访大调研大服务大解题"活动。

5日 在浙江省全面深化改革委员会公布的2022年浙江省改革突破奖名单中,《全方位全链条对口产业帮扶模式——安吉白茶"一片叶子再富一方百姓"》获得浙江省改革突破铜奖,成为对口条线唯一入选案例。

6日 安吉白茶生产应用以其实用性、实效性、便利性成功入选浙江省农业农村厅公布的2022年度全省农业农村数字化改革"优秀应用"名单。

9日 中共安吉县委十五届四次全体(扩大)会议暨县委经济工作会议举行。出席这次全会的县委委员37名、候补委员9名。县委常委会主持会议。会议听取和讨论了杨卫东受县委常委会委托作的工作报告,审议通过《中共安吉县委关于全面学习贯彻党的二十大精神 高水平打造生态文明典范城市先行区 高质量建设国际化绿色山水美好城市 奋力谱写中国式现代化安吉篇章的决定》。

10日 中共安吉县委召开书记专题会议,听取十五届县委第一轮巡察整改情况及第二轮巡察工作情况专题汇报。市委常委、县委书记杨卫东主持会议并讲话。

11日 安吉县1个乡镇(孝丰镇)、10个小区(翡翠湾花苑东区、竹贸城住宅小区、水岸人家、百悦博园、红枫苑、文驿小区、明鸿花园、天和苑、大家金麟府、溪城华庭)上榜2022年度浙江省高标准生活垃圾分类示范名单。此前已有7个村(灵峰街道大竹园村、溪龙乡新丰村、孝丰镇溪南村、报福镇报福村、章村镇长潭村、上墅乡刘家塘村、天荒坪镇五鹤村)获2022年度省级高标准农村生活垃圾分类示范村。

12日 中共湖州市委常委、安吉县委书记杨卫东先后到县人武部、湖州海关驻安吉办事处、上海铁路局嘉兴车务段安吉站、乾门科技有限公司、递铺街道双河村、长乐社区,昌硕街道秋芦南苑、通凌路等地开展"大走访大调研大服务大解题"活动。

16日 中共安吉县委召开全县领导干部会议,传达学习省十四届人大一次会议和省政协十三届一次会议精神,研究部署安吉县贯彻落实工作。市委常委、县委书记杨卫东主持会议并讲话。

17日 中共湖州市委书记陈浩到安吉县参加指导安吉县委常委会民主生活会。市委常委、县委书记杨卫东代表安吉县委常委会班子作对照检查。

同日 安吉县昌硕街道举行"安新"新就业形态劳动者法律服务工作站成立揭牌仪式。这也是安吉县首家面向新就业形态劳动者设立的法律服务工作站。

18日 中共湖州市委副书记、市长洪湖鹏先后到安吉县天子湖镇社会福利中心敬老院、孝源、递铺街道社区卫生服务中心、退役军人、困难劳模家中开展"大走访大调研大服务大解题"活动。

同日 中共湖州市委常委、安吉县委书记杨卫东主持召开安吉县第二十六期“在湖州看见美丽中国”亲清直通车·政企恳谈会，面对面倾听企业意见建议、发展诉求，现场研究解决企业实际困难和问题。

同日 安吉县委政法委被省委建设平安浙江领导小组评为“平安护航二十大成绩突出集体”。

18—19日 中共安吉县委副书记、县长宁云先后到浙江长龙山抽水蓄能有限公司、华东天荒坪抽水蓄能有限公司、浙江自然博物院安吉馆、省南湖监狱等省直在安吉有关单位和武警安吉中队、南湖武警二大队、梅溪镇小溪口村、板桥村和石龙村开展“大走访大调研大服务大解题”活动。

19日 中国科协公布2021—2025年度第二批全国科普示范县（市、区）认定单位名单，浙江省共有15个县（市、区）被命名，安吉县位列其中，是湖州唯一被命名的县（区）。

同日 安吉县在中国气象局发布《关于2022年气候生态品牌创建示范活动评审结果的公告》中榜上有名，被授予“中国天然氧吧”称号。

27日 安吉春节假期旅游成绩单火热出炉。截至14时，全县累计接待游客73.1万人次，同比增长105.3%，恢复至2019年的101%；实现旅游收入10.96亿元，同比增长153.2%，恢复至2019年的113.2%。

29日 中共安吉县委召开全县深化“在湖州看见美丽中国”实干争先主题实践推进暨经济发展、能力作风建设大会。

30日 80余名安吉籍大学生在参观考察了安吉县智治中心规划展厅、能链智电总部后，参加了“就业创业最安吉”大学生筑梦“两山”新春恳谈会。该活动被各央媒省媒纷纷报道点赞。

同日 安吉高新技术产业园区被浙江省政府认定为省级高新技术产业园区。这是我省施行省级高新区创建制以来省政府发文认定的首批省级高新技术产业园区。

是月 安吉县上墅乡刘家塘村、孝丰镇横溪坞村上榜司法部、民政部公布的第九批“全国民主法治示范村”名单。

同月 安吉推荐的《安吉白茶：一片叶子促共富，品牌发展惠民生》成功入选国家知识产权局商标品牌建设优秀案例，成为全市唯一入选案例，全省“区域建设类”3个入选案例之一。

同月 安吉县水利局获“全国水土保持工作先进集体”称号。

同月 安吉县赋石水库灌区入选国家级节水型灌区名单。

同月 国家知识产权局发文，同意安吉（绿色家居）知识产权快速维权中心通过验收，投入运行。安吉快维中心于2021年1月获得批复，在2022年11月接受了国家知识产权局远程线上验收。

同月 浙江省林业局发文公布了2022年度浙江省“一村万树”示范村名单，安吉县孝丰镇夏阳村、递铺街道双河村等5个村获得命名。至此，安吉已累计有51个村成功创建，数量居全省第一。

同月 安吉县森林病虫防治检疫站获评先进国家级中心测报点。

2月

1日 浙江科技学院安吉校区二期项目签约仪式在安吉县举行。

同日 安吉县自然资源和规划局获“全国自然资源信访工作业绩突出单位”称号。

2日 安吉县召开招商引才大会。总结2022年工作，部署2023年任务，动员全县上下以“开局就是决战、起步就要冲刺”的奋战状态，积极投身招商引才工作。

同日 灵峰旅游度假区（灵峰街道）成功上榜浙江省文化和旅游厅公布的“2022年浙江省4A级以上景区城和5A级景区镇”名单，被认定为AAAAA级景区街道，这是安吉历史上第一个也是唯一一个省5A级景区街道。

4—5日 全国皮划艇静水秋季冠军赛在浙江省水上运动管理中心举行，县内运动员季博文获得男子甲组200米单人划艇、500米单人划艇、1000米单人划艇金牌，5000米单人划艇银牌。

7—9日 中国人民政治协商会议第十届安吉县委员会第二次会议在县行政中心召开。

8—9日 安吉县十七届人大二次会议在县行政中心召开。

10日 深化“在湖州看见美丽中国”实干争先主题实践安吉县项目建设攻坚年一季度重点项目集中开工活动举行。

13日 安吉县纪委十五届

三次全会召开。

同日 十五届安吉县委第三轮巡察工作动员部署会召开。会议总结2022年工作，部署2023年任务。

17日 安吉县林业局碳汇科科长诸炜荣获全国林草系统先进工作者，全省仅5人入选。

19日 天子湖镇中心卫生院新院区正式对外试运行。院区位于天子湖牛头山路与235国道交接处，建筑面积1.33万平方米，主要建筑包含一幢7层医疗综合楼、2层后勤保障辅楼及发热门诊，计划开放病床112张，地下地上车位共118个。

22日 安吉县召开第二十九期“在湖州看见美丽中国”亲清直通车·政企恳谈会。县人大常委会党组书记、主任何晓红与企业家代表围绕“中小微企业梯度培育分层分类扶持”主题面对面交流，了解企业实际需求和困难，听取企业意见建议，为企业破解发展难题，提振企业发展信心。

23日 安吉—金川东西部协作及对口支援工作座谈会在安吉举行。市委常委、县委书记杨卫东一行与金川县委书记朱锐带队的四川省金川县党政代表团座谈交流，共叙友情、共商协作、共谋发展。在安吉期间，金川党政代表团还将赴天荒坪镇余村、天荒坪抽水蓄能电站、“两山合作社”、灵峰街道、溪龙乡等处考察，并召开金川县招商引资推介会。

同日 联合国世界旅游组织秘书长祖拉布·波洛利卡什维利一行来安吉余村考察。联合国世界旅游组织大使祝善忠参加，文化和旅游部国际交流与合作局党委书记王永健，省文化和旅游厅厅长褚子育，市委副书记、市长洪湖鹏，市委常委、宣传部部长申中华陪同考察。

同日 来自全省各地的300余名残疾人代表齐聚安吉云上草原滑雪场，共同参加第七届中国残疾人冰雪运动季南方区主场活动。

27日 安吉县获评2022年度林长制工作考核优秀县称号。

28日 安吉蓝润天使外国语实验学校与香港优才国际教育有限公司就香港DSE联合办学项目举行签约仪式，双方签署了《香港DSE项目战略合作协议书》，并进行了“浙江省香港DSE课程总中心”的授牌仪式。

同日 浙江省教育厅公布2022年度浙江省教育工作业绩考核优秀单位和单项奖获奖名单公布，安吉县教育局荣获2022年度全省教育工作业绩考核优秀单位，系全省20个获此殊荣的县(市、区)教育局之一。

同日 天荒坪抽水蓄能电站成功入选浙江省第二批革命文物名单，安吉县不可移动革命文物数量达到8处。

同月 省制造业高质量发展领导小组办公室公布了首批“浙江制造”省级特色产业集群核心区协同区创建名单，其中安吉县生物医药与医疗器械产业集群成功入选协同区创建名单。

3月

1日 举行第三十期“在湖州看见美丽中国”亲清直通车·政企恳谈会。县委副书记、县长宁云与8位茶企负责人面对面交流，倾听企业呼声，回应企业诉求。

3日 召开高水平打造生态文明典范城市先行区扬长补短实干争先部署会暨“四重”工作、项目建设攻坚年例会。

同日 安吉县获2022年度全省生活垃圾治理工作优秀县，此为安吉连续二年获此殊荣。

5日 安吉县天荒坪镇余村村党支部书记汪玉成作为浙江代表团的全国人大代表(安吉县第二位全国人大代表)出席十四届全国人大一次会议。会议前，在首场代表通道第二组登场接受媒体采访。

6日 安吉县妇联、安吉县融媒体中心共同发布全国区域公共品牌首个女性专柜品牌“安吉优品汇——她选”。

7日 《浙里改》“领跑者”刊发《安吉县构建白茶种植全生命周期对口帮扶机制实现“一片叶子再富一方百姓”》，向全省推广安吉抓实抓深“白叶1号”协作帮扶工作，建立“白叶1号”种植全生命周期对口帮扶机制，打造东西部协作金名片的改革经验和做法。

8日 召开安吉县第三十一期“在湖州看见美丽中国”亲清直通车·政企恳谈会暨支持女性创业创新“三八节”专场活动，市委常委、县委书记杨卫东与20位女企业家及行业优秀女性代表座谈交流，共谋发展。

9日 在全省广播电视和网络视听产业基地(园区)高质量发展推进会上，“两山”安吉智慧广电产业基地被认定为第一批省级广播电视和网络视听产业基地(园区),为全市唯一。

13日　根据中央信访工作联席会议办公室、国家信访局通报2022年度全国信访工作示范县名单,安吉县位列其中,安吉县已连续两年获评全国信访工作示范县。浙江省信访工作联席会议通报的2022年度全省首批信访工作现代化示范县名单,全省共6个县区入选,安吉县位列其中,全市唯一,安吉县还连续5年获评全省无信访积案县称号。

14日　安吉县委召开全县领导干部会议,传达学习习近平总书记在全国两会期间的重要讲话精神和全国两会精神,以及全省、全市领导干部会议精神,安排部署县内贯彻落实工作。

15日　召开安吉县城市有机更新工作动员大会。本轮城市有机更新不局限于"拆",而是着眼中心城区和孝丰、梅溪等重点乡镇以及开发区,统筹实施"拆改建"相结合的有机更新,从而优化城市空间布局、完善城市功能、改善人居环境,实现城市能级、品质双提升。

同日　举行安吉第三十二期"在湖州看见美丽中国"亲清直通车·政企恳谈会暨加快推进建筑业创新转型与做大做强恳谈会。县委副书记、县长宁云与8位建筑业企业家面对面交流,倾听企业呼声,回应企业诉求。

16日　江西省人大常委会副主任张小平率队来安吉,围绕基层人大工作、乡村治理、两山转化等进行实地考察。市领导孙贤龙、王晓军,县领导何晓红、阿地力江·吐尔洪等陪同。

同日　安吉县政府与浙商银行湖州分行签署全面战略合作协议。根据协议,浙商银行湖州分行将与县政府在绿色低碳发展、产业创强、数字牵引等重点工作方面开展务实合作,并全面支持县政府开展高质量项目招引、优秀人才引进等工作。仪式上,浙商银行湖州分行、县教育局、县昌硕小学三方签署了《安吉县昌硕小学结对帮扶协议》。

17日　2022年度浙江省乡村振兴青年先锋"青牛奖"揭晓仪式在安吉县余村举行。

20日　"天下共茗·共富同行"安吉白茶"三茶"统筹高质量发展启动仪式在宋茗茶博园举行。

21日　2023安吉白茶开采节在溪龙乡黄杜村举行。当天,2023"安吉白茶"共富计划书发布。

22日　由省商务厅主办的浙江开发区"三个一百"招商活动暨2023年生物医药产业对接会在安吉县举行。200余位长三角开发区代表、生物医药及相关产业链企业代表等云聚安吉,共同探讨招商新模式,交流产业前沿信息。

23日　安吉县委召开农村工作会议暨乡村能级提升年动员大会。

25日　余村全球合伙人项目集中发布会暨春季大余村青年荟举行。

28日　湖州市委书记陈浩先后到安吉县乡村振兴全域运营建设项目、余村大道全线美丽风貌改善项目、银坑影视文化民宿村项目、余村乡村青年人才社区项目、余村全球合伙人共创共富示范项目等五个重大项目开展"在湖州看见美丽中国"区县标志性点位"四季看变化"工作季度专题调研。

同日　第51届中国(广州)国际家具博览会安吉椅业形象馆开馆仪式暨"世界椅·安吉造"新品推介会举行。县政府与中国对外贸易广州展览有限公司签署战略合作协议。永艺股份、乐捷家居、柯泓家具、恒林家居4家企业作新品推介,展示安吉椅业研发和设计实力。

同日　第四届浙江省亲水节暨安吉水文化展示中心启动仪式举行。活动期间,举行安吉水文化展示中心揭幕仪式、全省水工程与文化有机融合典型工程颁奖仪式、《浙水遗韵》首发仪式,发布浙江省首批"水旅融合"精品研学线路,开展西苕溪水旅融合精品线路徒步活动等。

同日　宁夏自治区党委书记、人大常委会主任梁言顺,宁夏自治区党委副书记、自治区主席张雨浦率考察团在安吉县考察,浙江省委书记、省人大常委主任易炼红,省委常委、秘书长陈奕君,副省长王文序陪同考察。

30日　安吉县农业高新区项目集中开工仪式举行。

同日　安吉获评浙江省2022年度平安县,实现平安建设"十八连冠",捧回"二星平安金鼎"。

同日　《安吉县高水平打造生态文明典范城市先行区三年行动计划(2023—2025年)》发布。

同月　安吉"两山"未来科技城科技人才中心建设项目设计方案正式确定。项目位于灵峰国家级旅游度假区,西临浮玉路，东接浒溪，北临幸福里小区。项目总用地面积38113平方米，总建筑面积约16.5万平方米。整个项目由地下室(2层)、主塔楼和4个多层单体组成。塔楼和裙房之间用空中绿廊连接。

同月　安吉县公安局破获一个销售伪劣电子烟的犯罪团伙，赴山东、江苏、上海、杭州等地抓获十多名犯罪嫌疑人，查获伪劣电子烟及各类烟具4100余箱，涉案价值2000余万元。

4月

1日　安吉发布《安吉至杭州高速公路有条件免费通行实施办法(试行)》。4月1日起，安吉至杭州高速公路有条件免费通行。

3日　中央广播电视总台发布2022城市营商环境创新县(市)，安吉县上榜。

同日　在2023年全国青少年攀岩公开赛上，安吉县两所小学的5名参赛学生斩获1金4银1铜。

4日　安吉县第十七届人民代表大会常务委员会第十一次会议通过《关于全域提升乡村能级 全面推进乡村振兴 探索中国式乡村现代化安吉路径的决议》。

同日　“湖·宣”税收合作框架协议2.0版签订仪式暨第32个全国税收宣传月联合启动仪式在安吉县举行。

9日　首届“两山杯”全国大学生乡村振兴创新创意创业大赛在安吉启动。

10日　浙江省户籍的退役军人以及烈士遗属、因公牺牲军人遗属、病故军人遗属在县内可享受免费乘坐公交车的优待服务。

同日　安吉—镇江短途运输(往返)航线正式开通。该航线执飞机型为大棕熊100系列，单次可乘坐6名乘客，飞行时间约1小时，票价单程每位168元，每周开设周五、周日2个往返航班。

11日　国家发展改革委就业司司长应雄带队先后到安吉两山合作社、天荒坪镇余村、递铺街道宋茗茶博园调研推进共同富裕工作。

12日　香港特别行政区政府教育局局长蔡若莲率代表团到县内调研“安吉游戏”学前教育。

同日　安吉县第三十五期“在湖州看见美丽中国”亲清直通车·政企恳谈会召开，湖州市委常委、安吉县委书记杨卫东与9位企业家围绕“打造‘高能级、现代化、国际范’大余村”主题充分沟通交流，创新发展思路，谋求共赢发展。

同日　在2023年中国茶叶大会暨新昌县第十七届大佛龙井茶文化节开幕，安吉白茶区域公用品牌以88.36高分，位列2022年中国地理标志农产品(茶叶)品牌声誉评价百强榜第二名，授牌“品牌声誉十强”。

14日　城中站至余村“乡村青年人才社区”人才专列正式开通运营。

15日　2023首届肿瘤精准免疫治疗(安吉)峰会举行。会议举行了浙江·安吉肿瘤免疫创新研究院建设启动仪式。

同日　在中国卫生信息技术与健康医疗大数据会议上公布了通过2021年度国家医疗健康信息互联互通标准化成熟度等级测评的单位并授牌，安吉卫生健康信息化建设获2020新版国家区域医疗健康信息互联互通标准化成熟度五级乙等“第一批县域”认证之一，这是目前全国以互联互通标准化成熟度为基础进行区域信息测评的最高级别。

同日　在全国服务型制造应用技术技能大赛“数字中台与远程运维服务”项目中，安吉技师学院教师周永宁发挥出最佳水平，成功斩获一等奖，并荣获“全国技术能手”称号。

16日　福建省南平市委书记袁超洪率南平市代表团先后到天荒坪镇余村、安吉两山合作社、小瘾·半日村民宿集群村落考察。市委书记陈浩，市委常委、县委书记杨卫东陪同。

18日　安吉县“鄣吴古镇以文促旅打造文旅融合产业版图利用案例”获评由中国文物学会、中国文物报社主办的“第一届全国古村古镇保护利用十佳案例”。

19日　安吉县委副书记、县长宁云主持召开安吉县第三十六期“在湖州看见美丽中国”亲清直通车·政企恳谈会，与9家企业负责人面对面，聚焦内外贸一体化、做大做强电商平台这一主题，聊心声、话发展、谋对策。

19—21日　安吉县融媒体中心作为全国县级唯一新闻单位受邀参加第二十九届中国国际广播电视信息网络展览会，并亮相央视CCTV－1《新闻联播》和CCTV－13《新闻直播间》。

24日　全国政协人资环委

副主任、全国政协原常务副秘书长潘立刚带队先后到安吉两山合作社、天荒坪镇余村调研生态文明建设工作。

26日 省长王浩采取“四不两直”方式到安吉县吉泰电力设备有限公司暗访安全生产工作。同时考察敏能科技有限公司、富特科技股份有限公司、乐捷家居股份有限公司，着重了解“415X”先进制造业集群培育工程实施情况。

同日 浙江省防范学生溺水工作启动会暨湖州市2023年学生防溺水百日安全宣传教育活动启动仪式在安吉举行。

同日 “就业创业最安吉”——“十城百企千岗万人”高校毕业生千人专场招聘会在安吉龙山体育馆举行，共吸引来自浙江大学、河海大学、浙江理工大学等百所高校的3500余名学子前来应聘。

27日 梅斯健康控股有限公司在香港联交所主板上市。公司成立于2012年，是面向医生的综合互联网平台，拥有超过150人的专业硕博学术团队。公司应用大数据和人工智能技术链接医生、患者、药械企业等，提供精准数字化医学传播解决方案，赋能医疗生态，改善医疗质量。

同日 安吉县举办2023年度“万名技工”培育选树活动。30位入选人才代表接受表彰，共选树出“安吉工匠”10名，“首席技工”101名，“技能标兵”1000名。

28日 召开“在湖州看见美丽中国”实干争先主题实践“以实绩论英雄 贡献占比大比拼”工作例会暨一季度经济形势分析会议，听取全县一季度经济运行情况汇报，分析当前经济形势，研究部署下一步工作。

同月 共青团中央作出表彰决定，授予389个团组织全国五四红旗团支部称号，其中，安吉县天荒坪镇余村村团支部荣获“全国五四红旗团支部”称号。

同月 在中国卫生信息技术与健康医疗大数据会议上，安吉县卫生健康信息化建设获2020新版国家区域医疗健康信息互联互通标准化成熟度五级乙等“第一批县域”认证之一。这是目前全国以互联互通标准化成熟为基础进行区域信息测评的最高级别。

5月

3日 “五一”假期，安吉县内旅游热度飙升，文旅市场呈现复苏态势。据统计，4月29日至5月3日，全县累计接待游客160.5万人次，与2022年、2019年同期相比分别增长220.4%、48.2%；实现旅游总收入24.1亿元，与2022年、2019年同期相比分别增长300.1%、53.5%。

5日 安吉县竹产业振兴发展大会暨竹林碳汇、以竹代塑工作推进大会召开。

同日 安吉县产投集团生物质热电联产项目开工仪式在国家安吉竹产业示范园区举行。

同日 安吉县高级中学与杭州二中签订合作办学协议并揭牌，同时为“名师工作室”授牌。

7日 全国人大常委会委员、环资委主任委员鹿心社带队来安吉，开展湿地保护法执法检查前期调研。市人大常委会党组书记、主任孙贤龙陪同。

9日 安吉县人大常委会发布《践行全过程人民民主基层单元县域工作规范》。据悉，该《规范》由安吉县人大常委会和中国计量大学共同参与起草，经过前期充分学习调研，并邀请各级人大专家和相关领域专家充分论证后形成，是全国首个人大践行全过程人民民主基层单元工作的县域工作规范。

11日 安吉举行县长与政协委员“话经济”活动。6位县政协委员和3位界别群众代表踊跃发言，围绕“委员‘话经济’、全力‘拼经济’”主题，从进一步推动旅游高质量发展、让城市消费更具烟火气、稳住外贸基本盘、壮大安吉资本市场等9个方面积极建言献策，提出意见建议。县委副书记、县长宁云参加并讲话。

12日 安吉县建设平安安吉工作会议召开。

同日 举行庆祝第112个国际护士节暨“最美护士”颁奖活动。李雯等10人获评2023安吉县“最美护士”，安吉县人民医院呼吸科护理团队等5个团队获评“最美护理团队”。

15—16日 湖州市委书记陈浩先后到申吉宇航新材料、惠嘉生物、添信轴承、新中法高分子材料、能链智电、天振科技、恒林家居、英特科技、中力机械、热威电热等10家企业、安吉县化工园区（梅溪区块）走访调研。

17日 湖州市委常委、安吉县委书记杨卫东主持召开安吉县第三十九期“在湖州看见美丽中国”亲清直通车·政企恳谈会，面对面了解企业情况，倾听意见建议，帮助解决问题，共商发展良策。本期恳谈会的主题是“临港绿水经济带建设与发展”。

18日 盛大科技在美国纳斯达克挂牌上市。公司是国内领先的一站式汽车服务平台，是2B2C模式开创者。

19日 安吉县委全面深化改革委员会第十二次会议召开，传达学习习近平总书记在二十届中央全面深化改革委员会第一次会议上的重要讲话精神，以及十五届省委全面深化改革委员会第四次会议、市委全面深化改革委员会第十一次会议精神，听取工作情况汇报，研究部署全县改革发展工作。

23日 湖州市委书记陈浩赴安吉县调研“千村示范、万村整治”工程和基层治理工作。

同日 浙江英特科技股份有限公司首次公开发行股票，并在深圳证券交易所创业板上市。

24日 《安吉县小区楼道长队伍建设规范》发布，为全县楼道长服务群众、助力社区精细化治理统一标准。

25日 安吉县庆祝第七个全国科技工作者日暨第二届最美科技人颁奖活动举行。

同日 召开安吉县规划委员会2023年第五次会议，研究讨论两山梦想产业园项目、孝丰职工公寓、开发区职业教育培训中心新建项目等规划（建筑）设计方案。

26日 安吉县疾病预防控制局挂牌成立。

27—28日 2023安吉山川“两山”山地户外运动多项赛在山川举行，此为省级品牌赛事，该赛事已连续举办五年。来自各地的1500余名选手相约参加此次赛事。

29日 安吉县委理论学习中心组举行专题学习会，认真学习习近平总书记关于“千万工程”和“浦江经验”重要批示精神，传达学习市委书记陈浩来安吉调研“千万工程”和基层治理工作时的讲话精神，研究贯彻落实意见。

30日 湖州市委常委、安吉县委书记杨卫东到报福镇人大代表联络站开展“社情民意我来说”主题接待活动，与西南片区的人大代表、群众代表座谈交流，就黄浦江源旅游度假区发展思路和举措征求意见建议。

30—31日 全省市场监管系统民法典普法说法暨“法治下基层”现场推进活动在县内举行。

31日 中国农业银行浙江分行学习贯彻习近平新时代中国特色社会主义思想主题教育“循迹溯源学思想促践行”研学交流会暨安吉县人民政府与中国农业银行湖州分行战略合作协议签约仪式在年年有余研学中心举行。

同月 “浙江山野”自然教育志愿者在安吉小鲵国家级自然保护区开展科普线路实地考察时发现了黑眉柳莺；经鉴定，确定该物种为安吉小鲵国家级自然保护区首次发现，刷新了该保护区鸟类新纪录，这也是湖州市新纪录。

同月 省政府办公厅印发《关于打造“浙里食安”标志性成果 加快推进食品安全治理现代化先行的意见》，省食品药品安全委员会发布《“浙里食安”第一批试点示范市县名单》，在“地理标志富农集成改革”示范市县中，安吉成为全省唯一入选县。

6月

1日 在工业和信息化部等单位共同主办的2023工业绿色发展大会上，安吉获联合国工业发展组织“生态设计理念在中国工业设计领域应用项目”试点单位并授牌，成为全国三个试点单位之一，全省唯一。

2日 中国优秀民间工艺作品特别展暨“民俗里的湖州”·安吉非遗长城展示活动在北京居庸关举行。

5日 由中宣部组织的中央媒体“千万工程”实施20周年主题采访活动走进安吉。来自人民日报、新华社、中央广播电视总台、求是杂志、光明日报、经济日报、中国日报、中国新闻社、中国青年报、农民日报等中央媒体，以及浙江卫视、浙江日报、浙江之声等省级主流媒体组成采访团，集中采访安吉县深入推进“千万工程”、建设中国美丽乡村取得的突出成效和典型经验。

同日 国家卫生健康委办公厅、国家中医药局管理局综合司对2022年“优质服务基层行”活动中表现突出、达到服务能力推荐标准的机构给予了通报表扬，安吉县递铺街道社区卫生服务中心、天子湖镇中心卫生院、天荒坪镇卫生院3家机构上榜。

同日 安吉县生态检察与公益诉讼研究基地揭牌成立。该基地由浙江省法学会环境资源法学研究会与安吉县检察院联合建立，是检察机关与省法学会共推生态文明建设的一次密切合作，也是进一步促进检察实践和法学教学、研究融合发展的务实之举。

6日 共青团中央、中央宣传部、中央政法委等15部委，通过资料审核、抽查答辩等方式，对各省推荐的名单进行初核后，最终确定776个为2023—2024年度全国维护青少年权益岗创建单位，安吉2家单位成功入选，分别是公安系统安吉县公安局预审办案大队和广电系统安吉县融媒体中心。

7日 安吉县举行深化“在湖州看见美丽中国”实干争先主题实践项目建设攻坚年二季度重点项目集中开工活动，活动共涉及项目43个，总投资248.1亿元。其中，农业项目1个，投资3亿元；制造业项目25个，投资151.6亿元；服务业项目6个，投资23.8亿元；基础设施项目9个，投资30.7亿元；房地产项目2个，投资39亿元。

同日 住建部印发《关于开展深化城市体检工作制度机制试点的函》，安吉县成功入选全国深化城市体检工作制度机制试点，成为全国10个试点城市中唯一一个县级城市。体检涵盖65项城市指标体系。

8日 人民日报头版《千万工程 一线探访》栏目首篇刊发文章《浙江省安吉县天荒坪镇余村——幸福就在绿水青山间》点赞安吉余村深入推进“千万工程”的好经验、好做法。

9—16日 中共湖州市委常委、安吉县委书记杨卫东率安吉代表团，赴阿联酋迪拜、沙特利雅得开展经贸交流和项目洽谈活动，推介安吉投资项目，考察洽谈产业，加强交流合作，深化与“一带一路”沿线国家贸易往来，为促进招大引强、招强引优，拓展海外市场开拓新空间。

10日 2023年文化和自然遗产日浙江主场（湖州安吉）系列活动启动仪式举行。

12日 水利部公布全国第二批灌区水效领跑者名单，安吉县赋石水库灌区成功获评，成为全省2个获评单位之一。

15—16日 安徽省政协主席唐良智带队先后到天荒坪镇余村、鄣吴镇鄣吴村、递铺街道古城村等考察古村落保护利用、文物保护利用等工作。省政协主席黄莉新陪同。安徽省委常委、省委统战部部长、省政协党组副书记张西明参加。省政协副主席陈小平，市县领导李上葵、李红、宁云分别陪同。

16日 国家卫生健康委办公厅发布了《国家卫生健康委办公厅关于公布一批职业健康保护行动组织实施、“职业健康达人”和健康企业建设等优秀案例的通知》。其中，“安吉县健康企业建设行政推广案例”获全国第二批健康企业建设行政推广优秀案例，“浙江安吉惠业家具有限公司健康企业建设案例”获全国第二批健康企业建设优秀案例。

19日 浙江省制造业高质量发展领导小组办公室公布第二批“浙江制造”省级特色产业集群核心区协同区创建名单，其中安吉县现代家具与智能家电产业集群入选第二批“浙江制造”省级特色产业集群核心区。

20日 第33个全国土地日主题宣传活动暨安吉县“土地综合整治致力共同富裕”共富班车启动仪式在孝丰镇竹根前村举行。安吉县委副书记、县长宁云致辞，省自然资源厅、市自然资源和规划局相关负责人参加并为共富班车发车。

21日 中共湖州市委常委、安吉县委书记杨卫东主持召开安吉县第四十三期“在湖州看见美丽中国”亲清直通车·政企恳谈会，听取优蓝国际控股董事长王云雷、云梯科技创始人兼CEO周伟等8位企业家的意见建议，希望政企同心、携手共进，发展新经济，培育新亮点，招引青年人才，为安吉高质量发展添活力增动力。

25日 安吉县教育局发布了2023年高中段学校招生录取分数线，2023年继续设定普高最低控制分数线，最低控制分数线为435分。

26日 大余村青年人才社区发布暨青来集开园入驻仪式在天荒坪镇青来集广场举行。

28日 由香港特区政府公务员事务局局长杨何蓓茵率领的香港特区政府常任秘书长及部门首长国家事务研修访问团先后到天荒坪镇余村、凯蒂猫家园、中国竹子博览园、灵峰街道小瘾·半日村、浙江自然博物馆安吉馆、宋茗茶博园考察。湖州市委副书记、市长洪湖鹏，市委常委、安吉县委书记杨卫东，县委副书记、县长宁云等分别陪同。

同日 安吉县委副书记、县

长宁云主持召开安吉县第四十四期“在湖州看见美丽中国”亲清直通车·政企恳谈会暨乡村创业青年人才恳谈会，倾听乡村创业青年代表意见建议，帮助解决问题。

同日 全省乡村数字经济暨智慧农业“百千”工程现场推进会召开，安吉入选农业农村厅“浙农码”赋能公用品牌行动全省10个试点县之一。

同日 湖州市首个海事法律服务站、安吉县首个水上服务区正式启动，该站位于安吉梅溪镇梅溪村老龙坝，是为往来船户、水上企业提供综合服务的办事机构。

29日 中共安吉县委常委会（扩大）会议暨“5＋1”领域扬长补短实干争先专题研究分析会召开，强调要认清形势、锚定目标，乘势而上、拉长长板，奋力攻坚、补齐短板，全力争取更好成绩。

同日 安吉县数字经济创新提质“一号发展工程”暨新经济产业发展、绿色家居转型升级推进大会召开。

30日 “元起安吉 数智未来”安吉“数·智”创新（上海）投资洽谈会在上海黄浦江畔的中国金融信息中心举行，展示安吉新经济产业发展成效，向全国全球企业和人才发出来安吉发展的热情邀请。

同月 浙江省交通运输厅联合浙江省邮政管理局，公布了2022年农村客货邮融合发展星级样板县名单，全省12个县（市、区）入选星级样板县名单，其中安吉县入选农村客货邮融合四星级样板县，全市唯一。

7月

1日 安吉县被中国林业机械协会授予“中国竹工机械创新之都”荣誉称号。

2日 中国式现代化乡村路径专题研讨会在余村年年有余研学中心举行。第十三届全国人大常委、农业与农村委员会主任委员，中央农村工作领导小组原副组长兼办公室主任陈锡文作主旨发言。研讨会讨论形成《中国式现代化乡村路径安吉宣言》。同日，安吉县举行中国式现代化乡村路径新闻发布会，正式发布《中国式现代化乡村路径安吉宣言》和《全面推进高质量发展的安吉乡村能级指数报告》。

3日 中央政法委在京发布2023年第二季度见义勇为勇士榜，安吉县李允武上榜。（李允武，男，1962年8月生，安吉县孝丰镇城北社区居民。2月4日，李允武附近一房屋起火，其凭一己之力，扒开了防盗窗，3分钟生死接力，救出被困母子4人。）

4日 举行2023年度第二期“两山雄鹰 实干争先”擂台赛，市委常委、县委书记杨卫东作专题党课。会议以视频会议方式举行，各乡镇（街道）设分会场。天荒坪镇山河村、孝丰镇横溪坞村、天子湖镇高庄村、杭垓镇和村村、上墅乡施阮村、山川乡高家堂村、昌硕街道三里亭社区7位村社党组织书记打擂发言。递铺街道马家村党组织书记进行强村项目路演。

5日 由党组书记、副主任陈金彪带队的省人大常委会调研组先后到能链智电、天荒坪镇余村、上墅乡代表帮带共同富裕园、孝丰镇白杨村幸福公寓等地，围绕绿色产业发展、“千万工程”实施、代表联络站建设、人大代表助推共同富裕等开展实地调研。

同日 召开第四十五期“在湖州看见美丽中国”亲清直通车·政企恳谈会。县人大常委会党组书记、主任何晓红与企业家代表面对面交流，听取企业家呼声、了解企业发展诉求。

7日 市委书记陈浩带队先后到浙江舒友仪器设备股份有限公司、辰隆新能源新材料产业链研发智造基地、余村调研标志性点位“四季看变化”并督导经济工作。并听取安吉县上半年经济运行情况和标志性点位“四季看变化”工作推进情况。

7—8日 第二届绿水青山就是金山银山理念湖州论坛暨国际研讨会在安吉县召开。

9日 中国林学会公布第四批全国自然教育基地（学校）名单，安吉小鲵国家级自然保护区管理中心、浙江启蛰自然教育科技有限公司成功入选“第四批全国自然教育基地”。

10日 民盟中央参政议政调研基地揭牌仪式在安吉县举行。

同日 联合国工业发展组织副总干事邹刺勇带队到安吉，围绕重点行业绿色转型、新兴产业创新发展等方面开展调研。

同日 浙江省人民政府发文公布第八批省级文物保护单位名单，安吉县余村“两山”会址、天荒坪抽水蓄能电站2处文保单位名列其中。至此，安吉县有国家重点文物保护单位5处，浙江省文物保护单位 11 处。

13 日　安吉县委组织召开书记专题会议，听取十五届县委第二轮巡察整改情况及第三轮巡察工作情况专题汇报。

同日　安吉县递铺街道“两无两违”专项治理攻坚行动动员会召开，县委副书记、县长宁云出席会议并讲话。会上通报了安吉县递铺街道“两无两违”专项治理攻坚行动实施方案并作工作部署。开发区、递铺街道、递铺街道双河村、县经信局、县应急局作表态发言。

14 日　安吉—青川“白叶 1 号”茶产业发展座谈会在四川省广元市青川县举行。双方就深入贯彻落实习近平总书记重要批示精神，进一步推进“白叶 1 号”茶产业发展进行座谈交流。湖州市委常委、安吉县委书记杨卫东，青川县委书记、县长李方甫讲话。

15—16 日　湖州市委常委、安吉县委书记杨卫东率安吉代表团赴四川省阿坝藏族羌族自治州金川县对接对口支援工作，深入贯彻习近平总书记关于深化东西部协作和定点帮扶工作的重要指示精神，共叙友情、共谋发展。

17 日　安吉竹林鸡品牌正式发布。安吉竹林鸡是县内继安吉白茶之后第二个取得地理标志和区域公共品牌的农产品。

同日　国家广播电视总局发展研究中心专题刊发《媒体融合攻坚克难的安吉经验》。

18 日　安吉县申报的“脱贫茶树良种白茶祖”成功入选国家文物局、中央广播电视台、中央网信办联合公布的“100 件新时代见证物名单”，全省仅 3 处。

同日　浙江省城乡风貌整治提升工作专班办公室公布第二批城乡风貌整治提升优秀案例（小微空间类、浙派民居类）。其中安吉县灵峰大竹园村“悠然竹居”入选城乡风貌整治提升浙派民居类优秀案例。

19 日　以“宜居宜业·和美乡村”为主题的 2023 海峡两岸乡村发展论坛在安吉县举行。湖州市委书记陈浩，湖州市委副书记、市长洪湖鹏，台湾南投县县长许淑华，海峡两岸关系协会副会长马晓光，浙江省台办主任朱林森等出席有关活动。

同日　安吉县科学技术局荣获浙江省科技特派员工作先进集体，全市唯一。

19—20 日　长三角基层依法治理工作推进会在安吉召开。推进会上，发布“长三角基层依法治理十大优秀案例”并颁奖。推进会结束后，三省一市司法厅（局）分管领导围绕基层治理作经验交流。推进会期间，与会领导、嘉宾还考察、调研了安吉县天荒坪镇余村、安吉县公共法律服务中心、安吉县社会治理中心。

21 日　举行 2023 年度县委书记与政协委员“面对面”活动。围绕“加快发展动能转换　推动乡村能级提升”这一主题，市委常委、县委书记杨卫东与政协委员们座谈交流，零距离听取建议。

22—23 日　自然资源部耕地保护监督司司长贺勇带队在安吉县调研陡坡与平原农用地布局优化和整治提升工作，并召开座谈会。

23—24 日　由北京市委副书记刘伟率领的北京市代表团先后到天荒坪镇余村、灵峰街道大竹园村、横山坞村“小瘾·半日村”集群民宿村落考察。

24 日　中央农业广播电视学校公布第二批全国共享农民田间学校名单，安吉县鲁家盈元农民田间学校入选名单，全市唯一，全省仅 5 家。

25 日　首届国际竹材应用创新大会在安吉县举行。

同日　安吉入选全国第二批知识产权纠纷快速处理试点地区，全市唯一。

26 日　市委常委、县委书记杨卫东带队走访慰问驻湖部队官兵，代表县委县政府和全县人民向他们致以崇高的敬意和节日的问候。

同日　市委常委、县委书记杨卫东主持召开安吉县第四十八期“在湖州看见美丽中国”亲清直通车·政企恳谈会，与企业家共话营商环境优化，共谋企业发展良策。

同日　杭州亚运会和亚残运会碳抵消指标捐赠仪式在杭州举行。安吉向杭州亚组委捐赠 2.1 万吨碳汇。

27 日　安吉县青年大学生恳谈会暨“家燕归巢”暑期实践活动在年年有余研学中心举行。

28 日　根据交通运输部公布的第三批城乡交通运输一体化示范创建县名单，安吉位列其中。

29 日　《中国文化报》刊发特别报道《2023 年全国县域旅游研究成果发布》。公布“2023 年全国县域旅游综合实力百强县”名单。安吉排名第一，至此，安吉已连续五年位居榜首。

31日 县委财经委员会召开第三次会议，贯彻落实2023年全市半年度区县比拼会精神，分析上半年全县经济形势，研究部署下半年经济工作。

同月 “基金＋直投＋落地”招商新模式的安吉探索和实践入选浙江省“地瓜经济”提能升级“一号开放工程”首批最佳实践案例。

同月 省卫生健康委、省财政厅联合公布了2022年度全省公立医院综合改革评价结果，安吉在全省81个县(市、区)中位列第二，获得优秀等次。至此，安吉已经连续两年进入全省公立医院综合改革评价结果前三名，连续五年获评优秀评价，实现公立医院综合改革“五连优”。

同月 安吉县打造的全省首家普惠型企业健康服务中心正式启用。企业健康服务中心位于阳光工业园区，主体建筑为一幢四层综合医疗楼，总投资约1000万元，用地面积约3500平方米，内含一站式综合服务、普惠型联动服务、窗口型科普服务等三方面服务。

8月

1日 安吉县召开“在湖州看见美丽中国”实干争先主题实践“以实绩论英雄 贡献占比大比拼”工作例会暨全县半年度经济形势分析会，总结上半年经济运行情况，研究分析当前形势，安排部署下阶段重点任务。

2日 安吉县召开第四十九期“在湖州看见美丽中国”亲清直通车·政企恳谈会。县人大常委会党组书记、主任何晓红与8位企业家代表围绕“践行绿水青山就是金山银山理念 共商绿色发展”主题面对面交流，了解企业诉求、破解发展难题。

3日 安吉县第十三届县级机关运动会开幕暨2023年“全民健身日”活动开幕。

4日 安吉县委教育工作领导小组第一次会议召开。听取了2023年教育工作情况汇报、2023年安吉县高考工作情况汇报、教育系统校园安全工作情况汇报、教育系统校园食堂配送改革情况汇报，审议了《安吉县教育系统人才引育办法(修订草案)》。

同日 安吉县在全市率先实现公积金异地业务“亮码可办”，丰富扫码亮证、数据共享、在线核验等应用场景。

8日 安吉县启动第五次全国经济普查单位清查工作。

9日 中共安吉县委十五届五次全体(扩大)会议举行。

10日 浙江省食药安委发布2022年浙江省食品安全示范县(市、区)名单，安吉县荣获第二批“浙江省食品安全示范县(市、区)”称号，这是安吉县首次获得该类荣誉。

11日 水利部副部长朱程清带队到安吉县调研农村供水保障、幸福河湖建设、河(湖)长制等工作。

同日 安吉县人民政府与中国建设银行浙江省分行签订服务安吉县域高质量发展战略合作协议。

14日 全国人大环资委委员李高率调研组来安吉调研绿水青山就是金山银山转化实践工作，座谈指导竹林碳汇工作。

15—16日 国际(安吉)“以竹代塑”创新大会与会领导调研安吉县生态文明建设、林业、新经济等工作。

16日 国际(安吉)“以竹代塑”创新大会暨竹产品推广对接活动在安吉举行。

同日 湖州市委常委、安吉县委书记杨卫东主持召开安吉县第五十一期“在湖州看见美丽中国”亲清直通车·政企恳谈会，与企业家代表座谈交流，了解发展情况，听取意见建议，研究解决问题，共商发展良策。

17日 环境资源犯罪检察理论与实务研究专题研讨会在安吉举行。

18日 安吉县南北湖小学2位学生在世界机器人大赛锦标赛中凭借出色的程序设计、遥控技术、对抗策略，成功地从50支队伍中脱颖而出，喜获TAI抢滩登陆智能车对抗赛一等奖。

22日 交通运输部公布了第四批农村物流服务品牌名单，安吉县“畅通城乡网络、助力共同富裕”项目入选，全市唯一，全省三个。

23日 湖州市委常委、安吉县委书记杨卫东主持召开安吉县第五十二期“在湖州看见美丽中国”亲清直通车·政企恳谈会，与企业家代表面对面沟通交流，了解企业发展情况，勉励他们大力弘扬新时代企业家精神，坚定发展信心，永葆创业激情，政企同心、共促发展。

24日 全面建设“青创新城”推进会在安吉县召开。市委常委、组织部部长，市委人才办主任，市全面建设“青创新城”工作领导小组组长徐仲仪出席会议并讲话。中共安吉县委副书记、县长宁云作题为“让城市对青年更友好 让青年在城市更有为”典型交流发言。

同日 2022年度健康浙江建设考核结果公布，安吉县获评优秀等次，并在全省各县（市、区）中排名第十九名，这是安吉县连续4年获评优秀。

25日 安吉县召开“地瓜经济”提能升级“一号开放工程”暨“四重”工作推进会。

同日 首届中国县域经济投资高峰论坛安吉全域乡村运营专场活动在沪举行。《求是》杂志社原社长高明光，县委副书记、县长宁云，市农业农村局局长张云威致辞，省委农办秘书处处长方杰到会指导。活动由《小康》杂志社副社长赖惠能主持。

同日 安吉县启动60周岁以上老人免费流感疫苗接种工作。

28日 省政协副主席成岳冲一行围绕“推动建立生态产品价值实现机制”到安吉县调研。

同日 体育总局青少司公布“国家高水平体育后备人才基地（2021－2024）”名单，安吉县体育中心成功获评“国家体育后备人才基地”。

30日 安吉县2023年度县长与政协委员“面对面”活动举行。围绕“优化项目攻坚机制，全力助推项目建设攻坚年行动”主题，县委副书记、县长宁云与县政协委员们面对面协商议政，倾听意见建议，共谋发展之策。县政协主席何承明主持会议。

31日 安吉县小微企业法律服务灵峰街道分中心完成揭牌，标志着全市首个乡镇（街道）级小微企业法律服务分中心正式成立。

同日 安吉县“两山”文旅共富风貌游线入选2023年度第一批省级共富风貌游线名单。

9月

1日 安吉县举行2023年“慈善一日捐”活动动员大会，褒奖慈善先进，弘扬慈善精神，倡议慈善行动，动员全县上下积极投身慈善事业，传承发扬慈善文化，让爱心善举在安吉大地接力传递、涌动不息。

同日 自然资源部公布第四批生态产品价值实现典型案例，安吉县“全域土地综合整治促进生态产品价值实现”案例入选。

2日 国务委员、国务院党组成员谌贻琴，人力资源社会保障部部长王晓萍，国务院副秘书长孟扬在安吉县调研人力社保等工作，浙江省副省长张雁云陪同调研。

4日 浙江省人民政府公布了第一届浙江省知识产权奖获奖者名单，“安吉白茶”获得版权和其他知识产权类别的二等奖。

5日 2023年首届安吉绿色家居博览会开幕式在沪举行。

同日 “两无两违”塘浦指挥部应急管理局领办企业安吉德奥建设有限公司子公司景辉门窗经营部签约。这也是“两无两违”专项治理攻坚行动开展以来的首家签约企业。

6日 浙江绿色知识产权推广中心揭牌仪式在安吉县大余村青年人才社区“青来集”举行，这也是全国首个揭牌运营的绿色知识产权推广中心。省政府党组成员、副省长王文序，国家知识产权局党组成员、副局长卢鹏起共同为中心揭牌。

同日 在中国竹产业协会主办的2023国际竹业品牌博览会暨第四届中国国际竹产业发展大会上，安吉生产的“个个健竹叶黄酮植物饮料”荣获2023年国际竹业品牌博览会金奖。

6—7日 安吉县委副书记、县长宁云率安吉县代表团赴丽水市松阳县开展山海协作工作交流对接。

8日 安吉县共同富裕建设暨乡村能级提升推进会召开。市委常委、县委书记杨卫东强调，要深刻学习领会习近平总书记关于共同富裕的重要论述精神，全面贯彻落实党中央和省市委决策部署，坚定不移深入实施“八八战略”，牢牢把握高质量发展首要任务，强基础、抓改革、创特色，不断推动共同富裕取得新成效，全力探索走出中国式现代化乡村路径。

同日 安吉县政协组织政协委员和县教育局、卫健局、总工会、农业农村局等部门开展2023年政协委员“六下乡”活动。

11日 安吉县委副书记、县长宁云走进灵峰街道人大代表联络站，与市县人大代表、选民代表面对面交流，听民声、察民情、聚民智，与大家共同交流探讨产业发展工作。县人大常委会党组书记、主任何晓红主持。

11—12日 中央农村工作领导小组原副组长袁纯清带领农业农村部、财政部、中国农科院和中国农业再保险股份有限公司专家，来安吉县调研农业保险高质量发展工作。农业农村部计划财务司副司长王衍，省农业农村厅党组成员、总农艺师吴新民，县委副书记、政法委书记柏建华参加有关活动。

12日　在北京召开的第十八届世界水资源大会期间，以“水资源的价值转化与共同富裕——浙江湖州安吉的实践”为主题的安吉专场会议举行，安吉县水资源价值转化改革成果亮相国际舞台。

同日　首届吴昌硕艺术国际论坛暨吴昌硕、王个簃、程十发师生三代作品展开幕式在安吉举行。中国文联副主席、西泠印社副社长兼秘书长陈振濂，县委副书记、政法委书记柏建华致辞。

同日　安吉县工程涉矿领域规范管理领导小组办公室第一次工作会议召开。县委副书记、政法委书记柏建华出席会议并讲话。

13日　安吉县委常委会暨县委学习贯彻习近平新时代中国特色社会主义思想主题教育领导小组第一次会议召开。会议传达学习了中央和省委、市委有关会议精神，讨论并原则通过安吉县主题教育实施方案、县委常委会带头深入开展主题教育工作方案和工作计划安排等文件。市委常委、县委书记、县委主题教育领导小组组长杨卫东主持并讲话。

同日　安吉县召开第五十五期“在湖州看见美丽中国”亲清直通车·政企恳谈会。县政协主席何承明与企业家围绕“融入城市有机更新 助推国际化绿色山水美好城市建设”主题面对面交流互动，针对企业遇到的问题和困难，研究解决方案，共商发展良策。

同日　省应急管理厅党委书记、厅长许小月率队赴安吉县调研防汛工作和“一厂多租”治理工作。市委常委、常务副市长吴智勇，县委副书记、县长宁云参加。

19日　由安吉县商务局牵头的国际采购商走进安吉活动在安吉县举行，来自沙特阿拉伯、巴基斯坦等21个国家和地区的40多名国际采购商走进安吉，与全县40多家椅业企业代表面对面交流，共谈合作事项，共商未来发展。

同日　在海南博鳌举行的中国地质学会2023年学术年会上，中国地质学会发布第三批地质文化村（镇）评定结果，安吉余村被评定为全国首个也是唯一一个五星级地质文化村。

同日　在全国第二届职业技能大赛上，安吉县陈伟昊获得“管道与制暖”项目金牌。

20日　20日上午，湖州市委副书记、市长洪湖鹏赴安吉县调研经济稳进提质工作。

同日　安吉县委副书记、县长宁云主持召开安吉县第五十六期“在湖州看见美丽中国”亲清直通车·政企恳谈会，围绕“外来企业谈营商环境”主题，与7名企业家恳谈交流，听取意见建议，谋划服务举措，助力企业高质量发展。

同日　2023年安吉县全国科普日活动启动仪式暨第二届青少年科技创新县长奖颁奖仪式举行。中国工程院院士高从堦颁奖，浙江省科协党组成员、副主席曾肖芃和副县长程文伟为全国科普示范县揭牌，县委副书记、政法委书记柏建华宣布启动。

同日　“安吉县创新竹林碳汇收储开发机制”入选全省第二批林业推进共同富裕十大典型案例名单。

22日　安吉县领导班子政治建设推进会暨全县组织工作会议召开。

25日　中共安吉县委理论学习中心组举行专题学习会，邀请专家围绕“中国式现代化”进行专题辅导。

26日　湖州市委书记陈浩带队至安吉县调研标志性点位“四季看变化”并督导经济工作。

同日　安吉竹子博物馆成功入选2023年浙江省第三批乡村博物馆名单。

同日　首批浙江省重要水利工程遗产资源名录公布，安吉县有乌象坝、下汤坝、三公坝、安城护城河四处水利工程入选。

27日　安吉县开展第127个生态文明建设“集中推进日”活动。市委常委、县委书记杨卫东带队督导检查建筑工地施工扬尘污染防治工作。

同日　浙大城市学院医学院附属安吉医院揭牌活动在安吉县人民医院举行。浙大城市学院党委委员、副校长张德平，县政协主席何承明，县委常委、常务副县长沈霞俊出席仪式。

30日　安吉举行全国第十个烈士纪念日公祭仪式，杨卫东、宁云、何晓红、柏建华等县四套班子领导，县法院院长、县检察院检察长等赴孝丰烈士陵园，同社会各界代表一起，向人民英雄敬献花篮，缅怀先烈、致敬英雄，传承红色基因、凝聚奋进力量，踔厉奋发、勇毅前行，进一步汇聚起高质量建设国际化绿色山水美好城市的磅礴力量。

10 月

8 日 安吉县委理论学习中心组举行深入学习贯彻习近平总书记考察浙江重要讲话精神专题学习会。

同日 安吉节水抗旱稻现场观摩暨研讨会议举行。

9 日 安吉县政协主席何承明主持召开老石坎水库加高扩容工程项目规划建设协商会。

11 日 司法部办公厅印发《关于就行政执法监督与 12345 政务服务便民热线建立合作机制开展试点工作的通知》，安吉县入选。

12 日 2023 年长三角·安吉黄浦江源生态产品招商推介会在上海举行，集中展示安吉县生态产品，10 个项目签约，总投资 19.69 亿元。

同日 国务院副总理刘国中、国务院副秘书长郭玮、中央农办副主任祝卫东、中央农业农村部副部长吴宏耀在安吉县考察“千万工程”工作，浙江省副省长李岩益陪同考察。

13 日 湖州市委书记陈浩来安吉县调研乡村振兴工作。他强调，要持续兴起学习宣传贯彻习近平总书记考察浙江重要讲话精神热潮，扎实开展学习贯彻习近平新时代中国特色社会主义思想主题教育，深入挖掘乡村历史人文资源，充分发挥乡村自然生态优势，壮大文旅融合新业态，激活乡村振兴新动能。

同日 首届“两山杯”全国大学生乡村振兴创新创意创业大赛在安吉闭幕。新华社副社长、党组成员袁炳忠，市委常委、县委书记杨卫东致辞。

14 日 安吉县“两无两违”专项治理行动提前实现签约清零。

15 日 缘定安吉 2023 青年人才集体婚礼暨安吉县首届婚博会在灵溪公园举行，共同见证 50 对新人的幸福时刻。市委常委、县委书记杨卫东到场见证并送上祝福。

16 日 安吉县荣耀天空之城获评浙江省运动休闲旅游示范基地，安吉田园加勒比（徒步）—中旅和乐山谷（桨板）—桃花源（露营）线路获评浙江省运动休闲旅游示范线路，安吉县云上草原悬崖秋千获评浙江省运动休闲旅游优秀项目。

17 日 安吉竹林鸡入选浙江省第二批名优“土特产”百品榜名单。

同日 吉林省委书记、省人大常委会主任景俊海，吉林省委副书记、省长胡玉亭率党政考察团在安吉考察，浙江省委书记、省人大常委会主任易炼红，省委常委、组织部部长王成，省委常委、常务副省长徐文光陪同考察。

18 日 安吉县级领导班子到溪龙乡黄杜村、天荒坪镇余村、县社会矛盾纠纷调处化解中心开展“沿足迹看变迁、循印记悟真理、印心迹传思想”现场学习。

同日 浙江中医药大学与县政府战略合作协议签约仪式举行。浙江中医药大学党委书记黄文秀，县委副书记、县长宁云出席仪式并致辞。浙江中医药大学副校长、党委委员吴承亮，县委常委、常务副县长沈霞俊代表双方签署战略合作协议。

同日 工业和信息化部网站公示第五批工业产品绿色设计示范企业名单，安吉企业——浙江洁美电子科技股份有限公司入选。

19 日 以“聚焦古村古镇保护利用 促进美丽乡村建设”为主题的新时代古村镇保护利用发展论坛在浙江安吉举行，围绕新时代古村镇创新保护、活化利用、可持续发展展开深入讨论。

同日 四川省委副书记、省长黄强率考察团在安吉县调研生态产品价值实现和文化旅游等工作，浙江省委常委、常务副省长徐文光陪同考察。

19—20 日 浙江省第十二届运动休闲旅游节在安吉成功举办，活动推出一批文体旅融合的精品项目和消费场景，倡导“跟着赛事去旅游”，推动“让旅行成为一种运动方式”的生活理念，动员更广泛的人参与其中，在运动中感受绿水青山，体验运动中的活力浙江。

21 日 湖州市“我们的节日·重阳”暨安吉县孝丰镇第十二届孝文化节在孝丰镇开幕，全网传播量超 3000 万次。

22 日 浙江省教育厅办公室印发《关于做好义务教育阶段全域教共体（集团化）办学试点工作的通知》，安吉县成功入选，成为全省义务教育阶段全域教共体（集团化）22 个办学试点地区之一。

25日 安吉县举行2023年度县委书记与政协委员“话民生”活动。围绕“委员‘话民生’幸福千万家”主题，市委常委、县委书记杨卫东与政协委员代表面对面座谈交流，认真听取意见建议，共商增进民生福祉良策。县政协主席何承明主持。

同日 浙江省—新西兰中小学研讨会在安吉县第四初中举行。会上，两地19所中小学签约结对。其中，安吉县第四初中与新西兰惠灵顿东方女子中学结对成为姐妹学校。

26日 安吉县总林长会议暨打击毁林毁草专项行动工作会议召开。

27日 安吉县举行深化“在湖州看见美丽中国”实干争先主题实践项目建设攻坚年重点项目集中开工活动，开工涉及项目50个，总投资228.6亿元，其中，农业项目3个，投资4.9亿元；工业项目31个，投资89亿元；服务业项目8个，投资54.4亿元；基础设施项目7个，投资30.3亿元；房地产项目1个，投资50亿元。

29日 世界最佳旅游乡村联盟成立暨浙江省乡村旅游“五创”行动启动仪式在湖州安吉举行。

同月 安吉学生黄天祎在河北沧州举办的第五届全国电子信息服务业职业技能竞赛中，获得智能硬件装调员赛项全国一等奖，为全省唯一。

11月

1日 2023湖州民营企业家节暨浙商数字周安吉配套活动举行。安吉县委副书记、县长宁云主持召开安吉县第六十一期“在湖州看见美丽中国”亲清直通车·政企恳谈会，与新成立的县工商联中小微企业工作委员会成员单位恳谈交流，听取意见建议，谋划服务举措，助力企业发展。

同日 浙江省第三批地质文化村揭牌授牌仪式在安吉举行。浙江省自然资源厅党组成员、副厅长胡嘉临讲话，县委副书记柏建华致辞。

同日 经全国城市可持续发展标准化建设委员会评审，安吉县获批开展《城市和社区可持续发展城市住区可持续发展ISO37101分段灵活实施指南》国际标准试点工作，被指定为ISO/TC2682024年度春季会议举办地。

同日 安吉县昌硕街道三里亭社区获评全省城市社区议事协商创新试点优秀单位，成为湖州市仅有的两个社区之一。

2日 安吉县召开“在湖州看见美丽中国”实干争先主题实践“以实绩论英雄 贡献占比大比拼”工作例会暨全县三季度经济形势分析会。

同日 九三学社中央主席、中科院院士武维华，九三学社中央常务副主席邵鸿，全国政协常委、副秘书长、九三学社中央副主席刘政奎在安吉考察乡村振兴工作，浙江省人大常委会副主任、省总工会主席刘忻陪同考察。

3—5日 2023年湖州市中小学田径运动会在安吉县第三小学教育集团凤栖校区举行。来自全市三县两区的43支代表队606名运动员参加比赛，比赛共设短跑、长跑、跳高等20多个项目。

6日 “亚运在杭州·休闲在安吉”2023浙江·安吉文化旅游（杭州）推介会举行。县文体旅游局组织景区、酒店、露营地等旅企代表参加，向杭城百姓推介安吉四季胜景和特色旅游产品。

7日 赛迪顾问县域经济研究中心正式发布《2023中国县域投资竞争力百强研究报告》，安吉县位列第55位，较2022年前进1位，为湖州市首位。

8日 安吉县第六十二期“在湖州看见美丽中国”亲清直通车·政企恳谈会召开。市委常委、县委书记杨卫东与企业家围绕“办好中东博览会，奋力开拓海外市场”面对面交流，问需于企、问计于企，与企业共谋办好展会、开拓市场的良策。

同日 值第24个中国记者节之际，市委常委、县委书记杨卫东看望慰问全县新闻工作者代表，并代表县四套班子向全县新闻工作者致以节日问候和美好祝愿。

同日 工信部公示了新一批绿色制造示范名单，安吉县恒林家居股份有限公司、安吉亚太制动系统有限公司入选国家级绿色工厂，安吉亚太制动系统有限公司、浙江敏能科技有限公司入选国家级绿色供应链管理企业，实现了绿色制造的双满贯。

同日 首届“世界椅·安吉造”中东椅业博览会新闻发布会在阿拉伯联合酋长国沙迦工商会召开。

同日 由浙江宇翔职业技术学院和安吉宋茗白茶有限公司联合成立的宋茗白茶产业学院揭牌，用产学研深度融合与实践的方式，为茶产业高质量发展培养高水平人才。

9日 在西班牙巴塞罗那举办全球智慧城市大会上，现场揭晓了2023世界智慧城市大奖全球决赛的评选结果，安吉县作为两个入围的中国城市之一，以"'数字两山'最美县域，践行绿色智慧的'安吉模式'"为主题，荣获宜居和包容大奖单项提名奖。

10日 安吉县首条旅游航线——西苕溪旅游航线正式开通，实现了水上旅游"零的突破"，标志着湖州水上旅游客运实现区县"全覆盖"。

13日 浙江省商务厅公布2023年电商直播式"共富工坊"创建成果，安吉县获第二届"直播电商 共富工坊"短视频大赛获奖作品4件，"直播电商 共富工坊"六十佳坊主2名，省级典型案例3个。

15日 天津大学·安吉和美乡村建设研究院成立仪式在安吉举行。国家乡村振兴局开发指导司副司长詹玲，副市长夏坚定出席。天津大学党委常委、副校长王天友，县委副书记、县长宁云致辞。

15—17日 2023中国(安吉)椅业配件博览会在安吉中国白茶城举办。展会面积1万余平方米，有全国近240家椅业配件商参展，是安吉县举办的首个规模性椅业配件展会。

16日 中国残联决定在全国9个地区开展残疾人就业精准帮扶试点工作，安吉县作为唯一试点县入选。

17日 安吉县共同富裕领导小组第七次会议暨"四重"工作推进会召开。

同日 第二届ECI国际绿色乡村(中国·余村)创新论坛暨2023余村梦想大会在余村举行。

17—19日 十万青年大学生"安吉行"——第二届大麓青年艺术节开启。

18日 以"引领绿色发展·共创数智未来"为主题的2023安吉县第十六届投资贸易人才洽谈会开幕式在天荒坪镇"余村印象"举行。

19日 "行走绿水青山·见证美丽中国"全国名家书画作品邀请展暨"吴昌硕奖"第六届浙江省篆刻大展精品展开幕式在安吉县举行。

20日 河南省委副书记孙梅君率领河南省代表团在湖州安吉考察"千万工程"、乡村振兴、共同富裕等工作。

同日 "两山"未来科技城天使产业园入驻企业环球墨非纳斯达克上市庆典，在安吉举行。

同日 第十六届恒源祥世界武术锦标赛(世锦赛)在美国得克萨斯州沃斯堡市闭幕，代表中国队参赛的安吉县武术运动员戴丹丹获得太极剑冠军。

21日 浙江省文旅厅、省经信厅联合发文，公布2023年浙江省工业旅游示范基地名单，安吉宋茗白茶有限公司位列其中，这是安吉县成功创建的第七家省级工业旅游示范基地。

同日 由浙江省农业农村厅、省文化和旅游厅、共青团浙江省委员会、建设银行浙江省分行联合举办的"建行杯"第七届浙江省农村创业创新大赛颁奖仪式落下帷幕，安吉县农创项目"深蓝计划X"获初创组一等奖。

20—24日 在内蒙古举行的2023第七届一带一路暨金砖国家技能发展与技术创新大赛之"嘉克杯"国际焊接大赛上，安吉焊接项目团队取得历史性突破，夺得2枚金牌和2枚铜牌，并获团体银奖。

22日 安吉县委学习贯彻习近平新时代中国特色社会主义思想主题教育第三期读书班集中研讨交流会暨县委理论学习中心组专题学习会召开。

同日 安吉县召开第六十四期"在湖州看见美丽中国"亲清直通车·政企恳谈会。县人大常委会党组书记、主任何晓红与企业家代表和人大代表围绕"聚焦西南片区发展 助推乡村能级提升"主题面对面交流，鼓励企业坚定发展信心，携手推动黄浦江源旅游度假区高质量发展。

23日 安吉县第十九次妇女代表大会召开。杨卫东代表县委、县人大常委会、县政府、县政协对大会的召开表示祝贺，向全县广大妇女和妇女工作者致以诚挚问候。大会审议通过了《关于安吉县妇女联合会第十八届执行委员会工作报告的决议》，选举产生县妇联第十九届执行委员会和新一届领导班子。

同日 在安吉—松阳山海协作茶机定向捐赠签约仪式上，安吉县向松阳捐赠19台(组)茶叶加工机械设备，并于当天送往松阳县新兴镇。

24日 2023年县领导“军事日”活动，体验军事生活，接受国防教育，以实际行动密切军地联系，推动党管武装工作落地落实。

25日 广东省委副书记、省长王伟中率广东省政府代表团来湖州安吉考察。广东省委常委、常务副省长张虎，省委常委、副省长王曦，副省长张新，省政府党组成员陈良贤参加，浙江省副省长李岩益，湖州市委常委、安吉县委书记杨卫东陪同。

同日 为期一周的第18届世界象棋锦标赛在休斯敦落幕。代表中国队参赛的安吉运动员唐思楠以七场6胜1和的成绩夺得个人冠军，和队友共同夺得团体冠军，其个人晋升为女子特级大师，成为全国第30位女子特级大师和浙江省象棋队第三位女子特级大师。

26日 首届中国(安吉)美丽乡村音乐节开幕音乐会在天荒坪镇“余村印象”举行。浙江音乐学院党委书记干武东宣布开幕。

27日 “绿水青山 安且吉兮”安吉县文化创意产业招引北京推介会在京举行。

28日 由共青团中央、农业农村部主办的第二届全国乡村振兴青年先锋表彰活动在安吉余村举行，10人荣获乡村振兴青年先锋标兵称号，380人荣获乡村振兴青年先锋称号。活动还举办了“乡村振兴青年先锋”主题展，开展了共青团“青耘中国·冬藏未来”直播助农活动，发布了号召广大青年投身乡村振兴的安吉倡议，观摩了余村践行“绿水青山就是金山银山”理念的实践成果。共青团中央书记处书记胡盛出席了活动。

29日 2023年浙江省“安全用药月”活动启动仪式暨服务医药产业发展专场活动在安吉县举行。

同日 2023“共富杯”中国视听创新大赛总决赛上，安吉县融媒体中心创作的公益短片《一片叶子的红色征程》，获得公益创新单元的一类项目(最高奖项)。

29—30日 安吉县开展第129个生态文明建设“集中推进日”活动。

30日 安吉县公安局《以家“圆”融冰为载体 奋力打造多元帮扶机制》荣获第二届全省县域毒品治理十佳案例。

12月

1日 安吉县入选浙江省生态环境厅发布的《首批省级环境健康友好创新试点、环境标准创新试点名单》，全省仅2个县(市、区)入选。

同日 中国信通院发布全国“亩均论英雄”改革典型案例，安吉县《强体制机制 重改革创新 严评价流程 全面推进“亩均论英雄”改革深入实践》成功入选全国15大优秀实践案例名单。

3日 2023第二届安吉两山·国际细胞与基因治疗(CGT)产业创新研讨会召开。县委副书记、县长宁云出席并致辞，格雷格·塞门扎、托马斯·苏德霍夫、卡罗琳·贝尔托齐等诺贝尔奖获得者在现场或以视频形式作主旨报告，裴钢、杨胜利、李劲松、张丹等院士专家致辞或作主旨报告。

4日 首届自然资源与生态文明论坛在安吉县余村举行。

同日 省委副书记、省长王浩在湖州市安吉县调研企业发展时强调，企业是经济高质量发展的重要引擎，是奋力谱写中国式现代化浙江新篇章的重要力量。

6日 安吉县第六十六期“在湖州看见美丽中国”亲清直通车·政企恳谈会召开。围绕“专精特新、加大培育、提质增效”主题，市委常委、县委书记杨卫东与8位企业家代表面对面交流，解难题、讲政策，谈思路、谋发展。

同日 安吉县冬笋推介系列活动暨“安吉冬笋”国家农产品地理标志、溯源码推广签约仪式在杭垓镇唐舍村举行，“安吉冬笋”溯源码正式推广启用。活动现场由白云齐、杭州农之谷科技、老奶奶食品与冬笋合作社签订采购协议41万斤，采购金额达615万元。

7日 在安吉县政务服务中心开设全省首个一站式服务“地瓜经济”公安专窗。

同日 “巾帼奋进 逐梦芳华”湖州市女企业家协会2023年主题年会在安吉余村举行。市委常委、组织部部长徐仲仪讲话，市委常委、县委书记杨卫东致欢迎辞，省女企业家协会会长屠红燕致辞。

11—13日 首届“世界椅·安吉造”中东椅业博览会在阿联酋沙迦博览中心成功举办。这是省内以县政府组团形式、主动走出国门、自行独立办展模式的一次探索和创新。

12 日　湖州市委书记陈浩来安吉县督导主题教育并调研经济运行和明年工作思路，强调做大做强产业集群，加快绿色低碳发展。

同日　健康浙江建设考核领导小组公布第二批累计三年健康浙江建设考核优秀等次名单，安吉县成功入选，为湖州市唯一入选县区。

14 日　安吉城北 110 千伏变电站正式投运。该变电站采用低碳新设备、新材料、新技术、新工艺，实现全寿命周期二氧化碳负排放，是全国首个全寿命周期“负碳”变电站。

15 日　人力资源和社会保障部发布《关于确定第 47 届世界技能大赛中国集训基地的通知》，经人社部评比遴选，确定设立第 47 届世界技能大赛 59 个项目、324 个中国集训基地。其中安吉技师学院被确定为“管道与制暖”项目全国唯一牵头集训基地。

18—19 日　浙江省委主题教育第五巡回督导组组长马林云一行来安吉，调研指导学习贯彻习近平新时代中国特色社会主义思想主题教育开展情况。

20 日　安吉县耕地保护暨“田长制”工作会议召开。

同日　安吉宏德医疗用品有限公司捐助的 100 箱价值 10 万元的医疗物资运往甘肃临夏州积石山县地震灾区。

21 日　安吉县第六次归侨侨眷代表大会召开。

26 日　住房城乡建设部通报了 2023 年中国人居环境奖的评选结果，安吉县天荒坪镇余村美丽宜居乡村项目获中国人居环境范例奖。

27 日　湖州市委书记陈浩带队赴安吉县调研标志性点位“四季看变化”工作。

同日　湖州市人大常委会党组书记、主任孙贤龙在安吉人大代表联络中心主持召开第七十一期“在湖州看见美丽中国”亲清直通车·政企恳谈会。他与 8 位企业负责人及 2 位人大代表以“加快‘以竹代塑’产业转型升级，推动绿色低碳发展”为主题深入探讨交流。

同日　国家能源局综合司、生态环境部办公厅、农业农村部办公厅发布《关于公布农村能源革命试点县名单(第一批)的通知》，安吉县入选，全省唯一。

同日　安吉县总工会“云工益”数智工会综合服务系统被中华全国总工会、中央网信办评为 2023 年“区(县)十佳平台”。

29 日　2023 年湖州青年学者“两山”研讨会在安吉举行。

30 日　全国人大常委会法工委下发通知，确定安吉县人大常委会成为 2014 年以来全省第二个、全市首个全国基层立法联系点。

同日　经浙江省政府同意，浙江省住房和城乡建设厅印发《关于公布 2023 年全省现代化美丽城区建设名单的通知》，确定 6 个城区(县城)入选，安吉县上榜。

同日　申嘉湖高速通车，申嘉湖高速公路与安徽高速路网贯通。

同日　安吉县首届青年徒步大会鸣笛举行，来自全国各地的高校学子、青年社团成员、户外俱乐部成员和户外运动爱好者等约 3000 人参加活动。

同日　昌硕街道双一村竹林碳汇共富项目首次分红。此后 10 日内，包括双一村在内，全县 167 个村集体和 51000 户农户将共享竹林碳汇共富项目 3 亿元效益分红。

同月　全国农技推广中心表彰通报了 2023 年全国油菜高产竞赛结果，安吉万加丰水稻专业合作社以亩产 282.87 公斤成绩斩获全国稻油轮作组第五名，为全省第一，成功创新安吉县油菜亩产纪录。

概 述

县情简介

安吉县位于浙江省西北部，地处长三角地理中心，是上海黄浦江的源头，县域面积1886平方公里，境内“七山一水两分田”，下辖8镇3乡4街道，共217个村（社区），常住人口59.61万。安吉建县于公元185年，前身是建县于公元前222年的故鄣县，已有2200多年历史。县名取自《诗经》“安且吉兮”，是一代艺术大师吴昌硕的故乡，境内的上马坎旧石器文化遗址，将浙江境内人类的历史提前到了距今80万年前。2023年，全县实现地区生产总值615.1亿元，其中一般公共预算收入65.1亿元，城乡居民人均可支配收入分别为71704元和45469元。

安吉是“两山”理念诞生地。2005年8月15日，时任浙江省委书记习近平在安吉余村首次提出了绿水青山就是金山银山的科学论断。多年来，安吉县以此为引领，统筹推进山水林田湖草系统治理，积极探索生态价值转化的路径，实现了从生态立县到生态强县的转变。全县植被覆盖率、森林覆盖率常年保持在70%以上，地表水、饮用水、出境水达标率均为100%，空气优良率保持在90%以上，被誉为气净、水净、土净的“三净之地”，先后获评全国首个生态县、联合国人居奖首个获得县，成为新时代浙江（安吉）县域践行“两山”理念综合改革创新试验区。

安吉是美丽乡村发源地。2008年，在全省推进“千万工程”的背景下，安吉县创新开展“中国美丽乡村”建设，全县187个行政村（农村社区）实现美丽乡村创建全覆盖。2016年，安吉县把建设中国美丽乡村上升到中国最美县域的目标愿景，成为中国最美乡村百佳县，入选浙江省首批大花园示范县，获评全国文明城市，以安吉县人民政府为第一起草单位的《美丽乡村建设指南》成为国家标准。近年，安吉县坚持与时俱进，大踏步推进城乡能级提升，率先发布乡村能级指数，致力探索一条中国式现代化乡村路径。2020年3月30日，习近平总书记考察安吉时指出，“美丽乡村在这里真正是实现了”。

安吉是绿色发展先行地。安吉县依托良好的生态环境和区位优势，深入践行绿色发展理念，大力发展低碳循环经济，成功创建国家级农业科技园区1个、国家级旅游度假区1个、省级经济开发区1个和省级旅游度假区1个，初步构建了包括生态旅居、绿色家居两大优势产业以及生命健康、电子信息、装备制造、新材料、新经济等五大新兴产业的现代产业体系。安吉白茶品牌价值52.06亿元，竹产业以全国1.8%的立竹量创造了全国10%的竹业产值，椅业产业占国内市场的1/3、全国椅业出口量的1/2，境内两座抽水蓄能电站总装机容量达到390万千瓦，跃居世界第一。全域旅游蓬勃发展，初步形成夏天玩水、冬天滑雪、周末度假的业态格局，连续五年获评全国县域旅游综合实力百强县榜首。全县现有规上工业企业603家，新经济总部经济企业38家，三次产业结构比为5.2∶46.8∶48.0，连续四年实现三二一的产业结构。全县共有上市企业15家，连续四年跻身全国绿色发展百强县，并入选中国县域综合竞争力百强县。

2020年3月30日，习近平总书记时隔15年重访安吉，并赋予安吉“再接再厉、顺势而为、乘胜前进”的新指示新期望。安吉全县上下将始终高举习近平新时代中国特色社会主义思想伟大旗帜，全面学习贯彻党的二十大精神，在党中央和省市委的坚强领导下，忠实践行绿水青山就是金山银山理念，大力推进现代产业振兴、城乡能级提升、共同富裕先行三大主攻方向，高水平打造生态文明典范城市先行区，高质量建设国际化绿色山水美好城市，奋力谱写中国式现代化安吉篇章。

安吉县行政区划情况表

表1

序号	乡镇（街道）	行政村（168）	村改居（19）	城市社区（30）
1	递铺街道	双河、雾山寺、吉庆桥、南北庄、鲁家、义士塔、赤芝、三官、银湾、荷花塘、老庄、赵家上、青龙、东山垓、鹤鹿溪、六庄、康山、安城、兰田、古城、垅坝、横塘、马家、鞍山、万亩（25个）	长乐、塘浦、东浜、净土（4个）	阳光、浦源、桃城、茗秀（4个）
2	昌硕街道	双一、双溪口、高坞岭、石鹰（4个）	上郎、递二、余墩、穆王城、递铺、山头、范潭、芝里、三友、朗里（10个）	天目、玉磬、凤凰、云鸿、广场、三里亭、凤亭、清滨、箭东、昌硕、桃园、新街桥、灵芝、铜山桥、太和、绣岭（16个）
3	灵峰街道	碧门、霞泉、横山坞、剑山、灵峰、大竹园（6个）	城南（1个）	浒溪、灵溪（2个）
4	孝源街道	皈山场、孝源、观音桥、尚书干、洛四房（5个）		安孝（1个）
5	梅溪镇	武康桥、马村、龙口、红庙、甲子、梅溪、荆湾、章湾、小溪口、板桥、华光、石龙、独山头、干溪桥、长林垓、三山、管城、上舍、路西、钱坑桥、梓坊、铜山（22个）	晓墅（1个）	白云、龙翔、紫梅、（3个）
6	溪龙乡	溪龙、徐村湾、后河、新丰、黄杜（5个）		
7	天子湖镇	高禹、高庄、余石、吴址、南北湖、吟诗、古苑、张芝、南店、五福、良朋、里沟、溪港、晓云、长隆、西亩、良村、乌泥坑、受荣、迂迢（20个）		长合（1个）
8	鄣吴镇	鄣吴、玉华、景坞、民乐、上吴、上堡（6个）		
9	杭垓镇	杭垓、松坑、桐杭、唐舍、尚梅、新上塘、磻溪、文岱、桐坑、杭河、岭西、高村、姚村、吴村、缫舍、大坑、七管、和村（18个）		
10	孝丰镇	狮古桥、潴口溪、横溪坞、赤坞、白杨、夏阳、赋石、新村、竹根前、大竹竿、大河、老石坎、下汤、横柏、溪南（15个）	孝丰、城东、城北（3个）	三眼井、北街、南台（3个）
11	报福镇	报福、汤口、上张、中张、深溪坞、洪家、石岭、景溪、彭湖、统里（10个）		
12	章村镇	章村、长潭、河垓、郎村、浮塘、高山、章里、茅山（8个）		
13	上墅乡	刘家塘、田垓、上墅、罗村、施阮、龙王、董岭（7个）		
14	天荒坪镇	山河、白水湾、井村、马吉、余村、银坑、横路、大溪、西鹤、港口、五鹤（11个）		
15	山川乡	山川、高家堂、马家弄、大里、船村、九亩（6个）		

气　　候

【概况】 2023年总的气候概况是：年平均气温偏高，其中7月、12月平均气温正常，5月、6月、10月、11月平均气温较常年偏高，1月、2月、3月、4月、8月、9月平均气温异常偏高。

年雨量正常，各月起伏较大，9月显著偏多，2月、7月、12月偏少，5月正常，1月、2月、3月、4月、6月、8月、10月、11月显著偏少。年日照充足，其中2月、3月、4月、5月、6月、7月、8月、9月、10月偏少，其余月份充足。

2023年极端天气气候事件多发，有10件重要的天气、气候事件，分别为：1.年平均气温历史第二高；2.冬季寒潮强；3.盛夏极端强对流多发；4.9月暴雨频繁；5.梅雨接近常年；6.台风影响偏弱；7.秋季连晴干旱；8.高温总体不强；9.金秋硕果累累；10.冬季气温再创纪录。

·主要气候因子变化·

【气温】 全年平均气温偏高，为17.5℃，比常年高1.0℃，比上年高0.1℃，主要表现为：其中1月、3月、4月、9月、10月异常偏高；2月、6月、11月显著偏高；5月、7月、8月、12月正常。极端最高气温为39.1℃，出现在7月12日；极端最低气温为－8.1℃，出现在1月25日。

全年日最高气温≥35℃的高温日30天；日最低气温≤0℃的天数30天。

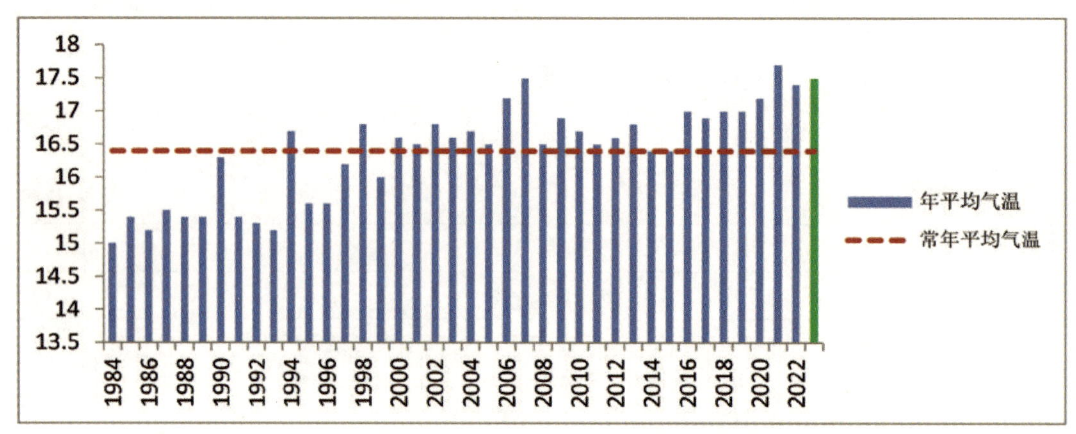

图1　1984—2023年安吉年平均气温(虚线为常年值)

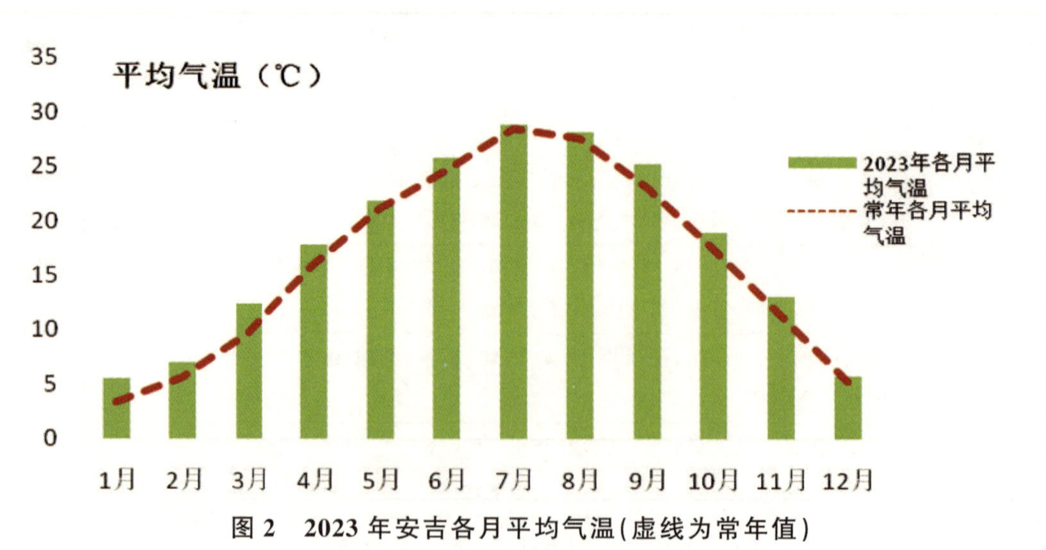

图2　2023年安吉各月平均气温(虚线为常年值)

【降水】 全年降水量正常，为1177.1毫米，比常年少301.2毫米，比上年少94.5毫米，各月降水量起伏较大。主要表现为：7月偏多，9月显著偏多，1月、12月偏少，2月、5月正常，3月、4

月、6月、8月、10月、11月显著偏少。

全年雨日(雨量≥0.1毫米)143.0天，比常年少10.6天，比上年少3天。

【日照】全年日照正常，为1673.5小时，比常年少137.4小时，比上年多27.9小时。其中1月、2月、11月日照偏少，其余月份日照均正常。

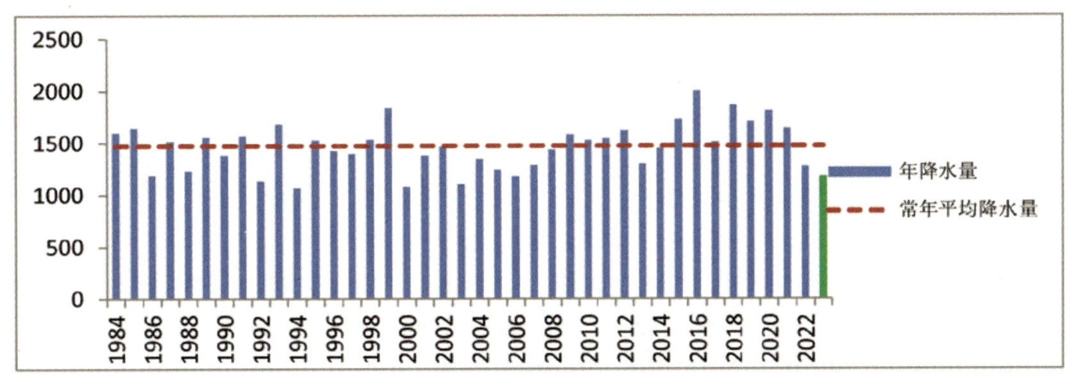

图3　1984—2023年安吉年降水量(虚线为常年值)

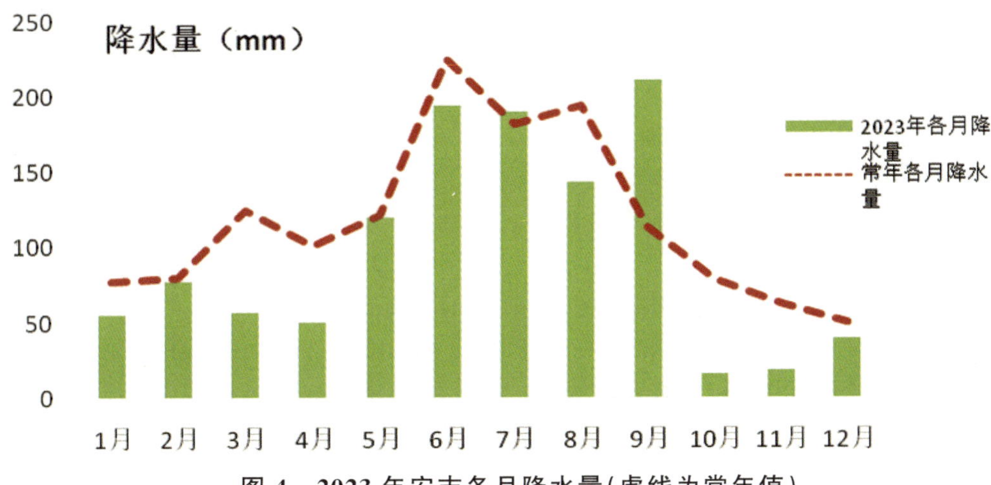

图4　2023年安吉各月降水量(虚线为常年值)

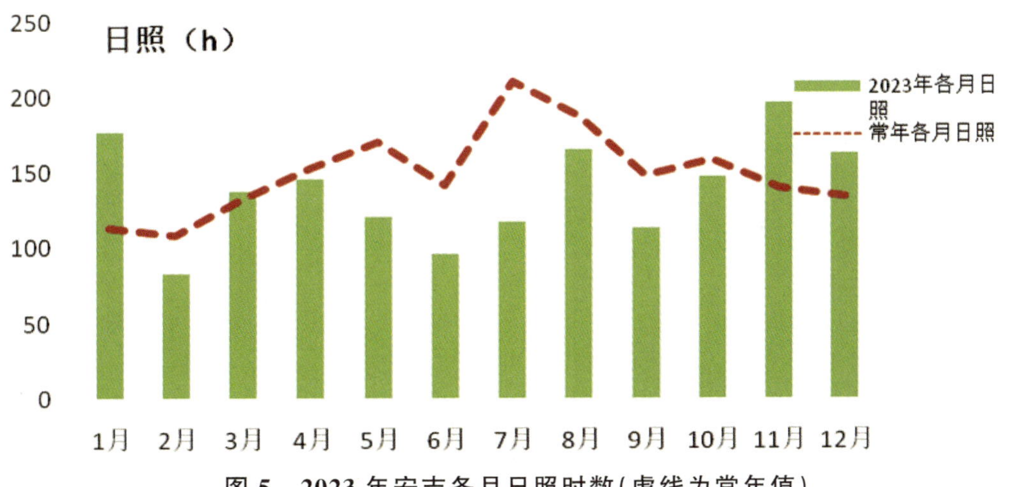

图5　2023年安吉各月日照时数(虚线为常年值)

·重要天气、气候事件·

【年平均气温历史第二高】 2023年安吉年平均气温17.5℃，比常年显著偏高0.9℃，仅次于2021年，与2007年持平为历史并列第2（最高为2021年17.7℃）；其中秋季（9月到11月）平均气温为19.0℃，为历史秋季第2高（最高温2021年19.2℃）。

【冬季寒潮强】 2023年内出现二次寒潮过程：1月13—15日（超强寒潮）、12月14—17日（强寒潮），两次寒潮带来强降温、雨雪、大风及低温冰冻天气。1月13—15日，安吉日平均气温48小时降幅历史最强，达17.1℃，不仅带来降温，还带来了雨雪，14—15日全县普降小到中雪，山区大雪。12月14—17日，安吉日平均气温降幅15.3℃，该次寒潮虽然比起年初的降温稍显"逊色"，但是此次寒潮的含"潮"量明显更足。18日全县普降中到大雪，不论城区还是山区都出现明显积雪，低温冰冻天气持续了一周时间。

【盛夏极端强对流多发】 7月—8月，午后雷阵雨天气多发，局部地区伴有极端短时强降雨、强雷电以及8—9级雷雨大风。安吉县气象台共发布30条暴雨预警信号，其中暴雨蓝色预警信号1条，暴雨黄色预警信号10条，暴雨橙色预警信号15条，暴雨红色预警信号4条。7月17日午后，安吉南部出现暴雨到大暴雨，最大单站雨量茅山村144.4毫米（最大雨强135.3毫米/小时），中张村114.4毫米（最大雨强105.3毫米/小时）。

【9月暴雨频繁】 九月暴雨频繁，安吉县气象台共发布12条暴雨预警信号，其中暴雨黄色预警信号7条，暴雨橙色预警信号3条，暴雨红色预警信号2条。12—13日、15日、27日、29日局部地区均出现了大暴雨天气。9月12—13日天子湖、鄣吴、梅溪等镇（乡、街道）出现大暴雨，其中最大高庄村（天子湖镇）133.8毫米，其次晓云村（天子湖镇）124.8毫米。9月27日17时—28日8时，天荒坪镇、山川乡、上墅乡出现短时大暴雨，最大天荒坪上水库251.3毫米，其次大溪村234.5毫米，云上草原222.6毫米，龙王村（水利站）195.9毫米。

【梅雨接近常年】 2023年6月17日入梅，7月11日出梅，均比常年略偏晚，梅期24天，接近常年（23.2天）。全县梅雨期面雨量290.2毫米；与常年梅雨量（284.7毫米）基本持平，是上年梅雨量（74.9毫米）的3.9倍；其中北部300.0毫米，中部283.0毫米，南部293.5毫米，最大港口村（天荒坪镇）412.4毫米，其次高庄村（天子湖镇）378.3毫米，石鹰村（昌硕街道）376.1毫米，乌泥坑村（天子湖镇）348.4毫米，天荒坪小学（天荒坪镇）333.6毫米，刘家塘村（上墅乡）330.5毫米。

【台风影响偏弱】 2023年受"杜苏芮""卡努"外围影响，带来降雨及大风天气，影响程度相对偏弱。受2023年第5号台风"杜苏芮"外围环流影响，7月27—30日多阵雨或雷雨，风力增大；其中7月28日普降中到大雨，南部山区暴雨；平原阵风5—6级。2023年第6号超强台风"卡努"让人印象深刻，28日"卡努"生成后一路加强并沿西北方向直奔东海，大有正面袭击浙江之势，然而8月4日在近海突然急转向东北，7日再次调转西北蜿蜒而上，路径怪异呈"Z"字，历史罕见，转向后对安吉县无明显影响。

【秋季连晴干旱】 10月中旬—11月初、11月中下旬连晴少雨，气候干燥，土壤墒情较差，气象干旱发展。10月14日—11月3日，安吉雨量3.7毫米，比常年35.6毫米少31.9毫米，雨日仅1天；平均气温18.9℃，为历史同期第2高；日照154.0小时，比常年同期偏多四成左右。11月13—30日，安吉雨量2.3毫米，比常年偏少九成多，雨日仅为2天；日照136.0小时，比常年同期偏多八成多。

【高温总体不强】 2023年高温强度不强。全县高温日数为30天，连续高温过程有：7月2—4日，其最高气温达36.5℃；7月10—12日，其最高气温达39.1℃；8月4—6日，其最高气温达37.3℃；8月11—14日，其最高气温37.4℃。

【冬季气温再创纪录】 11—12月全县气温异常偏高，其中11月5日最高气温达到32.5℃，12月8日最高气温达到了26.2℃，一举刷新11月和12月的最高气温纪录。

·气象现代化建设·

【气象监测预报能力提升工程稳步推进】　加速推进气象监测预报能力提升工程，开展城市暴雨内涝站改造，县域内两部X波段雷达的建设工作有序进行。2023年已完成国家站风廓线雷达、固态毫米波云雷达、微波辐射计雷达安装调试工作。持续开展区域站、综合观测基地选址建设工作。加快完成气象监测预报能力提升工程主要建设任务，加强气象现代化业务体系建设，推动观测设备更新升级。完善气象防灾减灾体系建设，加强部门联动，提升应急处置能力。

【构建国省市生态气候品牌矩阵】　持续发挥安吉县作为"中国天然氧吧"生态资源富集优势和品牌向心力，挖掘全域各地气候品牌潜力，申报上墅乡董岭村获评浙江省避暑气候胜地，孝丰镇夏阳村、灵峰旅游度假区入选湖州市"天然氧吧体验地"，成功构建国省市气候品牌矩阵，为乡村发展特色经济赋能，将乡村含氧量变"含金量"。

【推进人工影响天气高质量发展】　完成安吉县生态涵养人工影响天气标准化作业基地建设。联合县应急救援志愿者协会建立一支10名人员的社会化人影作业队伍，通过现场实操和专家授课等方式开展实训和理论综合培训，针对全年少雨形势，开展连续人影作业现场蹲守。做好护航杭州亚运人影保障工作，遴选临时火箭弹保障作业点5个，无人机起停备选点2个。全力保障杭州亚运会多次人影演练及保障工作，做好"7·15"人影集结地保障服务，全年共发射人影作业弹108枚，在缓解干旱、防暑降温、水库蓄水、降低森林火险等级等方面发挥了积极作用，取得了预期服务效益。

【"大综合一体化"改革】　2023年新增行政执法人员2名，执法队伍力量持续增强。深入推进"大综合一体化"行政执法改革，将自动站点位信息和防雷安全重点单位名单共享给属地综合执法局，加大检查力度。全年双方开展联合执法10余次，联合应急等部门三方开展"综合查一次"3次，案件6次，案件对接、技术指导10余次，立案处罚6件，针对江苏某防雷检测有限公司在雷电防护装置检测中弄虚作假的违法行为，开出全市首张雷电防护装置检测作假罚单。同时，积极邀请省局法规处领导对县综合执法局执法人员进行气象法律法规培训，还通过联合本地最具影响力融媒体以案释法，加强气象法制教育、宣传和普及。

（宋江毅）

国民经济和社会发展

2023年，全县上下坚持以习近平新时代中国特色社会主义思想为指导，认真贯彻党的二十大精神，深入学习习近平总书记考察浙江重要讲话精神，全面落实中央和省市各项决策部署，紧紧围绕县委"133"工作体系，全年经济低开稳走、逐步向好，城乡能级持续提升，民生福祉保障有力，共同富裕先行扎实推进。

【综合】　初步核算，全年生产总值（GDP）615.12亿元，同比增长5.1%。其中，第一产业和第三产业实现增加值32.24亿元和312.62亿元，分别增长5.4%和8.9%；第二产业增加值270.25亿元，同比增长1.0%。三次产业增加值结构由上年的5.2∶46.8∶48.0调整为5.3∶43.9∶50.8。

2023年，安吉县居民消费价格同比上涨0.1%，涨幅比上年同期低2.0个百分点。其中，食品价格下降0.7%，非食品价格上涨0.4%；消费品价格下降0.3%，服务价格上涨0.9%。从分类看，八大类商品和服务价格呈"四涨四降"。其中，其他用品和服务价格上涨5.1%，教育文化和娱乐价格上涨2.9%，衣着价格上涨2.4%，医疗保健价格上涨1.2%；交通和通信价格下降2.1%，居住价格下降0.6%，生活用品及服务价格下降0.2%，食品烟酒价格下降0.2%。

2023年全县一般公共预算收入65.11亿元，同比增长4.2%。从主要税种看，增值税25.88亿元，同比增长53.1%；企业所得税7.71亿元，同比下降27.4%；个人所得税为6.87亿元，同比下降28.0%。全县财政支出93.72亿元，同比下降0.5%。从支出类别看，一般公共服务支出为7.62亿元，增长3.2%；公共财政民生支出74.61亿元，同比下降0.8%。公共财政民生支出中占比前五的教育支出17.63亿元，增长7.4%；社会保障和就业支出10.69亿元，增长39.6%；

2023 年分行业增加值一览表

表 2　　单位：万元

指 标 名 称	2023 年	±%
地区生产总值	6151174	5.1
第一产业	322441	5.4
第二产业	2702511	1.0
#工业	2415299	－1.4
第三产业	3126222	8.9
#交通运输、仓储和邮政业	133633	6.6
批发和零售业	883916	10.5
住宿和餐饮业	143886	8.7
金融业	591739	17.7
房地产业	266619	－9.6
营利性服务业	590869	15.7
非营利性服务业	508815	1.9

2023 年安吉县居民消费价格八大类涨跌幅

表 3

类 别	涨 幅 (%)	类 别	涨 幅 (%)
居民消费价格总指数	0.1	衣着	2.4
食品烟酒	－0.2	居住	－0.6
#粮食	0.6	生活用品及服务	－0.2
鲜菜	－0.4	交通和通信	－2.1
畜肉	－8.3	教育文化和娱乐	2.9
水产品	－1.6	医疗保健	1.2
蛋	－3.9	其他用品和服务	5.1
鲜果	7.1		

农林水支出 9.39 亿元，增长 2.8%；城乡社区支出 8.16 亿元，下降 1.2%；卫生健康支出 7.76 亿元，下降 23.2%。

【农业和农村建设】　2023 年全县农业生产总体平稳，实现农林牧渔业增加值 32.90 亿元，同比增长 5.5%。全年粮食播种面积 19.79 万亩，同比持平；粮食总产量 8.23 万吨，增长 0.9%。粮食作物中稻谷产量增长 15.0%，小麦增长 19.7%。经济作物播种面积 19.37 万亩，增长 4.7%，其中油菜籽面积 2.84 万亩，增长 10.4%；蔬菜及食用菌面积 13.05 万亩，增长 4.0%；花卉面积 6343 亩，下降 3.7%。油菜籽产量 4548 吨，增长 10.4%；蚕茧产量 130 吨，下降 36.9%；生猪出栏 9.36 万头，增长 26.9%；淡水产品产量 2.45 万吨，增长 4.8%。

2023 年有效期内“三品一标”认定产品 162 个（绿色食品 159 个，地理标志产品 3 个），认定面积 141.44 万亩（绿色食品 22.35 万亩，有机食品 1.23 万亩，农产品地理标志：安吉白茶 17.36 万亩、安吉竹笋 100.5 万亩，安吉竹林鸡认定 100 万羽）。全县累计建成“中国美丽乡村”187 个村，其中省级美丽乡村精品村 107 个，市级美丽乡村精品村 61 个，县级精品示范村 65 个，完成县级乡村经营示范村创建 25 个；15 个乡镇美丽乡村全覆盖，全县美丽乡村创建覆盖率达 100%。

2023 年完成农村公路大中修 106.5 公里；完成农村公路改造提升 10.6 公里；完成危桥改造 8 座；完成公路生命安全防护工程 20.2 公里；完成农村公路驿站 2 座，公路养护管理站 1 座。2023 年，安吉县农村饮用水工程累计总投入资金约 3 亿元，提升受益人口超 5 万人，主要建设内容包括老石坎水厂二期扩建、农饮水市政管网延伸和农村单村水站改造提升工程等项目。

【工业】　全年实现规模以上工业增加值 216.37 亿元，同比增长 0.2%，其中轻工业增加值 95.50 亿元，下降 11.9%；重工业增加值 120.88 亿元，增长 13.7%。规模以上工业企业销售产值 1005.49 亿元，同比增长 3.5%，工业产品产销率 99.17%。

规模以上工业企业完成出口交货值202.02亿元，同比下降23.1%；出口交货值占销售产值的比重为20.1%，比上年同期降低7.1个百分点。新产品产值461.91亿元，增长1.7%；新产品产值率达45.6%，比上年同期降低0.2个百分点。

全年规模以上工业实现营业收入1027.02亿元，同比增长3.0%；利税95.06亿元，其中利润65.94亿元，分别下降23.0%和26.6%。营业收入超10亿或利税超亿元的行业，共实现营业收入988.68亿元、利税总额92.62亿元，分别占规模以上工业的96.3%和97.4%。利税超亿元的行业中，家具制造业25.44亿元，增长8.4%；电力、热力生产和供应业12.45亿元，增长37.4%；通用设备制造业11.89亿元，增长26.3%；计算机、通信和其他电子设备制造业7.14亿元，下降4.2%；汽车制造业6.99亿元，增长46.4%。全县营业收入超10亿元企业有15家，5亿—10亿元企业有18家。

全年高新技术产业营业收入下降6.5%，利税和利润分别下降30.8%和33.3%。战略性新兴产业营业收入下降18.0%，利税和利润分别下降49.5%和49.0%。装备制造业实现营业收入240.58亿元，同比增长9.6%；实现利税35.10亿元，增长16.8%。

2023年规模以上工业增加值

表4

指标名称	绝对数（亿元）	占规上工业增加值比重（%）
工业增加值总计	216.37	100.0
在总计中：轻工业	95.50	44.1
重工业	120.88	55.9
在总计中：		
#绿色家居	72.23	33.4
#特色椅业	60.19	27.8
绿色竹业	5.73	2.6
生态家纺	6.31	2.9
生命健康	21.63	10.0
高端装备	59.00	27.3
电子信息	16.85	7.8
新材料	10.42	4.8

【固定资产投资和建筑业】 全年固定资产投资项目822个，完成固定资产投资300.23亿元，同比增长22.6%。其中，基础设施投资63.14亿元，同比增长12.2%。第二产业投资98.04亿元，增长16.2%，其中技术改造投入57.64亿元，增长11.7%；第三产业投资201.34亿元，增长26.0%。全年完成房地产开发投资81.77亿元，同比下降2.4%。全年房屋施工面积507.79万平方米，同比增加26.8%；房屋竣工面积89.08万平方米，同比增加334.9%；商品房销售面积67.37万平方米，下降33.0%，其中住宅60.14万平方米，下降28.2%。商品房销售额85.44亿元，同比下降20.3%，其中住宅79.81亿元，下降20.5%。

全县年末在库建筑企业90家，其中一级资质企业8家全年建筑业企业完成建筑业总产值111.30亿元，同比增长39.1%，其中建筑工程产值98.51亿元，增长28.9%；安装工程产值9.89亿元，增长19.9%；竣工产值47.76亿元，增长20.0%；在外省完成的产值1.92亿元，增长18.5%。房屋建筑施工面积964.63万平方米，同比增长45.4%。竣工产值47.76亿元，增长20.0%。

【国内贸易】 全县社会消费品零售总额同比增长8.2%。从限上单位看，粮油、食品类5.70亿元，增长58.4%；金银珠宝类0.98亿元，下降4.4%；汽车类5.67亿元，增长121.8%；石油及制品类7.47亿元，下降1.1%；家用电器和音像器材类3.17亿元，增长10.4%。市场成交额超亿元的市场5个，成交额28.03亿元。

【对外经济】 全年进出口总额383.87亿元，同比下降9.7%，其中进口9.57亿元，下降4.8%，外贸出口374.30亿元，下降9.8%。

全县共有出口实绩企业1308家，其中，2023年新增44家。出口实绩企业中，家具类企业715家，累计出口204.01亿元，同比增长5.7%，占全县出口总额54.5%；塑料制品企业累计出口21.07亿元，同比下降35.7%；竹木制品企业64家，累计出口6.05亿元，同比下降19.2%；化工产品企业累计出口11.59亿元，同比下降79.7%；五金金属制品企业累计出口14.42亿元，同比下降20.1%；机电产品累计出口46.30亿元，同比增长2.1%。

【交通运输和邮电】 2023年末全县公路通车里程2341公里，其中高速公路93公里、国道49公里、省道119公里、县道480公里、乡道660公里、村道940公里。全年公路客运量77.79万人，同比增长14.9%，公路客运周转量22446.91万人公里，同比增长83.8%。全年完成公路货运量和周转量分别为1863.56万吨和22.39亿吨公里，同比分别增长4.3%和11.7%。

2023年末全县机动车保有量达到21.64万辆，比上年增加1.12万辆，同比增长5.5%；其中，小型汽车保有量19.20万辆，比上年增加1.0万辆，同比增长5.5%；全年小型汽车上牌照1.99万辆，比上年增加587辆，同比增长3.0%。

全年实现邮政电信业务收入9.30亿元，同比增长1.5%；全县年末固定电话用户7.45万户，比上年减少5225户；移动电话用户71.98万户，比上年减少1.82万户；年末互联网宽带用户33.97万户，比上年减少10.52万户，同比下降23.7%；年末互联网光纤用户29.85万户，比上年增加1.77万户，同比增长6.3%。

【金融和保险】 金融机构年末本外币存款余额1356.25亿元，贷款余额1745.42亿元，同比分别增长21.1%和24.4%；全年新增贷款341.93亿元，新增额同比多增36.73亿元。年末住户本外币存款余额654.93亿元，新增129.72亿元，新增额同比多增47.13亿元。

【教育和科技】 2023年末全县共有小学28所，招生7202人；在校生37573人，比上年增加2142人，小学学龄儿童入学率为100.0%。小学生均校舍建筑面积10.3平方米，比上年增加1.26平方米；生均图书34册，比上年增加5册；每百名学生拥有计算机25台，比上年增加2.5台。共有初中15所，招生5507人；在校生15686人，比上年增加624人，初中入学率为100.0%。初中生均校舍建筑面积21.6平方米；生均图书44.4册；每百名学生拥有计算机33.2台。全县各类中等职业教育学校4所，招生1983人，在校生6841人；普通

金融机构存贷款余额

表5　　单位：万元

指标名称	2023年末	比年初增减额
金融机构本外币存款余额	13562536	2365014
金融机构人民币存款余额	13142107	2393044
#住户存款	6540292	1296099
金融机构本外币贷款余额	17454183	3419311
金融机构人民币贷款余额	17449145	3429647
#住户贷款	5916742	367088
#短期贷款	1982965	294367
中长期贷款	3933777	72721
#非金融企业及机关团体贷款	11427402	2962605
#短期贷款	2621685	560950
中长期贷款	8514561	2424214

2023年学校基本情况

表6　　单位：所、人

学校类别	学校数	招生数	在校生数	毕业生数	专任教师数
中等职业学校	4	1983	6841	2917	500
普通中学	21	8868	25129	7740	1968
#高中	6	3361	9443	2990	757
小学	28	7202	37573	5468	1996

高中 6 所，在校生 9443 人，毕业生 2990 人。

全县共有专任教师 5854 人，比上年增长 0.8%，具有硕士以上学位教师 303 人，比上年增加 51 人。其中，义务教育中小学专任教师 3207 人，比上年增长 2.0%；中等职业教育专任教师 500 人，同比下降 10.2%。

全县共有幼儿园 33 所，在园幼儿 15125 人，同比下降 6.2%。幼儿园专任教师 1357 人，比上年增加 35 人。

全年专利授权量 3792 件，其中发明专利授权 422 件。全年经认定登记的技术成交项目 34 项，技术成交金额 16.85 亿元。已拥有省级高新技术企业研发中心 141 家，省级企业研究院 51 家；在库国家高新技术企业 352 家。全年获省级以上政府奖的科技成果 2 项。

【文化、体育和卫生】 2023 年开展电影下乡放映 2869 场次。举办大型广场文化活动 70 场，组织基层文化活动 8000 场。年末县图书馆藏书 641739 册。县博物馆建筑面积 15924 平方米，藏品总量 7280 件（套），三级以上藏品总共 1347 件（套），其中一级 21 件（套），二级 118 件（套），三级 1208 件（套）。2023 年末数字电视用户 10.8 万户，和上年同期持平。全年出版各类报纸 453 万份。

2023 年全县累计开展各类体育赛事 230 余场，其中国家级比赛 4 场，省级比赛 13 场。新创建省级社区多功能运动场 4 个，全民健身广场 3 个，百姓健身房 3 个，足球场（笼式足球场）省级 2 个、市级 2 个。新增体育场地面积约 7.2 万平方米。培训社会体育指导员新增 248 人，完成国民体质监测 2199 人，体彩销售总额达 4.3 亿元。

2023 年末拥有医疗卫生机构 252 个，其中县级医院 5 家、乡镇（街道）卫生院 16 家、社区卫生服务站 132 家、民营医疗机构 99 家。拥有医疗机构核定床位 3398 张，开放 3131 张（南湖监狱未纳入）；卫生技术人员 4026 人，其中执业（助理）医师 1882 人、注册护士 2144 人。每万人拥有医院（卫生院）床位数 56.82 张；每万人拥有卫生技术人员 67.32 人，其中医生 31.47 人。县婴儿死亡率、5 岁以下儿童死亡率分别为 0.79‰、1.58‰。全县基本医疗保险参保率为 99.98%。

【人口、就业、人民生活和社会保障】 全县年末户籍人口 47.54 万人，其中女性 24.18 万人、城镇人口 18.48 万人；60 岁以上人口 12.99 万人，占总人口的 27.3%，占比较上年同期提高 1.5 个百分点。全年出生人口 2763 人，出生率为 5.81‰；死亡人口 3868 人，死亡率为 8.14‰；人口自然增长率为 −2.33‰。全年新增城镇就业 14240 人，失业人员再就业 5921 人，其中困难人员就业 706 人。

据城镇居民家庭抽样调查，全年城镇居民人均可支配收入达到 71704 元，同比增长 4.8%；其中，工资性收入增长 3.2%，经营净收入增长 6.2%，财产净收入增长 4.1%，转移净收入增长 13.9%；人均消费支出 48970 元，增长 5.7%。据农村居民家庭抽样调查，全年农村居民人均可支配收入 45469 元，增长 8.1%；其中，工资性收入增长 7.3%，经营净收入增长 8.5%，财产净收入增长 12.6%，转移净收入增长 9.7%；人均生活消费支出 33302 元，增长 13.9%。

全县年末参加城镇职工基本养老保险（含机关事业单位和企业职工基本养老保险）人数达到 34.88 万人，比上年增加 8523 人；参加城乡居民养老保险人数 7.87 万人，比上年减少 1508 人；参加城乡居民基本医疗保险人数 23.70 万人，比上年减少 500 人；参加城镇职工基本医疗保险人数 27.83 万人，比上年增加 1.03 万人；参加失业保险人数 17.45 万人，比上年增加 4987 人；参加工伤保险人数 28.89 万人，比上年增加 4.25 万人；参加生育保险人数 22.66 万人，比上年增加 1.47 万人。

2023 年住房公积金实缴人数达到 11.25 万人，比上年增加 0.7 万人；全年归集住房公积金 16.17 亿元，增长 8.2%；当年发放个人住房贷款 7.36 亿元（含公转商贷款），减少 13.72%。

2023 年末全县年末养老机构拥有床位 3014 张，收养人数 659 人；2023 年末特困人员集中供养对象 196 人，集中供养率 83%。全年得到政府最低生活保障的家庭 3819 户，人数 5336 人，其中城镇 420 人、农村 4916 人；全年发放低保保障金 5767.76 万元；低保标准为每月 1105 元。2023 年全县累计销售各类福利彩票 1.68 亿元，为国家筹集公益金 4368 万元。

【资源、城市建设、环境保护和社会安全】 2023年全年平均气温17.5℃，比常年高1.0℃；极端最高气温为39.1℃，出现在7月12日；极端最低气温为－8.1℃，出现在1月25日。年降水量1177.1毫米，比常年少301.2毫米；雨日143.0天，比常年少10.6天；全年日照正常，为1673.5小时，比常年少137.4小时。6月17日入梅，7月11日出梅，梅期24天，梅期接近常年(23.2天)，梅雨期全县累计面雨量290.2毫米，较常年(284.7毫米)基本持平。2023年夏天气温偏高，超35℃高温天30天，超38℃高温天4天，发布高温橙色预警信号4次。同时，9月全县暴雨频繁，安吉县气象台共发布12条暴雨预警信号，其中暴雨黄色预警信号7条，暴雨橙色预警信号3条，暴雨红色预警信号2条，12到13日、15日、27日、29日局部地区均出现了大暴雨天气。11月到12月全县气温异常偏高，其中11月5日最高气温达到32.5℃，12月8日最高气温达到了26.2℃，一举刷新11月和12月的最高气温纪录。

全年共完成造林面积1331公顷，退化林修复面积1356公顷，全年森林覆盖率达到59.62%。

全县地表水水质总体良好。监测断面Ⅱ类水质达到100%，监测断面水质满足功能区要求达到100%，县出境断面水质达标率100%。县域环境空气质量综合指数为3.27，环境空气质量优良率为91%。全年规模工业能耗消费同比下降1.4%；单位工业增加值能耗降低率为1.6%。全社会用电量49.32亿度，同比增长7.4%；其中工业28.62亿度，同比增长6.7%。

2023年，中心城区自来水普及率达100%，中心城区污水处理率达98.28%，生活垃圾资源化和无害化率均为100%。

2023年，安吉县荣获平安安吉“十八连冠”，收获二星平安金鼎。2023年，全县共发生生产安全事故10起、死亡6人、受伤4人，分别同比下降28.6%、40.0%、20.0%。

注：

1.本公报部分数据为初步统计数

2.生产总值、增加值绝对额按现价计算，增长速度按可比价计算

3.人均水平有关数据未注明的均按户籍人口计算

4.规模以上工业指年主营业务收入2000万元及以上的工业法人单位

5.限额以上批发和零售业指年主营业务收入2000万元及以上的批发业、年主营业务收入500万元及以上的零售业法人单位

6.限额以上投资指计划总投资500万元以上的投资项目和全部房地产开发投资

重要会议

【县委十五届四次全体(扩大)会议暨县委经济工作会议】 1月9日,中共安吉县委十五届四次全体(扩大)会议暨县委经济工作会议举行。出席这次全会的县委委员37名、候补委员9名。县委常委会主持会议,杨卫东作工作报告,宁云部署全县经济工作。会议听取和讨论了杨卫东受县委常委会委托作的工作报告,审议通过《中共安吉县委关于全面学习贯彻党的二十大精神 高水平打造生态文明典范城市先行区 高质量建设国际化绿色山水美好城市 奋力谱写中国式现代化安吉篇章的决定》。

【县委十五届五次全体(扩大)会议】 8月9日,中共安吉县委十五届五次全体(扩大)会议举行。出席这次全会的县委委员31名、候补委员7名。会议坚持以习近平新时代中国特色社会主义思想为指导,全面学习贯彻党的二十大精神,深入贯彻落实习近平总书记系列重要指示批示精神,坚决落实省委十五届三次全会、市委九届四次全会部署要求,听取和讨论了杨卫东受县委常委会委托作的工作报告,审议通过《中国共产党安吉县第十五届委员会第五次全体会议关于坚定不移沿着“八八战略”指引的路子感恩奋进 奋力谱写高质量建设国际化绿色山水美好城市新篇章的决议》。县委常委会主持会议。市委常委、县委书记杨卫东讲话。县委副书记宁云、柏建华出席。

【常委会议】 2023年,中共安吉县委共举行常委会会议33次,会议具体情况如下:

1月4日,十五届县委举行第31次常委会会议,传达学习习近平总书记在中央农村工作会议上的重要讲话精神,研究部署全县贯彻落实工作。传达学习省委书记易炼红来湖州、安吉调研时的讲话精神,研究部署全县贯彻落实工作。

1月16日,十五届县委举行第32次常委会会议,传达学习习近平总书记在中央政治局民主生活会上的重要讲话精神,传达学习省委书记易炼红在省管主要领导干部学习贯彻党的二十大精神专题研讨班开班式的讲话精神、市委书记陈浩在市管县处级领导干部学习贯彻党的二十大精神集中轮训班开班式上的讲话精神,听取安吉县第十七届人民代表大会第二次会议、政协第十届安吉县委员会第二次会议筹备情况,县人大常委会、县政府、县政协、县人民法院、县人民检察院工作报告起草情况,2022年度开发区、乡镇(街道)、部门及国企绩效考核情况汇报。

1月18日,十五届县委举行第33次常委会会议,传达学习《习近平关于社会主义精神文明建设论述摘编》及有关会议精神,研究能力作风建设年活动、制造业“腾笼换鸟”整治增效集中攻坚行动等工作,并对下一步工作作出研究部署。会议书面审议《全县深化“在湖州看见美丽中国”实干争先主题实践推进暨经济发展、能力作风建设大会方案》《关于开展安吉县平安护航党的二十大突出贡献先进集体和个人拟行政奖励有关情况的汇报》。

2月10日,十五届县委举行第34次常委会会议,传达学习习近平总书记在学习贯彻党的二十大精神研讨班开班式上发表的重要讲话精神,传达学习二十届中央纪委二次全会和省纪委十五届二次全会、市纪委九届二次全会精神，听取县纪委十五届三次全会筹备情况、《安吉县推进重大项目容错免责备案办法（试行）》起草情况的汇报。会议还进行“党性党纪教育一刻钟”，并研究了其他事项。

3月1日，十五届县委举行第35次常委会会议，传达学习习近平总书记关于统计工作的重要指示批示精神，中央和省委市委政法工作会议、省市信访工作会议精神，研究全县贯彻落实工作，研究部署贯彻落实全市“在湖州看见美丽中国”实干争先主题实践领导小组办公室第一次全体会议精神、高水平打造生态文明典范城市先行区扬长补短实干争先、2023年全县“四重”工作清单编制等工作。会议还研究部署了其他工作。

3月14日，十五届县委举行第36次常委会（扩大）会议，传达学习习近平总书记在全国两会期间的重要讲话精神和全国两会精神，以及全省、全市领导干部会议精神，安排部署全县贯彻落实工作。会前县领导杨卫东、宁云、何晓红、王新勇、贺苗会见了履职归来的全国人大代表汪玉成。县委副书记、县长宁云，县人大常委会党组书记、主任何晓红，县政协党组书记、主席何承明分别传达有关精神。

3月14日，十五届县委举行第37次常委会会议，传达学习贯彻党的二十届二中全会精神、习近平总书记在2月16日中共中央政治局常务委员会会议上的重要讲话精神、在中共中央政治局第三次集体学习时的重要讲话精神、省委常委会扩大会议精神。传达学习全国、全省、全市组织部长会议精神，市委书记与区（县）纪委书记“面对面”谈心谈话主要精神，部署全县贯彻落实工作；研究乡村能级提升、生态文明总体督导工作和生态文明总体工作。会上开展“主体责任履责常态化述评”工作。会议还研究部署临港绿水经济带开发建设工作，听取2023年考核办法情况汇报，并研究了其他事项。

3月31日，十五届县委举行第38次常委会会议，传达学习习近平总书记关于调查研究的部分重要论述。传达学习市委书记陈浩来安吉县调研“在湖州看见美丽中国”区县标志性点位“四季看变化”工作时的讲话精神，研究部署美好生活共富公寓建设等工作。会上开展了“主体责任履责常态化述评”工作。县委常委、常务副县长沈霞俊就个人履行党风廉政建设“一岗双责”情况向常委会作述责。县委常委会部分班子成员进行点评，班子成员对述责对象进行民主测评。会议还研究了其他事项。

4月14日，十五届县委举行第39次常委会会议，传达学习习近平总书记在中共中央政治局第四次集体学习时的重要讲话精神。会议举行“党性党纪教育一刻钟”。会上还开展“主体责任履责常态化述评”工作。

4月26日，十五届县委举行第40次常委会会议，传达学习《习近平关于依规治党论述摘编》第一章节——《发挥依规治党对党和国家事业发展的政治保障作用》。

5月19日，十五届县委举行第41次常委会会议，传达学习习近平总书记关于“千万工程”的重要批示精神。传达学习习近平总书记在中央政治局会议和二十届中央财经委第一次会议上的重要讲话精神。传达学习市委书记陈浩联系督导安吉县二季度经济工作时的讲话精神，研究全县贯彻落实意见。

5月29日，十五届县委举行第42次常委会会议，通报省安全生产第四督导服务组来安吉县开展安全生产隐患大排查大整治督导检查工作情况，传达学习市委副书记、市长洪湖鹏，市委副书记、政法委书记蔡旭昶关于做好安全生产工作的有关批示精神，对做好全县安全生产工作进行再安排再部署。会议举行“党性党纪教育一刻钟”，传达学习省市委《重大事项请示报告清单》精神。

6月8日，十五届县委举行第43次常委会会议，传达学习习近平总书记关于数字经济和科技创新的重要论述。会议听取了沈霞俊、卫勤超同志分别围绕数字经济、科技创新作的交流发言，黄枫、高安兵同志分别围绕数字经济、科技创新作会议书面交流。传达学习中纪委通报文件《关于河南虞城“麦田里长出高楼”相关问题查处情况的通报》。会议明确，由柏建华同志牵头，加快安吉县存量违法用地整改。传达学习省委书记易炼红关于安全生产工作的有关批示精神，听取全县安全生产隐患大排查大整治暨“两无两违”百日攻坚工作情况汇报，听取市安委办关于递铺街道安全生产隐患大排查大整治工作专项督导存在问题整改落实情况汇报，研究部署全县安全生产工作；传达学习市委书记陈浩，市委副书记、市长洪湖鹏关于生态环保工作的有关批示精神，听取湖州市第一轮生态环境保护督查帮扶下沉安吉县反馈报告以及安吉县整改落实情况汇报，研究部署下一步工作；传达学习市委书记陈浩在市委常委会关于经济运行“提速二季度，确保‘双过半’”工作的讲话精神，研究安吉县贯彻落实建议；听取举办安吉“数·智”创新（上海）投资洽谈会情况的汇报。

6月20日，十五届县委举行第44次常委会会议，传达学习贯彻习近平总书记对省委关于浙江深入实施“八八战略”20周年情况报告的重要批示精神及研究部署全县贯彻落实意见。传达学习《依靠顽强斗争打开事业发展新天地——对习近平总书记关于发扬斗争精神、增强斗争本领重要论述的学习与思考》调研文章精神，传达学习省委省政府对各地各有关部门落实迎亚运三大提升行动情况的督查报告精神以及全省平安护航亚运相关会议精神，研究部署全县贯彻落实意见；传达学习市委书记陈浩在6月12日市委理论学习中心组专题学习会上的讲话精神，传达学习市委副书记、市长洪湖鹏在2023年二季度重大项目引进推进工作会议暨半年度经济工作和“十项重大工程”推进会上的讲话精神，研究部署全县贯彻落实意见；听取全县综合考核工作及考核办法起草情况汇报。会上开展了“主体责任履责常态化述评”工作。会议还研究了其他事项。

6月27日，十五届县委举行第45次常委会会议，研究有关科技项目进行股权投资。

6月29日，十五届县委举行第46次常委会会议，传达学习贯彻习近平总书记关于全面深化改革和优化营商环境的重要论述。会议明确，由沈霞俊同志牵头，王宗明、陈悦同志配合，政务办具体负责，抓紧研究出台公开透明、科学规范、简明扼要的招投标机制和办法，包括政府工程项目中标后定期公示制度，确保政府工程项目中标过程全透明、受监督；由柏建华同志牵头，县资源规划局具体负责，进一步加强项目建设开矿、挖矿审批监管。传达学习习近平总书记对宁夏银川市兴庆区富洋烧烤店燃气爆炸事故作出的重要指示精神、省委书记易炼红有关批示精神，研究全县贯彻落实意见；听取递铺街道全域安全生产专项整治行动、绿色家居产业转型升级等情况汇报，研究下一步工作。

7月12日，十五届县委举行第47次常委会（扩大）会议，传达学习省委十五届三次全体（扩大）会议精神、市委常委会（扩大）会议精神，研究部署全县贯彻落实举措。

7月21日，十五届县委举行第48次常委会会议，传达学习习近平总书记对防汛救灾工作作出的重要指示精神，听取全县防汛形势和工作情况汇报，研究部署下一阶段全县防汛救灾工作。传达学习省委书记易炼红有关批示精神、全省有关文件精神、市委书记陈浩在安吉县调研标志性点位“四季看变化”工作并督导经济工作时的讲话精神，研究部署全县贯彻落实意见；听取十五届县委第三轮巡察工作情况的汇报。会议还研究了其他事项。

7月24日，十五届县委举行第49次常委会（扩大）会议，认真学习贯彻习近平总书记在全国生态环境保护大会上的重要讲话精神，传达学习市委市政府关于生态环境保护工作的各项部署要求，研究全县贯彻落实意见；传达学习省市防汛防台抗旱工作相关会议精神，部署安吉县防汛防台抗旱工作。

7月31日，十五届县委举行第50次常委会会议，听取关于全县上半年经济运行情况和下半年工作安排建议。会议深入分析全县上半年经济运行情况，并对下半年工作作出部署。听取关于县委十五届五次全体（扩大）会议安排建议和全会报告起草情况的汇报，决定8月上旬召开县委十五届五次全体（扩大）会议。会议听取全国生态日相关活动筹备情况汇报，听取2023年度市对县综合考核实施意见情况分析及安吉县综合考核实施意见起草情况的汇报。

8月18日，十五届县委举行第51次常委会会议，传达学习贯彻习近平总书记重要指示和全国首个生态日主场活动有关精神，通报安吉县全国首个生态日系列活动开展情况。传达学习习近平总书记在中共中央政治局第六次、第七次集体学习时的重要讲话精神。传达学习省委书记易炼红在省级总河长会议上的讲话精神、《浙江省全域建设幸福河湖行动计划(2023—2027年)》精神,研究安吉县贯彻落实意见;传达学习市委常委会会议精神,研究贯彻落实举措。会上,开展了"主体责任履责常态化述评"工作。

8月31日,十五届县委举行第52次常委会会议,传达学习习近平总书记对防汛救灾工作的重要指示精神、在中共中央政治局会议分析当前经济形势和经济工作时的重要讲话精神,研究安吉县贯彻落实意见,研究"五张责任清单"等工作。会上,各位县委常委围绕履行"五张责任清单"分别作年中工作述职。会议举行了"党性党纪教育一刻钟",还研究了其他事项。

9月13日,十五届县委举行第53次常委会会议,传达学习习近平总书记对党的建设和组织工作的重要指示精神,传达学习全国、全省、全市组织工作会议精神,研究部署全县贯彻落实工作。会议还研究了其他事项。

9月28日,十五届县委举行第54次常委会会议,传达学习习近平总书记对新时代办公厅工作作出的重要指示和全国党委和政府秘书长会议精神。传达学习市委书记陈浩来安吉县调研标志性点位"四季看变化"并督导经济工作、检查指导安全生产工作时的讲话精神,传达学习市委关于落实省委巡视反馈意见的整改方案精神,研究安吉县贯彻落实举措,研究部署"5+1"领域扬长补短实干争先工作。

10月20日,十五届县委举行第55次常委会(扩大)会议,传达学习贯彻习近平总书记在进一步推动长江经济带高质量发展座谈会上的重要讲话精神,学习贯彻省委常委会会议精神,研究安吉县贯彻落实意见。

10月30日,十五届县委举行第56次常委会会议,传达学习习近平总书记在中共中央政治局第八次集体学习时的重要讲话精神,传达学习习近平总书记对宣传思想文化工作重要指示精神及全国宣传思想文化工作会议精神,传达学习关于加强年轻干部教育管理监督的相关文件精神,研究全县贯彻落实意见。

11月6日,十五届县委举行第57次常委会(扩大)会议,传达学习省委十五届四次全会精神、市委常委会(扩大)会议精神,研究部署全县贯彻落实举措。

11月6日,十五届县委举行第58次常委会会议,传达学习习近平总书记6月26日同团中央、10月23日同中华全国总工会、10月30日同全国妇联新一届领导班子成员集体谈话时的重要讲话精神,习近平总书记致中华全国工商业联合会成立70周年贺信精神,研究全县贯彻落实意见。县委常委高安兵、卫勤超、贺苗分别就个人履行党风廉政建设"一岗双责"情况向常委会作述责。县委常委会部分班子成员进行点评,班子成员对述责对象进行民主测评。

11月16日,十五届县委举行第59次常委会会议,传达学习习近平总书记在中央金融工作会议上的重要讲话精神,传达学习《深化集体林权制度改革方案》有关精神,研究全县贯彻落实举措,听取《中共安吉县委关于进一步加强和改进新时代安吉人大与乡镇(街道)人大工作的意见》起草情况的汇报。

12月1日,十五届县委举行第60次常委会会议,传达学习习近平总书记在中共中央政治局第九次集体学习时的重要讲话精神,研究部署全县贯彻落实举措,听取自然资源与生态文明论坛活动有关情况汇报,研究部署安吉县"5+1"领域扬长补短实干争先工作。会议听取县经信局等相关工作情况汇报。会议还研究了其他事项。

12月15日,十五届县委举行第61次常委会会议,传达学习习近平总书记在第十个国家宪法日之际作出的重要指示精神;传达学习习近平总书记关于干部教育培训的重要指示精神和《干部教育培训工作条例》《全国干部教育培训规划(2023—2027年)》及全国干部教育培训工作会议精神,听取全县贯彻落实意见汇报;传达学习纪念毛泽东同志批示学习推广"枫桥经验"60周年暨习近平总书记指示坚持发展"枫桥经验"20周年大会精神,研究安吉县贯彻落实意见;传达学习习近平总书记对山西吕梁市永聚煤矿一办公楼火灾事故作出的重要指示精神和李强总理批示精神、省委市委领导相关指示精神,各级安全生产工作有关会议精神,研究部署安吉县岁末年初安全生产工作。

12月22日,十五届县委举行第62次常委会会议,传达学习习近平总书记对低温雨雪冰冻灾害防范应对工作作出的重要指示精神和省委、市委主要领导批示精神，研究我县贯彻落实意见；听取《安吉县国民经济和社会发展第十四个五年规划和二〇三五年远景目标纲要》实施情况中期评估、《安吉县贯彻落实2023年省委生态环境保护督察反馈意见整改方案》起草等情况汇报。会议强调，要深入学习贯彻习近平总书记重要指示精神，认真落实省委市委工作要求，抓细抓实灾害防范应对措施，确保人民群众安全温暖过冬；要坚持问题导向、目标导向，根据中期评估结果，深入分析《纲要》明确的重点工作、重要任务、重大项目，做到与习近平总书记最新重要指示和国家、省、市最新部署要求相结合，与各地、各领域专项规划相结合，进一步补短板、扬优势；作为绿水青山就是金山银山理念诞生地，全县上下要坚决扛起责任使命，把落实督察整改作为一项重大政治任务抓紧抓实抓好。市委常委、县委书记杨卫东主持会议并讲话，县委常委出席会议，有关县领导列席会议。

12月28日，十五届县委举行第63次常委会会议，传达学习习近平总书记在深入推进长三角一体化发展座谈会上的重要讲话精神，研究部署我县贯彻落实意见；听取县委十五届六次全体（扩大）会议暨县委经济工作会议建议方案和报告稿、决定稿起草情况的汇报，决定2024年1月2日召开县委十五届六次全体（扩大）会议暨县委经济工作会议；听取安吉县第十七届人民代表大会第三次会议、政协第十届安吉县委员会第三次会议筹备情况，2023年度全县表彰表扬工作开展情况等汇报。会议强调，习近平总书记在深入推进长三角一体化发展座谈会上的重要讲话，深刻阐述了新时代新征程推动长三角一体化的重大意义、原则要求、重点任务，为深入推动实施这一重大战略指明了前进方向，注入了强大动力。要深刻学习领会，结合实际抓好贯彻落实。要高质量做好县委十五届六次全会筹备工作，加强会风会纪监督，确保会议风清气正、务实高效。要切实提高思想认识，以高度负责的政治责任感、严肃认真的工作态度、严谨细致的工作作风，认真做好县两会筹备工作。要坚持实绩导向，精准选树在“两无两违”专项治理、城市有机更新、招商引才、乡村振兴、共同富裕等中心工作中实干担当、奋勇争先的先进集体和个人。会议还举行了“党性党纪教育一刻钟”，观看专题警示教育片。市委常委、县委书记杨卫东主持会议并讲话，县委常委出席会议，有关县领导列席会议。

【其他会议】 3月23日，县委召开农村工作会议暨乡村能级提升年动员大会，深入学习贯彻习近平总书记关于“三农”工作的重要论述，全面落实中央、省市委农村工作会议精神，安排部署2023年全县“三农”工作和乡村能级提升年行动，动员全县上下以更加坚定的信心和更加有力的举措，抢抓机遇、鼓足干劲，全域提升乡村能级，全面推进乡村振兴，全力开展中国式乡村现代化安吉实践。会议以视频会议形式举行，各乡镇（街道）设分会场。会上进行了《小康》杂志乡村能级提升研究中心、浙江大学数字农业农村研究中心安吉工作站、浙江财经大学中国乡村振兴研究院安吉乡创中心揭牌。

7月13日，县委组织召开书记专题会议，听取十五届县委第二轮巡察整改情况及第三轮巡察工作情况专题汇报。听取了城投集团和孝源街道关于十五届县委第二轮巡察整改落实情况，以及县纪委县监委关于县委第二轮巡察整改和问题线索办理等情况汇报，听取了县委巡察办关于县委第三轮巡察综述，以及四个巡察组对鄣吴、山川、上墅、章村、梅溪5个乡镇91个村（社区）党组织的巡察情况汇报。市委常委、县委书记杨卫东主持会议并讲话。

7月31日，县委财经委员会召开第三次会议，贯彻落实2023年全市半年度区县比拼会精神，分析上半年全县经济形势，研究部署下半年经济工作，要求全县上下坚定信心、保持定力，铆足干劲、全力冲刺，把下半年经济工作做得更深入、更扎实、更有效，全力以赴完成全年经济发展目标任务。市委常委、县委书记、县委财经委员会主任杨卫东主持并讲话。

9月22日，安吉县领导班子政治建设推进会暨全县组织工作会议召开。市委常委、县委书记杨卫东在会上强调，要深入学习贯彻习近平总书记关于党的建设的重要思想，全面践行新时代党的建设总要求和新时代党的组织路线，认真落实全国、全省、全市组织工作会议精神，坚持以政治建设为统领，健全组织体系、干部工作体系、党员管理体系、人才发展体系、党的组织工作制度规范体系、全面从严治党主体责任体系，以全域过硬、全面过硬的高质量组织工作，奋力打造勤廉并重的新时代党建高地，为坚定不移深入实施“八八战略”，持续深化“在湖州看见美丽中国”实干争先主题实践，高质量建设国际化绿色山水美好城市提供坚强组织保证。县委副书记、政法委书记柏建华传达相关精神，县委常委、组织部部长王新勇主持。

组织工作

【概况】 2023年，全县组织系统扎实推进干部、组织、人才、编制、老干部各项工作。青年入乡发展相关做法获国务院总理李强、副总理刘国中、国务委员谌贻琴和人社部部长王晓萍批示肯定；打造乡村创业首选地做法获副省长张雁云、李岩益批示肯定；村党组织书记全链条培养相关做法在全国抓党建促乡村振兴大会上作交流发言；人民日报头版4次点赞安吉县抓党建促乡村振兴有关工作；鲍鑫、蔡松鹤2名“85后”村书记获评浙江省“担当作为好支书”，其中鲍鑫作为唯一村干部代表在全省基层干部座谈会上发言并获省委书记易炼红点赞；全年入选国家级引才计划23人（创历年新高），其中启明计划入选20人（全市第一），火炬计划入选3人（实现历史零的突破）。

【干部队伍】 2023年，启动干部人事调整6批次，累计提拔干部92人次，全年共有51名获评“双A”等次干部得到提拔重用，干部队伍年龄、学历结构进一步优化。注重源头储备，把牢招录关、调入关。综合分析全县公务员、事业人员、国企人员、编外人员基本情况，科学合理设置招考计划，统筹打好“四级联考”“百名硕博人才”招考、清北定向招引等组合拳，全年新录用公务员65人、选调生6人，引进硕博人才20人，其中“清北”毕业生4人。主动谋划“五个一百”专业干部能力提升培训班系列课程，常态化开展项目全周期管理、工程造价、统计业务等特色班次，培训专业干部1400余人次。持续深化“项目服务专员”制度，累计选派258名“项目服务专员”到项目双进、征地拆迁、信访维稳等吃劲岗位锻炼成长，推动73名中层干部跨单位交流，60名“30岁以下”年轻干部多岗位历练，98名干部到国家部委、省厅重要部门挂职学习，促进年轻干部在实践实战中增长才干、提升能力。严格落实“三个区分开来”，细化容错情形、精准辨识范围，试行容错免责事项事前备案，12名干部获容错免责、9名干部得到澄清正名。针对偏远乡镇、上挂干部出行难，相继开出300多班次便捷专列，百余名干部通勤成本月均下降超千元，有效提振干部队伍干事创业精气神。改造投用干部人事档案管理中心，实现智能化、集中式管理升级，为干部日常管理提供了有力支撑。

【组织工作】 培优育强村社干部队伍。着眼打造新时代“领雁工程”，深化实施“乡村振兴新青年”行动，举办新青年恳谈会5期，回引村党组织书记后备优秀青年人才25人，选派4名新青年赴国企挂职学习，帮助回乡青年加快成长。持续开展“两山雄鹰”村社书记比拼，迭代升级激励政策，累计举办“两山雄鹰”擂台赛4期，20名村社书记获评“两山雄鹰”季度优胜奖，评选年

4月7日，2023年度安吉县第一期“两山雄鹰·实干争先”擂台赛暨村（社区）党组织书记工作交流视频会议举行

度“两山雄鹰”30人、“两山群鹰”20人、“两山雏鹰”40人。巩固夯实乡村振兴基础。深入实施“明星村提质、后进村整转、示范带打造”专项行动，落实落细“五张清单”和“六个一”帮扶举措，“一村一策”压茬推进，实现18个明星村提档升级、22个后进村整转做实、16条党建示范带融合打造。聚力乡村振兴产业发展，定期开展青年人才赋能乡村振兴发展活动，累计举办“强基育星”月谈8期，帮助解决村庄发展难题65个，对接争取经营性项目20余个，推动乡村全域均衡发展。提质扩面现代社区建设。紧扣“四清六化”工作要求，迭代升级美丽楼道长工程，探索形成“社区—网格（小区）—楼道”三级闭环处置体系，开发上线“竹乡楼长在线”数字系统，成立全市首个楼道长创新发展学院。深入推进执法力量下沉社区，开展物业纠纷、家庭纠纷、邻里纠纷等各类矛盾调解750余起，完成45个示范小区品质提升。抓深做实党员队伍管理。举办党员发展培训班4期，发展党员500人。积极探索流动党员管理服务新模式，纳管流动党员1267人，流动党员纳管率、先锋码绑定率、微信激活率动态保持100%。

【人才工作】 全力落实“招引十万青年大学生”第一战略目标，迭代升级考核体系，将人才工作融入国企、部门、区镇比拼三大赛道，人才创业项目招引纳入“书记领衔项目”，作为区镇领导班子年度述职重要内容，推行“县领导＋产业链＋平台＋国企＋基金”招商引才模式，建立大学生集聚项目折抵招商项目机制，差异化设置区、镇、平台考核指标，推行人才工作“月亮灯、季亮牌、年亮晒”比拼机制，握指成拳形成招才引才最大合力。围绕平台提能，加快推进12个人才科技加速器建设，新增“南太湖精英计划”产业园3个，启动打造环浙江科技大学创新创业园，推动余村“青来集”青年人才社区建成并投入运行，落成百人楼（园、村）30个，科学布局7万方城镇众创空间地图，“一城一区一园一图”平台框架基本建成。靶向招引生命健康、半导体电子领域项目15个，汇聚高端人才20人，招引人才项目35个，入选南太湖精英计划项目34个。围绕引才聚才，举办大学生筑梦“两山”新春恳谈会，迭代升级第八届“两山杯”全球创新创业大赛，分类举办生命健康产业论坛、“才聚两山、乐创未来”人才项目招引四季路演等活动20余场，常态化举办“十城百企千岗万人”巡回招聘活动100余场，持续深化推广“余村全球合伙人”模式，高质量完成深蓝计划、DNA数字游民扩容工程。围绕打造“一听就心动、一看就行动、一来就感动”最优生态，加大政策扶持力度，深化制定人才资金“补改贷”“补改投”2.0版，迭代升级大学生就业创业、共有产权住房等系列政策，实现全县800余家规上（限上）企业人才和大学生政策宣讲全覆盖，进一步扩大政策知晓率。强化服务提效，紧扣吃住行、游娱购全要素保障，完成苎麻墩、蓝天花园人才公寓改造提升，优化人才公共交通出行布局，积极构建“5分钟”生活服务圈，发放青年人才专属消费券150万元，创新搭建“才聚安吉”小程序、“安小才”智能客服，“线上＋线下”24小时加强人才全天候服务，常态化举办缘定安吉、青春社团、人才沙龙等活动150余场。

4月9日，首届“两山杯”全国大学生乡村振兴创新创意创业大赛在安吉启动

【老干部工作】 争取全省老干部工作信息宣传调研座谈会在安吉召开，获评全省首批离退休干部“三强六好”示范党支部3家。紧扣乐龄乐活精准服务，深化“123456”服务管理工作模式和“四就近”工作体系，持续开展家政服务、爱心理发、“四季送”慰问活动，累计走访慰问离休干部、县处级退休干部及遗孀300余人次。创新启动为老法律服务安养2.0试点项目，实施“1+2+N”工作模式，常态化开展法律咨询、纠纷调解、科普教育等公益法律服务，累计受理老干部法律服务110余起，挽回经济损失20余万元。常态化开展“银尚乐活”品牌建设与先进示范挖掘选树工作，新增省级“银尚达人”2名、省级“银尚之家”与省级“乐活驿站”各1个。积极发动有奉献意愿且身体条件允许的离退休干部，围绕助企纾困、社会治理、关心下一代等工作开展志愿服务，累计开展正能量活动280场。围绕体系机制重塑，建设三级老年教育管理服务体系，实现基层老年教育机构全覆盖，提前超额完成市政府民生实事项目，研究出台制度文件7项，制定“送课下乡”精品课程23门，选优录制市级精品课程5门，省级精品直播课1门，继续办好第二届中老年人短视频大赛，全面展现老年教育成果与老年学员风采。加强调研指导，编写《答疑汇编》20条，建成省市级优质老年教育机构6家，省级优质康养学基地1家，老年教育质量得到提升。

【机构编制管理】 积极探索“大镇带小乡”组团式发展模式。主动谋划安吉余村旅游度假区管理体制机制，推动“天、山、上”组团，全力打造“大余村景区”；依托安吉小鲵国家级自然保护区，西南三镇抱团发展，进一步擦亮黄浦江源休闲旅游品牌；统筹西苕溪两岸工业和文旅资源，临港绿水经济带开发建设初具规模。全面搭建经济发展新平台、经济比拼新战场。积极推进基层治理体系建设，推动乡镇(街道)综合信息指挥室全覆盖，建立健全县乡两级综合信息指挥体系。“大综合一体化”行政执法改革继续推进，完成浙江省权力事项库9162项监管事项100%认领，指导部门落实3646项行政检查事项100%全覆盖，67%的行政执法力量下沉乡镇(街道)执法一线。持续深化乡镇(街道)“一支队伍管执法”机制，在灵峰街道、天荒坪镇、天子湖镇开展改革试点，进一步形成监管执法合力。增强“过紧日子”意识，科学配置机构编制资源，全年统筹150余名行政事业编制用于公务员、事业人员以及硕博、清北等高层次人才招录，在编人员总量稳中有降，质量明显提升。重点保障教育、卫生等民生领域事业发展，兼顾“民转公”、新居民子女入学等刚性需求，盘活用好教育编制资源，提供新教师入职用编需求170名；卫生系统招引高校毕业100余名，进一步充实卫技专业队伍力量；中医师承入职30名，有效缓解村(社)医疗站空巢压力；全市率先出台两民机构招引人才享受机关事业单位养老保险有关政策，得到普遍好评。

【关心下一代】 组织号召全县各级关工委坚持党建统领、政治引领，常态化开展专题培训，充分发挥“五老”为本、凝心聚力支持和帮助青少年健康成长成才。鄣吴镇、章村镇、溪龙乡黄杜村、昌硕街道天目社区、递铺街道安城小学、梅溪镇峰晖竹木关工委被评为市级“五好”关工委；灵峰街道田园加勒比、孝丰镇党史学堂获湖州市关心下一代教育基地；孝丰镇银发育苗志愿团、溪龙乡陈达有手工白茶炒制技艺工作室获湖州市“五老”助力文化育人十佳品牌；退休教师郑濂生荣获市级“最美五老”称号；安吉县高级中学郑心同学荣获省关工委命名的“浙江省青少年英才·红船好少年”称号。组织全县老年书画爱好者和中小学生联合开展“蝶变·浙二十年”——老少书画展，共收到老年书画爱好者作品99幅、青少年书画作品210幅。全年开展红色故事进校园活动50余场，受教育学生全覆盖。连续第六年争取央企中国三峡集团长龙山抽水蓄能有限公司青少年爱心助学金20万元，帮助100名困难学生；章村镇关工委通过鲁冠球基金、定向资助、慈善救助帮扶困难青少年；杭垓镇关工委成立关爱基金，连续四年开展“同心童行·筑梦成长”暑期公益夏令营，累计服务辖区困难儿童120余人次。奶奶关爱团入驻县未成年保护中心，轮值坐班，积极参与全县困境儿童调研，协助完善困境儿童数据库；蓝天温情护苗队8位奶奶为22位失足青少年担任合适成年人，实施思想引导、心理疏导；美丽伊家工作室30余位“美丽阿姐”继续参与婚姻调解，2023年共接待当事人1486对，劝返460对，成功率达30.96%；报福镇关工委家圆融冰工作室的“夕阳红”团队帮助孩子远离毒品危害，无一例复吸。

【全市首轮乡村振兴新青年恳谈会】 3月16日，安吉县召开乡村振兴新青年首轮恳谈会，以“茶话会”形式，县委常委、组织部部长王新勇，市委组织部部务会议成员、市委两新工委专职副书记柳扬等与6名新青年围绕乡村振兴主题进行了面对面交流。

【首批百人楼启用仪式】 3月30日，安吉县首批百人楼启用仪式在昌硕街道“硕青智”百人楼举行，县委常委、组织部部长，县委人才办主任王新勇，昌硕街道党工委书记王兵，县人力社保局党委书记、局长王红缨，县委组织部（人才办）、县文体旅游局、县产投集团、县建控集团、各区镇分管领导，以及人才集聚项目相关负责人，部分高校代表等出席启用仪式。

【第一期青年人才赋能乡村振兴活动】 5月9日，安吉县举办第一期青年人才赋能乡村振兴活动，8名优秀青年人才根据自身产业发展优势，结合各村资源禀赋、发展症结，自行选择线路，分3组对10个后进村开展组团式调研，重点对村级拟推行项目与优质资产资源进行实地勘察分析，以市场化运营角度拓宽后进村产业发展思路。县委组织部、县农业农村局相关领导参加。

【大余村青年人才社区发布暨青来集开园入驻仪式】 6月26日，大余村青年人才社区发布暨青来集开园入驻仪式在天荒坪镇青来集广场举行。市委常委、县委书记杨卫东宣布开园，县委副书记、县政府党组副书记柏建华致辞。县委常委、宣传部部长黄枫为高校创业基地授牌，县委常委、天荒坪镇党委书记贺苗作大余村青年人才社区推介。县人大常委会副主任、县委办主任顾建强，县政协副主席杨鹤云出席。

【县级领导班子主题教育第一期读书班开班】 9月21日，县级领导班子学习贯彻习近平新时代中国特色社会主义思想主题教育“学思践悟提境界、知行合一促发展”第一期读书班开班。市委常委、县委书记、县委主题教育领导小组组长杨卫东作开班动员讲话暨专题辅导报告。县委副书记、县长宁云等县四套班子领导，县法院院长、县检察院检察长参加。

【第二届中老年人短视频大赛颁奖典礼】 11月21日，“蝶变·‘浙’二十年”——“邮储金晖杯”安吉县第二届中老年人短视频大赛颁奖典礼在山川乡大里村举行。浙江省委老干部局二级巡视员施建荣，湖州市委组织部副部长、市委老干部局局长黄建丰，湖州市委老干部局副局长、关工委专职副主任陈新娣，安吉县委常委、组织部部长王新勇等出席活动。安吉老年教育联盟指导委员会成员单位及获奖选手等，共计150余人参与此次活动。

【“在湖州看见美丽中国”人才会客厅活动】 12月20日，安吉县举办“在湖州看见美丽中国”人

11月21日，“蝶变·‘浙’二十年”——“邮储金晖杯”安吉县第二届中老年人短视频大赛颁奖典礼在山川乡大里村举行

才会客厅活动。县委常委、组织部部长，县委人才办主任王新勇与5位企业人才代表座谈交流。与会人才代表们各自介绍了在安吉创业、企业发展和生活工作的情况，并紧紧围绕相关产业当前发展需求，在优化人才发展机制、构建人才创新生态、深化产学研深度融合等方面，深入交流并积极建言献策。县委组织部（人才办）相关负责人认真听取人才发言后，现场就人才提出的一些问题、建议进行探讨交流和回应。

【关爱青少年资助活动】 12月27日，安吉县关工委、县慈善总会、县教育局及中国三峡浙江长龙山抽水蓄能有限公司联合举办“积极履行央企社会责任，助力青少年健康成长”关爱青少年资助活动。安吉县关工委主任肖金莲，浙江长龙山抽水蓄能有限公司工会主席、总工程师游光华，递铺街道、县教育局、县慈善总会相关负责同志出席活动。

【首届青年徒步大会】 12月30日，安吉县首届青年徒步大会在中南百草原景区鸣笛举行。县委副书记、县长宁云；县委常委、组织部部长，县委人才办主任王新勇等共同为活动开场鸣笛。来自全国各地的高校学子、青年社团成员、户外俱乐部成员和户外运动爱好者等约3000人参加此次活动。随着鸣笛声响，大家甩开手臂、阔步前行，向即将过去的2023年作别，精神饱满地迎接新的一年到来。

（戴　琳）

宣传工作

【概况】 2023年，安吉县委宣传部先后获得国家级荣誉16项，省级荣誉31项，市级以上主要领导批示12次，上级通报表彰15次，省级以上平台经验交流10次，8家宣传基地建设获省字号和国字号荣誉。印发《2023年全县党委（党组）理论学习中心组学习安排》，服务县委理论中心组26个专题的学习活动，完成对15个乡镇（街道）、8个县级部门的巡听旁听。县委理论中心组署名文章在《经济日报》《浙江日报》刊登，成功举办第二届绿水青山就是金山银山理念湖州论坛暨国际研讨会，发布《安吉高质量发展报告及案例》，全年完成市级课题7个，获评优秀课题2个。全年累计开展各类宣讲2000余场，覆盖受众28万人次。精心选育安吉县基层理论宣讲名师工作室8个，初步打响“故事”系列宣讲品牌。始终坚决落实党对意识形态和文化建设的全面领导，开展“宣传三问”，举办崇学讲坛6场，完成对15个乡镇（街道）党委（党工委）、21个部门党委（党组）意识形态工作责任制落实情况专项督查。全面开展“实干争先·奋斗有我”全民大行动，前三季度入选“奋斗者”5名。大力推进人才队伍引育工作，完成“南太湖精英计划”人文社科领军人才和湖州市宣传思想文化青年英才申报推荐工作，上报领军人才3人、青年英才5人。

12月30日，安吉县首届青年徒步大会举行

【新闻舆论工作】 聚焦县委中心工作，匠心锻造新闻精品，先后推出《三个年里见真章》《新经济 新赛道》等主题报道专栏100余个，全媒体刊发稿件8000余篇。创优工作取得佳绩，连续两届获评中国广播电视大奖；连续5年获得浙江省新闻奖（广播电视部分）、浙江省广播电视新闻

奖一等奖(2021—2022年度中国广播电视大奖评选);作品《全国首个县级竹林碳汇收储交易平台落地安吉》获电视消息大奖,系全国唯一获此殊荣的县级融媒;作品《乡村里的"智慧大脑"》获评国家广播电视总局2022年度优秀少儿节目优秀电视节目,为同类别全省唯一;15件作品获得2022年度浙江新闻奖和浙江省广播电视节目奖,其中《守护山水精灵记》《人民满意的公务员——钱义荣》分获2022年度浙江新闻奖(广播电视部分)和浙江省广播电视新闻奖一等奖。围绕白茶开采、"3·30""8·15"等重要节点和"八八战略"实施20周年、央媒走进国企主题采访活动、安吉"非遗"长城展示、媒体走进安吉新经济主题调研等活动,精心策划各类主流媒体报道,全年累计在省级以上媒体刊发稿件3000余篇(条),其中人民日报头版14篇、央视《新闻联播》刊播31条,《浙江日报》头版单篇10篇,《浙江宣传》6篇,大报大刊各类头版140余条。海外传播官工作推进有力,"余村论坛"亮相纽约时代广场,个人号粉丝数超5000的个人账号11个,超500的个人账号占93%,指标均为全市第一,20余条贴文被华春莹、埃里克·索尔海姆、张和清等国际大咖以及《求是》杂志、绿色中国等海外机构号转发点赞;各类海外主流媒体全年刊播相关报道50余篇(条),其中稿件《绿色经济推动安吉高质量发展》被300余家国际主流媒体、门户网站及重点新闻信息服务机构转载,受众达5亿人次。

【文明高地建设】 加大文明创建,突出文明实践,引领文明新风,促进城乡社会"由内而外"美起来。以"微改精提十百工程"统领文明城市创建,整改、提升121个精品示范点位;建立完善"文明创建结对共建""六大周边牵头领办""季度模拟测评"等工作机制,不断浓厚创建氛围;新创成文明村23个(省级4个、市级16个),率先实现全市文明镇村全覆盖,文明单位49个(省级3个、市级16个)、文明家庭12个(省级2个、市级10个)、文明校园8个(省级1个、市级3个);持续强化"文明就餐"等好习惯养成,打造"光盘行动"示范单位16个,"爱心餐"试点单位35个,"光盘行动"获得市《看见》栏目正面典型宣传。深化"浙江有礼·美在安吉"县域文明实践品牌,打造"有礼窗口"50个、"有礼单元"50个、"有礼地标"10个、"有礼实践"10个;联合总工会建设"幸福驿站",获评全国"最美工会户外劳动者服务站点";联合红十字会建成16个红十字应急救援培训基地(全部配备AED),全年累计培训应急救护人员200多人;"星海守护联盟"入驻文明实践中心,关爱孤独症儿童、护航青少年心理健康,全年共接受咨询帮扶487人次,落实社工上门帮扶15人,参与危机事件干预3次;推进志愿服务项目化、品牌化发展,全年累计完成打卡志愿服务活动13000多场,服务时长超90万小时,志愿服务活跃率位居全市第一,"她编织"和"扣好人生第一粒扣子"2个项目获省志愿服务大赛金奖(全市共获3个金奖),实现省赛金牌"破零"。安吉县、天子湖镇分别获评"2023年度浙江省农村文化礼堂建设示范县""示范乡镇"。全面挖掘先进典型,选树各级先进典型77人次,其中"安吉好人"41例、"湖州好人"11例、"浙江好人"5例、"中国好人"1例、湖州市道德模范2例、"最美湖州人"2例、县级"新时代好少年"10人、市级"新时代好少年"4人;推荐"浙江骄傲"1例。

【互联网管理】 深化网络文明建设,有效防范化解舆情风险,牢牢掌握网络意识形态主动权。紧紧围绕学习贯彻党的二十大精神、"八八战略实施20周年"设置专题专栏30余个,用心用情用力做好网上宣传;围绕杭州亚运会等重要节点,邀请中央省市等14家媒体、省内外正能量大V、湖州市网络主播大咖等走入安吉开展调研,举办成果宣传、网络采风等活动,浓厚喜迎亚运氛围,宣介安吉城市正面形象,微博相关话题阅读量6000万+。积极落实平安护航亚运会网络安全百日攻坚行动,监测攻击告警445951条,封堵高危IP地址6678个,快速处置中央和省市通报网络安全隐患23起;持续开展"之江净网""千百工程·清雷"等专项行动6次,交办处置各类舆情830余件。市委主要领导多次会上点名肯定。着力提升网信队伍综合战斗力,组织全县208名"民情哨"、20余名"望景哨"开展全网巡察,依托全场景工作平台,及时报送各类舆情风险点5430余个;组织1298名网评员在抖音、微博等各大平台积极发声4万余次，有效把控舆论风向；发挥举报矩阵作用，研判涉安敏感信息6800余条，查删限流涉安有害信息620余条；组织50名核心网评员积极参与省市各类引导任务，130余次任务完成率均在98%以上；荣获2022年度浙江省网信工作成绩突出集体。

【文化艺术】 深入推进艺术乡建，聚焦精品内容生产，激活蕴藏在绿水青山间的文化基因，加大特色文化设施建设和文化产品供给力度。成立长三角艺术乡建联盟，构筑长三角乡村文艺圈。着力打造一村一品，成立全市首个政法系统文联。培育特色文艺团队27支、乡村文艺骨干700余人，服务群众超18万人。建设乡村艺术学校教研组10个、乡村艺校示范点15个、培训点35个、流动志愿者队伍9支，入选首批湖州市艺术乡建特色村11个。安吉艺术乡建特色工作相继在国家、省、市文联组联工作会议上作经验交流。成功举办安吉县首次大型户外音乐节，即安吉大麓青年音乐节，吸引乐迷2.5万余名，门票销售额达1000余万元，直接带动旅游消费超8000万元。“竹乡灯火 照亮长城”非遗展示活动亮相北京居庸关长城，安吉“非遗”进国博初步达成签约合作意向，“京安”联动迈出第一步。举办首届吴昌硕艺术国际论坛、“浙里昌硕”首届全国书法作品展、全国十城摄影巡展暨第二届“绿水青山在安吉”全国摄影大展等重量级活动10余场。打造绿色全域片场，吸引众多大咖云集安吉，陈思诚导演电影《解密》在安吉完成场景布展；吴昌硕传记电影《雄甲辰》、乡村振兴题材电影《茶园小森林》《青春合伙人》及首个安吉出品电影《追锋》，相继开机或完成前期制作；成功与保利影业等头部机构签订框架协议，启动《大转移》《奇袭白虎团》《八佰里加急》等影视项目。纪录片《里斯本丸的沉没》入选省级宣传文化思想工作重点项目；民间文艺节目《响木舞》作为浙江唯一代表参演第十三届中国民间艺术节并入围中国民间艺术最高奖·山花奖、获省首届农村文化礼堂“我们的村舞”暨第二届浙江乡村文化艺术节乡村舞蹈大赛二等奖及人气奖。全年获评优秀文化支持项目7个、优秀文艺团队7支，数量全市最多。深化最美乡村图书馆群、最美文化主题民宿群、最美户外运动群等“七大美丽文化集群”建设，有效服务城乡融合、四季皆宜的全域旅游大格局。举办各类线上线下文化惠民活动5000余场，服务人次达200万+，倡导全民阅读，开展各类全民阅读推广活动近700场。创新成立全县首家校园书房“非读book”落户安吉高级中学；组织参加“小小书香大使”大赛，省级以上获奖人数为全市第一；余村印象青年图书馆获评中宣部“最美农家书屋”；“两山共富书房”故事竞相被央视、新华社、光明网等央媒报道。

9月12—13日，首届吴昌硕艺术国际论坛系列活动在安吉举行

【文化产业发展】 以文兴业，坚持引育并重、量质并举，推动“文化+”、培育新业态，在“好风景”中植入“新经济”。全力落实文化产业“十四五”规划和三年实施方案，修订《中共安吉县委 安吉县人民政府关于2023年加快“两山”文化产业发展的若干政策意见》，在发展影视全产业链、乡村文创、数字游民等新兴业态方面予以政策倾斜，全年累计兑付省级、县级政策资金1362.2万元。县文产发展中心提档升

级，重点培育文化旅游、影视传媒、数字文化三大新兴产业，全力释放文化产业助力县域经济发展的推动力量。发挥省级文化产业专项3000万资金的激励撬动作用，新增规上文化企业7家，实现规上文化企业营收增速超20%；获评市级成长型文化企业3家、市级重点文化产业园区1个。文旅产业蓬勃发展，连续五年登顶全域旅游综合实力百强县第一名，云上草原成功入选省服务业领军企业。拓展“以商引商”渠道，积极发挥飞天云动、“两山”未来科技城、白茶原文创设计中心等新经济企业的引领作用，挖掘一批上下游企业、关联企业、同类企业，持续带动优质项目落地安吉县。积极融入全县“双招双引”重点工作，全年共有入库文化产业项目31个，总投资超100亿元。成功举办首届“绿水青山 安且吉兮”文化产业招引北京推介会，保利影业等8个重点文产项目现场签约、15家企业发出意向合作申请。

【第二届绿水青山就是金山银山理念湖州论坛暨国际研讨会】 7月7—8日，第二届绿水青山就是金山银山理念湖州论坛暨国际研讨会在安吉县召开。江西省委原书记，第十届全国人大农业与农村委员会副主任舒惠国；原农业部常务副部长，第十一届全国人大农业与农村委员会副主任尹成杰；自然资源部宣传教育中心主任夏俊；中央党校（国家行政学院）中国式现代化研究中心主任张占斌；副市长夏坚定；省政府外事办二级巡视员戴爱萍；湖州师范学院党委书记金佩华、院长许慧霞；县委副书记、县长宁云，县委常委、宣传部部长黄枫等出席论坛开幕式。来自海内外的180余名专家、学者围绕各自的议题分别进行精彩纷呈的学术报告，共同剖析湖州经验、研究中国问题、回答时代之问，并深入研讨“八八战略”“千万工程”和绿水青山就是金山银山理念蕴含的实践伟力和时代价值。论坛期间，湖州师范学院“两山”理念研究院还召开了“两山”理念研究成果发布会。

【“千万工程”实施20周年主题采访活动】 6月5日，由中宣部组织的中央媒体“千万工程”实施20周年主题采访活动走进安吉余村、横山坞村。来自人民日报、新华社、中央广播电视总台、求是杂志、光明日报、经济日报、中国日报、中国新闻社、中国青年报、农民日报等中央媒体，以及浙江卫视、浙江日报、浙江之声等省级主流媒体组成央媒采访团，集中采访安吉县深入推进“千万工程”、建设中国美丽乡村取得的突出成效和典型经验。各级媒体共刊发“千万工程”各类报道百余篇（条），进一步提升了安吉的知名度和影响力。

（汪　洋）

统战工作

【概况】 安吉县委统战部是县委主管全县统一战线工作的职能部门，挂县民宗局、县侨办牌子，县侨联机关与统战部合署办公，内设办公室、党派科、民宗科、侨务科四个科室，下属股级事业单位民族宗教事务管理所。2023年，安吉县统一战线工作获2023年度县级机关部门综合考核一等奖，研究论文《“两山”理念指引下民族“绿色共富”的实践探索和经验启示——以湖州市安吉县为例》获得2023年度全省统战理论创新成果二等奖，“绿水青山寸草心”系列纪录片被评为2023年度浙江统战宣传好策划，《凝聚统一战线力量助力“一片叶子共富多方百姓”》被省委统战部评为“同心共富”最佳实践。

【凝聚人心力量】 持续开展安吉县统一战线“学习二十大·奋进新征程”主题活动，推进“同心”大讲堂、实干争先、正信正行、寻美安吉、安商同心、侨见两山等“之江同心”系列子活动；成立统一战线“同心”宣讲团，包含民主党派、新的社会阶层人士、民营经济、归国华侨、各族群众10余人，开展现场讲解、视频录制、课堂分享等形式多样的宣讲活动，在人民网、潮新闻得到广泛报道；指导民主党派、统战团体开展各类红色教育、学习考察等活动20余场次，覆盖党外代表人士300余人次，较好营造了统一战线“凝心铸魂强根基、团结奋进新征程”主题教育氛围。坚持把统战信息宣传工作作为做好新时代党的统一战线工作的有效抓手，全县统战系统全年在中央和省级报刊媒体上稿200余篇，讲好了安吉统战故事，较好增强了各方统战意识。

【服务中心大局】 按照全市“同心共富”工程部署和安吉县“同心智富·四百行动”三年行动计划，广泛发动党外代表人士发挥优势、主动作为，服务助力共同富裕绿色样本建设。组织民主党派医疗专家赴偏远乡村开展门前诊疗服务20余场，开展“同心共富·笋芽行动”主题研学、六一关爱各民族儿童活动等20场次；县新联会牵头组织开展民宿管家培训等服务6场次，受益群众5000余人；县九三学社对接上级九三专家资源，跟踪指导安吉稻渔综合种养项目，助力平原斗区乡村发展等，得到当地党委和群众的广泛好评。全国首创“数字游民公社”模式，建立自由职业者之家，发布“余村合伙人计划”，吸引200余名自由职业者奔赴乡村创新创业，带动村民就业500余人，村集体增收100万余元，较好开辟了新的社会阶层人士助力中国式现代化乡村建设新路径，相关经验信息被省委统战部录用上报。

【推动多党合作】 持续深化“党委出题、党派调研、政府采纳、部门落实”调研机制，完善“直通车”“金点子”建言献策机制，引导党外代表人士聚焦党委政府中心工作深入开展大走访大调研，为党委政府中心工作献计献策；深化政党协商工作在基层的延伸和实践，搭建各类民主监督、参政议政载体，较好推动年度政党协商计划，全省唯一的民盟中央参政议政调研基地在安吉成立，民盟中央副主席张道宏出席揭牌仪式，为民主党派参政履职搭建了有效载体。深化党外干部培养机制，定期开展党外代表人士“双走访”，充分掌握党外干部双岗履职等情况，完善充实“145”党外干部人才梯队库，为各民主党派、统战团体组织建设储备人才、奠定基础。2023年，累计提拔使用党外干部5名，其中3名提至正科岗位。在全市率先成立中华职业教育社，也是全省第三家县级中华职业教育社；完成县新联会换届工作，进一步优化各类党外知识分子团体的班子结构和队伍体系；发布具有“两山红·安吉绿”特色的党外知识分子“同心之旅”研学路线，接待全国各地党外知识分子团体50余批次300余人次；全面启动“寻美安吉”系列活动，以“线上+线下”丰富多彩的活动形式，全面推介安吉“两山美、人文美”。

7月10日，民盟中央参政议政（浙江安吉）调研基地揭牌仪式在安吉县生态博物馆举行

【民营经济发展】 助推营商环境优化提升“一号工程”，建立全县营商环境人文环境专项小组，建立“周例会”“季评分”机制加强联动成效，信息《安吉县发挥统一战线优势助力营商环境优化提升》在浙江省委办公厅信息专报刊登并得到原省委常委、统战部长邱启文批示肯定。形成“健康体检+政企恳谈”集成联动模式，单个问题单个出，多个问题统一出，有效解决企业难点与堵点问题，推动问题解决率提高8.3%，不断增强企业的满意度和获得感，该案例入选市2023年度营商环境最佳实践案例。2023年发布12期“浙商企业健康体检报告”，召开恳谈会38期，参会企业289家，收集问题建议567个，办理537个，经市、县两级看见办抽查回访，企业家满意率达100%。

【服务侨务工作】 深化“侨海连心”“侨力建功”“侨爱成城”“侨家升级”四大行动，进一步完善侨办侨联“双招双引”小分队工作机制，采取多种形式，定期每月会商信息，做好重点项目信息的考察、跟踪，全年集中会商4次，推荐项目25个，推荐南太湖精英计划2人，推荐马丁科瑞半导体技术（浙江）有限公司投资6亿的芯片先进封装核心设备研发制造项目签约。成立驻德国、英国海外人才工作站，是全县第10家海外人才工作站，在推介安吉经济人文社会环境中起到积极作用，相关信息在《人民日报》海外版得到关注报道。12月21日，顺利召开第六次归侨侨眷代表大会，选举产生侨联第六届委员会主席胡立江，聘请程昕东、陈刚、童玉华三位海外顾问。成功举办“之江同心 喜迎亚运”第二届在浙台胞青年冬令营、中日文化友好交流笔会、全省“之江同心·海归浙里”海归青年“两个先行”主题学习宣讲活动走进安吉等活动，不断提高安吉知名度和美誉度。

【构建基层统战新格局】 深入贯彻落实中央、省市委统战工作精神，积极构建“横向到边、纵向到底”的大统战工作格局，县委和县委统一战线工作领导小组牵头抓总，专题研究统战工作，召开县委统一战线工作会议部署年度统战工作。细化落实“三个带头”“六个纳入”具体举措，完善民族宗教工作、新的社会阶层人士、营商环境“一号工程”人文环境组等常态化联席会议机制。把基层统战工作融入基层党建大格局，2023年度新增对部门及国企的统战考核，提高对乡镇（街道）的考核分值，推进基层统战的规范化建设，提升统战系统的凝聚力和战斗力。

【自身建设】 深化推进“同心同廉”工程，依托“红色联盟”统一战线联合党建品牌载体基础，联合各民主党派建立平台、队伍、品牌、阵地四位一体的“同心清风”联动共建机制，推动形成民主党派基层组织清廉新风尚，该案例获评全市“之江同心·实干争先”统战工作最佳实践。

【民盟中央参政议政（浙江安吉）调研基地揭牌仪式】 7月10日，民盟中央参政议政（浙江安吉）调研基地揭牌仪式在安吉县生态博物馆举行。全国人大常委会委员、民盟中央副主席张道宏，浙江省政协副主席、民盟浙江省委主委成岳冲，湖州市政协副主席、民盟市委会主委竺鸰，湖州市委统战部常务副部长吴焱国，安吉县委副书记、县委政法委书记柏建华，安吉县政协副主席、民盟安吉县总支主委梁霜出席揭牌仪式并共同为基地揭牌。

【九三学社中央调研组来安吉调研】 11月4日，以“推动高质量发展 促进共同富裕”为主题的九三学社中央第三十六次科学座谈会在湖州召开。座谈会前，全国人大常委会副委员长、九三学社中央主席、中国科学院院士武维华，全国政协副主席、九三学社中央常务副主席邵鸿，全国政协常委、九三学社中央副主席刘政奎率队先后到安吉县天荒坪镇余村、灵峰街道大竹园村、“以竹代塑”产品展示馆等地调研，了解安吉县在全面推进乡村振兴、深入实施“千万工程”、促进农文旅融合发展、扎实推进共同富裕等方面的做法和成效。湖州市委常委、安吉县委书记杨卫东，湖州市政协副主席、九三学社湖州市委会主委高东，安吉县人大常委会副主任、九三学社安吉县基层委主委王捷等领导陪同调研。

【安吉县新联会换届】 11月17日，安吉县新的社会阶层代表人士联谊会二届一次会员大会成功召开。安吉县委统战部常务副部长、县侨办主任、县侨联党组书记吴国兴出席会议并讲话，全县各民主党派、工商联、县知联会有关负责同志应邀到会祝贺。会议听取了县新联会一届理事会工作报告，选举产生了新一届理事会及领导班子成员。李国祥当选安吉县新的社会阶层代表人士联谊会会长。

【安吉县中华职业教育社成立大会暨第一次社员代表大会】 11月30日，安吉县中华职业教育社成立大会暨第一次社员代表大会召开，省中华职业教育社秘书长梁成岗，市委统战部副部长陆旭峰到会祝贺。县委常委、组织部部长、统战部部长王新勇出席会议并讲话。大会选举产生了安吉县中华职业教育社第一届社务委员会委员；召开了第一届社务委员会第一次会议，选举产生了第一届社务委员会主任、副主任、秘书长，安吉县政协副主席、县工商联主席陈卫卫当选

11 月 30 日，安吉县中华职业教育社成立大会暨第一次社员代表大会召开

安吉县中华职业教育社第一届社务委员会主任。

【安吉县侨联换届】 12 月 21 日，安吉县召开第六次归侨侨眷代表大会。市侨联党组成员、副主席卢萍，县委副书记、政法委书记柏建华，县委常委、组织部部长、统战部部长王新勇出席大会。县委统战部常务副部长、县侨办主任、县侨联党组书记吴国兴主持大会。县各群团代表、各乡镇（街道）统战负责人，第六次归侨侨眷代表参加会议。会议审议通过《关于安吉县侨联第五届委员会工作报告的决议》，选举产生了第六届委员会委员，选举主席、副主席、秘书长、副秘书长，主席为胡立江，副主席为施润涛、潘永祁、季翀源、章三四、胡亚铭、吴雅芳。会议通过《关于聘请安吉县侨联第六届委员会海外顾问的决议》，并现场连线程昕东、陈刚、童玉华三位海外顾问，发表获聘感言。

（程　奇）

台湾事务

【概况】 2023 年，县台办认真贯彻落实中央和省、市台办对台工作各项部署要求，扎实助力台企发展、台青交流、台胞参访接待和关心关怀等各项工作，并圆满承办了 2023 海峡两岸乡村发展论坛。组织台胞台属台青参与第二届湖台梅文化视觉艺术展、对台基层交流培训、湖台两岸情缘音乐交流会、“湖台讲堂”等活动，积极参与市台办组织的赴武汉考察等，学习外省对台工作经验。

利用绿水青山就是金山银山理念诞生地、两岸结对村较多的优势，积极承办各类交流活动，推动两地深入交往。2023 年，共接待各级考察参访团队 30 余批，其中台胞参访 27 批 600 余人。同时做好“零星”台胞接待工作。如，做好胡宗南女儿、安吉同乡会会长及成员的返乡接待，在台湾安吉同乡会的会长和副会长返乡探友期间，主动上门拜访，带她们参观了解家乡建设，表达台办对她们的关心和问候，并邀请其他家属和台胞返乡参访。

深入开展“服务台资企业大走访”活动，解决企业实际困难，落实落细政策和服务，助力台企健康发展。常态化走访联系台企，通过走车间、开座谈等形式，深入掌握企业生产经营状况，了解企业在产品开发、技术创新、销售渠道方面存在的问题困难，多次赴悦亿家具公司了解因城市建设而搬迁带来的新厂房租用问题。截至 2023 年，累计走访企业 20 余次，收集各类问题 14 条。深入对接相关部门，推动台企健康稳定发展。

协调乡镇和部门，全力解决台胞在工作和生活中的关键事项。如，协调推进台胞庄庆钟民宿项目与康养集团纠纷问题，台胞送感谢匾牌，庄庆钟已通过司法途径获得赔偿 140 万元；帮助协调处理原南山公司职工薪资待遇问题；与县教育局沟通帮助解决台胞 4 名子女就学问题等。把对台属关怀问候作为增进两岸民众友谊、增强互信的重要抓手，发挥安吉同乡会作用，推动解决台属饶师林伯父的遗物归属问题；委托安吉同乡会和台胞帮助台属陈正庭寻找父亲在台下落；在安吉同乡会副会长的妹妹病逝时，第一时间上门进行了慰问。

进一步加强与台湾结对村交流联系工作，充分利用高家堂村和鱼池乡中明村联系结对优势，建立和巩固与岛内其他村长、里长联系，不断拓宽交流范围。新一批与嘉义县中埔乡5个村的对口交流正指导和积极推进中。通过接待参访团队、岛内协会组织，台商等各种方式与对口村取得联系，进行问候与邀请来访。

【2023海峡两岸乡村发展论坛】 7月18—19日，以“宜居宜业·和美乡村”为主题的2023海峡两岸乡村发展论坛在安吉县举行。此次论坛规模270余人，参会台胞117位，国台办和海协会领导、海研中心和省市相关领导，全国知名涉农专家，湖州市县两级乡村代表，台湾乡村代表参加，论坛围绕“宜居宜业·和美乡村”进行深入探讨，对推动湖州与南投两地加强交流和融合发展具有积极的意义。论坛被中国新闻网、浙江发布、中国台湾网、浙台头条、潮新闻等媒体广泛宣传报道。

（周小强）

信访工作

【概况】 2023年，全县四级走访总量1105批2489人次，同比分别下降2%和30%。全县12345来电146630件（其中现场直接答复112807件，转交承办单位处理33823件），同比下降18.27%。全年共收到群众来信215件，同比上升2.87%；收到群众网上信访3703件，同比下降73.08%。安吉县信访局获评全市二季度“奔跑者”；获2021—2023年度县级文明单位称号。

7月，县信访局获评全市二季度“奔跑者”称号

【信访工作】 作为全省首批信访工作法治化试点县，围绕“持续深化‘一站式’多元化解机制”这一课题开展试点，确保试点成效上升为全省成果。同时，以司法部行政执法监督与12345热线建立合作机制试点为契机，承接省委信访局复查复核、督查条线法治化试点，依法规范、高质高效办理信访事项复查复核，深化司法确认等做法在信访事项调解化解中的应用，建立健全涉法涉诉信访事项衔接机制，深入实践核查核审、听证、评议、不合理诉求认定等工作机制，推动信访事项有序退出。强化“闻风而动、接诉即办”总要求，优化12345热线各环节全流程，实现热线前台受理与后台管理紧密衔接、闭环管理。通过严格落实跟踪督办、效果追踪、考核亮晒等机制，真正实现工单办结即诉求解决，以工作的闭环形成结果的闭环，从而提高一次性化解率和群众满意率。进一步探索和完善“热线协调＋人民调解”工

7月18—19日，海峡两岸乡村发展论坛在安吉举行

作模式解决疑难问题。促进县、乡、村人民调解共同参与解决损害赔偿纠纷、经济纠纷、旅游消费纠纷等问题，确保涉纠纷类事项有人受理、有人调处，将矛盾纠纷化解在基层。对标“无信访积案县”创建工作要求，对已依法终结的信访积案持续开展实体化解，提高信访积案实体化解质效，防止再次信访，降低复访率。聚焦城乡建设等十大信访问题多发高发领域，全面深入开展信访矛盾纠纷大排查大化解，及时抓早抓小，建立风险清单和责任清单，分级分类落实管控责任人和工作力量，确保不发生规模性聚集。实行案件督查机制，通过对信访事项办理进行督促、检查和指导，使损害群众利益、违反群众纪律的问题得到及时纠正处理，群众合法合理诉求得到妥善解决。

【工作成效】 落实省市县各级要求，做好“1340”的工作体系部署，制定信访服务保障方案，组建综合协调、督导检查等4个工作组，明确工作目标、作战图、任务书和责任表。严格落实在岗值班、“零报告”“八个一律”等制度。持续开展信访风险隐患“大起底大排查大化解”行动，共梳理重点群体8个，121名重点人员均明确一名领导一个专班一套方案。全县15个乡镇（街道）向联席会议汇报重点人员稳控工作落实情况，并签订亚运安保“八个一律”军令状。县四套领导每日在县矛调中心坐班接访，累计接待来访约访群众21批46人次，化解问题15个，有效把人员吸附在当地。亚运安保期间，全县非访和规模性集体访零发生。围绕“接诉快应、3天办结、重件治理、群众满意”等核心目标，联合县看见办在全市率先出台《加强我县12345政务服务便民热线“闻风而动、接诉即办”六项机制》，落实“五级”处置模式，3天内办结率从2月64.17%提升至当前98%以上。县“看见办”每月通报全县12345热线办理情况，表扬先进、鞭策后进。针对高频次热点投诉事项，及时发布《社情民意快报》6期，并获县委主要领导批示，为领导决策、部门行政提供需求侧参考。根据省市统一部署开设“湖商通”营商环境投诉专线，全面实现与110警务平台互联互通。加快热线平台数智化迭代升级。全面升级热线办软硬件环境，更新“智能12345”热线数据分析平台功能，构建“民意热点榜、集中点预警”等1＋3＋7应用场景，实现由标准化向智能化服务转型。营商环境一次性化解率全市第一，热线效能指数全市第一。综合运用法律、政策、经济、行政等手段，通过领导包案、上下联动，综合施策、集中攻坚，复盘溯源、双向规范等工作举措，强化信访人情绪疏导、心理矫正、困难帮扶、教育稳控等，落实省信访工作联合督导、专项督查要求，扎实推进94件国重件和111件省重件化解清零。国重件2件未化解（陶永法件已听证终结；沈丽丽件系涉法涉诉类信访事项，经与省市对接，年底采取核减方式化解），省重件化解率100%。全力抓好重大信访问题清单工作，跟班轮训、点对点指导、实地督查等方式紧抓问题整改质效。全县纳入省级重大信访问题清单6个，整改化解率100%，纳入市级重大信访问题清单6个，整改化解率100%，纳入县级重大信访问题清单11个，完成整改9个，整改化解率82%。1个案例被列入省委信访局“重大信访问题清单”示范榜。对照省试点方案，梳理4项一级、15项二级、35项三级目标任务，按照“三跑”要求，确定领跑指标6项、并跑指标23项、跟跑指标6项，建立项目清单、责任清单、措施清单，加快建设较为完善的1311工作体系。丰富“党委＋信访”内涵。加强信访局与党委部门协调联动，制定《进一步建立健全组织部门与信访部门工作协调十项机制》，建立信访＋生态协同推进机制，联合县委生态文明办强化生态信访问题督导化解。对全县15个乡镇街道和24个联席会议成员单位开展双审计工作，建立五维评价指数，细化23项具体评价指标，建立“一人一档”，出具体检报告39份，形成离任不离责、新官理旧账的工作导向。对发生重复访、越级访、群体信访的责任单位，根据情节轻重第一时间制发相应函单，事权单位三个工作日内反馈处置方案。全县累计制发三色预警牌48次，风险预警函5次，问责建议函5次。进一步强化基层自治，出台《全县行政村和城市社区开展信访信用管理工作方案》，全县215个村社，村级信访信用管理纳入村规民约自治范畴做到全覆盖。

【安吉县获评全国信访工作示范县、全省信访工作现代化示范县、全省无信访积案区县】 3月

30日，全省建设平安浙江工作会议召开，公布了2022年度平安市、平安县(市、区)名单，安吉获评为全国信访工作示范县(连续两年)、首批全省信访工作现代化示范县(全市唯一)、全省无信访积案区县(连续五年)。近年来，全县各级各部门全力推进"平安安吉"创建，以除险保安和百日攻坚行动为抓手，全力稳控、全域整治安全隐患、全面化解矛盾纠纷，平安建设工作呈现出"一无二降三个零增长"良好局面，确保了社会政治和谐稳定。

(陈章捷)

党校教育

【概况】 2023年，党校教育工作坚持"红色学府"定位，筑牢党性根基，充分发挥教育培训主阵地功能。举办主体班次共31期，参训学员3727名，党性和理论教育课时占比80.3%。开展基层宣讲30次，受众达2000多人次。组织新专题备课推进会、班主任培训会等教学活动20次。坚持将文明城市创建同主责主业相结合，将文明创建理念融入主体班次教学、理论宣讲，让文明宣传走进校园，开设相关课程20余次。单位获集体嘉奖、集体三等功，4人获个人三等功和个人嘉奖。《高质量建设习近平生态文明思想培训高地》入选全省党校系统现代化建设"双十佳"典型案例，是湖州市区县党校唯一入选案例。1篇理论文章获全省党校系统理论研讨会一等奖，1篇教学改革论文获全省党校系统教学改革研讨会一等奖，1篇理论文章分别发表于《学习强国》《中国社会科学网》《中国社区报》，1篇理论文章发表于《学习时报》。承办"八八战略"与平台经济理论研讨会等高端会务，接待中央党校调研活动共7次。

创新建立主体班次联席会议制度，组织召开成员单位全体会议1次、部门会议8次，县领导到党校授课、座谈达27人次，其中县委常委17人次；出台《中共安吉县委党校主体班次学员管理办法》，创新推出培训纪律"五个一"举措；创新设置特色班次类别，聚焦"现代产业振兴、城市能级提升、共同富裕先行"三大主攻方向，突出"项目建设攻坚年、乡村能级提升年、能力作风建设年"行动要求，加大对重点领域、核心部门、关键岗位干部培训支持力度，为全县经济社会高质量发展提供有力支持。

【精品教研】 全年共举行春季、秋季集中备课会，聚焦马列经典原著、习近平新时代中国特色社会主义思想、党史党建、法律法规、乡村振兴、共同富裕等领域，开发专题课程14门；举行现场教学专题竞赛活动，7位新进教师和研训员分别现场试讲余村、黄杜村、溪南村、夏阳村、白杨村、大竹园村等教学点。中央党校哲学教研部和安吉县委党校联合举办中央党校"绿水青山变成金山银山的机制——浙江安吉余村实践"案例课程集体备课会，本次备课会是中央党校首次和县级基层党校联合开展集体备课活动。课程《安吉"两山"转化的理路演进和实践探索》通过试讲。6月15日，"两山"转化备课组赴陕西省佛坪县授课，受众120人。10月，开发访谈式教学课程《守初心 强党性 明责任知敬畏》，并在2023年安吉县新任副科级领导干部进修班授课。开发访谈式教学课程《年轻干部成长之道》，并在2023年安吉县年轻干部能力培育提升班授课。

11月，中央党校"绿水青山变成金山银山的机制——浙江安吉余村实践"案例课程集体备课会在县委党校召开

10月，安吉县新任副科级领导干部进修班访谈教学

【智库建设】 各类课题立项31项，其中省委党校课题立项6项，省社院招标课题立项3项，市社科联课题立项6项。撰写体现安吉特色的理论文章13篇，《干部教育研究》发表理论文章2篇；在浙江省县级党校智库联盟"共同富裕"案例研讨会征文中获二等奖1篇；在湖州市"学习贯彻二十大 实干争先建新功"主体征文中获一等奖1篇；湖州党校系统理论研讨会一等奖1篇；湖州市人大研讨会优秀论文二等奖1篇。撰写咨政报告获领导批示9篇16人次。受邀赴北京参加"2023年第三届新时代首都发展论坛"并作交流发言；受邀赴复旦大学参加中国社会政策研究第四届青年学者论坛并围绕乡村振兴主题做安吉专场交流发言。牵头组织2022年度"八八战略"综合实施评估工作，撰写评估工作报告；积极完成县领导交办的"青年人才课题""全过程人民民主在安吉的实践课题"等6大课题，切实为县委县政府建言献策。

【对外培训】 承接各类委托类班次176班次，培训约586.5天、40313人次，营收近14071204元。涉及浙江、宁夏、安徽、江苏、广东、湖北、山东、江西、河北、河南、辽宁、山西、黑龙江、上海、天津、重庆等16个省、自治区、直辖市50余个地区，此外还培训了中海油集团、中远海运集团、中交基础设施养护集团、东航集团等10多个大型国企党员干部和华东政法大学、青岛远洋船员职业学院、嘉兴技师学院等多所高校党员干部。在规范黄杜村、余村村、刘家塘村等老牌教学基地的基础上，围绕"共同富裕、产业振兴、城市能级"等关键词，组织教师、研训员赴村镇开展调研30余次，力图开辟契合培训需求、展现安吉特色亮点的新基地。排查、调整师资库，确定国家级专家9位，省级专家24位、市级专家10位、本土专家35位。

【保障提升】 落实省《党校"零碳"管理与评价规范》，完成党校报告厅视频教学LED屏幕建设，架设教学区域高速网络系统，完成5间教室视频升级，建设5套智慧黑板系统，设计完成数智党校初步规范，为教师和学生提供了更加现代化的教学工具和环境。健全绿色采购、光盘行动、废旧物资循环利用等机制制度，完善校园监控系统，成功争取县城投集团出资对党校配电房进行扩容，提升校园绿化节点，优化学员食堂周边、校园东侧绿化植被，在党校营造积极向上、愉悦舒适的学习环境。全年共接待来自包括中央党校、省委党校、湖州市委党校、浙江大学等全国各地领导超35批次，接待人数达到300多人次，全面总结提炼党校工作，微信公众号对外推送各类工作信息100余篇，极大提升党校的社会影响力。

（柯春莉）

档案工作

【概况】 2023年，县档案馆荣获1名浙江省档案工作成绩突出个人，1名浙江省档案工匠型人才，1名浙江省青年业务骨干等系列荣誉，有效实现档案事业高质量全面发展。

【档案查询服务】 2023年，档案馆共接待群众查档1121人次，查阅档案9474卷2327件，复印40649页，其中"浙江政务服务网"申请查档58人次57件、远程查档270人次340卷/件，矛调中心查档43人次64卷/件，政务服务电话回访群众满意率100%。

【档案移交】 制定全县机关部门、乡镇(街道)、部分国有企事业单位2011—2015年到期的各种门类档案接收规划、计划、名单、标准,共69家单位按接收计划分三年实施。2023年县委政研室、住房公积金、县委办、报福镇、递铺街道、灵峰街道办事处、溪龙乡、人大等25家单位档案已全部移交进馆,共计377卷53520件,进一步丰富了档案资源储备。根据省档案局中国人民银行浙江省分行《关于做好人行县(市)支行档案移交工作的通知》(浙档发〔2023〕16号)文件要求,稳步推进人行机构改革档案处置工作。顺利完成县人行2011—2023年文书档案(包括数字化成果)、电子照片、实物档案、业务档案、会计档案移交进馆,共计15164册件,其中文书档案4587件、电子照片314张、实物档案66件入库保存,业务档案1901册、会计档案8296卷入临时库保存。

【档案数字化】 馆藏保管期限30年(长期)以上传统载体档案已应扫尽扫,对馆藏所有数字化成果进行ocr识别双层pdf转换,总量为951.6万页,完成转换923万页,数据化率达到97%。室藏保管期限30年(长期)以上传统载体档案方面,机关、乡镇街道、村社区历年室藏文书档案已100%完成数字化和数据化。县级以上机关和国有企事业单位共66家,其中24家单位创成示范数字档案室,63家单位创成规范化数字档案室。全年指导9家单位提档升级,以创促工,召开创建业务培训会,指导软硬件配备、档案信息化、制度建设等,已全部完成系统线上申报。立足档案服务优化营商环境,推进中小企业档案的规范管理和共享利用,设计开发全县中小企业档案云服务平台,被列入了"浙里数字档案"重大应用试点项目,全年主要在拓展数字档案管理服务,按企业需求开展云端集约化功能建设上下工夫,实现了企业云端查档。2023年全县有10家企业进行了试用,现有文书、科技、会计、专业等各门类档案共3766件、3351卷、45416页,共37.9GB上云。该应用的试运行加快了试点企业的档案数字化智能化发展,于10月20日正式通过省级专家组验收。

【档案数据归集】 完成67家机关、乡镇增量质检及备份,计18.51万件、64.6万页、477.1GB;县委办、人大办、公积金中心、政研室等22家单位完成文书档案电子目录著录和数字化,通过质检后移交进馆,计50851件、601021页、485.58GB;大数据局、林业局、退役军人局等十家单位开展电子公文在线归档并移交进馆,计3752件,容量3.72GB;民政局、综合执法局等9家单位政务服务事项电子档案移交进馆,计46564件、容量189.6GB。根据省档案馆印发的《关于开展档案数据资源归集共享提质扩面工作的通知》要求,结合馆藏结构和规模,摸清可归集底数,对拟上传的档案的条目、全文逐一进行审核把关,字段结构不完整地进行补充完善,确保归集数据的质量和安全性,上传民生、照片、文书等门类数字档案共644129件,1428319页。完善区域档案信息资源互认互信、合作共享机制,建设县全域档案管理一体化平台,建成余村网上专题展,打通与oa系统、省档案交换平台、林业局竹林碳汇数智应用系统接口,指导62家单位完成电子公文在线归档8588件;政务服务事项(民政局婚姻)电子档案在线归档2.83万件、竹林碳汇电子档案在线归档120件,室藏295家单位、554.8万页、15.69TB数据迁移完成,实现数字档案管理和服务县域全覆盖。10月底平台各模块功能基本建成并通过大数据局组织的专家验收,12月底通过省专家组验收。

【档案征集】 全年共征集档案资料1878件(张、段、册)。其中家谱3套10册,实物档案21件(枚),图书资料33册,照片档案1782张,视频32段。开展重大活动和突发事件档案收集工作,做好疫情防控、脱贫攻坚、美丽乡村等专题档案数据库建设。其中数字化改革文书档案97件,共同富裕文书档案162件,竹林碳汇文书档案27件。结合区域一体化平台,开展网页信息、社交媒体、新闻报道等数字资源的采集,已采集网页信息12541条、容量37.22GB。2023年度总投入资金48万元,继续推进民国档案修复工作,当年共修复档案247卷、61996页,累计修复779卷167813页,进一步提升了重点档案保管水平。

【档案文化建设】 弘扬安吉名人文化,重点结合吴昌硕诞辰180

"浙江档案·这20年"宣传活动举行

周年重要时间节点，并以此为主题开展专项编研工作，公开出版《吴昌硕艺术和人生丛考》一书；征集原安吉一中相关档案资料及老照片，对安吉一中的历史文化进行研究，编印《回看安吉一中》一书。6月9日，以"浙江档案·这20年"为主题开展"美好城市照片档案展"，同时开展了档案知识问答，档案业务咨询，《档案法》普法宣传等活动，共发放新修订的《档案法》500余册、编研公开发行的档案书籍100册、档案知识宣传册300本以及各种档案宣传纪念品。完成"撤地建市40周年"展在全县90家单位展出，参观人数达16812人次。向各方投送档案工作信息，被国家、省、市、县相关媒体录用20余篇。

【阵地建设】 联合团县委、教育局、县少工委成功举办了"学习二十大 喜迎少代会 争做好队员 安吉县'红领巾走进档案馆'主题实践活动"，活动吸引了县青少年活动中心、第二小学、第四小学、天荒坪小学等单位参加，安吉县档案馆被团县委命名为"红领巾e站1013"阵地；完善爱国主义教育基地相关配套设施，编制完成"安吉县档案馆爱国主义教育基地简介"，2023年接待了阿克苏地区档案馆、安徽泾县档案馆、昆山市档案馆、太湖县档案馆、县两山合作社等单位来馆考察和参观。

【监督检查】 制定《2023年度档案工作考核细则》，将16个乡镇（街道）、开发区及52个部门列入档案考核单位，分别部署2023年度乡镇和部门档案工作。常态开展现场、电话、微信等线上线下业务指导，重点加强省重点工程清水入湖项目档案、生态环境局行政处罚档案的分类方案及实体档案规范整理的指导。开展县全域档案管理一体化平台操作培训班2期，电子公文在线归档培训班3期，累计培训130余人次。深化"大综合一体化"改革，扎实开展档案"双随机、一公开"执法检查，按照《2023年度行政执法工作计划表》，完成双随机、专项执法检查21次，未发现问题；更新13个档案行政处罚事项的自由裁量基准，并在县政府网上公示。择优确定乡镇档案馆新址，及时改造功能区块布局，进一步梳理核对乡本级及行政村各门类存量实体档案，完善乡本级和各村的全宗卷及相关电子目录和扫描件的系统挂接。馆藏本乡及6个行政村各五类档案总计4808卷10667件。

【"6·9"国际档案日活动】 6月9日，县档案馆在县生态广场、县行政中心和县档案馆举办"浙江档案·这20年"主题宣传活动。在县生态广场活动现场组织开展了档案知识问答活动，档案业务咨询，《档案法》普法宣传，在县行政中心、县档案馆大厅举办了"美好城市照片档案展"，展览从近年全县打造国际化绿色山水美好城市活动过程中征集到的档案资料，通过区域风貌、近些年新建项目、局部区块前后几十年新旧对比，展示"八八战略"20年来安吉绿色山水美好城市建设取得的成效。

【红领巾进档案馆活动】 4月27日，档案馆与团县委、教育局、县青少年活动中心、第二小学、第四小学、天荒坪小学合作举办了"学习二十大 喜迎少代会 争做好队员 安吉县'红领巾走进档案馆'主题实践活动"。活动现场安吉县档案馆党组成员、副馆长龚勇华，团县委副书记纪娟为"红领巾 e站 1013"阵地揭牌。县青少年活动中心副主任、县少

红领巾走进档案馆主题实践活动举行

先队校外总辅导员蔡玉婷为"'两山'红领巾宣讲团"首批档案馆专职"红领巾讲解员"颁发聘书。

【全县档案工作会议】 8月23日，全县档案工作会议暨档案工作领导小组第一次会议召开。县委副书记、县档案工作领导小组组长柏建华讲话，副县长程文伟传达学习省、市档案工作会议精神，肯定全县档案工作取得的成效，县委办副主任、县档案馆馆长任爱军总结汇报2023年全县档案工作情况。

【山川乡档案馆揭牌】 9月12日，山川乡乡镇档案馆正式完成创建，馆藏本乡及6个行政村各五类档案总计4808卷10667件，县档案馆党组书记、馆长任爱军与山川乡党委书记王孟天参与揭牌仪式。

【档案业务培训】 为落实省市县档案数字化改革要求，实习线上任务贯通和业务协同，档案馆建设的全县全域一体化平台已正式上线运行，10月17日，县档案馆召开平台操作培训会议，共66家单位参加。

（杨梦兰）

史志工作

【概况】 中共安吉县委党史研究室、安吉县人民政府地方志编纂室，分别为中共安吉县委、县政府直属公益一类事业单位，机构规格均为正科级，合署办公。内设机构2个：综合科和编研科；安吉县史志编研服务中心为下属事业单位。2023年，史志工作以习近平新时代中国特色社会主义思想为指导，深入学习宣传贯彻党的二十大精神和习近平总书记关于党史文献工作的重要论述精神，认真落实省市相关工作会议精神，坚决扛起"存史、资政、育人"职责担当，有力推动安吉史志事业取得新发展。2023年，中央文献研究会会长张宏志，中央党史和文献研究院副院长黄一兵、原副院长魏海生、第一研究部副主任樊锐，省委党史研究室主任朱瑞忠等领导先后来安吉考察调研，为安吉进一步做好史志工作提出意见和建议。

首次将史志工作纳入县对乡镇（街道）和机关部门的综合考核，建立健全考评机制，细化实施细则，以考评扩影响、促提升。加强对乡镇和部门的业务指导，积极推动构建"大党史＋大党建"格局，与县内兄弟单位尤其是组织、宣传、党校、退役军人事务、文旅、档案等部门单位的密切协作，建立联动机制，积极推进资料收集、研究阐释、宣传教育、红色资源保护传承等任务落细落实。代表湖州抽测点，认真做好2020—2022年度"浙江省党史和文献资料征编保护利用专项资金"绩效评价工作。

【党史工作】 根据省、市委党史研究室明确地方党史三卷时间段后延至2012年，原有七编合并为三编，"十四五"期间做好出版工作等具体要求，县委党史研究室调整安吉党史三卷编纂计划，对三卷的编写进行了重新分工，采取分头编纂的模式，做好了新编第三编初稿的撰写工作。党史三卷新编第三编初稿基本完成，前两编的修改与统稿工作按计划推进。

成立资政课题组深入开展资政课题研究。《关于争创全国首个零碳示范县的建议》《关于争夺举办"全国生态日"首场启动仪式和创立"全国生态日余村国际论坛"的建议》两篇文章，获得县委书记杨卫东的批示与肯定。搜集习近平同志3次到安吉考察调研的重要讲话，对安吉四项工作的9

次批示，以及在多个重要场合的11次点赞勉励，内部编印《习近平关心指引安吉发展重要文献汇编》，列入安吉县委领导班子主题教育的地方读本。

编撰“中共安吉县委2022年度执政纪实系列丛书”，1套8本约240万字，全面、系统、准确地记述县委团结带领全县各级组织和人民群众在国际化绿色山水美好城市建设过程中所做的工作和取得的成就。组织开展全县红色资源普查工作，对县委宣传部、文体局、退役军人事务局和各乡镇报送的50处红色资源进行了汇总整理核对，撰写了普查报告并上报。获评全省党史和文献系统“八八战略”实施20周年资料征集与研究工作成绩突出单位。

【地方志工作】 参与指导的安吉县首部乡镇志《昆铜乡志》正式出版发行，结束安吉无乡镇志历史；《安吉县交通志》出版发行；推动《鄣吴镇志》《政协志》《余村志》《董岭村志》等志书编纂工作；年鉴工作按“当年出版，一年一鉴”的要求，优化落实编纂及出版流程并于12月完成出版发行和赠阅工作。

助力文化强县和“国际化绿色山水美好城市建设”建设，指导组织部、宣传部、文旅局、昌硕街道、农业农村局、鄣吴镇、新闻中心、天子湖等乡镇部门文化工作20余次；积极参与鄣吴镇昌硕文化研究和《吴昌硕研究》等具有地域特色的研究年刊编纂工作；开展安吉家谱整理工作，梳理安吉历史人物、宗族关系、地名演变等信息，为安吉古代地方文化研究积累更多翔实研究资料。

【宣教工作】 根据省市史志部门工作部署和党史新媒体工作会议的要求，进一步加大党史宣传力度，全年向学习强国“浙里学史”“浙里有志”频道投稿40余篇，录用17篇；浙江省党史和文献网录用11篇；向《足迹》投稿一篇，并被采稿。《安吉：在中国美丽乡村发源地试实施“数字乡村一张图”》在《地图》杂志2023年第4期发表，该期杂志被自然资源部列为首个全国生态日主场活动展示作品；在《湖州发布》《安吉新闻》等各类媒体平台发表地方文化研究文章6篇，获得良好社会效益；积极向《看见·湖州月鉴》供稿，工作实绩累计录用35篇，在新的展示平台展现了安吉发展成果。

完成省党史教育基地老石坎水库展示馆的数字化提升工程，全程参与方案设计、经费管理、工程招标、施工与验收等过程中，确保了省补资金有效利用和数字化提升效果显著。

【第10个国家烈士纪念日宣传教育活动】 9月30日，与县退役军人事务局联合组织开展第10个国家烈士纪念日宣传教育活动，梳理全县215位安吉籍革命烈士英勇事迹和图片，制作宣传展板30块，在“安吉发布”和安吉生态广场同时进行线上线下展览，利用国庆黄金假期，扩大教育受众面，安吉电视台对此进行专题新闻报道，展览随后走进昌硕高中等学校，获得社会各界广泛好评。

【《安吉县交通志》出版发行】 5月，安吉县交通志编纂委员会编纂的《安吉县交通志》由浙江工商大学出版社出版。该志前设序言、凡例、概述，后设丛录、文件辑存、后记；主体部分设道路、水路、道路运输、水路运输、道路交通与运输管理、水路交通与运输管理、交通队伍建设与交通科技、旅游交通与交通文化8编，下设32章、124节，收录彩图55幅、随文图表100余。该志全面系统记述安吉交通的发展历史与现状，重点反映改革开放以来至2016年间，安吉交通翻天覆地的变化，全面反映交通对安吉经济和社会发展的巨大贡献，反映交通人艰苦创业、勇于开拓、团结拼搏、勇创一流的精神。全书113.4万字。

（徐基本）

9月30日，第10个国家烈士纪念日宣传教育活动举行

中共安吉县纪律检查委员会　安吉县监察委员会

【概况】　2023年，全县共立案330件，其中乡科级21人，党纪政务处分354人；查办自办件175件，同比增长60.55%，挽回直接经济损失1480余万元。采取留置措施18人，重点查处了一批招投标、融资、国企、医药等领域严重违纪违法案件。坚持受贿行贿一起查，推进行贿人联合惩戒机制建设，加大对行贿人的惩治力度。深入推进招投标、金融、国企、医药等重点领域专项治理，共立案86件，处分86人，移送司法机关11人。深入开展乡村振兴领域不正之风和腐败问题专项整治，查处群众身边腐败和作风问题22起24人，党纪政务处分15人。全县重复举报、村社检举控告量分别同比下降75%、16.7%。制作警示教育片《“企”途》并组织全县党员干部观看，切实将思想政治工作融入日常、严在经常，教育引导党员干部知敬畏、存戒惧、守底线。在强大震慑和政策感召下，全县共有15人主动交代问题。强化以案促改、以案促治，实行一案五跟进，做深做实案件查办“后半篇文章”，全县制发纪检监察建议186份，有力推动国企、招投标、金融等领域健全完善监管机制。

深入学习贯彻习近平总书记关于加强纪检监察干部队伍建设的重要讲话和重要指示批示精神，统筹结合、一体推进主题教育和教育整顿。通过清廉安吉大讲堂、业务比武等方式抓深学习教育，通过领导班子成员带头领题深入一线抓实调查研究，通过健全督查督办机制抓好贯彻落实和闭环管理，取得以学铸魂、以学增智、以学正风、以学促干的实效。对省市纪委督导反馈问题和自查自纠发现的问题，举一反三、紧抓不放、对账销号，逐项推动问题整改。深入开展纪检监察干部网络言行、违规办案、违规打听案情过问干预案件等专项整治，推动补齐短板、堵塞漏洞，制定完善内部控制、应急处突、网络安全管理办法等25项制度，进一步严格监督管理、规范权力运行。制定实施争当“最讲党性、最讲政治、最讲忠诚、最讲担当”排头兵的工作意见，规范干部选育管用，圆满完成全县纪检监察机构监察官等级首次确定工作并组织宪法宣誓仪式，切实增强履职尽责的荣誉感使命感。推行“清单革命”管理办法，持续提升纪检监察工作规范化法治化正规化水平。建立涉及纪检监察干部问题线索全面起底、动态处置机制，刀刃向内坚决清除“害群之马”。

围绕党中央和省市县委中心大局，推动全县上下做到“总书记有号令、党中央有部署、浙江见行动、安吉作表率”。重点突出对习近平总书记考察浙江重要讲话精神、“千万工程”指示批示落实情况的监督，督促压紧压实责任、完善常态长效机制。聚焦三个“一号工程”、生态文明典范城市先行区建设等重大决策部署，找准监督切口，制定监督清单，构建“1+5+N”监督体系，对落实情况开展跟进监督，紧抓不放。牵头组建项目督考服务中心，对全县363个重点攻坚项目开展实地督导9轮，协调解决问题171个，助推全县固定资产投资稳步高速增长，督导工作获县委主要领导2次批示。制定“生态纪检”重点工作清单，紧盯省委生态环保督察反馈问题，全面起底问题线索，第一种形态处理20人，立案3人。协助县委落实“五张责任清单”，深化主体责任履责常态化述评，制定廉情“双抄告”办法，着力破解主体责任虚化、责任落实软化等突出问题，对履责不到位的单位进行通报预警，问责领导干部5人，以问责促担当，切实加强对

"一把手"和领导班子的监督。

常态化开展"清风行动",全县共查处享乐主义、奢靡之风问题42起,处理48人,党纪政务处分45人。开展党员干部违规吃喝问题专项整治,对"不吃公款吃老板"、违规出入高档娱乐场所、酒驾背后的"四风"问题深挖彻查,共查处违规吃喝问题16起24人,党纪政务处分13人。开展"一掌柜六先生"作风问题专项治理。全县共查处形式主义、官僚主义问题31起,处理36人,党纪政务处分26人,入库管理10人。深入开展"指尖上的形式主义"专项整治,推动消减取消、整合兼并、优化提升应用7个,基层干部群众负担持续减轻。开展"公务餐"改革试点,推动简化、规范公务接待活动,引导全县党员干部厉行节约、反对浪费。深入推进清廉安吉建设,推动清廉单元向开发区(园区)、生态环保、税务等领域延伸拓展。推动制定亲清政商交往行为指引,构建亲清统一的新型政商关系。推进廉洁文化建设,举办首届"竹韵杯"长三角廉洁主题微型小说大赛,打造"两山"清旅、清风竹园等一批廉洁文化教育基地,大力营造崇尚廉洁的浓厚氛围。

精准落实"三个区分开来",树立鼓励担当作为的鲜明导向,推动广大干部亲而有度、清而有为、主动作为。建立重大项目推进容错免责备案制度,明确6类可以容错和5方面不予容错的情形,推动"事后容错纠错"向"事前风险备案"拓展,既宽容探索失误又不搞"纪律松绑"。全县共申报容错免责备案事项11项,审核通过备案5项,有效破除干部"洗碗越多摔碗越多"的思想顾虑。严格落实检举控告澄清正名和查处诬告陷害行为两个实施办法,坚持"应澄清尽澄清",共为10名党员和1个党组织澄清正名,澄清一人、激励一批、提振一片的综合效应持续显现。共查处诬告陷害2起8人,旗帜鲜明为敢担当善作为的干部鼓劲撑腰。全县纪检监察组织共运用"四种形态"处理998人次,其中第一、第二种形态占比93.1%,第一种形态占比63.8%,同比提高12.4个百分点。开展受处理处分干部"暖心回访 激励有为"专项活动,共回访教育336人,回访率100%,推动受处理处分干部从"有错"向"有为"转变。

组织开展十五届县委第三、第四轮巡察,巡察党组织13个,延伸巡察村社党组织91个,发现问题1229个,推动解决津补贴发放不规范等问题13个,移交问题线索50个。突出对"关键少数"的监督,开展"一把手"政治画像,向县委报告"一把手"专题材料13份。协同省市同步开展乡村振兴领域巡审联动专项巡察,统筹开展安全生产、招投标领域专项巡察,发现行业性领域性突出问题138个。建立"巡察+调研"机制,聚焦乡村振兴、国企经营管理等主题开展专题调研,形成专项报告3份。建立落实巡察整改"四方会审""四张清单"、整改成效考核、领导小组听取整改监督和整改落实情况等机制,有效构建巡察整改责任闭环,第二、第三轮巡察反馈问题整改完成率分别达97.71%、92.85%。强化民生问题整改力度,推动解决群众急难愁盼问题27个,有效提升群众获得感。

加强基层纪检监察组织建设,迭代片区协作、室组地联动、轮驻监督等机制,扎实推进"全科体检",全县派驻机构、乡镇(街道)纪(工)委、国企纪委分别办理自办件60件、64件、11件,同比分别增长122.22%、77.78%、750%,基层监督效能持续释放。深化运用大数据手段拓宽监督渠道,推动信息技术与纪检监察工作深度融合,探索开展全员建模,助力破解基层公权力监督难题,提升治理效能。全县建立红色预警模型13个,产生红色预警240条,转问题线索66条,立案57条,立案率86.36%,推动处理23人,挽回经济损失67万余元。

【第十五届纪律检查委员会第三次全体会议】 2月13日,十五届纪律检查委员会第三次全体会议举行,县四套班子领导,县法院院长、县检察院检察长,县人武部政委,县政协秘书长,市纪委指导会议领导等参会,市委常委、县委书记杨卫东讲话。

【全县纪检监察干部队伍教育整顿暨"提高执行力、增强创新力"专项活动推进会】 3月15日,全县纪检监察干部队伍教育整顿暨"提高执行力、增强创新力"专项活动推进会举行,深入学习贯彻习近平总书记关于加强纪检监察干部队伍建设的重要讲话和重要指示批示精神,认真落实中央、省、市纪委工作要求,对全县纪检监察干部队伍教育整

3 月 15 日，全县纪检监察干部队伍教育整顿推进会举行

顿工作和“提高执行力、增强创新力”专项活动进行动员部署。

【县纪委县监委妇女联合会】 3 月 27 日，县纪委县监委妇女联合会成立。单丽君、朱琳、陈丽莎、潘新兰、程颖同志为安吉县纪委县监委第一届妇女联合会第一届执行委员会委员，单丽君同志任县纪委县监委妇联主席，朱琳同志任县纪委县监委妇联副主席。

【增设内设机构信息技术保障室】 7 月 11 日，接县委编办安编〔2023〕8 号文件通知：增设内设机构信息技术保障室；设室主任 1 名，按副科长级配备；副主任 1 名。办公室不再挂数字管理科牌子。

【首届“竹韵杯”长三角廉洁主题微型小说（小小说）创作大赛启动】 8 月 28 日，首届“竹韵杯”长三角廉洁主题微型小说（小小说）创作大赛启动。由浙江省作家协会指导，湖州市纪委市监委、湖州市文学艺术界联合会联合主办，湖州市作家协会、安吉县纪委县监委、安吉县文学艺术界联合会、安吉县交投集团、安吉县山川乡人民政府共同承办，安吉县作家协会协办。经过专家组初评和终评，共评选出特等奖 1 名、一等奖 2 名、二等奖 4 名、三等奖 8 名、优秀奖 25 名。

【竹博园清风竹园廉洁文化基地建设完工】 10 月，安吉县竹博园清风竹园廉洁文化基地建设完工。此基地由竹贤阁（暂命名）、清风长廊、正气林等部分组成，其核心展区为竹贤阁。竹贤阁由序厅、竹君物语、竹乡安吉、竹境廉韵等板块组成，充分运用文史资料、书画作品、竹刻、雕像、声像等元素，生动展现竹子“清峻不阿、高风亮节”的品质，以及史上清官廉史的廉洁事迹，营造“以竹咏廉、以竹颂廉、以竹传廉”的浓厚氛围。

（高陈豪）

安吉县人民代表大会

【安吉县十七届人大二次会议】 2023年2月7日，县十七届人大二次会议开幕。出席会议的有248名县人大代表。大会执行主席杨卫东、宁云、何晓红、柏建华、王宗明、王新勇、陈小龙、王捷、徐勇、王一明、童师祥、顾建强和大会主席团全体成员在主席台就座。开幕式由大会执行主席陈小龙主持。县有关领导；退出现职领导；县级机关各部门负责人；乡镇（街道）党委书记、乡镇长（主任）、人大副主席（副主任）；开发区管委会常务副主任；县人民法院、县人民检察院相关负责人；县纪委、县监委派驻纪检监察组组长；相关金融机构负责人；在地方担任过正县级职务的老干部等参加会议。会议还邀请了部分在安省市有关单位负责同志列席会议。出席县政协十届二次会议的政协委员列席本次大会。会上，县长宁云代表县人民政府向大会报告工作，与会代表还认真听取了县人大常委会主任何晓红所作的县人大常委会工作报告、县人民法院院长王亚琪所作的县人民法院工作报告、县人民检察院检察长杨旭所作的县人民检察院工作报告。

【安吉县十七届人大二次会议第二次全体会议】 2月9日，安吉县第十七届人民代表大会第二次会议举行第二次全体会议。本次会议应到代表254名，实到代表246名，符合法定人数。会议表决通过了《安吉县人民代表大会关于全面学习贯彻党的二十大精神 推进高水平打造生态文明典范城市先行区 高质量建设国际化绿色山水美好城市 奋力谱写中国式现代化安吉篇章的决定》。会议表决通过了总监票人名单，通过了监票人名单。会议以无记名投票方式进行选举，沈卫江、周济时、黄强3名同志当选为安吉县第十七届人大常委会委员。会议表决通过了有关专门委员会主任委员人选名单。会议票决产生了2023年县人民政府民生实事项目。

【安吉县第十七届人大常委会第八至第十七次会议】 1月4日，县第十七届人大常委会举行第八次会议。会议听取和审议了政府工作部门负责人、人大街道工委主任述职报告，部分市人大代表述职报告，员额法官、员额检察官述职报告，并逐一进行测评；审议了人大街道工委2022年工作报告和2023年工作计划的报告。会议还表决通过了安吉县人大常委会关于人大递铺、昌硕、灵峰、孝源街道工委工作报告的决议；听取、审议并表决通过了关于安吉县第十七届人民代表大会代表变动和代表资格审查有关情况的报告；听取并表决通过了有关人事任免事项。

1月18日，县第十七届人大常委会举行第九次会议。会议听取和审议了县政府关于2022年民生实事项目完成情况及2023年县政府民生实事候选项目情况的报告，并进行满意度测评。会议还审议通过了县人大常委会工作报告；审议通过了关于召开县第十七届人民代表大会第二次会议的决定；审议通过了关于县第十七届人民代表大会第二次会议的有关事项；审议通过了《安吉县人民代表大会关于全面学习贯彻党的二十大精神 推进高水平打造生态文明典范城市先行区 高质量建设国际化绿色山水美好城市 奋力谱写中国式现代化安吉篇章的决定（草案）》；听取和审议了县人大代表辞职事项；表决通过了安吉县人大常委会关于2022年度县政府民生实事项目完成情况和

2023 年度县政府民生实事项目候选情况报告的审议意见。会议通过了有关人事事项。

2 月 6 日，县第十七届人大常委会举行第十次会议。会议补选了湖州市第九届人大代表。会议听取和审议了县人大代表辞职事项、有关人事任免事项、关于安吉县第十七届人民代表大会代表变动和代表资格审查有关情况的报告。

4 月 4 日，县第十七届人大常委会举行第十一次会议。会议第一议题学习了《中共中央政治局召开会议研究部署在全党深入开展学习贯彻习近平新时代中国特色社会主义思想主题教育工作》。会议听取审议并通过了《关于全域提升乡村能级全面推进乡村振兴 探索中国式乡村现代化安吉路径的决议》。会议还审议通过了安吉县人大常委会 2023 年工作要点；表决通过了有关人事任免事项。

4 月 25 日，县第十七届人大常委会举行第十二次会议。会议听取和审议了《安吉县国土空间规划（2021－2035）》的情况报告，表决通过了《关于〈安吉县国土空间总体规划（2021－2035 年）〉的决议》。

7 月 4 日，县十七届人大常委会举行第十三次会议。会议第一议题传达学习了习近平总书记对省委关于浙江深入实施“八八战略”20 周年情况报告的重要批示精神。会议听取和审议了县政府关于 2022 年法治政府建设情况的报告、县法院关于行政审判工作情况的报告、县检察院关于行政检察和行政公益诉讼情况的报告、县政府关于 2022 年度安吉县企业国有资产管理情况的专项报告、县政府关于县域医疗能力提升工作情况的报告、县政府关于《湖州市物业管理条例》实施情况的报告，审议通过了关于调整 2023 年县政府民生实事项目部分实施内容的议案，表决通过了安吉县人大常委会《关于同意调整安吉县人民政府 2023 年县政府民生实事项目部分实施内容的决议》。会议还书面审议了县人大监察司法委关于 2022 年度规范性文件备案审查工作情况的报告、县人大城建环资工委关于《湖州市物业管理条例》执法检查情况的报告；表决通过了安吉县人大常委会《关于 2022 年法治政府建设情况的报告》的审议意见、安吉县人大常委会《关于 2022 年度行政检察与行政公益诉讼工作情况报告》的审议意见、安吉县人大常委会《关于 2022 年度行政审判工作情况的报告》的审议意见、安吉县人大常委会《安吉县 2022 年企业国有资产管理情况专项报告》的审议意见、安吉县人大常委会《关于县域医疗能力提升工作情况报告》的审议意见、安吉县人大常委会《关于〈湖州市物业管理条例〉实施情况的报告》的审议意见。

8 月 10 日，县第十七届人大常委会举行第十四次会议。会议表决通过了关于《安吉县 2022 年度财政决算报告》《2023 年上半年国民经济和社会发展计划执行情况报告》的初步审议意见、《2022 年度安吉县本级预算执行和其他财政支出情况审计报告》和《2023 年上半年财政预算执行情况的报告》的审查结果报告；表决通过了关于《安吉县人大常委会关于坚定“生态立县”战略奋力谱写生态文明建设安吉新篇章的决定》；书面审议了 2023 年上半年国民经济和社会发展计划执行情况的报告、关于《2023 年上半年国民经济和社会发展计划执行情况报告》的初步审议意见和优化法治营商环境的调研报告。会议还表决通过了有关人事任免事项。

10 月 27 日，县第十七届人大常委会举行第十五次会议。会议第一议题传达学习了习近平总书记在中共中央政治局第八次集体学习时的重要讲话精神。听取和审议了县政府关于县十七届人大二次会议代表建议办理情况的报告。书面审议了县政府关于高水平打造生态文明典范城市先行区扬长补短实干争先工作推进情况的报告；表决通过了有关人事任免事项。

11 月 27 日，县第十七届人大常委会举行第十六次会议。会议第一议题传达学习了习近平总书记关于“四下基层”的重要批示精神。会议听取和审议了县政府关于全县全域土地整治工作情况的报告、开发区经济发展工作情况的报告、部分市人大代表、员额法官、员额检察官述职报告。听取和审查了县政府关于提请审查安吉县 2023 年财政支出预算调整方案（草案）的议案；表决通过了关于安吉县全域土地整治工作情况的审议意见和安吉县人大常委会关于《安吉县 2023 年财政支出预算调整方案（草案）的议案》的审议意见；表决通过了有关人事任免事项。

12月25日，县第十七届人大常委会举行第十七次会议。会议第一议题学习了习近平总书记在中央经济工作会议发表的重要讲话精神。会议听取和审议了县政府关于“十四五”规划纲要实施情况中期评估报告、县民政局、县交通局、县水利局、县商务局、县卫健局、县综合行政执法局等6位政府工作部门主要负责人的述职报告，并开展了满意度测评。表决通过关于《安吉县国民经济和社会发展第十四个五年规划和二〇三五年远景目标纲要实施情况中期评估报告（草案）》的审议意见；补选了湖州市第九届人大代表；听取和审议了市、县人大代表辞职事项；表决通过了有关人事事项。

【安吉县人大常委会第12至23次主任会议】 1月3日，县人大常委会召开第12次主任会议。会议首先听取讨论县政府关于全域土地综合整治工作情况的报告。会议听取讨论了《关于建立人大代表建议与检察建议双向衔接转化机制的意见》。会议还听取讨论了两官评议工作开展情况的汇报、关于2022年度乡镇（街道）人大工作考核的情况汇报、关于人代会筹备工作情况汇报、关于安吉县第十七届人民代表大会代表变动和代表资格审查有关情况的汇报以及关于2022年度十佳基层单元、履职行权工作表现突出的集体和个人评选工作情况的汇报、人大常委会任命的县政府工作部门主要负责人述职工作情况的汇报、有关人事任免事项，听取了各委室关于市对县考核情况的汇报，研究了召开县十七届人大常委会第八次会议有关事项。

1月18日，县人大常委会召开第13次主任会议。会议听取和讨论了《安吉县人民代表大会关于全面学习贯彻党的二十大精神 推进高水平打造生态文明典范城市先行区 高质量建设国际化绿色山水美好城市 奋力谱写中国式现代化安吉篇章的决定（草案）》、县人大常委会工作报告、县政府关于2022年民生实事项目完成情况及2023年县政府民生实事候选项目情况的报告，听取了关于县人大代表辞去代表职务、县人大代表补选候选人人选的汇报、有关人事任免事项；研究了召开县十七届人大常委会第九次会议的有关事项。会前，召开了党组（扩大）会议，传达学习贯彻省两会等会议精神。

2月6日下午，县人大常委会召开第14次主任会议。会议听取了关于补选湖州市第九届人大代表的情况报告；听取了关于县人大代表辞去代表职务的情况报告；听取了有关人事任免事项汇报；听取了关于安吉县第十七届人民代表大会代表变动和代表资格审查有关情况的汇报；研究了召开县十七届人大常委会第十次会议的有关事项。

3月2日，县人大常委会召开第15次主任会议。会议第一议题学习了《新时代党和人民奋进的必由之路》。会议传达学习了市两会会议精神。会议听取和讨论了安吉县人大常委会2023年工作要点、关于2023年度代表重点建议件和领衔督办领导有关情况的汇报，2023年度乡镇（街道）人大工作联动考核办法，关于践行全过程人民民主基层单元县域工作规范的汇报，研究了召开县十七届人大常委会第十一次会议的有关事项。会前开展了“党性党纪教育一刻钟”。

4月4日，县人大常委会召开第16次主任会议。会议第一议题传达学习了习近平总书记关于调查研究的重要论述。会议听取讨论了关于贯彻落实《浙江省全民健身条例》工作情况的报告、《关于全域提升乡村能级 全面推进乡村振兴 探索中国式乡村现代化安吉路径的决议（草案）》。会议还听取讨论了有关人事任免事项；书面审议了安吉县人大常委会2023年调研工作计划、改革创新工作计划、学习计划、代表工作计划、建议办理考核细则。会前开展了“党性党纪教育一刻钟”。会后观看了相关警示教育片。

5月29日，县人大常委会召开第17次主任会议。会议听取和讨论了关于开展《湖州市物业管理条例》执法检查的实施方案、《关于全面推进乡镇街道规范性文件备案审查工作规范化建设的通知》《安吉县人大助力三个“一号工程”“6245”行动方案》、关于助力三个“一号工程”活动的进展情况汇报、关于助力三个“一号工程”活动的案例情况汇报、《关于2023年市级及以上人大代表、县领导干部人大代表和县政府工作部门及其负责人进代表联络站开展主题接待活动的通知》《关于进一步优化县两会组织的建议方案》；会议还听取了各委室季度工作汇报。会议进行了会前学法，集中学习《浙江省全民健身条例》。会上开展了“主体责任履责常态化述评”工作。

6月29日，县人大常委会召开第18次主任会议。会议听取和讨论了《2023年安吉县生态环境品质提升专题询问暨代表问政会方案》《安吉县人大常委会2023年度开发区人大工作计划》。会前传达学习了全省基层人大工作座谈会会议精神。

8月10日，县人大常委会召开第19次主任会议。会议第一议题传达学习了全市基层人大和代表工作推进会精神。会议听取了关于《“十四五”规划纲要实施情况中期评估报告的实施方案》的汇报、县政府关于职业教育产教融合工作情况的报告。会议还听取和讨论了《安吉县人大常委会关于坚定“生态立县”战略奋力谱写生态文明建设安吉新篇章的决定（草案）》《安吉县人大常委会关于深化“双轮驱动”规范乡镇（街道）人大开展基层站所工作评议实施办法》《安吉县人大常委会关于深化“双轮驱动”开展“代表亮身份示范点”评选的实施办法》《安吉县人大常委会关于开展人大代表联络站“新星级”评定的实施办法》；听取了有关人事任免事项。会上开展了“主体责任履责常态化述评”工作。

9月26日，县人大常委会召开第20次主任会议。会议听取和讨论了县政府关于老石坎水库加高扩容工程项目规划建设情况的汇报、县政府关于“乡村能级提升年”工作情况的报告、县政府关于全县道路交通安全管理工作情况的报告、县政府关于贯彻实施《社会保险法》、促进社会保险扩面提质应保尽保工作情况的报告、县政府关于“项目建设攻坚年”工作情况的报告、县人大常委会视察2023年度重点项目建设情况总结报告。会议还听取和讨论了《2023年度乡镇（街道）、开发区人大工作联动考核办法》的情况报告、《关于拟举办浙皖边界三县（市）基层人大工作联席会议方案》的情况汇报；听取了有关人事任免事项。会议第一议题传达学习了《习近平在二十届中央政治局第四次集体学习时的讲话》。会议进行了会前学法，集中学习《社会保险法》。会上开展了“主体责任履责常态化述评”工作。

10月27日，县人大常委会召开第21次主任会议。会议听取和讨论了关于开展2023年度市人大代表、政府工作部门负责人述职测评工作的汇报。会议还讨论通过了《中共安吉县委关于进一步加强和改进新时代安吉人大与乡镇（街道）人大工作的意见》《安吉县人民代表大会常务委员会会议议题确定和审议意见办理实施办法》；听取了有关人事任免事项。

11月27日，县人大常委会召开第22次主任会议。会议听取和讨论了县政府关于高标准农田建设工作情况的报告、县政府关于大气污染防治法律法规对禁止露天秸秆焚烧规定执行情况的报告、开发区国有资产管理情况报告。会议第一议题学习了《坚守初心 团结合作 携手共促亚太高质量增长》。会前开展了“党性党纪教育一刻钟”学习；集中学习了《反诈电信网络诈骗法》。会上开展了“主体责任履职常态化述评”工作。

12月22日，县人大常委会召开第23次主任会议。会议听取和讨论了县政府关于孝丰高级中学易地搬迁办学有关情况的汇报，县人代会筹备工作、先进评选工作和有关人事事项的汇报。会前，县人大常委会召开党组（扩大）会议，深度交流主题教育调研成果，深刻剖析主题教育正反案例，并开展了党性党纪教育一刻钟学习。

【基层人大和代表工作推进会暨全县人大系统干部和人大代表学习会】 8月18日，全县基层人大和代表工作推进会暨全县人大系统干部和人大代表学习会召开。县人大常委会党组书记、主任何晓红参加并讲话。县人大常委会党组副书记、副主任陈小龙，副主任王捷、徐勇、童师祥分别作工作部署。会议传达学习了全省各级人大常委会主任暑期读书会、市区县人大常委会主任学习会等有关会议精神；通报了半年度考核情况及有关市县乡镇（街道）联动考核情况说明；学习了相关人大工作规定。会上，梅溪镇、报福镇、天荒坪镇人大，县人大及其常委会各委室分别就上半年工作及下半年工作安排作汇报发言。

【安吉县2024年度政府民生实事建议项目移交仪式】 11月1日，安吉县2024年度政府民生实事建议项目移交仪式举行，县人大常委会将2024年度县级民生实事项目人大代表建议向县政府移交。县人大常委会副主任王捷、副县长程文伟参加。当天，全县各乡镇(街道)人大分别举行移交仪式，将收集到的建议同步移交给同级人民政府研究处理，共同促进选准选优年度民生实事候选项目。9月，县人大常委会正式启动征集工作，截至10月底，各级人大代表(议政员)共提交民生实事项目建议725条，经梳理汇总形成交通出行、医疗教育、生态环境、城乡管理、社会保障等10个方面176条建议。

【浙皖边界三县(市)基层人大工作联席会议在安吉举行】 11月2—3日，浙皖边界三县(市)基层人大工作联席会议在安吉举行。会议期间，安吉、广德、宁国三县(市)人大，共同发起浙皖边界人大协同协作工作倡议并签署联席会议机制，浙皖边界三县(市)基层人大工作联席会议机制正式启动。

【浙江省人大农业与农村工作座谈会暨培训班在安吉举行】 11月15—16日，全省人大农业与农村工作座谈会暨培训班在安吉举行。省人大常委会副主任刘忻出席并讲话。省人大常委会委员、农委主任委员项永丹，省人大常委会委员、农委副主任委员邵峰、陈桂秋，省人大常委会农工委副主任吴敬华参加。市委常委、县委书记杨卫东致辞。市人大常委会副主任胡国荣，县人大常委会党组书记、主任何晓红，县人大常委会党组副书记、副主任陈小龙参加。各设区市人大常委会分管副主任作交流汇报。杨卫东代表县四套班子向大家表示欢迎，并介绍了安吉深入践行“绿水青山就是金山银山”理念，大力实施“千万工程”取得的成效。会前，与会人员还赴天荒坪镇余村、上墅乡刘家塘村、灵峰街道大竹园村、“以竹代塑”产品展示中心实地考察。

11月15—16日，2023年全省人大农业与农村工作座谈会在安吉举行

【全国人大基层立法联系点申报工作座谈会召开】 11月16日，全国人大基层立法联系点申报工作座谈会召开。全国人大常委会法工委办公室副主任曹兵兵，省人大常委会法工委副主任田梦海，市人大常委会党组副书记、副主任喻运鑫，县委副书记、县长宁云，县人大常委会党组书记、主任何晓红出席会议并讲话。县人大常委会副主任王捷参加。何晓红作申报建点工作汇报。在安期间，曹兵兵一行还赴县信访局、天荒坪镇余村、大余村代表联络站等处，实地考察基层立法联系点建设运行情况。

(屠欢欢)

【汪玉成参加第十四届全国人民代表大会一次会议】 3月5—13日，安吉县天荒坪镇余村村党支部书记汪玉成作为浙江代表团的全国人大代表在北京参加第十四届全国人民代表大会一次会议，这是安吉县第二位全国人大代表。5日上午，汪玉成作为第二组登场的三位代表之一在十四届全国人大一次会议首场代表通道向中外媒体讲述了18年来，发生在浙北小山村里，绿水青山就是幸福靠山的故事。会议期间汪玉成还提出设个人高速“年度免费里程总数”、为生态环境保护贡献更多检察力量、激活“人才引擎”探索乡村振兴的余村实践的议案。

附汪玉成在代表通道的讲话实录：

大家好！我叫汪玉成，来自浙江湖州安吉，是余村的党支部书记。我们余村是一个只有1000多人的小山村，在习近平总书记绿水青山就是金山银山理念的指引下，余村从过去炸山开矿造成“山是秃头光，水成酱油汤”，变成现在的“人在余村走，就是画中游”，发生了翻天覆地的变化。今天有幸同大家一起分享余村的故事：

2005年8月15日，习近平总书记在浙江工作期间，首次在余村提出了绿水青山就是金山银山理念。18年来，我们按照总书记指引的方向，坚定不移变靠山吃山为养山富山，重新制定发展规划，开展村庄环境整治，成立“两山”旅游公司，建起矿山遗址公园，念好“山字经”。如今我们余村，村强、民富、景美、人和，村集体经济收入达到1305万元，村民人均收入达到64863元，乡亲们常说，绿水青山就是幸福靠山！

余村280户农户有106个姓，为了把“百家姓”聚成“一条心”，我们坚持用好群众工作“传家宝”，创造了以支部带村、发展强村、民主管村、依法治村、生态美村等为主要特点的新时代乡村治理“余村经验”。

奋进新时代，走上新征程。我们余村同周边3个乡镇17个村一起，共同建设高能级、现代化、国际范的“大余村”，同四川、新疆等地的9个村结成对子共同发展。特别是，我们还深入实施乡村振兴新青年行动，成立了国内首个乡村品牌实验室，创新开展余村“全球合伙人”计划，目前已同多个品牌企业建立了长期合作关系，开拓了以“数字赋能、美丽加分”为主要特色的乡村新经济。

一滴水珠折射出太阳的光辉，余村的身后展示着一个蓬勃发展的中国。这次来北京参加全国人代会，感到肩负着一份责任和使命。我们将深入实施“八八战略”，落实创新深化、改革攻坚、开放提升的新要求，我们坚信绿水青山就是金山银山的理念，一定会继续指引新时代乡村振兴取得更大的辉煌！借此机会，也真诚邀请各界朋友来我们家乡，畅游绿水青山，共享美好生活！谢谢大家！

安吉县人民政府

【县政府常务会议】 2023年召开20次县政府常务会议。

1月12日召开县十七届政府第22次常务会议。会议听取了建控集团总经理陆恒关于引进环球墨非项目有关情况的汇报；听取了两山国控集团董事长邹进关于参与环球墨非美股IPO基石投资有关情况的汇报；听取了建控集团总经理陆恒关于引进梅斯健康项目有关情况的汇报；听取了两山国控集团董事长邹进关于参与梅斯健康港股IPO基石投资有关情况的汇报、关于设立普华创新成长基金有关情况的汇报、关于设立真为梧桐基金有关情况的汇报；听取了县政府办副主任施展关于《政府工作报告（送审稿）》的汇报；听取了发改局局长沈强关于《2023年政府投资项目计划（送审稿）》的汇报；听取了财政局局长李明关于2023年财政收支预算安排有关情况的汇报；听取了建控集团董事长蒋晓燕关于安吉“两山”未来科技城文化艺术中心建设项目拟采用工程总承包（EPC）建设模式有关情况的汇报、关于安吉“两山”未来科技城国际会展中心建设项目拟采用工程总承包（EPC）建设模式有关情况的汇报；听取了灵峰街道办事处主任张天滨关于收储安吉海沃文化旅游开发有限公司三宗国有土地使用权事宜有关情况的汇报；听取了邮管局局长戴军关于《高质量构建城乡两元三级寄递物流体系高水平保障城市公共服务供给助力乡村能级品质提升实施方案（送审稿）》的汇报；听取了县政府办副主任何云关于2022年度安吉县明星企业、高成长示范企业、经济人物拟定对象和奖励方式等有关情况的汇报；听取了经信局局长傅海飞关于《安吉县制造业“腾笼换鸟”整治增效集中攻坚行动计划（2022—2024年）（送审稿）》的汇报；听取了文体旅游局局长罗福娣关于《安吉县旅游服务业疫期纾困扶持若干政策优化调整（送审稿）》的汇报；听取了商务局局长唐春燕关于《2023年安吉县政企联动拓市抢单行动方案（送审稿）》的汇报；听取了城投集团董事长孙传国关于县城云鸿路改造项目有关情况的汇报；听取了县政府办副主任江燕关于合作共建浙江科技学院安吉校区二期项目有关情况的汇报。会议书面审议了《安吉县2022年国民经济和社会发展计划执行情况与2023年国民经济和社会发展计划草案的报告（送审稿）》《安吉县2022年财政预算执行情况和2023年财政预算草案的报告（送审稿）》《2022年度安吉县环境状况和环境保护完成情况的报告（送审稿）》《安吉县创建省级低碳试点县实施方案（送审稿）》、关于对2023年促消费方案部分进行调整有关情况的汇报、《2023安吉白茶形象大使选拔大赛方案（送审稿）》、关于开展安吉县平安护航党的二十大突出贡献先进集体和个人拟行政奖励有关情况的汇报。会议书面通报了县十七届人民政府第21次常务会议议题落实情况。会前进行了县政府党组党性党纪教育一刻钟，传达学习了县委十五届四次全体（扩大）会议暨经济工作会议精神。

2月7日召开县十七届政府第23次常务会议。会议听取了天荒坪镇镇长许进京关于组建安吉余村建设发展集团有关情况的汇报；听取了组织部常务副部长董良关于黄浦江源旅游度假区开发建设工作有关情况的汇报；听取了发改局局长曹宏华《关于进一步加快推动经济高质量发展的若干政策（送审稿）》的汇报；听取了文体旅游局局长罗福娣《关于支持旅游产业发展调整旅游基础设施类项目、游乐设施类项目、高等级酒店项目用地价格的办法（试行）（送审稿）》的汇报；听取了大数据局局长施月素关于《2023年度安吉县绿色智慧城市建设项目计划（送审稿）》的汇报。会议书面审议了《安吉县人民政府关于2022年度安吉县法治政府建设情况的报告（送审稿）》《安吉县数字化应用项目绩效评价管理办法（试行）（送审稿）》。会议书面通报了县十七届人民政府第22次常务会议议题落实情况。会前进行了县政府党组党性党纪教育一刻钟，传达学习了省深入实施“八八战略”强力推进创新深化、改革攻坚、开放提升大会、市深化“在湖州看见美丽中国”实干争先主题实践推进大会、县深化“在湖州看见美丽中国”实干争先主题实践推进暨经济发展、能力作风建设大会会议精神。

3月3日召开县十七届政府第24次常务会议。会议听取了应急局局长李军关于全县安全生产形势和下一步工作建议有关情况的汇报；听取了两山国控集团董事长、总经理邹进关于组建安吉县碳汇强村富民集团有关情况的汇报、关于国风基金投资浙江安吉安海投资合伙企业（有限合伙）退出延期有关情况的汇报；听取了灵峰街道办事处主任张天滨关于解散灵聚基金有关情况的汇报；听取了市场监管局局长张永玲关于《安吉县支持企业质量标准品牌与知识产权创新发展若干政策（送审稿）》的汇报；听取了产投集团董事长戎露波关于云鸿路南侧、天荒坪路西侧地块住宅开发项目采用全过程代建有关情况的汇报；听取了住建局局长康锡刚关于《安吉县促进建筑业改革创新高质量发展的实施办法（送审稿）》的汇报；听取了农高新集团董事长陈显永关于出资成立“一路同行”新零售平台公司有关情况的汇报、关于出资设立安吉白茶青叶混改公司有关情况的汇报。会议书面审议了《进一步加强安吉县户外劳动者服务站点建设的通知（送审稿）》、关于2023年度县政府常务会议学法计划有关情况的汇报、《2023年度“安吉白茶”开采节实施方案（送审稿）》、《安吉县入河排污口排查整治行动方案（送审稿）》。会议书面通报了关于2023年《政府工作报告》任务分解和民生实事项目任务分解有关情况的汇报、县十七届人民政府第23次常务会议议题落实情况。会前进行了县政府党组党性党纪教育一刻钟，传达学习了市两会精神，集中学习了《关于推进以县城为重要载体的城镇化建设的意见》《浙江省县城承载能力提升和深化“千村示范、万村整治”工程实施方案》《浙江省推进以县城为重要载体的城镇化建设的实施意见》（征求意见稿）的精神。

3月13日召开县十七届政府第25次常务会议。会议听取了投资促进中心主任沈高飞关于引进第三代封装技术Chiplet高端封测项目有关情况的汇报；听取了组织部常务副部长董良关于临港绿水经济带开发建设工作有关情况的汇报；听取了财政局局长李明关于《安吉县国资交易与国企采购管理服务平台（县产权交易公司）组建运营方案（送审稿）》的汇报；听取了建控集团董事长蒋晓燕关于投资建设“两山”未来科技城项目临时商砼搅拌站有关情况的汇报；听取了交通局总工程师秦连群关于《安吉－杭州高速公路有条件免费通行实施办法（送审稿）》的汇报；听取了经信局局长傅海飞《关于支持城市有机更新区块优质企业用地安置的实施意见（送审稿）》；听取了人力社保局局长王红缨关于《关于优化安吉县大学生就业创业支持政策意见（送审稿）》的汇报；听取了住建局局长康锡刚关于《2023年安吉县城市有机更新工作实施方案（送审稿）》的汇报、关于《安吉县人才共有产权住房政策的补充规定（送审稿）》的汇报；听取了农业农村局局长刘斌《关于全域提升乡村能级全面推进乡村振兴探索中国式乡村现代化安吉路径的实施意见（送审稿）》的汇报。会议书面审议了《安吉县支持人才创业项目高质量发展专项资金管理办法（2023年修订）（送审稿）》、《2023年度安吉县招商引才工作实施意见（送审稿）》、关于2023年度人大建议和政协提案办理工作有关情况的汇报、《安吉县人民政府关于安吉白茶原产地保护的通告（送审稿）》、《安吉县人民政府关于做好春茶交易市场管理工作的通告（送审稿）》、关于举行2023年县委农村工作会议暨乡村能级提升年动员大会有关情况的汇报、《关于加快推进气象高质量发展的实施意见（送审稿）》。会议书面通报了县十七届人民政府第24次常务会议落实情况。会前进行了县政府党组"第一议题"学习活动，传达学习了全国两会精神，集中学习《浙江省行政合法性审查工作规定》。

3月30日召开县十七届政府第26次常务会议。会议听取了发改局局长曹宏华、统计局局长尚亿勇关于2023年一季度经济运行形势和二季度工作建议有关情况的汇报；听取了投资促进中心主任沈高飞关于引进奥飞数字文创动漫项目有关情况的汇报、关于引进达阕机器人项目有关情况的汇报、关于引进盛禾创新生物药项目有关情况的汇报；听取了教育局局长周斌关于对安吉县第二初级中学改扩建工程建设内容调整有关情况的汇报，关于对高禹小学建设项目选址、建设规模及投资额度调整有关情况的汇报；听取了统计局局长尚亿勇关于安吉县开展第五次全国经济普查工作有关情况的汇报；听取了大数据局局长施月素关于安吉县公共数据授权运营有关情况的汇报。会议书面审议了《安吉县项目级生态产品价值核算应用实施方案（送审稿）》《关于公布2023年度安吉县人民政府重大行政决策事项目录的通知（送审稿）》《安吉县新市民量化积分管理服务实施细则（送审稿）》《关于〈湖州市居家养老服务条例〉宣传贯彻实施方案（送审稿）》《关于推进安吉县毛竹专业合作社规范发展的指导意见（试行）（送审稿）》《县政府季度重点工作（2023年二季度）（送审稿）》。会议书面通报了县十七届人民政府第25次常务会议落实情况。会前进行了县政府党组"第一议题"学习活动，传达学习了习近平总书记关于统计工作的重要指示批示精神。

4月21日召开县十七届政府第27次常务会议。会议听取了应急局局长李军关于全县安全生产形势和下一步工作建议有关情况的汇报；听取了投资促进中心党组书记许杰关于引进景尚旅业集团总部及景区建设项目有关情况的汇报；听取了两山国控集团董事长邹进、灵峰街道办事处主任张天滨关于对华卓科技项目投资招引有关情况的汇报；听取了卫健局局长凌逸刚关于计划外增补安吉县人民医院停车综合楼新建项目有关情况的汇报；听取了住建局局长康锡刚关于恒大土地资产的后续处置有关情况的汇报。会议书面审议了《安吉县碳达峰实施方案（送审稿）》《安吉县人民政府关于严禁电动自行车违规停放、违规充电的通告（送审稿）》《关于实施"安薪有我"工程推进根治欠薪长效管理工作意见（送审稿）》《安吉县"315"科技创新体系建设工程实施方案（2023—2027年）（送审稿）》《安吉县易腐垃圾收运市场化运行工作实施方案（送审稿）》《安吉县上墅省级现代农业园区建设方案（送审稿）》《关于开展林业标准地建设助推共同富裕的实施意见（试行）（送审稿）》。会议还书面通报了县十七届人民政府第26次常务会议落实情况。会前进行了县政府党组党性党纪教育一刻钟，传达学习了国务院、省政府第一次廉政工作会议、市政府第二次全体会议暨廉政工作会议精神。

5月24日召开县十七届政府第28次常务会议。会议听取了资源规划局局长章毅关于《安吉县深化农村集体经营性建设用地入市试点工作实施方案（送审稿）》、关于《安吉县深化农村集体经营性建设用地入市管理办法（送审稿）》的汇报；听取了经信局局长傅海飞关于《2023年安吉县二季度工业稳增长政策（送审稿）》的汇报；听取了文体旅游局局长罗福娣关于安吉部分景区场馆实行安吉人免费游活动有关情况的汇报、关于《安吉县加快全域旅游产业发展若干政策（送审稿）》的汇报；听取了产投集团董事长戎露波关于安吉两山梦想产业园项目采用全过程代建有关情况的汇报；听取了人力社保局局长王红缨关于《关于加强高技能（技术）人才就业创业住房保障工作的实施意见（送审稿）》的汇报；听取了住建局局长康锡刚关于安吉县城市有机更新项目中心城区区块国有土地上房屋征收决定有关情况的汇报；听取了水利局局长柳初晓关于安吉县老石坎水库加高扩容工程可研至施工图阶段设计招标有关情况的汇报。会议书面审议了《安吉县工程领域地质灾害风险管控实施办法（送审稿）》、《关于完善破产事务高效办理府院联动机制进一步优化营商环境的实施意见（送审稿）》、《安吉县2023—2027年公共服务"七优享"工程实施方案（送审稿）》、关于对2022年度安吉县建筑业突出贡献企业进行表彰有关情况的汇报、《安吉县林地空间综合治理实施方案(送审稿)》。会议书面通报了关于传达学习对口工作有关会议精神及下步贯彻落实建议有关情况的汇报、县十七届人民政府第27次常务会议落实情况。会前进行了县政府党组"第一议题"学习活动,传达学习了二十届中央财经委员会第一次会议精神;会前还进行了县政府党组党性党纪教育一刻钟,王浩省长调研安吉讲话精神。

6月6日召开县十七届政府第29次常务会议。会议听取了两山国控集团董事长邹进关于设立BVI公司参与境外上市项目投资有关情况的汇报、关于对华氏医药项目投资有关情况的汇报、关于对上海小象大鹅项目投资有关情况的汇报;听取了溪龙乡乡长沈一平关于计划外增补白茶人类非遗展览馆项目有关情况的汇报;听取了投资促进中心副主任阎莘颖关于开展安吉"数·智"创新(上海)投资洽谈会有关情况的汇报;听取了城投集团董事长孙传国关于银润收购过程中相关履约问题有关情况的汇报;听取了住建局局长康锡刚关于计划外增补县城商贸广场及周边整治提升项目有关情况的汇报;听取了农业农村局局长刘斌关于开展中国式现代化乡村路径暨安吉县深化"千万工程"二十周年宣传周活动及媒体助力乡村能级提升有关情况的汇报。会议书面审议了《安吉县竹林碳汇交易实施意见(送审稿)》、关于安吉县交通投资发展集团有限公司及其部分权属公司股权架构重组有关情况的汇报、《2023年安吉县省级生产制造方式转型示范项目管理办法(送审稿)》、《关于促进社会组织高质量发展助力共同富裕绿色样本建设的实施意见(送审稿)》、《关于加快建设基本养老服务体系的实施意见(送审稿)》。会议还书面通报了县十七届人民政府第28次常务会议落实情况。会前进行了县政府党组学法活动,集中学习了《中华人民共和国农产品质量安全法》。

6月27日召开县十七届政府第30次常务会议。会议听取了两山国控集团董事长邹进关于对上海趣致科技项目投资有关情况的汇报。

6月28日召开县十七届政府第31次常务会议。会议听取了两山国控集团董事长邹进关于联合设立安吉两山国创股权投资基金有关情况的汇报、关于设立两山人才创业扶持基金有关情况的汇报、关于与启榕创投联合设立战略性新兴创投基金有关情况的汇报、关于对闪回科技项目投资有关情况的汇报、关于对杭州云梯科技项目投资有关情况的汇报;听取了组织部副部长郭兴华关于计划外增补安吉县干部人事档案中心智能库房项目有关情况的汇报;听取了建控集团总经理陆恒关于对有家有保项目投资有关情况的汇报;听取了经信局局长傅海飞关于《关于鼓励绿色家居企业转型升级实现高质量发展的实施意见(送审稿)》的汇报、《关于落实工业企业"移峰填谷"用电补助办法的通知(送审稿)》的汇报;听取了农业农村局局长刘斌关于《安吉县农业高质量发展若干政策(2023年修订)(送审稿)》的汇报、关于《支持全域乡村运营的若干政策意见(送审稿)》的汇报;听取了递铺街道党工委书记明瑞成关于开展安吉县递铺街道"两无两违"工业企业专项整治行动有关情况的汇报;听取了灵峰街道管委会主任张天滨关于收购安吉伟博商业管理有限公司100%股权有关情况的汇报。会议书面审议了《关于安吉县土地综合整治致力共同富裕省级试点三年行动计划(2023—2025年)(送审稿)》、关于县政府民生实事有关情况的汇报、《县政府季度重点工作安排(2023年三季度)(送审稿)》、关于优化国有企业券商库有关情况的汇报、《安吉县新能源汽车推广应用地方补助实施办法(送审稿)》、《2023年度安吉县促进家政服务业提质扩容工作推进方案(送审稿)》、《关于强力推进创新深化加快打造高水平创新型县的意见(送审稿)》、《安吉县智能感知平台管理办法(试行)(送审稿)》。会议还书面传达学习了习近平总书记关于"千万工程"和"浦江经验"两个重要批示精神、书面通报了县十七届人民政府第29次、30次常务会议落实情况。会前进行了县政府党组"第一议题"学习活动,传达学习了习近平总书记对宁夏银川市兴庆区富洋烧烤店燃气爆炸事故重要指示精神及全县下步贯彻落实建议、王浩省长关于防汛防台重要指示批示精神及安吉县下步贯彻落实建议。

7月19日召开县十七届政府第32次常务会议。会议听取了应急局局长李军关于全县安全生产形势和下一步工作建议有关情况的汇报；听取了经信局副局长唐斌关于工业未上规达产项目销号有关情况的汇报；听取了生态环境局局长朱红星关于《安吉县迎接2023年省委生态环境保护督察协调保障工作方案（送审稿）》的汇报；听取了孝源街道党工委书记沈高飞关于原上影安吉影视文化产业园项目盘活有关情况的汇报；听取了发改局局长曹宏华关于《安吉县一次性餐具规范提升工作专项支持政策（送审稿）》的汇报、关于《安吉县"以竹代塑"应用推广奖补办法（2023年修订）（送审稿）》的汇报；听取了财政局副局长童升明关于《安吉县乡镇财政管理体制（试行）（送审稿）》的汇报、关于《关于国企担当作为奖考核实施细则（送审稿）》的汇报；听取了建控集团总经理陆恒关于对测测集团项目投资有关情况的汇报；听取了建控集团董事长蒋晓燕关于星悦里未来社区销售定价建议及营销采购有关情况的汇报、关于投资"两山"未来科技城科技人才中心五星级酒店有关情况的汇报、关于安吉"两山"未来科技城环湖科创中心建设项目（二号地块）拟采用工程总承包（EPC）建设模式有关情况的汇报、关于安吉"两山"未来科技城环湖科创中心建设项目（三号地块）拟采用工程总承包（EPC）建设模式有关情况的汇报、关于安吉"两山"未来科技城临溪科创中心建设项目拟采用工程总承包（EPC）建设模式有关情况的汇报；听取了递铺街道党工委书记明瑞成关于《安吉县在递铺街道开展"两无两违"专项治理攻坚行动实施方案（送审稿）》的汇报；听取了综合执法局局长王有富《关于安吉县燃气用户更换金属软管的工作方案（送审稿）》的汇报。会议书面审议了《关于探索"碳普惠""两山绿币"积分制度大力推进绿色低碳生活行动实施方案（送审稿）》、关于建立安吉县国有资产公物仓（公益仓）有关情况的汇报、《进一步规范国有企业产权事项报备管理的通知（送审稿）》、《2023年安吉县省级生物医药与医疗器械产业集群协同区项目专项激励资金分配方案（送审稿）》。会议还书面通报了县十七届人民政府第31次常务会议落实情况。会前进行了县政府党组党性党纪教育一刻钟，传达学习了省委十五届三次全会精神。

8月9日召开县十七届政府第33次常务会议。会议听取了资源规划局局长章毅《关于进一步规范和高质量推进土地整治工作实施意见的补充意见（送审稿）》的汇报；听取了两山国控集团董事长邹进关于设立安吉县招商投资集团有关情况的汇报、关于设立资产运营管理公司有关情况的汇报、关于购置商会大厦房产有关情况的汇报、关于收购湖州安吉拍卖有限责任公司60%股权有关情况的汇报；听取了宣传部副部长张国锋《关于进一步加强安吉县文化创意产业发展的若干政策意见（送审稿）》的汇报；听取了生态环境局副局长鲍鲲关于安吉县老旧柴油叉车淘汰替换工作有关情况的汇报；听取了城投集团董事长孙传国关于参与竞拍上影安吉影视文化产业园项目有关情况的汇报、关于安吉钱江水利公司与安吉国源水务公司股权置换有关情况的汇报；听取了水利局局长柳初晓关于计划外增补2023年全县小型水库系统治理"三通八有"项目有关情况的汇报、关于《安吉县农村集体山塘水库用水权确权管理办法（试行）（送审稿）》的汇报、关于《安吉县农村集体山塘水库用水权交易管理办法（试行）（送审稿）》的汇报、关于开展老石坎水库加高除险项目有关情况的汇报、关于浒溪幸福河湖建设项目有关情况的汇报。会议书面审议了《安吉县关于规范国有资金投资项目工程总承包和全过程代建管理的指导意见（试行）（送审稿）》《安吉县关于规范一般工程建设项目招投标管理的指导意见（试行）（送审稿）》《安吉县防汛防台抗旱应急预案（2023年修订）（送审稿）》《2023年安吉县中小企业发展专项资金（优质中小企业梯度培育）项目管理办法（送审稿）》《关于安吉县殡葬基本服务全流程免费实施办法（送审稿）》、关于2023年度"慈善一日捐"募捐活动有关情况的汇报。会议书面通报了县十七届人民政府第32次常务会议议题落实情况。会前进行了县政府党组党性党纪教育一刻钟，传达学习了市委九届四次全体（扩大）会议和县委十五届五次全体（扩大）会议精神。

8月30日召开县十七届政府第34次常务会议。会议听取了产投集团董事长徐平关于产投集团与碳汇强村富民集团合资购置并运营县外资产有关情况的汇报。会前进行了县政府党组“第一议题”学习活动，传达学习了贯彻习近平总书记重要指示和全国首个生态日主场活动有关精神。

9月6日召开县十七届政府第35次常务会议。会议听取了开发区管委会主任余卫关于引进奥芯半导体（太仓）有限公司FCBGA高端IC封装基板产业化基地项目有关情况的汇报；听取了孝源街道办事处主任程杰杰关于引进希尔顿商业中心项目有关情况的汇报；听取了两山国控集团董事长邹进关于对邻汇科技投资有关情况的汇报、关于对健康160项目进行股权投资有关情况的汇报；听取了建控集团董事长蒋晓燕关于综合性人才产业园更新改造项目有关情况的汇报；听取了建控集团总经理陆恒关于对实在智能项目投资有关情况的汇报；听取了生态环境局局长朱红星关于计划外增补安吉县西苕溪下游重点支流水生态修复综合治理工程（一期）项目有关情况的汇报；听取了产投集团总经理王光伟关于义士塔小微产业园（二号）地块建设项目拟采用工程总承包（EPC）模式有关情况的汇报；听取了综合执法局局长王有富《关于开展安吉县油烟在线监测设备安装活动的工作方案（送审稿）》的汇报。会议听取了机管中心主任李敏芳关于全县推行“公务餐”改革有关情况的通报。会议书面审议了关于2022年度工业企业分类综合评价结果有关情况的汇报、《安吉县文旅深度融合工程实施方案（2023—2027年）（送审稿）》《安吉县排污权专项贷款暨绿色金融助企融资管理办法（送审稿）》《安吉县贸易调整援助试点工作实施方案（送审稿）》《安吉县进一步加强再生资源回收行业长效管理工作实施意见（送审稿）》《关于进一步做好劳动模范关心关爱工作的通知（送审稿）》《安吉县实施居家和社区基本养老服务提升行动试点方案（送审稿）》、关于2023年度安吉县绿色智慧城市建设项目补报项目有关情况的汇报、关于“安吉竹文化系统”上报为全球重要农业文化遗产有关情况的汇报。会议书面通报了县十七届人民政府第33、34次常务会议议题落实情况。会前进行了县政府党组“第一议题”学习活动，传达学习了习近平总书记给浙江省科技特派员代表的重要回信精神及浙江省科技特派员工作20周年总结表彰大会精神。

9月26日召开县十七届政府第36次常务会议。会议听取了开发区管委会主任余卫关于引进乐通股份高效异质结电池和组件智能制造项目有关情况的汇报；听取了鄣吴镇党委书记梅本炜关于引进月亮湖旅游度假综合体项目有关情况的汇报；听取了两山国控集团董事长邹进关于设立安吉临港绿水产业引导基金有关情况的汇报、关于对机汽猫项目投资有关情况的汇报；听取了报福镇镇长叶飞关于计划外增补报福镇文旅产业基础提升项目有关情况的汇报；听取了县政府党组成员、临港绿水经济带开发建设筹备委员会主任夏中金关于引进宁波世贤科技有限公司再生资源绿色化联产高端新材料项目有关情况的汇报；听取了投资促进中心主任金水华关于《安吉县新经济产业项目选商/定商工作机制及流程实施办法（试行）（送审稿）》的汇报；听取了交通局局长赵双勤关于对浙江杭长高速公路公司进行运维补助有关情况的汇报、关于计划外增补马家渡至良朋公路改造提升工程政府投资项目有关情况的汇报；听取了农高新集团董事长张天滨关于安吉县粮食和物资储备库新建项目有关情况的汇报；听取了商务局党委委员胡志强关于拨付汽车专项消费补贴有关情况的汇报；听取了城投集团董事长孙传国关于安吉县生态资源循环利用基地建筑材料循环利用中心项目有关情况的汇报；听取了章村镇党委副书记侯文亮关于计划外增补安吉县白沙坞水库除险加固工程有关情况的汇报；听取了安吉小鲵国家级自然保护区管理中心主任邵炜钦关于设立安吉野乐户外运动有限公司有关情况的汇报、关于设立安吉康源开发建设有限公司有关情况的汇报。会议书面审议了《县政府季度重点工作（2023年四季度）（送审稿）》《安吉县工业企业服务联席会议制度（送审稿）》《安吉县关于加快推进“夜间经济”发展的实施意见（送审稿）》、关于安吉县新农村建设发展总公司全面改制划转有关情况的汇报、关于三省五县“白叶1号”强村富民督导评估结果有关情况的汇报。会议书面通报了县十七届人民政府第35次常务会议议题落实情况。会前进行了县政府党组“第一议题”学习活动，传达学习了习近平总书记在浙江考察重要讲话精神。

10月26日召开县十七届政府第37次常务会议。会议听取了应急局局长李军关于全县安全生产形势和下一步工作建议有关情况的汇报;听取了生态环境局副局长盛勇华关于省委生态环境保护例行督察公开通报典型案例及下一步工作建议有关情况的汇报;听取了国控建设集团副总经理胡承钰关于投资组建安吉孝源生命健康产业园(一期)建设项目公司有关情况的汇报;听取了交通局局长赵双勤关于《安吉县工程运输车纯电动化有机更新实施意见(送审稿)》的汇报;听取了交投集团董事长金山关于投资建设安吉绿色低碳综合供能链项目有关情况汇报、关于安吉县数字物流港公用码头建设工程之一号路工程和安吉县交旅融合共同富裕示范项目之龙山遗址公园旅游道路新改建项目拟采用工程总承包(EPC)模式有关情况的汇报、关于南部景区联通工程(天路)一期项目有关情况的汇报;听取了建控集团总经理陆恒关于安吉"两山"未来科技城游憩商业中心项目商业区块拟采用工程总承包(EPC)建设模式有关情况的汇报;听取了产投集团董事长徐平关于参股湖州正策融资担保公司有关情况的汇报;听取了经信局局长傅海飞关于举办首届"世界椅·安吉造"中东椅业博览会有关情况的汇报;听取了投资促进中心党组书记许杰关于开展2023安吉县第十六届投资贸易人才洽谈会有关情况的汇报;听取了城投集团总经理刘海中关于安吉县绕城东线与芜园路交叉口加油站综合中心项目采用工程总承包(EPC)+评定分离有关情况的汇报;会议听取了林业局局长胡可易关于全县竹材分解点边坡治理有关情况的汇报;听取了水利局总工程师程平关于安吉县老石坎、凤凰水库存量资产盘活有关情况的汇报。会议书面审议了《安吉县民宿发展管理办法(修订)(送审稿)》《关于进一步落实县级机关有关部门、县属国企生态环境保护职责的通知(送审稿)》《安吉县"以竹代塑"应用推广基地实施方案(2023—2025年)(送审稿)》《安吉县林地空间综合治理实施方案(修订)(送审稿)》。会议书面通报了县十七届人民政府第36次常务会议议题落实情况。会前进行了县政府党组"第一议题"学习活动,传达学习了习近平总书记1月31日对防治统计造假工作的重要批示精神、省统计督察组关于湖州市督察反馈意见精神。

11月10日召开县十七届政府第38次常务会议。会议听取了两山国控集团董事长邹进关于设立安吉新经济产业引导基金有关情况的汇报、关于对药兜网项目进行股权投资有关情况的汇报、关于对当贝科技项目进行投资有关情况的汇报;听取了建控集团总经理陆恒关于对闪回科技项目股权投资事项进行调整有关情况的汇报。会议书面审议了《安吉县新一轮国有和集体建设用地基准地价更新成果方案(送审稿)》《安吉县突发事件应急预案管理办法(试行)(送审稿)》《安吉县高成长示范企业评选办法(修订)(送审稿)》《安吉县生物多样性可持续利用基地建设实施方案(送审稿)》《安吉县劳动模范评选管理办法(试行)(送审稿)》。会前进行了县政府党组党性党纪教育一刻钟,传达学习了省委十五届四次全会、市委常委会(扩大)会议精神。

11月23日召开县十七届政府第39次常务会议。会议听取了住建局局长康锡刚关于《安吉县工程项目全过程代建开发实施办法(2023年修订)(送审稿)》的汇报;听取了城投集团董事长孙传国关于2023年城区有机更新房地产开发项目采用全过程代建有关情况的汇报。会议书面通报了县十七届人民政府第38次常务会议议题落实情况。会前进行了县政府党组"第一议题"学习活动,传达学习了习近平总书记对山西吕梁市永聚煤矿一办公楼火灾事故作出的重要指示精神。

11月30日召开县十七届政府第40次常务会议。会议听取了资源规划局局长章毅关于《进一步完善征地补偿安置政策的通知(送审稿)》的汇报;听取了国控建设集团董事长胡可立关于安吉孝源生命健康产业园(一期)项目拟采用工程总承包(EPC)模式有关情况的汇报、关于安吉县艺术培训中心新建项目拟采用工程总承包(EPC)模式有关情况的汇报;听取了教育局局长周斌关于对安吉高级中学宿舍楼建设项目调整有关情况的汇报;听取了交投集团董事长金山关于投资建设孝源商业综合体项目有关情况的汇报;听取了建控集团董事长蒋晓燕关于投资未来城教育研学中心项目有关情况的汇报;听取了产投集团董事长徐平关于组建浙江两山安吉椅业产业发展有限公司有关情况的汇报、关于购置并运营北京兴隆大厦有关情况的汇报；听取了城投集团董事长孙传国关于后寨路北侧、凤凰路西侧地块建设项目有关情况的汇报；听取了住建局局长康锡刚关于《安吉县房屋征收补偿房票实施办法（试行）（送审稿）》的汇报、关于《关于房地产业平稳健康发展的若干措施（送审稿）》的汇报；听取了农业农村局局长刘斌关于设立安吉县乡村建设投资有限公司有关情况的汇报；听取了黄浦江源旅游度假区党工委副书记邵炜钦关于黄浦江源旅游度假区产业项目建设有关情况的汇报。会议书面审议了《安吉县工程产出砂石土管理办法（送审稿）》《关于全面加强新时代消防安全工作的意见（送审稿）》《关于优化亩均综合评价办法推进“两无两违”专项治理攻坚行动的通知（送审稿）》《安吉县行政复议员任命管理办法（试行）（送审稿）》《安吉县行政复议员分级管理办法（试行）（送审稿）》《安吉县县域商业体系建设专项资金项目管理办法（送审稿）》《安吉县域给排水专项规划（2021—2035）（送审稿）》《安吉县养殖水域滩涂规划（2023—2030年）（送审稿）》。会前进行了县政府党组学法活动，集体学习了《中华人民共和国行政复议法》。会前还开展了“主体责任履责常态化述评”工作。

12月21日召开县十七届政府第41次常务会议。会议听取了发改局局长曹宏华关于《安吉县国民经济和社会发展第十四个五年规划纲要实施情况中期评估报告（送审稿）》的汇报；听取了财政局局长李明关于《安吉县农村集体经营性建设用地土地增值收益调节金征收使用管理暂行办法（送审稿）》的汇报；听取了生态环境局副局长盛勇华关于《安吉县贯彻落实2023年省委生态环境保护督察反馈意见整改方案（送审稿）》的汇报；听取了两山国控集团董事长邹进关于设立当贝科技定向基金有关情况的汇报、关于对六度人和项目进行股权投资有关情况的汇报；听取了余村（山川）旅游度假区管委会主任许进京关于收购安吉三特田野牧歌旅游开发有限公司股权有关情况的汇报；听取了县政府办副主任何云关于对2023年“两无两违”专项治理攻坚行动表现突出集体和个人进行奖励有关情况的汇报；听取了县政府办副主任沈晓波关于对2023年县城市有机更新工作表现突出集体和个人进行奖励有关情况的汇报；听取了金融发展服务中心主任马权关于《安吉县政府性融资担保机构五项配套制度（送审稿）》的汇报；听取了生态环境局副局长盛勇华《关于推进生态环境导向开发模式（EOD）项目的支持政策（送审稿）》的汇报；听取了民政局副局长华新平关于《构建“选育管用爱”全链条机制深化新时代专职社区工作者队伍建设的实施意见（送审稿）》的汇报；听取了城投集团董事长孙传国关于南坞山项目股权转让有关情况的汇报。会议听取了水利局局长柳初晓关于《安吉县老石坎水库加高扩容工程工作实施方案（送审稿）》的汇报、关于开展安吉县老石坎水库加高扩容工程咨询技术服务采购工作有关情况的汇报、关于老石坎水库加高扩容工程征地移民部分初步设计和技施设计阶段勘测设计招标有关情况的汇报。会议书面审议了《安吉县应急管理“十四五”规划实施情况中期评估报告（送审稿）》《安吉县制造业高质量绿色发展“十四五”规划实施情况中期评估报告（送审稿）》《安吉县旅游业发展“十四五”规划实施情况中期评估报告（送审稿）》《安吉县生态环境保护“十四五”规划实施情况中期评估报告（送审稿）》《安吉县农业农村现代化“十四五”规划实施情况中期评估报告（送审稿）》《安吉县“破五未、提六率”专项攻坚行动实施方案（送审稿）》《安吉县全域“无废城市”建设实施方案（2023—2025）（送审稿）》《安吉县赋石水库饮用水水源地突发环境事件应急预案（送审稿）》《安吉县凤凰水库饮用水水源地突发环境事件应急预案（送审稿）》《关于修改和废止部分行政规范性文件的通知（送审稿）》。会议书面通报了县十七届人民政府第39、40次常务会议议题落实情况。会前进行了县政府党组“第一议题”学习活动，传达学习了中央经济工作会议和省委经济工作会议精神；传达学习了习近平总书记关于防灾减灾和地震救灾的重要指示精神及省市县委相关批示精神，听取了全县防范低温雨雪冰冻灾害情况及下一步工作建议的汇报。会前开展了“主体责任履责常态化述评”工作。会前还开展了学习贯彻习近平新时代中国特色社会主义思想主题教育正反面典型案例交流研讨。

【安吉县经济发展暨能力作风建设大会】 1月29日，全县深化“在湖州看见美丽中国”实干争先主题实践推进暨经济发展、能力作风建设大会召开。市委常委、县委书记杨卫东讲话，县委副书记、县长宁云主持会议，何晓红、何承明等县四套班子领导，县法院院长、县检察院检察长出席。县委副书记、政法委书记柏建华宣读表彰文件、通报年度考核情况。县委常委、常务副县长沈霞俊主持颁奖仪式。县委常委、开发区党工委书记、开发区管委会主任高安兵代表平台发言。会议采取视频会议形式进行，国企、开发区和乡镇（街道）、县级机关单位设分会场。会上，与会县领导为年度十佳明星企业、高成长示范企业、年度经济人物，财政贡献优秀企业、工业投资十强企业、工业销售十强企业、外贸十强企业、服务业标杆企业、优秀金融机构代表，2022年度考核优胜单位，“两山雄鹰”“两山雏鹰”和“两山群鹰”等先进典型，2022年度建设国际化绿色山水美好城市先进集体和个人代表、平安护航党的二十大突出贡献先进集体和个人代表颁奖；能链智电、富特科技、中南百草原三家企业代表发言，建控集团、开发区、梅溪镇、资源规划局、孝源街道孝源村表态发言。

【安吉县生物医药与医疗器械产业集群入选“浙江制造”省级特色产业集群协同区创建名单】 2月10日，浙江省经济和信息化厅公布了第一批“浙江制造”省级特色产业集群核心区协同区创建名单，安吉县生物医药与医疗器械产业集群成功入选省级生物医药与医疗器械产业集群协同区创建名单。

【深化农村集体经营性建设用地入市国家级试点】 3月1日，自然资源部办公厅公布了全国深化农村集体经营性建设用地入市试点县（市、区）名单，安吉县入选。本轮深化试点工作，将在坚决守住“土地公有制性质不改变、耕地红线不突破、农民利益不受损”三条底线的基础上，从规划、机制、流程等方面积极探索、稳步推进，确保入市试点工作任务落地见效，力求为全省乃至全国提供乡村振兴、城乡融合更加生动的安吉实践和样本经验。

【城市有机更新工作动员大会】 3月15日，安吉县召开城市有机更新工作动员大会。市委常委、县委书记、县城市有机更新工作领导小组组长杨卫东讲话，县委副书记、县长、县城市有机更新工作领导小组组长宁云主持。县人大常委会主任何晓红等县四套班子领导、县检察院检察长出席。县政协主席、县城市有机更新工作领导小组常务副组长何承明作工作部署。会上，城投集团、开发区、昌硕街道、递铺街道作表态发言。

【竹产业振兴发展大会暨竹林碳汇、以竹代塑工作推进大会】 5月5日，安吉县召开竹产业振兴发展大会暨竹林碳汇、以竹代塑工作推进大会。市委常委、县委书记杨卫东讲话，县委副书记、县长宁云主持，县领导何晓红、何承明、顾建强、管永丰参加，县政府党组成员肖家青作工作部署，并宣读相关文件。会议上，发放了安吉县竹产业科技创新（产学研合作）研发项目专项资金、安吉竹产业改造升级碳汇能力提升项目流转金，分批进行了小微共富产业园（竹材分解点）交付授牌以及投运签约，举行了订单林业签约仪式。孝丰镇、县发改局、县城投集团、圣氏生物科技有限公司、报福镇景溪村作交流发言。

【安吉县入选全国深化城市体检工作制度机制试点】 6月7日，安吉县成功争取到全国深化城市体检工作制度机制试点，是全国十个试点城市中唯一一个县级城市。本次试点以正在开展的城市更新范围为体检样本，以城市“体检＋更新”相融合为工作目标，从工作环节、体检内容、成果表达以及成果应用上率先进行创新探索，新增符合安吉生态、绿色、宜居、韧性的发展目标，形成“60＋5”的安吉城市体检指标体系，通过信息采集、数据分析来科学评估城市更新工作，将体检出来的问题作为本轮更新的重点，从而推动体检工作与更新工作深度融合，为实施更新行动提供更切实有效的科学理论依据。

【现代家具与智能家电产业集群入选第二批“浙江制造”省级特色产业集群核心区】 6月19日，浙江省制造业高质量发展领导小组办公室公布第二批“浙江制造”省级特色产业集群核心区协同区创建名单，安吉县现代家具与智能家电产业集群入选第二批“浙江制造”省级特色产业集群核心区。

【安吉县获浙江省“五水共治”工作优秀县“大禹鼎”银鼎】 6月15日，省治水办公布2022年度浙江省“五水共治”工作优秀县(市、区)名单，安吉县第五次获评“大禹鼎”银鼎。近年来，安吉聚焦“人水共生”，全面推进治水工作，实现24个县控以上地表水断面水质达标率、千吨万人及县级以上饮用水水源地水质达标率达100%。

【安吉县发布《中国式现代化乡村路径安吉宣言》和乡村能级指数】 7月2日，中国式现代化乡村路径新闻发布会在安吉县举行，正式发布《中国式现代化乡村路径安吉宣言》(以下简称《宣言》)和《全面推进高质量发展的安吉乡村能级指数报告》。第十三届全国人大常委会委员、农业与农村委员会主任委员，中央农村工作领导小组原副组长兼办公室主任陈锡文等国内“三农”领域著名专家学者受邀出席。市委常委、安吉县委书记杨卫东，市农业农村局局长张云威，安吉县委副书记、县长宁云等出席。人民日报(人民网)、新华社、中央广播电视总台、经济日报、中国日报、中国新闻社等10余家中央和省市级媒体参加。

【首届中国县域经济投资高峰论坛安吉全域乡村运营专场活动在沪举行】 8月25日，首届中国县域经济投资高峰论坛安吉全域乡村运营专场活动在沪举行。《求是》杂志社原社长高明光，县委副书记、县长宁云，市农业农村局局长张云威致辞，省委农办秘书处处长方杰到会指导。活动由《小康》杂志社副社长赖惠能主持，县政府党组成员肖家青出席。中国农业风险管理研究会会长，中央农办、农业农村部乡村振兴专家委员会委员，农业农村部农村经济体制与经营管理司原司长张红宇；中国市场经济研究会会长、中央党校原马克思主义理论部主任周为民；国家发改委原农经司副司长方言；中国农科院老科协农业规划委员会会长、中国林业与环境促进会生态原产地委员会会长孙建；浙江大学数字乡村研究中心主任、浙江省华夏民生与公益研究院执行院长杜英森；中国人民大学博士、中国社会生态农业CSA联盟联合创始人程存旺；阿里研究院秘书长汪源等专家学者应邀出席活动。活动中播放了安吉乡村运营宣传片；开展了安吉乡村运营政策解读及招商路演；发布了乡村运营商能级榜单并开展上榜企业交流。安吉县发布了“安吉乡村运营商招募令”；部分行政村与乡村运营商进行合作签约。活动还举行了嘉宾主旨演讲和圆桌对话。

【安吉县入选省级环境健康友好创新试点】 12月1日，省生态环境厅发布《首批省级环境健康友好创新试点、环境标准创新试点名单》，安吉县全市唯一成功入选，全省仅2个县(市、区)。近年来，安吉县积极探索形成了一系列生态文明建设经验，生态环境持续改善、生态经济稳步发展、生态文化薄积厚发，为试点工作打下良好基础。

(俞显俊)

外事工作

【概况】 2023年，安吉县外事工作共邀请、接待境外人员50余批次500余人。充分用好“快捷通道”，为企业办理邀请外国人来华审核139批189人次。全力配合县商务局参加2023年马来西亚吉隆坡国际家具展，赴越南推介安吉绿色家居产业，有效保障因公团组的报批；克服时间紧人手不足的问题，助力县经信局赴中东沙迦，为首届安吉椅业中东博览会做好充分的准备工作，进一步打响“世界椅安吉造”。全年共呈报因公出国(境)团组和人员17批44人次。

【经济和文化交流活动】 2月，“国内外自然资本概念与实践交流会”在安吉召开，英国驻华使馆代表及北京专家代表团一行对安吉县绿色金融改革创新的有关经验做法有了初步了解，对安吉绿色经济发展寄予厚望并期待今后合作。

4月5日，柬埔寨人民党青年政治家考察团走进安吉，在实地考察中向外宾展示了安吉在基层社会治理、生态文明建设、休闲旅游产业发展等方面的创新实践，希望以访问为契机，加强安吉与“一带一路”国家间更广领域、更深层次、更高水平的交流与合作。

4月25日，“走读中国·走

进浙江”外国驻京记者来湖采风活动在安吉拉开帷幕。通过实地走访，感受全县经济、社会、文化发展现状，了解安吉共同富裕示范区建设情况，向外展示真实、立体、全面的安吉。

4月，中国人民对外友好协会举办了“我眼中的中国——美丽乡村”采风活动暨“文化助力乡村振兴”国际对话会。27—28日，这两个大型国际活动的驻华使节和国内外专家学者等共100余人相聚安吉县，就乡村文化建设展开对话，探讨乡村背景下人与人、人与社会、人与自然的和谐共生。两次活动都融入了“绿色生态”和“可持续发展”“乡村振兴”等安吉元素，充分展示了“绿水青山就是金山银山”理念在安吉县的践行成果，推介了乡村振兴的成功实践。泰国前副总理、泰中友好协会会长功·塔帕朗西表示“来中国百余次，学习安吉县文化助力乡村振兴的经验。”

5月23—26日，菲律宾卡加延代表团和中国—东盟中心和世界代表团分别赴安吉访问。9月，邀请来自多个国家的文联主席、文化交流协会会长、美术馆馆长等16位境外文化方面的专家参加吴昌硕研究国际联盟成立仪式，开展文化交流互动；邀请欧盟亚洲中心主席、联合国前副秘书长埃里克—索尔海姆时隔5年再访安吉，他直言余村让他有了新的认识。

10月11日，来自坦桑尼亚、马耳他、巴基斯坦等15位国际民间人士调研大竹园村、余村等美丽乡村，开展交流互动；10月12日，由中国和平发展基金会邀请的十余位国际民间人士参访了浙江省湖州市安吉县，感受绿色发展、乡村振兴的具体实践；10月15日澳大利亚籍记者JESSICA WASHINGTO调研溪龙乡DNA数字游民公社，积极展示安吉美景和年轻人安居乐业的生活状态；外国驻京记者来安吉采风活动调研鲁家村展示安吉美丽乡村发展等等；10月16日，组织协调越位音乐节11月落地安吉，邀请共来自爱尔兰、俄罗斯、南非、美国等29位境外艺人来到安吉进行文化交流。活动期间，向外宾全面展示安吉县美丽乡村建设和生态环境整治的丰硕成果，赢得了各国代表团的广泛赞誉。11月，香港特区政府入境事务所考察团一行，进一步促进了两地交流。

（钱周瑜）

大数据发展管理

【概况】 2019年1月12日，安吉县大数据发展管理局正式挂牌成立，县大数据局前身为县政府办党政信息中心，于2018年4月成立县大数据管理中心，2018年7月成立大数据工作推进组，2019年1月成立大数据局，为正科级单位，内设办公室、发展规划（数据资源）、应用推广3个科室，下属股级事业单位大数据服务中心。

2023年，县大数据局持续迭代升级“平台＋大脑”，强化数字资源管理利用，大力推进数字赋能、数字转化，为建设国际化绿色山水美好城市贡献数字动力。有效运用数据智能匹配、电子证照核验等手段，实现政策性保险应赔尽赔、无感智办、零次跑腿，理赔时长自89天缩短至3天。平台已纳入全县老年人意外险、困难群众关爱险和残疾人意外险，匹配实名参保人员13.48万人，完成住院理赔工单达5000余笔，全年生成电子保单10万份。

在全县4个乡镇（街道）、33个村社区开展社区管理平台试点建设，完善更新人房关联数据12.1万条，初步实现数据直达基层，实现村（社区）人口电子台账自动化，有效服务于基层干部、网格员开展基层治理工作。

安吉绿色智慧城市建设模式与成效助力安吉获世界智慧城市宜居与包容大奖（中国赛区一等奖，世界范围入围奖），浙江省智慧城市促进会智慧城市建设十年最佳案例。依托两山转化数字研究院，面向全国开展跨区域咨询培训、项目合作，指导20个省份、43个城市完成智慧城市顶层设计、基础设施建设、数字化场景落地等，累计接待12个省市的党政机关代表团来安考察学习，承接培训班10余场，线上线下培训、参观人数超9300人。依托数字资产经营有限公司，谋划交通出行、绿色生态、医疗服务等16款数据产品，上架至浙江省数据交易中心，完成2项对接交易。

联合国家信息中心，共同编制发布《绿色智慧城市评价指标体系》团体标准，生成六个维度、18项重要评价指标，为全国区县级城市开展城市数字化转型、数字化改革等工作提供指南，于7月在全国范围内正式实施。

【网络升级和服务】 升级改造县级电子政务网络，互联网带宽由4G提升至10G，新增政务外网链路42条，新申请IP地址7860个，分配CPU 800核、存储104.2TB，满足全县数字化建设所需。公共数据平台归集本地数据52亿条，回流省市数据25亿条，活跃数据占比84%以上，县级数据需求满足率保持100%。累计新增数据目录2200个，数据开放率超20%，有效推动数据开发利用。推动智能感知平台数据统一标准整合、管理、运维，共归集物联数据1.6万余条，涉及8家部门、11个场景，共享视频3.5路，赋能应用场景4个。加快浙政钉、浙里办等公共组件能力复用，服务全县59个应用，累计调用组件1200万次。完善统一短信服务，接入37个业务系统，发送短信1000万条次。

【信息化和数字化管理】 坚持信息化项目全生命周期闭环管理，实现"立项审批、建设、绩效、运维、退出"全面统筹。启用信息化项目管理系统2.0平台，引入省市大数据局、纪委等监管角色，实现项目审核跑零次、全留痕。扩充数字安吉专家库成员至84人，组织方案论证及项目验收86场次。2023年绿色智慧城市项目清单共含财政类项目50个，完成移交实施45个，涉及资金6269万元。智慧城市二期专项债项目共发债4.5亿元，合计子项目83个，全面完成竣工验收、资金支付。起草《安吉县数字化应用项目绩效评价管理办法》，探索建立信息化项目绩效评估体系，针对同质同类、低质低效应用实施"关停并转"，已完成数字化应用关闭下架67个，释放云服务器资源20台，回收CPU 64核，存储4TB。

起草《安吉县数字化应用管理办法（试行）》，明确应用建设运维标准，规范应用全量、长效管理。组织全县开展存量应用摸排和目录集中编制，建立"项目申报到应用落地"的全生命周期档案，统一纳入数字化应用管理系统，已累计摸排并管理应用279个，形成县域数字化应用"一本账"。开展应用状态指标监测，获全省IRS（一体化数字资源系统）"指标看板＋指标池＋运营数据库"试点，构建资源运行绩效评估体系，形成应用全要素画像，充分反映应用建设状态、用户范围等保测评等情况，实现数字资源运行可督可查，完成43个资源指标数据落地。

【安吉监管和防护】 依托安全监管平台，监测电子政务网络攻击告警48.8万条，每日拦截攻击超2万次，部署主机安全防护810台，攻击防护24.7万次。摸排安全风险3939个，发布预警通报467则，整改率达100%。强化一体化安全运营中心"人防＋技防"水平，按照"10分钟内响应，30分钟内处置"标准，完成国家级、省、市、县级等护网行动10次，协同多部门处理安全隐患事件47项。在国庆节、亚运会等重要时期，启动24小时应急值守，确保全年安全事故"零发生"。针对平台、用户、运维人员三大主体，通过优化数据归集流程、完善平台授权机制、数据日志反馈分析等手段，针对性提升公共数据安全防护能力，有效防止公共数据泄露盗用。获浙江省数字化改革网络安全工作成绩突出集体、浙江省网络安全行业优秀案例等荣誉。

（陈俊烨）

政务服务管理

【概况】 安吉县政务服务管理办公室与县委改革办、县公管办合署办公，下设事业单位县公共资源交易中心，共设10个科室（办公室、改革一科、改革二科、督查科、交易监管科、政务信息化科、交易业务科、交易服务科、政务服务科、审批协调科）。政务服务中心共有进驻部门单位29个、窗口工作人员270余人、进驻事项1695项。2023年，"白叶1号"相关做法被省委改革办《领跑者》推广，跨省通办、营商环境观察员制度、招投标领域突出问题专项整治等做法获省委改革办《竞跑者》点赞。成功争取安吉县入选全国投资竞争力百强县第55位，较上年度提升1位。本单位被评为全市文明单位，市级清廉机关示范点，招投标领域突出问题专项整治入选省民营经济32条落地模板。成功争取全县新增省级及以上改革试点34项，其中国家级试点5项；入选全国首批营商环境创新县；入选省委改革办群众天天有感"微改革"首批项目承接主体；在全省营商环境区县评定中获五星级。

【营商环境优化】 推进12项营商环境专项行动，提升政务、法治等五大环境，加快乡镇街道合法性审查、小微企业质量管理体系认证等试点建设，乡村人才创新创业机制获国务委员谌贻琴肯定，“以竹代塑”改革成为全国试点，企业上市“一类事”成效显著，全年新增上市企业4家(累计14家)。构建安吉县“1+1+8+N”企业增值服务体系，建强联审联批中心，谋划组建企业服务中心，聚焦县内绿色家居、竹产业等特色产业，梳理完善增值服务事项包和25项“一类事”服务场景，打造全过程、全链条、全天候的为企服务新生态。落实营商环境最佳实践案例、营商环境“微改革”报送机制，入库省营商环境“微改革”2项，入选市营商环境最佳实践案例2项。主动寻找改革工作的微创点，梳理形成“微改革”项目3批，其中，“文明养犬一件事”成功立项湖州市地方标准《文明养犬数字化管理规范》。全力打响“安吉这个朋友真能处”“安吉这个朋友靠得住”营商环境品牌，系统化培育塑造观察员队伍，以点上突破带动全局提升。

【政务服务】 创新推出数字游民等19项特色“一件事”，被市看见办正面报道。印发“就近办”基层服务清单，推动10家“就近办”政务服务四季便利店、60家“家门口服务驿站”建成运行。创新政务服务“一号通”热线，即时解答高频事项780余个。实行午间政务服务“不打烊”，累计延时办理业务5000余件。建设投资项目联审联批中心，构建“一单审核、并联办理、一站办结”的全过程审批模式，完成开工项目98个、竣工项目26个，平均提速22%。探索“开工零审批”改革，实现“80天审批”变为“1天备案”，完成4个试点项目。

【公共资源交易】 加大招投标领域突出问题专项整治力度，严格开展线索核查和案件侦办，相关举措成为浙江省民营经济32条落地模板。全面运用市域一体系统，建设使用远程异地专用标室，稳步推进“评定分离”、技术标暗标评审等运用。2023年以来，“市域一体”系统完成交易项目172批次，开展远程异地评审21场次、“评定分离”项目27个。创新推出“开标不打烊”服务，完成交易项目1407批次，涉及金额325.1亿元，较上年全年增长101%。对重点项目的招标文件备案实行容缺办理“减时间”、合并办理“减环节”、互认共享“减资料”，办理材料缩减30%以上，招标时间平均提速20天。

【招投标领域突出问题专项整治入选省民营经济32条落地模板】 构建来电、来信、来访、网络举报“四位一体”的举报平台，全面排查招投标项目，及时发现违法行为。2023年以来，共排查招投标项目335个，同比增长126.3%。针对排查问题，加强线索核查和案件侦办力度，开展惊雷集中打击行动等专项整治，高压高效处置违法行为。全年刑事立案7起，采取强制措施25人，涉案金额12.4亿元。出台《安吉县工程建设项目招标人主体责任清单》，细化招标人主体责任。实行代理机构“一项目一考评”制度，强化机构代理信用监管。全面加强评标专家动态管理，处理违规评标专家18人。深化推广“评定分离”模式，共开展“评定分离”项目28个，成交金额88.1亿元。全面推行“不见面开标”“远程异地评标”“智能辅助评标”等数字平台，实现项目100%“不见面开标”，节约建设工程资金达27.7亿元。成立安吉县规范工程建设领域监管工作委员会，组建反围标串标专家组，联合开展围串标线索核查会审，为项目推进“拔钉清障”。全年共召开专家组会议5次，会商重大招投标项目36个，解决有关项目问题12个。全面开展“标后履约”专项检查指导工作，对招标人和中标单位进行履约谈话提醒，现场查验考评建设、施工、监理等各方主体资料情况，并将结果进行公示。全年对324个项目关键岗位人员进行考评，有效压实建设单位主体责任。全县共开展联合专项整治行动59次，发现各类违法违规问题97个，问题处置率达100%，完成交易项目1287批次，涉及金额309.5亿元，同比增长80%。

【安吉县企业综合服务中心启用】 12月18日，安吉县企业综合服务中心正式启用，中心位于商会大厦F座4楼(安吉县穆王东路与安商路交叉口西北80米)，设置了政策、科技、人才、金融、法律、税务、知识产权、企业综合诉求等八大增值服务专区，为企业提供194项“量身定制”的涉企服务。这意味着，在安吉

12 月 18 日，安吉县企业综合服务中心大厅正式启用

“拟落户、已落户”企业有了“一站式”高效服务区。

【政务服务“一号通”热线开通】 2023 年，县政务办开通了政务服务“一号通”热线 5129001，此项服务主要是免去群众咨询政务服务事项需要记录各类电话号码，凡是需要咨询政务服务事项办理流程及所需材料，只需拨打“一号通”热线，就能进行解答，做到窗口高频事项直接回复，疑难、复杂事项稍后回拨回复，避免群众咨询多个电话难以解决问题的难点、痛点。

（姚　昊）

机关事务管理

【概况】 2023 年，安吉县机管中心成功获评全省首批“零碳公共机构”创建单位（全省 25 家），入选浙江省“公务餐”改革试点县域（全省 18 个）、浙江省第二批绿色食堂（全市 3 家），荣获省机关事务局第二批公务用车管理专项领域示范点建设单位和浙江省机关事务数字化建设试点市县揭榜挂帅项目等多项集体荣誉。1 名干部职工（警务站队长张决明）入选最美机关事务人（全省 20 人），有效实现机关事务管理事业高质量全面发展。

【公共机构节能】 带头落实碳达峰、碳中和部署要求，《安吉县机管中心聚焦“会议碳中和”目标破解公共机构办会碳排放量较大难题》相关案例获湖州市“七张问题清单”经典示范案例。深入实施公共机构能源和水资源消费总量和强度“双控”，制定《安吉县公共机构“光盘行动”实施方案》，牵头开展“以竹带塑”，将安吉特色竹制餐具推广至省府大院用于重要接待，充分展示安吉竹文化。对高能耗集中办公区域有序开展能源审计，探索实施委托能源审计服务，完成公共机构建筑屋顶、车棚顶面等可安装光伏项目调研摸底，新增光伏面积约 3100 平方米。

【办公用房管理】 根据《安吉县党政机关办公用房管理细则》，联合发改、财政等部门构建权属清晰、配置合理、使用规范、监督有力的办公用房管理体系，联合县纪委县监委对 62 家县级部门，6 家县属国有企业和 15 个乡镇（街道）开展联合督查，腾退锁定办公用房面积 8000 余平方米，严格落实使用单位总体面积和个人使用面积“双核定”。完成全县党政机关办公用房信息数据录入，结合平台数据对比实际使用情况，督促各单位及时整改并同步信息。高标准做好城市有机更新公房搬迁工作，探索建立安吉县党政机关公物仓，合理配置、节约集约使用公务资源，统筹盘活闲置资产再利用，提高国有资产使用效益。

【公务用车租车管理】 全省首创公车“一条边”管理模式，探索建立全县公务用车大数据资源库，实现公务用车全生命周期管理。联合县纪委县监委、财政等部门建立公务用车协同联动管理机制，加强公务用车使用管理，严控车辆总量规模，构建便捷、高效、透明的保障和监管模式，积极推进实践经验向制度成果转化，该举措成功列入 2023 年浙江省公务用车省级专项领域建设单位、浙江省机关事务数字化建设试点揭榜挂帅项目。全年累计用车保障 24679 车次，审批长租车 40 辆，审批新增新能源 8 辆，实现新增和更新车辆新能源占比达 50% 的目标，租车资金比上年度节省20%，在节约型机关建设方面成效明显。

【服务中心大局】 印发《安吉县大型活动碳中和实施方案》，实现2023年县两会、生态文明大会等大型会议活动零碳办会。开展岗位技能互学，提升细节服务、个性服务、应变服务能力，推进各类政务服务保障规范化、精细化建设，全年共保障会务活动3500余场次；公务用车安全行驶16.32万公里，服务对象2.3万余人次；文件资料打印、排版、装册制作高效保障；高效完成千人会议室主席台拓宽改造、残疾人无障碍设备升降平台建设；完成安吉县干部人事档案中心智慧库房装修改造项目；新增行政中心人脸识别系统，维护信访秩序265批次615人，处置群众异常信访45批次400余人。

持续推进全省“公务餐”改革试点县域落地落实，提升公务人员出差用餐保障质效。开通餐卡支付码、刷脸支付等应用功能，实现就餐保障智慧化、优质化。加大对帮扶脱贫地区产业发展支持力度，采购金额6万元；助力鄣吴镇玉华村销售樱桃、鸡鸭、土鸡蛋等农副产品约25万元；帮扶安吉天之赋农业公司推广水产品销售3000斤，助推安吉本地大米推广销售2.5万斤，助销七彩灵峰有机蔬菜9万余元，引进安吉县非物质文化遗产项目“安吉孝子糕”助销4万余元，有效提升本地优质农产品知名度。

【优化后勤服务】 围绕后勤服务瓶颈、痛点问题，改革思维，创新服务举措，优化服务方式，在后勤服务拓展点上创新升级，推动机关运行保障更均衡、更优质、更高效。完善机关事务服务中心各便民服务点功能提升、公共文化休闲区配套设施建设，落实落细关爱干部职工“关键小事”提升行动，优化大院停车、医疗服务、丰收驿站、个性化餐饮等服务内容，增设机关理发室，常态化开展名医名师名家进大院、“墨香机关”等特色活动，不断深化全国文明城市创建成效。

（王振兴）

【县政协十届二次会议】 中国人民政治协商会议第十届安吉县委员会第二次会议于2023年2月7—9日举行。会议审议批准何承明代表政协安吉县委员会常务委员会所作工作报告，审议批准梁霜所作提案工作情况报告。与会人员列席县第十七届人民代表大会第二次会议，听取和讨论县人民政府工作报告及其他有关报告。会议审议通过县政协十届二次会议提案初审情况的报告和大会决议。会议表彰2022年度在政协工作中成绩突出的集体、个人、十佳提案，以及提案办理工作成绩突出的单位。

【县政协第十届常委会第四次至第十次会议】 1月17日，县政协十届四次常委会会议召开。会议听取县政协十届一次会议重点提案办理情况的通报；听取、分组讨论并通过了县政协常委会工作报告及报告人(草案)；县政协提案工作情况报告及报告人(草案)；大会发言相关安排(草案)；大会各项日程、议程及名单(草案)；大会相关通报决定(草案)等县政协十届二次会议有关事项。

2月7日，县政协十届五次常委会会议召开。会议协商《政协第十届安吉县委员会第二次会议选举办法(草案)》；协商《政协第十届安吉县委员会秘书长、增补常务委员候选人名单(草案)》；协商总监票人建议名单；布置推荐监票人。

2月8日，县政协十届六次常委会会议召开。会议听取各组召集人关于政府、政协等工作报告、选举办法、候选人名单、总监票人、监票人、大会决议等讨论推荐情况的汇报；审议通过《政协第十届安吉县委员会第二次会议选举办法(草案)》；审议通过总监票人、监票人名单(草案)；审议通过《政协第十届安吉县委员会秘书长、增补常务委员候选人名单(草案)》；审议通过《政协第十届安吉县委员会第二次会议提案初审情况的报告(草案)》；审议通过《政协第十届安吉县委员会第二次会议大会决议(草案)》。

3月17日，县政协十届七次常委会会议召开。会议传达学习中共二十届二中全会精神；听取安吉县营商环境优化提升"一号改革工程"工作情况的通报和全县强村富民公司运营情况的通报；审议通过《安吉县政协2023年度工作要点及主要工作任务分解方案(草案)》；审议通过《安吉县政协委员履职综合评价办法(修订稿)》。

6月7日，县政协十届八次常委会会议召开。会议听取全县城市有机更新在建项目建设情况的通报；开展城市有机更新在建项目建设常委会专题协商；审议并通过有关人事事项。

8月4日，县政协十届九次常委会会议召开。会议传达学习省委十五届三次全会精神；听取安吉县文化设施建设情况的通报；听取《关于我县人文城市建设的思考与建议(审议稿)》起草情况的说明；开展调研报告及文化设施建设协商讨论；审议并通过有关人事事项。

11月10日，县政协十届十次常委会会议召开。会议传达学习省委十五届四次全会精神；开展提案办理民主评议；听取安吉县设施农业项目推进情况的通报；听取《推进湖羊入川，深化区域协作(审议稿)》起草情况的说明；开展调研报告及设施农业项目推进协商讨论；审议并通过有关人事事项；书面审议《县政协常务委员会民主评议提案办理单位工作办法(修订稿)》。

【学习教育】 紧扣"学思想、强党性、重实践、建新功"的总要求,深入开展学习贯彻习近平新时代中国特色社会主义思想主题教育。全年开展党组理论学习中心组(扩大)集中学习14次,组织"主席读书会""崇学讲堂""吉兮学堂""书香政协·同心筑梦"等学习活动41场,在学深悟透中深化思想认识、坚定理想信念。

【助推发展】 围绕"加快发展动能转换,推动乡村能级提升""优化项目攻坚机制"主题,开展县委书记、县长和政协委员"面对面"协商,推动"开工零审批"等惠企惠民机制完善落地,促成"安吉冬笋"溯源码启用。创新开展"书记和委员话民生""县长和委员话经济"专题协商,建强安吉高级中学等建议写入县委全会报告。县政协班子成员积极领办城市有机更新、夜间经济发展、"两无两违"专项治理、宁杭铁路二通道建设、竹林碳汇方法学研究、生态文明总体督导等中心工作。轮值举办"亲清直通车·政企恳谈会"10场,收集并交办145个问题建议,均已办结。

【团结联谊】 承办"推动建立生态产品价值实现机制"全国政协远程协商会安吉视频连线点活动,相关组织工作成为全国政协系统示范样板。紧扣首个全国生态日、"千万工程"实施20周年等节点开展形式多样的学习、协商、联谊活动,推进安吉绿色发展政协委员会客厅成功晋升全省"五星级"。围绕"在安吉水族新居民融合发展"等主题,与贵州三都、四川金川等地政协开展调研协商,推动跨省就医结算等一批事项落地落细,对口帮扶之路越走越宽。

【民主监督】 围绕"全县强村富民公司运营""西苕溪水葫芦治理"等主题委派民主监督小组;根据省政协统一部署,围绕"营商环境优化提升'一号改革工程'""深化'千万工程',建设美丽乡村"等主题开展专项集体民主监督,相关工作经验在省政协工作信息专报上刊发推广。

11月,安吉书香政协·吉兮学堂"秋之硕"政协读书会

【提案工作】 县政协十届二次会议,共收到以提案形式提出的意见建议131件,经审查立案129件,立案率98.5%。其中集体提案36件,占27.9%;委员提案93件,占72.1%。所有提案均全部办结,办复率100%。所提建议已得到解决或采纳的86件,占66.7%;正在解决或列入计划逐步解决的37件,占28.7%;留作工作参考的6件,占4.6%。委员们对提案办理情况反映较好,满意率、基本满意率100%。

【社情民意】 坚持线上线下同步,通过社情民意信息联系点广泛征集、编发信息专报97期,其中全国政协和省政协录用29期,2篇信息获全国政协主要领导肯定,在市对县考核中实现争先进位。

【为民服务】 全年开展民生议事堂活动61场,推动落实解决民生实事47件,"让游客'旺季来'变'四季来'"等主题协商入选省政协民生议事堂优秀案例汇编,灵峰街道城南社区协商驿站"银杏树下协商"工作经验在市政协作交流发言。各乡镇(街道)和行业委员工作室围绕"助发展、惠民生、聚共识、促和谐"目标,开展履职活动65场、回应群众咨询2200余人次。开展年度政协委员"六下乡"服务活动，深入村社开展名医义诊、名师送课、法律咨询、农技辅导、文艺演出等活动，惠及基层群众近万人。

【文史宣传】 开展安吉移民史、手工艺和饮食史料编撰。编写《安吉政协》杂志4期10余万字。全年共在人民网、新华网、学习强国等省级以上刊物和媒体发布新闻稿件84篇，20次上榜“浙江政协同心苑”微信公众号一周热文，连续第六年获评省政协宣传工作先进单位。

【队伍建设】 完善政协委员学习培训机制，组织委员赴省外高校开展履职能力培训。推荐委员列席县政府常务会议，安排委员分批次列席县政协常委会会议，提升委员的参与度和责任感。加强“一委一品”建设，双周提案办理、“四季主题读书沙龙”等一批专委会工作品牌逐渐定型。新设环境资源界，成立生态文明法律服务委员工作室。深入推进“五型机关”建设，心齐气顺、劲足实干的机关氛围更加浓厚。

（宣嘉航）

民主党派

【概况】 安吉县有6个民主党派建有基层委员会或支部，截至2023年12月，党派成员共319名。分别是民革安吉支部，主委胡可易，党员37名；民盟安吉总支，主委梁霜，盟员31名；民建安吉总支，主委程益欢，会员42名；民进安吉基层委，主委陈飞飞，会员83名；农工党安吉基层委，主委潘黎明，党员70名；九三学社安吉基层委，主委王捷，社员56名。担任市人大代表9名、县人大代表10名，担任省政协委员1名、市政协委员10名、县政协委员74名。

【民革安吉支部】 2023年，民革安吉支部在县两会期间提交大会发言1件，集体提案3件，个人提案14件。党员马双双获评履职成绩突出县政协委员，多名党员参加2023年度县委书记、县长与政协委员“面对面”活动，为安吉经济社会发展献良策。组建民革信息小分队，按照信息撰写标准，细化任务分解，开展每周一汇总，每月一晾晒，党员撰写信息能力和积极性不断提高，全年累计提交社情民意66篇，多篇社情民意被民革中央、省委会、市政协录用。持续深化与周边省市兄弟支部协同发展，通过定期互访、交流学习、联合调研等形式加强互鉴互融。组织支部党员先后赴江西景德镇、衢州开化两地开展“民革党派基层组织建设与助力乡村振兴”学习交流活动，深入学习了当地创新文旅融合发展的经济模式，并与民革景德镇市陶瓷总支结为友好支部，推进支部间的融合互通。沿袭传统，联合民革湖州医卫支部，连续第十年在梅溪镇上舍村开展“博爱·牵手”慰问活动，弘扬了博爱精神。持续加强队伍建设，2023年新发展党员1名，队伍结构进一步优化。支部荣获2023年民革全省社会服务工作先进集体。

【民盟安吉总支】 2023年，民盟安吉总支将党史盟史学习教育同学习宣传中共二十届两中全会、县两会精神、民盟省委会主委成岳冲来湖调研讲话精神相结合，全国人大常委会委员、民盟中央副主席张道宏率队来安吉开展主题教育现场活动。优化队伍结构，发展新盟员1名，入盟积极分子2名。积极参政议政，总支盟员围绕区域立法、城乡要素流动、生态补偿机制等选题，撰写社情民意信息近60篇，被各级政协、民盟省委会采用50余篇。盟员代表总支参

5月，两山小记者“在去博物馆路上”主题研学活动举行

加市县政协双月协商座谈、县长与委员“面对面”等协商议政活动，并作交流发言20余人次。积极参加民盟中央各类论坛征文，累计报送相关参政议政文章3篇。6月，“开展生物多样性保护 推进生态文明建设”浙江民盟生态论坛在安吉举办；7月，民盟中央参政议政调研基地在安吉挂牌。持续擦亮“共富班车上的我们”品牌，先后组织两山小记者“在去博物馆路上”主题研学、带低收入母亲游美丽乡村内容、暑期小候鸟夏令营、文化助力茶产业振兴等活动，相关做法被团结报以及政协同心苑录用。

【民建安吉总支】 2023年，民建安吉总支全年共收集和反映社情民意信息80余篇，其中全国政协录用2篇、民建中央录用2篇，省委会录用5篇、1篇信息获副省长批示，荣获民建市委会2022年度反映社情民意信息工作先进集体。总支会员中市县人大代表、政协委员共20人，占会员总数近50%。深入基层惠民生，凝心聚力做好社会服务。紧紧围绕“同心共建，携手共富”主题，打造市级共富基地2个，以音乐文化助力乡村振兴，建设音乐人才引进基地，承办“大麓书院民谣音乐节”，累计6万人次参加；全年开展各类公益爱心活动12次，以“皖江红”公益组织为抓手，做好在安吉的安徽籍人士参加各类公益活动；以“安吉白茶”为媒开展茶事雅集2次，在全国性层面推广高层次安吉白茶文化主题活动；助力街道社区惠民工程，创办老年食堂，自费补贴贫困老人日常就餐；健全“恒乐残疾人之家”功能，为全县精神智力残疾人就业提供保障，助力特殊群体共富。2023年，发展新会员4人，民建安吉总支会员达到42名，其中90%以上为经济界、企业家代表人士，界别特色明显。会员平均年龄在41.7岁，队伍结构明显改善提升。

【民进安吉基层委】 2023年，民进安吉基层委全年共收集和反映社情民意信息80余篇，被上级部门采用20篇，全国政协录用3篇，其中2篇转送国务院部委办局，民进中央录用2篇，1篇获民进省委会2023年度参政议政优秀成果二等奖，1篇获市政协专报录用、市领导批示，2篇被市委统战部金点子录用。基层委荣获民进市委会2023年度反映社情民意信息工作先进集体一等奖。夯实阵地建设，营造时代之家。深化阵地建设，于10月份完成开明嘉苑建设，以“守正创新启新程、同心筑梦谱华章”为主题，分“领导关怀强引领，不忘初心跟党走，参政履职展风采，社会服务树形象”等板块，将民进省委会、市委会和安吉基层委的基本情况、重要资料上墙展示。发挥党派优势，深化社会服务。赴孝丰镇开展“开明公益，多彩课堂”暑期送教活动，以实际行动助力双减；与浙江科技学院开展共建培训—普惠健康进校园活动，通过线上、线下联动形式让在校师生多渠道获取医疗知识和医疗服务；情系安吉教育，捐资助学为贫困学子圆梦，全年开展爱心助学活动2次，对安吉技师学院和章村小学4名家境贫困的学生进行捐助，并出资给章村小学赠送一批科学实验器材，帮助改善学校硬件设施。主动搭建平台，助力“双招双引”。发挥人脉优势，做好牵线搭桥，2月与省委会张大宏副主委的“华匠机器人”的工作对接，4月赴山东对接干细胞项目，为灵峰街道引进外国人才1名等。此外，陈卫卫的《加快我国足球运动普及》荣获2021—2022年度全省政协优秀社情民意信息；汤学慧当选民进第十五届中央委员会企业家联谊会委员，荣获民进省委会“开明先锋”称号。

【农工党安吉基层委】 2023年，农工党安吉基层委，基层委16名人大代表、政协委员在县两会期间共提交集体提案6件，小组联名提案10个，个人提案3个。助力共同富裕，在助残日联合农工党湖州市委会、湖州市政协医卫界别活动室、县委统战部、天子湖镇党委联合开展“迎亚运、优服务—同心共富·门前诊疗”站点服务，为基层群众提供优质精准医疗服务，呵护残疾人身心健康，引导全民强化残疾预防和康复意识。创新工作思路，整合专业人才资源，成立“金苹果”招商专班，为全县招商引资、招才引智贡献党派力量。12月31日《浙江日报》刊发《安吉：凝聚力量 新城崛起》文章，大篇幅点赞农工党安吉基层委“金苹果”招商团充分发挥民主党派专业和资源优势，全力开展双招双引工作，助力安吉“两山”未来科技城打造的做法。

【九三学社安吉基层委】 2023年，九三学社安吉基层委获评2023年度全省社会服务先进集体、市级先进基层组织。全国人大常委会副委员长、九三学社中央主席、中国科学院院士武维华，全国政协副主席、九三学社中央常务副主席邵鸿，全国政协常委、九三学社中央副主席刘政奎等社中央领导先后来安吉调研指导。聚焦中心建言献策，充分发挥界别和人才智力优势，深入开展调研，提出意见建议，助推全县经济社会发展。全年共提交社情民意50篇，3名人大代表、11名政协委员参加县第十七届人民代表大会第二次会议、政协第十届安吉县委员会第二次会议，提交集体提案2件、个人提案9个，3篇个人议案提案获市两会立案。“九安合作”走深走实，赴杭州遥望网络科技有限公司交流考察、洽谈项目合作，第二届荷花节举行“同心同廉”主题教育基地授牌仪式。社省委社会服务部负责人董辉，社中央科普委委员、浙江大学教授唐建军带领相关专家到天子湖镇开展稻鱼共生产业调研，全力助推安吉稻鱼共生产业发展。强化队伍自身建设，发展新社员2名，其中1名为博士；建立健全县社情民意信息工作会议机制、工作交流机制、信息比拼机制、考核评价机制等四项配套机制，不断提升组织建设。

（潘玲红）

10月，第二届荷花节举行“同心同廉”主题教育基地授牌仪式

安吉县总工会

【概况】 2023年，安吉县总工会下设乡镇（街道）总工会15个，产业（系统）工会19个（新增2个：检察系统工会、财政系统工会），直属工会12个（新增3个：国控集团工会、农高新集团工会、两山国控建设集团工会）。直属事业单位县工人文化宫。全年有基础工会1365个，新增89个，会员119810人，新增17511人。

以阵地讲、短视频、有奖征文、书画征文等形式持续深化党的二十大精神宣讲。全域开展“守好红色根脉·班前十分钟活动”120余场，大力弘扬“三种”精神，举办安吉县庆祝“五一”国际劳动节大会，推选荣获全国工人先锋号1个、全国五一巾帼标兵岗1个、省五一劳动奖状1个、省五一劳动奖章2名、省工人先锋号4个。启动新一轮安吉县劳动模范和模范集体评选工作，争取县政府出台和完善劳模待遇文件。积极开展社会公益、技术攻关、协作帮扶等劳模工匠“三进”活动50余场。开展第十六届职工文化艺术周活动，组织安吉县第十三届县级机关运动会和首届工会系统趣味运动会。组建县级职工文体标杆社团五个，农商行工会“安芯”篮球兴趣小组获评2023年省级职工文体活动优秀兴趣小组。推动中国劳动关系学院在余村建立实习实践基地，深化校政企合作。加大工会宣传力度，全年新闻报道74篇，其中工人日报2篇，工人日报客户端1篇，人民日报客户端4篇；全年发布公众号约620篇。

参与“十万大学生招引”第一战略目标，实施“十百千万”人才培育工程，评选“安吉工匠”10名、“首席技师”100名、“技能标兵”998名。持续提升职工生活品质工作，新增省级以上试点4家，其中浙江洁美电子科技股份有限公司获全国总工会提升职工生活品质试点。继续实行降本减负政策，减半收缴企业工会经费2513.28万元。继续推动10万套共富公寓建设，不断提升职工居住品质，新建共富公寓8088套。积极响应县委县政府号召，选派5名优秀干部参与招商引资、城市能级提升、企业专员等中心工作，共完成城市有机更新14户、“两无两违”专项治理17户、21家企业签约清零。获县“两无两违”专项治理攻坚行动、县城市有机更新工作突出贡献行政奖励集体三等功。紧盯环卫工人、快递员、网约车司机等户外劳动者所思所想所盼，整合城市驿站、小哥加油站等资源，统筹推进“幸福驿站”建设，全年建成星级站点100家，服务户外劳动者10000余人次，其中城警共富驿站等5个站点入选全国总工会“最美工会户外劳动者服务站点”（2022年入选2家，2023年入选3家）。

出台《绿色家居行业产业工人队伍建设改革试点方案》，积极探索推进现代绿色家居行业产改，全力推动产改由“试点”向“示范”、由“单个”向“行业”、由一街道向多乡镇覆盖转进。组织重点建设项目“八比八赛”、国企贡献大比拼、招商引才立功竞赛，评选安吉国源水务集团有限公司等13个单位为2023年“实干争先·奋斗有我”立功竞赛活动示范企业、示范项目、优秀班组；大力开展劳模工匠导师帮带，结对师徒150对，打造劳模工匠创新工作室15家；开展茶艺师、货车司机等20多个工种的技能大比武70余场。持续选代“云工益”平台，建立完善安工乐学、安工乐帮、安工乐享、安工乐赛等9个应用场景，新建就业援助、法律服务、户外劳动站点等应用场景。完成“五朵云”财经管控平台建设，有力推动工会经费规范高效“收管用”，安吉县总工会财务会计工作获全总工会财务先进。“云工益”数智工会综合服务系统获评2023年全国总工会互联网＋工会普惠服务优秀平台“县（区）级”十佳平台。

积极探索新兴群体建会入会，组建“余村全球合伙人”“数字游民”等联合工会18家。成立首家新就业形态劳动者法律服务工作站，提供“一站式”法律援助。加强企业建会工作，规上企业建会率93.45%、开户率82.07%、工会法人资格证办理率81%。建立全县一个码24小时365天“123”服务机制，组建工会法律“团队＋个人”，通过“小安说法”“法律直播间”为广大职工群众提供更精准的服务。全年新建企业矛调中心5家，调处劳动争议258件，涉及资金550万元。开展“尊法守法·携手筑梦”工会法律宣传服务活动30余场。深化工资集体协商要约行动，完成单签企业440家，区域性（行业性）协议157份，推动产改试点单位能级工资协商全覆盖，推行股权激励企业15家，让职工成为企业“合伙人”。常态化开展两节送温暖活动，发放慰问金6.8万元；补助医疗互助金451.9万余元，惠及职工5.8万余人次。加强困难职工家庭排摸，完成23户困难职工建档，发放慰问金15万元；开展金秋助学活动，发放补助金4.3万元。开展送健康进企业进园区活动，全县8257名女职工接受两癌筛查；开展全县职工疗休养1.8万人次，补助职工疗休养本地行1500人次；推动青年社团建设，组建青春社团10个，吸纳职工2000余人，做到周周有活动。举办“缘定安吉”交友联谊活动30余场共1500余人次、爱心托班33个共1860人次，新建企业新时代文明实践点（站）25家、妈咪暖心小屋7家。

扎实开展学习习近平新时代中国特色社会主义思想主题教育、能力作风建设、中层干部聘任和一般干部双向选择聘用工作等，进一步增强工会组织政治性、先进性和群众性。切实加强巡察整改，制定77项措施，巡察反馈29项问题整改到位。开展“三问四强”主题实践、“大学习大调研大实践”活动，面对面问需，实打实破难，推动调研出成果、展成效。开设“工会大讲堂”3期、“安工学堂”24期。建立乡镇、系统工会主席季度学习制度，加大对国企和非公企业工会干部教育培训力度。联合组织部制定下发《安吉县总工会“县级工会加强年”工作实施方案》，在乡镇、系统工会全面推进“一会一品”建设。建立“三审二函一回访”工作机制，全年审计、回访项目共计78个，提出审计意见115条，获全市工会优秀审计项目3个。

【全县首家新就业形态劳动者法律服务工作站】 1月17日，为护航新就业形态劳动者，进一步做好这一群体的保障服务工作，县总工会、县司法局、昌硕街道办事处在网约送餐员职工文化活动阵地揭牌成立首家新就业形态劳动者法律服务工作站。

【全县首家女职工权益维护服务中心成立】 3月24日，安吉县总工会联合浙江浦源律师事务所成立安吉县首家女职工权益

3月24日，全县首家女职工权益维护服务中心成立

维护服务中心，服务中心设在浦源律师事务所。该服务中心将通过微信公众号、基层走访等形式开展女职工权益维护知识宣传，并接受相关法律问题咨询等服务。通过这一载体的实现，安吉县总工会将更好更全面地为有需要的女职工提供法律援助，把权益维护工作落到实处。

【安吉县第十三届县级机关运动会暨 2023 年“全民健身日”活动】 8月3日，安吉县第十三届县级机关运动会暨 2023 年“全民健身日”活动迎来开幕。全县各乡镇（街道）机关工会、产业（系统）工会和县直属工会的运动员代表、裁判员代表约 400 人参加。

（叶启丽）

中国共产主义青年团安吉县委员会

【概况】 2023 年，安吉县有 14 至 28 周岁青年 58797 人，其中团员 19682 人。有乡镇（街道）、机关部门、企事业单位等各直属团组织 62 个。所属基层团支部 1490 个，其中基层农村领域团支部 225 个、基层城市社区领域团支部 40 个、基层学校领域团支部 448 个、基层机关事业单位领域团支部 171 个、基层国有企业领域团支部 51 个、基层非公企业领域团支部 374 个、基层新社会组织领域团支部 63 个。围绕县委现代产业振兴、城市能级提升、共同富裕先行等重点工作上，勇于探索、主动作为，有效发挥高校“引才大使”作用，积极为县内各个大学生创业就业平台牵线搭桥，持续开展“家燕归巢”大学生实践活动。团县委官方微信、微博、抖音、B 站等平台，发布各类正能量网络作品 1500 余篇，观看人次超 10 万。

承办 2022 年度浙江省乡村振兴青年先锋“青牛奖”揭晓仪式；承办首届“两山杯”全国大学生乡村振兴创新创意创业大赛；承办第二届全国乡村振兴青年先锋表彰大会暨事迹宣讲报告会。天荒坪镇余村村团支部荣获“全国五四红旗团支部”；安吉 7 个少先队中队获评全国红领巾中队；安吉县公安局预审办案大队和安吉县融媒体中心成功确定为 2023—2024 年度全国维护青少年权益岗单位；天荒坪小学荣获“红领巾奖章”全国集体五星章（全市唯一）。完成全国青年发展型县域试点中期评估工作；浙江青年发展综合指数获优秀等次；推荐团员青年俞佳慧作为团的十九大代表；获评全国少先队辅导员专业技能大赛（校外组）三等奖；2 名少先队工作者当选浙江省第八届少工委委员。评选产生 2022 年度安吉县五四红旗团委 7 个、先进团支部 16 个；安吉共青团县域基层组织改革案例入选《浙江共青团基层组织改革和建设案例选编》。

青年创新创业、少先队、志愿服务等工作相继被主流媒体报道 120 余次，其中被《中青报》头版报道 3 次，《新闻联播》报道 3 次，两篇文章分别在《辅导员》《少先队活动课》国家级少先队刊物发表。团属微信公众号“青春安吉”2023 年以来阅读量合计达 15.2 万余次。

【第二届全国乡村振兴青年先锋表彰大会暨事迹宣讲报告会】 11 月 28 日，由共青团中央、农业农村部主办的第二届全国乡村振兴青年先锋表彰大会暨事迹宣讲报告会在安吉县余村举行，共青团中央书记处书记胡盛出席活动。本届共评出 10 名全国乡村振兴青年先锋标兵、380 名全国乡村振兴青年先锋。10 位全国乡村振兴青年先锋标兵和 33 位全国乡村振兴青年先锋代表上台领奖。4 名获奖代表和四川农业大学生命科学学院副院长、教授刘江分享了投身乡村振兴的青春奋斗故事。活动还举办了“乡村振兴青年先锋”主题展，开展了共青团“青耘中国・冬藏未来”直播助农活动，发布了号召广大青年投身乡村振兴的安吉倡议，观摩了余村践行“绿水青山就是金山银山”理念的实践成果。人民日报社、新华社、中央广播电视总台、中国青年报社、中国青年出版总社等媒体代表，团中央青年发展部、团浙江省委和湖州市委、安吉县委有关负责同志，各省级团委相关部门负责同志，以及浙江省部分高校学生代表、当地乡村青年等 200 余人参加活动。

【“家燕归巢・共聚元宵”主题活动】 2 月 3 日，联合县公安局组织安吉籍警校生开展“家燕归巢・共聚元宵”主题活动，全面增强安吉籍警校生对安吉公安的认同感、归属感。安吉籍警校生们先后参观了县局“三能”主

2月3日，“家燕归巢·共聚元宵”主题活动举行

题实践教育基地、合成作战中心和天荒坪派出所，现场参观后，在天荒坪派出所召开恳谈会。

【“学雷锋市集”活动】 3月2日，团县委、县少工委联合溪龙乡团委组织开展“学雷锋市集”活动。活动开始，“红领巾”们演唱歌曲《学习雷锋好榜样》，号召青少年们一起争当雷锋精神的传播者、弘扬者和践行者。活动过程中，溪龙乡农办开始垃圾分类竞答比赛，“红领巾”们根据工作人员提出的问题快速举手进行抢答，现场的村民也积极参与答题环节，按照答题分数领取了相应的礼品。

【安吉首届“两山杯”全国大学生乡村振兴创新创意创业大赛启动】 4月9日，首届“两山杯”全国大学生乡村振兴创新创意创业大赛在安吉启动。本次大赛由新华通讯社主办，安吉县、新华社品牌工作办公室、新华社浙江分社承办，中国青年企业家协会、半月谈杂志社、新华每日电讯、瞭望周刊社、抖音公益、河北省保定市阜平县、湖南省张家界市永定区、云南省玉溪市红塔区等11个省13个赛题所在区县、浙江安吉建控集团、浙江安吉农高新集团协办。中国城市科学研究会、中国文化产业协会、国际设计科学学会提供学术支持，伊利集团、安吉农商银行、清智资本提供战略支持，浙江财经大学为秘书处单位。10月13日，大赛闭幕。

【2023年安吉县五四青年节主题团日活动暨安吉县青春社团“趣”奔跑活动】 4月28日，团县委联合县文体旅游局、灵峰街道办事处主办2023年安吉县五四青年节主题团日活动暨安吉县青春社团“趣”奔跑活动，本次活动共召集150余名青年参与，活动激发青年活力激情，展现青年朝气风貌。团县委书记汤潮，县文体旅游局党委委员、副局长何海军，县灵峰街道度假区党工委委员、管委会副主任章磊为咖啡社团、羽毛球社团、篮球社团、登山社团、飞盘社团授牌。

【“童心同行迎亚运，残健融合向未来”体育助残嘉年华】 5月15日，团县委联合县残联、县教育局、县青少年活动中心举办“童心同行迎亚运，残健融合向未来”体育助残嘉年华。活动上，安吉县人民政府副县长，残工委主任程文伟致辞。在此次体育助残嘉年华盛会上，安吉县第三小学和育星培智学校（特殊教育学校）的学生们在安吉县青少年活动中心老师们的带领指导下，一起完成了25个集结安吉特色、亚运竞赛和融合运动的趣味体育项目。

【发布全县遇见“青”爱的你青年人才交友地图】 5月20日，安吉团县委联合县委组织部、县妇联、在上墅乡半岛矿坑营地，发布全县遇见“青”爱的你青年人才交友地图。前期多家单位联动发起了遇见“青”爱的你青年人才交友点全县招募活动。吸引了近40户商家报名参与，从中选取了20户，在5月20日进行集中发布。主办方从报名筛选、运行管理等方面进行规范，进一步扩大青年人才交友服务地图的同时提供更优质的服务。

【“红领巾平安自护”公益假日成长营活动】 7月11日，团县委、县少工委、县青少年活动中心、县“两山”红领巾学院共同组织全县部分新居民子女，开展了“红领巾平安自护”公益假日成长营活动，带领学员们通过沉浸式体验，了解消防、防溺水等平安自护基础知识，学习户外生存本领。并带大家走进中南百草园，让他们在快乐体验中学会保护自己，保护生态环境。

【安吉县“少先队小骨干领袖成长营”】 7月15—17日，2023年安吉县“少先队小骨干领袖成长营”顺利举行。本次活动由团县委、县教育局、县少工委主办，县青少年活动中心、县“两山”红领巾学院承办。全县40余名优秀少先队小骨干代表参加活动。开营仪式上，团县委副书记、县少工委副主任楼顺致辞，县青少年活动中心主任、县少工委副主任黄显万为本次活动授营旗，县少先队总辅导员汪观孙做了党的二十大精神主题宣讲，引领队员们要从小听党话，永远跟党走，高举中国特色社会主义伟大旗帜阔步向前。

【首届“两山杯”全国大学生乡村振兴创新创意创业大赛创业赛道训练营启动】 7月19日，团县委助力首届“两山杯”全国大学生乡村振兴创新创意创业大赛创业赛道训练营在安吉县余村正式启动。本次训练营为期4日，采用工作坊形式，特别邀请浙江工商大学教授、上海远仓建筑联合创始人、浙江古村之友副理事长等大赛专家参与指导，带领创业赛道30支立项团队入村调研、完善方案。创业赛道训练营将聚焦安吉美丽乡村等优质资源，以安吉县灵峰街道、孝丰镇、上墅乡、报福镇、章村镇等5个乡镇街道为赛点，围绕乡村创业业态空间打造、乡村创业空间运营、乡村农文旅品牌及镇域村域的乡村文创产品进行设计创造，丰富乡村新经济业态，促进乡村农文旅发展，打造和美乡村的“安吉样本”。活动现场还为四位大赛专家颁发聘书，为立项团队入村调研出征授旗，同时现场邀请来自北京大学和浙江理工大学的立项团队分享创业方案。

【安吉县首届青年徒步大会】 12月30日，安吉县首届青年徒步大会鸣笛举行。来自全国各地的高校学子、青年社团成员、户外俱乐部成员和户外运动爱好者等约3000人参加。活动共有团队徒步、10公里快走、定向赛三个项目，设置了长征组10公里、火炬组8公里、童心组5公里三条徒步路线，途经中南百草原景区的北欧营地、黄金过山车、爱情谷、状元谷等十余个景点。10公里快走项目有6人获奖，团队徒步项目有3组团队获奖。本次活动是十万青年大学生“安吉行”系列活动之一，通过本次活动吸引更多青年来到安吉、了解安吉，进一步打响“就业创业最安吉”“乡村创业首选地”品牌。

（梁　杰）

安吉县妇女联合会

【概况】 2023年，安吉县妇联接待全国妇联、省市各级领导莅临调研指导20余次。市委领导亲临在安举办的市女企业家协会主题年会，县委主要领导高度重视妇联工作，出席指导妇女儿童重大会议活动4次。美丽庭院、家教家风、缘定安吉等特色工作获市级以上领导批示肯定5次。培育推荐谢春花同志当选中国妇女十三大代表。扶持“春蕾梦想合唱团”成为全国妇联和中国儿童基金会发起的首批公益项目（浙江唯一），在国庆期间赴北京参加“春蕾梦想成长营”研学活动，并应邀在王府井、中国职工之家等地进行义演。安吉一案例《防止未成年人滥用药物综合司法保护案》入选全国妇联第五届依法维护妇女儿童权益十大案例。余村美丽家庭示范带纳入全国学习运用“千万工程”经验现场推进会考察点，“美丽庭院工作”进入千万工程展示馆成为成果展现。安吉县妇联获评浙江省县域社区（村）家庭教育指导服务标准化建设试点工作优秀单位，妇儿事业赢得满堂红。全力克服人手紧缺难题，全身投入“在湖州看见美丽中国”实干争先主题实践大考大赛，选派3名同志参加招商引才，5名同志参与“城市有机更新”“两无两违整治”等中心工作，县妇联获县城市有机更新专项行动突出贡献行政奖励三等功，2人获三等功，2人获嘉奖奖励。缘定安吉工作入选2023年度安吉县“微改革”十佳案例，美丽庭院以“全国首个由群团部门牵头制定的国家标准”为由入库第三批“在湖州看见美丽中国”美丽单元。

深入开展中国妇女十三大、“八八战略”实施20周年、浙江省妇代会精神专题学习，精心谋划组织“实干争先谱新篇　两山女儿绽芳华”她宣讲、她提升、她奋进、她创建等20个她系列活动80场，切实弘扬“红心向党”主旋律。持续用好“两山女儿”宣传主平台，积极发挥宣传舆论阵地作用，推出系列原创视频，扩大网上朋友圈，增强妇联影响力。安吉县妇联入选2023年度《中国妇女报》宣传舆论阵地建设优秀榜。《潘春连讲述习总书记到我家 山庄村民乐开花》和《钟玉英讲述一片叶子富八方百姓》分别荣获全国妇联“我奋斗 家国美”短视屏大赛十佳美好故事（全省唯一）、浙江省妇联“我奋斗 家国美”短视屏大赛一等奖（全市唯一）。全年获市级以上媒体发声300余次，省市县党政信息录用16条。新建三八红旗手工作室3家、荣获省三八红旗手（集体）4个、省先进个人（集体）3个，省妇联“最美执委”8名，以典型示范激扬奋进之力。完成县妇联换届选举大会。创立少数民族“流动联合妇女之家”，新建女性社会组织2个，创新成立首个楼道长妇联、电商女主播妇联等四新领域妇联4个，新建部门妇联2个，新成立国企妇联6个，实现国企妇联全覆盖，优化提升部门妇联班子2个、乡镇妇联班子6个，并开展天子湖镇、杭垓镇、山川乡、溪龙乡、递铺街道、孝源街道组织创新管理试点，初步形成“四聚力”“乡村女子力”品牌。深化班子“五联”机制，开展“大走访大调研大服务大解题”活动56次，形成调研报告5篇，以实干争先比拼氛围汇集巾帼之智。

争取《乡村美丽庭院建设指南》国家标准制定工作纳入市生态文明典范城市建设项目。由安吉县妇联作为第一起草单位的国家标准《乡村美丽庭院建设指南》已正式发布。全面启动美丽庭院国标创建年系列活动。美丽庭院以“全国首个由群团部门牵头制定的国家标准”为由入库“在湖州看见美丽中国”美丽单元。组织由县委书记、县人大常委会主任主持的妇联专场“亲清直通车·政企恳谈会”2场。发布首个全国区域公共品牌“安吉优品汇——她选”，推介16位优质女创为安吉优品汇合作伙伴，妈妈的味道（手作）50余款产品入驻平台。开启“1＋N”女企业家共创体机制，为7名初创女性发放“巾帼共富扶持基金”无息借款35万元，推动县农商行与县女企业家协会“银企合作 巾彩共赢”木兰花开项目，集体授信20亿元，发放巾帼创业低息贷款7630万元。牵头专题研究“安心嫂”品牌建设，推动县政府出台安吉县首个促进家政服务业提质扩容方案，22项政策赋能巾帼家政产业发展。创成市县三级巾帼文明岗29家，培育市级以上“巾帼共富工坊”、巾帼农创基地5个，最美来料加工经纪人2名，巾帼科技创新带头人、工作室2个。举办女大学生专场招聘会30场，组织巾帼村播大赛安吉选拔赛，制作“我的乡村我来讲”视频10个，推荐57人参加市千人计划培训、10人参加卓越女性培训、6人参加省最美巾帼新农人和女红巧手培训，推荐3家家政妇联会员单位参加全国妇联巾帼家政培训。举办妈妈的味道活动40余场，开展“8·15五美行动”等各类巾帼生态志愿服务活动150余场，1000余名巾帼志愿者参与。

2月26日，浙黔共建少数民族流动妇女之家创立

成立安吉县儿童友好产业联盟。召开安吉县儿童友好城市建设研讨会，谋定全年重大项目20个、重大活动14个、重要政策2项。召开全县儿童友好试点单元建设推进会，有力推进16个市级试点单元建设。开展“百岗童行”主题活动，启动巾帼文明岗助力儿童友好示范项目15

个，开展服务89场，组建“檀谈育儿”服务团队，全市“首变”创新移动母婴室13个，投入14万元推动县级妇儿公益创投项目4个，1个项目列入市级公益创投项目，获市级最高等次6万元支持。召开全县妇儿驿站建设现场会，新建规范化妇儿驿站8个，申报项目28个。完成12名低收入两癌家庭慰问。规范运行婚姻家庭纠纷调解工作室，引入企业力量全省率先设立“婚姻家庭工作基金”，引入“律姐”“安老师”10人入驻指导。全面落实重点家庭动态分类管理，化解婚姻家庭纠纷153件。开展三八维权周、反家暴宣传月活动135场，征集婚姻家庭纠纷调解优秀案例15个，其中一案例参与“菰娘会客厅——以案说法”现场访谈。推进“和睦e家”数字化应用，畅通维权热线，妥善处理各类来信来访。

新培育县级以上最美家庭29户，其中省级最美家庭4户。聚焦落实“招引十万青年大学生”第一战略目标，常态化开展“缘定安吉”青年人才交流活动101场，做到周周有活动，季季有亮点，个个有特色，服务各级各类人才5000人次。设立公益红娘驿站（相亲角）7个，发布全城“青”爱的你青年人才交友点20个，积极培育公益红娘队伍22人。充分链接浙里办“缘聚湖州”平台，在全市率先完成人才注册2200余人。创新开展“春花烂漫·文化交友”国际青年人才交流活动，获人民日报、新华网等媒体报道，成功举办全县首届青年人才集体婚礼，获市委常委、县委书记杨卫东批示肯定，“缘定安吉”品牌影响力持续扩大。推进家庭教育省级试点，实现村级家庭教育指导站规范化建设全覆盖。成立5个“安老师”家庭教育工作坊，优选7名安老师参与省级家庭教育导师团。集中开展“安老师”“吉管家”家庭教育专业队伍培训，累计培育“安老师”101名、持证上岗的“吉管家”106名。创新开展“安老师幸福家聊吧”，全年个案咨询接访100余人次，开展家庭主题式沙龙团辅10余次。用好家庭教育平台，组织“幸福E家”课堂12场，点单菰娘大讲堂10场，市平台访问量突破30万人次，安吉家庭教育网络直播课持续开播56期，点击量超200万人次。实现“指尖”“屏前”“线上”“线下”服务指导全方位。家教家风工作在省妇联执委（扩大）会议作交流发言。

【浙黔共建少数民族流动妇女之家 助力共享共富】 2月26日，浙江安吉·贵州三都流动联合妇女之家在三都县人民政府驻安吉县联络部挂牌成立。安吉县妇联党组书记、主席陶玲出席活动并揭牌。

【国家标准《乡村美丽庭院建设指南》研讨会】 6月9日下午，国家标准《乡村美丽庭院建设指南》研讨会成功举办。本次研讨会采用线上线下相结合形式，除省内在安吉设立会场外，其他全国专家、起草单位均采用线上参会。来自全国妇联、农业农村部、高校、浙江、福建、河南、广东、吉林等省的专家学者和起草单位领导小组成员共25人参加研讨会。浙江省妇联、湖州市妇联均参会指导。

【安吉在湖州首届“金牌农人”巾帼村播技能大赛中获佳绩】 9月5日，湖州市首届“金牌农人”巾帼村播技能大赛落下帷幕。来自三县三区的16名选手参加了本次决赛。通过前期初赛选拔，安吉县有4名优秀选手脱颖

9月5日，安吉县妇联荣获湖州市首届“金牌农人”巾帼村播技能大赛最佳组织奖

而出参加本次决赛。经过激烈比拼，安吉县代表队喜获湖州市首届“金牌农人”巾帼村播技能大赛佳绩。安吉县妇联荣获本次大赛的最佳组织奖。

【国家标准《乡村美丽庭院建设指南》通过专家评审】 8月11日，国家标准《乡村美丽庭院建设指南》审查会在北京胜利召开。会议由中国国家标准化研究院召集，来自全国妇联、农业农村部、国家市场监管总局、高校、浙江、福建、河南、广东、四川、吉林、天津、上海、江苏等省市的专家学者和起草单位领导小组成员共30人参加，涉及美丽庭院、农业农村、标准化、艺术设计、城乡规划等多领域。会议由标准归口单位中国标准化研究院农业与食品研究所所长云振宇主持，全国妇联城乡发展部副部长奉朝晖，国家市场监管总局标准技术司农业农村处处长张鸿飞等线下出席了会议。

【安吉为50对青年人才举行集体婚礼】 10月15日，缘定安吉2023青年人才集体婚礼暨安吉县首届婚博会在灵溪公园举行，市委常委、县委书记杨卫东到场见证并送上祝福，县领导程文伟、马洪滨，市妇联、市民政局等相关负责人与新人亲友共同见证。

【安吉县第十九次妇女代表大会】 11月23日，安吉县第十九次妇女代表大会召开。市委常委、县委书记杨卫东出席开幕会并讲话。宁云、何晓红、何承明、柏建华等县四套班子有关领导出席。开幕会上，市妇联党组书记、主席吴云妹到会指导并讲话。县总工会代表县级群团组织、德清县妇联代表县区妇联分别向大会致贺词。安吉县妇联第十八届执行委员会向大会作工作报告。

【“巾帼奋进 逐梦芳华”湖州市女企业家协会2023年主题年会在安吉举行】 12月7日，“巾帼奋进，逐梦芳华”湖州市女企业家协会2023年主题年会在安吉余村举行。市委常委、组织部部长徐仲仪讲话，市委常委、县委书记杨卫东致欢迎辞，省女企业家协会会长屠红燕致辞。市妇联党组书记、主席吴云妹、市级相关负责人、省女企业家协会代表、市女企业家协会全体成员、各区县团体会员单位负责人、安吉县女企业家联谊会全体会员等300余人参加会议。

（王　珊）

安吉县工商业联合会（总商会）

【概况】 2023年，安吉县工商联所属商会党建乡镇（街道）基层商会14家，行业商会4家，安吉异地商会2家，异地安吉商会10家。建成4家市级清廉民营企业示范单位，新成立基层商会2家，功能型党支部5家，基层商会和党组织建设100%全覆盖。县工商联申报认定湖州市民营经济人士理想信念教育基地1个；成功创建省清廉民企建设示范单位1家、市清廉民企示范单位5家、县清廉民企示范点和培育点8家；全市首创“健康体检+政企恳谈”集成联动，更有效地帮助企业反映问题、纾困解难；“浙商企业健康体检系统 精准助力民营经济行稳致远”获评省工商联优化营商环境县级优秀案例和湖州市营商环境最佳实践案例；“半岛理想乡村共富工坊”获评全省优秀实践案例。

注重年轻一代民营经济人士的教育培养，持续举办“两山”青企学堂培训班，赴西安交通大学开展为期5天的集中学习培训，与湖州市新企联合开展学思想促行动·助推乡村经济高质量发展主题活动，与广德市新生代发展商会联合举办“共建共享共创未来”主题活动等，采取多种形式引导新生代企业家把好政治方向、赓续红色根脉，实现思想与事业双传承。

全省首个建立县级工商联中小微企业工作委员会。推荐企业参与2023浙江民营企业数字周—民企数字变革论坛，安吉县1家企业上榜服务商，4家企业获评典型案例。服务企业走出去参与“一带一路”建设，推荐4家企业参加省工商联国际合作商会，推荐2家企业加入浙商总会，并在海外开展“浙商丝路驿站”建设。借助异地商会平台，举办招商引才工作对接会5场，全年通过商会引荐招商引资项目线索30余个。

认真落实“万企兴万村”总体部署要求，深入实施“百企联百村”行动，99家企业与所在地行政村结对，累计投入帮扶资金76万元。大力推进定向招工式共富工坊建设，建成共富工坊20

个，解决就业700余人。“半岛理想乡村共富工坊”获评全省优秀实践案例。

2022年完成了县工商联（总商会）换届工作，进一步优化了队伍结构。在巩固老会员的基础上，积极发展新会员，2023年底县工商联会员突破3792家，增长7%。11家工商联执委企业和执委后备库企业荣登湖州市上规模民营企业“四张榜单”。

【安吉县新企联（青企协）第二届第八次理事会暨2023年第三期“‘两山’”青企学堂】 11月16—17日，安吉县新企联（青企协）第二届第八次理事会议在杭州海外海皇冠大酒店隆重召开，并开展了第三期“两山”青企学堂培训。通过“两山”青企学堂，学习了《当前台海局势与国家战略安全一兼论中美亚太博弈》《宏观经济形势分析》《企业创新发展理念与突破路径》三门课程，进一步提升自身政治引领能力、创业创新能力、经营管理能力。

【安吉县工商业联合会中小微企业工作委员会成立】 11月1日，安吉县工商业联合会中小微企业工作委员会成立。县政协副主席、工商联主席陈卫卫出席成立大会并讲话，县工商联党组书记、常务副主席傅爱国及工商联有关领导，各乡镇商会秘书长和41位委员参加大会。会议通过了《安吉县工商业联合会中小微企业工作委员会工作规则》。县政协副主席、工商联主席陈卫卫和县工商联中小微企业工作委员会主任、浙江纳美新材料股份有限公司董事长赵磊共同为工作委员会揭牌。成立大会后还召开了第六十一期“亲清直通车·政企恳谈会”，8位工作委员会委员围绕“推进中小微企业数字化转型”先后作交流发言，畅谈数字化赋能企业发展，并围绕数字工厂建设、数字创新人才引育、数字化产品供给等方面提出具体意见建议。会后举行安吉县工商联中小微企业工作委员会第一次活动，《公司高管的法律风险及其权利保护》专题讲座。

11月1日，安吉县工商业联合会中小微企业工作委员会成立大会举行

【安吉县2023年清廉民营企业示范（培育）工作推进会】 9月1日，县工商联组织的2023年清廉民营企业示范（培育）工作推进会召开。县工商联党组书记、常务副主席傅爱国，县纪委县监委派驻第五纪检监察组副组长郭亮出席会议。县民政局、各乡镇（街道）相关负责人，清廉民企、商会等创建单位相关负责人参加会议。会议由县工商联党组成员、副主席周忠林主持。会上，云上草原发展有限公司、能链智电科技服务有限公司2家企业作典型交流发言，8家创建单位大康控股、丰陵燃气、绿金金属、洞庭山矿泉水、山水灵峰、洁美电子、纳美新材料、天荒坪镇商会分别作汇报发言。相关负责人结合企业自身的特色和实践，从不同角度分享了清廉民企建设的经验做法和实践成果。

【安吉·广德缔结友好工商联、友好商会】 8月28日，安吉县工商联与广德市工商联联合举办“共建共享 共创未来”主题活动。安吉县工商联与广德市工商联签订了友好工商联协议，为两地工商联及其所属商会互动交流搭建了平台；县新企联与广德市新生代发展商会也缔结了友好商会，积极助力长三角经济发展。

【上海市安吉商会圆梦助学暨回乡考察活动】 8月19日，由上海市安吉商会发起，安吉县工商

8月19日，上海市安吉商会圆梦助学暨回乡考察活动举行

联、安吉县慈善总会牵头举办的“益”起逐梦，共创未来——上海市安吉商会圆梦助学暨回乡考察活动在安吉顺利举办。该活动举办至今已有10年，共计捐款约150万元，资助学生100多人。

【“东西部协作”产业帮扶活动】7月17—20日，为进一步加强金川县、安吉县两地产业沟通协作，助力乡村振兴、共同富裕，安吉县工商联、红十字会和新企联会员代表组成考察团，赴金川县开展“东西部协作”产业帮扶活动。在县委政府的关心和参与下，通过安吉县工商业联合会组织募集到了10万元社会资金，并通过安吉县红十字会向金川县总工会进行捐赠。

【上海市安吉商会党支部成立】7月1日，上海市安吉商会党支部成立大会走进长三角G60云智天地、G60科创走廊活动在长三角G60云智天地科创园隆重举行。会上，成立了中共上海市安吉商会支部委员会，选举林成培同志为中共上海市安吉商会支部委员会书记，并举行揭牌仪式。

【安吉县工商联牵线赴阿联酋沙特开展经贸交流和项目洽谈活动】 6月9—16日，由安吉县工商联、阿联酋迪拜安吉商会牵线策划，湖州市委常委、安吉县委书记杨卫东率团赴阿联酋迪拜、沙特利雅得开展经贸交流和项目洽谈活动，推介安吉投资项目，考察洽谈产业，加强交流合作，深化与“一带一路”沿线国家贸易往来，为促进招大引强、招强引优，拓展海外市场开拓新空间。会上，安吉县上墅乡与巴克利品牌有限公司签订了上墅休闲旅游项目框架协议，安吉县工商联与迪拜龙城华侨华人总商会签订了战略合作伙伴协议，安吉交投集团与大千贸易签订了海外电商仓合作协议。

【广东(安吉)招商引才推介会】4月9日，县工商联与投促中心共同承办的“共聚安吉 共话发展”广东(安吉)招商引才推介会在安吉柏逸灵峰度假酒店成功举行，县工商联党组书记、常务副主席傅爱国，县工商联党组副书记、副主席、驻深圳招商引才分局局长黄宣华，县投资促进中心党组成员、副主任阎莘颖出席会议，邀请深圳浙江商会常务副会长、网咖体育文化公司董事长方显明及深圳市创意投资集团、佳兆业美好集团、安吉县广东从业商会会员企业等代表参加。

【安吉县工商联发挥“联”优势，助力安吉椅业拓市场抢订单】3月28日，“世界椅·安吉造”新品发布会暨安吉椅业形象馆开馆仪式在广交会展馆AB区中平台盛大开幕。本次活动由安吉县委县政府主办，邀请了中国家具协会、中国对外贸易广州展览有限公司、安吉县广东从业商会等11家商协会、企业嘉宾，组织新闻媒体及76家安吉绿色家居企业共同参与此次活动，推动安吉椅业区域品牌建设，持续扩大安吉椅业的知名度和美誉度，树立安吉椅业新形象，互促共赢创未来。安吉县工商联发挥“联”优势，助力安吉椅业市场拓展，积极联系在粤安商，以及郑州安吉商会和迪拜安吉商会会员企业，充分发挥异地安吉商会的组团抱团优势和在外安商人脉资源优势，全面深度参与。同

3月28日，第51届中国(广州)国际家具博览会安吉椅业形象馆开馆仪式暨“世界椅·安吉造”新品推介会举行

时，依托其广泛的合作渠道和强大的综合实力，为安吉的椅业企业牵线搭桥，组织广东等各地各采购团、生产企业，对接更多的强势资源，促进更多的洽谈合作。此次家博会安吉椅业共有140余家企业参加，总面积超1.6万平方米，参展规模为2020年以来之最，初步达成采购意向1000多单，涉及采购资金3亿多元。

【安吉县新生代企业家联谊会二届五次全体会员大会暨2023年第一期“‘两山’青企学堂”召开】 3月10日，安吉县新生代企业家联谊会(青年企业家协会)二届五次会员大会暨2023年第一期“‘两山’青企学堂”在安吉温德姆大酒店召开。陈卫卫作“青企学堂”开班动员讲话，并讲授2023年“青企学堂”开班第一课。

(李　媛)

政法委及综治

【概况】　2023年，安吉县委政法委先后牵头召开市域社会治理现代化暨信访工作部署会、全县政法工作会议、全县建设平安安吉工作会议暨亚运维稳安保工作部署会、平安护航杭州亚运会百日攻坚推进会、县委政法委员会全体（扩大）会议等大型会议。成功实现平安安吉十八连冠、“金鼎加星”，顺利通过中央和省级市域治理现代化考核验收，圆满完成全国两会维稳安保任务，平安护航杭州亚运会胜利召开，努力为高质量建设国际化绿色山水美好城市提供更加坚强有力的政法保障。

先后出台亚运维稳安保“一书四方案”“亚运维稳安保百日攻坚行动方案”等方案举措，持续重大维稳安保等级响应160余天，定期开展会商研判30余次、督导检查50余次。部署城市治理大提升、矛盾纠纷和风险隐患“大排查、大起底、大整治”等专项行动，全面摸排并将重点纳入“一人一策一专班”管控。圆满完成护航亚运阶段各项工作，安吉县委政法委荣获2023年省平安护航系列重大活动成绩突出集体。

【提档县域治理现代化水平】　牵头全县市域治理现代化创建工作，全力推进县域社会治理现代化创建任务，先后组织责任单位召开部署推进会10余次，建立完善相关方案机制8项，完成创建任务262项，形成“治理体制现代化、治理布局现代化、治理方式现代化”的“三位一体”现代化创建格局，已通过中央和省级验收。全力推进“解纷无忧”共富班车专项工作，制发《安吉县“解纷无忧”共富班车工作实施方案》，三级矛调中心标准化建设、一村一警、共享法庭、检察官联村、村社人民调解组织、村（社区）法律顾问等6大指标覆盖率均达100%。加快基层治理示范点孵化培育，建成“梅好邻里”“新居民融合”“五社联动”等创新示范点，完善社会基层治理“最后一公里”，安吉县委政法委荣获2023年全省新时代“枫桥经验”指数样本县第1名。

【做优法治化营商环境】　安吉县委政法委以“三个第一”为导向，主动承接县委“133”中心工作，聚焦涉法治领域企业“急难愁盼”问题，通过“微整合”推动“大提升”，成立“法护营商”专项行动领导小组，出台《安吉县政法系统打造法护营商最优县八项实施意见》，围绕政策牵引、助企服务、涉企纠纷隐患排解等方面，打出安吉政法优化营商环境“组合拳”。深化涉企犯罪打击，常态化开展教育、金融放贷、市场流通等行业领域整治行动，对涉黑涉恶违法犯罪，坚持“打早打小，露头就打”。加大知识产权犯罪打击力度，显著提升全年知识产权类犯罪破案数、企业被侵害案件破案率、企业“内部腐败”四大类案件追赃挽损率等硬核指标，筑牢助企健康“防火墙”，充分发挥法治固根本、稳预期、利长远作用。

【服务“两无两违”中心工作】　安吉县“两无两违”专项行动开展以来，安吉县委政法委牵头司法保障组，紧扣县域中心大局，全力以赴提供司法保障服务，护航行动顺利开展。召集法院、检察院、司法局等成员部门开展专题研判7次，积极参与案件协调，审核提交安置补偿协议2份，对援引法律条款、比例问题提出修改意见，解答反馈涉法涉诉问题5次。

【县委政法工作会议暨全县信访工作会议】 3月2日，2023年县委政法工作会议暨全县信访工作会议召开，县委副书记、政法委书记柏建华讲话，副县长、公安局局长陈悦主持，县领导杨鹤云、王亚琪、杨旭参加会议。会议传达了中央、省、市委政法工作会议暨全市信访工作会议精神，传达了县委常委会有关精神及市委常委、县委书记杨卫东，县委副书记、县长宁云对政法工作指示批示，通报2022年度政法信访工作先进集体和个人表扬，全面总结2022年政法信访工作成绩，研究部署2023年政法和信访工作。

【夺得平安安吉十八连冠】 3月，安吉县成功实现“平安县十八连冠”，捧回“二星平安金鼎”。安吉县委政法委持续深入开展平安安吉建设，锚定平安安吉“十九连冠”目标，全域摸排矛盾纠纷，全量掌控风险隐患，严格落实平安领导责任制。坚持“一课三会”，定期召开平安考核研判会，扬长补短。对重点领域、场所检查全覆盖，坚决遏制较大安全事故发生。全力落实隐患整改，开展平安约谈会议5次，约谈部门18家，持续压实平安建设主体责任。全年共计下发平安“督办单”2件，检查任务5000余家次，确保实现“防事故、防案件、降亡人、降起数”目标。持续深化平安宣传，以“听到平安、看见平安、感受平安”浓厚全县平安建设氛围，全县群众安全感满意度达98%以上。

【全县建设平安安吉工作会议】 5月12日，全县建设平安安吉工作会议召开。市委常委、县委书记杨卫东讲话，县委副书记、政法委书记柏建华主持并通报了2022年全县平安建设工作情况，县领导何晓红、沈霞俊、贺苗、顾建强，县法院院长王亚琪、县检察院检察长杨旭出席。

3月，安吉县实现“平安县十八连冠”，捧回二星平安金鼎

【承办湖州市宣传贯彻《浙江省平安建设条例》启动仪式】 6月29日，湖州市宣传贯彻《浙江省平安建设条例》暨平安建设基层基础提升年活动启动仪式在安吉举办。市委政法委副书记滕辉出席会议并讲话，县政府党组成员、梅溪镇党委书记夏中金参加并致辞。梅溪镇、天子湖镇、应急管理局三名代表作发言，与会领导为乡镇（街道）和村社代表授基层治理能级提升尖刀班旗帜、授安吉县“余村经验”研学工作站和实践基地牌匾、赠予“乡村振兴·反邪同行”宣传月相关书籍。

【全市政法系统领导干部读书会】 11月20—21日，全市政法系统领导干部读书会在安吉召开。会议深入学习贯彻习近平总书记考察浙江重要讲话精神，不断坚持和发展新时代“枫桥经验”，努力推进政法工作现代化，全力打造平安中国示范区的先行区。读书会期间与会人员听取坚持和发展新时代“枫桥经验”专题授课；召开2023年市委政法委员会第四次全体（扩大）会议，交流主题教育开展情况，并开展集中自学和相关研讨；为2023年全市“法护两山”“法护营商”十大最佳实践案例颁奖。

【“余村经验”研究服务中心获评年度浙江省工人先锋号、“余村善治”获评浙江新时代“枫桥经验标志性成果”】 4月27日，“余村经验”研究服务中心获评2023年度浙江省工人先锋号；11

月 7 日，安吉县“余村善治”荣获浙江新时代“枫桥经验标志性成果”。近年来，安吉余村坚持创建以党建引领为核、生态经济为基、“四治融合”为道、“共建共治共享”为本的综合治理模式，切实把矛盾解决在萌芽状态、化解在基层，探索出了一条可复制、可推广、有实效的基层治理的法治之路。2023 年安吉县荣获全省新时代“枫桥经验”指数样本县第 1 名，“余村经验”相关理论文章刊登于《中国法治》2023 年第 12 期、司法部官网。

【县委政法委获评浙江省政法系统 2019—2023 年度先进集体】 2024 年 1 月 3 日，省委政法委、省委宣传部、省人力社保厅组织开展了全省政法系统 2019—2023 年度先进集体、先进个人和第三届“最美浙江人·最美政法人”评选表彰活动，中共安吉县委政法委员会被授予浙江省政法系统 2019—2023 年度先进集体（湖州唯一）。

（周晋鹏）

安吉县社会治理中心

【概况】 2023 年，安吉县社会治理中心核定事业编制 15 名，编外用工计划控制数 14 名。设主任 1 名，由县委副书记、县委政法委书记兼任；第一副主任 1 名，由县委政法委常务副书记兼任；常务副主任 1 名，兼县委办副主任、县委政法委副书记，正科长级；副主任 3 名，其中 1 名兼县信访局副局长；兼职副主任 3 名，分别由县信访局、县应急管理局、县大数据局主要领导兼任。经费县财政全额补助。县社会治理中心依托一体化智能化公共数据平台，承担运行监测、矛盾调处、分析研判、协调流转、应急指挥、督查考核等职责，由县委办公室统筹管理，日常管理由县委政法委负责，原则上县社会治理中心党的建设、干部人事、资产财务等方面的重大事项提交县委政法委研究决定。

【基层智治系统升级应用】 2023 年，按照“1612”体系与“141”体系衔接贯通工作要求，迭代升级基层智治综合应用系统，同时打通应用至县、乡镇（街道）、村（社区）、网格四级，积极承接 13 个省级重点应用落地，综合集成县级特色应用 4 个（安心享、竹乡楼道长在线、梅管家智慧犬管、退役军人全生命周期管理），实现竹乡楼道长在线应用全县所有城市社区的推广使用。完成构建“党建统领、经济生态、平安法治、公共服务”四条跑道，打造县基层智治驾驶舱、基层智治大脑驾驶舱、基层智治综合应用驾驶舱。谋划新一轮基层智治综合应用的迭代升级，拟建设事件中心、任务中心、考核中心等基层智治五大中心，建设与省矛调协同应用、人民调解大数据平台等系统集成对接的县级矛盾纠纷全量数据库，有效承接中心六大功能，支撑基层智治系统运行。截至 12 月 10 日，运用县基层智治综合应用内平安风险预警预测防控模块进行数据分析，发布月报 8 期，专报 6 期，通过线上受理、精准流转、全流程督查方式成功解决网格上报问题 12.32 万件，办结 11.83 万件，办结率 96.02%。

【网格智治建设】 为切实强化“141”框架下党建统领网格智治，优化调整基层网格 985 个，出台《1＋3＋N 网格队伍岗位职责》《党建统领网格智治任务清单》等工作指导文件，创新城市社区最小单元化治理，搭建微网格，配齐楼道长 2568 名，配合组织部出台《安吉县小区楼道长队伍建设规范》《全县楼道长队伍日常管理积分制办法（试行）》等工作规范文件。加强网格工作督查，每月通过 15 个乡镇（街道）实地走访和线上采集系统数据相结合的方式，下发网格工作督查通报和专项督办单，截至 12 月 10 日，共下发《安吉县社会治理督查通报》9 期，专项督办单 92 件，各乡镇（街道）整改率 100%。根据省市要求开展网格员双纳入工作，积极开展网格员、楼道长业务培训，完成全县 985 名网格员和 35 名信息受理员线上业务培训 1 次、线下业务培训指导 5 次，抽查应知应会知识共计 140 人次，开展楼道长应用培训 6 期。

【矛盾纠纷化解】 着手积案化解，完善优化巡调机制，县级矛调中心设立巡调工作室，联合乡镇街道增设 2—3 名巡调员，成立巡调小组，按片区分配任务，每月对全县开展巡查巡调，按照案件难易程度，由巡调组、乡镇矛调中心、县级矛调中心依次解决，每半年开展一次疑难案件清零行动。截至 12 月 10 日，巡调工作室开展巡调 29 次，化解疑难纠纷 11 项。聚焦涉众解纷，协调处置翡丽蓝湾、紫金汇、明鸿花园百人群访、永艺、恒大、城投工伤、工亡事件等相关涉民生领域事件,通过全面梳理群众诉求,逐案找出症结,研究推进化解,加强正面引导,做到诉求清、责任清、方案清、过程清、结果清,防止问题反复。推广指尖解纷,全域推广“浙江解纷码”,线上为群众提供咨询、调解、仲裁等服务,打破当事人时空阻隔,让矛盾纠纷全流程有迹可循、有据可查,实现矛盾纠纷调处从“最多跑一地”到“一地都不用跑”的转变。2023年,“浙江解纷码”共受理事项10065件,占全县矛盾纠纷总量的85.13%,调解成功率67.94%(同比上升10.54%),基本实现三级化解率136目标。

(阮晨辉)

公　安

【概况】 2023年,安吉县公安局共接报刑事警情2426起、治安警情10538起,同比分别上升85.3%、35.9%,其中黄赌警情572起、侵财警情2455起,同比分别下降13.3%、4.6%;侦破刑事案件1009起,采取刑事强制措施1556人,移送起诉1403人,同比上升39.6%;查处治安案件1302起,行政处罚2433人(包含处罚单位);接交通事故警情5.89万起,同比上升15.23%,其中交通亡人事故61起,死亡61人,同比分别下降10.29%、10.29%。坚持落实24小时情报研判,收集掌握各类线索335起,化解信访积案30起。与卫健局积极合作,进一步强化对易肇事肇祸精神病重点人管控。流动开展矛盾纠纷1102起,对全县96起存量矛盾纠纷已全部落实稳控措施。全年获省市县各级领导批示肯定19次,收到群众感谢锦旗215面,感谢信17封。预审大队入选2023—2024年度全国维护青少年权益岗创建单位;县公安局“公职律师服务拟IPO企业,高质量助推企业上市”项目荣获全省公安机关服务保障三个“一号工程”最佳实践案例,入选2023年全市“法护营商”十大案例;赋石水库生态联勤警务站成功获评全省第一批生态文明建设实践体验地优秀案例。全年16个集体和56名个人获市级以上荣誉,3个集体和9名个人获省级以上荣誉,其中马拓、倪金荣获国家级荣誉。成立“爱警办”,全年发布11项暖警惠警行动,落实疗休养、医疗体检等爱警福利,全警归属感更强。

【大型活动保障】 完成亚运安保、两会、白茶采摘、大麓青年音乐节等51场次安保和17批次警卫任务。其中亚运安保战斗104天等级响应,连续49天等级响应,8个检查站24小时运转。深入开展“护航亚运百日大巡防”,共盘查可疑人员10.5万余人次,抓获部网逃犯20人。保证了亚运安保的全赢全胜。县公安局因此获评杭州亚运会、亚残运会市级集体嘉奖。全力推进夏季治安打击整治专项行动,共刑事打处154人,治安处罚985人,上报完成省督案件2起,其中获选经典案例1起,形成严打“黄赌”高压态势。

【网络诈骗预防】 以无诈创建行动为载体,重点培育2个乡镇、8个村(社区)和20家企事业单位争创无诈先进单位,全力捂好群众“钱袋子”。全量抽查预警劝阻落实率,劝阻拦截电信网络诈骗案1109起,止付准确率97.51%、环比上升7.1%,冻结准确率99.61%、环比上升5.7%。挽损超过1700万元,涉电诈犯罪嫌疑人抓获数同比增长78.54%。1—12月,全县“反诈指数”均位列全市前2,其中4次位列第一。

【执法与服务】 开展消防安全联合集中夜查行动,全面落实38735间居住出租房和13687间沿街店铺消防安全风险防范化解措施,配合“黑气”查处专项工作,严厉查处3起燃气生产、作业、经营中违反有关安全管理规定行为,保证消防安全形势稳定。聚力攻坚天荒坪、山川、上墅、杭垓强降雨洪汛,共转移人员229人,无人员伤亡,未发生次生灾害。深入开展“减量控大”“途安”等系列行动,严查工程运输车辆“三超一疲劳”、电动自行车头盔未戴、“分心驾驶”“炸街车”等交通违法行为,开展云鸿路等重点路段交通整治,共查处各类货车违法3835辆,电动自行车违法行为37779起,生活噪声类警情同比下降21.2%。强化“浙里物管”系统应用,落实“一次提醒、二次约谈、三次处罚”配套管理措施,全县危化品管控率100%,切实形成危化品管控闭环。

428名生态警长和108支守山护水生态义警队伍累计开展巡查1.1万余次,西苕溪非法捕捞刑案及重要林区森林火灾“零发生”。查处涉环领域违法案件99起，其中倾倒垃圾案件7起，刑事打击16人，行政处罚11人，捣毁“黑窝点”“黑作坊”16个，涉案价值4000余万元。

【为民服务】 全市率先落地“拍照一件事”改革，实现身份证、出入境证照“一窗通拍”和交通、卫健等15个部门91个事项“全域应用”，累计服务群众43585万人次。完成全县271个行政服务延伸网点建设，确保政务服务2.0系统全覆盖，实现群众“随时随地办”。搭建与贵州三都跨省通办政务服务桥梁，建立线上流转审批程序，15项户籍业务和51项交管业务打通通办渠道，累计办理跨省通办业务61件，单笔业务办理时间平均缩短5个工作日，新居民融合氛围进一步浓厚。

出台《安吉县公安局优化营商环境十四条举措》，企业警长覆盖率达100%，创新推出公职律师服务拟IPO企业工作机制，为县域25家拟IPO企业提供一对一“增值式”法律服务，已成功助力4家企业上市，占2023年全市上市企业数量的50%，获副省长、公安厅长杨青玖批示肯定。建立一站式服务“地瓜经济”公安专窗，落实14项27条增值服务举措。将“安吉白茶”商标纳入易受侵权保护库，对“安吉白茶”制假售假乱象开展全链式打击整治，成功破获“727重大制售假冒‘安吉白茶’案”。严厉打击假酒、假烟等案件，抓获74人，收缴假烟4100余箱、假酒5000余箱，涉案金额8000余万元。

针对余村（山川）旅游度假区、黄浦江源旅游度假区、西南片区景点聚集区、中部涉旅纠纷高发区，全力开展“警情治理”工程，通过“所队融合”，跨辖区组建6支旅游警察队伍，调动180名机关警力，分散布设在全县4条景区干道，共及时就地处置涉旅纠纷393起，警情防治效果明显。深度运用“安心营”应用，并建立“指导＋监管＋保障”管理模式，全县43个露营地安全事故、刑事治安案件零发生。对城市有机更新路段进行路口渠化改造、勤务岗位动态布点和信号灯配时调优，定时定线定向规划工程运输车辆通行，确保项目建设安全有序，县公安局荣获县城市有机更新集体三等功。

11月，全省首个一站式服务“地瓜经济”公安专窗启用

【队伍建设】 将习近平总书记重要回信精神、习近平考察浙江重要讲话精神、《习近平新时代中国特色社会主义思想专题摘编》“八八战略”系列理论读本等学习资料纳入主题教育重要学习内容，提升全警政治素养。各级党组织均制定5次以上集中学习计划，开展集中学习82场次，260名民辅警在会议上谈心得、讲体会，已实现学习全警覆盖。

制发《全县公安机关关于开展队伍作风建设年行动方案》《全县公安机关整治“一掌柜六先生”实施办法》，紧盯“人枪车酒密网”，保持高压严管态势。打造“看见”栏目公安行动版，共制发57份警情提示单和14期曝光视频播放通报，倒逼队伍作风整体向上向好转变。

深入推进“一所一队一教官”工程，组织省市级7名教官围绕实战需求研发10套课程并投入应用，安排23名民辅警组成专业小教官团队，共开展“上门送教”活动17次，为1600余名一线民辅警提供业务培训，全面提升基层核心战斗力。聚焦中层干部履职提升工程，制定《安吉县公安局落实案件审核履职工作规定》，充分发挥中层干部示范引领作用。

【发布全国首个未来派出所建设地方标准】 6月30日，安吉县以“芯”勤务、“芯”治理、“芯”服务、“芯”执法、“芯”警营为核心，在孝源派出所落地建设未来派出所1.0版，并发布全国首个未来派出所建设地方标准。

未来派出所依托可视化指挥调度平台，结合350M对讲机、4G执法仪等装备，动态制定PTU巡逻、驻守路线28条，会同社会治理中心出台12345热线、110警情分流机制，建立健全分流、督考体系，运用赋分管理、制发追踪单等措施，实现非警务警情流转、交办、处置、反馈闭环管理。孝源派出所非警务警情分流率从9%提高至48%。搭建无人机集群智能管控平台，统筹使用全县无人机、机巢资源，创新交通治理、空地一体接处警等10个应用场景，勤务效率得到进一步跃升。通过采集设备捕获辖区每日新增流动人口数据，推送至派出所小屏，利用数据的精准导入、分析、下发、反馈，实现对流口数据的精准研判、闭环核查。

【开设省内首个一站式服务“地瓜经济”公安专窗】 12月7日，在安吉县政务服务中心开设全省首个一站式服务“地瓜经济”公安专窗。安吉县公安局以全警种支撑、全周期服务的理念，成立全省首个一站式服务“地瓜经济”公安专窗，通过开辟服务阵地、畅通服务通道等方式精准靠前护航，打造“企业最有感”营商环境。一是聚焦资源整合，打造“一类事”窗口。推动涉外管理服务跨部门、跨层级、跨领域连锁整合，成立服务“地瓜经济”公安专窗，增设3个增值服务工位和1个洽谈区，实现服务从“一件事”到“一类事”延伸。开通企业政务服务一件事流动班车，实现交警、户籍、出入境等12类事项上门办理。

（夏珠莲）

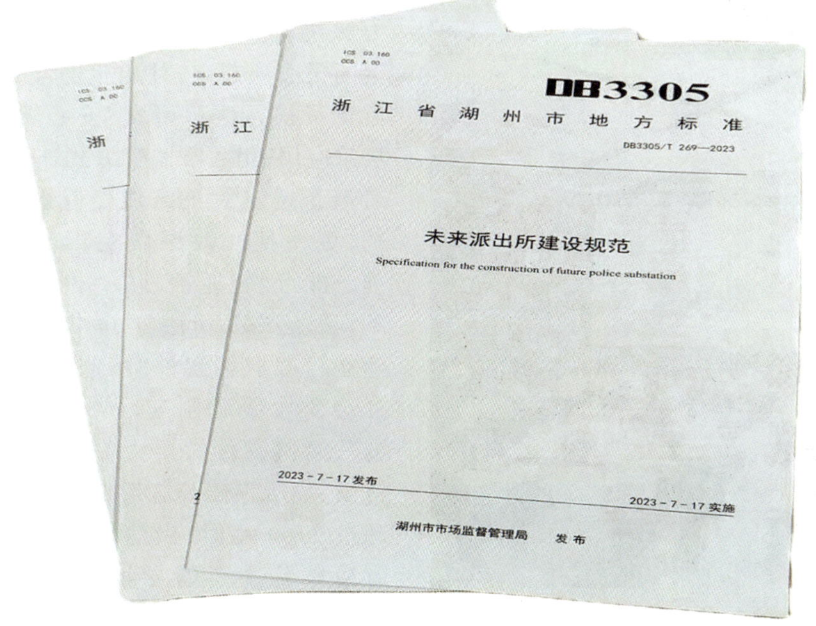

未来派出所建设规范地方标准

检　察

【概况】 2023年，检察工作受理各类审查逮捕案件191件266人，受理各类审查起诉案件944件1328人。办理“两抢一盗”、故意伤害等严重危害社会治安犯罪704件956人，切实增强人民群众安全感。依法办理电信网络诈骗、非法吸收公众存款等涉众型经济犯罪73件177人，为群众追回财产损失3400余万元。起诉制售含有毒有害成分的“减肥药”“瘦脸针”等犯罪16件30人。出台助力“一号改革工程”12条意见，完善“护企助企”检察工作格局，依法惩处侵犯民营企业产权和企业家权益犯罪59件102人，帮助企业追赃挽损近2000万元。协同县委组织部组建护“才”联盟，成立全市首个高层次人才检察法律服务中心，为电子科技、生物医药等人才密集型企业提供“点单式”助企服务38次，相关工作获《湖州日报》头版报道。稳妥推进涉案企业合规改革，对工程招投标等领域6名整改合格的企业家或高管依法作出宽缓处理，并推动涉案合规向行业治理延伸，让守法经营成为企业自觉遵循。坚持全链条打击腐败犯罪，在线索移送、提前介入、协同办案等方面，深化监察执法与刑事司法有效衔接，办理监察机关移送职务犯罪案件18件18人，其中科级以上干部2人。深入践行审查、调查、侦查“三查融合”理念，立案侦查司法工作人员滥用职权等损害司法公正犯罪 3 人，切实维护司法权威。与县纪委县监委共同做好廉政教育基地建设，全年接待干部群众来院参观 58 批 1800 余人次，充分发挥廉政文化的教育引领作用。

集中办理生态环境领域“四大检察”案件 46 件，融合办案率达 78.9%。坚持系统观念，联合水利、农业、综合执法等部门，开展西苕溪安吉段流域专项监督，推动打捞废弃沉船 27 艘，整治河道水葫芦 3000 余吨，助力母亲河“绿水”经济带焕发新生机。加强检校合作，与省法学会环境资源法学研究会以及浙江农林大学等 4 所高校法学院，共建生态检察与公益诉讼研究基地，邀请专家学者参与实务论证、碳汇测算等 25 人次，有效实现法学理论与检察实务的共融共促。在首个“全国生态日”举办全国“环境资源犯罪检察理论与实务研究”专题研讨会，被增列为最高人民检察院基层联系点，调研成果获一等奖。扎实推进乡村振兴。围绕特色产业、生态环境等多领域，办理农村面源污染、农产品安全等涉农案件 36 件，为全县打造“千万工程”实践样本赋能添彩。按照白茶产业“三茶统筹”高质量发展的要求，联合林业、农业和天荒坪镇等部门，共同推动“白茶祖”古树等级保护提升、周边环境改造等工作，获评全省林业资源保护公益诉讼典型案例。认真落实最严格耕地保护制度，督促保护耕地、林地等农用地百余亩，对一起非法占用农用地案运用卫星遥感技术，精准判定违法占用时间，在追究当事人刑事责任的基础上，以公益诉讼方式督促其缴纳生态环境损害赔偿金 160 余万元。牢记“公共利益代表”的神圣职责，通过督促整改、惩罚性赔偿等方式，立案办理民事、行政公益诉讼案件 53 件。紧盯耕地“非粮化”“非农化”、文物古迹保护等社会热点问题，协同农业农村、文体旅游等部门，通过专题磋商、跟进监督的方式，切实把检察公益诉讼制度优势转化为社会治理效能。开展“‘益’起护两山”专项行动，融合“代表委员＋检察官＋‘益心为公’志愿者”三支队伍，在汽修危废处置、工地扬尘污染、矿山资源修复等领域，开展线索研判、案件论证、检察听证等活动 15 次，以“开门办案”方式，进一步强化公共利益保护合力。

8 月 17 日，全国“环境资源犯罪检察理论与实务研究”专题研讨会在安吉召开

就地快办辖区轻微刑事案件 231 件，帮助解决民生问题 40 余个，天荒坪（余村）检察室获评全省首批“枫桥式检察室”。创新完善“等级评估＋协作调解＋治理预防”工作模式，联合网格员、调解员、楼道长等各方力量，参与化解矛盾纠纷 57 件，做到既解“法结”又解“心结”。聚焦“恶意欠薪”问题，办理拒不支付劳动报酬案件 7 件，帮助 39 名务工人员追索欠薪 120 余万元，努力解决群众身边的烦“薪”事。会同司法局制定《外出生产经营监管帮扶办法》，研发“安心矫”场景应用，用数字监管方式让 58 名涉企矫正对象跨域经营更规范、更便捷。做深做实诉源治理。推行“轻罪治理”一件事改革，联合公安、司法等 11 家单位建立轻微刑事案件“不起诉＋”社会公益服务制度，103 名“酒驾”、赌博案件嫌疑人完成交通执勤、禁赌宣传等志愿服务累计超过 1100 小时，做法成效得到省检察院主要领导批示肯定。加强跨区域司法协作，联合贵州省三都县检察院共同为三都来

安新居民，提供纠纷化解、困难帮扶、异地帮教等多元服务，获《检察日报》头版专题报道。在县委政法委的统筹下，联合残联、妇联、慈善总会等部门共建“竹乡检爱”救助机制，向因案致贫、因案返贫的104名群众，发放救助金70余万元，彰显司法人文关怀。倾情关爱妇女儿童。以零容忍态度依法严惩侵害未成年人犯罪，批捕35人，起诉94人。一体关爱救助未成年被害人，联合公安出台《刑民融合工作指引》，以支持起诉方式帮助受性侵女童获得精神损害赔偿45.6万元。充分发挥附条件不起诉制度的特殊预防和矫治功能，与妇联、教育、关工委等五部门建立联合帮教机制，43名涉罪未成年人顺利回归校园或社会。深化反家暴综合防治体系建设，会同法院、妇联等七部门建立人身安全保护令联动协作机制，办理的一起受家暴妇女联合救助案获最高检刊发推广。加强综合司法保护，“防止未成年人滥用药物案”获评最高人民检察院指导性案例，并被全国妇联、全国总工会等五部门评为第五届全国依法维护妇女儿童权益十大案例。

规范开展“两项监督”，共监督立案19人，监督撤案6人，追捕追诉24人，切实做到不枉不纵。深化“1＋6”检警协作模式，在10个派出所或办案大队设立联络站，开展疑难案件会商、侦查提前介入等协作配合60余次，共同提升执法司法能力和水平。落实以审判为中心的刑事诉讼制度改革，1217名犯罪嫌疑人主动认罪认罚，全年适用比率达86.25％，有效减少社会对抗，促进罪犯改造。强化刑事执行监督，办理减刑、假释、暂予监外执行监督案件20件，坚决防止“纸面服刑”，守护“高墙内”的正义。贯彻实施民法典，办理民事生效裁判监督案件11件，审判执行活动监督案件29件。加强民事执行监督与协作配合，对12名拒不执行判决、裁定的被执行人依法追究刑事责任，助力解决“执行难”。全省率先开展涉交通安全统筹民事裁判监督，针对发现的“类保险”平台“暴雷”失管问题，联合金融监管、交通运输等部门开展协同治理，帮助物流运输企业及时防范虚假保险“陷阱”，获评全省践行新时代“枫桥经验”民事检察典型案例，工作做法入选省检察院数字办案指引全省推广。助力法治政府建设。坚持“一手托两家”，两级院联动化解长达10年的行政争议2件，协同上级院开展行政生效裁判案件同步审查，向行政机关制发检察建议7份，有效促进依法行政。在县委政法委领导下，优化行政机关接受法律监督的质效评价体系，全省首创检察建议落实整改正向激励机制，进一步凝聚府检共识、增强合力，以高质量法律监督助推县域治理现代化。联合县政府出台《关于加强行政检察与行政执法监督配合的若干意见》，打好信息共享、专项监督和检执联动组合拳，实现检察法律监督和政府内部监督有效衔接，助力建设更高水平法治安吉。

【防止未成年人滥用药物案】　3月1日，最高人民检察院发布，经2023年2月1日最高人民检察院第十三届检察委员会第一百一十三次会议决定，安吉县检察院办理的防止未成年人滥用药物综合司法保护案入选第四十三批指导性案例（未成年人综合司法保护主题），并被全国妇联、全国总工会等五部门评为第五届全国依法维护妇女儿童权益十大案例。

【“益”起护两山】　3月3日，安吉县检察院在县人大代表中心联络站举行“‘益’起护两山”志愿者行动发布会。安吉县人大常委会党组成员、副主任王一明，安吉县检察院党组书记、检察长杨旭，昌硕街道人大工委、县检察院、县志愿者协会等相关负责人以及“益心为公”志愿者等参加活动，发布会由安吉县检察院党组副书记、常务副检察长胡秀义主持。

【竹乡检爱救助基金】　5月19日，安吉县检察院联合县残联、慈善总会举办“‘检察＋残联＋慈善’共护残疾人权益”主题活动。县残联党组成员李萍，县慈善总会周文涛，人民监督员万成红等受邀出席活动。县检察院检委会专职委员宋丽燕，各部门代表参加座谈。

【“协同共建·守心未来”未成年人检察开放日暨新闻发布会活动】　5月26日，安吉县检察院在递铺街道康山村举行“协同共建·守心未来”未成年人检察开放日暨新闻发布会活动。湖州市检察院党组副书记、常务副检察长戴立新，安吉县政协副主席杨鹤云，贵州省三都县检察院党组书记、检察长喻正勇，安吉县检察院党组书记、检察长杨旭等出席活动，部分代表委员、人民监督员，县委政法委、教育局、民政局等相关部门负责人、获奖师生代表、媒体记者参加。

【“环境资源犯罪检察理论与实务研究”专题研讨会】 8月17日，“环境资源犯罪检察理论与实务研究”专题研讨会在安吉召开。本次研讨会由最高人民检察院第一检察厅、人民检察杂志社主办，安吉县人民检察院承办。最高人民检察院党组成员、副检察长陈国庆，第一检察厅副厅长、一级高级检察官罗庆东，检察日报社党委委员、副总编辑李国明，浙江省人民检察院党组成员、副检察长孔璋，检委会专职委员、一级高级检察官沈雪中，湖州市委常委、安吉县委书记杨卫东，湖州市人民检察院党组书记、检察长黄辉等出席研讨会。最高人民法院、公安部、自然资源部、生态环境部、国家林草局有关部门负责人参会并参与主题研讨。来自最高人民检察院第四检察厅、第八检察厅、法律政策研究室、国家检察官学院学报、中国检察官杂志社、中国检察出版社、检察理论研究所的领导和相关负责同志参加会议。部分全国人大代表、专家学者、获奖论文作者代表等受邀参加会议。

【轻罪治理检察工作座谈会】 11月24日，安吉县检察院轻罪治理检察工作座谈会在天荒坪（余村）检察室召开。部分省市县镇四级人大代表、民主党派代表，县人大、县政协、职能部门以及社会公益组织有关负责人等20余人参加座谈。安吉县以轻微刑事案件“不起诉＋”社会公益服务为切口，积极探索推进“轻罪治理”一件事改革，相关做法及理论研究被省院《检察调研》刊发，并得到省院主要领导两次批示。

11月24日，轻罪治理检察工作座谈会举行

【天荒坪（余村）检察室】 12月8日，浙江省检察机关坚持和发展新时代“枫桥经验”大会暨“枫桥式检察室”建设推进会在杭州召开。会议通报了全省首批“枫桥式检察室”命名情况，命名15个单位为全省检察机关首批“枫桥式检察室”。其中，安吉县人民检察院天荒坪（余村）检察室入选，并在大会上作交流发言。

（汪　超）

法　　院

【概况】 2023年，县法院共受理各类案件10234件，办结10024件，参与诉前化解4562件，化解成功2437件，法官人均结案309件。先后荣获全省法院“集体二等功”等集体和个人荣誉69项。

聚力省委三个“一号工程”，扎实开展“营商环境法护行动”，营商环境无感监测指标全部达满意值。成功获批涉外商事案件管辖权，审结涉企案件2567件，涉案金额32.52亿元。设立买卖合同纠纷立审执绿色通道，平均审执天数缩短至69天，全市最优。开展涉企案件专项执行，为436家企业及时兑现胜诉权益2.13亿元，帮助140家企业修复信用、恢复生产。发挥破产审判“积极拯救”和“及时出清”功能，办结破产案件32件，盘活土地1800.37亩，化解不良资产2018.16万元，推动孝源街道上影区块、梅溪镇康桥佳苑等多个历史遗留问题纳入法治化轨道破解。开展绿色家居、安吉白茶、旅游等产业护航行动，审结全市首例确认绿色家居知识产

2 月 16 日，法院开展绿色金融护茶专项活动

权纠纷行政调解协议效力案，入选全市知识产权保护典型案例；与行业协会、知产快维中心等部门构建“行业＋行政＋司法”三轨制解纷模式，从源头推动“安吉白茶”地理标志保护的规范管理；以示范判决推动化解云上草原景区与商户间联营合同系列纠纷，避免重点旅游企业陷入诉讼泥淖。立足司法推动解决人民群众急难愁盼问题，切实为弱势群体纾困解难。扎实开展治理欠薪专项行动，指导化解和办结劳资纠纷 414 件，帮助务工人员追回工资薪酬 1325.15 万元。审结“无理调岗降薪案”，判决用人单位支付赔偿金及工资差额，保障劳动者自主就业权；审结“环卫工人讨薪案”，判决劳务公司为环卫工人补缴 7 年社保，让绿色卫士劳有所得；审结涉网约司机、外卖小哥、网络主播等新业态劳动者案件 16 件，规范行业健康发展；以执行查控措施倒逼一人公司股东主动履行债务，保障 34 名农民工工资及时偿付。加强司法帮扶救助工作，为 417 名困难群众联系办理法律援助；减免诉讼费 133.77 万元；司法救助 28 件 28 人，救助总额 66.8 万元，为共同富裕建设提供司法“托底”。监督和支持行政机关依法履职，助力“大综合一体化”行政执法改革，审结行政案件 82 件，准予执行行政非诉审查案件 59 件，调撤率 83.87%，行政机关败诉率下降至 1.09%。聚力开展行政争议预防化解行动，联合县乡两级行政争议调解中心化解纠纷 45 件。孝丰镇一起历时九年的林地权属纠纷，进入诉讼后经协调得以实质化解。主动延伸审判职能，发送司法建议、白皮书、督促化解函等 5 份，全部得到有效反馈。为城市有机更新和“两无两违”整治设立司法服务专班、编发征迁指引、提供法律指导，主动化解涉健恒医院系列纠纷等一批“骨头案”，仅 1.2‰ 征迁户进入诉讼，经验做法在全市府院检联席会议上做交流发言，获最高法院信息刊登。坚持和发展新时代“枫桥经验”，推动完善“3＋N”解纷体系，诉前化解成功率 33.5%，化解不成及时立案，抓实诉源治理和落实立案登记制经验做法在全省法院专项工作会议上作经验交流。不断强化人民法庭建设，孝丰、灵峰两个基层法庭在辖区党委政府大力支持下启动新建，“森林法官”预防化解乡村矛盾工作法入选全省“枫桥式工作法”，灵峰法庭入选全省首批“枫桥式人民法庭”，深化家事纠纷“一揽子”化解工作经验获市委信息刊登，深化“警庭联动”防止矛盾纠纷“民转刑”工作经验在全市推广。平安护航亚（残）运会，扎实推进“有信必复”工作，依法实质化解和终结信访案件 74 件。

围绕专业性、预防性、恢复性、协同性司法，以高质量环资审判护美绿水青山，审结环资案件 65 件。出台《深化森林法官工作机制服务保障生态文明典范城市先行区建设的意见》，落实环境损害赔偿制度，将生态环境功能丧失期间损失纳入损害赔偿范围，避免“砍了一棵大树，只种一株小苗”的损益不平衡问题。勘察金钱松、银杏等古树生长及保护现状，联合林业部门对长势衰弱的古树名木开展抢救和复壮工作。丰富司法令状适用场景，建立“行政监管＋刑事惩治＋公益诉讼”全链条保护模式，实现预防、惩处、修复闭环。立足县域特色产业，聚焦产业生态化和生态产业化，助推产业生态资源实现价值转换。依法支持“四荒”土地次承包方代为履行承包费、违约金等债务，保障土地资源合法合理开发利用，入选省高院“当事人一件事”改革典型案例。深化碳汇司法研究，在以碳汇预期收益为质押物的绿色金融案件中明确碳汇物权属性，探索碳汇预期收益进入市场流通，购买碳汇修复生态责任承担方式的调研成果获国家A类核心期刊刊登。前移司法服务关口，将“一馆四基地”打造成为集理念传播、成果展示、巡回审判、法治教育等功能于一体的生态司法教育实践基地向公众开放，接待研学参观465人次；依托共享法庭在线开展生态保护宣讲、以案释法，切实提升公众环保意识。成功举办长三角法院首个全国生态日活动，发布司法守护绿水青山“安吉宣言”，“两山”法治故事亮相最高法院直播活动。《森林法官厚植绿色基因》获人民法院报头版头条刊登。

8月10日，“循迹‘两山’理念发源地、建功法护生态新征程”案（事）例讲述活动在安吉举行

贯彻总体国家安全观，落实《浙江省平安建设条例》，审结刑事案件578件，判处罪犯785人。依法严惩职务犯罪，审结贪污贿赂、滥用职权犯罪14件14人，其中涉招投标、投融资、医疗卫生等重点领域5件5人。坚持受贿行贿一起查，审结行贿案件4件4人，斩断“围猎”与甘于被“围猎”利益链。坚持“教育、感化、挽救”方针，审结未成年人犯罪案件14件32人，对19名未成年被告人适用非监禁刑，常态化开展回访帮教。严惩强奸等侵害未成年人身心健康的犯罪，依法支持未成年被害人预期心理康复费用，落实特殊、优先保护原则。聚焦食品药品、医疗美容领域突出问题整治，审结非法销售减肥药、肉毒素等危害食品药品安全犯罪14件23人，警示消费者理性选择医疗美容服务。重拳打击非法吸收公众存款、电信网络诈骗等危害群众切身利益的犯罪29件72人，对“缅北电诈案”组织庭审观摩，加强警示教育，保护人民群众“手机上”“口袋中”的安全。准确适用《民法典》，审结民事案件1790件。深化家事审判改革，审结婚姻、继承、赡养等家事案件483件，发出人身安全保护令5份、家庭教育指导令30份；对怠于履行监护义务的行为予以训诫，引导离婚父母约定子女“生日探视日”；快立快调百岁老人遗赠抚养协议纠纷，为妇女、儿童、老人筑起法治屏障。高质量落实“保交楼、保民生、保稳定”任务，提前介入翡丽蓝湾、悦见山等楼盘逾期交房纠纷，保障住有所居。坚持以公正裁判树立行为规则、引领社会风尚。审结“售后评价侵权案”，驳回商家要求如实评价的消费者赔偿名誉损失的诉讼请求，明确“名誉权”并非“遮羞布”；审结“未拴绳宠物伤人案”，判决饲养人承担赔偿责任，引导文明养犬“不掉链”；审结“电瓶车充电起火案”，判决私拉电源插座充电业主承担赔偿责任，引导居民安全用电。推动完善综合治理执行难大格局，办结初执案件3152件，到位金额2.83亿元。完善执行权制约机制，深化分段集约模式，防范一人包案到底的廉政风险。建立审执双向列席沟通机制，强化审执兼顾、加强执前督促，自动履行率达54.6%，优于全省合理区间。深化“法院＋公安”联动执行工作机制，精准查找、控制被执行人78人，查扣车辆32辆，有效破解“查人扣车”难题。开展涉金融、民生等专项集中执行10次，到位金额700余万元。启动“五年终本出清专项行动”，1万

余件历史积案完成“回头看”，执行到位2.65亿元，实现执行“终本”不终止。开展案款专项清理，案款平均发放天数缩短至7.5天。推动社会信用体系建设，对280名失信人员网络曝光，2335人列入“失信”“限高”名单，司法拘留83人次，以拒执罪追究刑事责任12人，进一步织密“一处失信、处处受限”信用惩戒网。

强化案件全生命周期管理，审执质效综合排名全省领先、全市最优。压实员额法官办案责任，院庭长办理重大、疑难案件2101件，监管“四类案件”191件。发挥专业法官会议辨法析理、审判委员会领航定向的作用，协助查明案情、统一法律适用，提升办案质量。开展优秀庭审、优秀裁判文书评比活动，推动庭审优质化、裁判精品化。持续深化“程序空转”专项治理，以最少程序、最短时间解决当事人“一件事”。依法严惩虚假诉讼、扰乱诉讼秩序、滥诉等行为35人次，罚款37.9万元，对其中2人以虚假诉讼罪判处刑罚，彰显司法权威、维护诉讼秩序。深入推进以审判为中心的刑事诉讼制度改革，推动“四类人员”出庭90人次确保庭审实质化。落实宽严相济刑事政策，准确适用认罪认罚从宽制度审结案件380件490人。保障被告人合法权益，为652名被告人指定辩护人，实现律师辩护全覆盖。联合公安、检察、涉案财物管理中心出台刑事涉案财物调查管理处置办法，填补涉案财物监管漏洞。推进关联案件检索并处机制，有效解决“同案不同判”问题；同一主体有多案涉诉涉执的，及时作出“立转破”“执转破”预警，视情启动破产程序。扎实推进民事诉讼程序繁简分流、提升小额诉讼程序适用率、扩大独任制适用范围，切实提升办案效率。强化司法领域增值服务，依托12368司法服务热线、人民法院在线服务、办案办公平台等载体为当事人提供高效便捷的诉讼服务。深入推进无纸化办案办公，升级网络开庭终端，在线立案853件、开庭902次、证据交换1172次。升级智慧警务2.0，增设看守所远程开庭设备，全方位提升安防水平。常态化提供电子证照查询业务158人次，为当事人查核信息提供便利。与不动产登记中心、车管所等部门实现信息共享，线上查询、查控财产5184件次，缩短办案期限，让群众感受更多“数字正义”。

健全“走出去＋请进来”培训机制，依托人民法院大讲堂、院长论坛、法官论坛等载体抓实政治理论学习，开展青年干警“明德守法、完善自我”专项行动，不断提升全院干警“从政治上看，从法治上办”的意识和能力。完善人员分类管理考核，用实员额法官评价体系，完善法官助理、司法雇员考核机制，营造实干争先氛围。秉持司法工匠精神，升级“深耕学堂”，以“办案人讲身边案”形式开展案例分享、学术沙龙等活动，推动审判工作不断向优。完成省重点课题3项，4篇调研报告、学术论文在省级以上学术论坛获奖，2篇案例分析获评全省优秀，1则案例获评全国法院年度优秀案例。持续实施“导师帮带”，选派8名优秀干警“上挂外派”，干警改革攻坚、应急处突、群众工作等能力显著提升。培育新时代司法英模，赵歆等11位同志获评全市“法院之星”。抓实全面从严治党、从严治院，坚定不移从严正风肃纪反腐，扎实开展能力作风建设年活动。常态化开展审务督察和警示教育，组织旁听职务犯罪庭审，坚决筑牢拒腐防变思想防线。严格执行中央八项规定及其实施细则和新时代政法干警“十个严禁”、防止干预司法“三个规定”等铁规禁令，纵深推进清廉法院建设，相关工作经验获省高院信息刊登并在全省法院督察工作会议上作交流发言。

严格落实县人大及其常委会作出的决议决定，办理人大代表建议2件、协办委员提案5件，办结代表、委员关注案件9件，就行政审判工作接受专项监督，全体员额法官接受述职测评。应邀参加全国人大立法调研活动，积极协助市人大关于碳汇立法项目申报。常态化开展代表委员联络工作，邀请代表委员参加会议、视察法院、旁听庭审、见证执行等321人次，开展“司法实务大比拼”“我为群众办实事”擂台赛等活动，邀请代表委员检验成果。推进行政审判业务下沉人大基层单元，相关做法获市委书记批示肯定。全力配合派驻纪检监察组开展工作，自觉接受对“一把手”和领导班子及司法权运行的全过程监督。依法支持检察机关履行法律监督职责，邀请检察长列席审委会5人次，办理检察建议58件，联合开

开展"我为群众办实事"擂台赛活动

展执行终本案件、信访终结案件专项督察，共同维护司法公正。坚持司法公开，举办公众开放日 12 次，让群众近距离走进法院、亲近法官。完善律法互评机制，抓实律师职业权利保障，进一步推动法官和律师良性互动。保障人民陪审员参审权利，推进人民陪审员深度参审案件 498 件，防止"陪而不审""审而不议"。

【绿色金融护茶专项活动】 2 月 16 日，安吉法院在白茶采摘季开展"绿色金融护茶专项活动"，以绿色金融为切口，针对茶农、茶企、茶商三类主体不同需求，深入开展司法服务，旨在为涉茶主体减少风险损失，推动当地白茶产业高质量发展。

【新时代"枫桥经验"获央媒连续点赞】 7 月 28 日，《人民日报》《光明日报》《法治日报》及中央电视台新闻频道等多家中央主流媒体集中点赞安吉法院"从'办理一案'到'治理一片'""法官入驻社会治理中心，集中配置资源形成合力，一揽子化解矛盾纠纷""老娘舅＋驻村法官化解矛盾调顺民心"等诉源治理工作经验。

【第一次团员大会】 8 月 1 日，共青团安吉县人民法院委员会第一次团员大会胜利召开，时任党组副书记，副院长孟黎明，团县委副书记方达，党组成员、政治部主任刘明晖出席会议，全院 28 位青年干警参加会议。

【"循迹'两山'理念发源地、建功法护生态新征程"案(事)例讲述活动】 8 月 10 日，浙江省高级人民法院主办、湖州市中级人民法院承办、安吉县人民法院协办的"循迹'两山'理念发源地、建功法护生态新征程"案（事）例讲述活动在安吉举行，重温习近平总书记"绿水青山就是金山银山"理念首次提出的珍贵历程，述说全省法院环境资源审判守护绿水青山、服务两山转化的司法故事，发布司法守护绿水青山倡议书，彰显浙江环境资源法官公正司法、助力绿色发展的时代担当。本次活动先后被人民法院报、最高人民法院、浙江天平、湖州市中级人民法院等微信公众号刊发，阅读、转发量上万次。

【校园"法律第一课"】 9 月 3—7 日，为进一步增强未成年人法治观念和法治意识，加大未成年人的法治宣传教育力度，提高在校学生的法律意识和自我保护能力，防范青少年违法犯罪，进一步发挥法治副校长作用。安吉法院刑庭、行政庭、孝丰法庭、梅溪法庭等部门干警走进校园，化身"法治副校长"，为学校学生们送上"法律第一课"。

【灵峰人民法庭入选全省首批"枫桥式人民法庭"】 12 月 14 日，中共浙江省委办公厅、浙江省人民政府办公厅下发《关于表扬全省"枫桥式人民法庭"的通报》，安吉法院灵峰人民法庭入选全省首批"枫桥式人民法庭"。

【一案例入选全国法院系统 2023 年度优秀案例分析】 12 月 19 日，最高人民法院办公厅发布了关于全国法院系统 2023 年度优秀案例分析评选结果的通报，安吉法院刑事审判庭审理的胡某某帮助信息网络犯罪活动案——"被帮助对象是否达到犯罪程度"的认定与判断一案成功入选。

（龚浩正）

司法行政

【概况】 2023年，全县司法行政系统成功争取全省乡镇（街道）合法性审查改革攻坚试点。入选了司法部行政执法监督与12345政务服务便民热线建立合作机制试点（两项工作均全市唯一）。成立全省首家法律援助基金会县级工作站。入选全省第一批法律援助工作联系点和全省法律援助重点揭榜挂帅项目。《我县探索少数民族新居民融合发展新格局聚力打造多民族共同富裕示范区》，获县委县政府主要领导批示肯定。金牌调解员王正平获选全国模范人民调解员。梅溪司法所创成省级"枫桥式"司法所。

【服务中心工作】 以法治安吉建设为统领，强化制度、人才、平台等多维建设，出台2023年法治安吉考核细则，强化考核责任落实。持续深化合法性审查工作，全力推进省级改革试点，成立县合法性审查中心，全面实施"1＋4＋N"改革工程，推动合法性审查数字化流转，1—12月份，乡镇（街道）共审查各类涉法事务7000余件，提出法律意见2600余条，相关工作经验被《湖州政务》刊发并获市领导批示。立足全县法治化营商环境牵头部门职能定位，出台《安吉县法治化营商环境改革实施方案》，梳理重点工作16项。结合产业结构特点，打造绿色家居（椅业）产业合规体系，在安吉椅艺产业创新服务综合体成立安吉县绿色家居（椅业）产业合规中心。围绕知识产权、安全生产、劳动人事三大重点领域开展合规指引编制工作。"安吉开启绿色家居（椅业）合规管理模式""合规监管 助力发展"先后被湖州晚报、浙江日报报道。抓好民生实事项目落地，1—12月份，全县办理"最多跑一次"公证3290件，占比80.22%，满意率99.95%，全省通办公证事项落实率100%，市域内法律援助通办率100%。实行法律援助案件质量逐案评审、个案通报、问题整改等机制，法律援助案件质量平均分、优秀率均居全市前列。联合县总工会启用法律服务"一码通"，为企业职工及新业态劳动者提供法律服务。全省法律援助培训会在安吉召开，县司法局在会上作经验交流。《安吉县法律援助中心为夏某某劳动纠纷提供法律援助案》入选司法部案例库。

6月9日，省法律援助基金会首家县域级工作站成立

【推进法治安吉建设】 发挥新媒体优势，推动普法形式由线下普法为主向"线上＋线下"普法转变，开通"安吉普法"视频号。持续开展"法律明白人说法"活动，倡导运用群众身边人、事、案"现身说法""以案说法"，引导更多群众参与到"八五"普法规划落实中来。深化和推广"余村经验"，余村村党支部书记汪玉成在全国民主法治村（社区）法律明白人培训会上授课。"安吉普法"公众号推出全新普法LOGO和动漫形象，以"小卡通"传递"大文化"，将法律知识和法治精神以生动活泼的方式送到群众手中。发挥行政复议主渠道作用，设立行政复议助审员制度，通过法考的工作参与案件办理。建立全县预防化解行政争议"三色预警"机制和"三张清单"，促进行政争议实质化解，在6个乡镇（街道）设立行政复议窗口和涉企基层服务点，行政复议诉讼收案比为2.27∶1，同比增加105%。整合行政复议、司法调解、行政调解、人民调解、律师调解等各类矛盾纠纷化解手段，全年行政争议调撤率58.98%。全面践行新时代"枫桥经验"，完善矛盾多元化解体系，发挥人民调

解第一道防线作用，积极实践，整合资源，建立矛盾纠纷调解巡回问诊，定期下基层巡回问诊和“红、黄、蓝”预警预测处置机制。2023年，全县各级人民调解组织共调解矛盾纠纷7908件，调解成功7899件，调解成功率99.89%。以亚运维稳安保工作为抓手，围绕重点工作环节，进行周密部署，对各类风险做好充分预估，压实工作责任，一级响应期间升级管控措施，组织开展全县社区矫正应急实战演练。发挥社会组织、社区矫正小组作用，防范社区矫正对象重新犯罪，顺利融入社会成为守法公民。聚焦涉企社区矫正对象外出生产经营难题，创新“制度统管＋异地协管＋智慧监管”监督模式，助力企业健康发展。

【加强品牌创新】 以“枫桥式”司法所和省级民主法治村（社区）创建为抓手，紧扣余村大景区民主法治示范带建设，持续擦亮“美丽乡村 有法更美”品牌，对照考评指标体系，对省级民主法治村（社区）进行实地走访和指导。以“枫桥式”司法所创建为契机，完善提升梅溪和天子湖两家司法所，以点带面推进全域司法所规范化建设，强化基层法治力量建设。《探索建立涉企政策实施效果评估机制》入选全省主动融入三个“一号工程”揭榜挂帅项目。《健全完善重大行政决策专家咨询论证机制》入选全省重大行政决策源头治理专项行动项目并在全省进行交流发言。建成“县乡一体”的行政执法协调监督体系，编制乡镇（街道）行政执法协调监督工作指引（标准），推动执法协调监督工作走深走实。在全市率先成立乡镇（街道）级小微企业法律服务分中心、首个海事法律服务站，相关工作获县主要领导批示肯定。高质量办好长三角基层依法治理会议，《乡村治理“余村经验”构建新时代乡村社会生态新格局》获评长三角地区基层依法治理十大优秀案例。

8月31日，全市首个乡镇（街道）级小微企业法律服务分中心在灵峰街道成立

【持续优化法治化营商环境】 2023年，安吉县司法局全面落实营商环境优化提升“一号改革工程”工作要求，聚焦高位谋划、重点任务、改革创新三大方面优化法治化营商环境，最大程度激发市场主体活力，最大限度维护市场主体合法权益，打造安吉的“法治是最好的营商环境”金名片。组建县法治环境专项小组，完善工作职责，形成县委依法治县办统筹协调、各职能部门齐抓共管的工作格局。实施《安吉县法治化营商环境改革实施方案》，突出经济社会发展重点，明确各项工作任务。全面梳理法治化营商环境改革重点工作清单，共形成深化合法性审查工作、推广柔性执法模式、加强涉外法律服务、设立涉企绿色司法通道等重点工作20项。明确“制度环境＋执法环境＋服务环境＋重信环境＋法治环境”五大方面共15项重点工作内容，落实牵头主体，抓好工作推进。深化包容审慎执法模式，加大《安吉县综合行政执法依法不予行政处罚轻微行政违法行为目录清单（施行）》应用力度，实现“轻微速罚”案件数量在普通程序案件数量中占比达70%以上。深化合法性审查工作，推动《浙江省行政合法性审查工作规定》落地落实，并开展合法性审查OA流程优化工作。以县企业合规体系建设为“突破性抓手”，以椅业行业为“重点突破口”，制定椅业行业企业合规推进方案，建立合规分类指导清单库。启动椅业行业行政合规改革，开展近三年涉椅业行业企业司法案件和行政执法案件情况调研，共计梳

理企业在安全生产、生态环保、劳动人事等重点执法领域受到行政处罚的“高频”违法行为信息336条。

【队伍建设】 以主题教育为抓手，强化创新理论武装，深入学习贯彻习近平新时代中国特色社会主义思想，深学笃行习近平法治思想，巩固拓展主题教育成果，将主题教育成果转化为工作实绩。围绕实干争先主题实践，创新开展“四比四创”活动，开展实绩大比拼，实行月度晾晒和季度评优，丰富“青育课堂”形式，开展公文写作、业务实务学习等活动，进一步提升干部职工能说、会写、善干能力，尤其在城市有机更新及合法性审查工作中工作人员的业务能力得到相关单位的好评。全系统围绕“比担当、转作风、创一流”行动，补短板、堵漏洞、强弱项，实行局机关科室联系结对司法所，开展领导干部基层调研走访、在职党员干部社区报到服务，立足“庸懒散慢虚拖”等问题整治，共查摆问题130余条，提出整改意见140余条，提升队伍作风建设。

【安吉县成立全市首个乡镇(街道)级小微企业法律服务分中心】 8月31日，全市首个乡镇(街道)级小微企业法律服务分中心在灵峰街道成立，持续优化基层法治化营商环境，不断以良好的市场法治水平为小微企业发展保驾护航。充分嫁接司法局、市场监管局的相关法律资源，并与县内4家法律服务机构签订法律顾问入驻分中心协议，确保为辖区内企业提供专业法律服务。坚持执法普法协同推进，积极整合街道司法所、市场监管、综合执法、经发办等职能科室力量，加大企业走访频次，积极开展入户宣传，对企业存在法律方面的问题进行早发现、早处置。日常为小微企业提供法律咨询、进行法治宣传，同时组织律师、法工经常性开展实地走访调研，积极为小微企业开展“一对一”法治体检活动，完善民营企业预防性法律服务机制，推动涉企矛盾纠纷化解前端预防、前期处置。此外，开辟涉企行政复议案件办理“绿色通道”，为企业提供行政复议咨询、案件材料梳理、行政复议申请材料转送等“一站式”法律服务。在便民服务大厅设立法律服务专窗，建立法律服务人员坐班值班机制，实现企业业务办理和法律服务“最多跑一次”“最多跑一地”。同步构建定期联席会议机制和涉企纠纷案件会商机制，合力解决法律服务过程中的新问题、新情况及涉企重大疑难案件，为辖区内小微企业和个体工商户提供一站式公益法律服务，切实增强民营经济法治获得感。

【安吉县成立全省首家法律援助基金会县域级工作站】 6月9日，浙江省法律援助基金会安吉工作站正式挂牌成立，这也是省法律援助基金会首家县域级工作站。浙江省法律援助基金会秘书长吕华南，安吉县司法局局长王峰共同为工作站揭牌。

【安吉县司法局全市首创行政复议“助审员”制度】 安吉县司法局全市首创行政复议助审员制度，有效强化基层行政复议工作力量，推动提升复议案件办理质效。依托“青育课堂”“法考小组”，建立行政复议助审员人才库，从通过法考的年轻干部队伍中择优选任出8名助审员，有效解决行政复议案多人少的问题。由4名专职办案人员对助审员进行“传帮带”，通过“组织自学+案例研读”等提升法治素养。推动助审员广泛参与案件接待、调查、听证、调解及文书制作等工作。秉承“多办案、办好案”原则，在办案过程中实行谁办理谁负责机制。局行政复议科统筹抓好案件调配、案件督办及业务指导，确保案件办理质效。与县法院建立人才交流机制，选派助审员到法院行政庭学习，已开展挂职5人次，复议办案能力得到显著提升。落实岗位职责，明确工作纪律，完善助审员进出机制，定期对助审员办案情况开展考核评比，考评结果与个人评先评优、助审员资格任免“双挂钩”。截至2023年，助审员参与案件办理15起，办案时效同比缩减20%，已评选出最佳助审员案件办理5件，大幅度提高了案件参与热情。

（高雷萍）

综合行政执法

【概况】 县综合行政执法局、县城市管理局实行“一套班子、两块牌子”的合署办公模式。全局共向各乡镇(街道)派驻18个中队，内设6个科室，下设3个事业单位(安吉县公用事业管理服务中心、安吉县城市公共资源管理服务中心、安吉县递铺环境卫生管理所)和1个县公安局派驻的治安机动大队。全局在册干部职工830人,其中在编人员193人,实名制编外538人,自聘、劳务派遣人员99人。全系统共有党支部15个、党员405人。负责综合行政执法的统筹协调和指挥;负责全县重大或专项综合行政执法活动;负责行使纳入综合执法范围的行政处罚权(截至2023年12月31日,动态调整后事项数为1467项)。负责城区市政公用(含道路桥梁、路灯照明、供气供热、给排水)、园林绿化、市容环卫等公用设施的管理、养护和维修改造;负责全县路灯照明、供气供热、给排水、园林绿化、市容环卫等行业管理;负责全县智慧城管建设管理。负责牵头推进城镇生活垃圾分类、犬类规范管理、美丽城镇长效管理、智慧排水管网建设等工作。2023年获安吉县城市有机更新工作突出贡献行政奖励集体记集体三等功、安吉县“两无两违”专项治理攻坚行动突出贡献行政奖励集体嘉奖、安吉县十七届人大二次会议建议办理工作成绩突出单位、湖州市综合行政执法系统大比武活动团体总分第一名、“零距离”党建联建打造“红色驿站幸福圈”获评湖州市第二批“双创双建 实干争先”典型案例,视频《绘就“红色驿站幸福圈”》荣获全省机关党建微视频大赛优秀奖、安吉县县级文明单位、安吉县城区智慧化基础设施改造提升项目之城区绿化及公园设施改造提升工程(三期)道路节点改造工程荣获2023年度安吉县建设工程“云鸿杯”优质工程奖。

【城市建设管理】 新增停车泊位932个,新建供水管网约175公里,新建燃气管线156公里,新增通气行政村11个。打造小微体育公园10个。完成城区景观亮化提升、河道清淤、人行道、停车位优化提升(迎宾大道、浦源大道)等重点项目。有序推进省级资源循环利用示范基地项目,完成沿线景观和污水处理站工程。持续推进农贸市场临时疏导点整治(全市现场会在安吉县召开),打造城市歇脚点86处,统筹推进全县燃气软管惠民更换活动,城市建设工作基本覆盖群众生产生活方方面面。围绕做精做优这一目标,结合省市县工作部署,2023年新增创成“美丽小区”20个、“美丽街巷”20条(2023年已达到各60个),新增完成23个省级高标准示范小区培育工作(累计74个),打造城市门户6处,创成“路见本色”标杆道路4条、“席地而坐”城市客厅4个、美丽公厕2座,推动8座城管驿站结成“红色驿站幸福圈”。省级绿化美化示范路、省级园林式居住区、省级街容示范街,市级无违建样板区均在对接验收中。围绕常态管、管常态,牵头全面推行餐厨垃圾统一收运处置模式,推动形成“国企平台+强村富民”保洁运作新模式,实现“城市道路清洁工程”城区全覆盖。全面开展迎亚运市容整治,有力开展工程渣土问题专项整治,深入推进“一气呵成督治气”工作,2023年共责令施工工地停工32次,累计办理扬尘类案件283件,罚款金额达87.4万元。持之以恒推进秸秆焚烧,累计出动执法队员1.1万余人次,发现并制止露天焚烧行为730余起。扎实推进马路市场、城镇燃气安全、执法服务进小区、犬类规范管理等专项整治,通过智慧城管采集整改案件6.5万余条。创新推出首违不罚、信用修复、便捷开店、外摆试点、助农增收、筑巢宜居等“安商暖企”十大行动,发布全市首个不予行政处罚实施办法。“两书同达”信用修复机制、六大监管一件事、招投标领域监管新模式

7月26日,全县工程渣土“一件事”推进会召开

工作做法分别入选全县二、三、四季度营商环境最佳实践案例，合规监管、“露营”监管一件事工作做法入选全市2023年度法治化营商环境最佳案例。

【执法改革推进】　围绕“大综合一体化”行政执法改革要求，按照统的方法论，扎实推进执法改革工作。深入贯彻落实上级关于改革的各项决策部署，多次赴省、市执法指导办对接工作，组织召开全县改革推进会、执法规范培训会等会议8场，助力安吉县成功争取“建立行政执法监督与12345热线合作机制”全国试点、乡镇（街道）合法性审查改革攻坚省级试点和省级揭榜挂帅项目，长三角跨区域执法协作工作做法入选省级“最佳实践”名单。持续深化“一支队伍管执法”，优化调整下沉在编执法人员至345人，下沉比例达67.2%（省定60%）。率先建立全市首批乡镇级综合行政执法队独立党支部（灵峰街道、天子湖镇、天荒坪镇），实行对下沉人员的单列考核、落实双向考评，全县乡镇（街道）赋权事项实施率达61.61%（省定50%）。对标“像军队、像学校、像家庭”标准，创成省级“枫桥式”中队2个、市级“枫桥式”中队7个。始终坚持严格执法，全面推广运用省执法监管数字应用，全市率先推动基层智治综合应用与省执法监管数字应用实战贯通，实现行政行为4个100%。出台全市首个综合执法领域规范执法文明用语指引，研发上线执法辅助应用，2023年共办理普通程序案件5224件（县局案件4244件，乡镇案件980件）。创新“白茶经营”“绿色家居（椅业）合规”“工程涉矿”等执法监管“一件事”，全县“文明养犬一件事”全市唯一入选全省首批群众天天有感微改革项目，“农家乐”监管一件事入选全省优秀案例，“露营场所”监管一件事获评市级共同富裕最佳实践名单。

【队伍建设管理】　创新建立“局长督办单”机制，2023年共发布“局长督办单”3期。推动完善勤务机制、信息化项目、中介服务交易、食堂、公车等管理办法。建立“班子成员抓决策、抓督查，局内科室、中层抓协调、抓项目，基层站所抓落实、抓闭环”的层级负责机制，层层压实责任，构筑闭环工作体系。局主要领导带头自觉遵守领导干部廉洁自律有关规定，做到慎独、慎微、防微杜渐。坚决执行三重一大、五不直接分管、廉政分级约谈等制度，在局内部形成“不请吃、不收礼、不忽悠”“三不”原则，杜绝不作为、乱作为、慢作为，从局领导班子带头形成风清气正、廉洁奉公的示范效应。围绕干部队伍选人用人，开展全局竞聘双聘工作，选聘了一批守正创新、奋发有为的年轻干部，激励各层级干部实干比拼，队伍干事创业激情、能力不断提升。

【全县2023年春节期间禁售禁放烟花爆竹工作部署会】　1月9日，全县2023年春节期间禁售禁放烟花爆竹工作部署会在行政中心召开。副县长徐伟，县综合执法局主要领导和分管领导，各县级责任部门及各乡镇人民政府（街道办）分管领导参加会议。县综合执法局党委书记、局长，县“双禁办”主任章熙翔主持会议。徐伟副县长对上年的烟花爆竹“双禁”工作表示肯定，对春节期间“双禁”工作面临的形势进行分析，并就下步“双禁”工作提出要求。

【“在湖州看见美丽中国”实干争先主题实践推进暨能力作风建设大会】　2月18日，“在湖州看见美丽中国”实干争先主题实践

2月18日，综合行政执法系统深化“在湖州看见美丽中国”实干争先主题实践推进暨能力作风建设大会召开

推进暨能力作风建设大会召开。县委副书记、政法委书记、县行政执法指导委员会主任柏建华，县人民政府副县长徐伟莅临指导。局党委班子成员、县纪委县监委派驻第六纪检监察组、局项目服务专员、全体干部职工以及行业代表企业负责人参加会议。

【2023年度贯彻落实《湖州市养犬管理规定》汇报会议】 3月29日，安吉县召开2023年度贯彻落实《湖州市养犬管理规定》汇报会议。部分县人大代表、政协委员应邀参加会议。县综合执法局主要领导和分管领导，县公安局、县农业农村局分管领导，部分乡镇（街道）分管领导，科室相关负责人参加会议。会议由县犬管办副主任、县综合执法局党委委员余春龙主持。县犬管办主任、县综合执法局党委书记、局长王有富作总结讲话。

【平安护航亚运百日攻坚大行动部署会】 6月26日，安吉县综合行政执法局召开平安护航亚运百日攻坚大行动部署会。局领导班子成员，局属各单位主要负责人参加会议。局党委副书记、副局长张惠红主持会议。局党委书记、局长王有富强调全局干部以"功成必定有我"的决心，全力护航杭州亚运会、亚残运会。

【全县"大综合一体化"行政执法改革攻坚暨行政执法类公务员分类管理推进会】 6月26日，全县"大综合一体化"行政执法改革攻坚暨行政执法类公务员分类管理推进会在行政中心召开。县委副书记、政法委书记柏建华出席会议并讲话，副县长徐伟主持会议，全县各有关部门、各乡镇（街道）相关领导参加会议。

【全县工程渣土"一件事"推进会】 7月26日，全县工程渣土"一件事"推进会在行政中心召开。副县长徐伟，县综合执法局主要领导、分管领导，县政府办等有关单位及县属国有企业分管领导，各乡镇（街道）分管领导，以及综合执法局相关科室、执法中队负责人，渣土办全体人员参加。

【城镇燃气安全专项整治行动推进会】 9月19日，安吉县召开城镇燃气安全专项整治行动推进会。副县长徐伟出席并讲话。县政府办副主任沈晓波主持。县公安局、市场监管局、综合执法局、消防救援大队、燃气公司主要领导和分管领导、相关部门及各乡镇（街道）分管领导，县燃气整治专班各专项工作组成员参加了会议。

【湖州市农贸市场临时疏导点专项整治工作总结会议】 12月6日，湖州市农贸市场临时疏导点专项整治工作总结会议在安吉召开。副市长、市公安局局长张宏亮，市人大常委会监察司法工委主任裘明珠，市政协提案委主任庞娟英，市市场监管局局长娄显杰，市城管办主任、市综合执法局局长傅文虎，市看见办相关负责人，市农贸市场临时疏导点专项整治工作领导小组成员单位分管领导，各区县政府（南太湖新区）分管领导，各区县市场监管局、综合执法局主要负责人，长兴县创建办负责人参加会议。市政府办公室副主任章振麒主持会议。会领导现场考察了递铺街道万亩农贸市场临时疏导点（"过渡类"）和天荒坪镇白水湾农贸市场（"规范类"）整治提升成效。

【"在湖州看见美丽中国——《文明养犬数字化管理规范》湖州市地方标准新闻发布会"】 12月22日，"在湖州看见美丽中国——《文明养犬数字化管理规范》湖州市地方标准新闻发布会"在安吉县召开，这也是全国首部"文明养犬"智慧监管工作方面的地方标准。湖州市综合行政执法局党组书记、局长傅文虎，党组成员、副局长盛新莲，市犬管办负责人郑昌海，市市场监管局标准化研究院院长、四级调研员吴炜，各县（区）综合行政执法局分管领导，安吉县人民政府副县长徐伟，安吉县综合行政执法局党委书记、局长王有富，安吉县委宣传部、政务办、政府办、公安局、农业农村局、住建局、市场监管局、综合执法局分管领导，各乡镇（街道）分管领导，县综合行政执法局各中队负责人；新华社、中国新闻社、《小康》杂志社、浙江日报、杭州日报、湖州日报、湖州电视台、安吉融媒体中心等媒体记者参加发布会。发布会由湖州市综合执法局党组成员、副局长盛新莲主持。《文明养犬数字化管理规范》将为湖州市文明养犬智慧监管工作规范性指导。全市综合执法系统将坚持标准领航，以《规范》发布为契机，充分发挥数字化管理优势，扎实做好犬类规范管理工作。

（朱　翔　王雅君）

人民武装

【概况】 2023年，安吉县人武部获得省军区民兵工作先进单位，军分区全面建设先进人武部；天荒坪镇武装部、杭垓镇武装部、溪龙乡武装部、灵峰街道武装部、天子湖镇武装部等单位获评先进基层武装部。

【思想政治建设】 坚持加强思想政治建设，多次开展党委理论中心组学习。研究制定军委主席负责制学习教育规划，深刻领会理解军委主席负责制的重要意义，重要内涵和实践要求，及时教育引导全体人员坚决做"两个确立"的忠诚拥护者、"两个维护"的示范引领者、军委主席负责制的坚定执行者。统筹开展主题教育、专题教育和经常性思想教育，并在实践中贯彻运用。利用理论学习日、"两山学堂"、中心组学习等时机，扎实开展个人自学与集中领学，坚持"走出去请进来"，外请4人进行授课辅导，赴嘉兴南湖开展"七一"主题党日活动，依托县检察院廉政教育基地开展警示教育，赴八三机场、梅溪镇民兵器材仓库参观见学，进一步坚定对党的创新理论的政治认同、思想认同、理论认同和情感认同。扎实组织部党委落实全面从严治党主体责任自查自评，专题分析部机关学风形势，制定改进学风措施，发挥组织功能，凝聚工作合力。深入开展军委巡视国动部巡查问题整治活动，常态开展政治整训，全面彻底肃清郭、徐、房、张流毒影响，做好涉刘亚洲、印春荣和荣誉室违纪违法人员信息清理工作。专题组织学习解放军报《牢牢掌握党对意识形态工作领导权》，针对网络舆情和社会小道消息，及时进行正面引导，坚决做到不妄评妄议，不传谣，不信谣，确保不出任何违反政治纪律问题。

【军事训练】 坚持以军事训练大纲为依据，狠抓军事斗争常态化准备，着力提升备战打仗能力。党委带头研究练兵备战形势，推动年度军事工作"一图三表(一个统筹图，一个年度工作计划表，一个阶段工作计划表，一个专项工作计划表)"落地，坚持每季度专题议战议训，定期分析形势、研究备战、解决难题，归正党委备战打仗中心。坚持主官带头研案落案，带头参加首长机关训练，以上率下开展军职在线学习教育，营造练兵备战浓厚氛围。按照"任务牵引、按纲施训、集约高效"的原则和思路，狠抓首长机关、专武干部、民兵分队训练，对照大纲要求完成训练任务。采取全过程考核、实战化比拉、成体系检验的方式，组织"安吉县民兵应急力量专业训练暨应战能力检验评估综合演练"，锻炼提升民兵组织指挥、应急救援和综合保障能力，为在军分区年度岗位练兵比武中取得综合第二好成绩打下了坚实基础。严格落实东部战区战备值班新规定、新要求，细化完善战备值班工作清单，结合节日战备抓实战备值班分队演练，依案落实情况处置，战备秩序更加正规。

【队伍建设】 充分发挥"军事部"职能作用，靠前协调积极作为，狠抓国防动员后备力量建设。以提高兵员质量、不退兵为目标，突出大学毕业生和理工类大学生征集，坚持依法征兵、廉洁征兵、安全征兵，按时间节点圆满完成征兵任务。依案筹划年度民兵编组任务，按照摸清底数、编实队伍、建强力量的思路，紧盯质量指标，突出应急和新质力量队伍编建，完成基干民兵分队编组任务，落实集中点验和检查验收，特别是通过迎接省军区民兵建设检查考评，深入查找分析问题差距，为新年度民兵工作树起了目标靶向。主动受领省军区赋予的普通民兵融合抓建试点任务，下大力抓建余村、山河村、长龙山抽水蓄能电站3个基层民兵连正规化建设样本，深入挖掘民兵参建共建有效方法路径，成功举办试点研讨活动，试点做法在国动部、省军区系统推广，受到国动部和省军区首长的高度评价，先后迎接甘肃省军区、省内10多个区县人武部来安吉参观见学。持续深化试点成果，建立梅溪镇民兵应急仓库新样板。持续发扬省级双拥模范县特色做法，坚持把双拥工作作为政治工程来推进，配合完成安吉县“省级双拥模范县三连冠”评选活动。协助县委宣传部国防教育办公室，积极筹划《安吉县国防教育实施意见》，牵头协调地方宣传部、教育局、退役军人局为“第四小学”“实验初中”举行国防教育示范学校挂牌仪式，不断扩大国防教育的辐射面和渗透力。始终聚焦“后路”“后院”“后代”问题，开展走访慰问军烈属和送立功喜报活动。春节前，结合辖区现役军官队伍特点，重点对团以上现役军官进行慰问帮扶，并建立定期联系机制，旨在激发作战部队军官持续服役动力，提升了军人荣誉自豪感。结合全县中小学教育严峻形势，协调教育局落实解决现役军人子女入园入学事宜，协调文旅局解决现役军人免费入园事宜，进一步加大拥军优属力度。

坚持民主集中制原则，按照党委议事规则，落实“两个一切”要求，做到任务再重、事情再杂、议题再多、成员再少，但程序不减，确保党委决策准确、执行有力。认真学习研究干部工作规定和新的《文职人员工作手册》，严把选人关口，认真拟制十级以下文职人员考核方案，按权责做好考核工作；用好军分区“岗位之星”和“星耀练兵场”评选激励机制，营造“比学赶帮超”的良好氛围；落实党组织工作制度，利用党小组汇报思想，支委会研究分析形势，加强党员教育管理监督。突出干部文职队伍建设，树立实干导向，强化责任担当；挖掘职工队伍潜能，管好用好聘用人员，提升工作能力，解决人少事多现实矛盾；加强与县委组织部协调对接，抓好专武干部队伍选拔培育。

（王卫国　彭殿鑫）

全国国防教育示范学校揭牌仪式在第四小学举行

退役军人事务

【概况】　2023年，县退役军人局做好退役军人服务保障、思想政治与权益维护、优抚褒扬、移交安置、服务保障、双拥、军休等各项工作。通过省双拥模范县考评验收。第四小学、实验初中入选全国中小学国防教育示范学校。获县级文明单位，城市有机更新工作集体嘉奖、“两无两违”专项治理攻坚行动集体嘉奖。一名退役军人获全省退役军人创业成绩突出个人、四名退役军人分别获省市爱国拥军模范个人和最美退役军人、一名局干部获全市优秀退役军人事务工作者、一名退休干部获2023年度市级银尚达人。全省网上办理退役军人落户工作培训会在安吉召开。安吉县在全省退役军人就业创业工作会议、省革命老区开发建设促进会五届五次全体会议上作经验交流。县退役军人矛盾纠纷化解工作经验在中央退役军人事务工作领导小组办公室简报刊登。

完成鄣吴镇、灵峰街道、梅溪镇红庙村3个新时代枫桥式退役军人服务站提升验收。共建成新时代枫桥式退役军人服务中心(站)46个,全国示范性创建实现全覆盖。培育兵支书53人、兵委员231人,分别占24.4%、25.3%。

打造综合性退役军人暖心站、纾困站、加油站、光荣站。召开不同形式"老兵座谈会"270余场。强化线上联系与线下走访、定点联系与随机家访。健全走访帮助、就业援助、大病救助、经济补助"四位一体"帮扶体系,联合民政、慈善和社会公益组织对全县66名困难退役军人分门别类、科学制定"一人一档""一人一策"帮扶解困方案。解决生活困难退役军人就业、就医、就学等问题24个。

2023年,发放4600余名优抚对象各类抚恤金5200余万元。做好优抚对象抚恤补助的调标工作。完成60周岁农村籍退役士兵评定116名、补评(调整)残疾军人4名。为义务兵父母和定期享受抚恤待遇烈属提供免费体检服务,334名对象参加。组织三批126名重点优抚对象开展短期疗养,实现短疗全覆盖。为义务兵父母482人购买人身意外伤害险。慰问困难驻安部队官兵、困难安吉籍现役军人家庭、重点优抚对象等2174余人次,慰问资金250余万元。将其他优抚对象"两节"慰问标准由1000元/人上调到1200元/人。

开展"一人参军、全家光荣""一人立功、无上荣光"系列活动,组织送新兵30场、接兵60余次,敲锣打鼓送喜报18次。开展六一"童心·同心"关爱军娃、七一"百万礼包送健康"关爱老兵、"情暖八一·礼赞军嫂"活动。开展2023年度安吉县"最美"退役军人系列选树活动。办好"八一光荣榜"媒体宣传,开展全县荣立二等功及以上退役军人事迹展。讲好老兵故事,出版书籍《我的名字叫老兵》。

组织第十个9·30国家烈士纪念日公祭仪式;开展线上线下"崇尚英烈"清明祭扫活动,前往东阳、上海祭奠烈士吕挺、黄龙飞。推进孝丰烈士陵园新四军天目山三次反顽战役纪念馆扩建工程,项目总投资4000万元,完成一期主体工程建设。

7月31日,情暖八一 礼赞军嫂活动举行

推出先教育培训、后入行上岗培训模式,开展订单式、定向式、委培式职业技能培训。推出无人机技术、直播营销等培训课程,参训67人。依托政企恳谈会解决军创企业实际困难。

召开县乡两级退役军人招聘会9场,提供就业岗位600余个,近千人次参与,达成意向就业率86.1%。赴对口支援金川县开展退役军人人才招引工作,搭建退役军人人才交流、军创企业扶持等互动机制。调查排清全县退役军人就业创业底数。针对发展环境、自身能力等四个层面12个问题形成相对系统调研报告。研究梳理涉军惠企普惠性及指向性政策,制定"政策包",服务送上门。开展"双支双促"活动,完善军地共建共创联席会议机制。正式与武警某支队结对共建。打造第四小学、山川戎创基地等点位。

围绕军人和重点优抚对象子女就学、景区景点免费优惠、军属安置等事宜,召开军地联席座谈会3次,解决子女就学问题13个、军属安置问题1个。走访慰问驻安、驻湖部队官兵,送去慰问物资60余万元。开展书画进军营2次、军地联欢活动2次。

实现县内20家3A级及以上景区景点面向全国退役军人免费优惠。完成全县公交读卡设备改造,全县101条公交线路退役军人及"三属"凭优待证或老兵码免费乘坐。开展全县数字拥军，打造退役军人全生命周期服务保障系统，共发展惠军联盟商家838家。

接待来询来访682人次，受理信访件40件，按期签收率及3天办结率100%。排查重点人员179人次。实现平安护航亚运政治任务和"零进京、零赴省、零非访、零集聚"阶段性目标，全县退役军人队伍总体平安稳定可控。动员安吉老兵星火志愿服务队、"两山"老兵等37个社会组织，推出"点单式""邀请式"矛盾调解服务，"一对一""一站式"关心关爱服务。依托入驻矛调中心工作机制，实现矛盾纠纷一站式接收、一揽子调处、全链条解决，共受理涉军事宜16项。

【省级双拥模范县考评验收】 5月11日，省双拥模范城（县、区）考评组来安吉县考评，查阅台账资料、听取工作汇报。考评组一行前往县第四小学、浙江戎创文化发展有限公司进行实地调研。

【全省网上办理退役军人落户工作培训班举行】 8月25日，全省网上办理退役军人落户工作培训班在安吉召开，省退役军人事务厅、省公安厅，各设区市退役军人事务局移交安置处、公安局户籍管理部门有关负责同志参加。

（邵　怡）

国防动员（人民防空）

【人防工程建设】 2023年，办理人防行政审批手续107件，其中结建人防工程项目46个，结建人防工程29.17万平方米；办理人防工程易地建设费征收36件，征缴易地建设费1323.09万元；办理新建防空地下室战时功能和防护等级确定55件，办理人防工程质量监督手续办理41件，报监面积261391.88平方米；办理竣工备案190件，其中人防工程竣工备案33件，人防工程总竣工面积170322.23平方米。

【指挥通信】 按照省市警报建设大检查要求，完成警报设备的安装，全县共有警报器69套，后备电源40套，完成2023年警报建设规划；配合省、市完成警报数据采集，将全县所有警报信息录入浙人防数字化综合平台；按城镇人口3‰的比例完成2023年人民防空专业队整组。

【宣传教育】 全年向省、市国动办报送信息20余篇，连续第5年开展人防宣传进党校活动，市委党校、县党校青干班等共计200余人次参加；在"3·1国际民防日""5·12防灾减灾宣传周""9·18事变92周年"等活动期间，在安吉第四小学、第三小学等学校开展防灾疏散掩蔽活动，并开展防空防灾知识宣传系列活动，累计捐赠《小学生防空防灾知识》等各类人防读物700余本；在昌硕街道三里亭社区、金银岛旅游度假项目等多个小区和项目开展人民防空、安全生产等宣传，吸引1500余人次现场学习。

【人防综合体建设】 确定在安吉"两山"未来科技城区块的游憩中心项目中落实人防综合体建设任务，项目人防工程分为7个单元，总建筑面积约30100平方米，战时功能为：一等人员掩蔽部、二等人员掩蔽部、物资库、固定电站，圆满完成省、市国动办布置的年度重点工作目标任务。

（赵怡青）

2月24日，国防教育进校园活动举行

应急管理

【概况】　2023年，全县共发生生产安全事故9起，同比下降30.77%，亡6人，同比亡人数下降40%。其中，建筑施工领域1起，亡1人，上年同期无建筑施工领域事故。道路运输领域6起，亡3人，同比分别下降45.45%、62.5%，其他领域发生事故1起，亡1人，上年同期无事故。

【安全隐患排查】　聚焦“4353”工作体系，系统承接落实，紧盯重点领域和易发生群死群伤环节，抓好联合会商、联合执法、联动处置机制，三位一体统筹推进“拔钉除患”、6大攻坚行动和9大领域整治任务，采取“铁腕”举措推进整治攻坚，共检查企业40331家，发现问题隐患9.5万余条，立案处罚1811家，停产停业383家。7月7日顺利转段以来，有效衔接全国重大事故隐患专项排查整治2023行动，全县力度不减，累计排摸检查各类生产经营建设单位2.7万余家次，整改问题41169个。全年共实施行政处罚245次，实施经济处罚510.45万元。“拔钉除患”11个领域38项攻坚任务已100%完成。全县共挂牌督办重大事故隐患94处，其中省级2处，市级32处、县级60处，已全部完成整改。深入固化运行全县“除险保安”隐患常态排查整改机制，强化属地和单位联动配合，压实责任，常抓不懈，164项整治任务，均制定闭环整改措施，本年度计划整改143项，已完成126项。

【企业分级管理】　出台《安吉县租赁企业分级分类管理暂行办法》，推广样板标准，建立“标准化”管理试点企业8家，组织现场学习企业160家。印发《安吉县“一厂多租”重点整治标准》和《安吉县“两无两违”企业专项整治提升指导手册》，全县范围抽调精英骨干“5＋2”“白＋黑”模式紧密推进整治提升，“一厂多租”工作举措获得陈浩书记和吴智勇副市长批示肯定。截至10月底，园区外，关停淘汰和去工业化累计签约785户，签约率100%，园区内，完成整治提升156处，完成率96.3%，其中64家企业违章拆除、68家企业喷淋改造实施、24家企业标准化规范提升均已完成。开展全覆盖联动应急演练1.35万人次，15个乡镇全覆盖开展“两无两违”安管员专项培训班，已培训16期2122人。获得2023年“两无两违”专项治理攻坚行动集体三等功。

【问题报送和销号机制】　完善“七张清单”问题报送和销号机制，强化部门协同配合，全年共入库省级问题3个，市级问题26个，其中“露营营地安全管理”入选省级典型案例、“应急安全宣传进景区”入选省级试点，“七张清单”管控力指数2023年度全市第一、全省第二。率先发布《停放充电场所建设指引》等配套文件，采取“疏堵结合”双向措施，每周夜查，清理僵尸线和充电“飞线”2万余根，移除违规充电车5000余辆；探索电动自行车停充场所“统建统管”模式，已建设充电桩点位247个、设备1497台、车棚57个，有效防范“飞线”充电问题反弹。2023年，市民生实事项目20个全部验收通过，134个县级重点整治小区属地验收合格率100%。深化“安全管家”机制，入厂入企开展“体检式”检查，共发出175份《安全体检提醒单》和40份《轻微违法行为提醒单》，指导督促企业严格落实整改，对未按期整改、整改不到位、问题复发再发等情况，严肃执法刚性兜底，确保整改"闭环管理"。加大安全生产考核在县综合考核分值占比，乡镇街道从上年年底1.5分提升为2.5分，部门首次纳入考核内容，占比1分。加大过程性考核力度，以月度晾晒排名、季度考核通报、年底评先评优的方式，对各级各单位各项业务指标、重点工作情况，进行更加科学、系统的考核，通过考核推动日常工作落实。实行乡镇（街道）应急管理中心持证人员挂职工作机制，自3月份起，每个月抽调2—3名乡镇（街道）公共事业服务中心持证人员以及新上岗人员到县局执法大队进行挂职学习，进行独立办案能力专项实训，15个乡镇均已涉及，挂职人数达23人，共检查164家企业，立案33件，处罚46万元。结合"百万员工大培训"，提升员工基本安全生产应急知识水平和逃生自救能力，截至2023年，培训完成19836人次，完成率达121.54%。结合电气焊安全监管"一件事"整治工作，开展电气焊专项培训，电焊取证600人，浙江省安全生产网络学院"电气焊作业专栏"通过1217人。

【专项检查】 开展矿山企业专项检查，共计开展矿山各类专项检查7次，检查企业55家次，发现并整改问题隐患205条。创建海绵生产企业长效管理机制，邀请省应科院专家参与制定《海绵生产企业安全检查指导手册》，统一安全生产检查标准，指导全县海绵企业做好整治提升工作。大力开展全链条电气焊作业专项整治。依法从严从重打击无证、假证电气焊作业行为，立案79起，行政拘留76人，罚款24万元。争取财政专项资金推进电气焊安全监管服务"一件事"改革，截至9月6日提前完成"焊之芯"安装千台目标任务。持续推进化工园区安全整治提升，指导化工园区管委会进行整治，常务副县长亲自带队向上对接，2次赴北京就园区整治提升工作与中国安科院危化科进行深入沟通，同时邀请省应科院化工研究所、浙江规划院、宝丽环境等到园区进行专项辅导。从严从实开展危化领域安全大排查大整治，2023年，检查企业474家次，发现隐患1798条，其中重大隐患56条，停产整顿27家，立案处罚11家，罚款26万元。针对公路运营、道路运输、水上交通、公路水运工程建设以及消防安全等交通运输重点领域，密集开展行业安全隐患大排查、大整治工作，全系统累计出动检查人员7000余人次，排查企业1035家次，督促整改各类安全隐患846处，立案查处交通运输违法违规案件2066起。加强路面管理，查处电动自行车违法行为51591起，饮酒768起，醉酒337起，失驾266起。成立道路交通事故一体化处理中心，受理各类交通事故12642起。推进瓶装燃气站点规范化建设提升改造行动，对全县127个瓶装燃气三级站点进行提升改造，完成对恒隆府网红街（丰华路）、石佛西路两条"城镇燃气安全示范街"的建设。联合8个部门组织了春茶采摘前、春季、夏季、燃气示范街安全联合执法检查，共排查安全隐患87处，现场整改62处，发放整改通知书43份。持续开展燃气用户专项排查整治行动，共出动执法队员977名，排查烧烤等餐饮店2864家，发放整改通知书68份，立案15件。持续开展综合性安全检查、起重机械专项检查和日常监督巡查，累计检查在建工程451个，出具停工通知111份，限期整改通知359份，排查整改各类安全隐患3000余处，对350个项目完成风险普查。全年组织综合应急演练3次，县标化工地63个，创建县云鸿杯项目46个，市标化工地28个，市绿色工地30个，省标化工地9个，不断提升安吉建设工程质量安全管理水平。全力推进旅游安全监管智慧化赋能。完成全县13家风险较大A级旅游景区旅游安全监管智慧化赋能，风险较大A级旅游景区流量管控措施落实率达到100%，围绕"春节""五一"、迎亚运、"中秋国庆"等重要时间节点开展安全隐患检查工作，局领导各条线带队检查49次，共出动检查人员2265人次，排查企业1793家次，发现并整改问题隐患178个。开展各类安全生产（消防安全）培训153次，培训人员2210人次，指导旅游企业开展应急演练5场。全年共检查特种设备使用单位1730余家，检查特种设备9500余台套，全县排查治理各类安全隐患1000余起，其中处置高风险安全隐患423起，隐患闭环处置率达100%，发出特种设备安全监察指令85份，查封特种设备18台，对30起特种设备违法行为进行立案查处。依托"特种设备在线”系统，推进3432家特种设备使用单位开展分类评价，指导116家重点企业完成线上培训考核，17361台设备实现赋码入库管理。开展特种设备宣传“五进”活动9次，特种设备安全知识竞猜活动2次，培训企业相关人员300余人次。

【防汛防火】　优化预案体系，将“四图”融入预案方案，形成2个核心预案、4个专项预案、15个乡镇级预案、215个村级防汛形势图的全覆盖预案体系。健全基层防汛防台网格体系，实时更新“人岗配置图”，开展防汛防台抗旱知识网格责任人培训695人次。加强基层力量保障。实行救援力量、物资等提前布防，落实防汛储备物资的查漏补缺和各级防汛抢险队伍239支6275人。提升实战运用。融合风险普查各类制灾因子，制定防汛防台作战一张图及各类作战流程图共8张，提高各流程操作清晰度和突发快响反应度。强化险情预防。建立风险隐患一张图，动态闭环管理。全年共检查点位12700余处，发现隐患318处，排查出风险隐患区转移人员11112人并全员赋码。汛期以来，全县汛情总体平稳，未出现人员伤亡事故，受“9·27”短时局地强降雨引发的小流域山洪及地质灾害险情等次生灾害，均已开展整治，并在全省市防汛抗旱负责人培训会议上交流介绍安吉“9·27”暴雨防御应对经验。获2023年度全省县级防震减灾工作先进单位。

认真落实森林防火工作责任制，压紧压实属地管理责任，逐级签订森林防灭火责任状。重点抓好清明、五一、中秋国庆和亚运会等特殊时期森防工作，做到早布置，早落实。多手段全方位开展森林防火宣传活动。截至11月底，全县累计发出提示短信12万余条、出动宣传车150余次、张贴标语横幅170余条。严格落实乡镇领导、干部包片、包村，村干部、护林员包山头、包地块责任制度，强化县森林消防队携装备开展林区巡查，发挥全县361名专(兼)职护林员巡山护林“守门员”作用。印发《森林防灭火体系规范化建设管理工作实施方案》，强力推进各乡镇森防规范化建设，夯实基层森林防灭火应急力量体系基础，完成全县13个乡镇(街道)的县级评定验收。对县森林消防队实行“半军事化”管理，持续优化并落实值班值守、物资管理、考核奖惩等8项制度，常态化开展专业知识培训、“引水上山”等技能演练。加强半专业队、护林员、林业管理人员业务培训及应急演练，做好应急装备维护保养。全年共有全县23支专业、半专业森林消防队，691名专(兼)职森林消防员，在节假日和亚运会等重点时段，县、乡两级共计完成演练120余次，实现重要时段“零火情”的目标。

【应急预案及演练】　制定“多案合一”的综合应急手册，建立纵向由县到村(社区)、横向覆盖行业部门和重点企业的全覆盖应急预案体系，制定《安吉县应急预案管理规定(试行)》，明确应急预案评审、公布、备案、实施及监督管理工作要求。建立专业化值班力量，全面查漏补缺，修订完善值班值守、交接班、信息报送、会商研判、预警信息发布等制度。优化突发事件处置流程，与宁国市、临安区和绩溪县建立突发事件应急联防联动联控协作机制，实现资源共享、优势互补。以县域综合指挥中心为平台，推进高效应急可视化指挥建设和使用，实现乡镇(街道)单兵配备100%全覆盖，加强可视化装备日常的实践演练、运用，确保可视化指挥调度连通率、30分钟响应率和连线质量达标率“三个100%”。在214个村级突击队基础上，建成15个乡镇(街道)综合应急救援队和1支县级综合应急救援队，系统性出台三级《应急救援队管理规定》，组建城市排涝救援队、公路应急抢险队等专业救援队6支169人，建立专家队伍70人，进一步强化救援力量。

【防灾减灾咨询日集中宣传活动】　5月10日，安吉县减灾委组织县应急管理局、自然资源和规划局、水利局、气象局、发改局、交通运输局、卫健局、红十字会、消防救援大队、科协、综合执法局等11个部门在生态广场开展“5·12”防灾减灾日现场宣传活动。活动通过现场咨询、展板设置、宣传资料发放、急救知识培训、消防器材实操演练、有奖知识答题等形式，面对面宣传讲解相关法规政策，应对地震、洪涝、冰雹等自然灾害防灾减灾知识，让市民充分了解全县防灾减灾救灾工作情况，学习掌握防灾减灾知识和技能，强化防灾减灾意识，减轻自然灾害风险。

6 月 16 日，第 22 个全国“安全生产月”宣传咨询日暨多种形式消防队伍技能竞赛活动举行

【第 22 个全国“安全生产月”宣传咨询日暨多种形式消防队伍技能竞赛活动】 6 月 16 日，安吉县举行 2023 年“安全生产月”启动仪式暨多种形式消防队伍技能竞赛。县委常委、常务副县长沈霞俊，全县各乡镇（街道）、部门有关领导、多种形式消防队伍技能竞赛参赛人员共计 200 余人参加启动仪式。

（陈渤超）

消防救援

【概况】 2023 年，安吉县消防救援大队完成了杭州亚运会、“千万工程”现场会、港澳大学生交流会等消防安保工作，成功处置了“2·1”元通竹凉席厂房火灾、“9·27”大溪村强降雨抢险救援等急、难、险、重任务。大队被县政府记集体三等功 1 次。

【消防安全服务】 围绕“五个确保”的总体目标，积极向县委县政府汇报消防安全工作，提请县主要领导召开专题会议 2 次，县四套班子主要领导带队开展消防安全检查和督查暗访 5 次，压实属地镇街、行业主管部门落实消防安全工作责任。县消安委“统筹协调、综合监管”工作职能，推动政法委下发大巡防方案，制定全县三级防控网格，打造“1（县级）＋15（镇街）＋985（网格）”的网格防控体系。下发高层建筑、城镇燃气、人员密集场所等领域专项整治工作方案 3 个、大巡防行动通知 2 份，组织集中约谈 3 次。组织民政、民宗、教育、文广旅、卫健等行业部门开展联合检查 8 次，检查行业单位 214 家，消除隐患 325 处。

【消防隐患排查】 统筹推进《消防安全重大风险隐患排查整治 2023 专项行动》《消防安全“五大”攻坚行动》等专项工作，深化开展高层建筑、居住出租房、沿街店铺、公共娱乐场所、工业企业等重点场所领域专项治理行动 6 个，建立底数、隐患和责任“三张清单”，全力化解突出领域消防安全风险。持续深化工业企业火灾隐患整治，举全县之力组织开展递铺街道“两无两违”整治行动，已实施关停淘汰 785 户（企业 1066 家），规范提升 240 户（企业 1076 家），立案查处 66 家、腾空拆除 550 家，拆除违章搭建 10.4 万平方米，新安装喷淋报警系统企业 102 户，拘留。牵头推动全县 26 家重大火灾隐患单位及全县 7 个工业聚集点风险隐患化解。截至 2023 年，26 家重大火灾隐患单位已全部整改完毕，7 处工业集聚区完成整治并申报验收。

【审批与督查】 大队紧紧围绕区委区政府重点工作，主动对准对接营商环境建设，推出十项“暖企利民”举措，公开服务“透明度”，全年受理审批开业检查项目 153 个，受理举报投诉 339 个，火灾调查 50 起，努力服务消除不满意。大力推进民生实事项目建设，向县政府争取 89 专项资金，完成安装 500 部高层建筑阻梯系统，在火灾防控压力大的塘浦及临港工业园区，分别建立区域微型消防站，提升消防安全防控水平。并按照总队、支队部署要求，积极推行首检不罚、告知承诺制、消防站“开发日”等惠民措施，助力消防领域营商环境优化。深入开展“服务企业、服务社区、服务群众”活动 56 次，通过“面对面、一对一”的走访和帮扶，及时帮助企业破难解困 104 处。

针对当前防火监督执法队伍不愿不敢不会的“三不”问题，大队主动破局扛起监督主体责任，全面加强在社会面的执法力度。全年检查单位1335家、发现火灾隐患或违法行为877处、督促整改火灾隐患或违法行为773处、下发责令改正通知书412份、行政处罚数296起、下发临时查封决定书21份、责令“三停”单位26家、罚款176万余元、拘留149人。

【宣传教育与培训】　大队以“五进”为抓手，发动全县专职队伍深入企业、社区、学校、农村、家庭开展大宣传大教育大培训活动800余场次，培训人员5万余人。协调县公安派出所、网格员、美团外卖等150余名志愿者，打造多元化消防志愿服务队伍，深入独居老人家中，开展“平安敲门”行动1000余次，发放围裙等消防文创小礼品及宣传资料6000余份。借助学校、街道、物业等56处建筑在显著位置悬挂宣传条幅，同时借助辖区人员密集场所的户外显示大屏、楼宇电视、电梯间电视等媒介平台高频次滚动播放消防公益广告、消防安全宣传片、消防安全提示字幕等内容。联合辖区咖啡店联名推出“限量款”消防主题奶茶，持续开展打造“消防奶茶”宣传站点，推动消防安全宣传全覆盖，全面助推火灾防控工作，提升全县人民消防安全常识知晓率，本年度来，共发放带有消防安全知晓率的消防安全知识提示卡片的奶茶及咖啡3万余杯。

【队伍建设】　大队紧扣全员执勤岗位练兵部署要求，坚持领导干部带头参训、带头过关的原则，在按照总队“3＋1”组训模式的基础上，分级分类分岗开展训练，深化营区训练、基地训练、实战训练，扎实体能、练就过硬技能。制定训练计划，每周测试、每月组织考核，已完成全员专职队员考核定岗，每周二、周四、每周六进行案例学习研讨、“小课堂教员”、车场日等，不断提高作战理论水平与装备实战操作能力，为打造“专家型”指挥员和“工匠型”消防员打牢基础。在2023年的第二届“湖城卫士杯”春季、秋季比武竞赛中分别取得第三名、第二名。

11月24日，安吉大队组建全市首支外卖“骑手”消防志愿服务队

始终坚持把人才培养建设工作作为一项重点工作，大队制定“师傅带徒弟”方案，通过捆绑结对帮带的方式，全方位钮紧人才培养责任链条，上半年还开展装备技师培训，提升装备人才能力素质，为队伍全面发展和遂行多样化任务奠定了坚实基础。年内考核提拔站长1名，副站长1名，站长助理7名，班长6名，副班长3名。大队聚焦“全灾种、大应急”职能定位，注重班组协同作战，突出班组训练体系、训练模式、训练跟踪三大要素，灭火、抢险、山岳、水域四类专业队伍日趋成熟。

贯彻落实“接警就是战斗”的理念，大力推进“一短三快”初战机制改革工作，完善值班值守、接警调度、应急响应、辅助决策、信息报送等工作机制，优化人才队伍建设工作，制定指挥中心人才培养机制，提升大队指挥中心正规化、专业化、职业化水平。推行“模块化”响应、“程序化”运行、“规范化”管理工作模式，强化预警研判和靠前部署，与县其他联动部门建立联勤联动机制，实现事前预警研判、事中科学处理、事后总结提高。紧盯站多域广的实际，制定指挥中心轮班跟学、安全提示、定期通报机制，接警反应、信息反馈、警情入录精准度明显提升，全年推送安全提示信息2228条。

【递铺街道元通竹凉席压布厂火灾扑救】　2月1日23时40分，湖州市消防救援支队安吉县消防救援大队指挥中心接到报警称：位于安吉县递铺街道塘铺工业园区元通竹凉席厂房着火，无人员被困，接警后立即调派天荒坪路站4车25人，灵峰专职队

2 月 1 日，元通竹凉席压布厂火灾扑救

2 车 14 人，孝丰专职队 2 车 14 人，梅溪专职队 1 车 7 人，天子湖专职队 1 车 7 人，绿色家居专职队远程供水班组前往现场处置，大队值班领导遂行出动。23 时 52 分，孝丰专职队首先到达现场开展火灾扑救工作。绿色家居专职队远程供水班组、天荒坪路站 4 车 25 人于 23 时 59 分到场，灵峰专职队 0 时 12 分到场，梅溪专职队、天子湖专职队 0 时 20 分到场。据了解，着火建筑为两栋 3 层框架结构厂房，分别为北面硕达家具、南面元通席业，燃烧部位均位于 1 楼局部，过火面积约 800 平方米。燃烧部位为硕达家具 1 层东侧局部着火，燃烧物质为注塑配件。元通席业 1 层北侧局部着火，燃烧物质为竹凉席。

【梅溪镇晓墅工业园区安吉县奇河助剂有限公司火灾扑救】 2 月 10 日 19 时 20 分安吉大队指挥中心接到报警称：安吉县梅溪镇晓墅工业园区体河注剂厂房着火。立即调派梅溪专职队 2 车 14 人，天荒坪路站 5 车 35 人，灵峰专职队 1 车 7 人、天子湖专职队 1 车 7 人、绿色家居专职队远程供水车前往处置。19 时 33 分梅溪专职队首先到场展开处置，19 时 46 分天荒坪路站到场，19 时 50 天子湖专职队、绿色家居专职队到场，20 时 10 分灵峰专职队到场。经现场了解，起火建筑为两层砖混结构厂房（顶部为钢棚结构，已烧塌），总面积约 2000 平方米，燃烧部位位于 2 楼，燃烧面积约 600 平方米，起火楼层内堆放有化学物质（乙醇 4 吨、硫酸 15 吨、盐酸 10 吨、液碱 20 吨、氨基酸 5 吨）。消防、应急、生态环境、属地等单位正在处置中。20 时 32 分火势得到控制，该警情无人员伤亡。

【孝丰镇赤坞村易吉竹纤维有限公司厂房火灾扑救】 11 月 2 日 21 时 50 分，安吉指挥中心接到报警称：安吉县易吉竹纤维厂火灾，立即调派天荒坪路站 3 车 21 人、孝丰专职队 2 车 14 人、天荒坪专职队 2 车 14 人、灵峰专职队 1 车 7 人、梅溪专职队 1 车 7 人、绿色家居专职队远程供水班组 2 车 14 人前往现场处置，大队全勤指挥部遂行出动。现在正在赶往现场途中。21 时 50 分，孝丰专职队到达现场，现场为安吉县易吉竹纤厂发生火灾，无人员被困，现场为一层钢结构厂房着火，总面积 2000 平方米，过火面积 150 平方米，着火物质为竹粉，22 时 15 分，天荒坪路站到达现场，22 时 20 分，增援力量陆续到达现场，现场正在出水处置。22 时 43 分，现场火势已控制，在清理余火，23 时 50 分，现场明火已熄灭，07 时 30 分现场处置完毕。

【梅溪镇工业园区紫景路 1 号、8 号三盈家具有限公司火灾扑救】 12 月 19 日 1 时 29 分，湖州市消防救援支队安吉县消防救援大队指挥中心接到报警称：位于湖州市安吉县梅溪镇家具厂房着火。接警后，湖州支队安吉大队立即调派天荒坪路站 4 车 25 人、梅溪专职队 1 车 7 名、天子湖专职队 1 车 7 人、绿色家居专职队 1 车 7 人、灵峰专职队 1 车 7 人、孝丰专职队 1 车 7 人（共计 9 车 60 人）赶赴现场处置，同时调派公安、交通、医疗等联动部门前往，大队全勤指挥部出动。1 时 42 分，梅溪专职队首先到达现场展开处置，后续力量相继到场展开处置。据了解，着火建筑为钢混结构厂房，共五层，着火楼层位于 1、2 层，总建筑面积约 21000 平方米，过火面积约 1800 平方米，燃烧物质为海绵，无人被困。

（冯俊尉）

交通运输

【概况】 2023年，全县累计完成综合交通投资27.2亿元，实施项目9个。其中，新建项目5个包括梅溪客运站（安吉东部交旅综合服务中心项目）、2023年高速公路养护工程（安吉）、2023年国省道公路养护工程（安吉）、2023年农村公路新改建（安吉）、2023年航道养护工程。续建项目4个包括S216长兴至安吉公路安吉县石龙至马家渡段工程、水杭线（安吉水家弄—杭垓）提升工程、安吉数字物流港、安吉危险化学品仓储服务中心建设项目。前期项目5个包括德清至安吉高速公路（德清舞阳至安吉昌硕段）、合肥至温州高速公路浙皖界至桐庐段、G235国道长兴泗安至安吉长弄口段改建工程、S216长兴至安吉公路安吉县石龙至马家渡段工程、安吉数字物流港公用码头建设工程。全年公路客运量77.79万人，同比提升14.9%，公路客运周转量22446.91万人公里，同比提升83.8%。建成“五彩共富路”2053公里，其中农村公路1051公里。全力支持“大余村”建设，累计投资1.5亿元，启动并推进南部景区联通工程（天路）建设。累计投资2亿元，全面加快推进水杭线、港山线、罗董线等7个交旅融合项目，累计完成总工程量的30%。

全年完成公路货运量和周转量分别为1863.56万吨和22.39亿吨公里，同比提升4.3%和11.7%。全县公路年货运量达0.5万吨/辆，同比下降28.57%。全年累计完成水路货运量1640万吨、货物周转量33.17亿吨公里。内河集装箱吞吐量达到32万标箱，连续13年位居全省内河集装箱运输各县区第一名。全县共有普通货运车辆3698辆（其中牵引车548辆），同比增加20.42%；核载吨位数为5.39万吨，同比增加23.9%；平均核载吨位数达14.58吨，单位运力综合提升1.25%。拥有运输船舶567艘，同比下降0.7%，46.7载重吨，平均吨位数已达823.76吨，同比增长8.4%。单位运输能力持续提升，总体运力结构调整成效显著。船舶平均吨位连续七年蝉联全省内河各区县第一。2023年，安吉县获评全国城乡交通运输一体化示范创建县、入选全国农村物流服务品牌、获评全国城乡交通运输一体化示范创建县。

【公共交通】 持续提升高效公共交通服务质量。全年累计新增优化公交线路19条，新增安装农村公交电子站牌61块，实现168个行政村公交一公里全覆盖，建设港湾式停靠站50座，建成投入出租车换电站二站，成功获评全国城乡交通运输一体化示范创建县。

【路域环境】 创新开展“四无四化”路域环境治理专项行动，通过抓好路面洁化、节点美化、道路亮化、接线硬化，实现县域公路无扬尘、无垃圾、无裸土、无破损，累计灌缝（贴缝）25.7万米，修补坑洞1.56万立方米，更换、维修钢护栏0.38万米、示警桩600根，绿化提升54.6万平方米、绿化修剪352万平方米，接坡硬化近10万平方米。扎实开展4个节点城市门户提升，累计种植绿化面积37691平方米，投入资金800万元。已形成西北线、青临线、晓南线、刘彭线等一批精品环境示范路，路域环境总体品质大幅提升。

【物流体系】 完善物流枢纽体系，数字物流港子项配套功能区建设一期已完成工程量的98%；完成危化品仓储中心两座仓库及管理用房主体与砌体结构；安吉上港扩建顺利完成交工验收工作，当前处于试运营状态；梅溪水上服务区于6月底正式启用，并入围优化营商环境典型案例评选清单。提升物流运输服务水平，出台农村物流专项规划，新增优化3条客货邮融合线路，提升改造30处一点多能村级服务点，打通农村物流末梢投递“最后一公里”，并成功获评浙江省客货邮融合发展四星级样板县和交通运输部农村物流品牌。

【行政执法】 全年办结行政执法案件2308件，处罚金额647.25万元，案件数同比上升43%，居全县第三，其中轻微违法告知案件273件，公路领域案件1506件，道路运输领域案件226件，水路交通领域案件295件，工程质监领域案件8件(案件数居全市三县首位)。全年移交交警处理超限车辆375辆。

【码头治理】 常态化开展水运综合治理。持续推进码头关停取缔工作，并于10月26日完成对湖北湾码头的关停取缔工作。完善码头船舶防污设施，做好船舶污染物接收上岸工作，完成垃圾上岸11567单，24.48吨，完成污水上岸9142单，1499.40立方米。设立全市首个“船检＋政务＋法律”的船岸直办窗口。开通水上旅游航线，实现交旅融合发展。

【城市治堵】 坚持科技赋能，积极协调各成员单位职能，合力科学治理城市拥堵，完成优化红绿灯设置10处，拥堵道路治理9处。

【行政审批】 以数字化改革为方向，深化“放管服”和“最多跑一次”改革，年度累计办理各类审批事项10194件。严格落实“最多跑一次”改革领导坐班制度。政务2.0事项受理率100%，综窗受理事项比例90%以上。进一步加快推动道路运输从业资格证“审验”、营运车辆“三检合一”等便民服务事项“跨省通办”的宣传推广和落地落实。全年无感监测指标全市第一。建设启用助企便民水上政务服务站。全面落实道路运输“跨省通办”和交通运输行业电子证照推广应用工作。全面开展道路运输“跨省通办”推广应用工作。交通运输行业电子证照应用实现全覆盖。

6月，梅溪水上服务区启用仪式

【党建工作】 对基层各党支部实施党组织“组织力”指数考评管理。开展支部换届选举，11月完成12个支部的换届选举工作。抓实党员教育管理。统筹抓好发展对象、入党积极分子培训、接收预备党员等工作。全年发展入党积极分子5名，预备党员3名，预备党员转正4名。全面推行“浙里红色根脉强基工程”应用，数字化管理党员组织关系转接、组织生活、党员教育和信息管理等，系统“三会一课”、主题党日、党费收缴达标率均100%。

全年开展党委理论学习中心组学习研讨16次，机关支部开展组织生活会1次、党课3次、集中学习交流13次，系统下属单位各支部开展组织生活会7次，党课11次，集中学习交流19次，开展主题宣讲活动10次。主题教育期间，聚焦主题开展

"大走访大调研大服务大解题"活动，组织开展青年干部"明德守法、完善自我"专项行动，发动基层党组织和广大党员积极推项目、提服务，优环境，以交通事业的高质量发展效检验主题教育成果。

开展领导干部倡廉、中层骨干诺廉、重点人员促廉等"六个百"活动。制作科室（站所）廉政风险领域公示牌41块、班子成员及中层干部廉政监督牌76块、重点人员廉政监督卡300张，设立廉政监督箱。开展"找准目标、找对标杆、找出差距、找到对策"四个找活动、系统清廉站所文化标语征集、设计"清风廉路"精品线路、"清廉站所"走看赛等活动，进一步理清清廉交通示范创建思路。推进清廉站所建设，2023年重点做好公运中心递铺养护站、执法队梅溪执法分队、港航中心梅溪水上服务区三个站所的先行示范。聚焦重点领域关键环节，开展交通领域专项整治，全年查找问题26项，完成整改20项，制修订各类相关制度2项。

【重大政策】 3月30日，安吉县人民政府区域合作交流办公室印发《安吉至杭州高速公路有条件免费通行实施办法（试行）》，深入推进"融杭发展"，构建杭安同城化发展格局，吸引更多优秀人才、优质资本等要素集聚安吉。

5月22日，为推动安吉县农村物流高质量发展，打造安吉农村物流特色品牌，编制印发《安吉县农村物流发展专项规划》。

7月31日，为全面贯彻落实习近平总书记关于办好第19届亚运会第4届亚残运会、体育工作的重要论述精神和系列重要指示精神，制定《19届亚运会安吉县路域环境整治工作方案》。

10月11日，与湖州市生态环境局安吉分局、安吉县公安局、安吉县财政局、安吉县商务局联合制定《安吉县国四老旧营运柴油货车提前淘汰补助实施细则（试行）》，引导和促进机动车污染减排，加快淘汰国四老旧营运柴油货车，改善城市空气环境质量。

11月1日，为进一步贯彻落实党中央关于持续实施大气污染防治行动、打赢蓝天保卫战的重大战略部署，积极发展绿色交通，持续改善大气环境，印发《安吉县工程运输车纯电动化有机更新的实施意见》。

12月26日，制定《安吉县国省道公路养护工程管理办法（试行）》，进一步加强和规范全县国省道公路养护工程管理，提高工程质量和资金使用效益。

【2023年安吉境内高速公路继续实施差异化收费】 该政策对仅行驶杭长高速公路天子湖互通至安吉互通段、申嘉湖高速公路梅溪互通至杭垓互通段，进出均在杭长高速公路天子湖、安吉北、安吉开发区、安吉收费站，申嘉湖高速公路梅溪、孝源、孝丰、报福、杭垓收费站等9个收费站，且使用ETC记账卡的浙E牌照1类客车免收通行费，实施期限至2024年12月31日。该政策实施以来，累计减免符合条件小客车约244万辆次，折算免通金额约3143.4万元，平均每月136.7万元。

【安吉县新建安吉东部交旅综合服务中心】 1月，为进一步提高公共交通服务水平，满足大家的出行需求，梅溪镇投资5.3亿元新建安吉东部交旅综合服务中心项目启动，总用地面积约44039平方米，位于梅溪镇泗洲山路与隐将路交叉口东南侧。项目共有12层，是一个集交通

安吉东部交旅综合服务中心效果图

设施、旅游集散、购物休闲、快递分拣中心、公共服务、人才公寓于一体的综合型建筑，包括公交首末客运站、汽车修理中心、物流快递、停车场库、服务型公寓等。工程建设周期为24个月。

【鹤鹿溪大桥改造工程主体工程完工，进入试通车阶段】 1月12日，跨越西苕溪支流的鹤鹿溪大桥改造工程主体工程完工，进入试通车阶段。鹤鹿溪大桥是递铺街道鹤鹿溪村与孝源街道洛四房村之间互通的重要通道，大桥通车后，村庄路网通达质量得到进一步提升。

【安吉县"危旧桥隧改造工程及低荷载桥梁"项目获补助资金2761万元】 1月，浙江省交通运输厅印发《关于申请提前下达2023年车辆购置税收入补助地方资金（第一批）的函》，重点支持危旧桥梁改造，安吉县"危旧桥隧改造工程及低荷载桥梁"项目获补助资金2761万元，金额位列专项支出全省第一。

【合温高速浙皖界至桐庐段（湖州段）可行性研究报告通过评审】 1月11—13日，省发改委、省交通运输厅在安吉召开了合肥至温州高速公路浙皖界至桐庐段（湖州段）工程可行性研究报告评审会议，该工程可行性研究报告顺利通过评审。本项目起点位于G50沪渝高速界牌枢纽往南约3km的浙皖交界位置，终点位于湖州市山川乡船村东南侧安吉与余杭交界处，是浙江省"六纵六横"主骨架重点建设项目合温通道的重要组成项目，项目已列入《浙江省综合交通运输发展"十四五"规划》。其中，安吉境内长约53.3公里，经过天子湖、鄣吴、孝源、孝丰、上墅、天荒坪、山川等7个乡镇（街道），是安吉境内继杭长高速后第二条南北大通道，安吉段总投资192亿元。

【235国道泗安至长弄口段改建列入中央投资计划项目】 1月，浙江省申请2023年重大区域发展战略建设（长三角一体化发展方向）中央预算内投资计划公示发布，全省共计11个项目，235国道长兴泗安至安吉长弄口段改建工程位列其中，全市唯一。该项目纳入长三角一体化发展规划"十四五"实施方案重大项目库、浙江省加快高水平交通强省建设重大项目清单，起点位于长兴泗安镇318国道与235国道交叉口，终于安吉长弄口，全长约29.72千米，其中安吉段26.17千米。

【安吉至杭州高速公路有条件免费通行政策落地实施】 3月31日，《安吉一杭州高速公路有条件免费通行实施办法》发布，正式开始实施安吉一杭州高速公路有条件免费通行政策。免费范围为杭州指定高速收费站至安吉所有高速公路收费站之间往返高速通行费用，全年往返免费通行次数不限。实施时间为2023年4月1日至2024年12月31日。自4月份政策实施以来，审核通过人数6574人；5—12月份，共计补助通行费513.1万元，通行数据135066条，涉及补助车辆21462辆次。

【安吉首条航线进入常态化通航】 4月11日，安吉首条常态化通航航线——安吉至镇江短途运输（往返）航线在安吉天子湖通用航空机场正式启航，此条航线航班执飞机型为大棕熊100，每次可乘坐旅客6名，飞行时间约1小时，每周开设2个往返航班，票价单程每位168元。

【安吉上港新岸线建成】 4月，内河码头安吉上港新增的140米岸线建设完成，总岸线长度达到405米，集装箱船舶泊位7个，年吞吐能力达到60万标箱。

【安吉县举行"四无四化"行动集中推进暨第十个"5·26爱路日"启动仪式】 这是安吉交通组织的第十个"优环境 引业态 促共富"5·26爱路日，将交通文化与中心工作深度融合，全面启动"四无四化"行动集中推进活动。

【安吉成功创建浙江省客货邮融合发展四星级样板县】 6月29日，省交通运输厅下发全省客货邮融合发展星级样板县名单，安吉上榜，全市唯一，成功创成全省客货邮融合发展四星级样板县。

【安吉全市首个海事法律服务站启用】 6月28日，全市首个海事法律服务站、全县首个水上服务区正式启用，该站位于安吉梅溪镇梅溪村老龙坝，是为往来船户、水上企业提供综合服务的办事机构。

【安吉县新建5个高速公路驿站】 10月，交通部门投资5100万元于报福、梅溪、孝丰等乡镇新建5个高速公路驿站，配备休息室、旅游厕所、停车场、充电桩等服务功能，结合各地特色元素创新建筑设计、景观绿化，总建筑面积达3700平方米，助力县内高速互通公路驿站“全覆盖”。

【安吉县开通首条内河客运航线】 10月28日，安吉县首条旅游航线正式开通，该航线起于梅湖线与晓墅港交汇处的湖漾中新丰村码头，途经小溪口村、华光村、新丰村等，终点为安吉县阳光坝，全长20.6公里，实现了水上旅游“零的突破”。

【工程运输车纯电动化有机更新】 11月2日上午，安吉县工程运输车纯电动化有机更新启动大会在县委党校召开。计划对纳入“三化”管理的工程运输车和纳入商务局散装水泥发展中心管理的混凝土搅拌车共2000余辆，分三批进行更新，至2025年完成全部工程运输车辆的有机更新。

【安吉县内申嘉湖高速省际“断头路”全面打通】 12月30日，申嘉湖高速安吉至宁国段全线贯通，并连接宣桐高速形成省际高速互联互通。安吉县全面消除高速公路“断头路”历史。

（郑昌键）

安吉县交通投资发展集团有限公司

【概况】 2023年，安吉交投集团完成各项经营指标，集团总资产突破400亿元大关。全年实施各类项目45个，累计完成投资20.6亿元，同比增长9.7%。数字物流港新建工程被列入2023年浙江省重点建设项目计划（民生设施类）及浙江省扩大有效投资“千项万亿”工程、2023年重大项目实施计划，并成功争取120亩新增建设用地指标奖励；数字物流港公用码头建设工程被省发改委列入2023年浙江省重点建设预安排项目计划；绿色低碳综合供能链鞍山站提前6个月完成主体建设；S306（一期）、2021年“511”工程磻佛线等项目有序推进；南部景区联通工程天路（一期）、公路服务驿站建设等项目开工建设；完成德安高速中段出资入股，主动融入全县中心工作，与县发改局成立专班重点推进宁杭高铁二通道安吉段前期工作。全年完成对外股权投资项目6个，成功组建安为基金等3只投资基金，共计完成投资7.08亿元，其中梅斯项目已完成上市，在谈项目3个，参与组建基金1支。

12月30日，申嘉湖高速全线贯通

企业主体信用评级提升为AA+，经营业务持续拓宽，设计院探索拓展招标代理和市政、房建检测业务，置业公司新开辟建筑钢材贸易业务，实体化运行高速公司，新成立绿能公司和数投公司。危化品仓储服务中心项目基本建成并于2024年投入运营，天子湖车辆检测站建成投运，源创商业中心完成摘地并于明年开工，绿色建材加工基地、下汤工业园区有机更新等一批项目正在加紧谋划推进。

围绕矿资管理体制改革，全年处置工程产出矿产品1200吨计1.9亿元；围绕产业振兴和城乡能级提升，落实“腾笼换鸟”、全域土地整治，并选派25名干部职工参与城市有机更新、“两无两违”拆迁、县域环境治理等中心工作；围绕共同富裕，启动建设共富公寓1130套、竣工332套；围绕便民利民，将长途班线发车点调整至城东客运班线配客点，新增客货邮一体化班线2条，并探索以客货邮形式打通城乡二元三级快递寄送体系试点；围绕教育布局调整和人才引进，开通春秋两季“校园巴士”线路

15条，拓展延伸至城郊3所新建学校，服务学生1350余人。打造灵峰度假区旅游专线，推出“小车往返杭州＋公交贯通园区”的立体式交通保障体系，发放出行消费券158.65万元，累计服务人才8.08万人次。根据县委县政府部署，主动参与全县1800辆工程运输车新能源更新，打造“县总场站——乡镇（园区）分站点——运输沿线辅助点”的全域覆盖、全过程闭环的充换电模式。

持续优化内管内控，OA办公系统、项目全过程管理系统全面投入运行。安畅行应用提前完成智慧（绿色）停车、杭安有条件高速免费通行、退伍军人“老兵码”免费乘公交、人才码“高速免费”等功能开发，全年营收1329万元，同比上升96.25％。强化内审内控，完成财务收支、中介服务等内审项目4个，开展合同合规性审查2100余份，委托中介完成五彩共富路、公路服务驿站等19个项目的预结算审核工作，查找廉政风险点87个。防范安全风险，落实“拔钉除患”“除险保安”“六大攻坚”等专项工作50多项，安全巡查48次，委托第三方机构专业普查6次，安全形势分析评价11次，全年未发生上报等级的生产安全和消防安全事故。持续推进“清廉交投”建设，出台《交投集团纵深推进“清廉工程”标准化建设实施意见》，开展在建工程扬尘（水土保持）专项监督，推进数字物流港、水杭线2个清廉工程示范点创建，轮值监督评定分离项目5个，22名入库评标专家签订廉政承诺书。

围绕集团发展需要，全力推动人才招引和人才培育工作，为集团发展提供有力的人才支撑和保障。创新“1＋3”引才工作体系，全年新招录各类人才47名（包含1名博士、3名硕士和9名持有国家级专业技术资格人才），实现博士人才“零的突破”。加强专业技术和技能人才培养力度，优化职业资格奖励制度，鼓励职工技能和职称双提升，全年新增正高级职称1名、高级职称7名、中级职称11名、初级职称47名，新增国家级注册职业资格证书23名。深化校企产教融合，与浙江科技大学等7家高等院校合作，成功举办“安吉交投杯”测量大赛，开创“以赛引才、以赛留才、以赛育才”新模式。启动“青椒（交）培优”人才培养计划，39位储备人才入库培育，并充实到工作一线锻炼培育，加速年轻员工成才成长。贯彻县委县政府“人才强县”战略，打造人才公寓23间，给予非安吉籍大学生租房补贴，组织中秋灯谜会等文体活动20余次，丰富全体干部职工业余生活。

【智慧交通举措获评省数字经济创新提质“一号发展工程”优秀案例和全省交通运输领域三个“一号工程”（第二批）典型案例】 10月25日，交投集团下属科技公司申报案例“数字驱动出行创新 助力县域交通升级”入选省数字经济创新提质“一号发展工程”优秀案例。12月13日，省交通运输厅颁布全省交通运输领域三个“一号工程”（第二批）典型案例，交投集团报送“打造安畅行一站式出行应用”入选。2023年，交投集团为围绕“安畅行”平台以扩大服务范围为总目标，落实退伍军人“老兵码”免费乘公交，累计服务6700余人次；落实人才码“高速免费通行”系统上线，累计服务5721人，免费通行9.3万余趟次；新增校园定制班线15条，延伸至城郊新建学校，服务学生1350余人；接入绿色停车端口，完善智慧停车服务，解决城区停车难问题。

“安吉交投杯”工程测量员职业技能竞赛

【获评全国城乡交通运输一体化示范创建县】 7月21日，交通运输部公布第三批城乡交通运输一体化示范创建县名单，安吉县全市唯一成功上榜。近年来，安吉县持续提升对外联通水平，全县高速里程达近百里，公路里程2329公里。高水平推进“四好农村路”建设，先后完成农村公路改造提升1000余公里，实现等级公路行政村覆盖率100%。优化公共出行服务，持续构建“二主三副八节点”客运枢纽体系，实现农村公交设施全覆盖。深化公交领域改革，实现公交领域“纯电动化、两元一票、移动支付”等全覆盖。完善物流运输体系，出台农村物流发展专项规划，整合邮政、“三通一达”等6个快递品牌，组建“两山”快递联盟。创新13条城乡客货公交一体化班线以及特色农产品专线，设立后农村物流运行频次翻倍，快递进村数量增长至5—7倍，精准投递率提升50%。推进农村场站设施提升，建成乡镇运输服务站5个，全县行政村物流服务网点实现全覆盖，提升85个村级物流点为“一点多能”共富驿站，带动村民就业增收。

【综合交通大项目建设暨“五彩共富路”集中攻坚部署会】 3月10日，安吉县召开综合交通大项目建设暨“五彩共富路”集中攻坚部署会。县委副书记、县长宁云讲话，县委副书记、政法委书记柏建华主持，县委常委、副县长卫勤超布置集中攻坚重点任务。会上，通报了2022年度乡镇(街道)“五彩共富路”建设优秀单位名单。县交通运输局、昌硕街道、杭垓镇、天荒坪镇作表态发言。

【鞍山充换电站建成】 12月，全国首个集光伏发电、储能运用、充换电、低碳交通换乘为一体的新能源综合体——鞍山场站建成。2023年4月，交投集团收到工程运输车有机更新配套充换电场站建设任务后，加快工作推进，于年底前完成鞍山综合站建设，并实现充换电功能。该综合站功能布局完善，站场建设集慢充、快充、换电一体多种补能方式外，同时配套服务中心、维修中心、小车停放区域等，让从业者能停、能休息，让车辆能停、能补能、能维修的闭环服务方式。

【亚运保障任务】 9月18日，安吉交投长运公司亚运保障车队，奔赴杭州集结。车队配备驾驶员18人、应急保障车辆10台，共计490个座位，圆满完成亚运期间运力保障工作。10月31日，杭州第19届亚运会赛事总指挥部交通指挥中心发来感谢信，对交投集团长运公司在亚运场馆赛时运维中攻坚克难、勇挑重担、“零事故、零投诉”的全面保障工作表达了衷心的感谢。

（管林娜）

9月18日，安吉交投长运公司亚运保障车队集结出发

邮政 通信

邮政管理局

【概况】 安吉邮政管理局成立于2016年2月，为湖州市邮政管理局派出机构内设办公室、市场监管科和普遍服务科3个科室，全局到岗18人，办公室场地设在昌硕街道天目中路541号，为便于地方管理下设公益一类事业单位“安吉县邮政业安全中心”。

2023年，安吉县共有邮政、快递企业15家（其中8家品牌主体企业，7家品牌分支），分支机构38家，末端服务点54个，邮政网点17个，镇级农村快递中转中心8个，村级农村快递物流中心158个，从业人员1072人。全县全年快递业务量完成4694万件；快递业务收入完成68195万元，同比增长6.9%。2023年，安吉县成功获评省级农村客货邮融合发展四星级样板县、全国农村物流服务品牌示范县，安吉邮管局获湖州市邮政系统二〇二三年度重点工作目标考核第一。全面融入城市有机更新和“两无两违”等县委中心工作，在“白加黑”“5＋2”的实干争先中，圆满完成东庄弄北区15户目标任务，“两无两违”更是在全县率先腾空落地，荣获县委县政府集体三等功和嘉奖各一次，个人三等功和嘉奖各两人次。

【“两元三级”物流体系】 全面加快城乡“两元三级”体系布局建设，8个乡镇公共转运中心、83个村级共富驿站完成建设，61个城市小区标准化驿站交付使用，镇村两级体系基本成型。其中铜山村共富驿站获评2023年度浙江省邮政业快递进村“共富驿站”五星级营业网点。创新客货一体运输模式，新开通“晓墅—铜山”客货邮白茶专线1条、杭垓镇“文岱”“七管”等镇村线路4条。以“可看、可讲、可学”为基准，聚力打造“山川－船村－九亩”客货邮示范型线路。同时，启动鄣吴、上墅两条“县－乡－村”三级客货邮线路贯通的试点探索，为全县“县－乡－村”三级寄递体系“应通尽通”目标奠定坚实基础，成功获评省级农村客货邮融合发展四星级样板县、全国农村物流服务品牌示范县。聚焦村级共富驿站和城市小区驿站等城乡寄递末端，相继与电信、移动、农商银行、农行等单位开展战略合作，逐步形成以邮政

梅溪镇铜山村共富驿站

快递为纽带，金融、通信、公交、电商、供销各领域服务多元融合的一体协同模式，并制定统一的进村服务政策包，“养老金领取”“惠农贷款”等28项惠民服务政策实现集群进村，快递物流服务群众生产生活和乡村产业振兴的基础性、支撑性作用进一步凸显，购物、销售、生活、金融、创业“五不出村”服务场景有望实现。

【数字邮管】　不断完善县级视频监控网络，维持全行业、全方位、无死角的全程实时监控、远程通话指导、72小时可追溯查询。2023年全县视频监控平台共计接入企业品牌15家、网点90个，监控探头322路，安装拾音器19个，视频上线率始终保持95%以上。

成立工作专班集中办公，形成“一把手”负总责，分管领导具体负责，专班工作人员抓落实的三级管理体系，专班统筹、例会研判、综合协调、信息报送等各项机制高位衔接运行。累计召开专班周例会24次，月会商研判6次。围绕全县行政网格化安全监管机制，探索建立了以每个快递品牌企业为独立主体，以下辖网点、末端为基础单元的“1+N”工作模式，分企业设立网格长1名、网格员N名，顶格压实寄递网格政策执行、生产安全和信息统计的“三大员”职能，确保安全管理责任一以贯之、一贯到底。制定《亚运安保分片包干工作方案》，建立分片包干责任区，实施全域覆盖的全周期滚动式巡检机制。累计开展分组分片暗访督查企业(网点)174家次，整改问题隐患186处，其中行政处罚4次、约谈警示2家，整体按期整改率100%。用好“企业考核”指挥棒，制定下发2023年邮政快递业安全生产和消防安全责任制年度考核办法，与12家快递企业签订安全生产责任书，企业网点备案许可率和协议客户备案率均100%。重点开展网点综合整治和“平安寄递”品牌提升两大专项行动，压实企业主体责任，建立企业自检自查、自改自新和自我建制的问题整改闭环，累计完成网点自我整治280家次，整改提升率100%。提前谋划亚运会期间快递企业风险防控布局，分析研判全县快递行业风险点17个，明确消防和生产安全等事故防范举措39项，运用数字化平台落实全县快递网点24小时网络监控，坚决守牢安全底线。切实加大执法保障强度，高频率开展多部门联合检查，全力肃清各类违规乱象。组织进行打击跨区域经营快递业务“黄牛”活动5次、现场执法检查行动14次，累计查获各类管制刀具等违禁物品4件、假烟300余条，价值约6.5万元。实地检查快递网点250余家次，发现并消除隐患100余处，整改快递网点80家次。成立邮政业应急处突工作领导小组，对寄递渠道、交通运输、安全生产、消防和社会舆情5大领域分门别类制定应急流程，明确力量配备及部署标准。建立企业应急救援队伍和局机关联络员制度，实现企业应急队伍建设全覆盖，并通过“定时、定点、定人、定岗、定责”五定方案，细化责任落实到人。坚持一企一策制定企业、网点亚运安保应急预案，实现15家邮政快递企业应急预案全覆盖，并面向场所安全、车辆充放电、交通事故、邮路稳定、设备故障等14个场景进行实战演练，形成了科学完整的预案体系。自9月1日起启动企业应急值守机制，各企业每日3人24小时轮岗值班，全力做好应急处置突发事件准备。聚焦收寄验视、扫黄打非、消防安全等应急处置重点领域，组织应急、消防、公安、交通等部门为快递企业负责人、收寄验视员、安全员、投递小哥等群体开展业务培训，累计参训人员共9个批次超420人次。坚持实战提能，企业(网点)每周开展应急轮流场景演练，年度累计完成演练15期次，提升企业团队统筹应对、协同配合、应急效率等综合能力。

【普遍服务监督】　聚力抓实常态巡检和重点时段严管，重点做好全国两会、亚运会等重点时段的服务保障和专项检查，严肃处置、整改发现的各类违法违规问题，确保各类问题隐患闭环整治100%。全年，对照新《邮政普遍服务标准》，从法定业务开办、安全设备、服务设施、营业时间、邮箱(筒)开取、投递频次、三项制度落实等方面对全县范围内邮政普遍服务网点进行4轮全覆盖式监督检查，发现并整改问题29处；开展机要通信检查4次，机要跟班作业1次、联合检查1次，发现并整改问题6个。持续强化企业主体意识，全面提升行业从业人员“扫黄打非”知晓率、执行率。新增培育“扫黄打非”示范站点4家，联合“扫打”办开展专题培训宣传5次，检查百余家次。

【“三个专”全力保障白茶寄递】 牵头组织各快递企业在全县设立 48 个白茶临时寄递点，每个寄递点都配有相应数量工作人员和白茶专用揽件车，保障茶农安全、快速将安吉白茶寄往全国各地。对接快递行业协会、白茶协会开展白茶寄递保障协调会，开通安徽合肥、江苏无锡等地白茶运输专线直发 8 条，选择优势时效线路中转，成功指导顺丰配载航空投递、陆运直发、同城急送等多种配送方式，实现 9 个城市当日达，65 个城市次日达，同城急送 1—4 小时送达。白茶寄递期间，新增白茶运输车辆 25 余辆；白茶分拣、打包、运输等人员 200 余人，仅开采日当天揽收量达 4000 件，高峰期日揽收量近万件。对接属地乡镇（街道）及综合执法局，解决临时占道经营问题；联合市场监管部门在白茶城寄递网点开展计量专项检查，确保电子秤等计量器具 100% 合格；鼓励顺丰等快递企业推出白茶寄递折扣券，茶农（茶企）寄递白茶最高可享受 8 折优惠，为安吉茶农（茶企）减免寄递费用 60 万元。建立“一对一”机制（即一名工作人员对接一家快递企业），预先开启寄递服务反馈渠道及投诉热线，满足茶农服务需求，为消费者办实事，为企业解难题，切实搭建消费者与寄递企业的沟通桥梁，2023 年累计处理申诉 1314 件，其中白茶相关申诉约 2%，满意率 100%。

【推进快递小哥权益保障体系建设】 聚焦企业管理层、生产经营骨干和一线优秀职工，深入实施“三培养”战略，先后有 8 名快递小哥提交入党申请书，其中 4 人培养为入党积极分子并进入发展对象考察期。同时，安吉县快递行业协会党支部获评 2022 年度浙江省快递行业党建示范点。不断推动新业态行业团建工作，成立快递物流行业团工委。推进畅通团组织与青年联系服务渠道，利用“青年之家”“暖心亭”等团属阵地打造“小哥加油站”，打通为“勤劳的小蜜蜂”服务的最后一公里。深入开展调研实践活动，深入了解快递小哥生存现状、思想动态和困难诉求，着力提升行业团组织的吸引力和凝聚力。全面推动行业精神文明建设，提升全行业精神风貌，开展行业内外“先进典型”选树活动。2023 年，除局机关获评县级文明单位外，全行业 1 人获市级青年岗位能手，2 人获县级“优秀团员”，安吉县快递行业协会党支部获评 2022 年度浙江省快递行业党建示范点，快递物流行业团工委获县“先进团委”称号，安吉县快递行业协会获评“3A 级社会组织”。10 位快递小哥获评第五届“勤劳小蜜蜂”荣誉称号，10 位获得提名奖。启动“安骑士”红色加油站，建设“小哥加油站”80 个和三星级“幸福驿站”13 个，向快递小哥群体免费提供歇脚、饮水、热餐、充电等暖心服务，实现“路上困难一站办”；建设快递物流综合党群服务中心，为一线从业人员和快递小哥党员提供党群服务、政策宣传、信息共享、创业指导等关心关爱服务场所。全面整合群团资源，联合总工会、人社等部门，将快递从业群体纳入政府疗休养和职工体检服务范畴；研讨修改安吉县快递行业集体合同、工资集体协议、女职工权益保护专项协议、安全卫生专项协议等，力促构建和谐稳定的劳动关系；综合统筹各部门和企业资源，累计投入 50 余万元，开展夏送清凉、冬送温暖等各类主题暖蜂行动 20 余次，慰问活动 9 期次，行业主题运动会等群体活动 5 次，

启动“安骑士”红色加油站

健康安全知识讲座5场次。春节前后、业务旺季期间为快递企业搭建快递从业人员招聘平台，累计招募一线从业人员50余人，解决“用工荒”的燃眉之急；发布《凝“新”聚力，赋能新就业群体行业服务体系联建公约》，建立健全诉求收集办理反馈机制，为快递小哥们提供法律援助、心理疏导、联谊交友、困难救助等服务，提高其社会认同感和职业自豪感；深入践行“四下基层”，深化开展“大走访大调研大服务大解题”活动，倾听企业需求，积极帮助对接解决企业困难5个，为企业做大做强提供最优服务保障，助力企业高质量发展。积极引导快递从业人员担任“基层治理啄木鸟”。发动“小哥”群体利用自身服务范围广、机动性强的优势，将派件车辆和快递包裹作为移动宣传阵地，组织全县快递从业人员近千人参与全国典范城市、城市有机更新、节能降碳、亚运安保等政策宣传。截至目前，利用快递包裹进行宣传2000余个。针对“小哥”群体大多使用电瓶车等实际情况，坚持身体力行，组织近百名快递小哥、外卖小哥对未佩戴头盔、行人闯红灯、停车不规范等不文明行为进行劝导，共同打造一个安全、有序、畅通的环境。选拔“小哥”群体中身体素质较好、热心公益的从业人员，组建“党员先锋骑士”队伍、“邮益”志愿服务队、爱心联盟志愿服务队，组织开展各类志愿服务活动。2023年，全行业开展“慈善助力共同富裕”累计捐款3.1万元，组织“学雷锋”等各类志愿服务12次，帮助对口支援地区四川省阿坝州金川县的困难青少年点亮微心愿424个。

（沈敏华）

中国邮政集团有限公司浙江省安吉县分公司

【概况】　中国邮政集团有限公司浙江省安吉县分公司是以邮政通信服务业为主的国有企业。公司依法经营各项邮政业务，承担邮政普遍服务义务，受政府委托提供邮政特殊服务，对竞争性邮政业务实行商业化运营。经营业务主要包括：国内和国际信函寄递业务；国内和国际包裹快递业务；报刊、图书等出版物发行业务；邮票发行业务；邮政汇兑业务；机要通信业务；邮政金融业务；邮政物流业务；电子商务业务；各类邮政代理业务；国家规定开办的其他业务。2023年县邮政分公司从业人员361人，其中在岗职工134人。完成业务总收入11598万元，同比增幅12.75%，全市排名第一，高于地区平均增长率6.97%、高于全省平均增长率6.94%。其中：金融业务、寄递业务完成率均在全市排名第一。全县共有邮政服务网点21个，其中开办邮政普遍服务营业网点17个，开办警医邮服务点11个。县内转趟邮路18条，邮路总里程（单程）934公里。投递段道（路线）81条，总长度（单程）4415公里，其中农村投递段道46条，单程3377公里。农村电商邮乐购站点388个，自助取款机和自助存取款机共18台，智能柜员机14台。集邮品销售点1个，村邮站183个。通信生产运输汽车52辆、电动三轮车68辆、电动自行车8辆；无人机1架。

2023年，安吉县邮政分公司发挥协同优势，紧抓“四个环节”做好白茶产业全面服务，3月21日白茶正式开采当天收寄1229件，合计4310公斤，实现白茶收寄“开门红”。2月以来，安吉县分公司开展100%白茶客户大走访，发挥“寄递＋金融＋渠道”协同优势，客户共享组合营销。在各经营部、营业网点、金融网点悬挂春茶寄递宣传横幅，利用网点门头LED电子屏循环播放春茶收寄优惠政策；在临时收寄点摆放宣传单、宣传展架，设置醒目标识；在邮政车辆上张贴春茶宣传标语，实现全方位立体式宣传。提前在溪龙白茶街、塘浦茶城、递铺特产市场、铜山村等地驻点设摊，增加临时收集点和收寄人员，节省收寄时间，对于用邮需求量大的茶场，合理安排时间做好上门收寄，确保当天订单当天寄出。开通安吉到安徽、江苏、上海等各主要出口方向的春茶直发直达专线。同时依托三级物流体系建设优势，根据各茶叶收寄点、临时收寄点用车需求，在安吉县域内通过增开安吉白茶“客货邮”专线、安吉白茶短途短驳专线等方式，确保出城运输渠道畅通。制定春茶主动客服工作制度，确保春茶邮件有专人跟踪、专人查询、专人反馈；成立理赔小组，建立快速理赔机制，对于符合赔偿条件的春茶邮件，启动快速核实、迅速协商、及时赔付。

【建设“故乡邮驿站”关爱务工群体】　安吉县邮政分公司联合安

吉县总工会，在安吉县驿站营业所成立了全县首个“故乡邮驿站”，并开展“与您留安共迎春风”关爱外地务工人员暖心活动，邀请新安吉人参观“故乡邮驿站”，为留安务工人员送上防疫礼包、新春福包等。借助“故乡邮驿站”，安吉邮政将为外来务工人员开办“同乡会”、领取“来安过年补助”以及参与“他乡邮情”“浙里过年”等邮政特色关爱活动提供服务和便利。2023年，在全县14个金融网点和3个综合支局陆续设立“故乡邮驿站”，积极利用站点多、人员多等优势，为各类务工群体提供更好的服务。

【“重走一大路”主题党日活动】6月28日，安吉县分公司组织党员开展了“重走一大路”的主题党日活动，从嘉兴火车站开始，进行新时代“重走一大路”现场教学，旨在诠释中共一大从上海石库门移址到嘉兴南湖，在历史偶然性中蕴含的历史必然性。参观了宣公祠，聆听陆宣公的清廉故事和清廉事迹。瞻仰革命红船，聆听“一条小船和一个大党的故事”，通过重温建党历史，深刻感悟红船精神。参观南湖革命纪念馆，从实景的追溯回到历史的画卷中，感悟红船精神，再续精神传承。“重走一大路”，进一步统一了思想，坚定信心，凝聚力量，激励全县邮政广大党员干在实处、走在前列、勇挑重担、争做表率，在新征程上展现新作为。

6月28日，“重走一大路”主题党日活动

【安吉县两元三级物流体系正式启动】 4月20日，安吉县域城乡两元三级寄递体系建设运营会召开。会上，县政府办和县邮管局通报了安吉县承接湖州市“快递活村”共富班车工作推进情况，县委常委、副县长卫勤超就下一步如何高水平打造城乡两元三级寄递体系做重要讲话。安吉邮政公司党委书记、总经理宣东就城乡两元三级寄递体系运营和前期建设指导工作发表专题发言，重点就站点建设要求和政策支持、业务拼盘和薪酬组成等工作情况向与会人员做了介绍，并在会上分别与安吉移动、安吉农商银行签署村级共富驿站试点运营合作协议。

安吉城乡两元三级寄递体系项目主要是围绕如何加快在安吉县域内加快构筑一张现代快递服务基层网络，在2023年度内分阶段、高质量推进2个区域共配中心、11个乡镇快递集散中心、85个村级数字化共富驿站、83个末端网点和125个住宅小区快递末端驿站的建设工作。安吉邮政公司作为安吉县域城乡两元三级寄递体系的主体负责统一承接，积极发挥自身寄递、金融、渠道等专业优势，持续深化多元服务协同发展，全面统筹整个行业内、外资产资源，进一步发挥邮政快递在服务群众生产生活、推动乡村产业振兴上的基础性、支撑性作用。

【安吉县分公司代理金融余额规模迈上40亿新台阶】 截至2023年12月9日，安吉县邮政分公司代理金融个人存款余额规模成功迈上40亿新台阶。二季度以来，安吉县分公司扎实开展客户经营活动，落实四个维度定向客户维护，提前部署星级客户维护相关动作，提前为跨赛蓄客、养客、活客。跨赛开始后，安吉县分公司紧跟省市分公司发展节奏，按每月三场客户节频次，提前部署，做好客户活动营销宣传。全年紧紧围绕三个金融促发展，高度重视协同金融促力跨赛AUM的提升。发动各条战线力量，整合全局动力，全力聚焦金融业务发展。通过动员会、周例会、月总结会等形式按频次做好先进部门表彰与落后部门督导，形成各部门你追我赶争第一氛围。全网点开展邮银协同大走访活动，定期联合走访当地茶农茶场，为农户办理授信业务，解决农户资金难问题，进一步提升客户黏性。

【安吉邮政新增进出口邮件处理设备】　为进一步有效解决安吉进出口邮件处理能力，提升客户用邮体验，推动进出口邮件处理效能提升。出口邮件处理场地：在安吉工业园区建设一个出口邮件处理场地，面积3000平方米，总投资270万元，2023年3月正式运营。出口邮件处理能力单小时8000—10000件，日均处理量3万—5万件，峰值处理能力达到10万件的集包处理场地。设立机器分拣格口224个，人口分拣格口60个，大幅度提升处理效率。进口邮件处理场地：2023年新购置两台直线分拣机，总投资150万元。县中心一台60个格口，五面扫描，配备伸缩皮带机，邮件处理能力8000件/小时，处理效能相比人工处理提升50%左右，大大缩短内部处理时间，投递员可提前1小时出班。按照安吉县域城乡两元三级寄递体系的要求在上墅乡刘家塘建设共配中心（乡镇级）一台26个格口的直线分拣机，单面扫描，邮件处理能力2000件/小时，处理效能相比人工处理提升30%左右。

【城乡物流体系建设】　为了打通“快递进村”的“最后一公里”，继续完善县、乡、村三级物流体系建设，在安吉邮管局的牵头下，分公司积极、主动与县运管中心、县公交公司沟通对接，逐步提升村级服务点的服务水平。开设专线，丰富“客货邮”业务品种。安吉邮政分公司于2020年8月18日开通第一条客货邮线路，至今已开通10条线路。2023年5月在县交通局的牵头下安吉县初选就获得“2022年农村客货邮融合发展星级样板县”（四星）称号，2023年10月获得交通运输部、国家邮政局第四批农村物流服务品牌县。9月底，分公司与县公交公司达成商议，初步定在鄣吴镇整个乡镇开通“客货邮”专线，用专车配送快包。根据共富驿站和村邮站所在地点，确定合适的交接点，送快递进村。12月正式运营。整合资源，打造“两元三级物流体系”乡镇公转中心模板。上墅乡公转中心位于上墅乡刘家塘村委边，是安吉县乡镇“两元三级物流体系”建设标准示范点。7月底前已完成场地初步装修、施工。9月24日自动分拣机设备已到刘家塘并进行安装。9月28日向省公司申请端口，并准备开通专线，申请测试（其中申请端口批复时限是15个工作日内）。同时对作业场地和内设的共富驿站进行规划，组织施工单位施工，11月底试运营。上墅乡公转中心正式运营后，我公司打算依托公转中心集包处理配送、快递进村及刘家塘电商中心电商资源，打造“上墅乡（刘家塘）—施阮村—董岭村”客货邮精品线路；利用县农业农村局、县商务局等政策扶持，整合上墅刘家塘资源，打造“安吉县上墅乡乡村振兴馆”，丰富农村快递物流配送新模式。积极推进“共富驿站”建设、运营。8月中旬，分公司对11个乡镇4个街道80个共富驿站设计方案进行初审，9月下旬初步完成终审，做到统一共富驿站LOGO、统一入驻单位LOGO及宣传资料。最终有80个共富驿站通过终

12月21日，省邮管局党组书记、局长魏遵红来安吉调研共富驿站

审，截至12月底首批67家共富驿站完成建站。

（姚景云）

电　　信

【概况】 中国电信安吉分公司设营销服务支撑中心、政企云网支撑中心，12个支局（3个政企类、9个综合类）分别为政企支局、工业企业一支局、工业企业二支局，下设递铺支局、昌硕支局、灵峰支局、芜园支局、孝丰支局、梅溪支局、高禹支局、杭垓支局，天荒坪支局。

2023年安吉分公司年度收入目标20507万元，码号收入15024万元。截至12月主营累计收入完成18205万元，完成率88.77%，同比增长－0.66%。码号累计收入完成13748万元，完成率91.5%，同比增长－1.3%。截至2023年底，安吉电信服务全县5.3万固定电话用户，11.7万移动用户，10.8万宽带用户。

【移动网络与光网建设】 全年电信区域共新建5G站点12处，共开通电信5G站点191处；联通区域新开通5G站点6处，共有联通5G站点269处。电信、联通合计开通5G站点460处。全年电信区域新安装开通5G室分站点14处，改造5G站点6处，共开通室分56处，开通RRU32台；联通区域开通5G室分12处。全网合计5G站点室分103处。全年累计新增安装开通4G室外站点32处，拆除站点3处；新增共享联通载波站点12处。现共计有4G网站点738处（自有站点704处，共享联通载频34处）。建设自有4G室分站点38处，在建中14处，共享联通载波室分站点6处。

【移动通信2G网络退网】 自2022年2月22日第一台2G设备下电开始，到2023年2月3日最后一台下电完毕，安吉全县共退网2G设备425个物理站点，1124个扇区全部退出历史舞台。G网络是依托在2G硬件设施上的，早在2019年就已全部退网，2G退网年节约电费80余万元，全网现只保留4/5G网络。

【企业数字化建设】 加大对ICT项目的能力提升。不断优化项目组人员，同时加大对项目从商机管理、方案输出、招投标能力到交付实施的管理。2023年对县区类云中台开展建设，不断提高产数能力。2023年8月在全省现场会上，与经信局签订绿色家居工业互联网平台合作协议，12月同县经信局一起参加省经信厅答辩顺利通过“绿色家居产业大脑”项目、并成功申请“中小企业数字化改造试点县”。同时安吉电信成为“绿色家居”数字化改造唯一总包商。截至年底完成12家企业700万企业ICT项目，同时发展云主机15个、安全大脑37户，并助力县政府获浙江省经信厅奖励资金500万元。

（郭　慧）

中国移动安吉分公司

【概况】 中国移动安吉分公司机构设置四个部门和六个分局。2023年全年通信服务收入超5亿元，用户数达到47.4万，5G手机用户达到28万，宽带用户规模达到14万。

公司党支部以习近平新时代中国特色社会主义思想为指引，认真贯彻落实党的二十大精神，以实际行动和实际成效履行央企社会责任。通过“强本领、齐攻坚、化矛盾、树典型、促发展”五个维度的活动，激发党组织和党员群众攻坚克难、争先创优的能力和活力。2023年党支部“同心思源”品牌荣获省公司级十佳支部品牌，党支部被评为湖州市国资国企系统党建强发展强党组织。

快速推进4&5G网络建设，累计开通4&5G基站640个，实现安吉主城区、乡镇和行政村100%5G覆盖；助力乡村振兴，补盲农村覆盖盲点，新建三四类区域4&5G基站220个，有效解决弱覆盖问题。快速推进千兆宽带入户，建设节点机房3个，传输城域网新增光缆皮长446.63公里，管道新增125.35管孔公里，新建驻地网家宽73个，新建民宿类小微宽带169家，大力提升宽带品质，实现安吉主城区、乡镇和行政村100%双千兆覆盖。2023年配合城市有机更新项目，新建搬迁基站16个，整改整治五线乱象和线路隐患479个，助力县域美丽城镇、美丽乡村建设。

秉持“客户为根、服务为本”的理念，主动服务进社区、进楼宇、进商圈、进企业、进校园，了解客户需求、倾听客户心声，帮客户实地解决问题。组织开展“银龄跨越数字鸿沟”服务，针对

60 周岁以上的银龄客户培训智能手机常规操作，讲解诈骗案例，提高大家的警惕性，获得银龄客户的一致好评。深入开展“沟通更近，服务用心”活动，开展总经理接待日直播，与直播间的客户们进行面对面交流，让大家近距离了解移动的产品、服务和网络。

充分发挥在 5G、物联网、大数据、云计算技术、产业应用以及跨界融合方面的领先优势，创新构建“连接＋算力＋能力”新型信息服务体系，助力产业和企业数字化转型。在筑牢数字底座、推动 5G＋产业升级合作、数智赋能小微企业、建设未来乡村、赋能智慧城市建设、培养科技创新与人才、助力地方经济社会发展、乡村振兴、建设平安安吉等方面共同推进合作，打造智慧县域建设的新标杆，共创一批有安吉辨识度、有域外影响力的标志性成果，为助力持续深化中国式现代化安吉实践、奋力开辟国际化绿色山水美好城市新境界新的更大贡献。

（何　燕）

中国联合网络通信有限公司安吉县分公司

【概况】 2023 年，中国联合网络通信有限公司安吉县分公司（以下简称“安吉联通”）下设划小承包网格（城区、孝丰、天子湖、梅溪 4 个综合网格）、政企客户营销中心、综合支撑中心；其中城区综合网格下设迎宾大道、人民路、塘浦、安城 4 个营业厅，单列商企 BU；孝丰综合网格下设孝丰营业厅；梅溪综合网格下设梅溪营业厅；天子湖综合下设天子湖营业厅；政企客户营销中心下设要客 BU、校园 BU、大企 BU；综合支撑中心下设建设维护中心。

紧扣“1549”市场工作布局，以移宽融合为基础，快速推动新融合规模价值突破，提升价值经营。坚定不移锚定数字经济主航道，紧扣新兴 ICT 业务增长四大来源，聚焦公司五大主责主业，加强与政府、国企以及生态合作伙伴的同频共振，在多领域实现了项目的签约，挖潜全领域数字化改革。坚持市场驱动，精准投资，持续推进“四张精品网”建设，深化共建共享，网络竞争优势充分彰显，网络覆盖、质量、效能得到全面提升。积极践行“联通好服务　用心为客户”服务承诺，改善客户满意度、稳步管控申投诉、严格治理负面问题，实现服务评价稳步提升、客户口碑“近悦远来”。开展网格支局建设提升年行动，完成 4 个乡镇支局标准化建设以及人员标准化配置。智慧运营体系初具雏形，网格数字化工具基本实现资源、产能、效能三大可视。

（王　慰）

电力

供电保障

【概况】 2023年，安吉县全社会用电量49.32亿千瓦时，同比增长7.38%，其中工业用电28.62亿千瓦时，同比降低0.83%。全社会最高负荷101.9万千瓦时，增长7.61%，历史性首次迈入“百万”大关。连续20年安全生产无事故，累计安全日达7306天。供电工作获市县领导批示肯定11次，助力乡村振兴等工作获国家电网公司总会计师朱敏、省电力公司董事长陈安伟现场调研和高度肯定。供电公司获评国网2023年配网工程施工转型创建工作优秀单位、市供电公司“精神文明建设先进单位”。

【电网建设】 开展“电网能级提升年”专项行动，全力支撑安吉地区工业、旅游业经济发展。高质量推进主网“1234”工程，成功投运全省迎峰度夏十大重点工程（220千伏孝景输变电工程）、全省首个零碳变电站（110千伏城北输变电工程），全年增加变电容量58万千伏安。超前谋划全市第四座、安吉第一座500千伏变电站（安吉西输变电工程），开展安吉第四座220千伏变电站（古苑输变电工程）前期工作，110千伏山川变、梅溪变等工程建设快马加鞭。全年配网投资1.4亿元，共计完成新建改造配电线路318公里，新增改造配变67台。

12月14日，全国首座全寿命周期“负碳”变电站投入运营

【数字绿能】 成立生产运营指挥中心、电力负荷管理中心，数字化供电所建设全量覆盖，创新应用“手机＋背夹”新型作业模式并在国家电网公司作现场技术交流演示。积极融入县域工程运输车纯电动化有机更新，推动电动公交车实现县域全覆盖。完成20个乡村电气化村建设，实现首个全国生态日“零碳”办会，全年绿电交易3314万千瓦时，成功助力余村打造零碳乡村。推动安吉成功申报全国首批农村能源革命试点县（系全省唯一试点）。

【安全保供】 持续推进“1＋N”技能实训机制，完成163人次“人人过关”考核任务，员工核心业务技能进一步提升。细化安全责任“两张清单”，开展反违章“现场＋远程”两道安全防线建设，全年共计监管作业计划超1万项，查处各类违章223项，整改特高压通道易飘物隐患7处，首次获国家电网公司认定“无违章现场”一项。组织开展迎峰度夏防汛防台暨全县大面积停电事件应急演练，整治翻水排涝站、地下配电房等电力安全隐患共计31处，开展政企联合执法29次，形成电力保供高压联动态势。组织承办“宁绍湖衢”应急救援基干队伍跨区拉练，提升应急处置协同能力。

【供电服务】　提质电力营商环境，构建“村网共建”服务安吉模式。安吉余村、受荣村分获“国家电网公司‘村网共建’电力便民服务示范点”“国家电网助力乡村振兴示范村”，安吉县政府作为全省唯一县级受邀代表在省电力公司相关会议上进行主旨发言。牵头编写省电力公司“电靓和美乡村”五年行动计划，对外召开“电靓和美乡村”新闻发布会，分别在第二届全国农村能源清洁发展大会和全省提升“获得电力”服务水平工作会议等重要场合作典型经验交流。开辟“零利润”白茶专变绿色通道，试点临时变租赁服务，累计为客户节省投资超1000万元。一项目入选省电力公司综合能源“揭榜挂帅”项目榜单，成为此类项目全市唯一。

【精益管理】　积极开展主题教育三大专项行动，全面构建“四位一体”党委督察机制，夯实党建基层基础。实施“党建＋”项目揭榜挂帅机制，开展党员服务跨区互联交流，新增联建党组织23家，与北京、浙江电力交易中心党支部等签订六方联建，助力余村实现全域绿电供应。完成孝丰红船党员服务示范中心建设，推动省电力公司“乡村振兴·电力先行”红船光明驿站和安吉“新时代文明实践点”双挂牌。落实“我为职工办实事”八项行动，立体式浓厚企业文化氛围。一项成果获评全国电力能源优秀党建典型案例，供电公司党委获评省电力公司基层党建精品工程，余山供电所和余村党员服务队分获省电力公司工人先锋号“班组”和优秀服务项目，4人分获“湖州市技术能手”“湖州青年工匠”等称号。

（胡　杰）

6月30日，110千伏丰城变全停“移峰填谷”工作收官

华东天荒坪抽水蓄能有限责任公司

【概况】　2023年，华东天荒坪抽水蓄能有限责任公司全年完成发电量26.06亿千瓦时，抽水电量32.50亿千瓦时，综合效率79.14％，实现营业总收入17.33亿元，利润总额4.73亿元，净利润3.54亿元，净资产收益率20.17％，机组发电启动成功率100％，抽水启动成功率99.95％，等效可用系数88.24％。连续安全生产累计突破5000天，在国网新源集团业绩考核中位列A档。完成1台机组A修、2台机组扩大性C修、3台机组C修及2台套GCB改造、3台尾水事故闸门改造等工作。持续加强水工设施维护，成功抗击台风及“9·27”短时强降雨袭击。完成第五次上、下库大坝安全注册，注册等级均为甲级。

2023年，公司获全国大型水电厂(站)劳动竞赛优胜单位、全国安全文化建设示范企业、浙江省文物保护单位、浙江省首批产业工人思想政治教育基地、浙江省抗癌爱心单位、电力科普教育基地、华东电网调度自动化专业劳动竞赛先进单位、浙江省发电企业水工技术监督先进集体等荣誉称号。电站4号机组获年度可靠性标杆机组。

年度新材料成功应用于4号机主轴密封，完成了主轴密封国产化试验，解决了“卡脖子”问

题。初步消除机组高水头转抽水异音，有效解决了SCP运行期间补气频繁、工作密封活动环位置显示异常、一次调频异常动作等问题，提升了机组可靠性。持续推进科技创新工作，获浙江省能源业联合会“钱江能源科学技术奖”一等奖1项，国网新源集团科技进步奖、职工技术创新、QC成果奖等共9项，全年获得专利授权6项，其中发明专利4项。

全年承担5家公司共计71人的生产准备培训。配合完成国网新源集团两批次400余人技能等级评价、两批次700余人招聘资格审查和笔试及四个管理班360余人培训。

【天荒坪公司获华东网调表扬】 1月1日，天荒坪公司收到华东网调表扬信。信中表示，天荒坪电站2022年度机组保持高强度、高频次运行，抽发启动次数超4200次，成功率100%，机组利用小时数和可靠性指标位居全国前列。同时电网服务122次，在全年抗疫保电工作中发挥了重要作用，有力支撑了华东电网安全稳定运行。

【曾辉荣获“最美浙江人 最美国企奋斗者”荣誉称号】 7月18日，浙江省国资委公布2022年度浙江省“最美浙江人 最美国企奋斗者”名单，表彰国企20位先进典型，天荒坪公司员工曾辉入选。曾辉同志是我国第一批大型抽水蓄能电站涌现出来的先进典型人物，长期扎根生产一线。他具有牢记初心使命的政治品格、专业专注的敬业精神和创新奋斗的进取精神，不断影响引领身边人，发挥了模范带头作用。

【公司篮球队荣获集团总决赛冠军】 12月23日，天荒坪公司篮球队在河南郑州摘得国网新源集团第四届男子篮球总决赛冠军。自9月份以来，公司篮球队从华东区域小组赛开始征战，到华东区域总决赛，再到新源集团全国总决赛，历时4个月，一路披荆斩棘，最终不负公司领导和同事们的期望，斩获新源集团总冠军荣誉，取得公司篮球队历史最佳成绩。

（李长健）

曾辉荣获“最美浙江人 最美国企奋斗者”荣誉称号

浙江长龙山抽水蓄能有限公司

【概况】 2023年浙江长龙山抽水蓄能有限公司精心做好绿化、美化等环境提升工作，全年基本完成边坡、观景平台、连接公路种植槽和回头弯绿化，努力打造山、水、林、坝融为一体的绿色电站，让绿水青山充分发挥经济效益、社会效益、生态效益，实现人与自然和谐共生。在中国三峡集团公司党组、三峡建工党委的坚强领导下，实现电力安全生产年度目标，全年安全运行365天，严格落实华东电网调度要求，全年累计上网发电量25.2亿千瓦时，完成年计划发电量的105%。全年开停机成功率99.64%，发电运行共2007次，发电平均利用小时1204.57h，圆满完成迎峰度冬、迎峰度夏、杭州亚运会等各项电力保供任务，有效缓解华东电网用电负荷的紧张形势。2023年，长龙山公司结合当地实际需求，在安吉县实施4个社会责任项目，为帮扶当地困难青少年、低保低边对象、计划生育困难户、残疾人、低收入家庭等特殊群体，惠及当地百姓。长龙山公司被安吉县授予2022年度四星级慈善企业荣誉称号。

【推动后续工程建设】 有序推进上下库连接公路环境整治工

程、下水库区域改造工程和长龙山抽水蓄能电站生态环境修复工程。完成治安反恐防范工程招标设计招标文件的编制、审查及发售工作，计划年内完成评标工作。重点推进了生产生活营地（66亩地）建设，当前协调安吉县自然资源规划局完成了专家评审，下一步结合地方诉求进一步沟通完善方案。

【推动专项验收工作】　长龙山公司按照三峡建工水电抽蓄项目专项验收总体要求，制定了电站八大专项验收及竣工验收节点目标，2023年重点推进了电站枢纽工程专项验收、劳安专项验收、环保及水保专项验收等工作。按照工作节点通过了大坝注册申请、枢纽专项验收前竣工安全鉴定、枢纽工程专项验收质量监督，年内完成枢纽专项验收工作。系统梳理了劳安验收及环水保验收各项工作和节点目标，并制定了工作节点及清单。逐项推进征地移民验收重点工作，临时用地复垦已明确由安吉县政府代为实施，2023年10月完成临时用地复垦方案专家评审，后续将继续督促地方政府完成移民专项资金清理。有序推进档案验收工作，印发了档案专项验收工作大纲，细化各节点工作目标，多次组织召开档案归档及合同采购阶段归档推进会，保证了档案验收工作有序推进。

【机组全年稳定运行】　长龙山公司领导班子积极协调电力生产各单位扎实开展运行维护和年度检修工作，确保了电力生产总体平稳，电站综合效率达到了77.5%，截至2023年12月31日，电站累计安全运行1107天，未发生一般及以上事故，2023年上网发电量25.2亿千瓦时，完成华东电网下发的年计划上网电量24亿千瓦时的105%，电力生产各项指标可控再控。

【完成2023年电力保供任务】根据2023年各项能源保供要求，公司组织制定能源电力保供方案，严格落实值班制度，持续深入推进安全生产大检查，深化安全风险管控和隐患排查治理。严格落实华东电网调度要求，做到随调随起、应发尽发、满发多发要求，圆满完成2023年全国两会、杭州亚运会、迎峰度夏、迎峰度冬等重要节点能源电力保供工作，为电网安全稳定运行和地方社会经济发展作出积极努力。

【推动容量电价核准及回收】加强与省发改委、集团公司相关部门沟通，完成了长龙山电站容量电价的核定工作，本轮容量电价核定值高于预期目标，为下一步集团公司和三峡建工抽蓄业务的高质量发展打下坚实基础。推动容量结算及回收工作，多次前往华东电网沟通容量电费结算事宜，明确了结算总额及结算方式，圆满完成了集团公司和三峡建工下达的任务目标，保障了公司稳定现金流和后续可持续发展。

（梁晨光）

住　　建

【概况】 2023年，根据安吉县机构改革工作部署，住建局下属人民防空办公室划入发改局。2023年，坚持以习近平新时代中国特色社会主义思想凝心铸魂，增强“四个意识”、坚定“四个自信”、做到“两个维护”。累计“党纪教育一刻钟”授课3次。扎扎实实开展调查研究。累计开展主要领导、分管领导谈心谈话70余次。认认真真走好群众路线。坚持开门搞教育，解决群众急难愁盼问题，着力让群众得实惠。压实压紧领导责任，加强督促指导，圆满完成主题教育各项任务。全链条把控廉政风险关键点。以案为戒，防微杜渐，扎实开展自我检视，做到有则改之无则加勉。建立局长、分管局长、科室长“三级领衔督办”制度，以“工程优质、干部廉洁”为目标，推进全县建设领域廉政风险防控。全天候构建“抓早抓小”监管体系。坚持正确用人导向，建立上下联动监督检查机制。注重日常监督。特别是对重点岗位重点人员的专项监督检查，及时进行咬耳扯袖，防止廉政风险演变为腐败行为。全要素保障年轻干部成长。派送年轻干部前往省厅挂职锻炼，“接天线、拓视野”；鼓励年轻干部下挂赴乡镇、开发区平台交流挂职形式直接参与重点重大工程、项目建设一线、急难险重任务；开展“老带新，传帮带”工作，累计签约导师帮带师徒9对，累计开展“高工讲堂”授课3次。全年成功争取安吉县获全省城乡风貌整治提升工作（未来社区建设、未来乡村建设）年度考核良好等次以及全省美丽城镇建设工作年度考核优秀县。成功争取安吉县入选全国深化城市体检工作制度机制试点（全国10个试点城市中唯一县级城市），成功争取安吉县入选2023年乡村建设评价样本县等多项荣誉。

【城市有机更新】 以拆除突破城市发展瓶颈。实行定人、定责、定时间、定任务“四定”机制，提升征迁效率。中心城区、开发区、范潭三大区块16个地块涉及991户，建筑面积76.09万平方米，截至签约到期日完成签约986户，完成率99.49%，建筑面积约75万平方米。以改造提升城市品质内涵。加快城市基础设施改善，启动云鸿路、天荒坪北路、灵芝路道路综合改造提升工程，完成市政管网供水延伸工程。2023年，云鸿路已完成总工

云鸿路效果图

程量的40%。以建设加快产城融合发展。拆除城区内的工业园区和专业市场，布局建设涵盖财富中心、国际会展中心、科技人才中心、数智产业中心、临溪科创中心等地标建筑组成的“两山”未来科技城，构建办公、居住、生活、文化等一体的“产城人”融合模式。“两山”未来科技城总投资超300亿元，建筑面积达120.01万平方米，满足9.1万人的办公和居住需求。

【老旧小区改造】 根据省市融合推进老旧小区改造和既有住宅加装电梯工作要求，完成老旧小区改造3个，新增住宅加装电梯15台，惠及居民2806户。

【建筑业发展】 出台实施《安吉县促进建筑业改革创新高质量发展的实施办法》，政策涉及五大方面16条措施，惠及县内各建筑业企业及新引进建筑业企业。全县建筑业总产值达到83.97亿元，同比增长41.96%；全县一级施工资质企业增至7家；全县新开工装配式建筑287.69万平方米，其中住宅面积181.88万平方米，新开工装配式建筑面积占新开工面积33.8%。

【房地产管理】 全县商品房成交62.0万平方米；全县住宅价格指数涨幅控制在年度调控区间内；房地产投资74.7亿元，增速为0.7%，排名全市第二。围绕“把房子尽早交付到购房群众手中”这一目标，拿出担当、倒排时间、挂图作战，全力以赴推进保交楼各项工作。截至2023年，列入保交楼866套，已交付656套，剩余210套按时序推进中。

【住房保障】 持续加大公租房保障力度，大力发展保障性租赁住房，全力做好人才房筹集工作。2023年全县住房保障累计受益人数9.93万人，受益覆盖率27.28%；共计发放公租房租赁补贴431户，发放资金140.7万元；累计筹集人才共有产权房4302套。

【美丽城镇建设】 持续高质量推动城乡协调发展，全面推进现代化美丽城镇建设。完成孝丰镇、天荒坪镇、溪龙乡、鄣吴镇现代化美丽城镇建设方案，通过省、市级验收。上年全县现代化美丽城镇建设项目入库85个。

【美丽宜居示范村】 完成2021年度碧门村、古城村、田垓村、松坑村等4个省级美丽宜居示范村验收，其中碧门村、古城村获得优秀。成功申报2024年度彰显浙派民居特色的美丽宜居示范村报福石岭、天子湖镇余石、天荒坪镇横路等3个村，当前方案编制中。

现代化美丽城镇——溪龙乡

【县域风貌样板区】 孝丰—递铺“山水古韵·共富南溪”县域风貌区通过省级验收。“白茶飘香·一叶共富”县域风貌区列入2024年度城乡风貌样板区试点建设名单，各项工作已开始启动。

【房屋安全隐患排查】 按照省市第三次城镇房屋调查登记工作要求，联合有关部门开展全县城镇房屋调查登记工作，发现城镇危房59幢。截至11月底，完成拆除21幢，维修4幢，腾空32幢，剩余2幢年底前腾空。建立农村危房常态化发现机制和农村困难家庭危房即时治理改造机制开展农村自建房排查整治工作，排查图斑29.8万余处，其中经营性自建房1.7万余处，发现存在安全隐患图斑174处，通过工程措施完成整治161处。

【农村污水治理】 全县新建改建农村生活污水处理设施20座，投入资金5000万元；完成处理设施标准化运维960座，完成率100%；全县行政村覆盖率91.72%，委托水质检测1189次，达标次数1108次，达标占93.18%。

【安全风险管控】 严格实施重大危险源登记和报告制度，以深基坑、高支模、起重吊装等危大工程为重点，对重大危险源实行登记和动态监管。全面开展大排查大整治工作。累计检查并出具整改通知401份（其中停工通知97份），检查起重机械169台，排查整改各类安全隐患2800余处。

【营商环境优化】 项目开工审批再优化。实现项目联审联批、工业项目"开工零审批"，一般企业投资项目"四证连发"缩短项目审批时限，助推项目快落地、快开工、快投产，提升企业获得感和满意度。工程建设项目验收再提速。建立"一窗受理、统一平台、信息共享、联合验收、限时办结、统一确认"的"六位一体"验收模式，对项目进行集中验收，全年累计服务61个项目，累计节省验收时间约789个工作日。项目靠前服务再加强。以"优服务＋靠前办"为目标，对建筑领域的项目实行早介入、靠前办，为企业各项手续办理中的"急难愁盼"问题解决提供更优质服务。

（章佩瑶）

城投集团

【概况】 2023年，城投集团在县委县政府的坚强领导下，紧密围绕"133"工作体系、围绕上级各项决策部署和企业转型发展目标，团结带领集团干部员工，深入服务全县经济和社会发展大局，结合县国资国企和集团"十四五"战略规划，以打造"四百城投"为目标，坚持党的引领建设，围绕"项目攻坚提速、自主经营提效、民生服务提质、队伍建设提升"持续发力，高效推动产业升级和结构优化，全面提升国企发展质量。安吉两山合作社竹林碳汇改革推动低碳共富项目入选浙江省高质量发展建设共同富裕示范区最佳实践（第二批）名单。竹林碳汇改革纳入浙江省共同富裕机制性制度性创新模式名单。安吉城投集团旗下国源水务公司在浙江义乌举行的2023年浙江省省级职工职业技能竞赛（排水行业—管道运维工）比赛中荣获团体银奖。安吉县深化竹林碳汇改革拓宽"两山"转化通道入选浙江省2022年度乡村振兴最佳创新案例。安吉城投集团旗下两山合作社入选浙江省首批共同富裕实践观察点名单，获促生态有"身价"获省第一批生态文明建设实践体验地最佳实践示范点，获安吉县竹林碳汇改革开辟绿色发展新路径获省第一批生态文明建设实践体验地最佳创新示范点。"两山合作社"推动生态产品价值高质量转化可持续发展经验和模式入选2023年《国家可持续发展议程创新示范区年度报告》。

【共富产业】 持续深入推进竹林碳汇改革，完成"一平台六中心"3.0版本驾驶舱的迭代升级，加大碳汇开发和交易探索，完成浙林碳普惠项目开发5万亩，累计核证减排量14.18万吨，向杭州亚组委无偿捐碳2.1万吨。流转收储毛竹林84万亩，支付流转金74.4亿元（其中15.96亿元是自有资金，58.4亿元为贷款

10月12日，2023长三角·安吉黄浦江源生态产品招商推介会

资金)；完成林道建设1002.3公里，竹材分解点主体竣工103个；乡村公共空间提效探索参与乡村公共空间提效项目15个；提升村集体收入334.5万元；分布式光伏项目签约并网10个，总计6.2兆瓦，能源托管项目2个。举办2023年长三角·安吉黄浦江源生态产品专场招商推介会，两山合作社完成项目签约3个，两山合作品牌影响力进一步扩大。以两山合作社数字化展厅为载体，强化模式宣传推广。2023年，两山合作社全年累计242批次2625人次到访考察，进一步打响安吉"两山合作社"品牌。安吉"两山合作社"的发展模式，被纳入"浙江省首批共同富裕实践观察点名单"，获评"浙江省2022年度乡村振兴最佳创新案例"。

【城市建设】 苎麻墩(阳光一区)、六官里、栗山、天山坞、东庄弄、东光食品厂、凤凰二区及周边区块房屋拆除面积总计32.6万平方米，实现不受政策影响的区块房屋一个月内拆除，因拆信访事件零发生；在"两无两违"专项整治提升工作中高度体现国企担当，落实资金拼盘保障1.7亿元，如期完成23家企业签约、腾空工作。城建公司全年进场实施工程建设项目31项，已完工项目20项。重大城市基础道路设施项目一县城云鸿路道路综合改造工程完成总工程量40%。在安高改扩建、妇保院迁建等10项代建项目中，充分体现房建项目丰富经验，均按时完成。凤凰山公园二期基本完工；县城穆王东路(凤凰路至玉磬路)南侧景观提升工程获得2023年度安吉县建设工程"云鸿杯"优质工程奖(园林)。生态资源循环利用基地基础设施不断完善，数字化智能化不断增强；收运新一轮城市有机更新建筑垃圾42万吨，成为践行绿水青山就是金山银山理念、提升安吉县生态环境品质的"突破点"；贸易业务稳步拓宽，中标云鸿路综合改造(一期)工程钢材采购项目，总体量18000吨，稳步发展通信管业务的同时新拓脚手架及加气块砖等业务，实现营收5.85亿元；积极拓宽业务新品类，启动建筑废料砌块项目和垃圾焚烧发电标杆提升项目长期建设，集团多元化业务布局取得一定突破；商品混凝土一期投产，年内完成24万方混凝土生产，实现营收1.057亿元。

【水务民生】 当前全县日供水能力达到27.5万吨/天，完成供水约4249.9万吨。供水销差率为16.42%，与上年度相比下降3.02%，水费回收率99.2%(不含递铺街道)；进一步完善智慧水务综合系统、智慧排水平台，实现城乡供排水一体化运营管理；新建管网约177.2公里，为民办实事工程顺利完成；实施老石坎水厂扩建及主管网工程。完成供水区域内抢维修共计约8595次，热线回访用户满意率100%，水务民生服务得到强有力的保障。完成36个行政村管网巡查23437公里，疏通10671公里，清捞检查井160272个，隔油池26052个，化粪池8504个，更换井盖320个；14个乡镇(街道)管网巡查60526公里，疏通7825公里，清捞雨篦510个，有效解决沿线污水管网淤积及污水冒溢问题514起。水务调度中心通过规范整合进一步提升管网设备精准监管能力，2023年中心共签发23个重要指令单，记录日志1281条。完成与民企混改排水公司一家；钱江水利置换完成，谋划工业水厂建设；拓展检测业务；桶装水项目启动建设。

安吉石龙至马家渡段改建工程(一期)供水管道迁移工程班组管道碰口施工

【产业经营】 充分发挥全过程代建单位资源整合、精准设计、品质营造能力，助推有机更新建设项目早出形象。融园项目（财政局地块）提前1个月实现主体结构全面结顶，其余4个项目也紧扣工期有序推进。推进孝源街道、递铺街道建设云璞苑、隐翠苑、玖樾苑3个住有宜居项目，落成共计3700余套房源，进一步满足周边片区群众征迁安置需求。经石加油站2023年营业收入10612万元，利润总额1226万元；商管部共计完成租金收入7367万元，各项目招商率和开业率均达到90%以上；经营人才公寓192套，已出租142套，租金收入36.57万元。承接城区环卫绿化保洁业务并探索与强村富民公司合作运作模式，引进3家乡镇级强村公司以劳务形式参与城区绿化养护工作，强村公司设备投入1500万元以上；在全市率先完成席地而坐、路见本色等10个城市管理品牌创建，有效提升城市形象；建立有机更新数字体验馆，多措并举为保障“建设中即分房”奠定良好基础；2023年新增道路ETC设备18套，共计完成15条道路ETC设备75套，实现城区出城路口全覆盖；新建1个免费公益性停车场，停车泊位50个；新增1000辆小蓝车及60个租赁点位，更换两轮充电桩点位111个及803台设备，同时新建点位108个，安装设备584台，助力飞线安全隐患整治。

【治理体系改革】 完成排水公司混改工作；持续拓展业务，成功竞拍安吉县孝源街道上影项目资产；积极规划主战场，落实城东新业态谋划；2023年度共招录人才53人，其中硕士3人。截至2023年，本科及以上学历410人，同比增加6.9%，占集团总人数70.4%，人才结构得到进一步优化；全年开展高层研学、新员工集中培训等各类培训43次。截至2023年，中高级职称人数达105人，同比增加28%；新建《积分制薪酬晋升管理办法》和《董事长嘉奖管理办法》，8个团体（个人）受到嘉奖，员工主动性和积极性得到有效激发。党政信息分列县同类部门双第一，获省级领导批示1篇，市级领导批示5篇，集团自媒体发布信息304条，增粉18500余人。

【党建工作】 集团党委牢固树立“抓党建就是抓发展，抓发展就要抓党建”的理念，充分发挥国企的领导作用。坚持重大事项党委先行研究，规范执行党委“三重一大”集体决策，确保党委把方向、管大局、保落实功能得到有效落地。出台《关于对三重一大议题进行“四性”前置审查的实施意见》，进一步优化了重大事项的决策行为，全年召开党委会72次，完成“三重一大”决策434个；围绕“三个一”行动，通过集团班子党委会、“清廉课堂”、专题党课等方式，淬炼履职“内功”；精心打造2个廉政示范点，发布《城投集团小微权力清单手册》；同时，不断深化执纪监督，开展专项调研检查、常态化正风肃纪检查共计80余次，累计运用第一种形态处理16人，二态及以上5人，其中党内警告3人、党内严重警告1人、留党察看1人。

【入选浙江省高质量发展建设共同富裕示范区最佳实践（第二批）名单】 1月3日，安吉两山合作社竹林碳汇改革推动低碳共富项目入选浙江省高质量发展建设共同富裕示范区最佳实践（第二批）名单。

【竹林碳汇改革纳入浙江省共同富裕机制性制度性创新模式名单】 4月9日，竹林碳汇改革纳入浙江省共同富裕机制性制度性创新模式名单。改革过程中，安吉坚持创新林权流转，推动资源集聚，带动安吉县119个行政村、4.9万户农户和17.15万名林农取得长久性收益。

【承接城区保洁、绿化养护业务工作】 4月12日，城区保洁、绿化养护业务工作由县综合执法局正式移交安吉城投集团，广源市政同城管局环卫所、园管处对接环卫、绿化养护业务，双方就业务交接进行及要求详细交底。移交后城区保洁、绿化养护推行由县城投集团联合强村富民公司共同实施，持续助力乡村振兴。

【合资公司成立】 12月28日，由安吉国源排水有限公司、浙江景迈环境科技有限公司、中杭水环境治理（浙江）有限公司合资组建的浙江浦源环境科技有限公司举行揭牌仪式，并签约首批横店镇污水零直排雨污水管网改造提升等2个项目合同，合同金额近100万元，随后举行第一次股东会及董事会。该公司的成立，对促进水务经营性收入增长以及国企混改轻资产运作模式探索具有较好的示范和推动作用。

【入选 2023 年《国家可持续发展议程创新示范区年度报告》】 12 月 31 日，“两山合作社”推动生态产品价值高质量转化可持续发展经验和模式入选 2023 年《国家可持续发展议程创新示范区年度报告》。

（涂正坤　陈娅男）

安吉建设控股集团有限公司

【概况】 2023 年，建控集团始终坚持以习近平新时代中国特色社会主义思想为指引，深入学习领会党的二十大和习近平总书记考察浙江重要讲话精神，坚决贯彻落实县委县政府的决策部署，紧紧围绕县委“133”工作体系，实干担当、奋勇争先、喜获佳绩。建控集团荣获 2023 年度国企考核一等奖、推进“四重”工作先进集体、“两无两违”专项治理攻坚行动“集体三等功”称号；建控集团机关团支部荣获 2023 年度湖州市“先进团支部”称号；天使产业园荣获 2023 年全省首批、全市唯一的“浙江省示范型数字楼宇”称号；两山未来科技城（一期）生态环境导向的开发（EOD）项目成功入围国家项目储备库；“两山”未来科技城成功入选市大好高项目 1 个，入选省扩大有效投资“千项万亿”工程项目 3 个，入选省服务业高质量发展“百千万”工程 2 个，入选 2023 年省推进长三角一体化发展重大项目 4 个。

【两无两违】 抽调人员全力服务城市有机更新专项行动，建控负责地块涉及企业 4 家，土地面积 221.79 亩，截至 2023 年底，完成 4 家全部签约、3 家腾空，已支付金额 3.77 亿元。牵头领办递铺街道“两无两违”双河片区 25 家企业，在走访排摸、政策解读、测绘评估、协议签订全过程中，以靠前的服务意识赢得群众的理解和支持，以片区第 3 实现签约清零、片区第 4 完成腾空清零、片区第 1 完成移交。

【规划建设】 “两山”未来科技城启动区核心区已初具雏形。全年完成投资额超 80 亿元，完成县定固投考核指标 23 亿元，超额 30%以上完成。财富中心、国际会展中心、文化艺术中心、科技人才中心、星悦里未来社区五大项目超额完成年度目标任务，均已完成地上主体结构一半以上；临溪科创中心、环湖科创中心等重点项目建设同步快速推进；完成供地 13 宗，1003 亩；完成市政给排水、引水入城、启动区综合交通等专项规划方案编制工作，规划展示中心已竣工并投入使用。完成各类安全生产、生态文明检查 200 余次，组织各类培训、会议、应急演练等活动 20 余次。

【招商引资】 用活“直投＋基金”模式，共建基金 5 只，累计投资 1.67 亿元，对外直接投资 2.73 亿元，撬动引进项目 23 个，完成实到外资 2054 万美元。全年新增签约项目 15 个，实现当年引进、当年上市项目 2 个（梅斯健康项目成功登陆香港联交所，环球墨非于纳斯达克成功上市），拟上市已签约项目 9 个。聚焦新经济产业集聚，实现天使产业园入驻数字新经济企业 16 家，其中已上市企业 3 家，拟上市企业 9 家，实现产业园汇聚人才 200 人，累计实现营收约 4.1 亿元。

【人才引育】 完成人才项目招引 3 个，集聚大学生项目 2 个。完成南太湖精英计划入选 4 项，“两山杯”创新创业大赛入选 3 项。提

“两山”未来科技城效果图

前到岗高层次人才10人，硕博人才105人，大学生1023人。建设大余村青来集中5000余平方米的众创空间，累计完成大学生入驻培训1000余人，开展各类直播带货活动80余场，实现大学生留安就业创业150余人。完成青绿新经济产业园入驻企业3家，启动美达综合性人才产业园园区改扩建一期工程，北京飞地入孵企业12家，深圳飞地14家。组织开展技能培训、技能大赛、人才沙龙等活动20余场，培育技师人才16名，高级工124名。完成签约人才共有产权房91套，资金拨付3567.31万元。

【经营管理】 推动建材贸易。全年建材主营贸易签约项目10个，实现建材主营贸易营收3.82亿元，利润914万元。全年供应钢筋约8.4万吨，实现营收3.51亿元，利润627万元。5个月内供应水泥9.5万余吨，完成营收3100万元，利润287万元。加速商砼供应。40天时间高标准、高效率完成搅拌站建成投产，5月底完成首批商砼供应，累计供应商砼41.5万方。启动酒店及会展项目经营筹建。开展科技人才中心酒店拟入驻酒店品牌洽谈、召开会展会议加酒店综合体入驻品牌洽谈。

【“实绩论英雄·实干促发展”动员大会暨能力作风建设大会】 1月31日，建控集团召开“实绩论英雄·实干促发展”动员大会暨能力作风建设大会，建控集团全体领导班子和干部职工参与，会议由集团党委副书记、总经理、副董事长陆恒主持。大会总结回顾了2022年各项工作，明确了2023年的工作方向和工作目标，并对集团涌现出的先进集体和个人进行表彰。

【安吉“两山”未来科技城安吉文化艺术中心项目开工仪式】 2月10日，安吉县项目建设攻坚年一季度重点项目集中开工暨安吉“两山”未来科技城安吉文化艺术中心项目开工仪式举行。县委副书记、政法委书记柏建华宣布安吉文化艺术中心项目正式开工，县领导卫勤超、童师祥、梁霜、王卫国，昌硕街道党委书记王兵，建控集团党委书记、董事长蒋晓燕参加。

2月10日，安吉“两山”未来科技城安吉文化艺术中心项目开工

【集团“党建进工地”启动仪式】 6月2日，建控集团举行“党建进工地”启动仪式。建控集团党委书记、董事长蒋晓燕，建控集团“党建进工地”专班成员及党员代表，昌硕街道、灵峰街道负责人，昌硕派出所、灵峰街派出所负责人，灵峰村、城南社区、范潭社区、箭东社区负责人，文化艺术中心、科技人才中心、国际会展中心、财富中心、商住综合社区项目总承包、监理、跟审等参建单位负责人共约60名党员共同参与，启动仪式由建控集团党委副书记徐侃主持。

【安吉“两山”未来科技城游科技人才中心建设项目塔楼底板浇筑提前完成】 7月15日14时，历经43小时，安吉“两山”未来科技城科技人才中心建设项目塔楼底板浇筑提前7小时顺利完成，总浇筑方量达7680立方米，为安吉县单次混凝土浇筑方量最大体量的钢筋混凝土底板，标志着项目将从“强基础”阶段正式转入“壮筋骨”阶段。

【举行“清廉工程示范点”暨“超英廉洁文化示范点”创建启动仪式】 7月28日，安吉“两山”未来科技城文化艺术中心项目临时党支部响应安吉建控集团“党建进工地”实施要求以及中建八局创建“超英廉洁文化示范点”的有关要求，成功举行“清廉工程示范点”暨“超英廉洁文化示范点”创建启动仪式。

【安吉“两山”未来科技城游文化艺术中心项目博士工作站揭牌】 8月27日，安吉文化艺术中心项目博士工作站揭牌仪式在“两山”未来科技城文化艺术中心项目部举行，这是浙江省首个单一建设项目博士工作站。

【安吉“两山”未来科技城游科技人才中心项目主体塔楼冲出“正负零”】 9月8日，安吉“两山”未来科技城科技人才中心项目主体塔楼在各参建方上下齐心、通力协作下，成功冲出“正负零”。

【安吉“两山”未来科技城游憩商业中心项目开工仪式】 10月27日，安吉“两山”未来科技城游憩商业中心项目开工仪式成功举行。安吉县委常委、常务副县长沈霞俊宣布“两山”未来科技城游憩商业中心项目正式开工，县领导卫勤超、童师祥、马洪滨、王国明参加，建控集团党委副书记、总经理、副董事长陆恒作项目介绍并表态发言。

【第五届长三角G60科创走廊人才峰会暨2023年四季度人才项目招引路演】 12月20日，由县委组织部、县投促中心、两山国控集团和建控集团共同主办的第五届长三角G60科创走廊人才峰会暨2023年四季度人才项目招引路演成功举办。

（马梦妮）

安吉县住房公积金管理分中心

【概况】 2023年，安吉县分中心获得“全国巾帼文明岗”，全国公积金系统“星级服务岗”，“浙江有礼·四个一百”窗口，县推进数字化改革工作成绩突出集体，县“微改革”优秀案例，县城市有机更新专项行动集体三等功，县“两无两违”专项行动集体嘉奖等荣誉。

【住房公积金归集、提取、贷款发放、回收及风险防范】 截至12月底，归集住房公积金16.17亿元，完成年度计划103%；发放贷款7.36亿元，完成年度计划的105.14%；回收贷款5.55亿元，完成年度计划的123.33%；提取公积金11.5亿元，完成年度计划的109.52%；共支持住房消费18.86亿元；风险防控稳健有效，实现连续24年贷款本息“月月清”，持续保持全省唯一、全国领先的优势。

【住房公积金缴存比例调整和年度验审】 2022年，住房公积金缴存额度调整为：①缴存比例：行政机关、事业单位住房公积金缴存比例仍按单位和个人各12%标准执行；企业和其他组织的住房公积金缴存比例可根据单位实际情况，仍按单位和个人各5%至12%范围内标准执行。②缴存基数：职工缴存工资基数按2022年度职工个人工资总额的月平均数确定（工资口径按国家统计局规定列入工资总额统计的项目计算）。继续实行“控高保低”政策，调整后2022年缴存基数不得超过30186元，不低于4482元，对调整确有困难的单位，最低不得低于当地最低工资标准。住房公积金补贴缴存工资基数上限按不超过上一年度全市职工月平均工资标准执行。

当年全县住房公积金应年审单位4132家，实际验审单位4012家，年度验审完成率97.10%；本年度全县住房公积金应调整单位4132家；实际调整单位3977家，年度调整完成率96.25%。

【住房公积金制度建立及年度扩面情况】 实现公积金新增32909人、实缴人数112521人、灵活就业人员开户4930人、实缴2453人，顺利完成年度目标任务。调整乡镇、银行扩面考核机制，新增8家扩面合作银行，督促乡镇（街道）、银行强力推进扩面工作。以灵活就业人员参加住房公积金制度试点为契机，紧盯外卖人员、快递小哥、网络主播、电商、足浴行业等人员开展数据排摸、政策宣传、部门联动、上门服务等活动，大力宣传好实施好“灵活缴”政策。聚力在全县范围内营造“公积金文化”，设计制作“小金人”政策宣传片、动画情景剧、广告小品、小区墙绘、抖音“小课堂”等系列宣传文创产品，在生态广场、各楼盘、政务服务中心等人流密集处投放宣传片，在东方兰苑、春天尚居等较大居民小区及全县60个丰巢快递柜开展墙绘、广告小品、海报等宣传，提高知晓率和影响力。

【党建、党风廉政工作】 聚焦党建引领，以“能力作风建设年”为抓手，实施干部“提能工程”三大行动，在队伍水平提升中持续擦亮“公积金品牌”。高标准开展第二批主题教育，打造“六联六强”党建融合共同体，积极开展理论学习、红色教育、志愿服务、帮扶慰问等活动，以高质量党建联建促进公积金事业发展。以创建市级“清廉机关”为抓手，深化“清廉公积金2.0”品牌建设，严格落实“五张责任清单”、完善廉政制度建设、加强专项督查，以制度管人管事。全年先后抽调分中心骨干员工参加城市有机更新和“两无两违”专项治理工作；抽调新入职员工到县重要部门挂职锻炼，助力快速成长；按程序选拔任用中层正职2人，持续营造实干争先的浓厚氛围，激励干部职工担当作为。

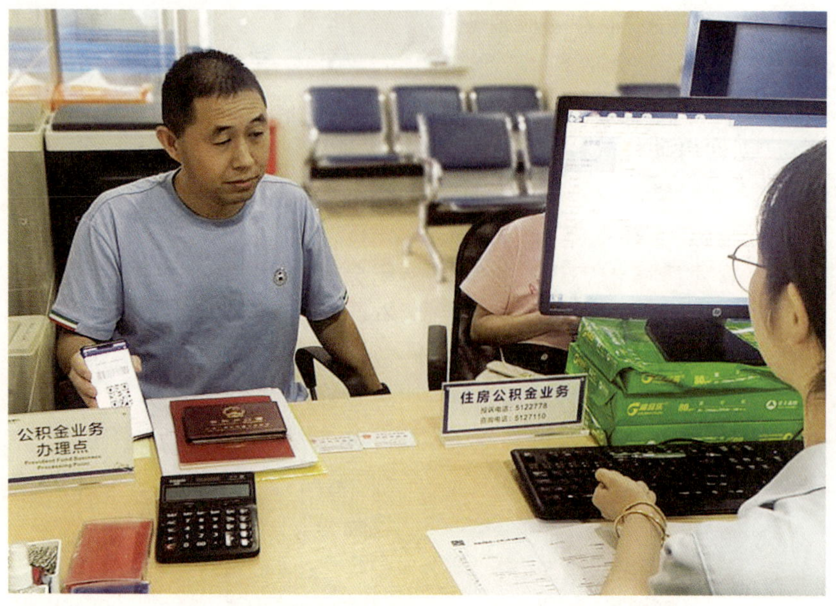

全市首笔公积金“亮码可办”业务在安吉办结

【服务便民工作】 升级“数智窗口”，全市试点公积金贷款“带押过户”极简模式、异地业务“亮码可办”“省内跨中心异地按月还贷提取”等业务，提升办事便利度和满意度。开通“午间不打烊”窗口、“助企夜班车”“周末服务班”系列服务，解决群众上班时间办事不便难题，赢得群众点赞，获一三四季度“标准化管理示范窗口”、二四季度“美丽窗口”等荣誉。

【助力县域发展工作】 积极开展支持保障性住房发展试点工作，持续优化公积金支持民政四类人员优惠举措，升级“金彩安居·农房贷”，创新开展助力大余村建设等，在县域乡村能级提升、共同富裕等中心工作中持续扩大公积金影响力。同时参加城市有机更新和“两无两违”专项治理工作，均提前完成任务，受到县指挥部高度认可。

（陈思远）

自然资源和规划

【概况】 2023年，安吉县自然资源和规划局先后荣获全省城市地下市政基础设施普查工作成绩突出集体；申报“余村地质文化村”获评全国五星级地质文化村称号，全国唯一。争取到深化农村集体经营性建设用地入市国家级试点、浙江省高质量发展建设共同富裕示范区第三批试点、全省陡坡与平原农用地布局优化和整治提升试点等多个试点。安吉县域中心全域实景三维数字空间沙盘建设项目荣获2023地理信息产业优秀工程金奖；安吉县全域土地综合整治促进生态产品价值实现案例入选全国第四批生态产品价值实现典型案例进行经验推广，全市唯一、全省仅2个。安吉县创新土地出让领域生态产品价值实现机制，累计出让土地59宗，筹集生态增值补偿金5.19亿元，获得央视新闻、东方时空等中央媒体宣传报道。同时持续推进土地出让领域生态产品价值实现机制，筹集生态增值补偿金7.2亿元，以两山未来科技城区块为例，筹集的生态增值金用于浒溪沿岸生态修复及环境基础设施提升项目，进一步夯实安吉良好生态基底，实现绿水青山向金山银山的多元转化。牵头成立安吉县工程涉矿领域规范管理工作领导小组办公室，实行专班运作，对工程涉矿的开挖、运输、加工、收购、销售等环节进行全过程管理，形成系统有效的工程产出矿产品处置体系，加快了矿产品的处置效率，规范市场的同时又加快了工程项目落地。

争取到深化农村集体经营性建设用地入市国家级试点，出台《安吉县深化农村集体经营性建设用地入市管理办法》《安吉县深化农村集体经营性建设用地入市试点工作实施方案》，启动基准地价更新，构建了城乡统一的地价体系，配合财政部门制定了《农村集体经营性建设用地土地增值收益调节金征收使用管理暂行办法》，2023年安吉县集体土地入市面积、宗数、成交额在全省21个试点县区均列第一。

【国土空间总体规划】 完成县、乡两级国土空间总体规划编制，规划新增空间2.46万亩，为城市发展落位留足空间。开展控制性详细规划和专项规划编制，完成中心城区、孝源片区等九个区域的控制性详细规划调整，重点研究了交通规划、公共设施服务与布局、城市口袋公园等城市设计，完成《安吉县综合交通规划》《安吉县中心城区公共服务设施布局规划》编制，传导落实了县级国土空间总体规划的延伸建设要求，落实共建共享理念，打造具有人文关怀的宜居生活圈。

【要素保障】 筹集各项用地指标3966亩，成功申请省统筹占补平衡数量指标332亩，为安吉县浙北健康生命产业园、马丁科瑞等重点项目落地奠定基础。处置“两未”土地6905亩，盘活存量4484亩，其中批而未供、盘活存量、低效用地再开发均超额完成市局任务，位列全市第一。供应土地9109亩，实现土地出让价款142.3亿元，土地出让规模、出让金额均创历史新高，其中经营性、工业用地出让面积分别超其他两县三区平均供应量的216.7%、46.1%。积极探索“熟地等项目”机制，在新增建设用地储备库机制之外，选取一批相对成熟的待招商地块，在招商项目引入之前先纳入土地成片开发方案并进行土地征收、林业报批等前期工作，实现“熟地等项目”的状态，加节约项目落地时间 4 个月以上。

【土地综合整治】 推进小溪口村、青龙村等 12 个土地综合整治项目，完成土地综合整治项目 1 个，新申报 8 个；新增建设用地复垦和垦造耕地 3107 亩，入库 3204 亩。土地综合整治工作在省十项重大工程星级评定中获得五星，并先后入选“以土地综合整治致力高质量发展建设共同富裕示范区”的省级试点和“生态产品价值实现国家级典型案例”。在全省率先谋划并推动“林耕置换”试点落地，在省林耕置换座谈会上交流发言，目前已完成定点定位测绘总面积 9500 亩，并且完成试点方案的编制和首批置换额度的方案上报。

【民生服务】 围绕省营商环境优化提升“一号改革工程”任务要求，推出二手房“带押过户”、交房即交证、“不动产遗失公告＋补证联办”等便民利企的改革创新，各类事项办理时限平均提速 77%，推进土地承包经营权、房地一体宅基地和集体建设用地登记并在全市率先开展居住权登记。全年办理各类不动产登记 13.4 万余，补办出让 111 宗，为困难群众上门“零距离”服务 152 次，为群众、企业开通绿色通道、提供“错时延时办”共计 68 次。依托安吉县自然资源数字化管理系统，全面梳理业务条线的上下游关系，从农转征收、土地供应、批后监管三个方向对项目用地审批流程进行优化，打通了审批、审核过程中的堵点，平均办结时限缩短 35 天左右。完成杭垓镇、梅溪镇、章村镇、鄣吴镇四镇 1∶2000 地灾风险调查，增设 11 处地下水监测井、10 处省级地灾监测点、100 处无线简易降雨报警器，形成全天候、全区域、全方位、全过程管控的“人防＋技防”体系，在抗击“杜苏芮”“卡努”等台汛期间，出动巡查 125 组 376 人次，对全县 5 处地质灾害隐患点、447 处地质灾害风险防范区进行巡查。完成城市地下市政基础设施普查，普查各类管线 2676 公里、地下空间 20 万平方米。

【资源管护】 完善耕地保护补偿机制，全年完成耕地集中连片 2 万亩，新谋划 7 片万亩方并完成方案设计。持续推行田长制，严格落实“三倒查”机制，完成 21 万余亩的永农划定核实。推进自然资源执法，完成 2000 余个图斑的判定、填报审核、处置等工作；开展日常巡查 1056 次，保证全县各行政村全覆盖，突出重点区域的专项高频巡查，有效制止了违法用地和采矿行为；制定《安吉县 2023 年卫片执法工作暨违法占用耕地“零新增”攻坚行动实施方案》，推进 9 宗地块的专项整治，实现违法占用耕地的清零与“零新增”。

【国土变更】 完成 2022 年度国土变更调查，举证图斑 6175 个；完成自然资源统一确权项目地籍调查成果，并对像安吉小鲵国家级自然保护区、凤凰水库的地籍调查成果补充完善完成集体土地所有权确权登记成果更新汇交工作，对征收、省农转、县农转、不动产等多项资料数据叠加分析，整合入库，更新资料 5878 条。高质量完成国土空间监测工作，细化空间信息 921 个、补充空间信息 2 万余个，城镇住宅细化 340 个、城区内房屋建筑单体 44648 个。

【规划管理】 积极响应“项目攻坚年”的建设要求，进一步简化方案报批流程，针对部分建设体量小、区域位置不显著、方案品质较高的政府投资、国有投资及经营性项目，通过内部条线联审定稿，缩短项目建设的开发周期，全年出具设计条件 420 个、预勘设计条件 130 个，建筑方案审查 226 个，其中包括安吉生态寺院、生态资源循环利用基地项目、“两山”未来科技城、安吉农副产品综合批发市场南区、县人民医院改扩建工程、共富公寓等一批重点民生项目。完成建筑施工图审查 232 个，办理规划核实确认书 194 件。同时加大批后监管的力度，完成规划验线（放样）复核 138 项，共出具违章建筑认定函 47 份，主动函告线索 15 次，确保规划落地“不走样”。

【首届自然资源与生态文明论坛】 12 月 3—5 日，全国首届自然资源与生态文明论坛在安吉举行。本届论坛以“推进建设人与自然和谐共生的中国式现代化”为主题，深刻感悟习近平生态文明思想的强大真理力量和实践伟力，深入贯彻党的二十大精神和全国生态环境保护大会精神，交流推进生态文明建设的理论和实践成果，推进建设人与自然和谐共生的中国式现代化。全国政协副主席沈跃跃出席论坛并讲话。自然资源部党组书记、部长王广华，省委副书记、省长王浩，中央广播电视总台副台长胡劲军，国家林业和草原局局长关志鸥致辞。自然资源部副部长刘国洪主持。论坛上，《自然资源与生态文明译丛》和《自然资源保护和利用丛书》发布。

【全省第三批地质文化村揭牌授牌仪式】 11月4日，全省第三批地质文化村揭牌授牌仪式在安吉县召开，省自然资源厅党组成员、副厅长胡嘉临，省地质院党委委员、副院长周艳，安吉县委副书记、政法委书记柏建华参加，该仪式上授予安吉县全国五星级余村地质文化村称号，全国唯一。

【全国自然资源宣教中心主任座谈会】 12月5日，全国自然资源宣教中心主任座谈会在安吉县召开，自然资源部宣传教育中心主任夏俊出席。向安吉捐赠《中国共产党100年地图集》《走近地球之巅》等图书2000余册，并将安吉余村作为自然资源部宣传中心宣传生态文明思想的实践基地。

（杨阳阳）

生态环境保护

【概况】 2023年，全县PM2.5浓度29微克/立方米，空气质量优良率91%，空气质量三指标稳居全市第一，其中优良率破90%全市唯一。地表水、饮用水、断面水水质达标率均为100%。第二次获评大禹鼎银鼎和“无废城市”三星级“清源杯”。西苕溪成功入选全国第二批美丽河湖优秀案例。生态满意度位居全省23名，进入全省第一梯队，环境信访同比下降达23.11%。

积极推进减污降碳协同，成功申报并获得减污降碳协同试点2个、低(零)碳乡镇(街道)试点2个、低(零)碳村(社区)18个、减污降碳协同标杆项目6个。安吉县获得省级生物多样性可持续利用基地试点，完成中南百草园、竹博园、茶博园3个市级生物多样性体验地命名。西苕溪流域水生态系统修复工程成功获得中央资金2700万元。深化生态补偿探索实践，跨省生态补偿协议成为全国样板。

长效推进优化营商环境一号工程，全年新腾环境要素指标279吨，有效保障64个项目落地。创新出台排污权质押专项贷款政策，助企融资40天破2亿元。上线“项目准入一件事”和“环评审批一件事”，打造“项目找地”模式，加速项目招引落地。完成68个项目环评审批，47个项目享受“区域环评＋环境标准”改革降级，为66个项目全程代办，让企业少跑百余次，为企业减负60余万。两山未来科技城项目入EOD国家库，成功融资20亿，实现拨付资金3亿元。

开展入河排污口排查溯源，完成工业园区污水零直排“回头看”全部问题整改，推进三大水库水生态修复项目建设。完成20家源头替代企业“回头看”、5家涉VOCs企业低效治理设施改造，推进木质家具重点行业“油改水”。完成158个用途变更地块的调查评审，完成农村环境整治行政村2个，开展农业面源污染监测试点，完成81个点位的数据监测。创建“无废细胞”35个，梳理重点、标杆项目15个，“无废小二”平台迭代升级并通过专家初验，危险废物填埋比降至9.57%。2023年共作出处罚决定96件，累计罚款489.2万元，免于处罚6件，免罚20万元。新增正面清单企业28家，积极推进“e企管”学法积分抵扣。

【国家自愿减排碳市场助力地方高质量发展研讨会】 4月20日，安吉县以“积极响应“双碳”战

4月20日，国家自愿减排碳市场助力地方高质量发展研讨会召开

略 助力共同富裕先行”为主题，举行国家自愿减排碳市场助力地方高质量发展研讨会。生态环境部、国家林草局、浙江省生态环境厅、浙江省林业局及各地“双碳”领域的专家代表为安吉县竹林碳汇改革工作和《竹林经营碳汇项目方法学》提供宝贵意见。

【“5·22”生物多样性日】 5月16日，生态环境局开展“为鲵而来”国际生物多样性日主题活动，组织全局赴海拔1300多米的安吉小鲵国家级自然保护区将人工繁殖的小鲵幼体放归野外，并发布安吉生物多样性保护标识及示范路线。

【“6·5”世界环境日】 6月5日，生态环境局以“建设人与自然和谐共生的现代化”为主题，开展“六五世界环境日”主题活动。赴生态文化广场开展主题展及系列宣传活动，包括“六五”主题图展和“八八战略”生态安吉二十周年图展，同时开展“无废城市”“大学生安吉就业政策解读”等系列宣传。组织公众设施开放，带领10名余大学生志愿者赴空气自动站参观学习。

【“7·12”全国低碳日】 7月12日，生态环境局开展“全民动员 骑乐融融”全国低碳日主题活动，组织人员赴生态文化广场宣传并开展骑行活动。

【“8·15”首个“全国生态日”】 8月11日，安吉县在九州昌硕广场开展了“1+N”系列活动庆祝首个“8·15全国生态日”。现场发布无塑减塑、绿色出行全民倡议书，展示安吉生态建设20年图展，各乡镇(街道)同步开展形式多样的主题活动，“喜迎首个全国生态日 我是生态环境监督员”主题环保设施也向公众开放。

【安吉县环境应急物资储备中心揭牌】 9月19日，生态环境局于安吉纳海环境有限公司厂区内设立的安吉县环境应急物资储备中心正式揭牌，安吉县专业环境应急处置队同日建立。此举标志着安吉县环境应急物资保障向标准化建设迈进，应急处置能力进一步提升。

【全国规范化建设现场会】 11月21日，全国生态环境保护综合行政执法机构规范化建设现场考察点在安吉县生态环境保护行政执法队天荒坪中队。生态环境部、浙江省生态环境厅及各省市生态环境部门和执法机构相关人员共120余人参加考察。

(项敬银)

9月19日，安吉县环境应急物资储备中心揭牌仪式

发展改革

【概况】 2023年，安吉县发改局完成全县地区生产总值615.12亿元，增长5.1%，较年初回升6.8个百分点，其中第一产业完成32.2亿元，增长5.4%；第二产业完成270.3亿元，增长1%；第三产业完成312.6亿元，增长8.9%。GDP20项基础核算指标中，14项指标增速全市前三。建立安吉县“2＋8”平台统筹协作机制，推动开发区顺利申报省高能级战略平台，推动安吉高新技术产业园区成功创成省级高新技术产业园区。扎实完成“十四五”规划中期评估各项工作，完成固定资产投资300.23亿元，增长22.6%，增速连续11个月全市第一；完成服务业增加值312.62亿元，增长8.9%，增速连续四个季度全市第一。聚焦项目建设攻坚年行动，高效运行“三中心、一例会”机制，全年实现亿元以上项目开工170个、竣工82个，300亿元固投任务全面完成。获批建设全国首个“以竹代塑”应用推广基地，谋划推动“以竹代塑”重点场景应用，成功召开国际(安吉)“以竹代塑”创新大会。荣获2022年共同富裕省政府督查激励，实现共富试点、最佳实践、创新模式、堵点难点问题揭榜挂帅、实践观察点等省级荣誉载体全覆盖。全省唯一入选国家首批农村能源革命试点县，全年单位GDP能耗下降5.7%，腾出用能6.6万吨标煤，完成高耗低效企业整治279家，重点技改项目70个，保障总用能14.4万吨标煤。完成光伏并网8.89万千瓦，天子湖镇115MW农光互补发电项目完成备案，国能9H燃机项目完成桩基施工。出台2023年安吉县迎峰度夏有序用电工作方案，指导企业合理选择电力套餐，为全县企业减少电费支出4100余万元。落实天然气气量1.385亿方，确保民生用气需求。制定印发《安吉县碳达峰实施方案》，成功入选市级碳达峰碳中和案例3个。推进生活领域绿色低碳改革创新工作，向杭州亚组委无偿捐赠2.1万吨竹林碳汇，用于杭州亚运会、亚残运会碳中和。持续深化“白叶1号”帮扶，完成新捐赠茶苗640万株，改革经验获评全省改革突破铜奖。制定出台安吉至杭州高速公路有条件免费通行实施办法(试行)，主动探索纳入杭州城西科创大走廊联动发展区。全年完成“七优享”工程项目投资9.17亿元，投资完成率169.89%。2023年，新招考录用事业人员2人，招聘“聘任制硕博专员”1人、编外人员1人，选派2名优秀“93”后年轻干部多岗位历练交流，提拔班子成员1人。

围绕“3个中心，1个例会”(谋划招引中心、联审联批中心、督考服务中心、项目建设攻坚例会)，实行项目招引、审批、推进、督考的全过程管理。整合成立县域联审联批中心，梳理涉及项目的审批事项53个主项和73个子项、容缺材料35项，构建“一单审核、并联办理、一站办结”的全链条审批模式。谋划建立项目用地“蓄水池”，按照年内供地计划，根据项目亩均质效、业主投资意愿等因素，对拟开工项目进行综合研判，排定入池项目147个。

安吉县积极落实省服务业高质量发展“百千万”工程，把创新发展区建设作为培育文旅产业发展重要抓手，大力推进服务业高质量发展。全年实现服务业增加值312.62亿元，同比增长8.9%，全市第1，全省第

16，并连续三个季度获评省服务业高质量发展"百千万"工程五星级。全年接待游客3152.8万人次，同比上升15.8%；旅游总收入448.1亿元，同比上升13.9%。连续五年位居全国县域旅游综合实力百强县榜首。其中云上草原获评省领军企业，《发挥平台集聚新优势，积蓄服务业发展新动能——安吉县服务业创新发展区推动文旅发展实践》入选服务业高质量发展典型案例。

【项目攻坚】 全年实现亿元以上项目开工170个、竣工82个，300亿固投任务全面完成。全年发行专项债项目18个，资金18.58亿元；入选省市县长项目工程3个、省重点建设项目4个、省"千项万亿"工程重大项目8个、新增省重大产业项目2个。协同财政、国企和平台乡镇，牵头建立重大建设项目储备库。围绕中央预算内投资、地方政府专项债等，推动项目论证、审批等前期工作，为资金争取打好基础。牵头组建宁杭高铁二通道和龙王山抽蓄电站项目工作专班，强化横向对接和向上争取，加快突破项目前期工作。

【共同富裕】 荣获2022年度共同富裕省政府督查激励，实现共富试点、最佳实践、创新模式、堵点难点问题揭榜挂帅、实践观察点等省级荣誉载体全覆盖。全面构筑共同富裕工作体制的"四梁八柱"，编制形成系统架构图2.0版，迭代形成工作要点、56个重点指标、15项标志性成果、55项重点工作和30项重大改革，形成"清单化、专班干、比晾晒、改革推、全程督、定期考"闭环推进机制。《打通"两山"转化通道实现绿色低碳共富》被国家共富专班推广，大余村建设获省委书记易炼红批示，竹林碳汇典型经验做法在全省复制推广。成功承办"推进中国特色社会主义共同富裕先行"系列研讨活动。"安吉两山合作社"全市唯一入选国家级共富实践观察地；青年入乡、"以竹代塑"、大余村建设等多项工作获国务院总理李强、省委书记易炼红批示肯定；作为县区代表在中财办调研浙江共同富裕示范区建设工作座谈会上交流发言。

【改革创新】 获批创建全国首个"以竹代塑"应用推广基地，工作做法获时任国家发展改革委主任何立峰，省委书记易炼红、省长王浩批示肯定，获人民日报等主流媒体报道。健全生态产品价值实现机制，启动生态产品基础信息调查和实时监测省级试点，推进特定地域单元生态产品价值核算市级试点，参与制定特定地域单元生态产品价值评估技术规范市级地方标准。迭代升级"两山合作社"，累计策划形成生态产品项目30个，成功转化各类项目57个。10月12日，组织举办长三角·安吉黄浦江源生态产品招商推介会，共签约项目10个，总投资19.69亿元。全力推进生态综合补偿工作，协同推进山塘水库权益交易改革，兑现乡镇（街道）GEP综合奖补966万，入选全省唯一生态综合补偿试点县。余村景区成功入选省第三批大花园"高能级景区"类耀眼明珠。

【开放合作】 制定出台安吉至杭州高速公路有条件免费通行实施办法（试行），以交通"一体化"推动杭安"同城化"发展。推动与上海市环境能源交易所签订战略合作协议，成立长三角浙皖乡村联盟。持续深化杭湖一体化课题研究，主动探索纳入杭州城西科创大走廊联动发展区。不断创新消费帮扶模式，加强特色产品产销对接，搭建抚松县特色产品专区展台，引导工会福利定向采购四川省金川县农副产品，对接销售金川雪梨7万余斤，全年完成对口地区和山海协作消费帮扶超8192万元。深化"白叶1号"帮扶，完成新捐赠茶苗640万株，三省五县产春茶共计约22731斤，总产值2707余万元，同比分别增长了62%、252%，真正实现"造血式"帮扶。三省五县"白叶1号"茶产业帮扶工作获评浙江省改革突破奖铜奖，入选浙江省对口工作"金名片"，先后在《浙江信息》、浙里改《领跑者》等刊登。

【项目建设攻坚年一季度重点项目集中开工活动举行】 2月10日，深化"在湖州看见美丽中国"实干争先主题实践安吉县项目建设攻坚年一季度重点项目集中开工活动举行。本次集中开工的重点项目共45个，总投资202.8亿元，重点聚焦现代产业振兴、城乡能级提升、共同富裕先行三大主攻方向，包括工业、基础设施、服务业和房产四大类别。其中，工业项目25个，总投资77.3亿元；基础设施项目16

2月10日，安吉县项目建设攻坚年一季度重点项目集中开工

个，总投资69.8亿元；服务业项目3个，总投资23.1亿元；房产项目1个，总投资32.6亿元。

【安吉全方位全链条对口产业帮扶模式——安吉白茶“一片叶子再富一方百姓”项目荣获2022年度全省改革突破奖铜奖】 1月20日，安吉县“全方位全链条对口产业帮扶机制——安吉白茶‘一片叶子再富一方百姓’”荣获2022年度全省改革突破奖铜奖，为全市唯一独立申报斩获奖项的县区。全方位全链条对口产业帮扶模式是安吉县以“白叶1号”茶苗为链接纽带，采取构建全方位白茶“全生命周期帮扶机制”、上线安吉白茶产业大脑应用等途径，实现对白茶生产、服务、品牌保护、监管等从茶园到茶杯的全流程服务与监测。2022年“三省五县”受捐地累计采摘干茶2万余斤，价值超千万元，带动当地人均增收2000元以上，带动2063户6661名农民走上共同富裕道路，真正实现“造血式”帮扶。改革经验获评第二届中国优秀扶贫案例东西部协作与定点扶贫优秀案例。

【安吉县入选全国首个“以竹代塑”应用推广基地】 安吉县在全国率先落实“以竹代塑”倡议，8月24日，国家发展改革委办公厅批复支持安吉县建设全国首个“以竹代塑”应用推广基地。出台“以竹代塑”面上工作方案6份、具体领域工作方案6份。安吉发布全国首个“代塑”竹制品产品清单、国内外首个《以竹代塑产品分类分级》团体标准。安吉作为“以竹代塑”响应首发站，为全国构建“以竹代塑”制度体系贡献了力量。2023年推广“竹六小件”、“竹四小件”分别20万套、3万套，竹桌牌近万个，竹餐具增至6000余套，覆盖酒店民宿近300家，全竹筷包2.56万套。开展绿色细胞创建，建成县级“以竹代塑”展销中心、村级展销中心，10个“以竹代塑”创建村完成验收。2023年8月16日，成功举办国际（安吉）“以竹代塑”创新大会。“以竹代塑”工作获国家级媒体报道10余次，获国家刊登专报信息2篇、省委党校专报1篇。工作做法获得时任国家发展改革委主任批示，获省委书记、省长批示肯定。全年接待县外“以竹代塑”考察团队约1万人次。

【安吉县入选省级生态综合补偿试点】 9月15日，省发展改革委发布2023年改革试点工作目录清单，安吉县入选省级生态综合补偿试点，全省唯一。出台《安吉县生态保护补偿机制改革实施方案》，建立生态保护补偿工作联席会议及考核评价机制。全面统筹补偿领域、受偿对象，聚焦生态保护地区与受益地区均衡发展、生态资源保护、生态环境治理、生态权益交易等四大方面12项内容，形成跨区域生态综合补偿体系。开展重点领域生态权益交易改革，出台土地出让生态保护补偿实施方案，提取生态环境增值金。探索农村集体山塘水库用水权改革，开展用水权评估确权颁证，实现用水权市场化交易。

【安吉县入选全国首批农村能源革命试点县】 12月27日，国家能源局综合司、生态环境部办公厅、农业农村部办公厅发布《关于公布农村能源革命试点县名单（第一批）的通知》，安吉县成功入选全国首批农村能源革命试点县，全省唯一。聚焦农村能源革命实现能源高质量发展，

梅溪镇草荡水库渔光互补光伏发电项目

通过光伏、生物质能、水能等可再生能源实现规模化开发利用。

（赵怡青）

统计工作

【概况】 2023年，先后开展统计法进党校、统计例会、统计夜校等多种形式培训，对县级部门、乡镇主要领导、分管领导、业务负责人及新任统计业务人员等多层次领导干部开展业务培训。2023年，县、乡、企三级统计人员实现至少一次全覆盖轮训。制定《2023年安吉县统计基础规范化建设推进方案》。全方位加强对乡镇和县级部门的指导服务，上门问需指导150余次、积极查短补短34项，全力推动全县统计基础规范化建设工作。2023年全县实现新增市级认定“统计基础规范化建设四星级”乡镇（街道）3个，新增市级认定“统计诚信示范企业”25家。制定《“夯实统计基层基础 提升数据质量水平”调研方案》。成立由县政协副主席任组长，县统计局局长任副组长，县委组织部、县发改局、县经信局、县商务局、县农业农村局、国家调查队安吉队及县统计局班子成员等相关工作人员任组员的调研小组，通过开展座谈会、走访企业、发放调查问卷等形式开展调研，准确摸清全县统计基层基础建设、统计质量、统计方式等方面问题与不足，提出针对性意见建议，制定有效改进措施，确保统计基层基础建设规范有力，实现应统尽统，真实反映全县经济社会发展情况。全市率先下发《安吉县人民政府关于做好第五次全国经济普查的通知》（安政发〔2023〕8号）文件，落实五经普经费380余万元，明确25个成员单位工职责分工。首次采用购买服务方式，以项目化形式引入到岗开展普查指导服务6人。拔高“两员”选聘标准，以“熟悉普查区”为选聘红线，共聘普查员和普查指导员601人。其中，35岁以下362人，占61.3%，专科及以上学历447人，占75.7%。近百人有经普工作经验。积极承接第五次全国经济普查市级综合试点在梅溪镇石龙村、白云社区、独山头村开展，全方位模拟正式普查的各个工作流程，全面检验普查机构完成调查任务应具备的条件和能力。通过跨区联动合作、市级专家把脉、乡镇定期会商等方式协调化解“‘两省三县’交界点普查难”“城市有机更新导致大量单位易地搬迁”“招商引资引进平台经济引税挂靠单位退出或失联”等普查难点堵点，实现全部单位、个体户填报率分别达到79.33%、74.22%，进度全市第一。全年选派1名骨干上挂省统计局，选派1名中层副职参与93后青年干部交流，全面提升干部综合能力。积极组织党员干部开展志愿活动，全年8次赴结对小区开展志愿清扫、垃圾分类等主题活动，积极参与社区治理。开展统计系统“数海先锋”导师帮带活动，落实“调整必报备”“新进必跟班”，确保每年25%以上的基层统计人员实现县级跟班学习轮训。全年共计6位基层新任统计员上挂县局锻炼。针对年初县基层统计人员调整及国企新增投资管理任务情况，12次为企业统计人员开设工业、投资、服务业主题讲堂，分类解决各层面统计报数需求，提升科学统计的业务能力和水平，确保数据应统尽统。搭建互比互学锻炼平台，开设政务信息写作、GDP等专业研讨课，邀请市统计系统专家授课。进一步优化干部平时考核细则，出台《2023年全县统计系统信息宣传工作方案》，制定年度考核目标任务，加强全县统计系统干部信息工作比拼，进一步提升干部撰稿能力，全面反映统计系统工作动态及工作成绩、经验，有效发挥统计数据的科学决策作用。

制定《关于深入开展学习贯彻习近平新时代中国特色社会主义思想主题教育的工作方案》，抓好学习教育，大兴调查研究。党员干部围绕统计重点工作和统计基础工作框定两大调研方向党组书记深度参与1篇高质量调研报告，领导班子成员结合各自分管领域牵头1个课题开展调研，形成《关于打造“两山统计·数绘安吉”党建品牌矩阵路径的调研报告》《关于服务业经济普查难点及解决路径探析》等高质量调研报告5篇。支部领衔，聚焦现代产业振兴、城乡能级提升、共同富裕先行三大主攻方向，开展一号工程主题分析。赴重点企业、项目现场交流指导，形成《受累高基数 工业经济仍处产业换挡“阵痛期”》《筑牢“四上”单位压舱石 助推经济高质量发展》等统计分析、统计专报24篇，获县领导批示9次。深化“在湖州看见美丽中国”实干争先主题实践，完善“党建＋统计”品牌建设，大力开展“一线统计比担当”等支部活动。局党员服务员小分队紧扣基层需求，每月不定期赴投资项目现场对项目推进情况进行一对一指导，全年实地指导288个投资项目成功入库。

联合县纪委、县委组织部印发统计专项治理行动方案，成立安吉县统计专项治理行动领导工作小组，建立领导干部分片区联系工作机制，部署5项行动举措、提出4项工作要求、明确2个时间节点，研究梳理159项工作任务，明确责任单位，逐项对照准备工作任务清单查找和纠正不足，全面摸清县域统计数据质量情况。制定统计数据质量年度检查计划，年度核查数量不少于“四上”在库单位（项目）总量的15％，执法检查不少于50家。二季度，投资领域对508个在库投资项目和91个房地产项目进行集中自查，名录库专业对2021年以来一套表调查单位入退库情况开展专项自查。先后三次召开党组会议专题部署推进专项治理行动工作。班子成员围绕贯彻落实是否有板有眼、自查自纠是否偏题走样、专项行动是否取得实效等方面分片区开展乡镇、部门走访调研，及时纠偏、放松防散，确保专项治理工作见底见效。各专业科室分级分类对乡镇、企业新进统计人员“一对一”指导培训、重点企业（项目）开设统计夜校、新入库企业集中培训。全年共开展培训十余次。

制定《中华人民共和国统计法》颁布40周年宣传活动暨2023年安吉县统计普法宣传工作方案。县统计局牵头，发动各方力量创作有特色高质量的统计法治宣传作品，以生动、活泼的语言和多元化形式宣传《统计法》。其中，联合作家协会、重点乡镇、重点部门撰写法治征文，一篇征文获得国家统计局征文比赛二等奖，两篇征文分别获得市统计局征文比赛三等奖、优秀奖，两篇署名文章分别在《中国信息报》《湖州日报》发表。联合篆刻协会将昌硕文化中的金石艺术与依法统计、精准统计、科学统计的去伪存真专业特点紧密结合，以篆刻形式展现古今统计的重要词条、元素，形成主题印章8方。抢抓五经普入户登记的黄金契机，借力150位普查员和普查指导员，通过发放统计法宣传资料、宣传手册、宣传礼品、现场答疑等多种方式，向400余户普查对象“沉浸式”讲解普法宣传手册中重点的统计法律知识。全程共计发放普法宣传材料12000份。联合县司法局在九州广场开展统计法宣传，活动现场设立统计知识咨询台、摆放统计宣传展板、发放宣传资料、设置有奖问答，向参与群众讲解统计法律法规及统计相关知识，宣传经济社会发展成就，让社会公众对统计工作有更直观的感受和更深刻的认识。

与县纪委、县委组织部、县委巡察办、县审计局联合印发《加强统计监督与纪检监察监督组织部门职能监督巡察监督审计监督贯通协调的实施意见》，推动统计监督与部门职能监督统筹衔接、有机贯通，实现资料共享、优势互补，构建系统完整、协同高效、约束有力的统计监督体系，进一步提升监督水平。6月8日，县纪委印发《安吉县干部大监督工作机制信息沟通办法》，增列统计局为干部监督工作联席会议成员单位，将成员单位上报或通报的有效干部监督信息或线索纳入干部监督信息库管理，更加完善防范统计造假、弄虚作假责任体系，纵深推进统计数据监督管理工作。将一体化统计监督平台作为发挥统计监督职能的重要载体，全年运用网上预警、智慧执法、量化督察等应用场景开展工业、服务业、投资领域掌上核查434次。联合县市场监管局、县消防大队对27家企业开展执法检查，立案查处1家统计违法企业，并将违法案件在浙江省政府服务网、浙江省信用中心、国家企业信用信息公开系统等网站公开，进一步加大统计执法威慑力。

【第五次全国经济普查】 安吉县第五次全国经济普查领导小组办公室决定2023年8月—10月在全县范围内开展第五次全国经济普查单位清查工作，全面调查安吉县第二产业和第三产业的发展规模、布局和效益，摸清各类单位的基本情况，为安吉县第五次全国经济普查做准备。

【安吉县统计业务培训班】 7月14日，2023年安吉县统计业务实训班开班。来自全县40多家单位共120余名领导干部参加此次培训。县政协副主席杨鹤云出席开班仪式并作了动员讲话。本次培训班着眼把握统计政策、统计工作实操等最新要求，邀请了省市知名专家、领导开展专题授课。

（沈照青）

国家统计局安吉调查队

【概况】 国家统计局安吉调查队是国家统计局的派出机构，参照《中华人民共和国公务员法》管理，既是政府统计调查机构，也是统计执法机构，完成国家统计局布置的各项调查任务，依法独立向国家统计局和上级调查队上报承担的国家调查数据，同时，承担地方政府委托的各项统计调查任务。目前队内设3个职能科室，分别为办公室、调查一科、调查二科。

【落实国家调查任务】 安吉调查队主要涉及国家调查业务有住户调查、农民工监测调查、采购经理调查、劳动力调查、消费者价格调查、粮食监测调查、畜禽监测调查等。2023年，住户调查通过集中、分片区、小班化、一对一等多种培训指导方式提升辅调员对相关指标和平台小程序的理解和运用，通过集中访户、分散式入户走访、电话回访等多种方式累计走访280户次；粮食监测调查累计走访调查村37次，实现样本村全覆盖，并现场参与10个村的晚稻实割实测调查和1个村小麦单产实测。住户调查建立季度考核评优机制，通过周提醒、月通报、季考核的方式加大监管力度；农民工监测调查通过平台审核、程序审核与人工审核相结合的方法开展数据审核；消费者价格调查坚持“即报即审”，并通过走访开展现场抽查督导，全年累计抽查网店130次，抽查数据1200余笔，调查员抽查实现全覆盖。采购经理专业对10家样本企业开展数据质量核查；月度劳动力调查通过陪访及时解决调查过程中的难点，提升数据准确性。住户调查每月记账笔数城镇点从上年12月的100笔提升到148笔，农村点从上年12月的83笔提升到155笔；消费者价格调查积极推进大数据应用，新增网络采价点3个，涵盖厨房小家电、生活小家电4个分类，截至2023年应用大数据的规格品数量占比为19.52%。

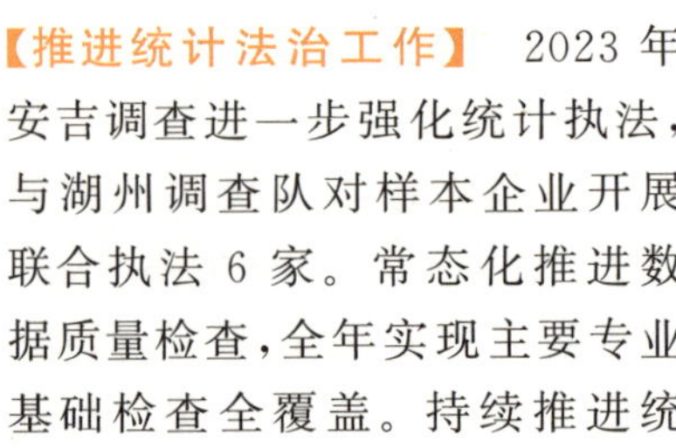

【推进统计法治工作】 2023年安吉调查进一步强化统计执法，与湖州调查队对样本企业开展联合执法6家。常态化推进数据质量检查，全年实现主要专业基础检查全覆盖。持续推进统

8月8日，安吉县第五次全国经济普查动员会召开

9 月 13 日，国家统计局浙江调查总队党组书记、总队长张斌一行在安吉调研

计法治宣传教育，深入推进统计造假屡禁难绝专项调研，主动向县委县政府报告，县委县政府 2 次传达学习习近平总书记关于统计工作的重要指示批示精神。联合县委组织部、县统计局面向各乡镇（街道）及县级有关部门主要领导、统计分管领导、统计机构负责人共计 100 余人召开统计业务实训班。加强法治宣传，深入乡镇、社区开展普法教育，统计开放日走进中德工程师学院面向师生开展统计宣传活动。

【强化统计基层基础】 2023 年，安吉调查队通过制定乡镇（街道）统计调查工作“三清单”明确工作任务明确目标要求及时间节点，健全工作责任进一步强化责任担当，完善廉政风险防控清单筑牢廉政防护墙。住户调查通过县政府专项经费支持，进一步优化考评机制提升工作质效，同时通过建立乡镇调查员平台账号、召开联席会议等方式提升相关部门及乡镇（街道）对住户调查工作的重视和正向支持；畜禽样本轮换以县政府办名义下发《关于做好主要畜禽监测调查样本轮换工作的通知》，成立以分管副县长为组长的工作协调小组，在全县上下营造主要畜禽样本轮换工作的良好氛围。围绕提升调查对象“荣誉感、获得感、责任感”开展专题研究，在调查补贴标准、先进调查对象评比等方面取得阶段性成效。

【深化统计服务工作】 突出实践导向，落实服务中心大局，紧盯社会热点和民生焦点，积极发挥“轻骑兵”职能优势开展分析调研，围绕共同富裕、乡村振兴等重点领域开展分析调研和课题研究，累计完成分析调研 55 篇次。进一步优化调查数据的信息发布，提高季度《调查资料》发布的及时性，通过“安吉调查”微信公众号第一时间发布住户调查、消费者价格等重要民生数据解读。

（庄　静）

市场监督管理

【概况】 2023 年，安吉县市场监督管理局共办理各类案件 852 件，大要案 107 件，罚没款共计 446.6 万元。查处全国首例侵犯“数据产品”商业秘密案，全省首例高价无证销售抗原试剂盒案，“安吉白茶”商标侵权案入选省局典型案例，特种设备案例入选全省十大典型案例。全国首个“浙江绿色知识产权推广中心”在余村挂牌运营，并入选安吉县第三季度营商环境最佳实践案例。成功获批全国第二批知识产权纠纷快速处理试点县。安吉县被列为省级地理标志富农集成改革示范县。以快维中心为依托，加强与司法部门的知识产权保护协作机制建设，与多家单位签订知识产权快速协作机制备忘录，并成立知识产权人民调解委员会，构建调解在先、诉讼断后、有机衔接、协调联动、快捷便民的知识产权解纷工作机制。办理专利及商标侵权纠纷行政调解＋司法确认案件 8 起，另有 11 起正在调解中。与县委巡察工作相结合，创新推进落实食品安全党政同责，截至 2023 年，已完成对 6 个乡镇（街道）的首轮巡察。成功申报全省首批个体工商户发展监测联络点。新增发明专利 258 件，万人发明专利拥有量达 31.77 件，专利授权量全市第一；2023 年获中国专利优秀奖 2 项、浙江省知识产权奖 2 项。累计开展“周一夜校”

9 月 6 日，全国首个“浙江绿色知识产权推广中心”揭牌运营

12 期，市监讲堂 7 次，“所长项目论坛”7 次，全员培训 1 次；制定出台《关于实施年轻干部成长培养导师帮带计划方案》，开设“青年课堂”，干部干事积极性全面激发，全年共获得县级以上集体荣誉 10 项，个人荣誉 21 项。

【服务企业】 在全县范围内建立 16 个“青创服务工作室”，组织开展 6 期“创业会客厅”活动，累计解决创业者问题 60 余件。深入推行律师值班制度，组织律师协助企业及时充分享受资金激励、技术支持等政策红利解决企业疑难问题，截至 2023 年，累计接待群众 300 余人，现场解决纠纷 69 起，合同审查 19 份。加强企业政策供给，全面摸清企业亟须解决的问题和服务需求，首次以政策鼓励引导企业实施“质量管家”服务模式，促进企业自身整体质量提升。

【安全监管】 开展漠视侵害群众利益专项治理，完成县内全部 73 家加油站，876 把加油枪的检查检定，督促供水公司、燃气公司免费更换经检定合格的水表 18095 只，燃气表 3857 只。开展电动汽车充电桩和出租汽车计价器强检项目建设。大力推进城镇燃气整治领域特种设备安全治理，出动人员 2700 余人次，检查特种设备使用单位 1650 余家，排查治理各类安全隐患 959 起，立案查处 33 起。落地落实民生实事，推进两家农贸市场改造提升和创建，顺利通过省政府验收。推进 13 家养老机构食堂“阳光厨房”、5 家“阳光小作坊”创建，两家民生药事服务站通过验收并挂牌，开展服务项目 24 项，累计服务群众 2700 余人次。

【行业执法】 查处全国首例侵犯“数据产品”商业秘密案，全省首例高价无证销售抗原试剂盒案，“安吉白茶”商标侵权案入选省局典型案例。开展“雷霆”地理标志保护、亚运知识产权保护等系列专项行动，查办各类商标案件 5 件。时刻把握监管重点，实现行政执法新合力，截至 2023 年，全局共办理各类案件 852 件，其中大要案 107 件，移送公安案件 7 件，罚没款共计 446.6 万元。

【消费维权】 2023 年累计受理各类投诉举报 8733 件，其中投诉 6972 件，举报 1761 件。按来源分民呼我为 4717 件，全国 12315 平台 3054 件，110 应急联动 727 件，来信 215 件，来人来电 20 件。保质保量突出特色做深放心消费工作：2023 年，共计创建放心消费单位 3683 家，其中无理由退货 1444 家，放心工厂 483 家，放心商圈 5 个，放心村 3 个，全面完成年度工作任务量。

【入选全国典型案例】 助推企业质量创新入选全国典型案例。组织申报的和也健康科技有限公司、永艺家具股份有限公司案例分别成功入选全国企业数字化质量管理创新与实践典型案例（全国仅 25 项、全省仅 2 项、全市唯一）、全国企业首席质量官质量变革创新入围案例（全国仅 51 项、全省仅 2 项、全市唯一）。

【安吉县入选第二批国家知识产权纠纷快速处理试点地区】 7 月 25 日，国家知识产权局公布第二批知识产权纠纷快速处理试点地区，安吉县全市唯一成功入选。近年来，安吉县依托安吉（绿色家居）知识产权快速维权中心，组建知识产权纠纷人民调解委员会，通过“集中管辖＋联合会商＋专项行动”，实现行政确权、公证存证、仲裁、调解、行政执法和司法保护之间的有效衔接。

【创新建立市监窗口法律服务专窗】 累计接待群众300余人,提供法律服务300余次,现场解决纠纷69起,合同审查19份,拍摄专题视频2期,拍摄法律知识小视频9期。

【首创全国标准制修订2项】《乡村美丽庭院建设规范》纳入县委县政府揭榜挂帅年度工作,并完成全国6省调研,顺利通过审评并报批,《居民绿色生活指南》国家标准已形成草案。

【推进特种设备安全治理】 持续推进城镇燃气整治领域特种设备安全治理。全县392.73公里燃气压力管道法定检验率达100%;切实开展液化石油气充装单位安全治理,责令1036只不符合现行标准的50kg液化石油气钢瓶提前进行检修、检定;印发气瓶安全使用宣传资料40000份,助推气瓶用户提升安全意识。

【全市首个“安骑士”红色加油站启用】 该红色加油站系全市首个致力于外卖骑手、快递员等新就业群体暖心服务的跨行业自助服务点。通过“推动党建联建、推动品牌共创、推动关爱帮扶、推动阵地升级、推动活动常态、推动双向服务”六大举措,不断增强党在新兴领域的号召力、凝聚力、影响力。

(陈　林)

审　计

【概况】 2023年,安吉县审计局完成审计项目21个,审计查出主要问题金额2.34亿元,查出非金额计量问题149个,审计促进增收节支1.4亿元。安吉县村级工程项目实施情况专项审计调查和安吉县政府投资项目建设管理情况专项审计调查分别获得湖州市优秀审计项目二等奖和三等奖。

8月31日,全县首个乡镇(街道)级小微企业法律服务分中心举行揭牌仪式

【主题教育】 扎实开展学习贯彻习近平新时代中国特色社会主义思想主题教育,制定出台《安吉县审计局关于深入开展学习贯彻习近平新时代中国特色社会主义思想主题教育的工作方案》《中共安吉县审计局党组理论学习中心组主题教育学习计划》《县审计局机关党支部主题教育学习计划》,引导30名党员制定个人学习计划,组织开展青年严守“政治关 道德关 品行关”大讨论等主题活动3次,高质量组织召开主题教育专题民主生活会、组织生活会。

【党风廉政】 严格落实“第一议题”制度,规范开展“三会一课”、党组理论学习中心组等政治生活,开展主题党日活动12次、党组理论学习中心组学习16次。常态化开展“党纪(党性)教育一刻钟”活动,丰富学习形式,全年组织参观廉政教育基地、观看警示教育片3次,通报学习“四风”典型问题案例11次,上廉政专题党课1次,“正面引导+反面警示”推动纪律意识规矩意识入脑入心。推动审计组廉政监督员全覆盖,组织审计组成员在审计现场开展廉政学习,确保廉政教育不断档不掉线。强化落实廉政“体检”,年初组织全局干部立足岗位排查廉政风险隐患,年中进一步更新完善形成廉政风险点56个同时明确整改责任人和整改时限。不断强化监督检查和执纪问责，年内针对财务报销、固定资产管理等风险易发多发环节开展正风肃纪自查自纠24次，发现问题及时落实问题整改。强化运用监督执纪“四种形态”，经常性开展谈心谈话，加大“八小时”外纪律检查管理力度，对苗头性、倾向性问题及时矫正纠偏、谈话提醒。

【县委审计办工作】 贯彻落实“三个立”“三个如”精神，充分发挥参谋助手、综合协调、服务保障等职能作用，切实发挥审计办统筹作用，不断优化细化县委审计委员会领导审计工作的路径方式。对照上级审计办要求，结合实际，研究制定《中共安吉县委审计委员会成员单位工作协调制度》《中共安吉县委审计委员会办公室会议制度》，进一步规范完善审计办运行机制、提高审计办工作质效。贯彻落实重大事项请示报告制度，全年向上级审计委员会、审计办报告重大事项9次；向本级审计委员会报告重大事项5次，向县委审计委员会报送审计专报、审计报告29篇，获得审计委员会主任、副主任批示21次。

【国企总审计师制度】 聚焦护航国企安全发展，推动7家县属国企总审计师配备全覆盖，配套建立履职清单、学习培训、季度例会、考核评价、报告备案等工作机制，构建县属国企总审计师“1+1+N”制度体系。据统计，7家国企年度组织实施审计项目1023个，揭示问题776个，收回资金、挽回损失7253万元，核减工程款3.11亿元，移送并追究责任23人，全县做法2次在省级会议上作经验交流。

【预算执行审计】 揭示预算调整规模过大、项目资金追加执行不合规等问题，推动收回316万元专项资金、5.74万元矿产品收益，出台完善相关制度2项。

【经济责任审计】 完成对6家单位11位党政领导干部经济责任审计，发现问题56项，推动整改落实问题资金142万元。组织召开审计委员会成员单位工作协调会议、经济责任审计联席会议各1次，申报并被县委组织部采纳容错免责案例5个。

【民生政策资金审计】 重点审计共同富裕相关政策和资金，累计查出违规资金14038万元，推动完善相关制度2项、拨付资金1463万元、收回外借村集体贷款资金5000万元，切实有力保障共富资金安全，为增进民生福祉贡献审计力量。

【工程建设项目审计】 向县纪委县监委移送问题清单70条，推动党纪政务处理处分、“第四种形态”处理8人。推动完善出台《村级工程建设项目管理办法》《溪龙乡（建设）工程变更管理办法》《溪龙乡人民政府合同管理制度》《溪龙乡项目建设资金支付管理制度》等制度18项。

【自然资源资产离任审计】 在项目中高度关注涉矿工程矿产资源管理的共性问题，深入揭示分析体制机制原因。精准提出审计意见建议，推动出台相关制度2项，工作经验在市级会议上做交流分享。创新探索自然资源资产审计，持续护航绿色发展。积极向上申报，并成功构建形成含5方面58项细化指标的山区乡镇党政主要领导干部自然资源资产离任审计评价指标体系。在该体系中，创新使用发改局提供的GEP核算数据，形成“生态系统生产总值（GEP）相关指标考核结果（分）”指标，并充分利用该体系，实现为报福镇领导干部履行自然资源资产管理和生态环境保护责任情况精准“画像”。

【联动监督】 主动融入纪、巡、审大监督格局，全年向纪委监委、公安等执纪执法机关移送问题线索25条，同比增长317%，推动党纪政务处理处分5人，刑事追究2人；建立干部监督与审计监督贯通融合的八项举措，对25名领导干部规范开展离任交接工作，为13名党政主要领导履行经济责任做好“审计画像”，会商研判5例容错免责案例，报送组织部门掌握运用。

【审计整改】 构建全面整改、专项整改、重点督办相结合的工作格局，开展常态化审计整改工作。落实《安吉县审计局审计整改督促检查管理办法》，完善审计发现问题整改清单制度；健全整改结果认定会商研判和堵路检查机制，落实督促检查责任。实现问题挂号全覆盖，整改全落实，销号全到位，“重大审计问题清单”管控力指数全满分。对进入“重大审计问题清单”的问题，逐个开展重点督办，全年共督办

10次，达到全覆盖。深入挖掘主动发现问题、严格落实问题整改，不断推进全县“重大审计问题”清单工作。全年有市级清单问题6个，市级典型案例1个，完成1个省级问题、5个市级问题的销号，上报县级清单问题库问题50个，“重大审计问题”清单指数排名进入全省第二方阵，全市第二，“面上管控”“即知即改”“举一反三”“整改到位”4项指数均保持满分。

【干部队伍建设】 深入推动审计队伍建设提级提能。制定出台《关于努力建设高素质专业化审计干部队伍的实施意见》，持续深化“导师帮带”，开展新一期传帮带活动并结成8对师徒，以老带新帮助年轻干部提升政治素养和专业水平。重点推进青年干部队伍建设，组织青年干部围绕严守“政治关、道德关、品行关”等主题开展讨论，组织14名青年干部立足岗位自我检视并签订检视整改责任书。

【南京审计大学中国政府审计奖学金项目留学生浙江学习实践活动】 12月11—14日，根据审计署国际合作司统一安排，来自30个发展中国家的69名中国政府审计奖学金项目留学生赴浙江省安吉县和淳安县开展习近平生态文明思想审计学习实践活动，到审计前线实地走访，其中12月11—12日在安吉学习实践。12月11日下午，留学生们到达浙江省安吉县，学习实践活动开班仪式正式举行并前往余村和安吉县经济开发区的审计现场参观学习。

12月12日上午，留学生们进行了“钱塘江流域水生态保护专项审计调查案例”与“湖州市以‘1+N’模式统筹开展绿色共富审计全力保障高质量绿色发展”案例学习。下午，组织留学生们到前年古村双一村和集群民宿村落小瘾半日村走访学习。晚上，留学生们进行了“丽水市生态产品价值实现机制审计实践”的案例学习。审计署国际合作司表示此次活动向发展中国家青年留学生展示了中国人民在中国共产党领导下，积极推动生态文明建设所取得的巨大成就，对于深入讲好中国审计机关围绕习近平生态文明思想开展审计的成功经验，做好审计领域外交工作，发挥了积极作用。

（许可欣）

12月11—14日，中国政府审计奖学金项目留学生在浙江安吉开展学习实践活动

商　务

【概况】 2023年，完成进出口总额383.9亿元，同比下降9.7%；自营出口总额374.3亿元，同比下降9.8%；完成进口9.6亿元，同比下降4.8%。全县实现社会消费品零售总额同比增长8.2%；限上批发业销售额163.1亿元，同比增长17.0%；限上零售业销售额60.3亿元，同比增长46.5%；限上住宿业营业额5.7亿元，同比增长44.9%；限上餐饮业营业额4.6亿元，同比下降7%。全县实现网络零售额227.2亿元，跨境电商B2B出口额68亿元。先后获全省县域商业体系建设示范县、全国2023年农村直播电商优秀县域，局获2022年度全省商务运行调查检测工作先进单位，商务运行调查监测点、办公家具行业监测点获评省级优秀监测点，贸易援助工作连续两年列入省级试点，并在全省贸易救济工作会议上做典型发言，获得商务部贸易救济调查局领导的高度肯定。濮济生堂成功入选中华老字号示范创

建项目，卡诺家具内外贸融合建设项目获评2023年度全省内外贸一体化高质量发展项目，中源家居、永艺家具等11企业获评全省内外贸一体化“领跑者”企业。安吉县跨境电商产业园荣获省级跨境电子商务产业园，龙威家具获评省级海外仓，雷萨家具dowinx、恒林家具sumg等5个跨境电商品牌获评省级知名品牌，2个“共富工坊”（农产品电商孵化中心和白云齐共富工坊）获评省级专项激励，获评省级电商直播式“共富工坊”短视频大赛铜奖2项，全省“六十佳坊主”2个，省级典型案例4个。硕青智·安吉昌硕大学生电商基地荣获全市电子商务创业创新大赛一等奖，商务局获优秀组织奖。

【外贸出口】 打好“走出去、请进来”稳外贸系列组合拳，全市率先发布政企联动拓市抢单十项举措，组织企业参加境内外展会，对境外展会“全覆盖”给予70%补助，全县共有550余家次企业赴境外参展，创历年规模之最。举办首届“世界椅·安吉造”中东椅业博览会，开创县级海外独立办展的先例，进一步扩大了安吉椅业、竹业和白茶的国际知名度。首次举办“国际采购商走进安吉”购销对接会，邀请48个外商代表走进安吉绿色家居。贸易援助工作连续两年列入省级试点，并在全省贸易救济工作会议上做典型发言，获得商务部贸易救济调查局领导的高度肯定。开展出口50强企业、重点展会成效等调研7次，收集并解决签证、展位、境外投资等问题126个。指导服务东方基因等26家企业申报360.68万元中央外经贸发展专项资金，做好服贸会、数贸会等重点展会企业参展、客商邀请等工作。排摸调研全县41家境外投资企业，建立企业境外投资项目跟踪机制，对企业境外投资项目申报实施“一对一”全程服务。开展对外投资备案全程管理，定期发布重点国别投资政策动态，并对在越投资的19家企业发出投资环境风险警示，引导理性投资。

【商贸流通】 突出企业招引和商贸主体培育，商贸业实现跨越发展，新增限上入统企业34家，批零住餐和社零等五项核心消费指标中有四项名列前茅。以全省县域商业体系建设示范县为契机，排摸臻选县域商业项目6个。利用乡镇优势发动社区积极申报一刻钟便民生活圈试点，积极推动安吉濮氏中医骨伤有限公司申报中华老字号，在评审中获得较好名次。于春节期间发放政府消费券1500万元，带动消费2亿元。5月、8月发放800万元汽车消费补贴，带动汽车消费3亿元以上。举办“网红樱花节”“螺蛳啤酒烧烤节”“动力新时代·暖春惠全城”大型车展等各类活动，组织企业、商超推出“全利出击，惠战五一”等各类促消费活动。

【电子商务】 出台支持绿色家居行业开展跨境电商7条意见，全面引导企业低成本利用新渠道拓市抢单。引进国内跨境电商龙头企业大龙网和平台服务型企业大健云仓、微蚁科技、企拓科技等先后入驻安吉。建成县内首个集生产、仓储、销售、孵化、服务五端合一的综合型跨境电商产业园，现已入驻企业25家，集聚人才近百人。组织恒林家具等17家企业参加深圳跨境电商贸易博览会，邀请亚马逊、eBay、wayfair等平台及派安盈、中邮海外仓等第三方服务商开展跨境资源对接会，为安吉县跨境电商生态赋能。大力支持企

9月26日，“助力电商·创赢湖州”2023湖州市首届直播电商大赛决赛及颁奖仪式在安吉举行

业建设海外仓储系统，龙威家具获评省级海外仓1个，实现安吉县该领域零的突破，雷萨家具dowinx、恒林家具sumg等5个跨境电商品牌被评为省级知名品牌。开展“美好生活浙播季”“数字生活新服务”“双品网购节暨共富消费节”等直播活动80余场，举办“助力电商 创赢湖州”全市直播电商大赛，带动电商创业创新热潮。建成电商直播式“共富工坊”22个，培育“白云齐 共富两山”“邂逅石岭”等10个特色直播品牌，从业人员人均增收超万元，被商务部评为2023年“全国农村直播电商优秀县域”。

【物资保供】 按时足额完成省下达的33900吨地方储备粮油任务，其中原粮32614吨，成品粮900吨。积极谋划2024年储备粮增储4700吨，落实资金、仓容、粮源，确保2024年底储备规模达到38600吨。严格执行轮空期不超6个月的红线，切实保障储备数量真实、质量良好、管理规范。继续做好防疫医疗物资与救灾物资储备，根据疫情防控、防汛防台等工作要求落实储备计划和轮换，做到物资充足、管理规范、出入有序、账实相符。全面完成省市下达的猪肉储备任务，2023年完成生猪活体储备3000头，冻猪肉储备130吨，保障猪肉市场稳定供应。进一步加大订单粮食收购服务工作，通过提供播种前指导种植品种、收割前提供资讯服务、收购时提供一站式服务等全过程服务，不断提高收粮速度、增强收粮能力，让老百姓售粮更便捷、高效、舒适。为进一步提升全县粮食安全和物资储备能力，启动了总投资4.27亿元、储备仓容达7万吨的新储备库建设项目，2023年已完成初设和部分政策处理工作。

【商贸管理】 制定《商贸领域安全生产和消防安全“拔钉除患”专项行动实施方案》，牵头成品油领域全面整治，对加油站、大型商超等消防重点单位开展“地毯式”检查，做到现场指导、立整立改。全年全县商贸领域实现了平稳有序发展，无重大安全事故发生。先后制定出台和修订了《农贸市场发展规划》《2023年促进家政服务业提质扩容工作推进方案》《商贸业十四五规划》等，为重点行业的规范管理和健康发展奠定基础。全面加强大型商贸及预付卡管理，联合县融媒体中心广泛开展预付卡理性消费宣传，联合律师积极帮助消费者维护权益，全年先后处理各类商贸及预付卡纠纷近2000起。完成商贸行业7个双随机执法检查、64个行政检查事项，做到互联网＋监管全覆盖。对再生资源回收和预拌混凝土行业开展全域整治，建立长效监管机制，提前完成市级重点督查问题清单和七张问题清单销号工作。加快大型商超以竹代塑，积极创建无废细胞、绿色商场、“绿色餐厅”及幸福驿站，浙北购物中心、生态店、雾山寺店3个幸福驿站成功创建四星级驿站。

【关地外贸政策宣讲暨海关AEO企业授证现场会在安吉召开】 8月4日，召开优化营商环境 服务生态发展——关地外贸政策宣讲暨海关AEO企业授证现场会，湖州海关党委书记、关长陈云法和安吉县副县长郭连伟致辞，向中力机械颁发AEO高级认证企业证书，发布对AEO企业的联合激励措施，签约绿色家具知识产权保护协作备忘录，杭州海关“关长送政策上门”——海关营商环境细化措施16条宣讲。

【首次举办“国际采购商走进安吉”购销对接会】 9月19日，国际采购商走进安吉活动在安吉

9月19日，国际采购商走进安吉活动

举行，来自沙特阿拉伯等20余个国家和地区的48名外商代表和40余名本地企业代表参观恒林椅业展厅和大康椅业博物馆，观看绿色家居宣传片，进行采购对接洽谈交流，实现了安吉企业及产品与国际采购商的“零距离”接触。

【“助力电商·创赢湖州”2023湖州市首届直播电商大赛决赛及颁奖仪式在安吉举行】 9月26日，“助力电商·创赢湖州”2023湖州市首届直播电商大赛决赛及颁奖仪式在安吉县举行。自9月2日开赛以来，共收到参赛项目39个，参与赛前培训选手70余人。经过初赛专家组评审，最终选出13支队伍晋级决赛。其中安吉县参赛队伍获一等奖一组，二等奖一组。

【华东区第32次散装水泥发展和应用工作联席会议在安吉召开】 12月13—14日，华东区第32次散装水泥发展和应用工作联席会议在安吉召开。会上播放观看浙江省散装水泥发展二十周年纪实片、第二届浙江省散装水泥行业产需对接活动视频。华东区六省一市散装水泥管理机构负责人、行业内相关协会及优秀企业代表等进行工作经验交流，发起为实现行业碳达峰碳中和、建立统一大市场的倡议。

（张雨薇）

投资促进中心

【概况】 2023年，新引进项目130个，其中产业类项目82个〈制造业65个〉(固投1亿—3亿元项目24个〈制造业19个〉，固投3亿元以上项目58个〈制造业46个〉)，新经济项目(投资总部型)38个(累计招引45个)，高层次人才折抵项目6个，大学生集聚项目4个。实到外资2.307亿美元，超额完成市下达安吉(不含长合区安吉区块)2亿美元任务数，同比增幅56.9%，增幅全市第一。

梳理形成“1名县领导＋1条主导产业链＋1家国企＋1支产业基金＋N个属地平台”五位一体的招商体系机制，项目招引与落地进一步理顺，推动总投108亿元的新存科技、总投53.8亿元的奥芯半导体、总投53亿元的苏州辰隆等一批重大项目落户安吉。瞄准生命健康，电子信息、数字经济，聚焦目录导向，围绕专精特新、独角兽、瞪羚、制造业“单项冠军”“小巨人”等企业，深入开展主攻产业的谋划招引，引进固投3亿元以上主导产业占比达92.8%，全市领先。全力推动一批新经济项目和青年人才加速聚集，新引进新经济项目38个，同比增长442%，累计引进新经济项目并成功上市企业7家(上市数量追平县内传统产业历年上市累计数，同时创湖州市引进数的历史新高)，全力打造上市企业“安吉板块”。2023年，全县各级领导带队外出招商1785天，同比增长236%。其中县领导带队外出招商703天，乡镇(街道)等“一把手”外出招商1082天。聚焦节会招商，举办安吉“数·智”创新(上海)投资洽谈会、第十六届安洽会，全面打响“安吉这个朋友靠得住”投资环境品牌，全县“重招商、招好商、会招商”氛围进一步浓厚。

百名招商干部增设作战单元，组建44个驻点“尖刀班”和38个柔性“尖刀班”与平台深度捆绑招商，锚定京津鲁、长三角、珠三角等产业转移重点区域，深化驻点招商，灵活运用以商引商、产业园招商等模式，重点攻坚优质项目。聚焦打造投行化、专业化的招商引才队伍，持续完善干部能力提升培训体系，围绕产业趋势、资本市场、产业基金等内容定期组织招商业务培训8期，参训人员累计1200余人次，不断提升干部的产业研判颗粒度。打通资本招商路径，充分发挥产业基金的撬动作用，推动相关国企积极开展投资项目尽调、参与项目股权投资，打好“基金＋直投＋落地”组合拳，为新经济项目、重大产业项目落地提供有力支撑。安吉“基金＋直投＋落地”招商新模式的探索和实践荣获浙江省“地瓜经济”提能升级“一号工程”首批最佳实践案例。

按县委县政府设立三中心一例会机制，与发改局共同牵头做好谋划招引中心日常工作，建立半月度项目准入评审机制，与经信、税务、资源规划等职能部门，分析研判拟落户项目的产业导向、产值、税收等指标，从源头上压实产业项目质量。按照县委县政府出台的《安吉县新经济产业项目选商/定商工作机制及流程实施办法(试行)》，与相关单位落实好新经济评审机制的日常工作。2023年，共召开评审会19期(新经济评审会议5期)，累计评审项目123个(新经济项目17个）。对通过定商评审的项目，明确签约、备案、开工时限。专题梳理并定期通报已定商项目推进情况，对推进异常项目，在评审会上由项目属地负责人分析原因并提出举措，倒逼项目尽早开工建设。对备案六个月因主体主观原因为主导致未开工项目实行倒扣分。1—10月，固投3亿元以上开工项目36个，同比提高105.88%，全市排名第一；当年引进当年开工率达42.3%，全市排名第二。梳理汇总可用招商资源，对项目所需的土地等要素指标，根据项目产业、规模、成熟度等排序进行资源预配。构建尖刀班、乡镇平台、职能部门对接和落地协同推进机制，定期召开项目备案研判分析会，了解项目推进情况及资源支持诉求，提升资源配置效率。全年共梳理可用招商熟地950亩，召开备案工作研判分析会2期，研判项目25个。

【招商引才大会召开】 1月2日，安吉县召开招商引才大会。总结2022年工作，部署2023年任务，动员全县上下以“开局就是决战、起步就要冲刺”的奋战状态，积极投身招商引才工作，强力推进十万青年大学生招引“一号目标”、深入推进招商引才“一号工程”，着力招引一批大项目、好项目、高端人才以及青年大学生，为高水平打造生态文明典范城市先行区、高质量建设国际化绿色山水美好城市、奋力谱写中国式现代化安吉篇章提供有力支撑。会议对湖州市2022年度招商引资（智）能手、项目双进（扩大有效投资）成绩突出集体和个人，2022年度建设“国际化绿色山水美好城市”招商引资（智）先进集体、先进个人进行表彰。两山国控集团、开发区、灵峰街道、孝丰镇，以及驻外招商引才分局“尖刀班”干部代表发言。

【“元起安吉 数智未来”——安吉“数·智”创新（上海）投资洽谈会】 6月30日，在上海市举办“元起安吉 数智未来”——安吉“数·智”创新（上海）投资洽谈会。现场推介安吉，共同发布“安吉这个朋友靠得住”营商品牌，并向全球发出邀约。场上集中签约项目共35个，其中重大战略性新兴制造业项目3个，总投资288亿元；总部上市项目3个，总市值225亿元；拟上市新经济总部项目17个，总估值417.5亿元；大学生、人才集聚项目12个，将引进大学生1800名，博士以上高端人才20名以上。

【2023“引领绿色发展·共创数智未来”安吉县第十六届投资贸易人才洽谈会】 11月18日，以“引领绿色发展·共创数智未来”为主题的2023安吉县第十六届投资贸易人才洽谈会开幕式在天荒坪镇“余村印象”举行。本届安洽会以“引领绿色发展·共创数智未来”为主题，着重邀请行业领军企业、产业知名专家、异地商会代表来安吉考察和洽谈，全力推进数字经济、智能制造产业在安吉发展壮大，加快高端人才和大学生招引集聚，推动安吉高质量绿色发展。场上集中签约项目共40个，产业项目23个（总投资331亿元，固定资产投资251亿元，其中总投100亿元以上项目1个，50亿至100亿元项目2个，10亿至50亿元项目4个）；新经济项目10个，投前估值341亿元；人才项目4个，大学生集聚型项目2个，战略合作项目1个。

（周明艳）

6月30日，“元起安吉 数智未来”安吉“数·智”创新（上海）投资洽谈会召开

烟草专营

【概况】 积极融入数字浙烟生态体系建设，紧抓零售客户这一群体，营造了良好的客我关系。深入打造美丽乡村下的特色农网终端。立足本地实际，切实打造“精品线、示范街、样板店”。选点安吉余村和大竹海两个景区扮靓“农网一条路”，优选“昌硕故里”着力推动“鄣吴一个村”特色终端建设，进而通过“连点成线、以点带面”加速乡村振兴步伐。积极依托“社区小中心”建设，深化“终端+”。系统建成普惠金融点66个；上线O2O平台35家，形成订单635笔；利用返程空载车辆为农户免费提供稍带服务百余次，不断拓宽了零售客户增收致富的渠道。2023年网上办证率达到100%、群众满意率保持100%；2023年一季度获评安吉县政务服务中心“先进窗口”荣誉称号；2022、2023年连续两年获评全市系统行政许可优秀执法视频。进一步清理休眠证、空壳证。2023年，安吉许可证净减39本，后续监管的成效不断提升。积极借助香溢通2.0技能比武大赛，打造了一批“懂系统、能操作、会解释”的客户经理队伍。香溢通客户稳定在30%以上，终端数字化经营转型迈入快车道。持续巩固“数采百日攻坚行动”战果，咬定薄弱项攻坚，围绕“考核管理与客户管理”两个层级，全力规范数采，掌握市场动态。全年平均数采准确率98.27%，较攻坚前数采准确率提升4.56个百分点，两次“四个一”检查实盘准确率均达到100%。

【案件查处】 2023年，安吉县烟草全年共查获违法案件132起，其中真烟长链条案件1起，50万元以上真烟案件5起，同比上升400%；查获卷烟共3.3万条，总案值共932.9万元，案值同比增长24.29%。破获国标网络案1起、省标案件1起，分别是“2·17”销售伪劣电子烟案、“10·20”非法经营卷烟网络案，移送公安机关6人。其中假私烟13.69万条（含电子烟折算），同比增长1232.6%，切实做到了守土有责、守土负责、守土尽责。联合县公安局成功破获一起涉案金额超4000万元，由上海、无锡输向全国16个省市的非法销售伪劣电子烟案件，“2·16”案件是全省查获非法电子烟实物数量最多的案件，得到中央电视台新闻频道等多家中央媒体报道，被省烟草专卖处点名表扬。紧盯“团伙型、家族式、同乡帮”涉烟违法团伙，共查处重点籍假私烟案件1起。深挖隐形大户，梳理大户43户，取缔5户；查获省外流入卷烟1.83万条，同比增长2%，有效发挥了高压监管的利剑作用。

（王　剑）

安吉县烟草专卖局利用返程空载车辆为农户免费提供捎带服务

供　销

【概况】 2023年，安吉县供销联社12位行政在编工作人员，7人抽调参与中心工作。班子主要领导和两名班子成员参与城市有机更新、“两无两违”、县委巡察工作，办公室主任担任项目专员，3人专职驻村驻企服务。城市有机更新工作及“两无两违”整治，全面提前完成责任区块和部门领办的签约、腾空工作，下属单位“县农资公司”完成签约，安吉县供销联社获县委县政府记集体三等功和集体嘉奖各1次，3人次获县委县政府记三等功，1人次获嘉奖。项目专员抽调县尖刀班脱产招商，获取有效线索5条，来安吉考察项目4个。

建成安吉县农合联农事服务中心，改造提升农资仓储库区，库区面积从5000平方米增加到10000平方米，增加库区装卸、运输、监管作业设备，装卸成本降低30%、仓库利用率提高10%以上，存储能力增加50%以上，完成淡季化肥储备2600吨、农药储备20吨，应急化肥储备1350吨、农药储备5吨，全年68个基层农资网点配送化肥3500吨，农药、农膜、种子销售额173万元。构建县级农资公司—乡镇供销社—村级基层门店一体化现代农资流通体系，加强"一对一""点对点"直供，全县形成30分钟农资配送服务圈。组建农得乐农机公司，填补了农机社会化服务的空白，全年农机销售额达80万元，农机作业服务面积2万亩，降低劳动强度60%。与汉和航空签订战略合作，实现无人机药肥服务扩面。组织培训4场，培训农民400余人次。组织涉农企业参加展销会4场，累计销售额达60万余元。

恢复乡镇供销社1家—西亩供销社。积极拓宽基层组织建设实践路径，以村社合作为纽带，新建村级供销社2家，投入集体资金390万元，其中白杨供销社已经启动供销超市建设和青年旅社建设，千溪桥供销社依托当地白茶资源，利用村竹林分解点投资180万元建成村级共富茶叶加工工坊，年提供40万斤青叶的社会化服务能力，解决了周边茶叶种植户白茶深度加工、包装、销售的难题，工坊可实现社会化服务收益40万元，带动当地农户增收超50万元。

新建孝丰、孝源共享食堂3家，覆盖7个社区4个行政村，常态化受惠人群1500人，累计供餐10.4万人次，解决就业岗位20个，收购本地农副产品87.7万元。完成《共享食堂建设与运营规范》地方技术性规范立项。2023年8月3日，共享食堂建设模式获得夏坚定副市长批示肯定。

提升再生资源回收产业规模化、规范化和信息化水平，精细加工利用能力大幅提升。全年共回收利用12个品种的再生资源25.2万吨，回收处置750家企业的一般工业固废2.1万吨，占全县一般工业固废产废量的60%，回收处置230家企业危险废物600吨，回收加工RDF燃料棒，年产量达1.5万吨，可替代1.1万多吨标准煤。

持续强化社有资产监管体系建设，完善制度，制定岗位职责清单，编制操作手册，加强资产巡查和维权，积极解决历史遗留问题。深化社有企业改革，全部实现公司化运营，开展审计监督，实现投资企业内审全覆盖，修订考核办法，促进社有企业高质量发展。2023年度全县系统社有企业营业总收入65270万元，比上年增长11.94%，利润总额3280万元。

【湖州市基层供销社融合发展大会召开】 3月10日，安吉县供销联社协助湖州市供销社召开"湖州市基层供销社融合发展大会"，大会在余村举办。参会嘉宾一同参观了余村供销社。

【安吉县红庙村综合服务社暨"共富驿站"揭牌】 3月10日，安吉县红庙村综合服务社暨"共富驿站"正式揭牌，打造全市基层供销社融合发展样本之一。

【安吉县农合联农事服务中心被授牌首批省级农事服务中心】 3月29日，安吉县供销联社党委委员、副主任叶茂荣及相关工作人员参加浙江省供销社推进农业社会化服务现场会，"安吉县农合联农事服务中心"被授牌首批省级农事服务中心。

【安吉县供销联社召开"安吉县地方技术性规范《共享食堂建设与运营规范》立项论证会"】 9月7日，安吉县供销联社召开"安吉县地方技术性规范《共享食堂建设与运营规范》立项论证会"，市场监督管理局王丽芬主持会议，论证会专家组、供销联社起草组参加会议，论证会初步通过了共享食堂的定义、总体原则、建设要求、管理要求、服务要求、评价改进等内容，符合高水平打造生态文明典范城市先行区，高质量建设国际化绿色山水美好城市的实际，对于乡村能级提升具有较强指导性。

【安吉县小吃产业农民合作经济组织联合会成立】 9月15日，安吉县小吃产业农民合作经济组织联合会（简称安吉县小吃产业农合联）成立大会暨第一次会员大会开幕。安吉县供销联社党委委员周克圣、县小吃产业农合联筹备工作组组长谢国华、小吃产业农合联会员等60余人参加。会议听取了关于准予筹备成立安吉县小吃产业农合联的批复，审议通过了《安吉县小

12月6日，浙江省社合作指导处处长闵洁带领第二期“英才班”学员在安吉余村供销社考察参观

吃产业农合联章程》和《安吉县小吃产业农合联财务管理办法》《安吉县小吃产业农合联选举办法》，选举产生了安吉县小吃产业农合联第一届理事会理事长和副理事长、监事会监事长、秘书长，并举行了安吉县小吃产业农合联授牌仪式。

【安吉县小吃产业农合联非遗体验馆在余村开业】 9月28日，安吉县小吃产业农合联非遗体验馆在余村顺利开业。湖州市供销社、安吉县供销联社、安吉县文体旅游局相关负责人以及小吃产业农合联会员等30余人参加。

【安吉县供销社联合安吉县邮政管理局新建两家综合服务社】 10月12日，安吉县供销联社联合安吉县邮政管理局在安吉县铜山村和安吉县皈山场村新建两家综合服务社·“共富驿站”。截至2023年，已成立3家综合服务社。综合服务社将充分利用供销社在为农服务方面的各类优势，并结合邮政部门的职能特性，为打通基层供销融合最后一公里提供坚实保障，推动共同富裕和乡村振兴建设落实处。

【安吉县民宿产业农合联与安吉县技师学院达成战略合作】 10月25日，安吉县民宿产业农合联与安吉县技师学院达成战略合作并举行签约仪式。双方就民宿行业人才培养、教培基地建设、民宿运营课程编撰、毕业生就业指导等方面达成深度合作。安吉县供销联社党委委员周克圣、安吉技师学院党委委员、副院长高慧芬等出席仪式。

（张旭峰）

农业农村

【概况】 2023年，全县农林牧渔业总产值51.08亿元，同比增长5.6%；农村居民人均可支配收入45469元，同比增长8.1%，均居全市第一。争取省级及以上乡村振兴相关荣誉和试点72项，102项相关工作在省级及以上会议作经验交流或行文推广。“以竹代塑”、青年入乡工作获得国务院总理李强批示肯定，大余村建设成效得到省委易炼红书记、市委陈浩书记批示肯定。先后获首批国家级农村能源革命试点县，全省创意农业试点县，全省机器换人高质量发展综合县，入选全省优秀农村指导员工作先进单位，“安吉白茶”区域公用品牌入围首届浙江省知识产权奖版权和其他知识产权奖类型二等奖，同时入选2023中国土特产推介名单；安吉竹林鸡入围浙江省第二批名优“土特产”百品榜；盈元家庭农场农民田间学校获得“第二批全国共享农民田间学校称号”；安吉县美维湖羊数字牧场等3家基地入选2023年全省数字农业工厂（基地），浙江安吉宋茗白茶有限公司入选2023年未来农场（全县首家）；安吉正新牧场获2023年度国家级生态农场。安吉县入选全国土地流转台账信息系统试点县；安吉县溪龙乡确定为全国基层农产品质量安全网格化监管服务典范；《创新探索生态产品价值实现机制 全力拓宽绿色共富路径》入选省第三批共同富裕最佳实践生态文明建设先行示范；《安吉胜立化肥销售有限公司销售擅自修改经过登记批准的标签内容的肥料产品案》入选2023年全省农业行政执法优秀案卷名单；浙江安吉宋茗白茶有限公司、安吉龙王山茶叶开发有限公司获得浙江省第一批省级优质农产品生产基地；入选2023年度全省深化新时代“千万工程”建设宜居宜业和美乡村（农村人居环境提升）工作优胜县。

全县粮食播种面积达19.79万亩，产量8.15万吨。科学、稳妥、有力完成建设高标准农田面积0.77万亩，提质改造高标准农田0.79万亩。创新发放水稻种植生态补偿补贴面积8.5万亩，补贴金额1704.1万元。全县渔业总产量2.4482万吨，同比增长4.8%；生猪年末存栏4.8575万头。蔬菜水果生产面积、产量、产值实现“三增”。

【农业“双强”】 2023年，安吉县推进科技强农，深化与浙江省农科院、浙江农林大学等合作，迭代升级“1+1+N”现代农业产学研联盟模式。建成健全农业项目全生命周期管理体系，统筹推进农业“标准地”建设与农业项目“双招双引”、农业“大好高”项目培育工作。全县新增农业“标准地”项目6个，新增千万以上乡村产业项目45个、亿元以上开工项目13个、农业“大好高”项目14个。国家农业科技园区通过验收。新认定市级以上农业龙头企业9家，全市最多。出台金融惠农政策，对重点产能项目给予最高2000万元贴息贷款支持。推进现代种业振兴，加快培育2家“育繁推一体化”现代种业企业。

【公用品牌】 围绕公用品牌管理服务，建立健全安吉白茶和安吉竹林鸡品牌管理体系，举办首届茶王争霸、白茶仙子、白茶先生评选、“安吉白茶手工炒茶制作技艺”非遗大师选树活动，2023年安吉白茶产量达2300吨，增长

7月17日，安吉竹林鸡品牌发布会举行

9.52%。产值达35.88亿元，增长12.12%。品牌价值达52.06亿元，增长7.4%，“安吉白茶”区域公用品牌价值连续14年入选全国十强。同时白茶专班牵头发改局、溪龙乡等相关部门，持续开展三省五县“白叶1号”返租倒包、茶苗捐赠、技术指导、兜底包销工作，2023年新增捐赠茶苗475万株，包销“白叶1号”干茶4355斤，金额达263万余元。获得省级财政绿色财政激励资金1400万元，健全安吉竹林鸡饲养标准、分级标准、屠宰标准等生产技术规范，新建24个竹林鸡生产基地，并完成安吉竹林鸡品牌溯源系统建设，安吉竹林鸡荣获全国区域公用品牌声誉畜牧类前十。安吉白茶、安吉冬笋、安吉竹林鸡入选浙江省“土特产”百强(品)名单。

【安全生产】 加强农产品生产全过程质量安全控制，持续实施“治违禁、控药残、促提升”执法行动，切实保障人民群众“舌尖上的安全”。全年开展农业投入品专项整治4次，完成农产品抽检600余批次，完成3个乡镇街道农产品质量安全监管示范点建设，安吉县农业生产“三品一标”的典型做法获农业农村部行文推广。深入开展农机作业、防台防汛、污染防治等风险隐患排查，出动执法人员1325人次，发放责令整改通知书32份。坚决贯彻执行农业农村相关法律法规，深化大综合一体化改革，以“1+X”模式与属地乡镇(街道)综合行政执法队开展联合执法。共办理农业行政处罚案件50件，罚没款8.1453万元。生产事故调处39起，调处完成率100%。全年未出现重大农产品质量安全事故。

【乡村运营】 发布全国首个乡村能级指数，明确乡村能级提升优势短板，实现新一轮乡村建设清单化、项目化、责任化一体统筹、整体协同、闭环落实。2023年，共完成和美乡村创建40个、未来乡村4个。创新开展管线、田园、围墙新三大革命，建设100个美丽田园点、30个村1150户“美丽围墙”样本，在30个村普及推广“共享菜园”“一米菜地”等好做法，创新“小清新”“老大难”问题评选和整改激励农村人居环境长效管理，评选20个“小清新”，整改40个“老大难”问题。出台《关于支持全域乡村运营的若干政策意见(试行))》《安吉县全域乡村运营工作管理办

11月15日，天津大学·安吉和美乡村建设研究院成立仪式

法》，发布乡村运营商能级评价指标体系，将优质项目集聚转化为优势产业业态，目前全县有高能级农业产业链5条，乡村运营项目11个，总投资23亿元。

【人才引育】 围绕招引十万青年大学生第一战略目标，建设“来了就有钱、来了就有房、来了就有伴”全方位人才保障体系，招引大学生及各类人才3万余名。系统构筑“城、区、园(楼)”青创空间体系，累计建成青创场地25万平方米，吸引各类投资13.7亿元。成立安吉县农创客发展联合会，创新开展“两山杯”全国大学生乡村振兴三创大赛，完善“全球合伙人”计划、青来集、DNA数字游民公社等人才集聚平台。2023年培育乡村农创客358名，创客团队6个，培育高素质农民和农村实用人才共534人。青年入乡工作获国务院总理李强、副总理刘国中、国务委员谌贻琴等国家领导人批示肯定，中央农村工作会议上，刘国中副总理点名肯定安吉的工作。

【强村富民】 “两入股三收益”机制已应用到50个项目，相关做法入选市第三批共同富裕最佳实践和省第三批最佳实践名单。制定《安吉县乡村共富贷资金管理办法》，设置总规模5亿元的乡村共富贷，建立薄弱村“一村一策”项目库，入库项目347个，已到账收益5531万元。完成全县168个行政村数字乡村应用全覆盖，积极开展安吉白茶产业大脑应用推广使用，赋码率100%，品牌防伪码的领用量330万枚，增幅40%，安吉县获“浙农码”赋能公用品牌行动的先行试点县；《全方位全链条对口产业帮扶模式—安吉白茶“一片叶子再富一方百姓”》入选省改革突破奖；《白茶产业大脑助推产业持续高质量发展》荣获2023年浙江省数字经济创新提质“一号发展工程”优秀案例。出台《安吉县农业产业助力低收入群体增收行动实施方案》《安吉县“竹林鸡”产业促进低收入农户增收行动实施方案》等文件，打出以产业帮扶为主的组合拳。全年发放鸡苗15000只、猪苗33头、种苗200余份。

【文明善治】 全面深化新时代乡村治理“余村经验”，加强基层善治村建设，推广“群众说事室”“两山议事会”等共商机制，总结“平安家园卫队”、道德银行等特色经验做法，不断提高“四治融合”的乡村治理水平。组织开展2023年全国乡村治理示范村及湖州市乡村治理示范村创建，成功创建全国乡村治理示范村1个，申报创建市级乡村治理示范村25个。制定出台《安吉县2023年乡村治理工作要点》《安吉县清廉村居建设评价指标体系实施办法(试行)》等文件，明确部门任务，夯实工作责任；积极开展县清廉村居创建工作，2023年创建县级清廉村居120个，县级清廉村居覆盖率达64.18%。

【安吉县入选省级创意农业试点县】 11月17日，浙江省农业农村厅、浙江省农业科学院公布了首批创意农业试点县名单，安吉县被确定为试点单位。创意农业是把创意作为农业生产的一种新型要素和生产力，有效地将科技和人文要素融入农业生产，进一步拓展农业功能、整合资源、拉长产业链，把传统农业发展为融生产、生活、生态为一体的新型农业业态。

【安吉县入选省县城承载能力提升和深化“千村示范、万村整治”工程名单】 6月21日，浙江省实施县城承载能力提升和深化“千村示范、万村整治”工程工作专班办公室公布2023年县城承载能力提升和深化“千村示范、万村整治”工程试点名单，安吉县成功入选并被确定为深化“千万工程”方向试点。

【安吉县入选土地流转台账信息系统试点县】 6月30日，农业农村部公布了新一批土地流转台账信息系统试点县(市、区)名单，安吉县被确定为试点单位，全市唯一，全省唯二。

(李静雯)

农高新集团

【概况】 2023年，农高新集团下辖公司39家(控股33家、参股6家)，总资产达224.33亿元，成功获得中证鹏元AA+主体信用评级。全年完成融资27.68亿元；稳步推进企业债券，争取浙江省融资担保公司对集团债项担保资金6亿元；全力冲刺投资工作，全年完成投资28.10亿元。全年参加校园招聘6次，组织社会招聘5次，累计招引51名新人入职。利用猎头公司等资源，累计面试高层次人才 25 人，招录职业经理人 5 人，为各业务板块发展提供人才支撑。2023 年集团全体员工数量达 155 人，其中研究生 14 人，本科生 111 人。拥有初级会计、社工、经济师等职称 24 人，中级会计、工程师职称 15 人，高级农艺师、工程师、会计师职称共 3 人。通过挂职等方式派出干部 24 人次赴国家部委、市政府、县级机关部门、乡镇以及对口帮扶地区挂职学习锻炼。持续开展“导师帮带”活动，新增师徒 7 对。开展公文写作、摄影、安全生产等赋能空间培训 10 期，重点围绕年轻干部培养开展首期青禾计划培训班，取得良好效果。

安吉县笔架山农高区项目效果图

2023 年，集团持续推进 7 个项目建设。完成安吉县笔架山农高区（核心区）一期建设工程，其中青创园改造提升工程新建玻璃温室大棚 46000 平方米，连栋大棚 72000 平方米；里溪流域生态修复和治理工程加固堤防 7.87 千米，铺设污水管道 3 千米，安装日处理 500 吨的污水处理终端 4 台，建设 52689 平方米滨水休闲节点；核心区景观改造提升工程完成垅坝、兰田、横塘、马村等公路联网提升，改造和新建 4 座桥梁，完成横塘大港、兰田渠池、垅坝居民点、农高区中环路入口等生态环境提升。完成绿港现代数字农业种植园项目工程和安吉淡水虾育苗中心项目种质资源库工程竣工并投产。完成集团首个房地产项目—康山广场建设项目的土方开挖。完成众旺农产品产业园项目场地平整以及挡墙建设工作，方案经多轮修改和评审，项目已进入施工图编制阶段。完成安吉县粮食和物资储备库新建项目地块征地和清表工作。完成陆基海洋牧场南美白对虾项目配套工程河道改线工程。完成林地空间综合治理工程乡镇初验，其中 12000 余亩通过外业举证变更和省级验收完成指标入库工作，已支付项目造林工程款 2.36 亿元。为参与的村集体和农户带来可观的收益，有效促进林农增收、生态环境优化，全力拓宽“绿水青山”和“金山银山”双向转化通道。

聚焦“新经济、新业态”，积极拜访农业企业及科研院校，全年完成签约项目 5 个，认定市级大好高项目 4 个。同时以“招引项目快落地，落地项目快投产”理念为指引，积极推进招引项目落地开花。完成绿港现代数字农业种植园项目工程建设，10 月完成首轮 3 万株番茄苗定植。完成安吉县鸣禾蛋业现代科技示范园二期工程开工建设，科研综合楼土地成功摘牌。时创金

3 月 30 日，安吉县农业高新区项目集中开工暨金伯利农场中国总部项目开工仪式举行

伯利农场中国总部项目成功纳入省农业农村重点项目库。7月城北物流园百人楼投入使用，入驻企业2家，分别为一路同行项目和百事服饰项目，配套4－13楼人才公寓改造项目正在推进中。会同林业局、科技局等建设国家竹产业研究院“1个平台＋7个中心”建设，组建以院士、专家为主力军的竹产业专家智库，成功招引46位人才入库。

完善党建工作机制，成立白茶集团、安心吉鲜、一路同行农业等3个党支部。丰富党建活动载体，组织党员进基层社区、赴浙江省南湖监狱、长兴新四军苏浙军区纪念馆等，学习党的思想，服务人民群众，拍摄的《一片叶子报党恩 振兴白茶向共富》荣获全市机关党建微视频优秀作品。开展党委书记上党课4次，组织“明德守法、完善自我”专题学习，覆盖集团青年干部81人。细化全年清廉建设年度主体责任和监督责任“双清单”43项。围绕重点领域如食堂管理、招投标等开展专项检查10余次，下发整改通报5次。拍摄清廉宣传视频，组织开展警示廉洁教育讲座。强化合规管理，防范风险。完善制度建设、内控建设，推动集团合同管理、资金支付18项制度的完善细化。严格把关各部门、子公司合同文件，2023年审核集团本部及子公司各项合同1500余份。自主开展审计项目10个，对集团经营板块达到审计全覆盖。

集团牢牢把握“全县城建和产业项目市场化融资主渠道、农业产业化发展主平台、农业农产品打造主力军、农业和农业＋开发主引擎”定位，推进农业产业平台化、农产品品牌化发展。白茶集团着力打造“一片金叶子”，与浙茶集团兴合科技公司联合开发的安吉白茶产品成功入选杭州亚运会官方指定用茶，茶艺表演成功入选亚运村（技术官员村）非遗动态展示与互动项目。安心吉鲜专注区域公用品牌建设，成功挖掘白茶啤酒、天赋鱼、安吉好大米、安吉竹林鸡、苕溪螺等特色农产品，打造“百人营销”体系，完成白茶啤酒终端铺货3000余家。个个健研发竹叶黄酮饮品，布局三区销售市场，荣获2023年国际竹业品牌博览会金奖。集团多途径助力品牌

9月6日，浙江个个健茶竹科技旗下“个个健竹叶黄酮植物饮料”荣获2023年国际竹业品牌博览会金奖

推广，成功举办啤酒螺蛳节、安吉白茶啤酒麦浪音乐周、鲁家鲜花节、马村蚕桑文化节、安心吉鲜奇妙夜、农业可持续发展国际论坛、两山杯等农业类文化活动和各类农产品发布会，有效提升品牌知名度。

旗下白茶集团、安心吉鲜、个个健、慈善超市等板块稳中向好。白茶集团积极发展订单农业，全年共签约订单农户167户，订单茶园5000余亩，累计销售额超2700万元。安心吉鲜开拓农配业务，截至10月底，签约配送单位17家，营收719万元。个个健茶竹科技深化国企混改，不断拓展营销及经营网络，已签约经销商13家，各渠道订单额超过6000万元。慈善超市持续推进“1＋4＋N”运营模式，新增合作点位11家，实现营收4072万元。同时，农高新全面探索实践乡村振兴电子商务新模式，打造“乡村振兴一路同行数字经济平台”，实现营收930万元。

白茶集团联合白茶专班，开展“三省五县”全生命周期帮扶，全年共捐赠“白叶1号”茶苗785万株，开展帮扶11批次70余人次，累计包销干茶4355斤，提升受捐地每亩增收3185元，带动当地农户人均增收3920.76元。积极落实县委结对帮扶要求，多次实地走访了解村集体发展情况，已与晓云村、章湾村签订2023－2024年合作协议，通过订单大米销售为上述2个村各增收17.5万元。推进全国农产品产地冷藏保鲜整县推进试点，支持后进村集体建设冷藏保鲜设施，选定青龙、高坞岭等36个后进村作为建设主体，规划建设众旺产业园，建成后集团进行返租，为村集体提供收入，实现后进村集中帮扶。夯实慈善载体，带动“提低”群体。高效运营全市首家“一路同行”慈善超市，建立“1＋4＋N”运营模式，新增乡镇级“一路同行”慈善超市4家、网点11家，针对全县登记在

册的低保特困群众发放慈善卡7009张，惠及群众46196人次。多部门联动，推动林地空间综合治理工程和山坡农用地（非林地）与平原林地置换工程，促进农户增收。

【农业高新区项目集中开工仪式举行】 3月30日，安吉县农业高新区项目集中开工仪式举行。集中开工的项目共4个，总投资5亿元。金伯利农场中国总部项目将建设集现代农业生产、科研育种、技术示范与展示、旅游观光与休闲体验为一体的可持续发展农场；国际互联农业博览园项目将建设集农业生产、科技、研学等功能为一体的多功能示范园；安吉县城市菜园项目将打造荷兰农业企业技术和农业种业成果的综合性示范基地；四维生态农业项目以科技赋能草莓生产全过程，打造“数智”草莓植物工厂综合体。

【浙江一路同行农业发展有限公司成立】 3月21日，浙江安心吉鲜品牌运营管理有限公司与安吉子纬农业控股合伙企业（有限合伙）合资成立浙江一路同行农业发展有限公司。公司紧紧围绕国家乡村振兴战略总要求，把握数字经济的历史机遇，利用好数字经济赋能传统农业，助力互联网+农产品出村进城，探索实践乡村振兴新模式。2023年度开发供应商163家，其中建立合作关系125家，战略合作签订87家。自6月6日完成首单交易至12月底，完成营业收入930.78万元。

（吴　题）

林　业

【概况】 2023年，先后荣获中国竹工机械创新之都、年度先进国家级中心测报点、国家级“以竹代塑”应用推广基地、浙江省自然保护地保护管理工作突出贡献集体、浙江省林业种质资源保护工作突出贡献单位、湖州市推进共同富裕先进集体等国家省市荣誉称号；成功争取全省林业“标准地”试点、全省退化毛竹林修复碳汇项目方法学试点等多项试点。竹林碳汇、竹产业振兴工作等获得省委书记易炼红、省长王浩、副省长卢山、副省长李岩益、时任副省长刘忻，市委书记陈浩、常务副市长吴智勇等省市领导批示肯定。同时，省市县考核均在前列，2023年度县机关部门综合考核名列A类部门第三名。

全年持续推进“两入股三收益”农民利益联结机制。完成建档立卡股本金收益分配，总分红资金3亿多元，相关工作获中央新闻联播报道。创新开展林地空间综合治理，出台《安吉县林地空间综合治理实施方案》，选择县域西南片区4个山区乡镇（杭垓、报福、孝丰、章村）试点推进。完成新增造林2万亩，下发资金2.36亿元。依托竹产业相关政策，稳步推动县域“以竹代塑”改革，组织召开国际（安吉）“以竹代塑”创新大会暨竹产品推广对接活动；开发上线“安吉优品汇”区域品牌销售平台，布置安吉县“以竹代塑”展示中心，累计实现销售超1000万元；成功发布国内外首个《以竹代塑产品分类分级》团体标准。受邀在首届以竹代塑国际研讨会平行会议上作交流发言。

高度注重竹产业共性关键重点技术攻关，强化与国际竹藤组织等科研单位合作对接，全力推进国家竹产业研究院建设，先后组建竹基新材料中心、笋竹利用开发中心、竹林高效培育中心和竹产品工业设计中心等4个中心，圆竹创新基地和竹基新材料创新基地等4个企业基地。

8月16日，国际（安吉）以竹代塑创新大会召开

引导县内竹企与科研院校开展产学研合作，立项竹产业科技创新项目22个，开展共性关键重点技术攻关10项，成功发布国内外首个《以竹代塑产品分类分级》团体标准。依托竹产业相关政策，积极改善营商环境，大力开展项目招引。完成竹纤维项目、力丹家具、老奶奶等7个项目招引；开工国丰热电、魔伽等3个，竣工星尚家具、兴华家具、老奶奶等4个，创成省级重点林业龙头企业3个。

强化生态资源管护，深化自然保护地整合，编制上报《安吉县自然保护地整合优化方案》；根据《安吉县森林生态保护补偿实施细则》，发放水源保护区公益林差异化补偿资金1867万元；组织专项行动和“双随机”检查，查办林业违法案件116起，出动执法1300余次。全力打好松材线虫病疫情防控五年攻坚行动，以重点拔除、逐步压缩、全面控制为目标，分区分类施策。建立权责清晰、条块结合、运转高效、反应迅速的森林防火管理机制，加强演练培训和督查巡护，最大限度减少人为火发生。累计清理病（枯）死松树1.4万吨，除治面积4.77万亩；开展防火应急演练及技术培训30余次，消除森林火灾风险隐患26起，出动人员900余人次。强化主动预警，健全疫源疫病监测体系，完成陆生野生动物疫源疫病监测；完成安吉县野生植物资源本底调查，发现安吉分布新纪录植物113种；完成外来入侵物种普查，共计踏查面积22.7万亩，成功通过国家及省市县验收；完成安吉县中华秋沙鸭、中华鬣羚调查与监测；完成林业有害生物监测面积1025万亩。

统筹林地定额，创新开展跨区域林地定额交易，加强重点项目服务保障。签订林地定额调剂意向5500亩，全年完成调剂2000亩，涉及资金4亿余元；服务保障项目207个，涉及林地面积约2394亩（其中长期项目147个，面积约1767亩；临时项目24个，面积约303亩；林业生产设施36个，面积约324亩）。积极推动竹材分解点建设。全县共计108个建设点位，实际完成主体竣工100个，竣工率91%。截至年底，100个竹材分解点投运，近5亿元的国有资产保值增值明显，全年租金等收入近2300万元。成功召开全县竹产业振兴发展大会暨竹林碳汇、以竹代塑工作推进大会；组织企业参加2023中国国际服务贸易交易会（北京）、上海食材展、义乌森博会等12场专业性展会。组织召开全国竹产业技术创新发展高峰论坛暨国家竹产业研究院授牌仪式等。

【安吉县入选国家林草机械装备创新试验示范基地试点】 12月17日，国家林草局公布首批国家林草机械装备创新试验示范基地试点名单，安吉县成功入选，全市唯一。近年来，安吉县积极实施科技强林、机械强林行动，注重机械性能智能化改进、试验示范与模式推广创新，在推动机器换人、降本增效方面取得了阶段性成果。截至2023年已培育竹工机械企业50余家，年产值达11.5亿元，开展合作研发项目30余项。

【安吉县入选省林业标准地试点】 4月12日，省林业局复函同意将安吉列为省林业标准地，全省唯一。该试点旨在以林业适度规模经营、带动强村富民为目标，准确界定林业“标准地”范围，从严把握准入条件，严格落实使用程序，切实强化监督管理，优化营商环境，吸引社会资本“上山入林”投资林业产业，推动林业主导产业高质量发展，助力地方经济发展。

【安吉县入选省退化毛竹林修复碳汇项目方法学试点】 5月12日，浙江省林业局发文《浙江省林业局关于组织开展区域林业碳汇项目方法学试点应用的通知》，要求以退化毛竹林经营修复为重点，在安吉县组织开展《浙江省退化毛竹林修复碳汇项目方法学》应用试点。

【安吉县获“中国竹工机械创新之都”荣誉称号】 7月3日，中国林业机械协会发文授予安吉县“中国竹工机械创新之都”荣誉称号。专家组认为以竹产业创新发展、绿色发展为依托，规划科学合理，发展方向和目标明确。在政府部门的关心指导下，安吉竹工机械产业坚持以创新为驱动、以市场需求为导向，不断升级和拓展竹林培育、竹材生产和竹制品精深加工的竹产业机械产品，具有较大发展潜力。

【安吉县向杭州亚组委捐赠碳汇2.1万吨】 7月，安吉县向杭州亚组委捐赠碳汇2.1万吨，可以为亚运会举办期间产生的温室气体排放量提供碳抵消支持，助力杭州亚运会实现碳中和，获杭州亚组委颁发的捐赠证书和捐赠纪念品。

【首届国际竹材应用创新大会暨国家竹产业研究院专家智库大会】 7月24日，首届国际竹材应用创新大会暨国家竹产业研究院专家智库启动仪式在安吉举行。中国工程院院士李坚、国家林草局改革发展司副司长苏祖云、中国林业科学研究院院长储富祥、浙江省林业局副局长陆献峰及全国各地高校和科研机构竹产业研究领域的专家学者、相关企业家、部门代表共话竹产业的应用创新与融合发展，助力安吉竹产业"二次振兴"。会上，国家竹产业研究院院长、中国林科院首席科学家于文吉发布"先进装备与技术成果清单目录""以竹代塑行动方案""重组竹产业研究报告"；活动现场，还进行了国家竹产业研究院中心共建签约、战略合作签约、项目签约仪式，举行了产学研基地授牌仪式，启动了第三届全国高校竹设计建造大赛。

【国际(安吉)"以竹代塑"创新大会】 8月16日，国际(安吉)"以竹代塑"创新大会暨竹产品推广对接活动在安吉举行。省委常委、常务副省长徐文光，国家林业和草原局党组成员、副局长谭光明，国家发展改革委资源节约和环境保护司二级巡视员宋常青，商务部流通业发展司副司长吴凤武，国际竹藤组织董事会成员、喀麦隆驻华大使、非洲驻华外交使团团长马丁·姆巴纳，市委常委、常务副市长吴智勇致辞。市委常委、县委书记杨卫东为生态文明典范城市先行区特别顾问团队颁发聘书，欧盟亚洲中心主席、联合国前副秘书长兼环境规划署执行主任埃里克·索尔海姆代表团队接受聘书。县委副书记、县长宁云与欧盟亚洲中心主任颜瑞，国际竹藤组织副总干事陆文明分别代表各方签订全方位战略合作协议、全面战略合作伙伴关系协议。县领导何晓红、沈霞俊、肖家青出席活动。

7月24日，国家竹产业研究院专家智库启动仪式

【安吉县发布以竹代塑产品分级分类标准】 8月16日，安吉县联合浙江农林大学发布了《"以竹代塑"产品分类分级》团体标准，是国内外首个针对"以竹代塑"产品分类分级的团体标准，将促进国内外行业产业发展提供规范化、标准化标准。

【安吉县以竹代塑改革经验亮相联合国贸易和发展会议】 10月，在联合国贸易和发展会议(UNCTAD)初级商品与发展问题多年期专家会议第十四届会议上，国际竹藤组织东道国事务部主任李岚受作《全球塑料污染治理背景下的"以竹代塑"产业创新发展》报告，重点介绍安吉以竹代塑做法。

(吴兆维)

水　利

【概况】 2023年安吉县水利总投资创新高，全口径水利投资10.03亿元。浒溪以全国第一、全省唯一成绩入选全国幸福河湖示范项目；水权交易改革成果于第十八届水资源大会安吉专场会议正式发布，获副省长李岩益批示推广；水土保持工作在太湖流域会议作典型发言，入选浙江省水土保持学会第三届优秀设计评选名单；承办浙江省第四届亲水节；发布全省首个《小型水库数字化建设与管理规范》县级标准；入选国家级试点已建水利水电工程生态流量核定与保障先行先试县、现代化水库运行管理矩阵建设先行先试县，入选省综合试点践行“两山理论”水利综合改革县、水权确权和交易试点县、幸福河湖建设试点县、水土保持碳汇和生态价值转换试点县、小流域山洪灾害综合防治试点县、工程开放共享试点工程试点县、单村水站改造提升第二批试点县；获湖州市实干争先评比一季度“奔跑者”集体荣誉。

【水旱灾害防御工作】　2023 年安吉全县受台风影响较小，全年降水特点呈降水历时短、强度大、暴雨中心集中的短临强降雨居多。在县防指统一指挥、局党委正确领导下，有效保护人民群众生命财产安全，2 月中旬，水利局成立 7 个检查组，由领导带队完成备汛抽查工作，后续开展 5 轮防汛防台风险隐患再排查再整治行动，共出动检查 1000 余人次，派出技术检查人员 145 人次，全覆盖检查各类水利工程与在建工程，发现各类隐患 100 余处，全部完成整改和落实措施。汛前共完成 506 处水利工程设施设备维修保养，其中水库、水闸、泵站覆盖率为 100%。全面检查清点和维养县级防汛物资及设备，开展防汛物资应急演练，提高物资应急调运、救援队伍的联动与救援能力。全面排查全县域内在建涉水非水利工程，督促责任方编制度汛方案、落实安全度汛措施，并组织专家审查会 5 场次，完成 8 项在建涉水非水利工程度汛方案审查与核备，并要求参建各方汛期严格按照方案落实各项度汛措施，确保汛期施工人员、工程安全。开展与协助防指开展基层水旱、山洪、水工程管理责任人业务培训 3 次，累计培训人员 300 余人次，进一步强化责任人责任意识和业务能力。主汛期前，协助县防指开展安吉县防汛防台暨小流域山洪及地质灾害防御应急演练，强化水利防汛职责与业务水平，通过演练进一步加强县级相关部门和乡、村基层防汛防台体系的协调联动，提高应急救援效率。完成动态核定更新风险区管理清单任务，组织各有关乡（镇、街道）集中更新一次危险区清单并按程序审核报备，最终确定全县山洪灾害防御重点村落 105 个行政村 380 个自然村。全年新建山洪重点村落关联测站 37 处，新建高风险区声光电预警站 69 处，完成率 160%，提前一年实现县域内山洪高风险区现地预警全覆盖，推进预报预警、监测预警、现地预警（声光电预警）互为补充的山洪灾害预警体系建设。完成省级重点山洪沟治理项目，安吉县梅溪镇铜水重点山洪沟防洪治理项目，该项目总投资 1084.84 万元，治理山洪沟 5 条总长 1.253 千米，新建截洪沟 1 条长 0.675 千米，新建护岸 2.11 千米，改建护底堰坝 2 座。完成安吉县域山洪灾害综合防治“四预”能力提升试点项目。该项目涉及递铺溪、大溪、姚村溪、景溪与浒溪 5 条小流域“四预”能力提升，实现每条小流域 2—4 个重要断面洪水滚动预报，利用语音呼叫、短信、浙政钉等方式，实现触发预警—叫应—叫醒—叫应情况反馈自动化、智能化、高效化预警工作闭环，为防汛提供决策支持。

4 月 13 日，水利抢险队伍技能比武大赛

【水雨情监测】　2023 年安吉县天气特征显著，降雨时空分布不均。累计降水量 1526 毫米，与常年平均基本持平；6 月 17 日入梅，7 月 11 日出梅，入梅、出梅均比常年略偏晚，梅期 24 天，接近常年（23.2 天），梅雨量 274 毫米，较常年 285 毫米基本持平，2023 年全县梅雨期出现以下特点：一是梅雨不典型，短历时雨量集中，多暴雨过程。二是降水过程少，只有 2 轮明显降雨，但

降水强度较大。9月27日18时至28日03时，安吉境内天荒坪镇、山川乡、上墅乡等地区遭遇短临强降雨，最大天荒坪镇大溪站229毫米、山川乡九亩田站190.5毫米、山川乡赤豆洋站183毫米。降水引发的山洪造成天荒坪镇、上墅乡、山川乡山体塌方、道路受阻、居民房屋受淹、水利设施损毁等财产损失。9月27日19时40分安吉县水利局、安吉县气象局联合发布山洪灾害黄色预警，20时20分，县水利局启动水旱灾害防御四级应急响应，水旱灾害防御应急预案启动，应急值班人员到岗值班。本轮强降雨触发暴雨预警25次，发布汛情预警通告7份，向相关责任人发送预警短信920余条，叫应叫醒相关责任人50余人次，天荒坪镇大溪村、上墅乡罗村2处声光电现地预警。全年共启动水旱灾害防御应急响应8次，累计发布预警短信800余条共25000余人次，发布山洪预警传真6期，山洪灾害预警"叫应"300余次，"六问"抽查山洪责任140人次。全年共派出检修人员开展水文设备正常维护及检查抢修500余人次，截至2023年全县水雨情遥测设备、声光电预警设备正常运行率100%。

【水利项目谋划】 成功入选国家级试点3项、省级试点7项(全省区县最多)，其中与省水利厅签订《践行"绿水青山就是金山银山"理念推进水利综合改革战略合作协议》，明确2023至2025年积极推进全域幸福河湖建设、水土保持高质量发展、水库有机更新共富机制创新、水利投融资改革、"四水四定"机制创新等五大综合改革任务。全年重点谋划老石坎加高扩容工程、顺天水库新建、全域幸福水网在内重大工程项目，纳入水网规划约300亿元，在全市"稳投资"为主基调情况下，投资额大幅提升，计划任务数目前位列全市第一，成功入选全省第一批县级水网先行区建设。

【水利工程建设】 苕溪清水入湖河道整治工程历时十年完工验收，苕溪清水入湖河道整治后续工程(晓墅港段)、安吉县西苕溪流域综合治理(一期)工程稳步推进，累计完成投资4.1亿元；浒溪全国幸福河湖试点项目全面开工建设；安吉县西苕溪流域综合治理(二期)工程逐步启动，其中西溪二期工程于2023年5月开工建设；老石坎加高扩容项目加速推进，已完成立项备案、省级审查、禁建令发布，暂定项目规模77.50亿元，《移民安置规划大纲》已通过省移民办审查，创造全省大中型水库审批最快纪录。西苕溪主要支流流域综合治理(一期)之西苕溪流域综合治理工程(西溪)一期、西苕溪主要支流流域综合治理(一期)之南溪流域综合治理工程成功创建省级水利文明标化工地；水利工程质量与安全管理站入选省水利建设工程质量监督先进集体。同时聚焦积极推动水利行业高质量发展，探索水利行业内部管理改革，研究出台《安吉县水利局国有投资项目工程变更实施细则》《安吉县水利局公共资源交易代理机构管理考核办法》《安吉县重点水利EPC工程投资内控管理办法》《安吉县水利局工程建设项目招标投标"评定分离"改革实施办法》等多个行业管理制度，进一步强化水利行业管理，确保水利改革工作落到实处。

【水利民生工作】 超时序超额完成水利民生实事项目，完成水库除险加固7座、山塘整治8座、

11月，浒溪幸福河湖开工

农业灌溉更新升级22座、农村供水薄弱环节建设4处、中小河流治理55.6公里。以“绿水经济带”为框架，不断盘活水利资源，将环境综合整治、美丽乡村建设、文旅融合发展融为一体，打造乌象坝公园、灵溪公园等便民生态水利工程，赋能乡村旅游经济。以浒溪为纽带，累计落地休闲项目35个，助力乡村振兴。同时聚焦行政审批改革工作。聚焦水利联审联批改革，推出涉水审批多组合模式，出台《安吉县涉水审批“一件事”改革实施方案》等相关文件，推动“多评合一”，开展“1+X”特色套餐服务，保障涉水行政审批高效运行。已助力6个园区，涉及项目39个，登记备案108件，完成涉水审批130余件，有效缩短审批时间50%以上，回访满意率100%，助力企业降本增效。常态化开展农村供水问题排查整改，配合县水务公司团开展供水设施维修养护，常态化开展水质检测，全面提升农村供水安全保障能力。稳步推进水利有机更新，有效激活水利闲置资产超10亿元，新增经营性收入2500万元，其中村集体收入1300万元。积极探索水域空间开放，开放水文化场馆及沿线绿道，完成沿线23个垂钓露营点设置，串联起全县首条省级“水旅融合”精品研学线路，亲水节点、水旅项目成为市民和游客共享共乐“网红”地标，日均游览人数超千人，有效带动周边村镇共同参与项目经营实现共同富裕。

【水资源管理工作】　安吉县贯彻落实“节水优先、空间均衡、系统治理、两手发力”的治水思路和关于治水重要讲话指示批示精神，坚持把水资源作为最大的刚性约束，深入落实最严格水资源管理制度，严格控制水资源开发，提升水资源利用效率。管理指标严控制，守好水资源开发利用控制、用水效率控制、水功能区限制纳污“三条红线”，大幅提升高效节水灌溉面积率和再生水利用率。围绕节约用水管理、取用水监管、水资源配置、水资源调度、河湖管理、水生态保护、农村供水保障等年度重点工作，积极探索制度创新、农业水价综合改革、智慧水利等创新道路，水资源管理各项管控目标顺利实现，水资源管理能力明显提升。2023年安吉县落实水资源刚性约束，强化用水总量强度双控，落实地下水管控指标，严格地下水禁采区管理，强化地下水取水监管。全年安吉县用水总量严格控制在目标值2.1665亿立方米内，非常规水利用量完成660.46万立方米，超目标值239%，万元GDP下降率13.5%，万元工业增加值用水量下降13%，农田灌溉有效系数0.632。各项指标均完成目标任务。高质量实施全省唯一国家级生态清洁小流域水土流失综合治理工程洪家坞工程并通过验收；对全县在建报告书、报告表类生产建设项目均进行现场监督检查，共计检查360个项目次，出动736人次，查处未批先建项目22个，有效促进水土保持方案落实情况，减少水土流失。安吉县水文化展示中心、赋石渠道节水教育基地等水文化场馆先后开馆，打造“142X”两山水文化集群，成功入选省级水情教育基地预选名单；成功打造安吉“苕溪之夏　韵动浦源”水之旅精品线路入选全省第一批精品水旅融合线路；老石坎水库成功入选省水文化融合工程；成功承办省第四届亲水节，在全县形成良好知水、亲水、节水、护水的良好氛围，进一步提升水资源管理水平。

3月28日，第四届浙江省“亲水节”暨“安吉水文化展示中心”启动仪式

【河湖长制工作】 强基础、重监管，三级河长履职进一步强化。全年全县河长共巡河 12000 余次，累计巡河 32000 余公里，发现并上报问题 620 件，问题发现率从 2022 年的 0.78% 提升至 7.3%，问题发现率提升近 10 倍。发布总河长令 2 个，召开联席会议 2 次。健全工作制度，出台河湖长考评办法、河湖长履职督查方案、基层河湖长巡河管理办法，做到年初有规则、年中有督查、年底有考核。对村级河长履职不到位情况进行 1 次通报。成立常态化督查专班，开展河湖问题“交办＋回头看”闭环销号工作，排查整治各类河湖问题 600 余个，派发交办单 52 张，与生态督导办联合派发督导单 9 张。常态化开展河湖“清四乱”、妨碍河道行洪突出问题专项整治，实现动态“清零”。按照全县“六清理双提升”工作要求，结合实际，累计打捞水葫芦 8000 余吨、福寿螺 1000 余公斤，清理沉船废船 29 艘、渔网渔簖 2000 余条、整治河湖“四乱”及碍洪问题 20 余起。全年重点开展“回头看”，启动水葫芦“除根去苗”集中整治、沉船“集中清理”专项行动、非法渔网渔簖“防反弹攻坚整治”三个专项行动，推动常态化“清零”。全面推进“一地曝光、全域整改”专项行动，排查上报河湖问题 500 余个，下发督办单 43 份，整改率 100%。

【数字化改革】 持续推动数字化改革，保障安吉水利高速发展。在全省水利数字化改革的大背景下，选取孝源街道为试点，开展辖区 6 座小型水库数字化改革先行先试，根据试点经验发布全省首个《小型水库数字化建设与管理规范》县级标准，为全县、全省乃至全国全面开展小型水库数字化建设、管理提供依据。小流域山洪“四预”能力全域化建设选取安吉县境内龙王溪、递铺溪、景溪、姚村溪等 4 条小流域为样本，探索开展安吉县域山洪综合防治项目试点工作，提升监测能力、进行山洪灾害“四预”能力建设，迭代提升小流域山洪预警及应急联动应用。安吉县节水型社会建设生态流量监测项目是浙江省 2023 年水利改革试点项目，该项目选取 9 个安吉县内监测断面作为生态流量控制断面，对 7 个未批复的生态流量保障目标的断面进行生态流量目标核定，建设生态流量监测评估平台，集成生态流量在线监测、预警、预报、评价功能板块，为全县生态流量保障工作提供平台支撑。安吉县西苕溪流域综合治理工程（西溪、南溪）信息化项目以西溪南溪工程建设为基础，以水利业务为核心，建设浙里九龙联动治水安吉节点两山智水平台。搭框架、夯基础，建设安吉县水利数据仓、水利全息感知统一管理平台；聚焦水资源保障、水工程全周期等业务场景，下架部分旧应用、整合自建应用，同时建设新应用，对本单位各个业务板块进行综合管理。2023 年完成各个子模块基础建设，加快推进县级水平台。

【干部队伍建设】 全面落实推进县委政府快多好省的工作要求和统筹工作法、牛刀工作法和钉钉子工作法，队伍建设工作成效明显。以“红色党建”为基调，因地制宜建设党员活动室、廉政文化墙、水利展示栏等形式，推动党建示范地阵地建设，在系统形成“比学赶超”浓厚氛围，涌现一批优秀榜样。建立党风廉政专项行动专班，局党委带头认真履行党建和党风廉政建设主体责任，创新推出“34560”廉政工作。建立红黑榜制度，按月进行各项考核及通报“上屏”，推出“第五种”形态约谈，全年进行 92 人次“第五种”形态约谈，红黑榜通报 31 人次，在系统内形成防微杜渐、优秀干部获表扬、不合规事项全面纠偏的浓厚氛围。人才培育，“用数字说话、凭实绩交卷、以成效检验”的导向更鲜明。持续开展“五力五提”等活动，全年组织各项活动 20 场。坚持德才兼备、以德为先选人原则，通过人才引进招录研究生 2 人，事业单位招考录用 3 人，县内交流调动调入 2 人，为水利各项事业高质量发展提供人才保证。同时干部职称评定申报有条不紊。顺利完成水利局机关及下属各单位岗位设置各项工作后，严格按照干部职称评定申报相关工作要求，35 位干部完成职称评定，干部队伍能力得到全面提升，为安吉水利后续发展奠定坚实人才基础。

【获“全国水土保持工作先进集体”称号】 1 月，水利部印发《关于表彰全国水土保持工作先进集体和先进个人的决定》，全国 150 个单位荣获“全国水土保持工作先进集体”称号，安吉县水利局名列其中，成为全省 5 个获奖者之一也是全市唯一的入选单位。安吉县以“绿水青山就是金山银山”全域幸福水网建设为契机，打造全方位水土流失综合防治体系，实现水土流失面积、强度双下降，全县水土保持率由84.5%提高到2022年的94.2%。

【入选国家级节水型灌区名单】1月，安吉县赋石水库灌区入选国家级节水型灌区名单。2022年，赋石水库灌区续建配套与节水改造（2021—2022）项目完工，项目累计改造骨干渠道7.62千米、巡查道路重建约20千米，改建10座农桥，加固14座渡槽，大大提升了灌区的供水保障能力和排水防洪能力。据统计，通过项目建设，有效改善赋石水库灌区水稻、茶叶及桑、果等经济作物灌溉面积7.78万亩，灌溉水利用系数从0.608提高至0.63，全县受益农户达30110户，受益率达75%。

【获评全国灌区水效领跑者名单】　6月12日，水利部公布全国第二批灌区水效领跑者名单，安吉县赋石水库灌区成功获评，成为全省2个获评单位之一。近年来，赋石水库灌区先后实施两期国家农业综合开发节水配套改造项目，通过信息化建设、物业化管理有效提高了水资源利用率，促进节水型社会建设，润泽安吉县约1/3的耕地，13.71万沿途百姓受益，是安吉县经济社会发展的一条重要命脉。

（肖　遥）

工业和信息化

【概况】 2023年，全县共实现规上工业产值1013.9亿元，增长1.9%；规上工业增加值216.4亿元，增长0.2%；规下工业增加值增速3.8%；制造业投资完成84.9亿元，增长15.5%，排名全市第4；规上数字经济核心产业增加值27.63亿元，增速17.1%，列全市第1。

当前，全县共有规上工业企业635家，其中“金象金牛”企业5家（东方基因、中力机械、恒林股份、永艺股份、天振科技）、工信部单项冠军示范企业2家（丰虹新材料、洁美科技）、“专精特新”小巨人企业19家、省“雄鹰”企业1家（东方基因）、省隐形冠军企业8家。全县累计创建国家级绿色园区1家，国家级绿色工厂7家，省级绿色低碳工厂7家。

重点聚焦生命健康、半导体、新能源汽车核心零部件等战略性新兴产业开展双招双引，2023年新引进固投3亿元以上项目80个、10亿元以上项目13个，签约总固投464亿元，其中奥芯半导体、海希智能科技计划固投合计达100亿元。2024年入选省扩大有效投资“千项万亿”重大项目13个、省重大产业项目3个。2023年开工入库亿元以上工业项目114个，创历史新高，其中3亿元以上项目48个，10亿元以上11个；亿元以上工业项目竣工53个、投产49个。2024年一季度开工入库亿元以上工业项目28个，3亿元以上17个，10亿元以上1个；亿元以上工业项目竣工21个。

【绿色家居】 2023年，共有规上企业310家，产值332.2亿元，增加值72.2亿元，龙头企业是恒林股份（产值80亿元）、永艺股份（产值60亿元）、中源家居（产值8.4亿元），共有上市公司4家、国家级绿色工厂6家、国家级高新技术企业150家、国家级工业设计中心2家、省级企业技术中心9家、省级工业设计中心17家、省级服务型制造示范企业3家、省级企业研究院25家。

【高端装备】 2023年，共有规上企业105家，产值250.7亿元，增加值59亿元，龙头企业是中策橡胶（产值38.9亿元）、中力机械（产值33.7亿元）、亚太制动（产值21.3亿元）、富特科技（产值19.3亿元），共有国家级绿色工厂1家、国家级高新技术企业64家、国家级专精特新企业9家、省级企业技术中心4家、省级企业研究院14家。

【电子信息】 2023年，共有规上企业30家，产值80.1亿元，增加值16.9亿元，龙头企业是洁美电子（产值23.5亿元）、安费诺飞凤（产值12.1亿元）、热威电热（产值11.6亿元），共有上市公司1家（洁美电子）、国家级高新技术企业8家、国家级专精特新企业2家、单项冠军企业1家、省级企业技术中心1家、省级企业研究院2家。

【生命健康】 2023年，共有规上企业43家，产值77亿元，增加值21.6亿元，龙头企业是东方基因（产值8.6亿元）、味斯美食品（产值7.4亿元）、祖名食品（产值7.3亿元），共有上市公司1家（东方基因）、国家级高新技术企业20家、国家级专精特新企业3家、省级企业技术中心2家、省级服务型制造示范企业1家、省级企业研究院3家。

【新材料】 2023年，共有规上企业41家，产值53.2亿元，增加值10.4亿元，龙头企业是杭摩新材料(产值5.5亿元)、新中法材料(产值4.4亿元)、鑫盛永磁(产值4.1亿元),共有国家级高新技术企业17家、国家级专精特新企业5家、单项冠军企业1家、省级企业技术中心3家、省级企业研究院7家。2023年,安吉县实现工业增加值241.5亿元,同比下降1.4%,其中规模以上工业增加值216.4亿元,同比增长0.2%。规模以上工业销售产值1005.5亿元,同比增长3.5%,工业产品产销率99.2%。规模以上工业企业完成出口交货值202.0亿元,同比下降23.1%;出口交货值占销售产值的比重为20.1%,比2022年同期下降7.1个百分点。新产品产值461.9亿元,同比下降1.7%;新产品产值率45.6%。

2023年,全县共完成"腾笼换鸟"低效工业用地盘活3104亩,完成年度任务的119%。其中用于退二复垦及环境整治的369.1亩,用于企业增高扩容的483.4亩,已完成工业土地收回(收购)51宗2252亩。开展"腾笼换鸟"腾退地块排摸,于年初制定发布"腾笼换鸟"三年行动计划,明确2022—2024年三年攻坚目标8800亩,累计建设共富产业园33个。较上年更注重腾换区块的规划编制,更注重地块的连片腾退,更注重腾出地块后续利用的谋划工作。全年收储地块中50亩以上连片腾退区块较上年明显增加(当年50亩以上连片腾退区块共14个,签约面积1816.6亩,较上年增加785亩)。

工作专班实行专人定向联系乡镇工作机制,对联系乡镇平台上报的每一宗地块严格审核把关,除审核收储协议、红线图、对比照、资金支付证明、统计入库证明等台账外,逐一到现场进行实地检查,确保腾退质效落到实处。对开发区、乡镇(街道)完成情况进行月亮灯,季亮牌,坚持"腾用并行"工作导向,引导各乡镇平台注重腾退土地后续利用,对各乡镇土地利用加分部分实施上不封顶原则,激励乡镇平台加快腾换地块新项目引进推进。

针对上年带建筑物地块收回再供过程中涉及土增税无法减免、建筑物价款无发票不能抵扣、后续办证难等一系列问题,由县政府办牵头召集经信、财政、资规、住建、税务等多个部门经过多轮专题研究达成统一意见,进一步优化带建筑物地块的收储流程,顺畅了税收减免、权证办理通道。针对收储中存在的资金保障、隐性债务风险等系列问题,管县长召集经信、财政、资规、税务、交投等多个部门经过多轮研讨,正在计划新的资金筹措模式。

继续发挥"腾笼换鸟"工作专班统筹协调作用,对乡镇收储地块可行性分析、企业税务核算、环评迁移、土地核查、违章建筑处理、腾换地块新项目立项及开工入库对接等多方面迅速提供支持,实现快速推进。启动6月份腾笼换鸟"攻坚月"行动,由县分管领导带领专班成员赴各大乡镇平台开展实地督导,听取工作进展,协调解决问题难点,并建立"日上报、周通报"动态跟踪机制,倒逼乡镇平台加快工作进度,力争半年完成全年攻坚任务。6月份攻坚月实施以来,新增完成低效用地盘活1236亩。

【首届"世界椅·安吉造"中东椅业博览会】 12月初,首届"世界椅·安吉造"中东椅业博览会在阿联酋沙迦博览中心成功举办。18家家具企业、8家茶企竹企和150多位相关行业的海外采购商进行现场交流、寻求合作发展。本次博览会参展企业喜讯不断、订单满满,到场专业VIP买家达150余人,普通买家达3100余人次,所有样品现场销售一空。据统计,本次博览会现场意向订单达700余万美元,在深入接洽后将带来超2000万美元意向订单。除了18家家具企业外,此次参展的8家茶企竹企同样收获颇丰,累计有300万元以上的意向订单。本次博览会扩大了安吉县绿色家居产业的国际影响力和品牌知名度,进一步推动产业升级,强化资源整合,增强国际竞争优势。

【2023年首届安吉绿色家居博览会(上海虹桥)】 9月5日,2023年首届安吉绿色家居博览会(上海)开幕式在沪举行,县委副书记、县长宁云出席并致辞。中国绿色制造联盟副秘书长杨本晓,工信部服务型制造研究院绿色制造解决方案中心副主任张建华,中国对外贸易广州展览有限公司总经理刘晓敏等受邀出席。开幕式现场,中国绿色制造联盟副秘书长杨本晓为安吉颁发了全国首批产品"碳标签"证书,这是安吉在国家"双碳"战略下的又一次探索。博览会为期4天,是安吉县与中国家博会深化合

作的新尝试，借助中国家博会平台，展示了安吉绿色家居产业形象，打响“世界椅·安吉造”产业集群品牌。

【第五届“安吉椅业杯”中国座椅设计大奖赛】 第五届“安吉椅业杯”设有主赛场·专业组、主赛场·院校组、办公椅分赛场·“大康杯”、休闲椅分赛场·“德慕杯”共4个赛场。自2022年9月启动以来，共征集到3000余件来自海内外院校、企业和独立设计师的作品，经2022年12月的资深专家团初评评审，共产生了22件座椅设计作品进入决赛角逐。作品《CUSHY轻量化居家办公椅》获办公椅分赛场“大康杯”金奖；作品《市井青雀一棋牌室健康座椅》获休闲椅分赛场“德慕杯”金奖；作品《YUKI落雪椅》获主赛场·院校组金奖；作品《飞羽》获主赛场·专业组金奖。安吉华祺家具有限公司与由北京工业大学学生姜宇萌创作的《YUKI落雪椅》、由天津商业大学学生康唱唱创作的《欢乐转转椅》达成签约协议，实现成果转化；大康控股集团有限公司与江门老居红木家具有限公司刘华健团队、福州市波纳纳设计有限公司林海山团队达成人才库签约协议，实现人才引进。

【首届中国(安吉)椅业配件博览会】 11月15—17日，2023中国(安吉)椅业配件博览会在安吉中国白茶城举办。展会面积1万余平方米，有全国约240家椅业配件商参展，是安吉县举办的首个规模性椅业配件展会。来自广东、江苏、河北、山东、安徽和浙江等地参展企业240家，其中安吉本地企业70家，特装展位29家34个展位，展品涵盖了座椅原材料、底座、转轮、扶手、靠背、气压杆、五金等各个细分领域精品配件。基本达到了预期目标。本次博览会始终以“世界椅·安吉造”公共品牌为助力，不断提升了安吉椅业企业的品牌影响力，扩大安吉椅业知名度，为树立安吉椅业新形象提供了有力支撑。

11月15日，首届中国(安吉)椅业配件博览会开幕式

【全省“十链百场万企”系列之智能家居产业链对接专场活动暨产业数字化“三个全覆盖”系列推进会在安吉召开】 8月11日，浙江省“十链百场万企”系列之智能家居产业链对接专场活动暨产业数字化“三个全覆盖”系列推进会在安吉召开。会议设置了项目签约、主题演讲、产品发布及推介、圆桌对话等环节，与会者交流探讨智能家居关键技术发展趋势以及相关行业数字化转型之路，提升加快推进产业数字化“三个全覆盖”工作的认识，助力将数字经济关键变量转化为产业高质量发展的最大增量，推动智能家居产业链高质量发展。

【安吉县入选联合国工业发展组织“生态设计理念在工业领域应用”项目试点】 6月1日，2023年工业绿色发展大会召开，安吉县入选为联合国工业发展组织“生态设计理念在工业领域应用”项目试点单位，全国共三个，全省唯一。该试点项目包括绿色家居生态设计标准建设、绿色工业产品生命周期评估、生态设计理念在工业设计领域的培训等内容，为支持我国提升工业领域绿色制造水平，特别是将生态设计理念嵌入工业提供实践支撑。近年来，安吉积极响应联合国工业发展组织倡导的包容可持续工业发展倡议，持续提升绿色设计创新能力和应用水平，强化产品全生命周期和碳足迹绿色管理，推行绿色(生态)设计，开发绿色设计产品，引领绿色设计示范效应，促进全产业能源与资源利用水平提升。

(史宏健)

财税　金融

财　　政

【概况】 2023年，安吉县实现地区生产总值615.12亿元，同比增长5.1%。其中第一产业实现增加值32.24亿元，同比增长5.4%，第二产业实现增加值270.25亿元，同比增长1.0%，第三产业实现增加值312.62亿元，同比增长8.9%。三次产业结构比是5.3∶43.9∶50.8。按户籍人口算，城乡居民人均可支配收入分别达到71704元和45469元，分别增长4.8%、8.1%。全年完成一般公共预算收入完成65.11亿元，同比增长4.2%。一般公共预算支出93.72亿元，同比下降0.5%，财政收支总体平衡。全年累计完成一般公共预算收入65.11亿元，同比增长4.2%，其中税收收入59.20亿元，占比90.9%；非税收入5.91亿元，占比9.1%。得益于县委县政府实施城市有机更新、“腾笼换鸟”“全域土地整治”等行动，全年累计完成政府性基金收入128.18亿元，同比增长43.2%，其中国有土地使用权出让收入117.97亿元，同比增长37.6%。坚决落实“政府过紧日子”要求，优化财政支出结构，全年压减“三公”经费及一般性支出10.0%，累计节约财政资金3.42亿元。

全面承接省“8+4”经济政策体系，先后出台加快推动经济高质量发展、绿色家居“一企一策”等系列政策，累计兑现各类稳进提质政策资金39.40亿元，县域经济呈现恢复性增长态势。迭代升级惠企政策“一键兑”平台，印发《财政惠企资金一键兑付管理细则》，主动对接部门，要求所有涉企资金均通过平台实现线上兑付，共建立发布项目314个，申报数量2728笔，兑付涉企补助资金4.69亿元。全年争取到专项债券18.58亿元，第一时间拨付到位，并督促债券申报主体及时形成相应的实物工作量，发挥财政资金稳投资作用。累计设立政府产业基金23只，基金规模达107.00亿元，创新“基金+直投+落地”新模式，招引落户新经济产业项目38个，成功推动梅斯健康、盛大科技、中宝新材、环球墨非等4家数字经济总部项目实现当年签约、当年落地、当年上市。

将乡镇财政纳入预算一体

财政部自然资源和生态环境司副司长邢朝红在安吉调研西苕溪流域跨省生态保护修复项目

化管理，提高预算执行进度和质量。优化调整乡镇财政体制，健全“基本财力补助”和“共同事权财权分担”机制，增强薄弱乡镇“保基本”能力，全年拨付乡镇体制补助资金14.00亿元，较上年度增加2.60亿元。一体推进“钱随人走”、农村集体经营性建设用地入市增值收益分配机制、文化资源统筹、浙里捐赠、浙里公益仓等三个“一号工程”改革试点。“安吉古城遗址创新探索政府主导＋专家指导＋社会运营模式”获评全省财政系统一号发展工程最佳案例，成功入围全省财政系统“百万家庭奔富行动培育县”。推进各类信息平台的整合，打造财政国资智慧监管平台，对全县资源、资产、资本、资金实施动态跟踪监管，实现“一张网”“清单式”管理。

持续聚焦就业、教育、医疗、社会保障等群众关心的领域，全年民生支出达74.16亿元，占一般公共预算支出比重为79.1%。教育、科技和文化支出分别增长7.4%、15.1%和1.1%。安排社会保障和就业支出10.69亿元，统筹做好临困救助、全民参保、助老护幼等工作，“六有六无”综合救助为低收入群众户均减支1万元，增收2万元，困难群体城乡居保“三率”均达100.0%。全年农林水支出9.39亿元，增长2.8%，公共财政更大力度向“三农”倾斜，有力保障乡村振兴政策落实。

全年筹集偿还政府到期债券还本资金22.81亿元、付息资金7.56亿元，政府债务率测算可下降至“绿”色范围以内，为安吉可持续、良性发展赢得先机。由县主要领导亲自部署，对全县隐债化解工作进行回头看，坚决守牢不新增隐债的底线。创新国企债务四色管理，用事后考核监管取代事前审批，根据国企融资到位金额、年综合成本、融资期限自动标记绿色、黄色、橙色、红色，督促国企持续优化融资结构、降低融资成本。

【三项改革入选全省财政系统共同富裕“小切口”试点】 4月，省财政厅公布了2023年度全省财政系统深化共同富裕财政“小切口”改革试点清单。安吉县成功入选“完善支农政策体系，助力农业增效农民增收”“完善‘钱随人走’制度体系，助推基本公共服务均等化”“完善生育养育财税支持政策，助推育儿友好型社会建设”等三个改革事项。其中，“大美·古城”共富村联合体入选省实施类项目，获省级财政2000万元奖补资金。

【安吉县获得2023－2025年浙江省绿色转化财政专项激励资金3亿元】 4月，浙江省财政厅公布了2023－2025年绿色转化财政专项激励政策实施对象名单。安吉县成功入围新一轮浙江省绿色转化财政专项激励政策支持范围，成功争取到激励资金3亿元，这是安吉县自2017年以来第三轮获得该项激励，累计争取到专项资金9亿元。

【安吉县入选省级中小企业数字化改造财政专项激励试点县区】 12月27日，省经信厅、省财政厅公布了2024年度省级中小企业数字化改造财政专项激励试点县(区、市)名单，安吉县椅业行业成功入选。

(马婕妤)

税　　务

【概况】 2023年共组织各类税费收入286.97亿元，同比增长16.75%，高于全市平均增幅14.53个百分点。其中税收收入108.67亿元，同比增长4.37%；社会保险基金入库48.12亿元，同比增长4.22%；非税收入125.88亿元，同比增长37.03%；其他收入4.3亿元，同比增长18.15%。全县一般公共预算收入的税收占比为91.1%，高于全市平均，居全省前列。全年累计办理各类减负降本21.08亿元，其中增值税留抵退税4.72亿元。进一步推广无纸化单证备案，办理出口退税23.92亿元。全县税务登记户数达到74000余户，有力推动经济持续回升向好。全年共获得各类荣誉21项次，其中1人获全国无偿献血铜奖，老干部党支部获评浙江省首批离退休干部“三强六好”示范党支部、全省最美离退休干部党支部。安吉县税务局顺利通过省级文明单位复评。充分发挥群团、工会作用，开展“周三有约”文化沙龙活动，拓展干部思想沟通渠道，提高队伍凝聚力、向心力，开展10期“周三有约”文化沙龙活动，共计参与人员400人次。组织干部职工捐款共计28.4万元。全年共计组织全员300余人次参加背街小巷文明劝导与清扫活动。积极配合做好文明城市建设工作，定期组织人员对背街小巷和无物业小区环境卫生进行集中清扫和整治活动,已开展 4 次。组织开展“光盘行动 你我同行”活动,近 300 人参加。

围绕贯彻落实全县“凤凰行动”计划,深化“税务＋”部门联动机制,以“税务＋金融”助推企业上市、“税务＋经信”开展大企业培育等为载体,强化拟上市企业个性化服务,建立 31 家县级重点服务名单。《迭代升级余村合伙人“安家”服务》案例获全市税务系统“最美”案例优秀案例。聚焦助力安吉白茶“百亿产业,百年品牌”发展目标,组织开展“税润茶乡”专项行动,入选全国税务系统“税务助力乡村振兴”优秀案例。充分发挥环保税、资源税等绿色税收体系的双向调节作用,扎实推进堆场扬尘环境保护税的征收管理,累计落实支持绿色发展税费优惠 249.61 万元。积极参与项目落户“大前办”评审工作 14 次,严把项目“入口关”。围绕“双碳双控”目标赋能,突出培精育专导向,持续加大小微企业“低碳发展”培育力度,累计落实房土两税差异化减免 1.05 亿元。积极开展绿色税制研究,参与完成总局课题《“双碳”目标下绿色税收体系构建和实现路径的研究》。

落实落细“便民办税春风行动”改革创新服务举措,持续推广农产品税收征管数字化工程,助力安吉县一体化智能化公共数据平台建设;支持“商保速赔系”场景应用获取电子发票,商保速赔覆盖全流程就医。积极推广“银税互动”“绿税通”,信贷金额达 16.62 亿元。联合安吉县科技局、郎溪县税务局等 5 部门跨区域举办“小微你好”暖企助企惠企联合直播,观看人数达 5.23 万人次;积极开展“‘税务＋科技’助推企业科技创新服务季”等活动,全年落实支持科技创新税收优惠 8.13 亿元。立足长三角(湖州)产业合作区建设,将原示范区税务所从梅溪镇搬迁至天子湖镇并完成更名,全面落实全市税务系统支持长合区高质量发展十条举措。成功承办湖宣税务“瓜藤蔓延税遇而安”大企业主题沙龙,为进一步推进企业“走出去”保驾护航。

推动安吉县政府出台《安吉县人民政府办公室关于加强税费服务和征管保障的实施意见》,明确 10 项重点任务,切实提升服务管理效能。牢固树立“税费皆重”理念,有序推进优化调整社保费申报缴纳工作,7 月 1 日试点工作平稳启动。平稳推进全县范围内全面数字化的电子发票受票扩围试点,完成推广应用 31051 户,纯单轨比例达到 94.5%。加强欠税管理流程的全过程监控,全市率先探索在辅助查询平台增加欠税管理模块,并取得一定成效。

落实浙江省税务局新时代“枫桥式”税务所创建工作,全域范围建设新时代“枫桥式”税务所。孝丰税务所聚焦建设“云税 360”线上志愿服务网络,获评全省首批新时代“枫桥式”税务分局(所)。余村税务所迭代升级全球合伙人“安家”服务,获评全省第二批新时代“枫桥式”税务分局(所)。

2 月 25 日,全县税务工作会议召开

【“湖·宣”税收框架协议 2.0 版签订仪式暨全市税务系统第 32 个全国税收宣传月启动仪式】 4 月 4 日,“湖·宣”税收框架协议 2.0 版签订仪式暨全市税务系统第 32 个全国税收宣传月启动仪式在安吉举行。湖州市税务局党委书记、局长边宏庆与宣城市税务局党委书记、局长方凯共同签署《“湖·宣”税收合作框架协议 2.0 版》。

【全县税务系统警示教育大会召开】 7 月 13 日,警示教育大会召开，安吉县税务局党委委员、纪检组组长范妍作《自我革命永远在路上 一刻不停推进全面从严治党》廉政专题党课，并围绕违规吃喝、违规经商办企业、酒驾醉驾等做案例通报、案例点评和法规解读。组织相关人员参观县人民法院职务犯罪庭审、纪检组组长作专题廉政党课、赴省南湖监狱党建馆参观学习等多种方式开展警示教育活动。

（孙　静）

金融发展服务中心

【概况】 2023年，全县金融业增加值59.17亿元，同比增长17.7%，对GDP贡献率为9.62%，较上年同比提高0.45个百分点。截至12月末，全县存贷款3101.67亿元，同比增长22.92%；其中贷款余额1745.42亿元，增速24.36%；三项增速连续16个月全市第一。新增银行机构3家（浦发银行、兴业银行、杭州银行）。全年新增上市企业6家（英特科技、梅斯健康、盛大科技、中宝新材、环球墨非、有家有保），上市家数位列全市第一，上市工作获副省长张雁云批示肯定。完成过会1家（中力机械），注册待批复1家（富特科技），上市申报2家（健康之路、科声磁材）。新增新三板创新层挂牌2家、完成股改28家，成长版挂牌23家，直接融资186.4亿元。截至12月末，全县绿色信贷新增252.9亿元，同比增长44.49%。“绿贷通”平台新增注册企业家数3048家，累计新增授信额210.96亿元。全县银行业不良贷款率0.26%。压降第三方财富管理公司政信产品18.31亿元，关停或注销第三方财富公司8家，对涉嫌非法集资行为行政立案2起。建设投资人宣教点1个，开展防范金融风险宣传活动12次。

优化“行业＋金融”闭环服务模式，办好政企恳谈会交办任务，推动相关政策红利直达惠企。累计为17家融资困难企业新增贷款3.69亿元，实现利率优惠最高达90个BP。重点领域和关键环节的信贷支持力度不断加大，重点项目、普惠小微企业、制造业新增贷款分别为262.94亿元、70.29亿元、43.13亿元，同比增长106%、24.94%和19.15%。争取“支农支小”再贷款超22亿元，发放普惠小微贷款支持工具激励资金近5000万元。小微企业法人首贷户拓展1619户，投放信贷32.41亿元；新发放贷款加权平均利率4.6%，较年初下浮38个BP，其中涉农贷款下浮42个BP。政府性担保在保余额8.98亿元，在保户数703笔，平均担保费用0.622%，为小微和“三农”主体减费73万元。全县银行机构达24家，其中新开业的3家银行新增国企贷款超80亿元。深化政银企合作，与建行、农行、浙商等银行，锦天城律所、立信会所等权威中介服务单位，浙江股权服务集团等分别签订战略合作协议，全力支持安吉县域经济高质量发展。

全面深化竹林碳汇改革，10余家银行机构以“贷款拼盘＋银团”方式累计完成授信115亿元，已发放62.79亿元。积极谋划万亩方、老石坎水库加高除险、山塘水库权益价值转化等融资方案，推动生态金融模式“一地创新、多地多领域复制推广”。聚焦“提低”工程，金融助力壮大“一路同行”共富基金，推动首笔银团项目让利50万元纳入基金池。发挥普惠金融资源下沉作用，97个共富金融服务站点开展金融知识宣教活动264次，为农户家庭新增贷款授信62.13亿元。建立健全“金融调解＋司法确认”多元高效调解机制，及时化解债权债务纠纷，全年调解绿色金融纠纷282笔，案件标的金额达1.64亿元。

抢抓“北交所”扩容窗口期，做优“三库联建”，梳理北交所拟上市企业培育清单，组织10余家重点培育企业赴北交所考察学习。锚定新经济发展新赛道，将上市服务和规范指引与“双招双引”无缝对接，创新“基金＋股权＋项目”招商模式，落地更多优质的新经济产业链头部企业。完善上市奖补政策即时直达快享机制，累计兑现上市奖励8031.69万元。实施“专题授课＋一对一辅导＋分享座谈”多维立体式培训，常态化邀请沪深交易所专家现场指导，邀请锦天城、立信等中介老师专题授课，协同公安局落实公职律师服务拟IPO企业。全年开展大型培训会5场，培训人数超300人。健全“1＋N”结对帮扶、企业上市月报、资本市场“导师帮带制”等工作体系，及时跟踪落实企业诉求，多跨协同提供全流程实时服务，增强后备企业规范运行能力，确保各类问题“不过夜”，全年累计在税务、环保、安全、消防等领域提供实时靶向服务70

余次。

开展地方金融组织日常检查和年度监管评级，完成第三方审计、非现场数据采集和现场核查。实施第三方财富管理公司专项整治，以“人防＋技防”杜绝政信产品“边清理边新增”。推进省市政府政策性融资担保一体化建设。常态化运行金融风险“5＋X”联动处置机制，完成浙江绿盾新能源和湖州灿雷涉嫌非法集资案件的前置调查取证，案件线索移交公安处理。联合公安赴云南三县实地开展政信产品债权核实工作；协调贵州普定、松桃、独山，云南施甸等4地融资方来安召开投资群体见面会；邀请杭州六和律所刘成林律师团队进驻安吉浙金网点现场法律援助。与独山县初步达成本年度兑付10％月底（已兑付5％）。设立非法集资线索举报电话和举报奖励实施细则。联合公安、市监、人行、属地乡镇以及地金组织广泛开展防范金融风险宣传，建设投资人宣教点1个，开展防范金融风险宣传活动12次。

【中宝新材在香港联交所主板上市】　3月31日，中宝新材集团有限公司（“中宝新材”，股票代码：“2439．HK”）于香港联交所完成主板首次公开发行并上市。中宝新材是吉林省开顺新材料有限公司为实现香港红筹架构上市而成立的企业。其国内子公司主要从事可降解生物塑料制品的研发及生产销售，其业务从东北地区逐渐辐射至华东地区，是国内可降解生物塑料制品行业的知名企业。公司系2023年度安吉县新招引项目，成功上市也是安吉县招商引资工作卓有成效的重要体现。

【梅斯健康于港交所主板上市】4月27日，由两山国控集团投资的梅斯健康控股有限公司在港交所成功上市，股票代码“02415”。作为全国最大、最活跃的专业医师服务平台之一，梅斯健康以应用大数据和人工智能技术链接医生、患者、药械企业等，提供精准数字化医学传播解决方案，赋能医疗生态，改善医疗质量。随着企业的投资上市，两山国控集团在基金招商、项目培育方面的职能效力进一步提升。

【盛大科技在纳斯达克证券交易所挂牌上市】　5月18日，盛大科技在纳斯达克证券交易所挂牌上市。这是安吉上市的第12家企业，也是安吉继能链智电后第2家登陆纳斯达克的企业。盛大科技是全国领先的一站式汽车服务平台，是2B2C模式开创者。从2014年起，该公司战略性开拓在线车险市场，借助自主研发的“盛大车险”APP打通新能源汽车交付环节，进驻了蔚来汽车以及小鹏、理想等17家新能源车险的新车保险市场，开创了在汽车服务网点卖车险的场景式营销模式，合作超5万个车险合作伙伴。同时，该公司以在线保险为基础，开拓汽车后市场，为客户提供囊括汽车清洁、美容检修、二手车售卖、道路救援等全方位服务。2021年和2022年，公司在全国B2B汽车车后服务市场和新能源汽车互联网车险市场均排名第一。

【浙江英特科技股份有限公司深圳证券交易所创业板上市】　5月23日，浙江英特科技股份有限公司首次公开发行股票，并在深圳证券交易所创业板上市。公司是一家专业从事高效换热器研发、生产及销售的高新技术企业，产品主要包括高效新型壳管式换热器、同轴套管式换热器、降膜式换热器等产品

5月23日，浙江英特科技股份有限公司上市

以及分配器等系统配件，广泛应用于采暖、热水、制冷、工农业生产等领域，2022年被工信部评为国家级专精特新重点“小巨人”企业。

【环球墨非在纳斯达克证券交易所挂牌上市】 10月20日，环球墨非在纳斯达克证券交易所挂牌上市。环球墨非是安吉县投资招引的第7家境外上市企业，也是证监会备案新规实施后美股IPO第一股。环球墨非作为国内首家以虚拟技术为核心的公司，利用数字技术为元宇宙行业提供定制化服务的科技企业。公司围绕元宇宙行业虚拟内容制作、数字营销和数字资产开发技术解决方案，建立起了各项核心优势。致力于建立中国最大的高精虚拟数字资产产权库，与产业上下游参与体共同构建新一代元宇宙数字化世界。

（查中继）

浙江安吉两山国有控股集团有限公司

【概况】 2023年，浙江安吉两山国有控股集团有限公司（含城投、交投、产投）合并资产总额1500亿元，增长17.59%。集团合并营收50亿元，净利润3.2亿元。2023年，集团新设立政府产业引导基金6个，产业基金总数达23个，基金总规模107亿元。全年累计投引项目26个，其中2家已上市。全年融资到位资金57.282亿元，其中发行债券28亿元，银行融资29.282亿元。

【全链服务招商引才落地】 紧盯智能制造、医疗健康、新材料、新能源等新经济产业领域，新设余村基金、智慧谷基金、两山人才基金等产业基金，持续做大基金规模。探索和实践“基金＋直投＋落地”招商新模式，通过发挥国有资本撬动作用，形成从天使轮到Pre－IPO轮的基金矩阵，推动“企业＋人才”双落地，2023年通过相关自管基金、直投等方式累计投引项目26个，其中梅斯健康、环球墨非分别于港股和美股成功上市。围绕打造“成为赋智政府赋能企业的区域性一流招商投资服务平台”战略目标，以“三百计划”为抓手，深耕招商人才培训、项目尽调服务、项目路演筹备领域不断擦亮县域招商金名片，全年共承接各类尽调项目87个，开展招商投资培训课程16场，每场参与培训政府干部人数近300人，遴选50余个市场前景较好的项目合计举办路演大赛2场。完善投后管理体系，成立投后管理部，开拓独立风控报告制度，将风险管控内嵌投资全流程；梳理拟定TS条款模板，成功完成首个直投项目的上市前转让退出，实现让利后税后年化收益30%。完成了1个上市项目部分退出工作；探索基金绩效评价，规范集团基金的管理和运作，提升资源配置效率，督促子基金管理机构勤勉尽责、合规高效进行投资。

【统筹安排保障融资需求】 坚持“调结构、降成本、保运转”原则，综合研判融资市场行情，结合经营实际和资金需求，实现“直融＋间融”共同发展。成功发行债券3期共28亿元，均为当时的县内最低发行利率，其中首单发行利率4.54%创当时湖州市区县国企发行最低利率。加强与金融机构合作对接，持续培育间融子公司，不断充实底层资产，同时充分挖掘资源、拓宽合作机构，全年新增5家合作金融机构，带来间融资金到位近10亿元。引用数字化管理系统，从便捷、准确、合规、完整四个维度提升债务管理水平和风险防控能力，在风险可控的规模内合理安排、落实对内对外担保需求，围绕全县有机更新、两无两违等中心工作，为县内提供拼盘资金支持共计15.57亿元，额度居全县国企首位。从全县大局出发，统筹做好融资担保工作，截至2023年，集团本级为县内国企融资提供担保余额473亿元，其中，为竹林碳汇项目累计提供融资担保56亿元，担保余额约227.67亿元。

【产融结合做强实体业务】 持续走深集团实体转型步伐，以稳健经营为方针，及时控制钢材贸易的供应量，收窄贸易规模。同时结合业务开展情况和宏观大环境，以线缆贸易为载体拓展新业务领域，通过银行存款利率和银行承兑汇票贴现利率产生差额，2023年实现贸易收入2亿元左右，为提升集团营收和经营性现金流打下了坚实基础。发挥集团专业优势，组建强村富民集团，建立投资项目库，助力县域“竹林碳汇”改革。全年到位资金54.07亿元，累计使用资金52.64亿元。精心谋划产业项目

10 月 30 日，集团购置资产—西投浙滨西源大厦 G01 号楼交付

投资建设，购置“浅山明月居”楼盘，完成 168 套高端人才房的交付。购置西投浙滨大厦 G01 号楼，是安吉首个在县外购置和交付的商务办公楼宇。

【完善架构提升国企服务职能】　在县国资办大力支持下，组建国资交易公司，完成首家区县级国资交易与国企采购管理服务数字化“双平台”筹建并实现上线试运行，进一步规范国企采购行为，助力国有资产保值增值。其中，交易平台已实现挂牌交易额达 23.5 亿元；采购平台已将 4 家县属国企纳入首批试运行范围，已有 3 项公开采购发布公告，涉及金额近 1000 万元。同时，在县政务办大力支持下，组建全市首家国企招标代理公司—安心建招标代理公司，先后与卫健局、教育局、农高新集团、城投集团、产投集团、建控集团等企事业单位完成对接，承接招标代理项目 19 个，涵盖了医疗、工业、农业、学校等多个领域，涉及金额约 18 亿元，持续优化营商环境，提高政府投资效益及公共资源配置的效率和质量。

【2023 年“国企大讲堂”第一期专题讲座】　2 月 25 日，两山国控集团以项目尽职调查为主题，举行 2023 年度首期“国企大讲堂”。活动邀请了头部投资机构、会计师事务所、律师事务所为集团全体干部职工、县派驻两山国控项目专员和尖刀班成员、县属国企招商投资业务条线分管领导和部室负责人进行培训，讲授尽职调查先进经验，进一步提高两山国控集团和县内其他投资团队项目尽调能力。

【整合监督力量首创“风控员”机制】　3 月，集团在全县国企范围内首创“风控员”机制，由各部门(子公司)选派风控员共计 10 名，参与对经营业务风险和廉洁从业风险开展的监督，切实推动监督触角向基层延伸，进一步做细做实“六位一体”大监督机制。

【组建安吉县碳汇强村富民集团有限公司】　3 月 14 日，联合县内 18 家乡镇投资公司共同组建安吉县碳汇强村富民集团，负责具体碳汇资金管理和使用工作，为全县生态资源价值转化探索新路径，聚力加快实现共同富裕目标。2023 年累计到位资金 54.07 亿元，投资资金 52.64 亿元，实现投资收益 1.63 亿元，分红 2.44 亿元，普惠全县农户、林农超 20 万名，真正实现集体、村民共赢、共富、共享，全面推进乡村振兴。

【安吉县第一期基金从业人员资格考试考前培训班】　3 月 24—25 日，由县投促中心和两山国控集团共同主办的第一期基金从业资格考试专题培训班开课。本次培训班为期两个月，重点围绕科目一《基金法律法规、职业道德与业务规范》、科目三《私募股权投资基金基础知识》相关内容进行授课，通过培训让相关人员高效掌握基金基本知识，学会利用产业基金招引和推进项目，提升全县招商引才干部岗位技能和胜任资质，助推高质量人才队伍建设。

【发行第一期 3 年期非公开发行公司债券 10 亿元】　4 月 21 日，浙江安吉两山国有控股集团有限公司 2023 年面向专业投资者非公开发行公司债券(第一期)10 亿元成功发行，以 4.54%的票面利率创当时湖州区域区县级平台发行中长期公司债券最低利率。

【成功发行第二期公司债券10亿元】 6月20日，浙江安吉两山国有控股集团有限公司2023年面向专业投资者非公开发行公司债券(第二期)成功发行，发行规模10亿元，票面利率3.98%，创安吉县2023年以来非公开发行债券最低利率。

【组建安吉县招商投资集团有限公司】 9月20日，集团整合原有国风基金、两山私募、两山招商投资服务等子公司，组建安吉招商投资集团，进一步发挥两山国控集团在基金运作、项目研判、投资管理等方面的专业优势，通过探索“基金＋直投＋落地”招商模式，更好理清募投管退等环节及职责，真正打造全闭环的投资生态，积极引入新经济新业态新产业，更为有力助推县域经济高质量发展。

（冯　葛）

产投集团

【概况】 2023年，安吉产投集团母公司—浙江安吉产业控股集团有限公司成功续评AA＋主体信用双评级。截至2023年9月底，产控集团总资产523.06亿元，净资产是214.08亿元，比上年同期分别增长1.96%和3.92%。集团先后获得安吉县安全生产和消防工作优秀单位、安吉县基层党建工作先进集体、安吉县建设工程“云鸿杯”优秀工程奖(市政)、安吉县四星级慈善企业、以“实绩论英雄”推进经济发展工作成绩突出集体、湖州市国有企业优秀党建品牌、安吉县首批提升职工生活品质示范单位等荣誉28余项。

围绕全县项目建设攻坚年行动方案，全面落实项目“五个一”工作机制，全力推动项目建设提质增效，7个在建项目按照时间节点稳步推进。其中，千家乡宿项目8个群落工程建设有序进行，高村群落工程主体结构全面结顶；混凝土搅拌站孝丰站点于9月底进入试生产阶段；生物质热电联产项目于5月初举行集中开工仪式，现已进入主厂房施工阶段。义士塔小微产业园、两山梦想产业园完成项目招标，进入施工阶段。东浜职工公寓已完成地上二层主体结构施工。定安里房产项目取得商品房预售许可证，正式开盘销售。截至2023年，全年共新增固定资产项目名录入库4个、新增固定资产项目入库5个，累计完成固投资金入库任务3亿元。围绕千家乡宿项目“选址、设计、建设、运营、营销”一体化的目标，坚持运营前置理念，推出整体运营、单体销售、使用权销售相结合的招商模式，兼顾高端酒店、大学生乡创基地、总部经济、特色俱乐部等不同业态。坚持引进来与走出去相结合，充分挖掘各乡宿群落特色亮点，依托县内外招商推介会、新闻媒介和工作组外出招商等多种渠道，紧密对接联系客商，加大项目对接力度，2023年，累计接待客商120余批次，签约乡宿群落点位意向运营团队5个。积极发挥政府性融资担保职能，通过优化反担保措施，下调担保费率等举措，为小微企业、三农客户融资提供增信、助企纾困，在保余额8.89亿元，服务客户698家。全面优化总部经济招商方向，总部经济招商完成入库税收3.23亿元，现有服务企业750家。抢抓政策机遇，积极开展融资租赁服务，累计为国企平台提供融资服务11.8亿元。为企业定制个性化融资租赁服务，完成“证租通”业务投放11笔，投放金额为10.23亿元，企业直租业务累计投放1220.40万元，服务企业13家。

依托景区资源优势，以“微改造，精提升”为抓手，实施中国大竹海景区基础设施提升工程等项目，投入330万元，完善旅游基础设施和公共服务配套建设，进一步提升游客游玩体验，推动景区整体品质提档升级，2023年，共研发研学产品17项，承办全国女排冠军赛、音乐节、演唱会等各类文体赛事活动7场次。累计接待游客77.98万人次，实现营收7159万元，景区营收同比2019年增长37%。不断强化竹博园国家种质资源库建设，先后采集竹种标本400余份，新引育竹种100余个，获评浙江省第三批乡村博物馆、湖州市生物多样性体验地等荣誉。昌硕影视主出品电影《追锋》成功拍摄并取得龙标，首部参投电影《里斯本丸沉没》经中宣部批准在英国点映。以市场化方式积极拓展有效投资空间，在前期充分尽调基础上，积极购置优质资产，不断壮大集团有效投资规模、增强企业融资能力，已投资6.07亿元，完成太和澜院54套商品房、54个车位和上海传媒谷C栋12600平方米、88个车位收购，与北京兴隆置业名下兴隆大厦2、3号楼达成收购意向，计划投资3.6亿元。通过优化完善资产盘活方式，激发存量资产活力，加快推进安吉城东旅游集散中心资产转让事项，强化协调联动，现已与县交投集团签订框架协议，转让净收益为2.81亿元。以县域人才住房实际需求为出发点，全力推进人才公寓建设，竹贸城美好生活人才204公寓已完成装修改造，首批孝源街道招引的59名大学生青年人才已实现入住。围绕人才强县战略，进一步加大人才引进和职业技能培训力度，全年共完成县内各类综合招引活动52场，累计参加企业3300余家，提供岗位21000余个，达成意向9500余人次，开展就业技能培训3700余人次，创业培训280余人次。持续推进“缘定安吉”青年人才交流活动，建立“感情留人”新平台，全年共举办活动“缘定安吉”39场，服务青年大学生1170人。高位推进外出招商工作，引进大学生聚焦项目1个、双招双引项目落地安吉2个，沪杭飞地共成功申报南太湖创业创新项目12个，完成转化项目4个。

3月18日，“缘定安吉”国际青年人才交流活动开启

产投集团以安吉县西南片区（杭垓镇、章村镇、报福镇）为重点，兼顾其他乡镇，通过收储闲置农房宅基地等形式，分步骤、分批次实施千套共富乡宿工程。以安吉县西南片区（杭垓镇、章村镇、报福镇）为重点，兼顾其他乡镇，通过收储闲置农房宅基地等形式，分步骤、分批次实施千套共富乡宿工程。12月底累计完成投资2.18亿元（含前期及征迁投入），动工建设共8个群落320户，其中6个群落（234户）招商洽谈中，框架协议条款基本完成。开发建设的东浜社区新居民之家建设项目和安吉两山梦想产业园项目之配套公寓项目完成保障性租赁住房项目认定工作，纳入保障性租赁住房规范管理，项目建成后将提供595套（间）房源，进一步缓解新市民、青年人等群体的住房困难，为县域人才安居、产业招商提供有力保障。

【获评2023年湖州市高技能人才（劳模工匠）创新工作室】 12月，康海滨高技能人才（劳模工匠）创新工作室成立，以康海滨为带头人，由集团涉及项目管理业务的部门及子公司组成，包括产投集团项目管理部、两山国兴建设公司及国丰热电公司。现有成员25名，其中副高级工程师5名（含县级劳模1名），中级职称5人，研究生3人、本科学历15人，主要承担集团投资项目策划、设计、开发与建设任务，主攻新业态项目本地化融合创新。近年来，先后落地年年有余研学中心、竹博园水影秀设计施工一体化、昌硕路智慧灯杆、千家乡宿、共富产业园等多个新业态项目。自成立以来，该工作室持续强化高技能人才队伍建设，以“导师帮带”传承技能，通过一个带头人带动一个阵地、一个阵地培养一批人才，为服务中心大局，全力推动集团重点项目提速增效提供了强有力的技能支撑和人才保障。

【产投集团党委“文旅红色风景线”获评2023年度湖州市优秀国企党建品牌】 安吉县产投集团充分发挥国企平台优势，按照“党建引领、资源整合、共建共享、推动发展”的理念，积极探索“党建＋旅游”的新路子，立足“吃、住、行、游、购、娱”六要素，整合县域红色资源，以红色教育基地为支撑，联合周边景区景点，发布推出43条“红色风景线”，争取教育效果最大化，切实做好“两山”转化。通过线上推广平台＋红色教育宣讲团＋红色旅游志愿队，切实将“绿水青山”孕育出的安吉文旅产品转化为实实在在的“金山银山”。联合成立湖州市首个旅游行业联盟党委，整合各党组织之间的资金、人员、组织、协调、服务等功能优势，成功举办各类文艺活动1000余场次，以文促旅、以旅彰文。设立旅游行业5000万元纾困资金池联合金融机构放大10倍，对受疫情影响的旅游企业恢复生产给予融资担保支持。通过旅游牵引，带动景区周边住宿、餐饮、工艺品销售等效益不断提升，让红色产业"旺"起来，有效实现党建引领和文旅产业的深度融合，助力共同富裕。

【县产投集团为员工子女开设暑托班】 8月，产投集团妇联开设了为期5周的爱心暑期托管班，共计服务超33个职工家庭。暑托班充分利用"妇女之家"阵地，采用"教育＋托管"的方式，创新开设安全教育、健康素养、非遗传承和书法绘画等6项课程，让孩子们度过了一个思想有引领、安全有保障、健康有呵护、情感有抚慰的充实假期。

（王　楠）

浙江安吉县国控建设发展集团有限公司

【概况】 国控建设发展集团主要负责安吉县城市基础设施建设，完善重点工业园区、重大项目开发建设，城市主框架路网改造提升，民生共富项目建设。承担建设项目前期报批，做好规划区域内土地储备、开发整理、标准地和征迁工作对接处理，协助招投标、征迁目标和政策制定等工作；协调和参与建筑行业安全生产监管；承担供水、供电、燃气、供热、弱电、污水管网、规划区域基础设施等公用事业的统筹规划工作。集团工程建设项目获荣誉27次，其中省级荣誉4次，市级荣誉4次。其中天荒坪北路（广济桥北至环岛北路）道路改建、绿化提升及停车位改造工程获得省级标化、湖州市标化和安吉县建筑安全文明施工标准化工地等多项荣誉。

优化集团股权架构，剥离城投类资产，增加有效经营性资产，加速从城投类平台向产业类平台转型省级，启动国控AAA主体评级及GEP、ESG价值核算。全县254座山塘水库资产有序注入，扩大集团资产规模，降低资产负债率。提升集团发债能力，提高融资规模，通过规模经济效应拓展新型融资，降低综合融资成本。健全市场化经营机制，探索保理业务。在天津建立保理公司，促进产业链、保理链"双链"协同发展。

以绿色生态为核心，打造集家居生产、休闲旅游、创艺文化、展览设计为一体家居主题旅游小镇。完成天荒坪北路等五条主框架路网改造，孝源西拓一期500亩场地平整；加快推进产业空间布局，贯通茗秀东路、越都中路和竹漾路。完成浙北生命健康产业园一期建设，优峰生物、泉生生物入驻产业园。推动9个160万平方米共富产业园建设。开工共富公寓6426套，完工约1000套。创建浙北汽配产业园共享食堂。

累计组建35只基金、总规模200亿元，实投65亿元，撬动项目42个、总投资415亿元。完成市定"大高好"项目17个，专精特新2个、独角兽2个、准独角兽2个，重大项目招引数量、质量和投资总量均创历史新高。组建生命健康产业基金21只，总规模约133亿元，实投约33亿元，目标三年引聚项目150个，加快打造500亿级产业"双集群"。招引重点项目建设采取"I＋EPC"方式实施，在引进优质国资参与大开发区建设同时减

浙北生命健康产业园（一期）

低项目资本金投入、降低财务成本、绑定域外国资有效参与资产租赁、提高资产利用收益。

通过出租、招商引资、项目合作等方式盘活国有资产，创新“优化资产、精细管理、调整结构、精益运营”模式，提升资产管理水平和运营效益，出租76万平方米及部分公寓楼，收缴租金4400余万元。根据“关停淘汰一批、整合入园一批、规范提升一批”三种方式分别制定方案，完成领办16家“两无两违”企业征迁。出租集团自有资产孝源绿色家居小微园，规范租赁协议，保障“两违两无”企业征迁后安置工作。收购贵州省黔东南州榕江县金龙矿业，启动上市公司收购计划。

【“五廉共育”清廉体系】　探索建立“五廉共育”清廉体系建设。成立集团党委下辖3个党支部，配齐3名支部书记和6名支部委员，实现基层党建规范化运行。落实一把手总抓党风清廉建设，明确各班子成员党风廉政分工，中层干部签订廉洁承诺书。完成廉政风险点排查28个，履职风险点排查25个。开展“一单两书三评议”暨“提高执行力、增强创新力”专项活动。建立集团全体职工廉政档案一人一档，实现“定期收集＋动态管理”同步更新。建立全链条监督运行机制。开展各类正风肃纪检查11次，推动问题整改10个，发布正风肃纪督查通报3期，通报8人。完成基本内控制度全覆盖，制定出台中介考核、“三重一大”决策、资产出租管理、工程招投标“评定分离”管理等34项制度。做实各类专项督查和日常监督检查“后半篇文章”，对整改问题进行查漏补缺、总结提升、督促整改。联合监事、财务、法务、审计、大众、数智等开展联合监督。打造清廉工程，构建工程领域廉政风险防控常态长效机制。正式上线试运行集团数字化可视平台，并在集团在建工地和租赁厂房等地设置41个摄像头，实现集团工程和资产管理条线各项工作可视化管理和全流程监督。创设立体多元廉教育载体。召开警示教育大会、参观廉政教育基地、发放廉政教育书籍、观看廉政警示教育片、开展廉政教育讲座、党纪教育一刻钟等。创新开设“纪法微课堂”栏目，开展23期微课堂。举办清廉书画、清廉家风、国控青年说等活动，完成清廉文化墙、清廉书吧、党建文化墙等阵地建设。打造“1＋N”清廉品牌。

【绿色家居小镇获评3A级景区】　12月20日，国控建设发展集团绿色家居小镇根据国家标准《旅游景区质量等级的划分与评定》（GB/T17775—2003）和《湖州市AAA级旅游景区质量等级评定管理办法》，湖州市文化和旅游品质评定与管理委员会按程序组织评定并已完成公示，确定杨桂珍螃蟹庄园、双林古镇景区、莫干山象月湖国际休闲度假谷景区、灵峰山景区、中旅·和乐山谷、绿色家居小镇等6家单位为国家AAA级旅游景区。景区在旅游交通、游览、旅游安全、环境卫生等基础设施及服务质量方面进行升级，多措并举提升小镇主题游核心吸引力，提高景区品牌知名度，促进全县产业机构升级，推动产业绿色发展。

（黄　伟）

银行　银监

·中国人民银行安吉县支行·

【概况】　2023年，全县存贷款新增总额578.43亿元，同比增加82.32亿元，位居三县第一，存款、贷款以及存贷款增速连续16个月全市保持首位。创新发放全市首笔“项目级GEP贷款”300万元。依托竹林碳汇交易平台，以银团合作模式支持全国首个竹林碳汇共富项目建设，累计发放竹林碳汇相关贷款超60亿元。推动辖内一起受贿洗钱案件宣判，为2023年三县首起宣判洗钱案件。推动全市年内首笔跨境融资便利化试点落地安吉，实现跨境融资便利化试点零的突破，支持高新技术企业在500万美元外债额度内随登随还，提升跨境融资灵活性。

累计开展党组理论中心组学习8次，党组班子讲专题党课3次。灵活运用“三会一课”、主题党日活动载体，深化交流研讨、宣讲阐释等措施，完善支部组织集中学、青年小组创新学、退休党员上门学、党员干部自己学“四学联动”机制。用好线上教育平台，编发理论学习专刊5期，组织党员干部积极参加网上专题培训班。理论学习注重突出“金融味”“安吉味”，用活用好辖内红色中枢吴家道、余村等红色资源，开展“循足迹 学思想 促践行”主题活动。发挥党风廉政建设季度专题会议机制作用，及时传达学习全面从严治党暨纪检监察工作会议精神，制订落实全面从严治党主体责任任务安排，明确六项任务21条具体举措。落实领导干部外出报备、重大事项请示报告等制度规定，严格执行民主集中制和意识形态工作责任制，强化网络舆情管控。结合民主生活会、组织生活会查摆问题，抓实问题整改和长效机制建设，落实审计检查等问题整改4项。抓实纪检监察干部队伍教育整顿，对照“6个是否”组织二轮个人自查，覆盖3名纪检监察干部，纪检组长带头如实填写《个人自查事项报告表》。用好《永远冲锋号》《央行反腐2022》《浙江省人民银行系统违反中央八项规定精神问题案例选编》等警示教育材料，集中观看、交流体会、自主阅读等形式开展纪法教育，上好廉洁课堂。以“节点”为“考点”纠“四风”树新风，发布廉政提示3次，纪检组长开展廉政谈话7次。

开展信贷窗口指导及信贷形势前瞻性监测分析等工作，指导辖内金融机构把握好信贷投放节奏，确保信贷总量稳定增长，2023年，全县本外币存款余额1356.25亿元，同比增速21.12%；本外币贷款余额1745.42亿元，同比增速24.36%，本外币存贷合计增速达22.92%。推动辖内银行机构制定金融服务小微企业敢贷愿贷能贷会贷长效机制实施细则、小微信贷投放计划，加大小微市场主体信贷投入，推动竹产业以竹代塑、以竹代煤转型升级，以竹代塑与“两山绿币”激励机制相对接。全县涉农贷款、绿色贷款、小微企业贷款增速分别为27.33%、49.44%和43.7%，企业中长期贷款新增205.33亿元，同比多增21.4亿元。创新发放全市首笔“项目级GEP贷款”300万元，依托安吉全国首个竹林碳汇交易平台，推出绿色金融产品来支持个人、企业参与碳汇交易，通过规划先行、机制创新、融资推动，形成金融支持竹林碳汇改革模式，以银团合作模式支持全国首个竹林碳汇共富项目建设，累计发放竹林碳汇相关贷款超60亿元。加速扩围数字人民币场景建设。建立责任机构领办任务清单，实现白茶交易、政务运行、旅游消费等重点场景应用，打造余村综合应用示范乡村场景。国漫馆等网红打卡地设置数币体验专区，推出各类优惠活动。实现首笔预算单位集中支付数字人民币工资代发。推进国库业务处理电子化进程，提高国库支出业务效率，累计办理非税收入缴库电子化业务26笔，金额7904.15万元。配合市分行安全、规范办理县支库各项移交手续，按期完成国库业务上收任务。加大征信查询核查力度，强化征信合规意识和风险防范意识，确保柜面窗口人工服务不断档、质量不下降，代理查询网点服务正常运行。做好代办征信业务，做到“柜面查询每日核查，现金收费缴至分行，业务台账按周统计，电子清册两端核对，实物档案次月移交”。保障亚运会金融服务。完成涉及的44家商户、7个景区售票项目外卡机具改造。组织各重点区域内网格银行网点专业骨干成立11支金融服务保障团队，累计开展上门巡查100次，走访商户及银行网点50个，累计巡查商户86个。指导全市仅有的4家跨国公司享受外债及境外放款归集额度红利，促进集团企业跨境收支超1亿美元，节约成本约300万美元。指导9家银行参与平台建设，银企融资对接场景服务企业70家，对接融资授信80笔、金额累计18228万美元。推动银行“系统直连”跨境电商收结汇，仅凭电子单证为29户跨境电商企业办理全额收结汇业务，企业资金结算成本下降2/3，速度提升50%。扫除汇率避险“盲点”。拓展“首办户”、多方联动，开展“一对一”走访活动10次，提供“一户一策”针对性政策辅导。约谈5家银行，将汇率避险服务纳入年度考核评估，激励银行“主动办、专业办、高效办”。配合市分行召开反洗钱工作座谈会，与县公检法等单位就县域打击洗钱犯罪工作开展交流。开展涉案银行账户倒查、个人频繁开户风险排查工作，开展开户环节审核不到位、涉案账户较多银行监管约谈，压实银行机构管理责任，对安吉农商行开展监管约谈。配合县公安局开展存量对公账户摸排，做好投诉和异议处理工作。开展金融机构评级、存款保险费率和基数测算、季度宏观审慎评估(MPA)等工作。压实金融机构存款保险宣传主体责任，指导安吉农商行与广德农商行开展毗邻地区宣传共建活动。推动贸易信贷调查企业数量位列三县第一，指导5家非金融企业、21家贸易信贷企业高质量完成直接申报7次、贸易信贷调查147次。参与“以案倒查”专项检查2

次，从资本业务登记、结售汇业务、经常项目等方面入手，督促银行依法合规经营。

3 月 2 日，全县金融机构负责人会议召开

【全县金融机构负责人会议召开】 3 月 2 日，县人行召开 2023 年全县金融机构负责人会议。会议总结 2022 年全县金融工作，分析当前全县金融工作面临的新形势新任务，研究部署推进下阶段工作重点。会上，4 家银行机构负责人代表分别就货币政策工具执行情况、数字人民币、反电诈、汇率避险等工作进行了交流发言。

【外汇业务重点工作推进会召开】 6 月 2 日，国家外汇管理局安吉县支局组织召开 2023 年外汇业务重点工作推进会，对 2023 年以来的外汇业务重点工作进行专题分析、专项部署、专门落实。会议传达外汇管理局上级局外汇管理重点工作目标和要求，通报全县外汇业务重点工作开展情况，结合汇率避险管理服务能力提升、跨境金融服务平台应用、高新技术和“专精特新”企业跨境融资便利化试点、合格境外有限合伙人（QFLP）试点、绿色外汇创新服务、贸易新业态规范创新发展、跨境人民币使用等重点工作提出下一步工作努力方向。县支局分管领导、外汇管理部门负责人，以及辖内 14 家外汇指定银行分管行领导和国际业务部门负责人参加。

【开展外汇业务专题培训】 9 月 15 日，国家外汇管理局安吉县支局组织辖内 13 家外汇指定银行开展外汇业务专题培训。本次培训分为两块内容，一是由工作人员介绍央行浙江数字化平台的应用场景、操作要点，指导银行机构用好线上业务办理渠道，落实落细各项工作要求；二是由经常项目、资本项目等条线岗位经办人员介绍业务办理的具体要求、注意事项，督导银行机构做好业务办理前精准辅导，进一步优化服务水平。

（陈昱匀）

9 月 15 日，开展外汇业务专题培训

·银行业保险业监管·

【概况】 根据《中央编办关于印发〈中国银行保险监督管理委员派出机构整合方案〉的通知》（中央编办发〔2019〕21 号）精神，中国银行保险监督管理委员会湖州监管分局在安吉设立监管组，全称“中国银行保险监督管理委员会湖州监管分局安吉监管组”，是湖州银保监分局正科级内设机构，2019 年 5 月 10 日正

式挂牌，正式编制人员 3 人。主要职责是：在湖州银保监分局的授权和统一领导下，依法依规独立负责所在县市银行业、保险业机构及其业务活动的监管工作，收集所在县市有关金融风险的信息并向上级机构报告，承担交办的其他工作。

2023 年，配合分局完成 3 家银行机构的开业，当前全县共有银行机构 24 家。存贷款规模首次突破 3000 亿大关，截至 2023 年底，全县各项存款余额 1322.21 亿元，比年初新增 244.97 亿元，增长 22.74%；各项贷款余额 1763.93 亿元，比年初新增 360.78 亿元，增长 25.71%。加大普惠小微的信贷引导，全县 22 家银行机构完成上级行考核任务，普惠小微贷款余额 422.72 亿元，较年初新增 81.5 亿元，增速 23.9%；贷款户数 43052 户，较年初新增 2330 户。两家法人银行及杭州联合银行安吉支行均完成增速高于全部贷款增速目标。在 68 个主要行政村设立共富金融服务站点，覆盖全县行政村比例 40.4%。2023 年保险业保费收入 25.9 亿元，同比增长 8.57%，较 2022 年增长 3.69 个百分点，增速位于三县第一。分领域来看，全县财产险公司保费收入 8.4 亿元，增速 6.13%；全县人身险公司保费收入 17.5 亿元，增速 9.79%。

开展“大走访大调研大服务大解题”活动。累计走访 12 家银行保险机构，开展政策宣讲；走访企业 2 家，着力解决企业融资程中的堵点、难点问题。引导信贷资金精准服务民营企业。根据《浙江省促进中小微企业发展条例》要求，会同县有关部门对银行业落实情况开展督查，引导金融机构不断加大对实体领域的信贷支持力度。截至 2023 年末，民营企业贷款余额 620.94 亿元，比年初新增 108.86 亿元，增速 21.26%。

针对台风、突发强降雨、冰冻等极端天气，多次形成局部灾情的情况，第一时间下发紧急通知并组织辖内保险公司为受灾客户开辟绿色通道。赴 3 家保险机构了解报案及理赔情况，督促保险公司持续做好灾后理赔工作，并部署对山区民宿、农家乐等重点区域做好风险排查工作，着力加强亚运期间防汛风险防控。

针对全县新发生 500 万元以上大额不良贷款，逐笔剖析成因、跟进处置进度，争取银行间处置节奏、步调保持统一。截至 2023 年末，全县银行业不良贷款余额 4.54 亿元，不良率 0.26%，低于全市平均水平，并实现额率“双降”；累计处置不良贷款 38855 万元，同比增加 3765 万元。金融风险得到有效管控，金融生态环境持续向好，金融业运行总体稳健。

定制“化险纾困”监管“路线图”。明确双主监管员机制，“五步法”确定近 2 年内的监管方向，即：坚守市场定位，摆脱“大户依赖”；聚焦信用风险，存量不良“处置有方”；守牢合规底线，整治信贷领域乱象；加强科技支撑，为高质量发展“赋能”；传导监管压力，全面引导村行发展回归正轨。加快历史不良包袱化解，并强力督导提升源头治理能力。通过 5 次监管约谈及监管提示，该行信贷管理能力得到较大提升。经统计，2022 年新增贷款不良率仅 0.2%，信用风险防控水平显著提升。截至 2023 年末，该行不良贷款率 2.34%，较年初下降 0.48 个百分点，不良贷款率首次低于 2.5%，下一阶段发展得以“轻装上阵”。以重点监管指标为导向，牵引全行发展方向。按月监测未达标指标整改情况，尤其是锚定市场定位指标，压降大额贷款。截至 2023 年末，非同业集团客户风险暴露集中度 28.92%，较年初下降 18.76 个百分点。贷款结构进一步优化，大额贷款较年初减少 800 万元。

组织开展两家法人机构公司治理“强化提质”工作。督导发现股东关联方识别、关联交易管理、延期支付、绩效薪酬等方面的问题 24 个，下发 2 份监管提示函，着力提升公司治理水平，完善机构顶层架构。已对立查立改的 16 个问题进行销号管理。“现场＋非现场”结合，提升非现场监管质效。参与安吉农商行现场检查，强化重点机构安吉交银村镇的非现场监管力度，全面深入排查两家机构存在的问题，向两家法人机构下发监管提示函 6 份，建立监管问题整改台账，要求机构定期报送整改计划及整改进度，进一步压实机构主体责任，有效传导监管压力。积极开展法人机构高质量走访。对安吉交银村镇银行按月开展走访，针对大额贷款压降、不良处置、非同业集团客户大额风险暴露指标不达标等问题进行专项督导，并向主发起行提出意见建议 4 条。

在绿色金融改革方面，全县银行机构以全市绿色金融改革创新试验区为契机，大刀阔斧，绿金改革动能进一步释放。截至年底，全县绿色贷款764.9亿元，占全部贷款比例43.1%，高于全市平均10个百分点。当前绿色支行11家，绿色支行占全市近一半；3家支行被评为绿色星级网点。中行昌硕绿色支行、农商行余村绿色支行作为网点宣教样板地，累计已近千人次参观学习。引导金融机构创新推出碳汇惠企贷、碳汇收储贷、碳汇共富贷，"以竹代塑"配套贷款等一系列绿色金融产品，相关碳汇系列金融产品惠及农户做法被央视、人民日报等主流媒体报道4次。根据安吉产业特点，持续推进各类绿色低碳农险扩面。全国首创毛竹价格指数保险，该险种自2017年试点以来，实现连续6年增长，承包面积从5万亩增至14.9万亩；近1.7万亩白茶参保白茶气象指数保险（包括白茶干旱保险和白茶低温保险），其中白茶干旱保险已赔付1217万元，赔付率达226.82%。

积极配合分局做好与主发起行的沟通，推动实质性变革。主发起行将村镇银行作为分支机构进行管理，全面加强在科技、财务、培训等方面的支持。派驻专员进驻村镇银行进行专项风险排查，持续跟进重点项目、重点工作的推进情况。如1104自动化取数率已达60%。探索开展农商行"监审联动"模式。全年针对外部审计及日常监管、现场检查发现的问题，结合"案防警示教育及重点领域案件风险专项整治活动"工作要求，与农商行审计及合规风险部门开展座谈，通过"把脉问诊"，建议大额贷款、新增不良等指定重点领域进行后续检查审计，尤其是监管提出的中介获客，要求深挖线索、深入审计，对存在的6户、346万元中介介绍贷款采取了压降措施，对3名人员进行警告问责。

根据中央金融工作会议精神，积极推动金融机构探索养老金融发展模式，提升老年客户的获得感、幸福感、安全感。一方面，加强适老化金融基础设施建设。指导安吉农商行建设"安芯"银耀俱乐部，开业以来，为老年群体提供金融服务、基础医疗、文娱活动等一体化"金融+生活"服务。另一方面，加强老年人及弱势群体民生保障。推动保险机构针对传统商业保险无法覆盖的弱势群体，探索系列改善民生、创新社会治理的政保合作保险项目，联合民政局为年满60周岁老年人投保意外伤害保险；为困难群众（低保户）投保"关爱险"，覆盖率达100%。同时，协同大数据局、医保局推动加强医院和保险的数据直联，推动"无感理赔"，为客户理赔提供便利，实现"一次不用跑"。

聘任银保调委人民调解员1人，全年调解案件237件，涉及金额6761万元，通过调解协议进行司法确认，优化金融纠纷化解工作机制。监管组对4家网点消保投诉渠道信息的公开情况进行暗访、督导。扎实开展"金融消费者权益保护教育宣传月"活动，保护群众"钱袋子"。尤其针对乡镇社区老年客户，指导农商行以"乡村大舞台"的形式送金融知识下乡镇、入社区，以表演的形式宣讲反诈骗等金融知识，全年累计开展20场次。

（沈晨昕）

·中国银行股份有限公司安吉县支行·

【概况】　中国银行股份有限公司安吉县支行成立于1992年10月，共设立两个营业网点（支行营业部、昌硕绿色支行）及一个部门（业务发展部）。现在职编制职工共48人（含行长1人，副行长2人）。2023年，把存贷款工作作为首要任务。把握一季度"开门红"时机，支行个金条线认真分析当地市场形式，实行金融服务走出去，通过上门拜访、外拓、组织尊享活动等形式，宣传产品，增加客户黏性及信任度。县重点建设项目、重大招商引资企业、拟上市公司开展系统性、持续性营销，结合客户与产品进行多维度研究，确定行业营销策略与重点，上下联动，有力支撑支行存、贷规模提升。截至12月末，本外币时点存款余额42.29亿元，较年初增加9.33亿元，增幅28.31%；日均余额43.53亿元，较年初增加17.15亿元，增幅65%。时点存款四大行、全口径市场份额双升，较上年分别提升0.59%、0.11%。本外币贷款余额109.13亿元，较年初增加36.82亿元，增幅50.91%；日均余额94.24亿元，较年初增加34.94亿元，增幅58.91%。时点贷款四大行、全口径市场份额双升，较上年分别提升3.01%、1.06%。营业收入24031万元，同比增幅60.74%；中间业务收入5110万元，同比增幅 161.24%；拨备前利润 22053 万元，同比增幅 66.18%；净利润 12151 万元，同比增幅 49.16%。

【支持实体经济发展】 支持竹林碳汇项目、城投城区有机更新一期、二期、两山未来科技城国际会展中心、开发区工业有机更新等一批重大项目以及恒林、洁美、永艺、东方基因、中力机械等当地一批龙头企业，有力支撑支行存、贷规模提升。全年支行四大行市场份额时点存款份额提升 0.53%，日均存款份额提升 2.43%，新增份额第一；时点贷款份额提升 3.01%，新增份额第一，日均贷款份额提升 2.93%，新增份额第一。

【绿色普惠金融】 与当地上市公司、重点国有平台等重点企业开展党建联建、廉洁共建，探索以绿色金融助力支行高质量发展转型之路。创新推广白茶贷、绿电贷等绿色金融特色服务，推动绿色金融与普惠金融深度融合，提升绿色金融服务覆盖面。2023 年，支行绿色信贷余额 68.5 亿元，较年初增长 108%，绿色信贷余额增幅及占比提升幅度均列四大行第一。支行党总支部荣获浙江省分行红旗党支部、“基层党建质量提升年”优秀集体奖、浙江省分行五四红旗团委（团支部）、开门红优秀青年突击队称号等行等多项内外部荣誉。坚持先行先试，探索绿色低碳运营模式。在全省系统内首家绿色金融特色网点基础上，打造中行系统内首家“碳中和”智慧网点。安吉昌硕绿色支行获评全市首家“三星级”碳中和网点，为全市唯一、最高等级。

【提升政治自觉】 开展“读原著、学原文、悟原理”活动，开展总支委学习 12 次，交流研讨 6 次、开展各类警示教育 6 次。依托安吉余村、两弹一星事迹馆等当地红色教育基地，开展主题党日活动；深入乡村社区，普及金融惠民知识；与当地上市公司、国企平台开展党建联建活动；与县林业局、资源规划局、住建局、教育局等 6 家单位完成复兴壹号推广合作，提升支行品牌影响力。

【加强学习互助】 利用周会、个别交流等多种形式组织员工加强业务学习，轮岗交流，提升专业技能，鼓励员工多学、会用，打造学习型、专业型服务队伍。一批员工代表荣获浙江省分行优秀青年、省行优秀女职工、省行模范劳动者、总行级“中国银行最美青年员工”等诸多称号。

（张旭辰）

6 月，中国银行首家“碳中和”智慧网点——浙江湖州安吉昌硕绿色支行升级改造完成

·中国工商银行股份有限公司安吉支行·

【概况】 中国工商银行股份有限公司安吉支行位于安吉县昌硕接道玉华路 23 号，共有在职员工 103 人。下设综合管理部、公司业务部、个人金融业务部；下辖营业部、孝丰支行、递铺支行、天目路绿色支行、昌硕支行五个网点。本行是“省级文明单位”“湖州市劳动关系和谐企业（“双爱”活动示范企业）”“湖州市治安安全单位”“安吉县消费者信得过单位”“安吉县财贸工会先进单位”，下辖支行营业部是总行和省行评选的优质服务“五星级”网点，且是安吉县唯一一家创成中国银行业协会“中国四星级银行网点”的银行。

截至 2023 年 12 月末，各项存款时点余额 133.87 亿元，较年初新增 27.02 亿元，增量四行占比第二，增速系统内排名第二，余额完成超三年规划目标

10.3 亿元；各项贷款余额 180.95 亿元，较年初新增 34.48 亿元，增量四行占比第二，增速系统内排名第三，实现与农行缩距 10.37 亿元，余额完成超三年规划目标 8.5 亿元。公司贷款时点增量再创新高，达到 40.46 亿元，比上一年多增 12.61 亿元，增长率 52.09％，增量连续两年四行占比第一，当年实现与农行缩距 10.47 亿元。系统内增量及增速均列全市第一，高于全市平均增长率 21.32 个百分点。对公存款时点增量 18.72 亿元，比上一年多增 11.43 亿元，增长率 31.70％，增量四行占比第一，系统内排名第二，高于全市平均增长率 10.54 个百分点。机构客户有效户新开 104 户、完成全年任务的 138.67％；机构有效户净增 69 户、金融资产 1 万元以上客户净增 26 户，两项指标系统内均名列前茅。时点 600 万以上私银客户达 140 户，较年初新增 35 户，当年目标完成率 159％，系统内排名全市第一。同时，家族信托客户累计拓户 15 户，累计受托资金超 1.5 亿元，成为全市首家家族信托拓户 10 户以上，受托资金规模破亿的支行。

2023 年，安吉支行深入推进全面从严治党从严治行，严格落实中央八项规定精神，持续纠治“四风”，强化党员警示教育，认真实行民主集中制、“三重一大”决策制度，严肃规范党内组织生活，认真开展民主生活会、组织生活会、民主评议党员，深入查摆问题，发现问题及时提醒纠正，压实全面从严治党管党的政治责任。落实辖内各网点、部门负责人与支行党总支书记，员工与所在部门、网点负责人，二个层面签订廉洁自律责任书，明确管理人员“一岗双责”管理责任。同时落实重要岗位员工签订廉洁承诺书，切实从思想根源，从书面承诺做好管党治党、廉洁从业工作。深入推进警示教育和纪法提醒，抓好清廉金融文化建设，树立风清气正、廉洁务实的工行新时代新风气。通过通报学习违反中央八项规定精神典型案例，落实自查整改，常学常新，强化作风，守住廉洁底线，拒绝“微腐败”和“隐藏式腐败”；通过严重违法案件警示教育学习，以案为鉴，敲响警钟，不断加固全行廉洁思想堤坝，对党员干部从严进行教育管理和监督，发现苗头性问题及时提醒纠正，压实全面从严治党的政治责任。

加强案防责任制管理、强化主体责任，深化“内控优先，稳健发展”的经营管理观念，推动支行班子把内控案防工作管理贯穿于工作决策与执行的全过程；通过定期召开案防分析会，深入推进风险控制和案件防范工作，促进依法经营、合规操守；通过全员签订责任书，明确责任落实，夯实案防管理基础，确保实现“双零”案防目标；全年重点加强对理财产品销售、内部账户管理、“一楼四室”管理、个人客户信息安全管理等排查，切实守住风险防控关。以分行 2023 年内控合规“价值服务年”主题活动为抓手开展工作，并落到实处。督促开展“员工违规行为处理规定(2022 年版)”每日 E 学工作，实现学习“进班子、进部门、进网点”全员覆盖。持续强化正面有规范、反面有禁止、违规有处理的“三位一体”合规教育管理长效机制，做到不破底线、不逾红线、不碰“高压线”。同时组织全行员工参加省分行组织的新规周测试活动，考试平均分均列市行前茅；协助支行一把手讲授以《高质量内控合规　服务高质量发展》为主题的合规课；开展“警示与反思”大讨论，组织辖内部门、网点紧紧围绕 2022 年以来全省系统内监管处罚主要涉及六类业务环节、以及 2023 年湖州银保监分局通报中突出问题和上级行检查发现的问题，分析管理短板，查找问题症结，加以防范和整改；认真落实网点《两个要点》，抓好“两个严禁、三个严格、一个严肃”重点环节，管好“网点负责人、运营主管、客户经理、客服经理”四类人员，进一步加强营业网点案防与风险管理，落实岗位案防责任，增强风险意识，严守风险底线，提升防控能力。

全年先后开展了“反洗钱专项检查”“2023 年度内外部监督检查整改问责专项评估”、员工个人消费贷款情况专项排查等专项检查、按季开展案件风险防范排查，同时年度支行组织开展飞行检查 8 次，部门、网点检查覆盖率达 100％。全年共对员工个别谈话 108 人次，侧面了解 124 人次，现场检查 86 人次，回访客户 177 户，家访 84 人次，综合分析 108 人次，外部走访 29 次，全员年度开展征信举证。支行全员均纳入排查对象，排查达 100％。

（贺　坤）

·农业银行安吉县支行·

【概况】 2023年，安吉农行支行现有营业网点8个。其中，城区网点4个：支行营业中心、安吉浦源支行、安吉递铺支行、安吉城东支行；乡镇网点4个：安吉孝丰支行、安吉晓墅支行、湖州长合支行（位于天子湖镇）和安吉余村绿色支行，现有在职员工154人，是辖内网点数和员工人数最多的国有大行。支行现有党员90人，共有基层党支部13个（含离退休党支部），所有网点均已单独成立党支部。

截至2023年末，本外币存款余额151.1亿元，比年初新增28.35亿元，总量、增量四行第一，四行份额34.03%，较年初提升0.76个百分点；各项贷款余额246.15亿元，比年初新增24.11亿元，总量继续保持全市系统内及当地四行双第一。2023年，全行实现营业收入5.49亿元，同比增加7891万元，增幅16.8%；拨备前利润4.75亿元，同比增加7095万元，增幅17.56%；实现中间业务收入3913万元。不良贷款余额1611万元，比年初下降386万元，不良贷款率0.07%，比年初下降0.02个百分点，不良贷款在低位运行基础上继续实现“双降”。

安吉支行坚持党委会“第一议题制度”，常态化开展“党纪一刻钟”学习，全年组织党委理论中心组学习12次，下发《党建工作提示》18期，构建起党委带头学、党支部集中学、个人随时学的“三位一体”学习模式，切实加强和改进意识形态工作。一体推进理论学习、调查研究、推动发展、检视整改等各项工作。编发《主题教育专刊》6期，参观余村“千万工程”展示馆，循迹溯源强党性，各项工作得到省分行督导组的高度评价。以强有力的手段和措施推进中央巡视、省市分行巡察以及各类监督检查，按照“地毯式”整改要求，紧盯“三张清单”一抓到底，党委履行整改主体责任，班子成员主动履行分管领域整改工作责任，做到守土有责、守土负责。围绕县委县政府“133”工作体系，持续加大有效信贷投放，各项贷款余额持续保持当地可比同业和湖州系统内双第一，是当地唯一一家连续四年获评金融支持地方经济发展优秀金融机构的国有银行。

支行始终坚守服务“三农”初心，积极践行金融支持乡村振兴战略，以深耕之志，服务“三农”走在前列。2023年，与辖内各重点村建立紧密联系，大力支持强村富民项目，向安吉竹林碳汇、非粮化整治提升两大乡村振兴共富项目投放贷款17.75亿元，并通过链式营销开立全域14个乡镇强村公司、24个农民专业合作社账户，获得省农行九号嘉奖状。农户贷款余额较年初新增2.91亿元，增量全市农行第一，农贷户数为县域支行中唯一一家正增长的支行。在2023年全省农行“县域固本”综合竞赛中排名争先组第一，获评年度优秀支行。

加强对政府类项目的金融支持力度。通过项目贷款投放，深化与安吉城投、交投、长合区、灵峰度假区及梅溪（临港绿水经济带）、天荒坪等乡镇平台的合作关系，2023年累计向平台投放39.5亿元，截至2023年末，政府类贷款余额155.14亿元，比年初增加9.73亿元，制造业贷款余额30.58亿元，比年初增加10.98亿元，民营企业贷款余额39.87亿元，比年初增加14.11亿元，普惠贷款余额19.37亿元，比年初增加5.63亿元。在全省系统内首创推出“森（竹）林碳汇贷”，在2022中国绿色低碳创新大会开幕当日，支行成功发

5月31日，中国农业银行湖州分行与安吉县人民政府战略合作框架协议签约仪式中对安吉首个EOD项目授信15亿元

放“安吉竹产业改造升级碳汇能力提升项目”前期贷款2亿元，以实际行动向大会“献礼”，2023年3月1日，又向该项目投放贷款12.25亿元，将乡村生态优势转化为发展生态经济的优势；2023年，辖内某国家高新技术企业旗下研发的电竞椅获得中国绿色产品认证，作为首批尝鲜企业，获得该行创新推出的“绿色普惠贷”100万元，用于企业低碳转型，绿色发展，制造企业。通过信贷资源的有效投入运用“白茶贷”支持茶产业发展，白茶产业相关贷款余额1.85亿元，惠及茶农240余户；向“五水共治”相关项目投放贷款22.98亿元；支持额定水头全国第一、装机规模全国前三的长龙山抽水蓄能电站项目3.84亿元，实现清洁能源高效利用；落地全省首笔商业化农地项目贷款2亿元，有效助力区域生态系统稳定和承载能力提升；获批全市首个EOD项目贷款15亿元。安吉县支行绿色贷款余额141.18亿元，比年初增加20.15亿元，占全部法人贷款余额的64.48%，占比比年初提升4.98个百分点，总量、增量持续领跑同业。在机构客户营销上取得重大突破，全市公安系统的合作实现破冰，成功开立县公安局工会、党费、往来款、暂扣款、特情费等6个重点机构核心账户，实现全体在职民警的代发工资；在医疗卫生系统方面，成功开立县妇保院和人民医院两户医保移动支付专户；在法院合作方面，取得法院“破产资金账户”代理资格，已开立5个账户。与民宗的合作也迈上新台阶，开立宗教寺庙账户48户，覆盖面超90%。个人客户方面，私行客户金融资金增量四行第一。代发工资个人客户数、同比增量、代发工资个人客户AUM增量均列全市农行第一，在2023年全市农行代发工资专项营销竞赛排名第一。分获省、市分行数字人民币相关营销竞赛第二和第一名。

2023年，发放全省首笔“一手共有产权”住房贷款；发放全省首笔“绿色普惠贷”；落地全省首笔绿色投行顾问服务；成功为湖州市内唯一全球独角兽企业发放表内贷款；落地全市首笔EOD项目贷款授信15亿元；发放全市首笔村集体控股强村公司普惠信用贷款；成功落地全市首笔“产业园区贷”授信6.5亿元；落地全市首笔农户养老贷款。

积极开展打击治理电信网络诈骗犯罪集中宣传，组织辖内网点多渠道开展打击治理电信网络诈骗宣传活动；组织参加“慈善一日捐”活动，累计捐款金额达6.274万元。行内16位退役军人主动捐款2.15万元，用于资助四川阿坝地区的优秀贫困生，首笔善款已发放至5位学生手中；积极践行社会责任，做好户外劳动者关爱，支行营业中心户外劳动者服务站点先后获评县总工会四星级幸福驿站以及省总工会“最美户外劳动者服务站点”。

【安吉县支行获评2023年浙江省“最美工会户外劳动者服务站点”】 浙江省总工会发布2023年“最美工会户外劳动者服务站点”评比结果，安县吉支行营业中心榜上有名，成为全省农行系统获此殊荣的四家营业网点之一，为湖州分行辖内唯一一家。安吉县支行深入贯彻落实以人民为中心的发展思想，积极推进网点服务升温工程，倾力打造“浓情暖域”服务品牌，同时邀请当地政府和工会组织共同出谋划策，因地制宜设立“幸福驿站”，将网点服务资源向社会广泛开放，为环卫工人、快递员、交通警察、建筑工人、出租车司机等户外劳动者提供纳凉、取暖、饮水、充电、热饭、小憩等一系列温馨服务，使他们冷可取暖、热可纳凉、累可歇脚、渴有水饮，网点已然成为户外劳动者的可靠后援，在群众中树立了良好的品牌形象和口碑。

【全市农行首笔“产业园区贷”6.5亿元授信获批】 10月，安吉县支行成功落地全市首笔“产业园区贷”授信6.5亿元，并发放首笔固定资产贷款9000万元。前期，在了解到“浙北生命健康南片区小微企业园（一期）项目”正在筹备中，该行第一时间成立营销专班，快速对接该项目，团队成员多次上门，认真了解业主融资需求、加强实地考察，同时邀请上级行专家进行指导，制定了专业的融资方案。最终，在省市县三级联动支持下，该项目授信6.5亿元成功获批，并发放首笔固定资产贷款9000万元，实现当月上报、当月审批、当月放款，获得了客户的高度认可。

【安吉县支行发放全省农行首笔“绿色普惠贷”100万元】 6月6

日，安吉县支行成功发放全省首笔“绿色普惠贷”贷款100万元。该行高度重视“绿色普惠贷”投放工作，迅速召开分析例会，深入剖析“绿色普惠贷”拓展情况，明确目标，细化分工，切实落实个人营销目标任务。在“绿色普惠贷”发布后，该行有效利用该产品，对点营销，积极走访辖内具有绿色产品认证的企业，成功营销辖内某制造业企业。该行立即准备贷款方案，经过领导及时抓进度、业务部门通力合作最终成功落地全省首笔绿色普惠贷款100万元，并获得了客户的好评。

【安吉县支行营业中心获“2022年度湖州市青年文明号”荣誉称号】 共青团湖州市委授予安吉县支行营业中心“2022年度湖州市青年文明号”，成为该年度全县唯一获此殊荣的金融机构网点，也是全市唯一国有银行网点。

【安吉县支行发放全省首笔“一手共有产权”住房贷款】 3月31日，安吉县支行成功发放全省首笔“一手共有产权”住房贷款，在助力安吉县创新人才发展战略部署的同时，有效提升农行住房按揭贷款的品牌影响力。

（黄厉猛）

·中国建设银行股份有限公司安吉支行·

【概况】 中国建设银行股份有限公司安吉支行（以下简称安吉支行）是湖州分行下辖的综合型支行，位于安吉县昌硕街道胜利东路289号。设有综合管理部、公司客户部、个人金融部3个部门。有营业部、人民路绿色支行、开发区支行、孝丰支行、灵芝路支行5个对外营业网点。年末在册从业人员113人。安吉支行有党员75名，其中在岗党员61名、在岗女党员41名；设立党委1个、下辖党支部9个。按照加强基层党组织建设要求，确保“支部建在网点”，每个网点、部门成立以负责人为书记的党支部。做好新党员发展和入党积极分子的培养工作，2023年新发展预备党员1名、预备党员转正1名、培养入党积极分子4名。2023年提拔党委管理中层人员10人，其中9人来自一线网点或经营条线，进一步完善了管理职务序列队伍建设。

截至2023年末，一般性存款（小口径）时点余额为114.7亿元，比年初新增12.87亿元。其中对公存款余额70.7亿元，比年初新增7.6亿元；个人存款余额44亿元，比年初新增5.27亿元。日均余额124.27亿元，新增24.72亿元。其中对公日均余额83.44亿元，新增19.17亿元；个人日均余额40.83亿元，新增5.55亿元。各项贷款余额为166.13亿元，比年初新增29.62亿元。其中对公贷款余额89.58亿元，比年初新增30.77亿元；个人贷款余额76.55亿元，比年初新增－1.15亿元。不良贷款余额3637万元，比年初上升2278万元，不良率0.2%、比年初上升0.1%；逾期贷款3814万元，比年初上升1139万元，逾期率0.23%、比年初上升0.03%。全年实现中间业务净收入4133万元，其中对公中间业务净收入2757万元，个人中间业务净收入1376万元。全年实现主营业务收入47891万元、净利润41631万元，较上年同期分别增加5103万元、4771万元。

制定支行党委2023年工作要点和党委中心组学习重点，组织中心组（扩大）学习12次及专题学习研讨4次。通过每月的“党员活动日”及主题党日活动，

6月17日，中国建设银行副行长李运（左二）在安吉余村开展“千万工程”调研

有效落实党支部“第一议题”、重要议题学习，深入学习贯彻习近平新时代中国特色社会主义思想和党的二十大精神。2023 年开展了“学思想促践行　建新功庆‘七一’”党建系列活动，组织全体党员开展“走进嘉兴南湖学思红船精神”主题现场教学活动。扎实开展学习贯彻习近平新时代中国特色社会主义思想主题教育，党委班子成员进行了主题教育的党课宣讲。组织全员参与警示教育活动，严格落实管党治行及巡察整改主体责任，推进党风廉政建设基础工作有序开展。2023 年开展各类警示教育 23 次、500 多人次参加，运用“第一种形态”提醒谈话 11 人次。

充分发挥地域优势和试点优势，不断提升绿色金融发展和助力乡村振兴能力。结合区域发展特色，充分发挥安吉“绿水青山就是金山银山”理念发源地的独特优势和建设共同富裕现代化基本单元领域的试点机遇，探索新金融服务模式。强化科技赋能，持续扩大绿色信贷规模。截至 2023 年末，绿色贷款余额 71.1 亿元，较年初新增 36.25 亿元，占支行各项贷款的 42.8%，占对公贷款的 79.37%。

以建行生活平台为抓手，持续推进“三大战略”有效落地，深化数字化、新金融打法。持续推进住房租赁战略。加强与政府和各类市场主体的对接，加大信贷服务支持力度。持续深化普惠金融战略。截至 2023 年末，普惠余额 22.57 亿元，新增 6.95 亿元，余额、新增均列四行第一。持续探索金融科技战略。充分运用建行生活平台优势，构建多渠道布局、企业级优先、特色化为补充、线上线下融合发展的建行生态场景体系，提升用户端极致体验。

【以金融科技助力数币代发，以建行力量推进数币服务】　3 月，安吉县公务员预算单位数币工资代发业务落户安吉建行，通过持续与安吉县政府办、安吉县人民银行沟通协作，实现了 14 家预算单位的数币代发，这是在系统内首个批量化数币代发的成功案例。

【中国建设银行品牌管理工作调研座谈会在安吉召开】　7 月 11 日，中国建设银行公共关系与企业文化部企文团队一行在浙江省分行郭志鹏副行长、湖州分行孙斌行长及安吉支行楼世杰行长的陪同下赴安吉开展品牌管理工作调研座谈会。参会人员前往“一片叶子　富了一方百姓”起源地安吉县溪龙乡黄杜村，参观黄杜村文化纪念馆，知晓了“共富茶”跨山越海，助力乡村振兴的故事。

（顾迪明）

·浙江安吉农村商业银行股份有限公司·

【概况】　2023 年，安吉农商银行存贷款总量超千亿。各项存款余额 571.85 亿元，比年初新增 108.16 亿元，增量居湖州农商银行系统第一，增幅 23.3%；存款县域市场份额 42.16%。各项贷款余额 436.66 亿元，比年初新增 83.65 亿元，增量居湖州农商银行系统第一，增幅 23.7%；贷款县域市场份额 25.02%。经营质量保持稳定。各项总收入 26.78 亿元，实现利润总额 5.91 亿元。不良贷款率 0.56%，资本充足率 12.27%，拨备覆盖率 576.89%，拨贷比 3.37%。纳税金额 2.38 亿元，较上年增长 3200 万元，增幅 15.43%。

发展绿色普惠金融，创新产品服务，支持“以竹代塑”发展、

7 月 11 日，中国建设银行品牌管理工作调研座谈会在安吉黄杜村召开

生态修复改造，促进企业绿色转型等。绿色贷款余额142.75亿元，占比所有贷款32.69%。与省行丰收互联、浙里办“碳普惠”等平台互联互通，丰富“两山绿币”应用场景，引领居民绿色低碳生活。

开展“助共富、惠万企”等专项行动，加大实体经济支持力度。小微企业贷款余额175.54亿元，新增首贷户1704户。通过各类扶持政策、减费让利等方式，破解融资贵问题，全年为小微企业让利8000万元。推进“旅游服务业疫期纾困”“支持制造业企业高质量发展”“支持农业高质量发展”专项资金贷款，累计投放超15亿元。紧盯县域新经济、新业态、新项目等，提供“保姆式”服务。参与政企恳谈会，与各类商会、协会联建，联合县商务局开展“小微你好”政策宣讲专场活动等，深入问需企业，精准提供帮扶。大力服务国企平台发展，支持县域国有企业近百家，贷款余额28.2亿元。与温州银行、系统内兄弟行社合作、推介等，吸引大量县外资金投资县域国企平台。向温州银行推荐县属国企平台贷款超6亿元，引导近50亿元县外债券资金投入县属国企平台。连续三年获评浙江省“民企最满意银行”县级机构。

加大家庭农场、农民合作社、农创客等新型农业经营主体等支持力度，服务乡村振兴领域贷款余额41.1亿元。在42家营业网点基础上，建设便民服务点177家，打通农村金融服务“最后一公里”。聚焦“扩中、提低”，信贷支持低收入农户金额3205万元。推进“丰收安享贷”，助力全民参保，签约522户数，合同金额4502万元。全面提档升级“丰收彩虹贷”，发放农户小额信用贷款超65亿元，占全部农户贷款比例超七成，全县农户贷款授信面和用信面分别100%和45%，个人用信客户覆盖率59.1%。

支持首届“两山杯”全国大学生乡村振兴创新创意创业大赛，加大创业信用贷款发放力度，出台巾帼创业贷、大学生村官创业贷、青年创业贷等各类信贷业务特色产品，为青年创业搭建广泛创业融资平台。成立“安芯”银耀俱乐部，为老年人提供绿币积分服务、金融服务、休闲服务、运动服务、健康服务等。

2023年“慈善一日捐”个人募捐350200元，机构捐赠150万元，募捐资金用于各项慈善救助支出。开展走访慰问活动，向全县5000余户低收入农户及环卫工人送去米、油大礼包。有序安排“安芯·彩虹共富基金”，支持成立安吉县高级中学教育发展基金会。

【丰收驿站咖啡店开业】 5月4日，安吉农商银行和Corner Bakery跨界合作打造的首家“丰收驿站”咖啡店在行政中心二楼正式开业。驿站咖啡店设有金融服务区、便民服务区等基础功能区，涵盖转账汇款、账户查询、短信签约、存折补登、密码修改、贷款咨询、生活缴费等业务，提供图书借阅、咖啡休闲等服务功能。

【“两山安芯馆”开馆】 7月1日，“两山安芯馆”开馆，“两山安芯馆”由“昨天·携手同芯”“今天·百业共芯”“明天·新芯向荣”“清廉·清廉守芯”四个篇章构成，整个场馆以安吉农商银行“昨天、今天、明天”发展脉络为主线，以文字、图片、历史实物为载体，辅以多媒体等方式，全景展示安吉农商银行深耕安吉、立足三农、服务地方经济、砥砺奋进七十年光辉历史。

7月1日，“两山安芯馆”开馆

【安吉农商银行“碳中和”银行建设白皮书(2022版)正式发布】 5月，安吉农商银行积极发布《安吉农商银行“碳中和”银行建设白皮书(2022版)》，对“碳中和”银行建设的阶段性成果进行全面总结和梳理。

【“安芯学堂”入选中国政研会基层思想政治工作优秀案例】 8月21日，中国政研会公布2023年度基层思想政治工作优秀案例名单，安吉农商银行《“安芯学堂”:推动思想政治教育与金融业务工作相融合》成功入选。

·中国农业发展银行安吉县支行·

【概况】 2023年，全行各项贷款余额124.75亿元，比年初增加24.03亿元，增长23.86%；贷款日均余额126.34亿元，比年初增加41.20亿元，增长48.39%；全年累计发放贷款40.76亿元，不良贷款继续保持零余额。各项存款余额17.52亿元，比年初增加3.17亿元，增长22.09%。各项收入55997.76万元，各项支出44936.44万元，实现账面利润11061.32万元。

压实“一岗双责”，拓展“党建+”方阵。开展民主生活会、组织生活会，开展“三会一课”54次，主题党日活动12次；推进主题教育，制定支部和党员个人学习计划。拓展支部党建品牌。支部深化“红蕴两山”党建品牌创建成果，被总行评为先进基层党组织、党支部标准化规范化“回头看”标兵党支部。集中学典型案例、观警示教育片、参教育基地、写廉政寄语、节前廉洁提醒，召开银企廉政座谈会，签订银企廉政共建协议书2份，引导全行员工思想上画红线、行动上明界限。

【管理机制】 建立“关键小事”长效工作机制，召开员工需求座谈会2次，征求并解决员工诉求13件。组织开展员工季度集体生日、“健步走”、户外漂流等活动。开展合规宣传，通过滚动屏、宣传海报、折页以及走进社区、企业等方式做好各类宣传工作，提升社会责任感。

【金融服务】 全年累放各项粮油贷款0.73亿元，支持地方储备粮油轮换1.42万吨。支持乡村振兴建设和“三农”事业发展，抓好城乡一体化、改善农村人居环境、农地类等重点信贷领域，评估项目6个，评估金额42.8亿元。累计投放绿色贷款27.91亿元，绿色信贷余额88.28亿元，比年初增加23.08亿元，绿色信贷占比70.67%。创新银银合作模式。与农发行上海市分行合作支持安吉县黄浦江源旅游度假区道路改造提升项目，获批浙江省分行系统首笔省间联合贷款。加强银政合作力度。持续落实与政府签订“全域美丽东大门 共同富裕新梅溪”专项合作协议，全年获批项目8个，获批金额84亿元。坚持融资融智融情一体化，制定一站式服务方案，投放改善农村人居贷款12.13亿元、农地贷款17.05亿元、城乡一体化贷款7.7亿元，放款资金支持安吉两山未来科技城—范潭工业园一期改造提升项目、安吉县天子湖镇全域农整项目一期、二期等12个项目。开通银联资金归集业务商户1户，交易总笔数67笔，交易总金额35万元。开通农民工工资账户业务1户，入账金额1710万元。通过农发数智函证系统办理询证函业务，服务企业数量54家，办理函证业务总数110笔，减免收费总额22000元。

【风险管理】 确定每月两基管理日，建立“自查—整改—评估”闭环机制。召开支委会学习部署巡视整改“回头看”相关工作6次，对号认领问题25个，制定措施49条，发送监督建议2份；实行问题台账动态管理。完成整改15个，整改率60%。

(伍珏雯)

·中国邮政储蓄银行股份有限公司安吉县支行·

【概况】 安吉县支行2008年成立，下辖4家自营网点(3家综合型支行+消费贷专营支行1家)邮政代理网点14家。现有员工共59人，女性47人，男性12人，女性占比79.66%，客户经理21人(小企业4人，公贷客户经理2人)，理财经理4人，销售团队人员占比42.37%；党员25人，占比42.37%。2023年收入20164万元，完成奋斗计划126%，同比增长43.06%；利润14470万元，完成奋斗计划128%，同比增长61.8%；中间业务2203万元，完成计划102.94%，同比增长27.56%；截至11月收入全省排名第10位，进位10位；利润全省排名第8名，进位9位；上半年综合效益全省排名第9位，从B类进档到A类。市分行绩效考核连续三年均排名第一。

截至12月末，AUM结余

151047万元，年增1204万元，目标完成率6%；个人存款时点余额101834万元，年增2773万元，目标完成率60%；其中理财保有量19697万元，年增－3748万元，目标完成率－27%。长期交销售1370万元，目标完成率167%；权益型基金销量5648万元，目标完成率125%；零售贷款结余430096万元，新增40968万元，目标完成率85%，其中小额贷款结余203268万元，新增3亿元，目标完成率100%，房贷结余181464万元，新增4906万元，目标完成率35.7%，非房消费结余41367万元，新增3617万元，目标完成率236%，车贷结余3997万元，新增2463万元，目标完成率90%。

截至12月末，公司存款全口径时点余额6.66亿元，价值存款年日均余额9.93亿元，年增3.59亿元，年日均净增计划完成率351.6%；12月月日均余额95624万元，12月日均余额6.59亿元，目标完成率62.74%。其中活期存款年日均结余6.17亿元，计划完成率954.91%。同时，新增同业存款6164万元，完成奋斗目标的2054.67%。安吉城投集团、建控集团两家平台公司，全年贡献存款年日均3.69亿元，存款归行率分别达到了11.43%、15.61%。

2023年，全行新增投放公司贷款22.44亿元，公贷总结余31.32亿元，年度净增18.4亿元，其中城投城市有机更新新增投放5.82亿元，建控未来科技城项目新增放款12.9亿元，竹林碳汇项目新增放款3.72亿元。全年新受理项目四个，拟授信额25.15亿元，其中梅溪万亩方项目、余村新型农村示范区建设已上报省分行，待审批推进，城投停车场项目已在省分行信审，争取2024年初实现放款，在存量项目上，城投城市有机更新项目新增发放5.82亿元。

2023年，大公司条线实现中间业务收入2750万元，其中存量公贷银团费200万元，新增竹林碳汇项目中收2400万元（含财务补贴），新增建控现金管理费150万元。

年度公司拓户合计168户，奋斗计划完成率100.59%，新增活客占比85.64%，较全辖来看较为落后；其中基础客户本年净增95户，增长率16%；有效客户本年净增－4户，增长率0%；价值客户本年净增0户，增长率0%，除公司新客拓展上完成奋斗目标外，整体在客户价值提升工作上，安吉县支行完成较为不理想。

【深化改革】 邮储银行安吉县支行始终坚守服务实体经济的初心和使命，坚持以习近平新时代中国特色社会主义思想为指导，深入学习贯彻党的二十大精神和中央经济工作会议精神，弘扬伟大建党精神，坚持以“稳字当头、稳中求进”工作总基调，完整准确全面贯彻新发展理念，积极服务和融入新发展格局，坚决贯彻党中央重大决策部署，加大民营企业和小微企业金融服务、优化“三农”金融产品供给、大力发展绿色金融、提升服务实体经济质效，提高对“两山”实验区的金融服务投入力度，支持全县经济发展，履行国有大行责任担当。

【服务实体经济】 2023年，在上级行的政策指导下，与团县委、县就业局、县市场监督管理局、农业农村局等建立了业务协同合作关系，通过平台对接，大大提升了银行信贷产品在当地的影响力与知晓度，拓宽全行产品的受众与获客渠道。安吉县支行积极响应政府乡村振兴战略工作要求，立足当地市场，定位服务三农宗旨，重点推进小额贷款业务的发展，以传统抵押、担保、信用等授信方式，以极速贷白名单、极速贷抵押、信用小额贷款、信用户贷款等产品，面向广大个体经营户、农村客户开展推广与宣传，2023年推出存量房抵贷款及商圈贷产品，针对存量客户梳理、县内各个专业市场开拓、特定行业的开发等打开了信用贷款授信渠道，操作简便，利率优惠、支用快捷。对接农业农村局，为安吉白茶经营户提供金融服务。截至2023年12月末，累计白茶经营户放款16526万元；商圈贷2023年新增授信376户，累计授信金额29928万元；信用户本年授信客户数1110户，授信金额42437万元。通过整村授信按照752标准达标10个信用村，扫村目标完成率100%，累计授信信用户543户，授信金额12053万元，线上信用户净增1513.48万元。做实青创融资平台，助力青年创业。着眼青年创业需求，在银监办、团县委、人力社保局的指导和支持下，自2014年起，邮储银行安吉县支行连续第十年在5月28日举办“5·28”青年创业贷款现场对接咨询会，2023年服务创业青年56人，新增经营性贷款2950亿元。通过各家企事业单位、归上企业对接，发动支行按名单进行走访宣传，主动出击，扩大获客面。截至12月末，消费贷款新增3617万元，目标完成率236%。

【金融服务】　与县委组织部共同打造主题为“蝶变·浙二十年”邮储金晖杯安吉县中老年人短视频大赛活动。活动报名近百人，参加培训合计65人。县支行与老年大学共建银采邮驿站，协助老年大学为老年群体线上报名缴费等业务，促进理财经理与老年学员的互动，增进感情，深度挖掘老年人资产。

【社会服务】　推进金融知识进校园、进社区活动。2023年开展了“我为群众办实事”等活动，提升党建工作质量，行长带头深入网点，发现实际问题和薄弱环节，聚焦打造“六大能力”、推进“五化转型”等年度重点工作任务。全年组织开展金融知识进校园活动9次，发放宣传资料600余份；开展金融知识进社区活动12次，发放宣传资料2000余份；开展金融知识进企业活动10次，发放宣传资料500余份，特别是反假币知识、防范非法集资、反电信（网络）诈骗、存款保险等金融知识受到广大民众认可。做实志愿者服务工作，安吉县支行党支部组织开展志愿服务覆盖每个党员，参加志愿服务共计60人次，形成了良好的服务机制，同时也展现邮储青年良好的风貌。安吉县党支部致力提供“客户最多跑一次”服务，为企业解烦事，办实事，解决客户关心的痛点、难点问题。安吉县支行网点负责人联系后台党员，协调派出两名后台党员员工一同前往行动不便的老人家中使用移动展业激活市民卡，按照上门服务的流程为老人讲解了要点，叮嘱其熟记并保管好市民卡和密码。开展“我为群众办实事”活动，提升党建工作质量，行长带头深入网点，发现实际问题和薄弱环节，聚焦打造“六大能力”、推进“五化转型”等年度重点工作。

11月21日，“蝶变·‘浙’二十年”——“邮储金晖杯”安吉县第二届中老年人短视频大赛颁奖典礼

【“碳中和”网点】　安吉县支行紧紧围绕国家“双碳”重大战略目标，深入践行“两山”理念，坚持服务“三农”、城乡居民、中小企业的定位，大力支持绿色、低碳、循环经济的发展，加大绿色贷款投放，持续优化信贷结构，不断推进绿色金融发展步伐。截至12月末，安吉县支行绿色贷款余额5.01亿元，占所有贷款的6.23%。2023年给予安吉竹林碳汇项目贷款3.72亿元。该项目贷款已被纳入人民银行碳减排支持工具。围绕普惠金融需求，大力提升金融利民覆盖面，利用“互联网＋大数据＋金融”模式，全面延伸服务触角。立足地方特色行业，进乡村、走园区、跑企业，结合银行极速贷、科技贷、E捷贷等产品，推动信贷资源向绿色家居、生态环境、节能环保等领域倾斜，截至2023年末该类绿色贷款余额11380万元。为促进农业高质高效、乡村宜居宜业、农民富裕富足工作要求，结合美丽乡村建设，深化与政府部门、村委的合作，以信用村建设为抓手，充分利用极速贷、产业链、线上信用户、美丽乡村自建房等贷款产品，加大对生态农林产业、生态旅游等项目的金融服务力度，截至2023年末，三农绿色贷款余额1.13亿元。

（沈艳芬）

·杭州联合农村商业银行股份有限公司安吉绿色支行·

【概况】　2023年，各项存款余额19.40亿元，比年初新增1.13亿元，增幅 6.17%，其中储蓄存款 6.79 亿元，比年初新增 2.18 亿元，对公存款 12.61 亿元，比年初新增－1.06 亿元。各项贷款余额 66.97 亿元，比年初增长 11.80 亿元，增幅 21.38%。其中 1000 万元以下小微企业贷款时点数为 14.12 亿，较年初上升 2.37 亿，增幅 20.17%。支行五级不良贷款额为 1834.31 万元，不良贷款率为 0.27%，比年初减少了 0.18 个百分点，资产质量保持优良。经营效益稳步提升，年末实现各项收入 2.75 亿元，与上年同期相比增加 700 万元，增幅 2.61%，盈利水平稳步提升。

2023 年，绿色贷款平稳增长。营销对接拆迁企业、招商引资企业新建厂房，指导企业进行绿色建筑认定。完成新建绿色建筑项目授信 11 个，金额 14.64 亿元，绿色贷款余额净增 5.04 亿元，增速 24.32%，高于全部贷款增速 2.94%，绿色贷款占比 38.54%，较上年提高 0.91%。新增首贷户 46 户，新增小微企业贷款 75 户，累计新发放信用贷款 8.9 亿元，办理无还本续贷 12.5 亿元。

开展《“普众惠商”红色走访活动》，坚持自主登记走访台账，形成区域画像。累计走访乡镇、街道 11 个，行政村 36 个，走访公司 852 个，平台 181 个，拜访个人客户及商户 1941 个。

升级跨境金融服务，对接招商引资项目，营销外商企业资本金“走进来”。新开立 16 个资本金账户，总投资额约 1.6 亿美元，到账 4661 万美元。给予辖区内家具企业外迁越南投资手续费全免优惠政策，提供定制金融服务方案。重点营销 NRA 账户，完成 7 个账户营销开立，总投 2500 万元美元，结算 1875 万美元，带动公司日均存款 2000 余万元。

【长合区签约】 9 月 26 日，支行受邀到长合区参加“拥抱长三角，建设新长合”项目签约暨招商推介活动。与长合区管委会签订《全面深化战略合作协议》。这意味着双方进一步深化全方位、多层次、多领域的政银战略合作关系，我行将全方位为长合区发展提供便捷金融服务，支持地区经济发展，落实普惠金融，坚持“金融为民”。

（黄　婉）

9 月 26 日，“拥抱长三角，建设新长合”项目签约暨招商推介活动

保　　险

·人保财险安吉支公司·

【概况】 2023 年，人保财险安吉支公司为全县 5359 家企事业单位、19.7 万户（次）居民提供 7913 亿元的风险保障；处理各类赔案 36975 件，支付各类赔款 26422.48 万元，缴纳税收共计 4559.64 万元，被评为 2023 年度全市系统经营管理奖一等奖、2023 年度全市系统先进单位、2023 年度省级先进集体、2023 年度县域优秀金融机构、2023 年度道路交通安全管理先进单位。

2023 年，人保财险安吉支公司党支部认真落实三会一课制度和“第一议题”学习，开展支部主题党日活动 4 次（“学习党的二十大报告”主题党日活动、七一参观周恩来总理绍兴故居、旁听安吉人民法院经济涉刑案件审理、重阳节天子湖镇高禹养老院慰问）。在读书日开展“分享一本好书”活动，党团联合举办“青年夜校”，进一步夯实基层党支部战斗堡垒作用。成立党员大灾理赔突击队，党员带头加班加点做好案件查勘理赔工作，一周内完成 742 户、1217 万元白茶气象指数保险干旱责任赔付工作；12 月冻灾，抽调 27 名党员、青年骨干协助理赔，一周内完成家财险赔案 1092 件，10 个工作日内结案超 90%。

致力保险产品创新，提供全

面风险保障。2023年在服务“一带一路”方面，为安吉县中资越南企业对外贸易提供征信、运营等方面的一揽子服务，累计1.6亿元的海外风险保障，防范化解县域企业“走出去”中的政治、法律、经济等风险。发挥经济补偿功能，提供快速理赔服务。

连续三年作为主承保方，承办普惠型商业补充医疗保险“南太湖健康保”，全年理赔人数8723人，支付赔款约3205.53万元，赔付比例95.57%。其中3000元以上理赔人数2496人，支付赔款约2689.96万元，赔付比例80.2%。其中贫困人员（包括低生活保障对象和特困救助特殊身份对象）1219人，支付赔款约91.2万元，赔付比例2.72%，为安吉百姓搭建起重疾就医的兜底保护网。

持续深化警保联动，打造社会治理新高地。2023年警保联动案件20514起，占比总案件量58.3%，快处案件10834件，占比30.7%。协同推动综治保险，协助营造优质安全的生产生活环境。持续推动公众责任险、安责险、环污险等保险产品提质扩面，做好“保险＋服务＋科技”，服务企业安全风险保障工作，协助企业拧紧生产“安全阀”。

在全国学雷锋纪念日，联合安吉交警大队组织团支部青年员工开展幼儿园护航志愿行动，守护幼儿上下学交通安全，并对接送的高龄老人提供力所能及的服务，展现人保青年文明友善、积极奉献的优秀形象；2023年“浙江有礼・文明出行”全省巡回宣传月活动中，与交警部门联合设摊设点，向参与活动的群众发放宣传图册，普及交通安全、金融安全等小知识，增强了村镇社区居民对交通文明建设的参与感和凝聚力；参与2023年全县食品安全宣传月活动启动仪式，按照食品安全宣传月工作部署，加强食安险和农村集体聚餐食安险服务力度，致力于推进保障亚运期间安吉县域内食品安全工作；积极响应监管部门及政府的号召和要求，进村开展金融知识宣传，普及“非法集资”“洗钱犯罪”“电信网络金融诈骗”等常见的金融犯罪手段，提高消费者金融风险意识；在全国宪法日进村进社区普及宪法，全力创建普法懂法健康社会环境。

（王启雯）

・中国人寿安吉县支公司・

【概况】 中国人寿安吉县支公司是中国人寿保险股份有限公司湖州分公司的县级机构，下辖孝丰、梅溪、天荒坪三个营业部，杭垓、天子湖、金融中心三个营销服务部；在册员工32人，劳务派遣19人，在册营销员530余人。公司通过个人营销、团体直销、银行代理等渠道，为县域内百姓提供生存、养老、疾病、医疗、身故、残疾等多种保险保障与服务。

2023年，中国人寿安吉县支公司共实现总保费收入61634.98万元（不含大病保费），同比增长8.43%。其中，长期险首年标准保费3570万元，同比增长7.11%，首年期交9575万元，同比增长8.09%；十年期及以上首年期交5913万元，同比增长12.80%；大短险完成3974.23万元，达成率114.90%；市场份额35.10%，公司获安吉县政府“优秀金融机构”荣誉表彰。

2023年安吉县公司理赔数据（不含大病理赔），赔付件数10354件，赔付金额4856.06万元；个人长期险赔付648件，赔付金额2109.18万元；个人短险赔案件数3603件，赔付金额1255.25万元；团单赔付6103件，赔付金额1491.63万元。

安吉县支公司根据上级公司《贯彻落实党中央决策部署暨服务国家战略和实体经济工作要点》聚焦主责主业，服务国家区域发展战略、加强普惠保险服务，助力共同富裕、全力发展第三支柱业务，支持积极应对人口老龄化国家战略、大力发展健康险业务，支持健康中国建设、积极发展涉农保险，服务乡村振兴战略、支持经济社会绿色转型发展，提升服务实体经济质效。

2023年，安吉大病保险参保人数513192人，赔付率102.62%。作为共保体成员之一，积极开展城市定制型医疗保险—南太湖健康保的宣传、参保、理赔咨询等工作，推广参保人数8.89万人，协助收取保费880余万元。以守护学生安全、助力平安校园建设为目标，积极开展学生平安保险，2023年实现保费570万元、参保人数约3万人。以助力乡村振兴、共同富裕为落脚点，实现生育关怀系列保险。以营造良好的爱老敬老的社会氛围，积极响应省老龄办与中国人寿浙江分公司联合开展的“孝行为善”活动号召，与安吉县民政局积极开展老年人意外伤害保险，2023年累计参保8万余人，保费

207万元，受益人数1500余人。为贯彻安吉县“六有六无”综合救助项目文件精神，安吉县民政局自2022年7月通过公开招标，为全县7245名低保户、低保边缘户、支出型贫困、特困人员投保困难群众“关爱险”，累计保费收入188万元，累计赔付70万元，受益人数848人。

2023年监管投诉转办件为4件，从2020年到2023年，受疫情、经济大环境、保险退保黑产势力等影响，消保工作遇到很大挑战，在挑战中得到监管组的有效指导、矛调中心的协助、消费权益保护中心的支持，让安吉公司的消保工作有序推进。

全面开展“睡眠保单”清理工作。总、省、市、县公司分别制定专项工作实施方案，严格按方案的要求积极推进该工作，成立工作组、市条线会议＋县支办公会议＋部门会议中重点布置、每日报表实时跟进处理进度、分析总结会等。安吉公司待清理件数3061件，金额1008.92万元，累计完成有效提醒的保单是2461件，总有效提醒率80.40%，全市排名第二。

（陈　琳）

教　育

· 综述 ·

【概况】 2023年，安吉县共有全日制学校87所，其中十二年一贯制学校1所，九年一贯制学校3所，普通高中6所、职业高中4所，初级中学12所、小学28所，中心幼儿园33所（下属分园及教学点93个），特殊教育学校1所。全县教职工6700余人，在校生规模近8.4万人。先后获评2022年度全省教育业绩考核优秀单位、全省职成教育发展考核优秀单位等荣誉，全域教共体（集团化）办学成为省级试点，县级机关部门年度绩效考核一等奖，体育中心成功获评“国家体育后备人才基地”。

【组织和队伍建设】 新成立基层党组织6个，撤销基层党组织4个，完成23个党组织换届选举工作，28个党组织委员调整工作。选优配强基层党组织书记，按照党组织领导的校长负责制要求配齐基层党组织专职副书记50个。推动基层党建品牌创建全覆盖实施，实现党建工作和业务工作双促进、双提升。2023年，成功创建省市示范性党组织6个，“双带头人”党组织书记4名，市教育系统第三批党建示范校7个，市教育系统第三批支部特色品牌11个，市党建联建最佳实践5个。

修订完善《安吉县教育人才引育实施办法》，保障教育人才引进政策支持。全年发布招聘公告6期，组织赴高校现场招聘和网上择优招聘10场，引进学科竞赛金牌教练2人，签约录用新教师178人，其中双一流高校毕业生46人、硕士研究生56人。深入实施“名师、名校长、名班主任”培育工程，全力培育教学骨干，本年度入选浙派名师名校长培养工程5人、市级名师工作室主持人26人，获评正高级教师4人，新增省市教坛新秀、市级优秀教师20人，教师省级及以上各类业务比赛获奖超100人次。完善人才梯队培养机制，组建39个特级教师工作站和县级名师工作室，学员实现全县各校全覆盖；遴选特级教师后备人员培养对象6人，聘请省内名师结对帮带；制定《安吉县教育系统优秀年轻干部选拔和培养办法》《安吉县新入职教师管理办法》；组建青年骨干教师“逐梦班”，加强优秀年轻干部培养、促进优秀年轻教师加速成长。

【教育保障】 2023年，完成教育项目建设17个，总投资约117800万元，新增7300个义务段学位，撤并“小偏弱”学校4所、校区（教学点）5个。开展维修改造提升工程，投入1000万元对全县18所学校进行各类综合性维修，包含校舍隐患消除、室内外运动场地翻新、校园环境提升、扩班设施设备添置等方面。启动教育布点规划中期修编工作，对原先制定的2017—2030年的教育设施布点规划进行中期修编，将与全县国土空间规划统一，规划起止年限调整为2023—2035年，2023年完成编制单位、风评和公参服务单位招标，并完成初稿编制。

【教育改革】 推进县城区6所学校体育场馆免费向市民开放，项目获评县“微改革”优秀案例。推进教育资源数字化应用，入选省之江汇教育广场教育资源36个、获评省优秀学校空间1个、省优秀教学空间8个、区域阅读省优秀案例1个、中小学智慧校园省优秀案例1个、平台应用省优秀案例1个，安吉县教育局被评为“五育七彩”暑假公益课堂活动省“优秀组织奖”。通过省级人工智能实验区验收，成功创建省级人工智能试点校5所，获全国学生信息素养大赛“创新之星”1个、全省信息素养大赛一等奖1个，南北湖小学学生罗康力、龚浩延获世界机器人大赛锦标赛一等奖。

数字化改革　2023年，制订《2023年安吉县教育系统数字化改革工作要点》，启动安吉教育本地仓项目建设，建设安吉县教育大数据计算平台专区、教育数据仓及数据资源体系，建成教育专区数据接口服务平台、教育专区数据共享交换服务平台、教育专区数据集成系统以及教育专区统一运行支撑平台。完成县教育系统应急会议系统部署，建立起局端与学校、学校与学校之间等多场景应用，提高全系统应急响应和处理能力。全县投入465.4万元采购信息化装备，其中安装交互式多媒体275套、一体机60台。

教师管理改革　完善教育系统编外用工管理办法，规范幼儿园劳动合同制教师编制核定，制定《幼儿园劳动合同制教师薪酬管理办法》，规范学前劳动合同制教师工作薪酬发放。修订《教育系统校级领导管理办法》，规范校级领导选人用人、履职考核办法。完善《教育系统职称评审量化办法》，优化教师职称评审导向，充分体现教学实绩、班主任（中层）任职和农村任教年限优势。制定《教育集团教师流动指导意见》，规范集团内教师交流办法。

校外培训机构监管改革　落实“双减”政策，全面推进校外培训机构治理。坚持“重点监测＋动态追踪”，将37家多次违规机构纳入重点监测名单，联合部门“不定时、不出声”进行暗访回看。创新使用“1＋N”检查模式，开展多部门暗访回看行动30余次，暗访培训（托管）机构70家次，累计出动检查人员300人次。坚持“专班联动＋群众监督”，绘制县域“监管地图”，实施校外培训清朗环境专项行动，以“日查＋夜查”“联检＋抽检”等方式，开展常态化、地毯式检查。组建“两山”志愿者之家，吸纳50余名志愿者在15个乡镇（街道）参与网格化巡查，为“双减”专班提供实时动态监管线索。坚持“规范查处＋违规曝光”，规范全闭环违规查处流程，查处学科类违规培训17起，其中10起移交综合行政执法局调查处理，罚款89940元，并择典型在微信公众号予以公开曝光。

【平安建设】　2023年，建立健全“党政主导、部门联动、社会参与”平安校园建设管理体制，构建群防群治校园安全体系，校园安全工作总体平稳，防溺水工作取得年度阶段性重大成果，全年未发生涉校园安全重大负面社会舆情，省市重大暗访督查无重大问题通报，校园意外伤害起数及理赔金额较上年分别下降40％和17.4％；教育局获评2022年度县食品药品安全责任制考核优秀部门。

平安校园建设　县教育局牵头推动建立县委教育工委领导下的校园安全稳定工作联席会议机制，并行文印发至各县级相关部门、乡镇（街道），初步构建全县“齐抓共管、各负其责、密切配合、群防群治”学校安全稳定工作体系，先后3次召开防学生溺水专题和心护航专题形势研判与工作部署会议。防溺水工作取得突破性成效，实现近五年来学生溺水死亡事件首次“零发生”。聚焦随迁子女和留守儿童等学生重点群体，强化家校协同育人机制，持续推进青少年心护航工作，深入开展中小学“三机制三清单”专项督导，印发督查简讯6期；配合相关职能部门开展综合帮扶，为贫困家庭学生募捐社会爱心15500元。针对全县心理健康专职教师配备不足及民办学校C证持证率低等问题，研究印发《关于加快落实中小学心理健康专职教师配备工作的通知》，全县各中学及800人以上小学在2023学年通过转岗完成专职教师配备工作，并分别在9月（基础工作指导性培训）、10月（骨干教师赴高校培训）、11月（转岗教师专家指导式培训）组织开展三期专业能力培训达197人次。

专项行动　切实加强安保维稳工作，为全国两会“杭州亚运”等营造安全稳定的校园安全环境。组织开展校园安全生产和消防安全“拔钉除患”专项行动，制定《安吉县校园安全生产和消防安全“拔钉除患”专项行动实施方案》，组织落实全覆盖专项检查。组织人员每月开展校园安全抽查，教育局牵头成立由公安局、卫健局、市场监管局、消防救援大队参与的联合检查组，对全县26所重点单位开展全方位督查，检查通报一般性隐患问题78个。研究制定《2023年深入推进“除险保安十大行动"工作方案》,成立督查组下沉一线学校开展"除险保安"工作专项督查,印发督查通报4期,督促整改问题百余项,重点完成第二小学、梅园学校"建筑物外墙瓷砖剥落隐患"专项整治及昌硕高级中学等20所寄宿制学校学生宿舍逃生口隐患专项整治工作。主动联系县交投集团,共同构建以"普通公交优化+定制公交补充"为核心交通保障机制,新增15条定制公交线路,增设5条校车接送专线,确保乐三学校、第四初中、天子湖中学、孝丰中学等四所涉布局调整学校学生上下学交通保障。

安全宣传教育　常态化开展相关安全主题日(月)教育活动及安全教育平台专题教育,联合县检察院开展"UP青春我来说法"校园普法微视频创作活动,每周通过安吉教育微信公众号和安吉检察发布公众号推送优秀作品,其中杭垓幼儿园作品《携长风予你》在央视频公众号、"浙江检察"官微和视频号发布;承办全省防范学生溺水工作启动会暨湖州市2023年学生防溺水百日宣传教育活动启动仪式;承办湖州市学生防溺水师资培训班,开展安吉县第一期学校救护员培训活动。委托第三方专业机构,分批次完成全县400多名校园保安技能培训,完成年度校园食品安全管理员年度培训任务。

【教育工会】　2023年,安吉县教育工会下辖4个学区工会工作委员会和1个高中直属单位工会工作委员会。现有基层工会77个,其中民办学校工会7个。会员总数5832人,其中女会员4288人,占会员总数73.5%。县级"先进职工之家"52个,"合格职工之家"5个;县级"妈咪暖心小屋"59个。

开展教职工教学技能竞赛活动。开展多项教师技能竞赛活动:初中科学教师STEM课程能力大赛;初中心理健康教师技能大赛;中华经典诵读大赛;音乐、体育、美术教师基本功比赛;小学教师解题能力大赛;特殊教育教师能力大赛;特教资源教师能力大赛;班主任德育导师能力大赛等一系列赛事。发挥骨干教师传帮带作用,通过"师徒结对""青蓝工程"等为青年教师成长搭建平台,基层工会积极开展师徒结对数592对。发挥名优教师作用,举行跨学校、跨学区、跨乡镇师带徒活动。第二初级中学教师季冰被评为金牌导师,其徒弟张彦雨被评为未来之星。

打造"我在安吉教育这一年"工会活动品牌,联合城投集团工会组织单身教师徒步活动;开展新入职教师团建、征文、演讲比赛;组织书法教室开展"送万福进万家"活动。基层工会积极开展文体活动。基层工会共组织文体活动500余场,涉及全县教职员工。

加强工会阵地建设,积极参与学校民主管理,开好教代会。73所学校(单位)召开教代会,学校重大问题、涉及教师利益的制度制定与修改等均通过教代会表决后实施。建好教工之家,每个基层工会均建有教工之家。加强妈咪暖心小屋建设,完善小屋设施,提高创建规格,灵峰幼儿园和递铺中心幼儿园成功创建五星级和四星级妈咪暖心小屋。开展学校团建活动。

关心关爱困难教职工和大龄单身教职工生活,组织基层工会开展"多对一"的帮扶和做好"五必访"活动,2023年,慰问615人次,发放慰问金48万余元;发放医疗互助金23万余元,为二名教师发放特殊医疗互助金。开展三八妇女节、劳动节送鲜花活动。开展"最美教师"系列评比活动,评选出"最美教师"10名,"最美教师"入围奖10名,并在教师节进行表彰。昌硕小学获省"三育人"先进集体,高级中学章培清获省"三育人"先进个人;实验初中等6所学校(或年级组)获市"三育人"先进集体,李卫东等9人获市"三育人"先进个人;教育工会、孝丰小学工会等6个工会组织获市优秀工会组织,王海军等9人获市级优秀工会干部,程顺斌等15人获市优秀工会积极分子。

【教育督导】　2023年,完成全县各级各类学校教育督导工作,协助县人民政府教育委员会完成对乡镇履行教育职责情况考核评价。完成对各级各类学校发展性评价,对各级各类学校适时开展各项教育督导活动。

针对全国学前教育普及普惠县创建工作。对非编教师待遇达到在编要求75%情况进行梳理,基本摸清全县情况。对照全国义务教育优质均衡县创建指标,形成"一校一策"。完成"三大监测"工作。提升省教育现代化发展水平监测、区域基础教育生态监测、教育工作满意度、中小学教育质量监测数据得分率。推进“两大创建”工作。全面铺开现代化学校创建工作，4所学校完成创建。省级优质园完成省一级幼儿园3所、省二级幼儿园12所验收工作。优化学校发展性评价方案。调整2023学年学校发展性评价方案。组织“二代表一委员”视察教育活动，提升代表委员对教育情况知晓度，提高满意率。

・学前教育・

【概况】 2023年，全县共有独立法人单位幼儿园33所，其中公办幼儿园28所，民办幼儿园5所，分园和村幼儿教学点93个，在园幼儿15024人，其中公办园在园人数14382人，普惠性幼儿园覆盖率95.7%。省一级幼儿园14所，省二级幼儿园14所，省三级幼儿园3所。全县学前教育教职工总数2308人，专任教师1357人，教师持证率100%，持学前教育专业资格证率86.54%，保育员591人，工勤人员257人。

【制度保障】 修订《安吉县学前教育专项资金管理办法（修订）》，设立学前教育专项资金，用于支持学前教育事业发展。凤凰山中心幼儿园、良朋中心幼儿园创成省现代化学校，天荒坪中心幼儿园创成省一级幼儿园，递铺中心幼儿园、灵峰中心幼儿园香缇分园等12所幼儿园创成省二级幼儿园，幸福里幼儿园水口教学点、三官中心幼儿园双河教学点等10个村教学点被认定为市级美丽乡村幼儿园，塘浦中心幼儿园净土分园、报福中心幼儿园上张教学点等16个幼儿园被认定为县级美丽乡村幼儿园。

【安吉游戏改革实践】 2023年，确立实验、机关、孝丰、大竹园等10所幼儿园（教学点）为“安吉游戏”窗口幼儿园，成立由园长、副园长和骨干教师组成的“安吉游戏”研究团队，定期开展团队研修活动。研究文章在中国教育报发表3篇，省级交流获奖15人次，其中游戏分享《探索滚筒游戏》获2023年浙江省幼儿教育优秀教学活动评审（优质课）一等奖。明确“安吉游戏”公益原则，全年接待来自全国省份地区的参观84批次超3000人次，接待香港教育局局长一行交流访问、香港学习圈和澳门中华教育会来访3次，新增澳门“安吉游戏实践基地”2个。“安吉游戏”专家组分别到广东、江苏、新疆、沈阳、陕西、江西等地开展实地指导十余次。安吉游戏精彩亮相“2023港澳・浙江周”活动，并在香港专门召开“从安吉实践看游戏活动”专题研讨会。

【学前教育宣传月】 启动“倾听儿童，相伴成长”学前教育宣传月活动。灵峰中心幼儿园、晓墅幼儿园、书香名苑幼儿园三所幼儿园“倾听儿童，相伴成长”宣传视频在中国学前教育研究会公众号发布；组织县内骨干团队对全国学前教育宣传月优秀实践案例进行研讨，2个教师教研视频入选国家智慧教育平台教师研修板块之“幼儿保育与教育”模块。

【托幼一体化建设】 县卫生健康局、教育局联合召开安吉县托幼一体化建设推进会，并协调人员配比、各类经费等，部署托幼一体工作。天荒坪中心幼儿园在会上作托幼一体工作经验分享。全县共有12家托幼一体机构，其中天荒坪、章村、山川等6所公办园设有7个托育机构，全县托位数达到440个。

・义务教育・

【概况】 2023年，全县共有义务教育阶段学校43所，其中小学28所（含校区4个），初中15所（含九年一贯制3所），特殊教育1所。全县义务教育在校学生53259人（其中小学37573人、初中15686人），特殊教育学生126人。

【学校德育工作】 围绕“护‘两山’青少年阳光成长”工作目标，开展爱国主义、法治教育、生态教育等主题活动累计800余场次，超200次活动在安吉教育以外的媒体平台宣传报道，其中溪龙小学、第二小学开学第一课在央视播报。首次举办主题为“两山”青少年阳光成长义务段学校德育现场会，第二小学教育集团城北校区、梅溪中学分别承办。在首个全国生态日，制作并推送线上生态课《我的家乡——安吉》第一篇章《探秘家乡的绿水青山》。深入推进“两山”思政一体化建设工作，举行“理想信念主题教育月启动仪式”，组建中小学思政一体化联盟学校、骨干教师，征集“两山”“大思政”实践案例。首届省级“诗与路”主题征文特等奖1篇、一等奖1篇、二等奖6篇、三等奖和优秀奖29篇；第四届浙江省“小小书香大使"共收到1182件参赛作品，3组作品获得省级称号、8组作品获市级"小小书香大使"称号，5组作品获市级"小小书香达人"称号。第五届中华经典诵写讲大赛，54人获一等奖，78人获二等奖。"第八届学宪法讲宪法"活动中省级三等奖1人，市级一等奖8人。"千里江山万里海"爱国主义演讲赛省三等奖小学组1人。湖州市首届中小学"情绪急救"情景模拟大赛10名教师参赛，一等奖7个，二等奖3个。12所学校成功创建市绿色学校，2所学校获省节水标杆学校称号。

【心理健康教育】　利用电台FM1001、微信公众号、LED电子屏等媒介宣传2251885"心理热线"。县级心理健康辅导中心通过省考核验收，全年接待来访咨询共计593人次，其中学生292人次，家长293人次，教师4人次，老年人4人次。累计开展"心护航"专家团队进社区、校园活动53场；开展"从心启航"项目，对15名休学在家问题学生开展"一对一"专项帮扶行动，社工上门帮扶160人次；配合相关职能部门开展综合帮扶，为贫困家庭学生募捐爱心款15500元。研究印发《关于加快落实中小学心理健康专职教师配备工作的通知》，全县54所中小学全覆盖配备专(兼)职心理健康教育教师，实现配备率100%；完成210个村社家庭教育指导站个案服务100%全覆盖，个案响应率100%，全年指导服务近100个家庭，开展"安吉县家庭教育网络直播课堂"15场，惠及家长近50万人次。全县15家乡镇社会心理服务站在线测评和服务登记覆盖率100%，开展心理测评共2960人次。完成约600名教师C证培训和274名教师A、B证培训，150名教师参加市危机干预培训，开展心理教师工作坊活动6次。

【科研服务】　加强机制创新，规范科研管理，重视课题引领，推进教学改革，抓好重点学校、重点项目孵化，培育一些在省市范围内有一定影响力学校及研究项目。安吉县报福小学被评为浙江省教科研先进集体，全年共获省教育科学研究优秀成果奖二等奖1项，省教学论文评审一等奖3项、二等奖3项、三等奖11项。湖州市教育科学研究优秀成果奖一等奖4项、二等奖6项、三等奖8项。第十七届湖州市教研课题成果评奖一等奖1项、二等奖7项、三等奖5项。湖州市教学论文评比一等奖29项、二等奖48项、三等奖80项。

【家校联动机制】　第十小学、第七小学、溪龙小学"私人定制式"家访、入企家访等实践成效显著，《安吉"四十"家访构建家校协同育人新格局》获市领导批示并推广。研究印发《关于进一步加强学校家访工作的指导意见》，联合公安、司法、法院、妇保院等多部门，成立第一批安吉县家庭教育指导专家队伍，各校根据教育需求邀约专家进校开展主题讲座。

【少先队工作】　打造并建立"'两山'红领巾宣讲团"和"'两山'红领巾讲师团"两支红领巾宣讲队伍，通过招募、培训、宣讲、实践等多途径，提升少先队员和少先队辅导员综合素养。开展"学习二十大争做好队员"等主题宣讲实践。2023年，少先队安吉县天荒坪小学大队荣获"红领巾奖章"集体五星章(国家级)；校外辅导员代良轩代表浙江省少工委参加全国辅导员专业技能大赛(校外组)荣获三等奖(全市唯一、全省2名)；少先队员徐睿马提交的红领提案荣获浙江省第八次少代会"最佳红领巾提案"并在省八少提案发布会现场发布，裴峰、汪观孙在浙江省第八次少代会上当选省少工委委员；少先队员沈钰皓代表湖州市(全市唯一)在浙江省档案馆举办的"档案里的先行故事"暨"红领巾走进档案馆"主题宣讲活动宣讲《家乡安吉乘绿而起》，荣获"最佳讲解"奖；李子轩、徐睿马获评"浙江省优秀少先队员"，章雪、代良轩获评"浙江省优秀少先队辅导员"，少先队安吉县溪龙小学大队获评"浙江省优秀少先队集体"；金灿灿、秦艺源、沈钰皓、方奕昕获评"湖州市新时代好少年"；多篇案例或理论性文章在《辅导员》《少先队活动》《博学少年》等杂志发表。校内外研学实践等活动10余次被央视《新闻联播》《朝闻天下》《新闻直播间》等节目选用，少先队活动信息被省级以上媒体录用60余篇。

【创新教育工作】　成功承办2023年湖州市中小学生田径运动会、湖州市劳动教育推进会；安吉县昌硕小学、安吉县第三小学被评为2023年浙江省健康促进学校(金牌),安吉县高禹中学、安吉县技师学院通过复评;安吉县天荒坪小学、安吉县孝源小学被评为第四批浙江省近视防控特色学校;安吉县第八小学被评为浙江省足球特色学校;安吉县第二小学在2023年浙江省中小学生艺术节中荣获优秀组织奖。安吉县第七小学获评2023年省文明校园,安吉县第五小学、安吉县安城小学、安吉县昌硕小学获评2023年市文明校园。实验初中《一根网线两块屏幕"教共体"探教育共富》和第二小学《依托一研三环融合共建,赋能大单元整体教学》入选浙江省城乡义务教育共同体第二批学校典型案例。

【学校卫生保障】 开展"美丽校园""文明校园"创建活动和健康管理中心建设,学校100%设有卫生保健室、心理辅导室,并配备专兼职医务保健人员和心理健康教师,推进珍爱生命教育、抗挫折教育和青春健康教育。中小学体育与健康课程开课率、眼保健操普及率均100%,学生每天校内体育活动时间不少于1小时。与多部门联动开展近视防控工作,2023年,学生近视率同比2022年降低1.49%。垃圾分类"三定一督"模式向全县各中小学校推广。

【学生减负工作】 规范义务段学校教辅材料征订,在浙江省中小学教辅材料选用结果备案系统上完成备案。落实"双减"政策,每月持续推送"双减"案例。提质课后托管服务工作,完善课程设置,2023学年,课后托管服务学校参与率100%(不包括民办和私立学校),全县学生课后服务参与率91%,教职工参与率96%。调整课后托管服务相关政策,将晚自习不再纳入课后托管服务范围。"浙里课后数字平台"应用进一步推广和使用,推动课后托管服务高质量发展。完善小学学科分项等级评价工作。

【民生工作】 有效应对小学入学高峰,完成7200余名一年级新生入学,安置现役军人、百强企业等政策生入学近200人。全面保障随迁人员子女入学就读,妥善安置随迁子女、民转公等就读学生近600人,随迁子女公办学校就读比例提升至82.6%,《同城共育推进随迁子女"上好学"》安吉教育强化助企纾困稳用工案例在安吉县第四季度营商环境案例评比中获优秀案例。创新开展集团化办学改革试点,组建小学集团化学校3个,分别是安吉县实验小学教育集团(玉华校区、城西校区、孝源校区),安吉县第二小学教育集团(递铺校区、城北校区)、安吉县第三小学教育集团(凤栖校区、凤凰校区),全域教共体(集团化)办学获省级试点。开展正脊行动,完成中小学生脊柱侧弯筛查28500人,完成率104%。

· 普高教育 ·

【概况】 2023年,全县共有普通高中6所(含十二年一贯制1所),普高在校生9443人(其中公办5999人,民办3444人),专任教师860人,其中副高级以上职称230人,硕士研究生以上学历158人。

【教学研究】 围绕"新高考·新课程·新教材"开展教学研究,加强学校选科、走班设置指导,强化"三新"背景下的课堂教学、命题设计和实验教学以及大数据支撑下的精准教学,努力提升教育教学质量。物理、化学、信息技术获省级精品课程各1节,1人获浙江省优质课比赛一等奖。

【合作办学】 深化名校合作助推普通高中高质量发展,推动实现安吉县高级中学与杭州第二中学成功签约,推进"学南通—争先进"普高提质行动,分别建立安吉县高级中学——如东高级中学、安吉县昌硕高级中学——栟茶高级中学和安吉县孝丰高级中学——马塘高级中学两地六校结对帮扶机制,组织开展安高—杭二和安—如教育教学交流16次。

【高考】 推动全县普通高中多样化、特色化高质量发展。探索分类办学教育改革实践,完善体制机制,夯实高考备考等各项教育教学工作,推进高考质量实现新提升。2023年,高考特控线上线人数459人,C9高校录取30人,双一流大学录取169人。持续推进"三名"工程,以"资优生"培养为突破口,推动全县普高教育向高质量、高层次发展,2023年,安吉学子在高中五大学科奥林匹克竞赛中获浙江赛区三等奖以上19人次。

·职成教育·

【概况】 落实浙江省职业教育培优提质行动计划，职教中心获评省信息化标杆学校，递铺区域性中心成人文化技术学校通过浙江省现代化社区学校验收。成功创建市级优质老年教育学校（学堂）六所，昌硕街道老年学校和孝丰镇老年学校获评省老年教育优质校。获评省级优质老年学习社团1个，“浙里美”老年学习达人1人，老年教育“领雁”教师1人，省级优质康养学基地1个，优质社会力量办学单位1个。

【职业教育】 2023年，安吉县共有中职学校4所，其中公办学校2所，民办学校2所。在校学生6841人，毕业生2889人，专任教师525人。1所中职学校挂牌安吉技师学院，全日制高职院校1所。全面实施《教育部职业教育提质培优行动计划》和《浙江省“十四五”职业教育发展规划》，推动职成教育持续提质培优。

全县职业教育省级考核获十连优，安吉县在全国农村职业教育和成人教育示范县推进会上作经验交流（浙江仅2县）。高职考本科上线58人，专业排名前100名26人，创历史新高。艺术高中学生张棋涵获省职业能力大赛美术造型一等奖，代表浙江参加国赛，并获全国职业院校技能大赛该项目全国二等奖。11名中职学生获2022—2023学年度中等职业教育国家奖学金。省职成教育优秀教科研成果评比获奖5项，省中职教育科研立项课题1项，省中职教师信息化比赛获奖2项。

职教中心与浙江科技大学开设3+4中本一体化工业设计专业合作，全年招生60人；四所中职学校与浙江经贸、浙江商业、湖职院等12所高职院校开展中高职3+2，新招36个班级，1200人。中国美院安吉教授工作室在艺术高中开展活动12次。艺术高中与韩国加图立大学合作，与湖州师范学院音乐学院签订建立教学实践基地。全面推进县老年联盟工作，15个乡镇成校成立老年学校，207个村社区建有老年学堂。

【成人教育与社会培训】 2023年，全县共有区域性中心成校6个（昌硕、递铺、孝丰、梅溪、天荒坪和天子湖），完成初高中双证制学历提升1905人，完成省级任务180%。成人高考报名人数2042人，录取1705人；自学考试报名1809人，电大招生458人，合计3972人，完成省级任务140%。32学时职业教育培训完成18682人次，完成省级任务225%。全年开展老年人智能技术培训46982人次，存入学分银行成果数242698个，经常性参与教育活动老年人口数占比超30%。全县四所中职学校全部开展1+X证书工作，实现全覆盖。昌硕成校李汉民校长获评省“扎根基层建功立业”优秀校长。

【杭州第二中学与安吉县高级中学合作办学签约挂牌仪式】 5月5日，浙江省杭州第二中学与安吉县高级中学签订合作办学协议并揭牌，同时为“名师工作室”授牌，这意味着安吉县高级中学正式成为杭州第二中学教育联盟校的成员。

【乐三学校投入使用】 8月，新建教育项目——安吉县乐三学校正式投入使用，学校占地88483平方米，建筑面积77816平方米，

5月5日，杭州第二中学与安吉县高级中学合作办学签约挂牌仪式举行

9月，安吉县乐三学校启用

总投资约4亿元，办学规模为66个班，总学位2970个。

【农村学校可持续发展教育交流活动在安吉县报福小学举行】 11月7日，农村学校可持续发展教育交流活动在安吉县报福小学举行。联合国教科文组织可持续发展教育教席Charles Hopkins教授和Katrin Kohl首席研究员全程参与交流活动并做主题讲座，联合国可持续发展教育（杭州）专业区域中心主任吴卫东、副主任施小东（德国汉斯·赛德尔基金会浙江代表处首席代表），安吉县教育人力资源管理中心相关负责人，安吉县部分农村中小学校校级领导和中层干部参加了此次交流活动。

（林　浩）

安吉技师学院

【概况】 安吉技师学院围绕“创建省一流技师学院和建设省高水平专业群”目标，守正创新、争先进位，各项工作均取得明显成效。2023年，学院入选全国技工院校工学一体化第二阶段建设院校，获评省信息化标杆校建设单位，获浙江省健康促进学校，被推荐为新时代浙派工匠培育突出贡献单位，累计争取中央和省财政项目建设资金近1400万元，学院整体办学实力又有较大幅度提升。传统优势项目“管道与制暖”获得全国金牌（第一名），学院获评世赛全国牵头基地的荣誉。

2023年，学院焊接赛项获得国际2金2铜和团体银奖；管道与制暖、数字中台远程运维、智能硬件装调4人次获得全国一等奖（金牌）、2人获评全国技术能手、2人获评省技术能手、1人获得省“五一劳动奖章”。年度累计国际级获奖8人次、国家级获奖10人次、省级获奖41人次；相关工作成果7次得到省市县领导书面批示，3次被浙江卫视专题报道，1次全省技工院校经验交流，《浙江日报》《浙江人社》《湖州日报》《近日要情》《政务快讯》等刊发信息报道30余篇。以上数据均填补学院发展史上的空白或创造历史最佳成绩。

进一步理顺学院、学校统分结合的管理体系，根据省市县规范管理的要求，36名行政人员转

11月24日，2023第七届一带一路暨金砖国家技能发展与技术创新大赛之“嘉克杯”国际焊接大赛闭幕式暨颁奖仪式

隶到技师学院使用事业编制报备员额管理；打通了选人用人、职称晋升、岗位评聘的政策堵点，为教师职称晋升提供了通道。2023年度，累计晋升高级职称7人，晋升中级职称7人，提升聘用等次35人，进一步优化了学院人力资源结构；严格遵循选人用人规定纪律，征求组织、纪委部门意见33人次，提拔任用5人，免职3人；参与县委县政府中心工作，推荐中层干部岗位交流1人、派驻城市有机更新1人、派遣干部宣传部挂职1人，目前技师学院在编在职干部教师人数为95人，职教中心教师161人。全年共接待嘉兴、海宁、杭州等16批次交流考察团，为全省技工院校改革提供安吉方案。体制改革的平稳落地和成果显现得到县委副书记、政法委书记柏建华的肯定批示。

【领雁工程】　2023年度共引进35周岁以下青年教师29名，其中技能课教师14名、文化课教师15名。建成8个各级各类技能大师工作室，集聚33名青年教师纳入培养序列；建立21个"领雁"专家工作室，结对帮带77名青年人才；组建12个市级以上项目竞赛团队，38名技能人才纳入梯队培育。在导师带领下，扎实推进14名青年技能教师每年为期一个月的下企业实践锻炼，青年教师成长成才步履扎实有效。2023年，学院32名教师获省市县公开课、论文、教科研、技能大赛等业务能力比拼一等奖或第一名，38名学生获省市县各类专业能力竞赛一等奖或第一名，刷新年度历史纪录，学院核心竞争力明显增强。

【高考招生】　2023年度，学院216名考生参加中职高考，55人上本科线，本科率25.6%，超全省本科率5倍，本科上线人数和上线率均居均位列湖州市各中职学校第一；3+4中本一体班37人，全部顺利就读浙江科技大学（安吉校区）；学院46名学生顺利就读学院机械和电气专业高级工班，也是学院发展史上值得铭记的成果。随着学院办学能级、教学质量、竞赛获奖大幅提升，知名度、美誉度、吸引力也同步提高。2023年学院计划招生1195人，实际招生1303人，其中技工口学籍900人，占69%、教育口学籍403人，占31%，在校学生数达到3385人。在招生过程中，学院切实担负起公办职业技能院校服务地方、安置生源的社会职能，帮助县内低收入家庭实现低成本入学愿望，为县内新安吉人家庭子女开通"招生绿色通道"，稳定企业外来一线技能型员工继续留安就业，为此收到困难家庭送来的2面锦旗感谢。

【创新人才培育】　立足技工口人才培养，实施多元办学，建立内外"双循环""双证制"培养模式。对内，与浙江开放大学（安吉）主动对接，对学院高级工段学生开设函授课程，增设学历教育，毕业后再颁发专科学历，有12名学生参加开放大学函授学习，毕业后可以取得技能、学历双证。对外，与昆士兰职业技术学院缔结友好学院，成功搭建昆士兰科技大学本科升学"3+3"双文凭培养模式，有12名学生纳入该模式培养，技工学籍生源双证制探索内外双通道顺利打通。此外，昆职院外籍教师柔性入驻学院"海外大师工作坊"，开设为期一周的讲座、交流、现场授课等服务，累计服务3个部门、4个乡镇、8家企业，国际化合作成果扎实有效。该工作得到省人社厅党组副书记、副厅长刘国富肯定批示。

【院企合作】　学院扎实推进"引企入教"改革，以资源共享、优势互补、互惠互利为原则，切实推进院企融合发展。深化推进与英特科技、阿里云、华意科技等13家企业的合作共建，成功挂牌3个产业学院、5个企业学院、1个社会培训学院；开办中德诺浩智能网联、农村电商直播、民宿管家6个"定向班"，培育专才240人；学院与新华书店、中国电信（湖州）合作协议已经签订，下一步两家国有企业将累计投资180余万元，建设学院书店和信息产业学院，产教融合外延进一步拓展。

【社会培训】　坚持"立足产业，服务社会"的功能定位，依托职业技能培训鉴定，开展多元服务。2023年度，承办各类多工种技能大赛17场，为85家企业开展专项培训7000余人次，"三茶"统筹培训240人，完成县考核任务的160%；组织实施职业技能等级认定11场，鉴定产生高技能人才672名，其中技师46人；开展电商人才培养与认定工作，考核认定核发中级工证书250余人。

学院围绕乡村振兴发展战略，延伸专业服务触角，深化和余村大景区、黄浦江源旅游度假区合作，针对性培养乡宿、民宿管家和旅游服务专业人才280人次；开设“舌尖上的美食”公益培训，指导61名厨娘烹饪特色菜品，为共富项目提供专业支撑；安排4名旅游电商学部实习生进入欢淘电商白茶抖音直播间，直播带货安吉白茶1300万元；主动参与“十里景溪”夜市活动，参与主办“竹林鸡乡”第一届安吉竹林鸡烹饪大赛；成立“安吉县新时代文明实践点”，学院志愿者团队、“家电维修”“计算机网络维护”等7个小分队，先后前往华乐小区、桃园社区、孝源街道等免费开展结对志愿活动10余场，体现学院服务地方的责任担当，助力共同富裕和乡村振兴。

【安吉籍大学生专场招聘会】 6月，承办“安吉籍大学生专场招聘会”，助力安吉县大学生招引工作。选定县内103家重点企业，精准做好技术帮扶、人才引育、培训鉴定、实习见习等工作，在此基础上又针对性制定《安吉技师学院服务县内上市公司、新业态龙头企业、招商引资重点企业工作方案》，由学院领导领办，对洁美电子、亚太机电、飞天云动等24家县内重点企业走访对接全覆盖，着重在人才引进、新型学徒制实施、员工技能培训、技术难题解决等方面发挥学院优势，制定相关服务方案。此项工作得到副县长郭连伟肯定批示。

【结队金川县教育局签署技能人才培养共建框架协议】 学院自2021年起承担金川县适龄学生来安求学的培养工作，为贴心做好对口帮扶，学院针对金川籍学生推出“六免、五专、四保障”优惠政策。7月，学院与金川县教育局签署技能人才培养共建框架协议，学院共有四川籍学生31人。学院将以此为契机，进一步深化对口地区人才培养工作，切实肩负起帮扶责任。

（郑怡然）

6月，安吉籍大学生专场招聘会举办

浙江宇翔职业技术学院

【概况】 浙江宇翔职业技术学院是浙江省人民政府批准、教育部备案成立的全日制普通高等学校，属专科层次的民办高职院校。于2018年7月筹建，2020年3月获得省政府和教育部的审批，同年5月通过教育部备案，纳入全国普通高校序列。学院下设工程管理系、网络经济系、财经管理系、人文旅游系、国际商务系、艺术设计系、思政部和体育教研部等8个系部。2023年，新建直播电商校中厂和宋茗白茶产业学院，在人才培养方案、课程体系构建、课堂教学、实习实训诸方面全方位无缝对接，学生培养质量显著提升。全年招生的全日制高职专业16个，在籍学生9300余人；专兼任教师300余人，副高以上47人。

【组织建设】 全年分期分批发展师生党员40名，比上年增加33%。2023年，学院共有基层团支部162个，团员1021人，其中2023年发展174人。校团委始终把团员和青年主题教育作为一项重要政治任务，谋划在前，精心部署。2023年，学院团委被评为湖州市先进团委。

【招生与专业建设】 2023年学院新增护理、财税大数据应用、茶艺与茶文化等三个专业。招生数量与专业发展双翼齐飞。2023年16个专业，计划招生

3500人，实际录取3497人，报到3246人。部分专业的平均录取分数超出了省控线100多分，生源质量大幅度提升。

学院加强工业机器人技术、旅游管理、电子商务、视觉传达设计等重点专业建设。带动城市轨道交通运营管理、物联网应用技术、网络营销与直播电商、数字媒体技术等新兴专业群建设，为促进行业（企业）和区域经济发展发挥积极作用。

6月，学院第一届自主培养的2574名毕业生，分布在工业机器人技术、电子商务、国际贸易实务、会计、旅游管理、商务英语、视觉传播设计与制作和物流管理等八个专业。学院构建了以现代服务产业、商业经济贸易、时尚创意产业、婴幼儿教育行业等专业为重点，适度发展适应于长三角、浙江经济圈产业结构升级与技术更新急需的现代物流业和装备制造产业类专业为辅助的专业体系。

【人才与队伍建设】 全年引进83位新教师，其中硕士研究生占90%以上。学院对新入职的教师进行为期两个月的师德师风、教育教学和学生管理等方面的专题培训；完成新老教师结对部署，开展有效帮带工作；在教师中初步建立了“教学能手、科研先锋”等人才称号，并逐步推行实施；按照《浙江宇翔职业技术学院“十四五”事业发展规划》人才发展目标、要求、任务和举措，分解落实，人才工作的首位度不断强化；学校教师的人才引进政策得到进一步落实，全年近20位教师享受购房补贴，30余位教师已享受生活补贴，40位完成申报就业补贴。

【教科研及成果】 2023年，学院获批省级教改项目6项；学院结合两山理念安吉实践的论文和研究课题几十项；获批“十四五”国家规划教材一本；结合专业和课程改革的教学教研项目70余项。学院“艺术赋能，助力乡村振兴案例”入选人民网全国高校经典案例。学院申报的《高职英语》《配送管理实务》《视听语言》《电子商务基础》四门省级示范课程思政课程，覆盖校内主要专业群，全面带动课程建设水平。《“两山理念”立体化融入课程思政的创新与实践》等三个项目获批省级课程思政教学研究项目，培养了一批课程思政的骨干带头人。

【学生竞赛成果】 学院各专业学生在各级各类竞赛获奖120多项，获奖作品80余件。其中会计企业经营沙盘比赛（A类）获省一等奖，取得学校A类赛事奖项的重大突破；2022中国（浙江）产教融合创新创业大赛一等奖；“感知中国，拥抱世界”第十二届校园新生代国际青少年艺术节各地区选拔赛获得一枚金奖和四枚银奖；浙江省高职院校“导游服务技能”比赛获三等奖；中国大学生广告艺术节学院奖2023秋季征集大赛金奖；第十一届未来设计师·全国高校数字艺术设计大赛一等奖4项，国际大学生手绘艺术与设计大赛金奖3项；中国大学生广告艺术节秋季征集大赛中，学生设计的以企业“喜多多”为命题的平面广告《有喜就够》获得了金级类荣誉；全国高校“财务实操技能大赛”取得一等奖、二等奖、优秀参赛学校和优秀组织奖荣誉称号；“百蝶杯”第九届全国大学生物流仿真设计大赛圆满结束，工程管理系参加全国大学生物流仿真设计大赛的两支队伍（智控一组、智控二组）分别获得全国二等奖和全国三等奖；国际大学生手绘艺术与设计大赛金奖3项，银奖2项；中国当代大学生艺术作品年鉴银奖；日本大阪视觉艺术协会主办的2023第五届日本概念艺术设计奖（CADA）铜奖等。

【心理健康与学生帮扶】 学院积极开展爱生资助帮扶，设立包含助学贷款、助学金、绿色通道、就业交通补贴等经济困难家庭学生资助，以及学费减免、学费补偿等退役士兵助学金服兵役资助等诸多资助项目。推进心理健康计划，新建心理健康实训室。在化解隐患的同时，开展发展性心理健康教育，全力以赴护航身心健康成长。“校、系、班、寝”“四级”预警防控体系运行稳定，建立心理咨询室，开设心理健康知识专题讲座，极大提升了学生心理健康水平，塑造了学生积极向上的心理品质。

【办学条件改善】 2023年学院积极筹措资金，在改善办学条件及师生生活条件方面做出极大努力，投资购置了一大批教学实验设备。投资2000万元建成了1700平方米的学生第二食堂；完成了包括篮、排、网、羽在内的11块运动场地的更新改造，新增灯光球场4个；对部分存在险情的院墙落地重修；投入 800 余万元对教师公寓进行了全面的升级改造，极大改善了居住条件。

【合作共建实训基地】 3 月，学院与安徽王家艺术公司共建宏村、西递校外写生基地。完成了 900 余名艺术设计学生写生任务；6 月，学院和安吉新飞亚文化传播有限公司达成战略合作，在校内建设直播电商实训基地，该公司直播电商职业导师团队全体驻校执教核心课程，完全实现了直播电商理实一体化教学；11 月，浙江宇翔职业技术学院与浙江安吉宋茗白茶有限公司合作成立“宋茗白茶产业学院”，开启了校企深度合作新篇章。投入 800 万元新建护理、艺术设计、大数据与会计、机器人等专业实训基地。并对实训基地与教学设施进行了专业化、课堂化改造。80 亩中电数码园、四星级安吉国际假日酒店、汽车驾驶培训技能培训中心等 3 个大型实训基地课堂化正常运营，进入教学实用阶段。工业机器人实训室、模拟导游实训室等 25 个校内实训室等教学运行良好，实践教学课程开发不断完善。学院还与当地相关职能部门合作共建“两山电商产业学院”；与安吉文旅集团、安吉县农业农村局初步达成了共建“乡村振兴旅游产业联盟”意向。全年创办安吉县民宿管家培训班 4 期，培养了 100 余名安吉民宿管家并通过专业学习考试，获得了民宿管家专项职业技能鉴定证书，为当地“共富产业”工程添砖加瓦，切合了当地经济发展特色，也是为乡村振兴提供人才培养支持。

浙江科技大学安吉校区

【概况】 浙江科技大学安吉校区（中德工程师学院）由浙江科技大学与安吉县人民政府共同建设。校区占地 1000 亩，一期项目占地 500 亩，投资 8 个亿，建有 18 个单体建筑，总建筑面积 16.5 万平方米；二期项目占地 500 亩。学校坚定不移走特色办学之路，与德国吕贝克应用科技大学、西海岸应用科技大学合作举办中德工程师学院并顺利获教育部批准，成为浙江省首个本科层次非独立设置的中外合作办学机构。安吉校区一期项目于 2014 年 10 月基本建设完成，10 月 8 日投入使用。2023 年本校区共有 4400 余名在校学生，涉及 14 个二级学院，50 个本科专业。校区共有多媒体教室 115 间，7800 座，公共计算机房 6 个，387 座（另有 3 个机房在建）、语音实验室 9 个，470 座；各类基础实验室 23970 平方米；行政办公 6443 平方米；图书馆 5788 平方米；风雨操场 4753 平方米；学生活动中心 5592 平方米，座位数 725 个；学生宿舍 1215 间，床位数 4642 个；学生食堂 7430 平方米，1000 个就餐位。

安吉校区实行“统一领导、条块结合，以块为主”的管理模式。即成立安吉校区管委会，代表学校党委、行政对安吉校区行使管理、协调及对外联络等职能。校区按“大部制”方案设置综合办、教学事务中心、学生事务中心、后勤事务中心四大机构，分别根据相应职责负责安吉校区的具体事务处理。成立保卫办（人武办）、图书馆（分馆）、信息化办作为职能处室派驻常设机构。校区还积极探索建立科院特色的书院制学生管理与教育模式，结合校区建筑风格，融合传统文化精髓与安吉地域文化，以“竹”为主要元素，建设了新竹书院、劲竹书院、雅竹书院、翠竹书院、秀竹书院、怡竹书院 6 个书院。

安吉校区以能力培养为导向，深化校区教学改革。以课程教学改革为切入点，转变课程教学方式，激发学生自主学习和自主实践兴趣，提升学生的自主学习能力、工程实践能力和创新创业能力。组织开展科技竞赛与科技创新，培养学生的实践能力和创新能力，通过组建竞赛指导教师团队、开办竞赛宣讲、展示、互动交流活动，招募培育新生竞赛苗子。校区获 2014—2015 年省级三育人先进集体；2016 年“‘四化为领、三自为体、三全育人’——基于异地办学的育人模式探索与实践”教学成果荣获浙江省教育教学成果奖二等奖。

安吉校区坚持以“四化四无”为内核，推进校区文化建设。以“四化”（现代化、国际化、生态化、高雅化）为引领，开展师生优秀艺术作品展、优秀影视作品展播、民族音乐专场、话剧专场、新年晚会、国际文化展、新年交响音乐会等活动，提升校园文化内涵，校区文化氛围向着高雅、独特、国际化迈进。以“四无”为要求，抓好学风建设。为努力营造良好的育人环境，响应校区“无游戏寝室、无手机课堂、无早餐教室、无作弊考场”号召，在全校区开展“四无”倡议，动员学生签订"四无"承诺书。校区全面实施诚信考场，建立学生诚信档案。通过诚信教育，推动学校学风建设，提高学生诚实守信的意识，培养学生的自我管理能力、责任感和荣辱观。

【校地合作】 安吉校区坚持开门办大学，全力以赴落实学校"两全战略"。以学科建设为龙头，以面向经济转型升级需求和战略性新兴产业布局为导向，着力实施"校校合作""校地合作"活动，签订合作共建优质生源基地和校外实践基地协议，主动与地方企业开展对接联系，全面服务安吉。2014 年以来校地合作横向合作项目 100 余项，39 个合作项目被列为湖州市地校合作重点项目，10 个项目被评为湖州市地校合作优秀项目，申报 3 个与湖州市重点产业紧密关联的服务团队。安吉校区获湖州市地校合作先进集体 1 次，2 名教职工先后获湖州市地校合作先进个人。与安吉广播电视台新闻宣传中心对接推进安吉智慧城市建设，促成经典影视进高校、高雅艺术进高校等合作项目 2 项，参与安吉县街角文化建设，提升安吉县域文化内涵。学校先后加入了湖州市地校合作行动计划(2017—2020 年)、环太湖高校联盟等。为更好地服务湖州"中国制造 2025"试点示范城市建设，校区推进中德科技促进中心、中德校企合作联盟、中德论坛等在湖州、安吉落户或建立基地。2018 年 3 月，浙江省食品冷链物流装备技术研究重点实验室、中德智能冷链物流技术研究院落户安吉校区。围绕安吉绿色产业，依托学校优势学科和高层次人才队伍，2022 年落地成立安吉研究院，建立安吉县政府、企业和浙江科技大学三方高层次人才的共享互聘机制，与天草生物、纳美新材料、洛兮医疗、永艺家具等企业签订专硕联合培养基地。逐步建立与地方经济发展需求相适应的人才培养、科学研究和社会服务体系，与湖州、安吉地方合作迈上了新的台阶。安吉校区围绕"教育教学改革的'试验田'、服务地方经济社会发展的'桥头堡'和国际化办学的'金名片'"为总要求，以"立德树人"为根本任务，秉承"崇德、尚用、求真、创新"的校训，继续深化教学体制机制改革，创新人才培养模式，加快建成现代化、国际化、智能化校区，为高水平建设社会主义的浙江科技大学贡献才智与力量，为全省的高等教育事业发展探索新经验，为地方社会发展和经济转型升级提供智力支撑和人才保障。

（曹　赟）

科技工作

【概况】 2023年，配合市科技局做好可持续发展创新议程示范区工作，报送典型案例3个，余村经验写入小城镇可持续发展国家标准。受邀参加第30届全国农业高新科技成果博览会。获评浙江省科技特派员工作先进集体，有关做法和典型案例或人民日报、浙江日报等主流媒体报道。

推进农高区创建，省市县三级联动向科技部专题汇报，科技部农村中心主任一行到安吉园区实地指导。选派1名农高新集团干部赴农村中心挂职，对接农高区创建工作。参加农村中心“十四五”项目组织实施推进视频会议并做交流发言。助推两山未来科技城、灵峰智慧谷建设，引进科创类项目11个，浙北生命健康小微产业园和“两山”未来科技城科技人才中心项目入选省315创新强基项目库，累计投资8.9亿元，投资完成率174%。深化竹产业创新综合体建设，做好与国家竹产业研究院对接工作，组织专家对竹产业重点研发项目进行中期检查，督促指导企业完成整改，形成并反馈中期检查意见；与林业局联合开展竹产业科技创新（产学研合作）项目申报评审立项工作，立项23项。配合市科技局做好可持续发展创新议程示范区工作，报送典型案例3个，余村经验写入小城镇可持续发展国家标准。市级科技企业研发中心第一批认定17家，计划推荐申报第二批20家；新增省级科技小巨人企业1家，新增省级重点企业研究院1家，新增省级企业研究院2家，新增省级高新技术企业研发中心16家。

5月6—7日，中国农村技术开发中心主任邓小明一行在安吉调研

推进创新主体“育苗造林”工程，完善科技企业“微成长、小升高、高壮大”梯次培育工作机制。2023年，新增省科技型中小企业228家；完成国家科技型中小企业培育评价入库申报426家；国家高新技术企业54家新申报、72家重新申报通过省厅专家评审。带领机构专家实地走访相关企业，为企业提供技术咨询、项目申报、人才培养、研究开发、技能培训等多方面服务。成立科技服务团，带领技术转移中心、研究院博士走访企业40余家次，关键核心技术攻关应用企业技术需求申报28项。完成技术交易额68.49亿元。发放创新券667万元，确认使用359万

元。入选科技条线国家级引才计划火炬计划项目3人,实现零的突破;入选科技部高端外国专家项目1人(全市仅2人);申报省级"海外工程师计划"12人(申报数排名全市并列第一),入选市级"海外工程师计划"12人(排名全市并列第一);省领军型创新创业团队1个团队通过实地核查;被湖州市推荐申报省万人计划科技创业领军人才3人(科技创业领军人才项推荐数全市第一);申报省引才计划标准化认定4人,排摸集中评审线索21人;截至10月31日,新增B证以上外国人才82人,其中a证46人、b证36人,提前完成考核年度任务,排名全市第一。

创新推出"研发支出占营业收入比重"纳入"亩均论英雄"考核,探索建立多元化、多层次、多渠道研发增长模式。组织开展研发年报填报和研发费用清零培训,分组走访企业辅导研发费用归集。2022年度研发费用占GDP比重为3.36%,超过市平均(3.3%)0.06个百分点,超过省平均(3.11%)0.25个百分点。规上企业研发投入占营业收入比重3.24%,研发活动率82.69%。研发费用亩均评价改革入选第三批县微改革项目。亿元以上入库工业项目中高新项目占比59.6%,3亿元以上入库工业项目中高新项目占比68.3%。完成高新技术产业投资60.98亿元,同比增长71.6%,全市排名第一,高于全县工业投资同比增幅55.5个百分点(全县工业投资同比增长16.1%),高于全市高新技术产业同比增幅38.4个百分点(全市高新技术产业投资同比增长33.2%)。高新技术产业投资占固定资产投资比重20.3%。推荐申报省"尖兵""领雁"项目11个,成功立项4个。共推荐申报省科技进步奖6项,天草生物参与获省科技进步二等奖,洁美电子牵头获省科技进步三等奖。策划"助推三个年,科技赋能促共富"科技特派员20周年系列活动,开展"送科技下乡"、科技特派员20周年征文、最美科技人主题宣讲等主题活动。完成第九批市、县级科技特派员总结考核验收等工作,初步完成第十批特派员选派。在全省科技特派员20周年表彰大会上获评省级先进集体,全市唯一,有关做法和典型案例在人民日报、浙江日报等媒体报道。新认定县级星创天地5家,申报省级农业重点企业研究院1家。申报市级项目33项,立项24项,完成一批乡村振兴科技好项目验收,并启动新一批好项目申报。

组织开展"学习贯彻二十大实干争先走前列"系列主题党日、"六个一"党风廉政宣传教育月等活动。建立健全青年干部培养机制,每月开展活动,提升青年干部学思用各方面能力。与开发区、乡镇(街道)沟通交流,着力打造业务水平高、综合素质强基层科技人才队伍。组织乡镇科技联络员培训2次,排摸科技联络员"项目服务清单"事项38条。围绕科技项目申报、企业研发费用归集、科技政策宣讲等主题,分批次、分门类组织各类企业培训5次,参加企业600余家次,指导企业开展研发活动、抓好人才引育,推动企业高质量发展。深化党风廉政建设,加强班子、干部队伍管理,出台《安吉县各级科研计划项目管理办法(试行)》,规范科技项目实施流程。开展科技类校外培训机构规范化检查5次,发现问题5起,完成整改5起。配合巡察办完成科技领域乡村振兴各项巡察审计工作,13项问题清单全部按时完成整改。结合"大走访大调研大服务大解题"活动,实地掌握企业在项目申报、资金需求、科技人才中存在问题及困难,建立"问题清单""举措清单""责任清单"。完成全县15个乡镇(街道)走访全覆盖,累计入企服务320余家,解决各类实际问题50余个。配合出台《关于进一步加快推动经济高质量发展的若干政策》,推出11条科技创新专项政策。兑付各级科技专项资金7265.924万元,累计惠及企业400家次,其中省级专项资金2766万元,县级科技专项资金4499.924万元。完成技术创新服务中心承担的2个中央引导资金项目验收。

【首批高新技术产业园区】 2月,浙江省政府发文认定14家省级高新区,安吉高新技术产业园区获评首批省级高新技术产业园区。这是浙江省采用创建制建设省级高新区以来,省政府发文认定的首批高新区。

【"亩均"改革推动研发活动】 3月,安吉县全省首创将"研发支出占营业收入比重"纳入"亩均论英雄"考核,推动全县研发活动率。促使全县规上企业研发投入占营业收入比重3.24%,研发活动率达82.69%,均居全市第一。

11 月，开展“生命健康＋人工智能”产业科技人才项目专场对接会

【科技人才项目专场对接会】 11 月，“生命健康＋人工智能”产业科技人才项目专场对接会在天荒坪开展，活动由县委组织部(人才办)、县科技局、县投促中心、余村(山川)旅游度假区管委会、余村集团主办，启迪之星(安吉)承办，活动促成 6 个项目成功落地。

(江　磊)

科协工作

【概况】 2023 年，县科协获国家级荣誉 5 个。安吉县入选 2021—2025 年度第二批全国科普示范县，全市唯一；安吉县“两弹一星”事迹馆入选 2023 年国家级科学家精神教育基地；安吉经济开发区管委会获评国家级海智计划基地，是 2023 年全省仅有的 2 家获评国家级海智基地之一；安吉明康汇浙江安吉蔬菜科技小院入选中国农村技术协会科技小院。受邀在国家级会议活动上交流发言 2 次。

获批中科协海智计划基地，全年引进人才项目 31 个，其中顶尖人才院士项目 2 个，国家级领军人才项目 5 个、省级 5 个。建成企业科协组织 33 家。鼓励科技工作者进行学术研讨与理论研究，安吉县首个护理国家级医学继续教育项目、县中医学会 4 项省级中医药继教项目科技赋能，助力全县健康养老、中医传承等亮点工作。统筹全县服务站点，分层分类提供专业服务，打造新时代服务型科协“重要窗口”。开展“千博助千企”博士入企服务团活动 3 次，帮助金羽新能源公司投融资，获中电投融和、九智资本等机构重量级投资。安吉明康汇蔬菜科技小院入选中国农村技术协会科技小院。召开安吉县科普工作联席会议暨全民科学素质工作会议。举办国际(安吉)“以竹代塑”创新大会、安吉白茶产业链技术创新论坛、首届肿瘤精准免疫治疗(安吉)峰会、首届浙江安吉精准医疗产业联盟大会等高端活动论坛 7 场，4 位诺贝尔奖获得者及 11 位中外院士参加并主题发言。围绕“科技周”“全国科普日”“全国科技工作者日”等主题，组织科普晚会“六进”活动，县科协被中科协评为全国科普日活动优秀组织单位。推动“3＋N”的生态科普馆群建设，“两弹一星”事迹馆获评“国家级科学家精神教育基地”，安吉县实验小学教育集团城西校区、第三初级中学被评为浙江院士科普基地，联合县教育局组织创成市级“科学家科普教育基地”12 家。安吉县入选 2021—2025 年度全国科普示范县。

联合县委组织部、人力社保局举荐 21 位科技型企业高端人才加入湖州市青年科技人才创新创业联盟，助力市级“青创新城”建设。牵头开展第二届“最美科技人”评选，4 位两院院士为 18 名科技人才典型颁奖。第二届“青少年科技创新县长奖”评选出“县长奖”10 名，提名奖 10 名。开展各类涉农培训 200 余次，经省农函大安吉站培训并获证 6500 人以上。加快院士工作站、专家工作站、博士创新站建设，做实安吉“两山”科技智库工作。全年两山院士之家进家院士 15 名，对接落地国家学会产业服务团 2 个，走访本地企业 12 家，成立国家竹产业研究院专家智库。新增省级博士创新站 1 家、市级站 6 家、县级站 11 家，深化青年博士与企业产学研合作。成功获批中科协海智计划基地，全年共引进人才项目 31 个，其中顶尖人才院士项目 2 个，国家级领军人才项目 5 个、省级 5 个。开展“国家级学会智汇浙江”专

5 月 25 日，第二届最美科技人颁奖活动

项行动，对接引导各级学会创新资源向基层和产业流动。组织浙江金羽新能源科技有限公司、浙江曼汇科技有限公司、安吉国千环境科技公司等参与 2023 年“科创中国”的相关申报工作。开展院士专家安吉行活动 20 次，院士及顶尖人才 32 人次来安吉指导产业发展、提供战略咨询、交流对接项目、建立产学研合作关系。设立中国茶叶学会安吉服务站。完成报送和录用《“科创中国”浙江促共富行动周报》4 篇。

开展学会人才赋能提升行动，新建县级学会 5 个，科协下属学（协）会累计 14 个，指导县药学会、医学会、林学会等 5 家学会完成换届。出台学会创新发展指导意见，指导 7 个学会组织完成“一会一品”特色品牌打造。探索实施科技秘书长队伍“导师帮带制”和新任科协秘书长挂职有机结合的基层科协组织队伍建设。开展城市有机更新和“两无两违”专项治理等工作，科协党组荣获两个集体三等功，4 位同志被评为先进个人。探索开展数字科协、智慧科协服务，加快“网上科协”建设步伐。发挥县科协及县域“三长”联盟成员单位网站、微信公众号、中国农技推广 APP、安吉白茶数字化平台等新媒体作用，及时发布有关科普资讯。联合科普成员单位在“安吉发布”“爱安吉”APP 等开设《每日科普》《科普贴士》，常态化推送大众科普信息。开展“科普中国”APP 注册应用专项行动，已覆盖全县所有基层组织 800 多人。迭代升级“银龄跨越数字鸿沟”科普专项行动，累计完成银龄科普培训 8.16 万人次。指导安吉县明康汇生态农业种植基地开拓“数字农场”模式。深入实施群团工作改革，深化县级学会与行政村结对，开展精准指导，实施乡村振兴服务项目 2 个。联合卫健、交投、文体旅游等单位建立“两山”院士专属服务工作体系，形成机制完善的院士专家高端人才服务网络。在第一期全国科普示范县研讨会和全国学会脱贫县路演暨产业供需对接会等活动上代表浙江省作经验交流发言，与安徽省安庆市、陕西省太白县等地方科协建立常态化交流合作机制。

安吉县入选 2021—2025 年度第二批全国科普示范县（市、区）认定单位名单。健全联动机制。强化全民科学素质、工作领导小组职能，建立县科普工作联席会议制度，全国科普示范县创建纳入部门个性化考核指标和乡镇（街道）综合考核。编制《安吉县科普事业发展“十四五”规划》，印发《安吉县全民科学素质行动规划纲要实施方案（2021—2025 年）》，建立挂图作战、每月例会、双月督查等机制，督促 32 家成员单位做好创建工作。建立“两山”县域“三长”（学校校长、医院院长、农机站站长）联盟，下设助力乡村振兴联合会、助力健康安吉联合会、助力科普教育联合会等生产类、生活类、生态类“三生”科普协会，建强构建“1＋3＋15＋N”县乡村三级服务体系。组建“两山”科技志愿服务大队、15 支乡镇（街道）分队、13 个学会“两山”科技志愿者分队，吸纳 1500 余名科技工作者注册入队。黏合全县 130 余家科普教育场馆，形成以中国生态博物馆、浙江省自然博物院安吉馆、吴昌硕纪念馆为主馆，白茶文化生态博物馆、安吉竹文化生态博物馆等 N 多家村社生态博物馆为副馆的“3＋N”科普馆群新格局。通过农村科普“三个一”建设、科普研学线路设计、“共富科技行”等特色品牌，唱响

"科技之春"四季行。建立国家级科普教育基地1个、省级科普教育基地7个、农村科普示范基地34个,年参观人数突破385万人次。举办科技工作者综合能力提升班、青年医师说课比赛、科技工作者精神宣讲等系列活动。开展"最美科技人"选树活动,评选20名科技、人才、教育等领域作出突出贡献的"最美科技人"。1名科技工作者首次入选省"科技追梦人"名单,1名入选"科创中国"青年创业榜单。成立"两山"科技智库,建好"一家三站"(院士之家、院士工作站、专家工作站、博士创新站),成功牵线30名院士受聘"进家"。引导院士资源从高端智造企业向基层延伸,丰富乡村经营业态。2023年,对接7个国家级学会、3个省级学会,与有关专家建立长期合作关系,推动15项技术成果转化落地。构建科普场馆专项服务网、打造"1+N"馆校合作服务圈,创新开展全省首个县级青少年科技创新县长奖评选活动。开展"院士进校园"活动,在安吉实验小学教育集团建成全省首批"浙江院士科普基地"。开展老科学家讲师团进校园、科普大篷车进校园实践活动80余次,撬动、引导社会机构开展中小学人工智能机器人大赛等青少年特色科普体验、研学活动20余项。"两弹一星"事迹馆入选首批"浙江省科学家精神教育基地"。启动助力"银龄跨越数字鸿沟"科普专项行动。组织"科普讲师团"成员180余名,打造"智慧学堂"教学点260个,开展活动300余场,培训老人3.8万人次。提升全民科学新素养,在"安吉发布""爱安吉APP"等平台上开设《每日科普》《科普贴士》,常态化推送科普信息215条,阅读量超35万人次。利用交运系统城市大屏,公交车站台电子站牌、车身LED屏、气象短信及成员单位各类宣传载体,定期发布科普宣传知识2000余条,受众148万人次。开展"金桥工程""益民计划"项目13个、各类涉农培训215次,其中,经省农函大安吉分校培训并获证8000人以上。

设立激励奖项。率先在全省设立首个青少年科技创新县长奖,该奖项每两年颁发一次。已有20名中小学生被授予安吉青少年科技创新县长奖,20名中小学生被授予提名奖,4所学校和30名科技辅导教师被授予培育奖。启动"百双"助力"双减"科普专项行动。开放一批科普教育基地、组织一批科普志愿者、征集一批优质科教资源实现科普服务"双减"措施全面覆盖。提供校内科普点单服务,解决部分学校缺师资、缺活动、缺课程现状。构建科普场馆专项服务网、打造"1+N"馆校合作服务圈、构建校外场馆服务体系。先后6次邀请院士、博士后专家、省级学会在孝丰镇中学、第二小学、蓝润天使等学校开展"我与院士专家面对面"活动;在实验小学、第二小学、第五小学、蓝润天使等学校持续开展"课后三点半"科普课堂、"天宫"课堂及科技创新社团,做实"双减"科普专项行动。开展科学家科普教育基地创建行动,共有5位院士、7位科技人才与全县12所中小学签约并组织开展一系列科普教育活动。

【安吉县荣获2021—2025年度第二批全国科普示范县称号】
1月19日,中国科协公布2021—2025年度第二批全国科普示范县(市、区)认定单位名单,浙江省共有15个县(市、区)被命名,安吉县位列其中,是湖州唯一被命名的县(区)。近年来,安吉县以创建全国科普示范县为契

9月20日,第二届青少年科技创新县长奖颁奖仪式

机，不断夯实党政主抓、科协牵头、部门协作、社会参与的“大联合、大协作”科普工作格局，通过实施 1＋4 工程，全面实施能力提升工程，健全科普创建架构。构建“两山”县域“三长”联盟，打造“三长制”升级版；数字赋能“三色”志愿服务，架设最优服务路径；全面聚焦五类重点人群，助力共富样本打造。

【“两弹一星”事迹馆入选科学家精神教育基地】 5 月 22 日，中国科协公示 2023 年科学家精神教育基地入选对象，安吉县“两弹一星”事迹馆入选。“两弹一星”事迹馆占地面积 500 多平方米，馆内为五个区域：科普区、人物事迹区、实物展陈区、互动区、红色教育区。事迹馆馆名“两弹一星”由“两弹一星”元勋王希季亲笔题写，馆内展陈的“两弹一星”捐赠品共有 300 多件，均为“两弹一星”科技工作者当年工作、生活的物品以及获得的荣誉。当前，事迹馆工作人员正在全国范围内采集 1000 位“两弹一星”亲历者口述，以“留影、留音”的形式，为保护红色文化、弘扬科学家精神提供形式多样的鲜活素材。

（张　鹏）

文　　化

·文化工作·

【概况】　安吉县文体旅游局党委现有班子成员8人(其中1人脱产招商引资),外地挂职学习领导干部1人。局党委下辖8个支部,全系统现有党员144名。部门共核定行政编制17人(实有18人),系统编内干部132人、编外人员67人、退休干部80人。现职人员中80后工作人员128人占比64%,本科学历以上130名(硕士11名)占比65%。现有内设机构10个以及县文化市场行政执法队、县博物馆、县文化馆、县图书馆、吴昌硕纪念馆、县古城遗址保护中心、县非遗中心、县乡旅中心、县体育中心9个下属事业单位,全县紧密外延型各类协会37家。2023年,完成9名人员职级晋升工作;提拔中层干部6名;公开招聘公务员1名、事业人员4名、编外人员3名;开展3名干部商调、转任工作;选派26名优秀干部全面参与招商引才、服务创优、城市有机更新、"大综合一体化"行政执法等一线中心工作。全年接待游客3152.8万人次,同比上升15.8%,较2019年同期上升12.3%;旅游总收入448.1亿元,同比上升13.9%,较2019年同期上升15.4%。过夜游客1624.1万人次,门票收入24.4亿元。连续五年蝉联县域旅游综合实力百强县第一名。三季度文旅赛马全省第一。

【争先创优成果】　安吉古城国家考古遗址公园、全国全民运动健身模范县、世界最佳旅游乡村正式授牌;举办世界最佳旅游乡村联盟成立暨浙江省乡村旅游"五创"行动启动仪式,并推动联盟秘书处落户余村;推动县体育中心获评国家体育后备人才基地、安吉云上草原获评国家级体育产业示范单位、安吉县列入国家常态化国民体质检测试点;争取"脱贫茶树良种白茶祖"成功入选国家文物局"100件新时代见证物名单";争取鄣吴古镇以文促旅打造文旅融合产业版图利用案例获评"第一届全国古村古镇保护利用十佳案例";争取蔓塘里大地之光景区获评第二批省级夜间文旅消费集聚区;争取"鄣吴竹扇"入选省级非遗工坊、"宋韵白茶"入选省级传统工艺工作站;举办"竹乡灯火　照亮长城"——中国优秀民间工艺作

9月13日,首届吴昌硕艺术国际论坛

品特别展暨“民俗里的湖州”·安吉“非遗”文化长城展示活动、首届吴昌硕国际论坛、首届中国美丽乡村啤酒·咖啡·螺蛳节等大型活动。

【党风廉政建设】 常态化开展理论中心组学习、党纪教育一刻钟、“三会一课”、主题党日等。组织开展“沿足迹看变迁、循印记悟真理、印心迹传思想”现场学习、“明德守法、完善自我”专项行动、“师徒结对、共同提高”导师帮带专项行动等。开展“七张问题清单”工作,主动发现上报问题,防范化解风险隐患。其中3个问题被列入市级案例,2个问题被列入省级案例。推行青年干部“项目首席负责制”,开展承诺践诺、建言献策,深化志愿服务,全面抓实在职党员进社区“双联系双报到”。引导项目服务专员及93后年轻干部主动担当楼道长、网格员、业委会委员等职务,深度参与社区小区治理。组织党员干部深入践行“我为基层办实事”“家园支部”等专项行动,帮助党建共建鄣吴镇民乐村解决旅游业态发展受制约等问题。

选派26名干部全面参与招商引才、项目推进、驻村帮扶、城市有机更新、“大综合一体化”行政执法等一线中心工作。调整及提拔16名中层干部。用好公务员职务职级并行、事业单位岗位等级晋升和技术职称评审政策。开展大学生人才招引推介会4场,宣传推广人才创业就业政策。针对来安青年大学生人才,发放景区门票优惠券,共9000张,享受景区首道门票挂牌价对折优惠。强化文旅人才培养,发挥“周三大课堂”“青·廉”廉政教育等优势进行干部分层分类培训,完成各类培训1000余人次。

【文化事业】 完成35个品质文化生活圈、1家文化驿站和3家城市书房、5家乡村博物馆建设。建设新型文旅公共服务平台,“天籁浙江 行阅江南”主题朗诵大赛,开展各类全民阅读推广活动900余场,居民综合阅读率92.9%。推进“艺心一艺 文艺赋美”“三送一走”等文化惠民工程,举办“美丽文化 公益培训”“助力双减 少儿课堂”“视觉艺术优秀作品摄影巡展”“艺起迎亚运”“全民艺术普及成果汇报”等各类线上线下文化惠民活动8000余场,服务人次400万以上。安吉县文化馆竹乐艺术团受邀参加央视节目录制、全国乡村振兴青年先锋表彰大会、浙江·中国非物质文化遗产博览会、浙江省“我们的村晚”、浙江省非遗年会等大型活动演出15场;创作歌曲《江南雨巷》、舞蹈《清风莲韵》、情景剧《安吉永远的家》等文艺精品6件参与省市级文化走亲交流,其中《江南雨巷》获评湖州市优秀文艺精品。安吉县图书馆获浙江省公共图书馆全民阅读优秀组织奖、余村印象书屋获评全国“最美农家书屋”,灵峰街道横山坞村、鄣吴镇鄣吴村入选省文旅厅第二批文艺赋美 浙江省美育村(社区)名单,灵峰街道成功入选省第三批文艺创作采风基地名单。

2023年,累计服务重点项目40处。古城国家考古遗址公园建成并开放运营,永安寺塔公园建成开放,上马坎遗址公园基本建成,八亩墩保护展示工程完成工程量60%。修缮完成孝丰南门老街并正式对外开放,纳入全省首批重点培育文旅市集。研发“两山祈福”香佩、“夔龙葫福”香佩、“美美与共”香佩等5款文创助力亚运,其中“一鸣惊人”香佩在2023年全省博物馆文创产品大赛获银奖。西晋胡人骑羊青瓷烛台获评首届全省博物馆

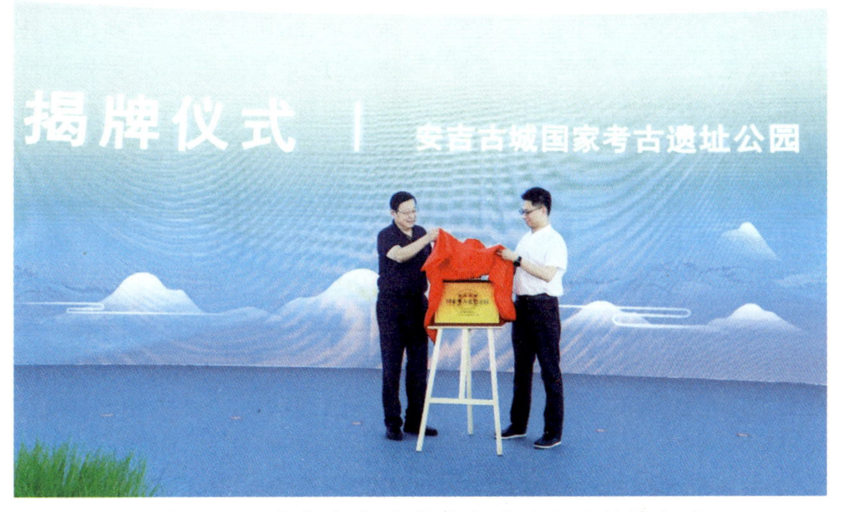

6月10日,安吉古城国家考古遗址公园揭牌仪式

"百大镇馆之宝"殊荣。白茶申遗工作获省政府发文表彰,举办安吉白茶手工炒制技艺非遗大师选树活动、"开学第一课"等活动。龙王山茶企入围省级非遗体验基地,安吉白茶女子合作社入围省级非遗工坊。全年配合中央、省、市、县各类参展100多场,进校园316次。非遗司长及团队2次来安吉调研,并在全国非遗大会上表扬安吉做法。

【体育事业】 争取省级民生体育基础设施项目18个并全部完工,累计争取省、市专项补助350万元。完成环浙步道湖州(安吉段)235公里建设招标程序,12月底,完成省级民生实事项目121公里目标任务。维修、更新健身路径、篮球架、乒乓球桌等600余件。新增体育场地面积约8万平方米,人均4.6平方米,位居全省前列。落实公共体育场馆低免开放政策,全年健身人数超30万人次。开展各类体育赛事230场,其中国家级比赛4场,省级比赛13场,参与赛事活动超20万人次。提升"浙里健身"公共场馆预约、在线支付率,安吉县在公共体育场馆服务大提升考核测评获省级优秀,完成社会体育指导员激活率(100%)、上岗履职率(30%)双达标。

输送运动员在本年度国际大赛中获2金1银2铜;第十九届杭州亚运会获1个第五、1个第六;安吉县籍输送运动员在国家级比赛获11金6银4铜;省级比赛获10金11银11铜;四年一届的湖州市第十届运动会安吉县代表团斩获120金66银58铜。安吉县体育中心(少体校)招录新生57人,向上级单位输送运动员13人;组织学校皮划赛艇项目队员赴千岛湖基地外训,开展2次大纲考核测试,参加运动员人数212名。成功创建国家级体育后备人才基地。

发挥国家级体育产业示范基地带动优势,推进黄浦江旅游度假区体育产业项目开发,服务杭垓射箭馆、飞拉达运动公园、报福滑翔伞基项目建设。加快灵峰街道运动休闲乡镇项目谋划、重点落地运动主题及经典线路,抓好小镇客厅等基本要件规划建设。会同山川乡在全省运动休闲乡镇会议上做交流发言。云上草原获评国家体育产业示范单位。安吉荣耀天空之城荣获浙江省运动休闲旅游示范基地,灵峰街道精品线路荣获浙江省运动休闲旅游精品线路,云上草原荣获中国体育旅游精品项目,举办浙江省运动休闲旅游节及中国湖州极限运动运动大会等高规格活动。

【文旅产业融合】 制定《安吉县文旅深度融合工程实施方案(2023—2027年)》,明确总体指标要求、8项工程及28项细化任务,梳理并下发近2年文旅深度融合工程重点项目(20个)及重点旅游基础设施类项目(9个)。一季度、二季度、三季度省文旅厅文旅深度融合工程赛马评价中分别位列全省第25位、第16位、第1位。

制定《2023年度文化旅游项目招引导向》,明确大余村、西苕溪共富游廊、黄浦江源度假区三大招引版图。通过县大前办选商文旅项目共12个(其中5亿元以上项目7个、10亿元以上项目1个),计划总投资60亿元。建立县级重点文旅项目库,创新实施季度比看机制,进行施工全过程、全方位拍摄实录,制定《2023年度安吉县文化和旅游重点项目推进图册》,挂图晾晒比拼,统筹推进各类休闲旅游项目79个,完成投资45.54亿元,完成率100.06%,实现新开工项目22个,新竣工项目14个,新运营项目9个。全年重大项目投资完成额11.58亿元,投资完成率163%。

做好旅游景区、露营、漂流、文旅产业融合基地等日常管理和业务指导。结合亚运会、文明城市创建、东亚文化之都创建等重要工作,做好景区迎检指导和氛围营造。推进各类创优争先和品牌打造工作,成功创建3家国家级3A级景区、1家省级工业旅游示范基地、1家省级五星级旅游购物场所、2家省级果蔬采摘体验基地、1家省级红色教育基地。3家文旅企业被列入省级梯度培育名单,云上草原被列入浙江省创建级文旅融合IP名单,3家企业被评为湖州市"江南文化大学堂"。安吉县"两山"文旅共富风貌游线成功入选省级共富风貌游线名单。安吉宋茗白茶有限公司成功创建省级工业旅游示范基地。完成云上草原·1168星空天文酒店金鼎级特色文化主题饭店、竹博园开元度假村金树叶级绿色旅游饭店创建,全市6家评定,安吉2家;平安国际旅行社四星级品质旅行社、新美景旅行社三星级品质旅行社创建;美程竹子酒店等5家单位省级百县千碗美食店创建。完成3家省级乡村博物馆创建，1家省三星级乡村博物馆评定。推进“夜间经济”发展，上线“夜享安吉”电子生活地图，鼓励景区延长开放时间、增加夜游项目。整合文化创意、音乐咖啡、户外露营等文旅资源，举办各类文旅市集贰百余场，孝丰“南街市集”、灵峰“小瘾市集”列入全省重点培育文旅市集名单。组织企业参加各类旅游商品大赛和商品展示，能量树白茶啤酒获国家级银奖，安吉手工白茶、竹餐具系列、“凉意山川”防晒套装分别获2023“浙派好礼”特色旅游商品金、银、铜奖。

【创新文旅业态】 制定出台《安吉县千家乡宿共富产业发展支持政策实施细则》，明确各类奖补对象、奖补标准和奖补程序。明确16个民宿（乡宿）共富村创建（提升）对象，其中，创建村9个，提升村7个。完成14个民宿（乡宿）共富村创建（提升）。发动农户开展农家乐转型升级工作，475户农家乐投入改提，共认定四批乡宿259家。提升乡宿品牌，举办安吉县第二届民宿（乡宿）创新创业大赛，安吉连续两年获得“湖宿手信”民宿伴手礼大赛优秀组织奖。2023年湖州市第四届民宿伴手礼大赛，有13件民宿伴手礼作品获奖，获奖总数湖州市第一。制定管家培训扶持政策，累计开展管家培训15期，培训人员200余人。与订单来了开展民宿数字化平台推广合作，纳入全县500余家民宿。新评定省高等级民宿4家，新评定金（银）百合乡村酒店2家，培育省等级民宿8家、文化主题（非遗）民宿2家。

发布《关于进一步规范露营地管理的通知》《关于加快审批露营项目的通知》，联合十大部门开展规范整治行动。专门安排资金委托专业安全机构对全县露营地进行风险隐患排查。安吉受邀作为实操型代表参与《浙江省休闲（帐篷）露营地建设与服务规范等级划分评分细则》制订和营地贯标工作调研。对“浙里安营”进行系统迭代升级，新增“营地审批”版块，将部门联合审批流程通过“浙里安营”进行线上操作，简化手续，保障各项审批公开透明。“浙里安营一件事联办”入选2023年湖州市十佳特色“一件事一次办”。深化露营‘一件事’集成改革助力露营产业健康发展入选县委改革办2023年度第一季度营商环境“好案例”。

坚持“可经营、有效益、全域化、能持续”导向原则，推进“微改造、精提升”，从环境、设施、体验、运营、服务五个维度推动“旅游+”产业链延伸。2023年，安吉县入库微改造项目440个，计划总投资17.65亿元，投资完成率100.03%。评定县级示范点50个，省级示范点35个，微精综合评价连续两年位列全省前三。

【优化文旅市场】 2023年，共收到各类旅游投诉1468件，同比上升35%，其中12301国家旅游投诉平台7件；市、县12345政府阳光热线平台1430件。推出针对县域范围内300多家非学科类校外培训机构设立审批“特色联办套餐服务”，指导一次性在线办理个转企及培训机构设立审批，压减办理环节50%，缩减办理时限80%以上。推进政务服务2.0平台全面应用，2.0单事项一网通办率、线上线下一网通办件率和线下（大厅窗口）“一网通办”收件率均100%。

维护文旅体市场平安稳定。发挥第三方安全服务机构做好联防联控，开展安全隐患问题排摸，对摸排的问题进行统一梳理，除现场要求立即整改外，通过行业协会、业主群等进行一并告知。联合公安、交通、市场监管、消防卫生等部门针对节假日期间安全、消费等开展联合执法检查，消除隐患风险点；开展夜间专项执法检查，督促企业严格落实节假日期间各项安全生产措施。2023年，累计出动执法人员2327人次，巡查各类经营场所824家次，行政处罚立案调查66件。

【安吉县举行2023年文化和自然遗产日浙江主场（湖州安吉）系列活动】 6月10日，2023年文化和自然遗产日浙江主场（湖州安吉）系列活动启动仪式举行。省文化和旅游厅党组成员、省文物局局长杨建武，市人大常委会副主任闵云，县委副书记、县长宁云致辞。县委常委、宣传部部长黄枫参加。中国社会科学院学部委员、中国考古学会理事长王巍，北京大学考古文博学院教授、良渚博物院院长徐天进，中国人民大学荣誉一级教授王子今，浙江大学艺术与考古学院教授、浙江大学文化遗产研究院院长刘斌等应邀出席。

【20亿安吉文旅消费券派发启动仪式】 2月28日,“风从长安来·春至安吉游—20亿安吉文旅消费券派发启动仪式暨汉阳陵文物特展开幕仪式”在安吉古城国家考古遗址公园举行。活动邀请到省市县相关领导、国内考古领域顶尖专家学者、浙江省遗址公园和博物馆代表、金川县文旅嘉宾、长三角旅行社代表、安吉文旅企业代表、杭嘉湖网红达人、非遗文化传承人及400多位游客共同参与,并现场抽奖派送3000元文旅消费大礼包。20亿元安吉文旅消费券从28日起正式发放,分礼包派送、普惠满减、酒景套餐等多种形式,市民游客可通过“吉好玩”“安吉两山旅游”小程序以及携程、美团、飞猪等平台领取。

【天荒坪抽水蓄能电站入选浙江省革命文物名单】 2月28日,浙江省文物局公布浙江省第二批革命文物名单,天荒坪抽水蓄能电站成功入选,安吉县不可移动革命文物数量达到8处。

序号	名　称	所在乡镇
1	景村姚家大院(新四军苏浙军区三次反顽战役司令部旧址)	天荒坪镇
2	两山会址	天荒坪镇
3	孝丰烈士陵园	孝丰镇
4	新四军苏浙军区三次反顽战役前线指挥部旧址	天荒坪镇
5	新四军苏浙军区三次反顽战役战地医院旧址	天子湖镇
6	羊角岭战斗遗址	报福镇
7	老石坎宋氏民居(老石坎支部旧址)	孝丰镇
8	天荒坪抽水蓄能电站	天荒坪镇

【“安吉白茶手工制作技艺”非遗大师选树活动】 3月16日,“安吉白茶手工制作技艺”非遗大师选树活动举行。本次活动通过现场炒茶比武、评委们对选手炒制的干茶外形,冲泡后的香气、口感、汤色、叶底等综合评审方式,从10名技艺精湛的选手中评选出5名“安吉白茶手工炒茶制作技艺”非遗大师。

【中国优秀民间工艺作品特别展】 6月2—3日,“竹乡灯火照亮长城”——中国优秀民间工艺作品特别展暨“民俗里的湖州”·安吉“非遗”文化长城展示活动举办。中国民协非遗融媒体传播中心与安吉相关部门交换共建协议书。安吉向北京居庸关长城管委会捐赠一套集合安吉竹文化和白茶文化的民间文艺艺术品——茶空间。此次活动,还进行中国优秀民间工艺作品特别展览。展览通过多媒体视频展播和实物展示形式,展出五福剪纸、熊猫刺绣、皮雕铠甲、吉祥花馍、红韵漆器、缂丝团扇、猴王核雕等200余件来自全国精美艺术品。参观人次3万多人。获主流媒体及新媒体80多家宣传和报道。

【新时代古村镇保护利用发展论坛】 10月19日,以“聚焦古村古镇保护利用 促进美丽乡村建设”为主题的新时代古村镇保护利用发展论坛在安吉举行。论坛发布《新时代古村镇保护利用安吉倡议》,为获评2022全国古村古镇保护利用十佳案例和优秀案例单位颁发证书,并在现场进行展板展示。宣布启动第二届全国古村古镇保护利用十佳案例宣传推介活动。来自全国古村镇所在地人民政府、文博机构、文旅企业和有关专家学者等100余位代表参加论坛。

【世界最佳旅游乡村联盟成立】 10月28—30日,世界最佳旅游乡村联盟成立暨浙江省乡村旅游“五创”行动启动仪式在安吉举行。浙江联合安徽、江西、广西、重庆、陕西、甘肃6个省区市共同发起成立世界最佳旅游乡村联盟。为全国8个世界旅游组织“最佳旅游乡村”进行授牌并发布《余村宣言》,发布全省乡村旅游主题经典线路与全省乡村旅游“五创”行动试点名单。并举办竹乡夜宴、繁星“乡”谈——百名村支书余村夜话、乡村市集、乡村旅游创新发展对话等系列配套活动。

(吴　凡)

·文联工作·

【概况】 2023年,县文联向有条件的行业、村(社区)、企业、商业体延伸基层文联组织建设。成立全市首个政法系统文联与全省首个民族文联，实现县域内文艺资源优化整合利用，推动驻乡、村、企、校文艺服务创新，为企业家、艺术家以及多民族文化交融搭建交流合作平台。创设“安吉文艺”公众号，宣传推广全县文艺活动、先进典型和经验做法。与浙江科技学院、中国美术学院、浙江音乐学院等6所高校建立长期合作，引进高层次人才22批次，结对成立艺术乡建教学基地。建立“高校导师＋村（社区）导师＋协会导师”联动机制，启动长三角6所院校毕业课题联合行动，在200余家企业、学校、文化礼堂等地推广实施“乡村艺校”艺术普及工程，昌硕街道、杭垓镇、孝源街道、天荒坪镇完成授牌并开展系列教学活动，定制培训课程20余节，参与培训人员超10000人次。首届“艺术乡建助推共同富裕”全国论坛在湖州举行，上墅音乐原乡产业融合案例参加论坛案例分享，省市领导、国内知名专家、各界媒体实地考察上墅音乐原乡建设。安吉郎村畲族艺术团“响木舞”作为浙江民协唯一代表参加第十六届中国民间文艺山花奖评选。在北京居庸关长城举办“民俗里的湖州”·安吉非遗文化长城展示活动。成立浙江画院青年创作中心。举办首届“我们的村歌”大赛暨“艺术乡建·乐动乡村”短视频大赛。县艺术乡建特色工作在国家、省、市文联工作会议上作经验交流。上墅乡文联获评湖州市文联系统“实干争先”成绩突出集体，安吉县民间艺术家协会被评为“全省民间文艺系统先进集体”，安吉县书协被评为“浙江省县级书法家协会先进组织”。

【文艺交流活动】 开展各类研讨、培训、采风、成果展等活动30余场。举办“绿水青山在安吉”全国摄影大展精品展。省音乐家协会10余位音乐家走进安吉上墅，与安吉县文艺界共同开展“一起迎春天，福满文艺年”主题文化进万家志愿服务。举办“让文学的灯光照亮你我”——张林华散文集《一生不过一念》新书安吉分享会。举办“丹青弘德·浙里昌硕”第二十三届浙江省女花鸟画家作品展安吉巡展；汪群长篇小说《呼啸的原野》新书发布暨研讨会在孝丰镇举办；“绿水青山——秦大虎油画风景展”在安吉县吴昌硕纪念馆举办；“致敬缶翁”系列特展之一《缶庐薪传——沙孟海书法篆刻作品展》在吴昌硕纪念馆开幕。省文联一行到安吉县红庙村“深蓝计划”、余村、蔓塘里村开展“循迹溯源学思想促践行”现场教学。大美竹海——新湖州竹派刘祖鹏作品展暨《中国近现代名家画集——刘祖鹏》首发式在吴昌硕纪念馆开展。浙江作家文学课堂走进安吉文学原乡——孝丰镇暨安吉县作家协会会员预备制试点、安吉县丰城青少年文学社启动仪式成功举办。市文联一行到山川乡、递铺街道等地调研艺术乡建和基层文联建设工作。中国艺术研究院艺术培训中心2023级首届摄影研修班开班仪式在余村举行。市摄协部分会员到安吉进行采风活动。“行走绿水青山·见证美丽中国”全国名家书画作品邀请展暨“吴昌硕奖”第六届浙江省篆刻大展精品展开幕式在吴昌硕纪念馆开启。“湖州安吉县 门与白云齐”——昌硕印社篆刻作品展在安吉美术馆展出。

组织县美协会员参加“在湖州看见美丽中国”湖州市首届青年艺术展（美术）。带领美术家协会部分主席团成员一行赴宁波市江北区进行文艺调研交流，深化两地文联山海协作共建。县书法家协会联合安徽省泾县

3月19日，《呼啸的原野》新书发布暨研讨会

书法家协会在泾县举办“源同古鄣——安吉县泾县两地书法篆刻联展”，县文联组织入展作品代表和部分书法爱好者观展。

安吉县梅溪镇入选省文化和旅游厅公布的第三批浙江省戏曲之乡。开启以绿水经济、西苕溪自然风光、西苕溪水利建设工程为主的摄影作品征集活动。《吴昌硕研究》会刊新书发布和分享会在鄣吴镇举行。县委宣传部（县文联）、安吉县总工会、安吉县教育局、安吉县文体旅游局四部门联合开展“一本书·读安吉”征文大赛。市摄影家协会和县交通运输局主办的安吉“交通强县”摄影作品评选结果揭晓；安吉县博物馆、县摄影家协会主办的“多彩文博 隽美古道”摄影大赛启动征稿。县摄协组织会员开展“行摄西苕溪、探秘母亲河”集中摄影采风活动。配合“十万青年大学生安吉行‘昌古硕今翰墨传情’”摄影大赛征稿活动，请市摄协组织会员到鄣吴村开展采风活动。县摄影家协会与县第四小学共同举办“安吉乡村艺术学校”——“两山”小摄影师培育基地揭牌与结对仪式。

县书协会员陈燕萍作品入展全国第三届老年书法作品展览。县书协6人入选2023年度浙江省书法篆刻百家。安吉县戏曲家协会到安吉县第二初级中学开展“文艺赋美 旅居安吉”戏曲进校园活动。举办“吴昌硕杯”安吉县第四届青少年儿童书法展。艺心向党“吴昌硕杯”安吉县首届青少年硬笔书法大赛在县图书馆开幕。“安吉乡村艺术学校——孝丰（文学）分校”授牌仪式暨安吉县作家协会会员预备制试点推进会在孝丰镇中学举行。2023年，新增国家级会员5名，省级会员15名，市级会员18名。

【首届女画家作品展】 3月1日，“浙里昌硕·兰心绘”安吉县美术家协会首届女画家作品展在吴昌硕纪念馆开幕，展出由县文联、县文广旅体局、县妇联主办。

【第二届“杭垓人拍杭垓”摄影比赛】 第二届“杭垓人拍杭垓”摄影比赛暨“长三角·省际摄影原乡联盟”结对启动仪式在杭垓镇松坑村摄影原乡大本营举行。杭垓镇与广德市四合乡、县摄影家协会与杭垓小学分别签订乡村摄影原乡结对共建协议，市摄影家协会、广德市文联相关负责人与县文联、杭垓小学相关负责人分别为“长三角·省际摄影原乡联盟大本营”“安吉乡村艺术学校杭垓摄影分校”揭牌。

（王玲娜）

3月1日，首届女画家作品展开幕仪式

安吉县文联2023年度文学艺术创作成果统计表

表7

序号	作　者	作品类型或名称	赛　事　名　称	主办单位	获奖等级
1	王文秀	散文集《留痕而已》		北方文艺出版社	出版
2	程维新	散文集《你的故事我的赞歌》		浙江工商大学出版社	出版
3	汪　群 郭婷婷	主编的《汪士锐诗词集》		山东文化影像出版社有限公司	出版

续表 7

序号	作　者	作品类型或名称	赛　事　名　称	主办单位	获奖等级
4	汪　群	长篇小说《呼啸的原野》		中国戏剧出版社	出版
5	汪　群	诗歌集《苕溪水长》		哈尔滨出版社	出版
6	金扬武	短篇小说集《青山依旧》		团结出版社	出版
7	王行云	散文集《行走的云》		西泠印社出版社	出版
8	曹　震	《村里来了城里人》	第 19 届浙江省摄影艺术展	浙江省文联、浙江省摄协	优秀奖
9	曹　震	《追逐》	第 29 届全国摄影艺术展览	中国文联、中国摄影家协会	入展
10	秦盱丰	《雪域清泉》	第 16 届西藏珠穆朗玛摄影大展	中国文联、西藏自治区人民政府	入展
11	沈志华	《蓄能》	第 19 届浙江省摄影艺术展	浙江省文联、浙江省摄协	优秀奖
12	周红庆	《龙腾新四军被服仓库旧址》	第三届“高帆杯”全国摄影	中国摄影家协会、浙江省文学艺术界联合会	入展
13	丁　升	《新篁》	重返芥子园——“宋韵钱塘·文雅兰溪”浙江省中国画作品展	浙江省美术家协会	入选
14	汪志华	《讲台》	全国少儿美术教师作品展	中国美术家协会	入展
15	程云霞	《郭南道上》	2023 年“诗画浙江·礼遇南孔”全省美术作品展	浙江省美术家协会	入选
16	蒋仙贤	《硕果累累》	“丹青弘德·建勋时代”——第二十三届浙江省女花鸟画家作品展	浙江省美术家协会	入选
17	蒋仙贤	《春山遍竹鸡》	“秀水泱泱”第十届浙江省花鸟画展	浙江省美术家协会	入选
18	鲁军民	《凌风知劲节》	“秀水泱泱”第十届浙江省花鸟画展	浙江省美术家协会	入选
19	王惠林	《玉骨冰姿》	重返芥子园——“宋韵钱塘·文雅兰溪”浙江省中国画作品展	浙江省美术家协会	入展
20	陈思聪	《苏轼古文选抄》	“献礼二十大　奋进新征程”——浙江省书法篆刻主题评展	浙江省书法家协会	入展
21	陈燕萍	《定武兰亭跋》	全国第三届老年书法展览	中国书法家协会	入展
22	程卫忠	《韩愈散文一篇》	“2023 年度浙江省书法篆刻百家”——楷书百家	浙江省书法家协会	入展
23	程卫忠	《苏轼苏辙散文两篇》《张益州画像记》	“问道金庭”浙江省中国书协会员优秀作品展	浙江省书法家协会	入展
24	程卫忠	《欧阳修散文两篇》	第十届浙江省中青年书法篆刻展	浙江省书法家协会	入展
25	丁立臣	《清廉诗数首》	“翰墨清风”2023 全国清廉书法作品大展	浙江省书法家协会	入展
26	董才宝	书法行书作品	“2023 年度浙江省书法篆刻百家”——行书百家	浙江省书法家协会	入展
27	董才宝	书法行书作品	“问道金庭”浙江省中国书协会员优秀作品展	浙江省书法家协会	入展

续表 7

序号	作　者	作品类型或名称	赛　事　名　称	主办单位	获奖等级
28	董　云	《甲骨文声无劳而对联》《快雨堂题跋》	“问道金庭”浙江省中国书协会员优秀作品展	浙江省书法家协会	入展
29	董　云	《倪元璐传》	“倪元璐杯”首届全国行草书大展	浙江省书法家协会	入展
30	董　云	《快雨堂题跋》	“浙江书法奖——陆维钊奖”第十届浙江省中青年书法篆刻展	浙江省书法家协会	入展
31	方建胜	《苏东坡词一首》	“2023 年度浙江省书法篆刻百家”——楷书百家	浙江省书法家协会	入展
32	方建胜	《自作诗一首》	“问道金庭”浙江省中国书协会员优秀作品展	浙江省书法家协会	入展
33	章凯军	篆刻作品	第二届“卫夫人杯”全国书法篆刻大展	浙江省书法家协会	入展
34	章凯军	篆刻作品	第三届“赵孟頫杯”全国书法篆刻展	浙江省书法家协会	入展
35	黄家贵	篆书作品	“2023 年度浙江省书法篆刻百家”——篆书百家	浙江省书法家协会	入展
36	李　军	《思乡诗三首》	“2023 年度浙江省书法篆刻百家”——篆书百家	浙江省书法家协会	入展
37	李　军	《读山海经其一》《诗经·大雅·灵台》	“问道金庭”浙江省中国书协会员优秀作品展	浙江省书法家协会	入展
38	李　军	文同《金桃》	“宋韵富春”——浙江省首届隶书大展	浙江省书法家协会	优秀提名奖
39	刘楚平	《缶庐诗选钞》	“浙里昌硕”首届全国书法作品展	浙江省书法家协会	入展
40	杨贤中	《诸葛亮前出师表》	“浙里昌硕”首届全国书法作品展	浙江省书法家协会	入展
41	钱　群	篆刻作品	“吴昌硕奖”——第六届浙江省篆刻大赛	浙江省书法家协会	入展
42	余海华	《松雪斋提拔数则》	第三届赵孟頫杯全国书法篆刻展	浙江省书法家协会	入展
43	祝　嘉	书法作品	“问道金庭”浙江省中国书协会员优秀作品展	浙江省书法家协会	入展
44	祝　嘉	书法行书作品	“2023 年度浙江省书法篆刻百家”——行书百家	浙江省书法家协会	入展
45	祝　嘉	《富春江诗四首》	“宋韵富春”——浙江省首届隶书大展	浙江省书法家协会	入展
46	应　键 郭　金	《生态家园》	2023 年度浙江省广播电视对农节目奖电视对农栏目	浙江省广播电视局	一等奖
47	桂雯君	《夏粮丰收之后的烦恼》	2023 年度浙江省广播电视对农节目奖电视对农栏目	浙江省广播电视局	一等奖
48	陈　笠 袁志健	《璀璨的你》	2022 年度浙江省广播电视公益广告作品奖电视类	浙江省广播电视局	三等奖

注：1. 各协会统计省级及以上获奖、入展作品。（注：在省委、省人民政府、省委宣传部、省文联、省文旅厅、省级协会以上主办的专业性比赛）

2. 只统计正规出版社出版的书籍（不包括杂志）。

新　闻

【概况】 2023年，安吉县融媒体中心持续发挥媒体在新闻舆论引导、基层社会治理、百姓生活服务等方面作用，媒体融合发展持续走在全省乃至全国前列，“融”经验在全省复制推广。通过两轮体制机制改革，确立事业单位性质企业化管理运行实质模式，内部分三条线管理，编委会抓新闻主业、经管会抓产业经营、行管会抓行政保障。

2023年，中心营收6.67亿元，同比增长37%。当选为中广联对农广播宣传委员会和中国电视艺术家协会专业委员会副会长单位；获2023(第八届)全国广播电视媒体融合发展年会头部县级融媒体中心、新媒体影响力10强；成为2023—2024年度全国维护青少年权益岗创建单位；一人荣获“激情·奉献·廉洁——2023年全国广播电视和网络视听先进事迹报告会”先进个人，并进行事迹宣讲，央视予以转播；1人获2023(第八届)全国广播电视媒体融合影响力融合创新人物。作为全国县级唯一新闻单位受邀参加第二十九届中国国际广播电视信息网络展览会，并亮相央视CCTV－1《新闻联播》和CCTV－13《新闻直播间》。国家广播电视总局发展研究中心专题刊发《媒体融合攻坚克难的安吉经验》。举办国家广电总局优秀青年文艺人才安吉研修交流实践活动、中国网络视听协会年会等全国性活动，接待主管部门、学术界、媒体同行共600批次以上。启动智慧建设全国战略，各类智慧产品在全国24个省400余市县落地；研发运营区域公共品牌自主销售平台“安吉优品汇”。

5月9日，国家广电总局党组成员、副局长孟冬在安吉县融媒体中心调研

【新闻主业】 坚持新闻立台，做强新闻主业，每年推出主题报道百余个，形成“全年性大栏目统领、阶段性报道连贯”主题新闻宣传模式。推出《“三个年”里见真章》《写好余村故事》《“千万工程”看安吉》等专栏，围绕楼道长工作在广播电视新媒体推出《楼道长的故事》专栏，发稿40篇，各平台共推出主题报道专栏约100个，累计发稿4000余篇次；将新闻监督栏目《新闻观察》调整为《一线》，共刊发112期；在“爱安吉”新闻客户端、安吉发布微信公众号、最安吉微信公众号等共发布推文2.4万余条。央媒刊播新闻318条，其中《新闻联播》32条，中国之声《新闻和报纸摘要》33条；在省级以上媒体刊播新闻1000余条。建立年度重大主题报道清单和工作室孵化、运行机制，在新媒体推出项目制。

连续16年实现全省广播电视对农考核优秀，连续5年获浙江省新闻奖(广播电视部分)、浙江省广播电视新闻奖一等奖；“安吉优品汇”系列宣传片连续2年获全国广播电视融媒体营销创新大赛金奖及全场大奖，获2023(第十届)亚广协全媒体经济及文化产业创新大赛获影响力影片。入选“2022城市营商环境创新县(市)”。安吉优品汇公益短片《一片叶子的红色征程》获2023“共富杯”中国视听创新大会公益创新单元一类项目(最高奖项)。采用VR全景视频创作，上线AI主持人，推出vlog、H5、动漫、海报等形式；更新硬件设备，投入航拍、高清、4K等摄制设备技术。

【文化事业】 掌握电脑CG技术初步建模、仿生动态捕捉、虚拟动画形象合成等技术，增强宣传片制作能力，完成县级媒体首部水下VR全景视频《苕溪流韵》，完成八集《绿水青山寸草心》系列纪录片摄制；完成安吉白茶开采、安吉非遗长城展示等活动，重开白茶仙子评选；完成安吉水文化展示中心展馆建设；和张家港、如皋、太仓等融媒体中心合作启动“外来少年来山中”项目。

加强媒体资料出入库管理，将新闻条线和文创条线以项目制方式建立融合关系；梅地亚公司承办“上海推介会”“安洽会”“安吉白茶开采节”等县域重要项目，联合乡镇街道开展夜市等活动，并涉足展馆展陈建设。

【智慧产业】 “爱安吉”新闻客户端研发上线“人才礼包”“人才金卡”等多个人才应用场景，创新研发“才聚安吉”平台；“浙商企业健康体检”获省信息标志性成果；县大数据局指导参与智慧城市建设，“安心游”获省文化和旅游数字化改革试点项目、“浙里安营”获省数字文化最佳应用。“爱安吉”新闻客户端注册用户累计36万，日活率20%。

光纤网络改造覆盖4万余用户，组织走千家入万户等便民服务170余场，做好数字电视和杆线搬迁助力城市有机更新和“两无两违”专项整治工作；和县域商家合作发放“美好生活券”31次，金额5000万元；县域智治中心投入运营，完成智慧旅游三期、数字乡村(三)期、县三大水库饮用水水源地信息化管理平台等项目；签约安服项目和云资源项目17个，完成全年广播电视安全播出各项保障任务；宜宾三江、海宁未来乡村、宜昌五峰等项目签订升级协议。

公共资源“智管家”、田园综合体“云计算”、基层乡村智治“一张图”、智慧旅游“安”系列等众多平台应用上线；在全国24个省300余区县落地智慧产品。

【乡村共富】 “安吉优品汇”挖掘特色产品，营造“一鸡一茶一水一竹一果一椅一熟”产业格局，建成竹林鸡、山核桃、安吉冬笋等农业特色村40余个，共富工坊可同时容纳100名主播直播，招引青年人才150名，销售额4.65亿元，助力村集体收入超2000万元，带动农村劳动力就业增收3000余万元；组建媒智善公司，搭建“安吉优品汇”县内市场营销网络；游视界本地圈发展县域用户18万余人，小区点位72个。

“安吉优品汇”以新闻视角阐释安吉产品历史文化、风土人情、产品内在等，并将“怡享、怡用、怡游、怡居”等一二三产概念和产品融合在一起，吸引各地政界、媒界、企业界考察合作。累计发展会员7500余名，总销售额约4.7亿元，实现利税3000万元，带动劳动力就业5000人，农民收入增收2000万元以上。游视界本地圈、ANG本地圈和最安吉平台联动打造“果蔬预约”便民服务体系，通过“基地(合作社)＋平台＋社区提货点＋社区团长”农产品进城体系运营。

【队伍建设】 常态化实施《领导干部作风建设12条》，将班子作风建设运行机制下沉到二级单位；开展近百次早餐知心会，分享4次“思享汇”，开展7场“数字夜校”等品牌学习活动，对全体员工进行文化教育、思想淬炼；持续丰富“小黄人”精神、“新闻力量·战士模样”“有线网络·无限服务”等10个党建子品牌；开展10余次群团“向着光”“新闻智慧她”等特色品牌服务。组织党员干部在共建小区迪阳公寓、“背街小巷”三里亭菜场西侧开展服务活动，集中开展垃圾桶更新、水管及雨棚修缮等卫生清理、环境整治工作。

推动“清廉媒体”建设，确定班子、中层、专业人才等五个层面量化目标，形成考察学习成果转化、下沉服务解决问题考核机制，被评为市级清廉示范点；执行“领导＋督查责任部门＋主题”月度专项督查机制，共查证处理各类问题33个。运用集体廉政谈话、干部履新谈话、日常提醒谈话等，实施亮红线行动，对中层干部组织开展3次集中廉政谈话。

实行中层干部亮牌管理制度，5名中层干部收到黄牌警告；开展“能力作风建设年”工作，开展系列竞赛、人才选育、集中学习等41项具体举措；推出“关爱一家人”十项实务，制定十项细化关爱举措；建立党委书记与青年干部定期集中座谈、支部书记联系年轻干部谈心日、早餐知心会等活动；调整完善年休假、疗休养、职工体检等多项制度，员工喜报送到家发放212份；举办新员工入职仪式、老员工荣退仪式；开展青年联谊会，建立外地员工探亲假，员工产、病、伤慰问等一系列制度。

【入选省级广播电视和网络视听产业基地(园区)】 3月,全省广播电视和网络视听产业基地(园区)高质量发展推进会召开,“两山”安吉智慧广电产业基地被认定为第一批省级广播电视和网络视听产业基地(园区),为全市唯一。基地坚持以数字化改革为引领,助力社会基层治理现代化,在全国24个省落地300余项智慧产品,均取得良好效果。在建设共同富裕示范区大背景下,基地区域公用品牌自主平台“安吉优品汇”,将安吉优质农产品推广到全国。

【《乡村里的“智慧大脑”》获评全国优秀电视节目】 5月24日,国家广播电视总局官网发布了《关于公示2022年度优秀少儿节目评审结果的通知》,由安吉县少工委策划推荐、安吉县融媒体中心制作选送的作品《乡村里的“智慧大脑”》获评优秀电视节目,为该类别全省唯一。

【优秀青年文艺人才研修交流实践活动】 10月,“深入生活、扎根人民”——广电总局2023年青年文艺人才研修交流实践活动在安吉余村正式启动。国家广播电视总局组织30余名演员、编剧、导演、播音员、主持人、制片人、编辑记者、网络主播、短视频创作达人、节目编审等青年文艺人才共同走进安吉余村。国家广播电视总局人事司、电视剧司、研修学院,浙江省广播电视局,湖州市文化广电旅游局,中共安吉县委、安吉县人民政府等单位相关负责同志和代表出席活动启动仪式。

10月,国家广电总局2023年青年文艺人才研修交流实践活动举行

【全国网络视听行业协会工作会】 11月30日,2023全国网络视听行业协会工作会在浙江省安吉县召开,与会人员实地参观融媒体中心领风青云上项目。融媒体中心作主题交流。

【中国优秀民间工艺作品特别展暨“民俗里的湖州”·安吉非遗长城展示活动在北京居庸关举行】 6月2日,中国优秀民间工艺作品特别展暨“民俗里的湖州”·安吉非遗长城展示活动在北京居庸关举行。中国民间文艺家协会分党组书记、驻会副主席邱运华,中共湖州市委常委、安吉县委书记杨卫东致辞。国际竹藤组织东道国事务部主任李岚,中国世界民族文化交流促进会副会长兼秘书长邱丽,中国文联人事部副主任、一级巡视员张晓辉,中国文联办公厅副主任、一级巡视员鲁航,中国民协分党组成员、副秘书长侯仰军,国家大型活动策划、导演谢芳,以及中国文联、中国民协、市委宣传部、市文联、市民协相关负责人受邀出席。活动现场还进行了安吉与中国民间文艺家协会非遗融媒体传播中心文艺共建合作协议交换,艺术品茶空间捐赠协议交换,还进行了浙江省第六批非物质文化遗产代表性项目《响木舞》表演。活动结束后,与会人员登上长城参观安吉民间艺术展示和安吉特产、安吉风光展示。

(杨　婷)

卫生健康

【概况】 2023年，卫健局医疗卫生单位拥有在编职工2789人，编外+乡医人员907人，共有在职人员3696人，离退休人员801人；在职人员中：县级单位在编2031人，编外607人；乡镇卫生院在编758人，编外300人。全县副高级以上人才513人，其中正高级173人；硕士以上研究生103人，其中博士3人。全县医疗单位门急诊量628.26万人次，出院病人12.01万人次，与上年相比分别增长5.52%和9.73%，全年医疗业务收入20.84亿元，较上年增长10.51%。安吉县递铺街道社区卫生服务中心、天子湖镇中心卫生院、天荒坪镇卫生院3家机构上榜2022年“优质服务基层行”“安吉县健康企业建设行政推广案例”获全国第二批健康企业建设行政推广优秀案例，“浙江安吉惠业家具有限公司健康企业建设案例”获全国第二批健康企业建设优秀案例。

选派8名卫技人才对口援助四川木里县、金川县等地参与当地医疗卫生技术服务工作。2023年，参加无偿献血8412人份（按每200毫升一人份），献血总量1682400毫升，其中一次献血300毫升以上率59.23%。“健康安吉”公众号发布信息900余条，总阅读量超200万，“粉丝”数6万，浙江卫健系统公众号多次排名行政类县级全省前三。全年超过10家国家省市新闻媒体，近60篇新闻报道述说过安吉卫生健康故事。

【综合医改工作】 推进公立医院改革，全县公立医院医疗业务收入稳步上涨，门急诊、住院均次费用控制良好，公立医院综合改革获评县级组“五连优”。开展院院合作、院校合作，全年省级医院共派出下沉专家近6000人次，浙江中医药大学与安吉县人民政府签订合作协议共建两山科创服务中心，继续教育学院乡村医生教育实践基地在安吉正式揭牌，县人民医院挂牌浙大城市学院医学院附属安吉医院。深化“健共体”建设，派出105人次赴上级进修，选送172位医务人员开展住院医师规范化培训，县乡转诊3000余人次，全县基层就诊率72.22%，县域就诊率90.49%。

9月27日，浙大城市学院医学院附属安吉医院揭牌仪式

【医疗服务工作】 县人民医院入选国家首批“千县工程”综合能力提升名单，连续两年在二级公立综合医院“国考”排名中名列前茅。县中医院在最新一轮二级公立中医医院绩效评价获评A+(全国第15名)，并于5月份晋升三级乙等中医院；县妇保院、县三院分别通过二甲和二乙复评。先后召开扬长补短“勇攀医学高峰”“发展中医药”等专题现场会4场，重点推进骨科、耳鼻喉科等省市重点学科建设，完成ECMO等限制性技术备案项目3项。开展县域胸痛、卒中、创伤等五大中心建设，成功创建省重点学科2项，市级临床重点专科4项。启动首轮医疗卫生领域全员“导师帮带”工作，把卫健领域“导师帮带”从医疗单一领域推向护理、医技、药学、预防等多元领域，首批遴选并结对师徒166对。

【数字化改革】 累计投入资金8550万元，建成智慧医疗一期、二期、三期项目，夯实县域“健康大脑”底座和体系建设，推动中医智能系统、120智慧急救指挥系统等50多个“舒心就医”应用扎实落地，通过国家新版区域医疗健康信息互联互通标准化成熟度五级乙等县域认证，承办全国首届数字中医药大会暨中医药信息化骨干人才培训会。完成各医共体和妇保院医疗设备采购计划审批，涉及金额5123.56万元，采购设备640件。完成老年人评估系统、育婴公共卫生项目电子票据、卫生院数字人民币支付改造等多项省市数改任务。

1月3日，灵峰街道社区卫生服务中心揭牌启用仪式

【基础设施建设】 完成投资4.5亿元，通过领导包办、联席联办、专题研办、一线督办、专班专办，抢抓13个项目建设。中医院发热门诊、灵峰院区项目竣工，99家村(社区)卫生服务站完成规范提升改造，人民医院改扩建工程完成桩基工程70%，妇保院迁建工程完成正负零，疾控中心项目普通装修工程(除实验室)已完成，推进其余基层院区建设项目。

【卫健队伍建设】 拟定《安吉县医疗卫生人才引育办法实施细则汇编》，破解卫健人才引育难题。全年招引博士4名，研究生20名，本科生123名；刚性引进名医14名，柔性引进省级专家63名。做好第二届中医师承定向培养工作，44名首批学员走向基层服务站，27名新学员完成“拜师”入学。加大高知人才中发展党员力度，优化党员队伍结构，新发展党员38人。

【健康安吉及爱国卫生建设】 推进健康浙江建设工作，居民健康素养水平38.75%，“健康浙江”建设考核获评“四连优”。通过国家卫生县城建设省级暗访。开展爱国卫生运动和病媒生物防制，制定出台全县助亚运病媒生物防制工作方案，开展健康科普五进宣传活动234场(次)，环境卫生大整治场所1312个。开展病媒防制技术培训61次，组织发动乡镇(街道)做好“六清”工作，全县病媒生物防制工作市场化、专业化运作率100%。

【基本公共卫生工作】 全县28.1万城乡居民签约家庭医生，十类重点人群签约覆盖率97.01%，“两慢病”规范管理率75%，全县电子健康档案建档数48.67万份，常住人口建档率83%。做好各类传染病监测预警，稳步推进重点人群结直肠癌筛查、青少年儿童正脊筛查、适龄儿童窝沟封闭、适龄儿童免费接种水痘疫苗等各项民生实事。完成重点人群结直肠癌初筛1.41万人次、“两癌”免费筛查2万余人次、老年人流感疫苗接种近6万人。

【人口与妇幼工作】 完成《安吉县委县政府关于优化生育政策促进人口长期均衡发展的若干意见》起草,2023年,全县新增备案托位数1044个,每千人口拥有托位数4.43个,普惠托位数占比达到95.76%,补助资金162.86万元。新建“向日葵亲子小屋”9家,建成基层“医护防”儿童健康管理指导中心2家,完善“檀谈育儿”指导服务团队并开展活动200余场。推进老年健康服务专项行动,探索建设安宁疗护床位71张。为1135万名计划生育家庭奖励扶助和特别扶助对象下发奖励扶助资金3272.86万元。

【综合监管工作】 强化卫生健康全程监管,及时查处侵害群众健康违法行为。执法效能排名A等,一个案件入选国家优秀案例。全市率先探索卫健行政许可事项“就近办”改革,推行诊所行政审批改为备案制,已受理并办结行政许可3461件。开展助企活动,建成全市首家企业健康服务中心,委托3家技术服务机构对县内312家规上企业开展上门服务,督促企业整改职业病防治风险隐患,助力安吉县入选国家卫健委健康企业行政推广优秀案例,相关案例入选《湖州改革》。

【通过全国最高等级卫生健康信息测评】 4月15日,中国卫生信息技术与健康医疗大数据会议召开。会上公布了通过2021年度国家医疗健康信息互联互通标准化成熟度等级测评的单位并授牌。安吉卫生健康信息化建设获2020新版国家区域医疗健康信息互联互通标准化成熟度五级乙等“第一批县域”认证之一,这是目前全国以互联互通标准化成熟度为基础进行区域信息测评的最高级别。

【启动首轮医疗卫生领域全员“导师帮带”】 5月31日,安吉县医疗卫生领域全员“导师帮带”启动仪式在天荒坪镇余村进行。为进一步有效提升年轻医务工作者和基层医疗队伍能力素质,传承发扬卫健系统“传帮带”好传统、好作风,推动县域卫生健康事业高质量发展,安吉在全省率先启动首轮医疗卫生领域全员“导师帮带”工作。首轮医疗卫生领域全员“导师帮带”培养周期为两年,培养周期满后,将继续启动下一轮培养工作,做优做实人才培育,使得优质医疗资源结构更优化、分布更均衡、交流更通畅,同时进一步有效提升安吉县卫生健康领域年轻医务工作者和基层医疗队伍能力素质。

(赵　烜)

医疗保障

【概况】 2023年,安吉县参加基本医疗保险人数51.54万人,其中职工基本医疗保险参保27.83人,城乡居民医疗保险参保23.71人,全县户籍人口基本医疗保险参保率99.98%。南太湖健康保投保人数361761人,保费约3354.1万元,参保比例71.07%。理赔人数8723人,理赔金额32055299.11元(约3205.53万元),赔付比例95.57%。其中3000元以上理赔人数2496人,理赔金额26899600.15元(约2689.96万元),赔付比例80.2%。其中贫困人员(包括低生活保障对象和特困救助特殊身份对象)1219人,理赔金额912007.61元(约91.2万元),赔付比例2.72%。

推进基层医疗服务价格改革。全县公立医疗机构医疗服务收入77117.14万元,同比增长9.48%;2023年1—12月基层医疗机构医疗服务收入7474.98万元,同比增长21.44%。

完善医保网格员制度,制定《安吉县医疗保障基金监督网格员管理考核办法》。网格员队伍由原来医共体单位、非医共体医疗机构、定点零售药店以及昌硕街道、递铺街道组成的7支扩大至全县所有乡镇及医共体单位、非医共体医疗机构、定点零售药店共20支。

县医保中心推进跨省异地就医直接结算工作。2023年,安吉县域66家定点医疗机构(包括公立、基层、民营医疗机构,诊所、门诊部等)全部开通跨省异地就医直接结算服务,开通率100%;开通“双通道”管理药店3家。跨省住院费用直接结算率80.26%,开通跨省门诊慢特病医疗机构35家,绘入民生实事地图28家(目标数9家),完成率388.89%。

组织县域内医疗机构开展第八批国家组织药品集中采购报量审核、完成国家第二批至第五批部分品种药品耗材集采接续、完成省第二批集采药品执行进度落实、第四批国家药品集采、胰岛素专项集中带量采购、省公立医疗机构集中带量采购、市级联合(金华)药品集中带量采购、中成药集采联盟协议采购量分配、国家第九批带量报量、干扰素省际联盟带量采购、省带量第一批报量、长三角国采第一批报量、省第二批带量采购合同续签、长三角和国五七批药品合同续签工作。

开展腹腔吻合器及口腔种植体集中带量采购中选产品协议采购量确定、眼科及骨科两类医用耗材历史采购数据填报和集中带量采购、关节用骨水泥医用耗材历史采购数据填报及采购需求量填报、口腔种植体系统省际联盟集中带量采购前期“一户通”协议开通、五大类医用耗材集中带量采购、冠脉血管内超声诊断导管及输注泵(镇痛泵)历史采购数据填报、结扎夹类医用耗材历史采购数据填报、人工晶体类及运动医学类耗材集中带量采购需求量报送、省际联盟硬脑(脊)膜补片和疝修补材料医疗机构采购数据填报、开展人工关节类医用耗材使用数据收集及采购量确定、国家组织冠脉支架集中带量采购续签需求量填报、关节骨水泥类医用耗材集中带量采购中选结果执行协议签订工作。2023年,药品在线结算率104.52%,带量药品在线结算率100.69%,耗材在线结算率92.06%,带量耗材在线结算率118.4%。全年带量药品按时结算率98.59%,带量耗材按时结算率96.9%。其他药品收货金总金额为2.84亿元,按时结算率33.57%;非带量耗材收货总金额为1.69亿元,按时结算率为45.19%。

推进医保移动支付、医保电子票据区块链深化应用、电子处方流转平台升级、生育津贴无感申报、医保“信用付”等信息化改革工作,推动数字化赋能医保运行服务场景。2023年,各项工作均在规定时间节点内完成上线运行。持续推进医保电子凭证应用,全县医保电子凭证激活率91.11%,结算率53.28%。

会同县卫健、财政等部门做好辖区内救治医疗机构新冠肺炎医疗费用清算工作。共清算213人次,涉及总费用137.67万元,医保基金支出103.05万元,财政承担29.07万元。

全县共18项医保业务经办事项下延至乡镇(街道)便民服务中心,其中11项延伸至村(社区);2项(特殊病种、规定慢性病备案)延伸至医保定点医疗机构。各基层医保经办网点办理医保业务9832件,与上年同期相比增长8%。大力推行OCR智能零星报销。“OCR医保零星报销智能审核系统”开展试运行,8月起正常开展。全年通过OCR扫描审核结算医疗费1773件,医保零星报销时间由半小时缩短至10分钟。优化医保关系转移接续。开通“智慧医保”省内医保关系转移接续“无感办理”业务,实现省内医保关系转移接续“自动报”“智能办”“秒到账”。医保转移共17735人次,其中省内无感免申请办结17117人次,结办率100%,实现个账转移资金“秒到账”1197.82万元。

加强部门联动,整合部门资源、优化业务流程,推进医保社保综合受理“一件事一次办”改革。用人单位或灵活就业人员通过线上平台一次申报+线下窗口联合办理,即可实现职工参保登记、灵活就业参保登记、社保医保退休办理等7项高频事项联合办理。6月起,服务参保对象701名,办事效率提高60%以上,满意率99.6%。创新启动“医保直通车”建设。紧盯营商环境优化提升“一号改革”工程,创新启动安吉“医保直通车”建设,以医保领域小切口改革助力提升基层优质化公共服务,将医保服务融入到村(社区)、医院、企业、金融机构、景区等日常生活场景,以“5+N”建设标准推进实施。推进实施“医保直通车”五进项目,着力打造“场景式”医保服务。通过“医保直通车”工作场景,为参保人员提供“帮办代办”服务600余件、办理医保日常业务1300余件,开展医保政策宣传20场次。

将慈善医疗救助兜底保障纳入医保一站式结算,被救助对象在医疗机构就医过程中产生的医疗费可直接通过医保系统刷卡完成。经“四重制度”(基本医疗保险、大病保险、南太湖健康保、医疗救助)保障后,剩余个人自负费用,按规定比例进行医疗慈善专项救助。与县财政、民政和县慈善总会对接,优化资金拨付流程,简化审批手续,及时将每月慈善救助拨付给定点医药机构。2023年,贫困人员医疗救助累计8384人,一站式结算累计20.34万次,其结算金额分别为医保统筹报销6449.64万元，大病保险报销 1047.42 万元，医疗救助 1476.41 万元，南太湖健康保理赔 323.64 万元，医疗慈善救助 842.61 万元，困难人员综合保障率 95.36%。

常态化开展定点医疗机构监督检查，全年共检查定点医药机构 272 家，处理 10 家，其中解除医保服务协议 2 家，行政处罚 6 家，约谈整改 10 家，通报 19 家。追回基金 192 万元，行政罚款 51.7 万元。根据省、市医保局统一部署，在全县定点医药机构开展规范使用医保基金自查自纠工作，全县 272 家定点医药机构完成自查，发现违规问题 10 大类 130 个，退回违规基金 46.82 万元。

【医共体医保行业自律示范点建设评估工作】 根据《全面推进医共(联)体医保行业自律示范点建设工作实施方案》(湖医保发〔2022〕14 号)工作要求，4 月对县内 3 家医共体行业自律示范建设开展情况进行评估，包括组织体系、工作机制、管理成效等 8 个大类 27 项内容。检查组对照考评细则，详细梳理示范建设开展以来的各项工作落实情况，掌握各医共体行业自律示范建设进度，评估医共体行业自律建设现状。按照考评细则做好查漏补缺、督促整改工作，完善医共行业自律工作机制和措施。

【无痛胃肠镜检查麻醉费纳入医保支付】 5 月，正式将无痛胃肠镜检查麻醉费纳入医保支付。截至 12 月，全县 6 家主要医疗机构累计 9785 人次接受无痛胃肠镜检查，减轻群众医疗费负担 489.25 万元。

【国谈药配备】 通过药店自主申报，经医保部门按规定流程审核确认。百姓缘大药房连锁有限公司递铺店、安益大药房和安吉中联医药有限公司玉华店纳入“双通道”药店管理。国谈药配备率达到 30%，确保国家医保谈判药品顺利落地，满足广大参保患者合理的用药需求，提高谈判药品的可及性。

【居家服务价格改革工作】 3 月，联合卫健部门召开居家医疗服务工作部署会。4 月 17 日，下发《安吉县医疗保障局关于开展居家医疗服务的实施方案(试行)》(安医保〔2023〕6 号)。截至 12 月底，建立家庭病床建床 5 例，总费用 10642.24 元，个人自费降幅达 60%以上。

【口腔种植医疗服务】 3 月，组织县内口腔种植医疗机构召开专项部署会。4 月 17 日，下发《关于印发安吉县开展口腔种植医疗服务提质降费专项治理工作方案的通知》(安医保〔2023〕5 号)，并在“南太湖号”“湖州日报安吉新闻”“安吉政务”等微信公众号上予以宣传公示。4—5 月，对辖区内口腔种植数量排名靠前公立、民营医疗机构开展走访调研，了解政策落地的情况级公示公开情况，收集执行过程问题。向医疗机构发放倡议书 12 份，签订承诺书 12 份。8 月，配合市医保部门开展全市口腔种植专项治理检查。9 月，联合县纪委、县卫健、县市场监管局召开落实全市口腔种植专项治理检查监督检查通报暨集体约谈廉政会议，督促医疗机构完成整改并上报现阶段完成情况。截至 12 月底，全县有 3016 人享受到集采种植体使用，占种植牙总量 87.93%，累计降费 2111.2 万元。

【基金监管集中宣传】 4 月，开

6 月 8 日，安吉县口腔种植医疗服务提质降费专项治理推进会

展以“安全规范用基金 守好人民‘看病钱’”为主题的集中宣传月活动。对全县250家医保定点医药机构负责人及各乡镇（街道）便民服务中心医保经办负责人共300余人进行医保基金监管法律法规知识培训和医保政策解读。通过五进活动（进乡镇、村（社区）、进学校、进机关、进企业、进定点医药机构）进行医保政策培训和政策宣讲20余次，向全县所有医保定点医药机构发放宣传海报1200张，发放宣传桌牌250份，发放宣传折页2000余份，发放医保基金使用监督管理条例2000余份。组织科室人员及中心业务经办人员参加医保基金监管短视频制作并参加国家医保短视频大赛。

（任奕瑾）

人力资源和社会保障

【概况】 2023年，人力社保局获评全省人社系统先进集体，承接省级以上试点4个，人社领域工作经验获中央领导批示3次，国家部委和省领导批示4次，市领导批示3次，会同天荒坪镇上报的《"余村全球合伙人"计划有效破解乡村人才集聚难题》项目入选省高质量发展建设共同富裕示范区最佳实践，《家门口的服务"便利店"》在《看见》栏目播出。《关于浙江安吉青年入乡发展的调研报告》相继被国务院总理李强、副总理刘国中、国务委员谌贻琴和人社部部长王晓萍、副部长李忠批示，《安吉县"6+"模式吸引青年返乡创业》工作信息获副省长张雁云、李岩益批示，《安吉县多措并举促进高质量就业创业》入选省"十项重大工程"典型经验做法，"乡村创业首选地"品牌持续扩大影响力。

【人才招引及服务保障】 引育2.56万名大学生及各类人才来安，其中青年大学生8482人，招引博士74人（其中青年博士39人）。围绕"招引十万青年大学生"第一战略目标，出台《进一步优化支持大学生就业创业政策》等系列新政，系统构筑"来了就有钱、来了就有房、来了就有伴"的全方位人才保障体系，累计建成创业平台25万方，青创空间44个（其中市级2家："青来集"、"DNA数字游民"），建成青创人才驿站5个，引育青创项目473个，会同组织部建成青年人才社区2个、百人楼（园）24个。顺利承办全市"青创新城"推进会。县就业创业工作得到国务委员谌贻琴点赞，人社部调研司在安吉县深度蹲点调研成果《关于浙江安吉青年入乡发展的调研报告》获人社部部长王晓萍、副部长李忠批示肯定，就业创业工作经验先后被副省长张雁云、李岩益批示肯定。聚焦"四低"人员、就业转失业人员等就业重点群体，出台《公益性岗位开发管理暂行办法》，通过整合全县零工供给两端、开展"暖心系列"就业援助帮扶等活动，实现城镇新增就业11056人，帮扶失业人员再就业5503人，就业困难人员再就业764人。

出台高技能（技术）人才共有产权房等多个支持技能人才发展政策意见，全国首创技能提

8月24日，全市全面建设"青创新城"推进会召开

4 月 27 日，举办 2023 年度“万名技工”培育选树活动

升补贴一件事“无感智办”，支持推进企业自主评价和社会化培训鉴定，累计开展职业技能培训 2.7 万人次，培养技能人才 9844 人，培育高技能人才 4517 人，新增选树技工人才 1111 名，高质量完成省政府民生实事，相关工作被《人民日报》《光明日报》等媒体报道。

推动构筑“引育留用”全链条服务保障体系，聚力推动高层次人才集聚，累计拨付各项人才奖励资金近 1 亿元。吴之中项目全省唯一入选国家级留学人员回国创业启动支持计划，博士后科研工作站 5 名在站博士后获国家科学基金资助，创历史新高。入选“南太湖精英计划”创业项目 26 个，入选率、入选数、优质项目数均居全市第一。承办安吉县第八届“两山杯”全球创新创业大赛，并在深圳、南京举办城市推介会。支持鼓励人力资源服务业发展，成功举办首届头部人力资源服务机构洽谈会，新招引落地“双百强”人力资源机构 4 家（其他区县均无），“人力资源服务机构规范管理试点”项目获全省人社领域创新深化改革攻坚开放提升路演“最佳项目”。

【养老保险】 加快推进多层次多支柱养老保险体系改革，实施全民参保扩面提质工程，全县户籍人口基本养老保险参保率达 99.4%，其中男 45 周岁、女 35 周岁以上参保率 99.7%，城乡居保高档次缴费比例较全省平均水平高 57%，困难代缴对象城乡居保应保尽保率、应缴尽缴率、应享尽享率均达 100%，有力推动城乡居民“保有所助、老有所养”，城乡居保工作经验获省人社厅厅长吴伟斌批示肯定并在全省推广。

【“安薪有我”长效管理】 出台“安薪有我”根治欠薪实施意见，积极推动劳动关系源头治理改革，聚力打造“安薪有我”长效管理工作品牌，截至 2023 年，共受理涉薪纠纷线索 2528 件涉及 9701 人 2.14 亿元，办结率 98.68%，安薪指数 95.274，排名全市第一，根治欠薪工作经验获省人社厅副厅长葛平安、副市长夏坚定和杨卫东书记批示肯定。全市率先推进劳动人事争议调解中心建设，积极实施企业薪酬调查，劳动争议仲裁结案率等 10 项“七优享”工程重点指标均提前完成年度目标，“欠薪线索动态化解率”等核心指标排名全市第一，牵头负责的“七优享”劳有所得综合排名全市第一。

【国务委员、人社部来安调研】 9 月 2 日，国务委员谌贻琴、人社部部长王晓萍等中央领导来安吉调研就业创业工作，浙江省副省长张雁云，市委书记陈皓，市委常委、县委书记杨卫东陪同调研。安吉县就业创业工作得到国务委员谌贻琴和王晓萍部长高度肯定，国务委员谌贻琴指示人社部总结湖州安吉经验。9 月 11—17 日，人社部组织了由政策研究司调研一处处长郭成为组长的 10 人调研组，赴安吉县开展青年在农村发展问题蹲点式调研。省人社厅副厅长陈中、市人社局副局长钱振宇，安吉县委常委、组织部部长王新勇，安吉县人社局局长王红缨等陪同考察。人社部调研组调研期间，通过召开座谈会、深度个人访谈等形式，对全县 15 个乡镇（街道）的青年就业创业工作进行了全面深入调研，此次调研实现了县域乡镇（街道）全覆盖。此次深度蹲点调研为期一个星期，是人社部针对县域单项工作派出调研人员最多、调研时间最长、调研访谈最深入的一次。调研组高度肯定了安吉在推动青年农村就业创业方面的积极探索。

【入选 2023 年人社领域创新深化改革攻坚开放提升项目试点】 6 月 2 日，安吉县人力社保局入选全省 2023 年人社领域创新深化改革攻坚开放提升项目试点——人力资源服务机构规范管理试点地区，并在 11 月 10 日举办的全省人社领域创新深化改革攻坚开放提升路演活动中获评第二批“最佳项目”。

（孙诗雅）

民政工作

【概况】 2023 年，安吉县民政局争取省级试点项目 4 个，“七优享”工程“弱有众扶”工作三季度评定全省第一，浙江省“十项重大工程”简报表扬“一路同行”提低工程做法，城乡居民最低生活保障标准提高至 13260 元，安吉县作为全省唯一县在 2023 浙江（国际）康养产业博览会上布展。省级城乡社区治理和服务创新实验区中期评估和全省城市社区议事协商创新试点结项评估优秀，获全省社会救助工作成绩突出集体称号。省市级及以上会议交流发言 8 次。

落实养老服务政策，指导全县养老服务体系建设，管理城乡养老机构建设和居家养老服务工作。全县现有户籍老年人口 13.1 万人（百岁以上老人 15 人）。养老机构 20 家，其中：县社会福利中心 1 家、乡镇敬老院 7 家、其他 12 家。乡镇（街道）示范型居家养老服务中心 16 家，覆盖全县各乡镇（街道），社区（村）居家养老服务照料中心 196 家，护理员 470 人，每万老年人拥有持证养老护理员 35.8 人，为全县 3417 名老人提供政府购买养老（居家养老）服务。落实儿童福利保障政策，负责未成年人救助保护及收养登记工作。全县共有未成年人 6.83 万人，其中县纳入困境儿童管理的在册未成年人 1127 人，全年发放各类生活补贴 1078.81 万元。办理非亲属挂靠手续 1 件。指导和监督全县实施特困人员供养、城乡居民最低生活保障、临时救助、生活无着人员救助工作。全县在册救助对象 4886 户 7466 人，包括收入型低保、支出型贫困、低边、特困供养对象。最低生活保障救助标准 1105 元/人·月，社会救助资金支出 7099.73 万元。指导落实残疾人权益保障工作。全县残疾人两项补贴（困难残疾人生活补贴和重度残疾人护理补贴）发放人次为 112769 人次，全年发放困难残疾人生活补贴 1134.0433 万元；重度残疾人护理补贴 1415.0875 万元。负责、指导和监督全县大中型水库移民安置和后期扶持政策实施。全县一次性核定大中型水库移民 41228 人（包括三峡移民 458 人），采取直接补助和项目扶持两种扶持方式。三峡移民安置在 7 个乡镇（街道）22 个村。指导城乡基层政权和基层群众自治组织建设工作，推进城乡社区建设，组织开展城乡基层治理相关工作。全县共有 217 个村（社区），出台《关于构建“选育管用爱”全链条机制深化新时代专职社区工作者队伍建设的实施意见的通知》，开展专职社区工作者招聘，落实每万名常住人口配备 18 名专职社区工作者要求，建成并投入运行幸福邻里中心 37 家、社会工作站 15 家，实现乡镇街道全覆盖。社会组织：登记和监督管理全县社会团体、基金会和民办非企业单位。全县登记注册社会组织 601 家，其中社会团体 246 家，民办非企业 347 家，基金会 8 家，每万人拥有社会组织 10.05 个，3A 以上社会组织 50 家。组织实施全县社会工作发展政策，推进社会工作专业人才队伍建设。拥有专业社工机构 33 家，社会工作者 3768 人（包括初级 3117 人，中级 649 人，高级 2 人），平均每万名常住人口拥有社会工作者数量 64.3 人。省级社会工作督导 2 名，南太湖领军人才 71 名，通过高级社会工作师考试人员 2 名。推进全县社区志愿者队伍建设。共有乡镇（街道）志愿者分会 15 个，学雷锋志愿服务站 217 个。牵头拟订慈善事业发展规划、政策，主管慈善工作。设立 217 个村（社区）慈善工作站，建立慈善公益组织 21 家，慈善超市“1＋4＋N”覆盖模式。慈善总会募集结余资金 13576.57 万元（包括物资折价）。负责婚姻登记管理工作。完成 5A 级婚姻登记机关场所复评工作，建设两个特色户外结婚登记颁证基地。全年办理各类登记业务 4602 件，其中结婚登记 2658 件，离婚登记 1101 件，补发婚姻登记证 842 件，受理离婚申请 1882 件。开展婚姻家庭辅导和特色颁证服务，共开展各类婚俗改革宣传活动 35 场，开展婚姻家庭辅导 4384 件次，辅导服务比率 94.1%。负责殡葬管理工作。全县节地生态葬设施 56 个，推行骨灰堂、树葬、竹林葬等节地生态葬法，生态葬法奖励金额340万元。全县“身后一件事”联办3920例，联办率99%；争取省级节地生态安葬示范项目3个，建设奖励资金150万元。补助7个乡镇9个村节地生态安葬设施建设，补助资金80万元。对全县109座村级公益性墓地检查评优，补助管理经费82万元。全年火化3928例，享四项基本减免惠民殡葬政策3729户，减免费用约439万元。负责行政区划管理。负责行政区域界线的勘定和日常管理工作，调处行政区域边界争议。全县界桩14个。

出台《安吉县“一路同行”慈善超市可持续运行机制》《安吉县“一路同行”慈善超市分超市建设方案》，累计新增乡镇级慈善超市4家、慈善网点13家，扩大县、镇、村“1+4+N”覆盖模式。慈善超市总营业额超3500万元，累计会员2万余人。开展“超市进企业”活动，为低收入群众发放慈善福利卡22955张，总价值773.3万元。开展“慈善一日捐”活动，募集慈善共富基金6153万元，其中县级共富基金5236万元、村级基金917万元。新增慈善组织5家，指导成立慈善志愿服务大队，完成慈善人才培训200人次，开展慈善项目28个，新增慈善信托备案520万元。开展“善行安吉·爱在四季”捐衣活动专场4场，慈善公益活动40场次，募捐衣物2万余件。发布安吉县“慈善捐赠奖”。持续擦亮“弱有众扶”品牌。扩面提质“六无六有”项目，拓展实施社会救助家庭善居工程、困难家庭老年人“幸福养”工程等帮扶项目，覆盖困难群众16万人次，涉及资金9500余万元，实现低收入群众户均年减支1.5万元以上。深化实施“共富岗”“共富金”“共富地”“共富品”等“一路同行”提低项目，惠及低收入群众2300余人次。深化实施“安小童”守护幸福长、困难群众“关爱险”“善居工程”“幸福养”工程、“临困帮”等帮扶项目，完成善居工程825户。困难群众“关爱险”理赔金额288万元，受益2686人次。为1611户困难群众配置5+1基础家电3018件。慰问困难家庭471户，救助资金326.1万元。出台《安吉县社会救助服务联合运营机制》，走访全县4961户困难群众，排摸需求1029个，逐级化解各类问题需求913个。出台《关于推进“安心享一弱有众扶”应用使用的通知》，完善主动发现机制，建立“两库一画像”，实现救助对象精准主动识别，共采集各类信息1523条。健全“老有康养”体系。推动出台《关于加快建设基本养老服务体系的实施意见》《〈湖州市居家养老服务条例〉宣传贯彻实施方案》，制定“安吉县养老服务设施提升三年行动计划”。出台《养老机构“一床一码”工作规范》市级标准。推进云安里综合为老中心建设，总体建设进度30%，委托专业机构制定内部功能布局设计方案和管理运行机制方案。开展居家和社区基本养老服务提升行动，改造提升居家养老服务（照料）中心50家，建设家庭养老床位300张。试行邻里助餐和改善型送餐运行模式。浙里康养平台每万老年人口拥有持证养老护理员数34.9人。结合共富公寓、农村全域整治、乡宿民宿，在25个村开展农村互助养老，形成统里、白杨、银湾三种服务模式。与上海市杨浦区民政局、上海长三角区域养老服务促进中心开展合作，推进长三角养老服务一体化康养基地协议签订。

4月14日，安吉县“一路同行”慈善超市梅溪分超市开业

省级社区治理与服务创新实验区中期评估和全省城市社

区议事协商创新试点结项评估优秀。拟定出台新一轮专职社区工作者管理办法，推进楼道长配备工作，打造10个示范样板小区和100个精品示范楼道。开展村规民约典范村创建选树，发挥强化村规民约作用。开展社工宣传周和年度社会工作论坛，组织实施社会工作者职业水平考试，新增持证社工968人，其中高级1人。完成建设10家居民会客厅和便民服务大厅。出台《推进清廉社会组织建设的实施方案》，打造清廉社会组织示范点2个，培育点2个。培育省级社会组织领军人物2个。开展公益创投项目26个。

实体化运行未保中心，制定运行机制，建立全省首个孤独症儿童守护者联盟。完成66家儿童之家星级评定、100户困难家庭监护能力评估、40户“安小童”居家环境改善和55人次守护幸福长看世界夏令营活动。婚姻登记服务优质惠民。完成2个户外颁证基地建设，举办首届青年人才百人集体婚礼。创新婚姻家庭辅导工作，婚姻辅导率80%以上。出台《关于安吉县殡葬基本服务项目免费的实施办法》，推行惠民殡葬基本服务全流程减免。争取省级节地生态葬示范点3个，奖励建设资金150万元。建成村镇级集中治丧点2个。全年下达水库移民后期扶持项目计划36个，拨付项目资金5142.66万元。开展“飞地抱团”项目5个，扶持资金2860万元。完成省级地名文化服务和文化建设示范点创建。推进“乡村著名行动”，推进地名文化“一馆、一路、一印象”建设。开展“数字门牌”示范点建设，完成271条未命名乡镇道路设标工作。

【第九届“竹之韵”公益生态祭活动】 4月2日，安吉县举行第九届“竹之韵”公益生态祭活动。18名参与竹林葬的家属默哀，走进竹林献上青团和鲜花，并在竹竿上系上黄丝带。

【浙江省康养产业博览会布展】 4月15—16日，安吉县作为浙江省唯一县在2023浙江（国际）康养产业博览会上布展，推介康养产业发展环境。

【县未成年人救助保护中心启动仪式】 6月15日，由安吉县未成年人保护工作委员会主办，县民政局、县教育局、县妇女联合会等协办的“奋进新征程，同心护未来”未保宣传月系列主题活动暨安吉县未成年人救助保护中心启动仪式在安吉县实验小学教育集团举行。

【营盘山户外结婚登记颁证基地落成仪式】 8月22日，安吉县民政局婚姻登记处在营盘山公园举办“爱满鹊桥 姻定七夕”安吉县集体颁证暨营盘山户外结婚登记颁证基地落成仪式，并为9对新人集体颁证。

【慈善志愿服务大队成立仪式】 10月19日，安吉县民政局、安吉县慈善总会在生态广场举办安吉县“善行安吉·爱在四季”慈善嘉年华暨慈善志愿服务大队成立仪式。

（崇嘉琪）

残疾人事业

【概况】 2023年，安吉县持证残疾人数为12673人，其中，视力残疾人1246人，占9.83%；听力残疾人1765人，占13.92%；言

8月22日，“爱满鹊桥 姻定七夕”安吉县集体颁证暨营盘山户外结婚登记颁证基地落成仪式

语残疾人199人，占1.57%；肢体残疾人5236人，占41.31%；智力残疾人1439人，占11.35%；精神残疾人1857人，占14.65%；多重残疾人931人，占7.37%。

制定《关于深入开展学习贯彻习近平新时代中国特色社会主义思想主题教育的工作方案》，开展党员干部主题教育工作。拟定15项工作要点清单和23项重点工作清单，下发《县残联“能力作风建设年”活动实施方案》18项任务清单，统筹推进实干争先主题实践和“三访三比一帮一宣讲”大走访助残实践。连心e站走访残疾人约3.85万人次，完成残疾人微心愿100个。有序推进城市有机更新和“两无两违”工作。举办“2023年安吉县残疾人工作者能力提升培训班”，落实“一月四学”和“助残举措大家讲、惠残政策大家学”机制，开展“扶残助残信息宣传技能比武大赛”。支持协会开办活动18场次。承办“全国村(社区)残协组织规范化建设推进会”，中国残联相关领导评价“圆满出色”。全市推开安吉“残疾人信访维权工作入驻社会治理中心”创新做法，并被写入省残联八代会报告，全省推广。同行残疾人艺术团《竹海龙腾》节目亮相亚残运会开幕式暖场演出。参与杭州亚残运会保障工作，杭州亚运会赛事总指挥部开闭幕式指挥中心和省残联书面肯定。超额提前完成3项省政府民生实事工作。

制定《安吉县困难残疾人救助基金使用管理暂行办法》和《安吉县困难重度残疾人机构托养实施办法(试行)》。2023年，发放低收入重度残疾人救助金318.45万元，惠及254人。慰问救助困难残疾人949人，资金98.99万元。发放“残疾人之家”运营补贴241万元，发放职工养老保险补助105.72万元，惠及255人，发放安置残疾人电商就业奖励资金24万元，惠及13家企业。完成2022年用人单位安置残疾人就业审核492家，安置残疾人就业2555人。举办残疾人就业招聘会，提供残疾人岗位300个。提前超额完成省政府民生实事项目，新增稳定就业84人，完成就业培训409人，劳动年龄段内残疾人就业率72.96%。基本完成残疾人就业应用场景，启动建设残疾人就业创业综合服务中心。组织残疾人参加第七届全国残疾人职业技能大赛浙江选拔赛，2人入选，并分获全国赛第1名、第3名。

举办脊髓损伤者“希望之家”第二期生活重建培训班。开展全县重度肢体残疾人入户调查，完成入户走访300人。实现抢救性儿童康复救助全覆盖，100名残疾儿童获得康复服务。为10名重度残疾儿童开展“送康教上门服务”项目。完成助听器验配42人，假肢安装18例，白内障复明手术22人，辅助器具适配402人。成立关爱孤独症儿童星海守护联盟，建立基地3个，10家单位参与，开展活动44场。实施帮扶孤独症儿童家庭的公益创投项目3个，惠及300人次。协同卫健等部门制定康复救助孤独症儿童项目方案，44名孤独症儿童获得康复服务，项目通过市级验收。将特殊教育课程列入教师培训必修课程，组织开展孤独症儿童早期发现与识别培训活动1期、孤独症“三早”知识普及宣教2场。完成残疾人家庭医生签约12592人，签约率99.32%。

完成三里亭省级无障碍社区创建和20个重要公共服务场所无障碍改造工作。完成67户无障碍设施进家庭项目建设。完成“残疾人无障碍观影进乡村”12场。完成信息无障碍推广40期。全县385名困难听力、言语残疾人享受无障碍信息补助。联合检察院出台《关于建立国家司法救助与社会救助工作衔接机制的若干意见》，聘请2名听证员专门参与涉残案件处理。完成残疾人司法救助5起，救助资金8.5万元。为60余名重度残疾人上门办理残疾人证。发挥残疾维权站作用，接待来访、咨询等127起、处理“12345阳光热线”5起，网络信访7件。开展舞蹈、器乐、声乐培训100人次，新增节目创作4个。完成残疾人特殊艺术巡演20场。完成助残书画公益展，参展作品102幅。组队参加第十一届浙江省残疾人运动会，获8银14铜。完成第三十三次全国助残日暨残疾人励志宣讲进校园主题活动。完成“童心同行迎亚运 残健融合向未来”体育助残嘉年华，2000余名学生参加。

实现天子湖镇“安心助居”项目全覆盖，报福镇“暖心助医”项目落地。培育社会助残组织和社会助残项目各10个。开展文化助残“五个一”活动75场。完成金川县东西部对口帮扶工作。新增残疾人救助基金2个，年度资金80万元。完成亚残运会节点建设提升，深化建设余村亚残运会展示点。开展亚运志愿者手语培训，40 人参加。培育优秀残疾人（集体）和助残人（集体）33 人（个），推选 20 名个人（集体）入选湖州市“浙北百名残疾人群英榜”优秀典型。大力开展残疾人事业宣传，省级以上媒体录用 88 篇，市级媒体 28 篇。

【第七届中国残疾人冰雪运动季南方区主场活动】 2 月 23 日，“喜迎亚残运，一起来健身”——第七届中国残疾人冰雪运动季南方区主场活动启动仪式在安吉云上草原滑雪场举行。活动现场设置雪地拔河、拖雪圈、雪地沙包击锣、雪地套圈、雪地运球、冰上飞镖等 6 个趣味冰雪项目，有来自全省各地的 300 名残疾人代表参加。

【浙江省首个关爱孤独症儿童“守护联盟”成立】 3 月 28 日，安吉县残联、浙江省孤协、湖州市孤协在灵峰街道灵溪公园共同开展“星海守护·不孤独”主题活动。本次活动，县残联成功对接安吉多个国家级 4A 级景区，并将其纳入“安吉县孤独症儿童户外活动基地”，此外，安吉县曙光公益社会服务中心等三家单位共同发起成立关爱孤独症儿童的爱心守护联盟。

【全国村（社区）残协规范化建设推进会召开】 11 月 7—8 日，全国村（社区）残协规范化建设推进会在安吉县召开。会议学习贯彻习近平新时代中国特色社会主义思想和习近平总书记关于残疾人事业的重要论述、重要指示批示精神，贯彻落实中国残联第八次全国代表大会部署，总结交流村（社区）残协规范化建设工作经验，研究部署下一阶段工作，持续筑牢残疾人组织建设根基。中国残联组联部负责人，各省、自治区、直辖市和新疆生产建设兵团残联分管负责人、组联部门负责人、具体业务负责人等 100 余人参加。

3 月 28 日，安吉县成立浙江省首个关爱孤独症儿童“守护联盟”

【全省“希望之家”建设推进工作交流会举行】 12 月 7—9 日，全省“希望之家”建设推进工作交流会暨省肢协脊髓损伤者专委会成立仪式在安吉举行，会议进一步深化残疾康复服务，充分发挥脊髓损伤残疾人主体作用，推进残疾人自助、互助康复服务模式创新。

（刘　康）

红十字会

【概况】 2023 年，开展应急救护知识普及培训 118 场次，惠及 38244 人次；开展救护员培训 65 期，2470 人通过考核并取得红十字救护员证；开展 CPR＋AED 取证培训 55 期，3342 人通过考核并取得 CPR＋AED 培训证书。共接收捐赠款物价值 653.24 万元，支出款物 537.12 万元，其中对口支援四川金川地区 35 万元，河北涿州抗灾 8.08 万元，甘肃地震抗灾 13.36 万元。新增人体器官（遗体、组织）捐献志愿登记 250 人；新增遗体捐献 1 例，器官捐献 1 例，角膜捐献 2 例。新增中国造血干细胞捐献者资料库（中华骨髓库）志愿者 74 例，未发生再动员反悔和分辨检测采样后反悔。

完善基层组织建设。实现红十字村（社区）级组织全覆盖。深化落实村（社区）基层组织建设，发展村（社区）红十字会 217 个，个人会员 15604 人，新增博爱家园 8 家，博爱家园覆盖率 80％。实现应急救护培训基地乡镇全覆盖。召开全县应急救护培训基地建设现场会。每个乡镇(街道)至少建成1个应急救护培训基地,实现全覆盖。实现4A级景区救护站全覆盖。建设田园嘉乐比、竹博园、云上草原3家景区救护站,配备AED(自动体外除颤器)、轮椅、担架、拐杖等急救设备和急救药品。提升应急救护救援能力。《关于高水平推进应急救护工作的实施方案》印发,全县八大专班全面推进应急救护专项行动。校园守护、机关先行、亚运同行等"救在身边"专项行动牵头单位积极采取措施,加大工作力度,推动应急救护知识普及和技能培训。完成普及培训39199人,取证培训2399人。2023年,共培训师资69人(新增师资6人),其中一级9人,二级56人,三级4人。其中本科及学历以上60人,占比87%;高级职称20人,占比29%;党员39人,占比57%。联合安徽省宁国市红十字会签订两地合作框架协议,开展两地应急救护师资经验交流,促进红十字工作长三角一体化发展。开展全县应急救护师资复训班,邀请一级师资精品课程教学演示。培育"救在身边"品牌"新形象"。依托应急救护培训基地、应急救护师工作室等服务阵地,推动"救在身边"品牌建设。整合各部门资源,多维度、多形式开展各类活动。联合教育局开展应急救护培训走进高中军训课堂;联合卫健局开展应急救护培训进全县托育机构;联合安监局开展应急救护培训走进全县高危企业职工;联合宣传部开展应急救护培训走进亚(残)运会志愿者等活动。县人民医院红十字会开设"9·19救一救"课堂,红十字师资志愿者每月9日、19日开展心肺复苏、灾害救援等急救培训。开展现场培训教学60余场,现场参与互动4000余人次。开启救护救援工作"新保障"。投放AED(自动体外除颤器)在全县人流量大公共场所26台,其中亚(残)运会期间,对接联系县农商行捐赠18台AED。对接大数据局探索完善公共场所AED巡检工作机制、推进公共场所AED数字化建设。联合教育局、应急管理局等在全县乡镇(街道)投放"一圈一杆一绳"设备250套。建立以全县各乡镇(街道)和安吉民安救援等16个队伍的专业救援队伍,建立健全应急救援工作机制,完善救援装备,开展应急救援培训,联合应急管理局、孝源街道等多部门开展"一厂多租"火灾事故应急演练。共开展救援行动624次;出勤人次869人次;参与开展救灾演练35次。推动全县红十字青少年工作走深走实。2023年,累计在校开展各类活动300场次,6000余名青少年会员参加。首度与浙江科技学院(安吉校区)合作,开展"人体器官捐献志愿登记"宣传活动。推动"救在身边·校园守护"行动进校园。深入实施"探索人道法"项目。对接安吉县第四小学开展人道法课程;对接浙江科技学院,商议开设人道法课程进校。北京体育大学指导开展残障儿童体适能课程训练。联合微善公益红十字会开展"人道初心 博爱同行"项目,调查全县未成年人滥用右美沙芬情况,帮助全县46名"药瘾"少年走上工作岗位(其中2位创业和1位参军)。获省市新时代文明实践志愿服务项目大赛金奖。围绕红十字"三救"中心工作,做好"安芯·仁爱公益专项基金""卫健系统助困基金"等现有品牌项目,对接联系爱心企业建立"德思堂红十字博爱基金"等新品牌项目。累计建立救助基金

2023年安吉县应急救护工作推进会

12月28日,2023年安吉县应急救护工作推进会召开

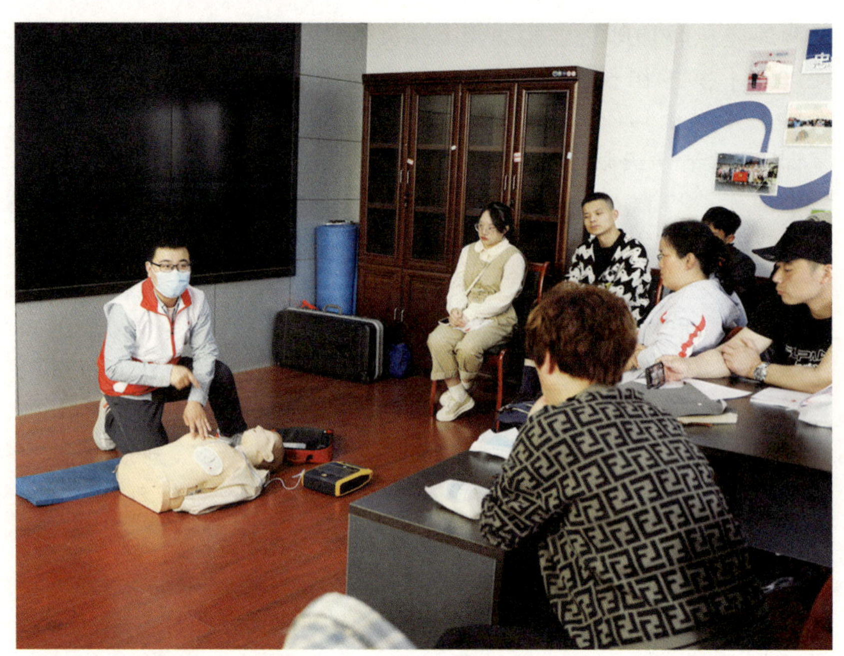

4月12日,开展"救在身边 校园守护"——安吉县2023年度学校救护员培训活动

项目16个,筹集款项405.19万元。开展助医、助学、助残、助困和"红十字博爱送万家"等救助活动。做好国家彩票基金白血病—先心病项目,对接乡镇(街道)寻找符合救助对象,新申报5名。做好"小桔灯"救助项目,救助关爱4名助学对象并完成微心愿。关心关爱"两捐"亲属项目,为18名"两捐"家属提供免费体检等服务。联合腾讯在"5·8红十字日"和"99公益日"开展线上公益筹资项目,共募捐45万元,28484人次参与。优化线下捐赠程序,主动对接爱心企业提供捐赠。

抓住"5·8博爱周""5·12防灾减灾日"等关键时间节点,组织宣传活动。依托博爱家园、生命体验馆、生命礼赞园等项目,拓宽宣传渠道。发挥融媒体、基层组织和红十字志愿者带动引导效应,利用政府网站、微信公众号、纸媒电媒积极宣传倡导"人道、博爱、奉献"红十字精神。全年发表宣传报道县级8篇,市级25篇,省级14篇,国家级6篇。视频《我和我的祖国》《快乐学急救 健康迎亚运》等主题宣传片在全省红十字会视频号播出。完善"博爱送万家"、养老照护等志愿服务活动常态化运行,开展各类志愿服务活动1000场,受益群众5万余人,注册红十字志愿者4480人。借助生命礼敬园等平台,丰富宣传形式,弘扬"人道、博爱、奉献"红十字正能量。

【人体器官(遗体、组织)捐献缅怀纪念活动】 4月3日,安吉县"生命·遇见"2023年人体器官(遗体、组织)捐献缅怀纪念活动在生命礼敬园举行。捐献者家属、县红十字会全体工作人员、志愿者等参加。

【全县红十字博爱基金成立签约仪式】 5月8日,县红十字会联合县残联、县卫健局、县民政局、梅溪镇人民政府、浙江德思堂医疗投资管理有限公司在县第二医院举行举办"德思堂博爱基金暨全县红十字博爱基金成立签约仪式"。县残疾人联合会捐赠200万元,定向用于本县困难残疾人医疗救助,浙江德思堂医疗投资管理有限公司捐赠120万元,定向用于帮助安吉县困难家庭重症精神病患者,减轻患者家庭经济负担,助力兜牢基本民生保障底线。

【灵峰街道第二届应急救护员技能大比武】 5月12日,安吉县第二届多工种技能大赛暨灵峰街道第二届应急救护员技能大比武在灵峰街道篮球场举行。本次比赛由县红十字会、县总工会联合主办,县人民政府灵峰街道办事处承办。比赛采用"理论+实操"结合方式。营造"比、学、赶、超"浓郁学习氛围,以赛促练,推动企业员工了解掌握应急救护基本知识和技能,提升各行业各领域的应急处置能力水平。

【浙江省红十字大学生骨干训练营举办】 7月8日,"迎亚运 点亮红十字青春——2023年浙江省红十字大学生骨干训练营"的50余名大学生来安吉余村开展红十字训练营活动。

【"一圈一杆一绳"救在身边·防溺水公益物资捐赠仪式】 7月20日,安吉县红十字会会联合县应急管理局、县水利局、县教育局组织开展"一圈一杆一绳"救在身边·防溺水公益物资捐赠仪式。"5·8人道公益日"活动期间，县红十字会依托腾讯公益平台开设“安吉一圈一杆一绳”救在身边·防溺水公益项目，在溺水事故易发的重点河段和山塘水库设置救生杆、救生绳和救生圈等防溺水装备，保障群众生命安全，实现“小项目、大效用”。该项目在“5·8”期间共筹资14.45万元，其中网络筹资8.45万元，企业配捐6万元。已采购防溺水设备250套，并按各乡镇（街道）实际需求情况进行分配到位。

【第二届暑期红十字青少年应急救护训练营】 7月31日—8月1日，安吉县红十字会举办第二届暑期红十字青少年应急救护训练营，共招募学员13名。集中学习红十字运动基本知识、救护知识概论，了解心肺复苏及自动体外除颤器（AED）的使用和气道异物梗阻解除，授课教师指导各位学员进行实操练习，掌握常用急救技能。

【亚运志愿者应急救护培训】 9月20日，安吉县红十字会联合县委宣传部（文明办）、县残联、县新时代文明实践中心为全县40余名骨干志愿者开展亚运志愿者服务培训。

【应急救护师资复训班举行】 10月23日，安吉县红十字会举办2023年应急救护师资复训班，来自县内各行各业的33名应急救护师参加培训。

（宋楚怡）

慈善事业

【概况】 2023年，安吉县慈善总会夯实组织建设，开展慈善宣传、困难救助，阳光透明监管。全年共募集善款善物8771.31万元（物资折价329.75万元），其中“慈善一日捐”募集善款6465.64万元，完成“慈善共富基金”目标；慈善（救助）项目支出8577.79万元（含下拨村募村用资金）。以“六无六有”社会综合救助体系、“一路同行”慈善超市为主线的各项困难群众帮扶救助取得良好效果。募捐渠道多样化。线上，通过“安吉慈善”公众号、“爱安吉”APP及“浙里捐赠”平台捐赠。设置专门“二维码”捐赠标识印在“慈善一日捐”活动通知文件、倡议书、捐赠流程折页等资料，制作“二维码”标识号牌在各村（社区）发放，随时扫码捐赠。线上总捐赠额1937.81万元，350家单位、5万多人次参与。线下，设置慈善消费捐赠、慈善项目化捐赠、慈善+活动捐赠。成立慈善冠名基金、“村募村用”捐赠、物资捐赠等方式。获评省级最佳慈善组织，并获慈善事业引导资金激励金额50万元。获评5A社会组织，挂牌“安吉县慈善联合总会”，新增“志愿服务部”，成立“安吉县慈善总会志愿服务大队”。天荒坪镇余村村慈善工作站、溪龙乡黄杜村慈善工作站、章村镇章村村慈善工作站获第四批省级示范慈善工作站。

【慈善宣传】 结合“慈善暖心”新春系列活动，春节前夕为困难家庭儿童改造居家学习环境，同步开展新闻跟踪报道，播出“圆一个粉色小屋的梦想”“14岁男孩的心愿，虽小但充满爱”等《暖冬》慈善新闻系列共6期。开展“掌声响起来·慈心善行新闻行动”第三季，全媒体采访报道慈善领域有突出贡献爱心企业、爱心组织、爱心个人、优秀项目等共20期。积极推送县内优秀报道、典型事迹至省市级、国家级媒体及上级慈善总会刊物，共发布慈善新闻报道超160篇次，其中人民网、新华网、光明日报及浙江省、市主流媒体刊登25篇次，中华慈善总会、省市慈善总会公众号刊登42篇次，慈善公益报整版刊登《打造“善行安吉”城市名片 建设“共同富裕绿色样本”——慈善助力共同富裕的安吉实践》论文。媒体总阅读量约30万人次。策划制作慈善工作汇报片《大善行安吉》在“慈善一日捐”活动动员大会播放，慈善宣传标语在电视、广播、新媒体、城市大屏，镇街村社电子屏轮流播放。“爱安吉”APP里增设“善行安吉”栏目，开设最新咨讯、慈善捐赠、慈善救助、最新项目、活动报名板块，百姓“一键”实现慈善“要知晓”“要捐赠”“要求助”“要参与”。电台常态化播放慈善公益广告。持续办好《安吉县慈善总会简报》、“安吉慈善”公众号。建成县慈善文化展示厅。开展新一轮建设工作，上报市总会示范基地材料3份，收到各乡镇（街道）报送实践基地申报材料55份。对接县创建办、两美专班，中心街区城市有机更新项目围挡融入慈善公益标语，美化提升县城慈善超市所在片区（玉华路，芜园路至灵芝路段）环境，34个球墩彩绘慈善画报。凤凰山公园建筑围挡上墙9块慈善

7月18日，第四届浙陕慈善论坛在安吉举行

标语。承办开展主题为“中国式现代化与慈善事业高质量发展”——第四届浙陕慈善论坛。

【困难救助】 抓好“六无六有”8个慈善项目，“慈善共富基金”显成效。兜底保障7400位困难群众医疗救助。为全县7245位困难群众统一购买保险；减免4448户困难家庭生活电费；配齐1815户困难群众家庭家电“6件套(电视机、空调、冰箱、洗衣机、热水器、智能手机)；提供144位困难家庭子女高等教育基金帮扶；改造40户困难家庭儿童居家学习环境；关怀慰问320户临困家庭；提供10户困难家庭老人无偿(低偿)入驻机构床位或享受家庭养老床位，开展助浴、餐费、护理等慈善补助等，慈善帮扶困难群众约8.6万人次。5家慈善超市对全县登记在册的5289名低保特困群众、1418名低保边缘户和302名支出型贫困户发放慈善双色卡(红卡可购买超市内日常生活必需品、绿卡可领用爱心捐赠物资)；有困难的无卡人士到店寻求帮助，经台账登记后为其领用商品。针对县内低收入群体及新居民临困家庭人员发放慈善福利卡蓝卡6389张(价值约120万元)，即每人充值200元赠送200元购物金用于慈善超市消费。开展慈善超市惠企活动，向参与慈善捐赠的企业员工发放惠企卡(紫卡价值120元/张)共2548张。依托建立1+4+N慈善超市运行模式，发展竹根前村、安城村、浙江科技学院安吉校区等13家慈善网点。依托慈善超市开展爱心捐衣、捐赠大米、菜籽油、学习用品等物资，开展赠药和中医义诊活动。慈善超市惠及全县困难群众约2.3万人。开展“暖心行动”慰问低保及特困家庭、临困家庭；“敬老爱老”活动慰问养老机构及分散供养困难老人；“情暖童心”活动慰问特殊学校困难学生；为县内养老机构、殡仪馆工作人员、快递小哥、环卫工人等特殊岗位人员送温暖。2023年，送出慈善新春慰问金超1200万元，受益困难群众超1万人次。开展“安吉竹林鸡”产业促进低收入农户增收行动慈善造血项目，向238户困难农户投放1.5万只羽鸡苗，开展慈善补助购买鸡苗、农业农村局提供养殖技术并协助销售“慈善+产业”帮扶模式，售出后效益全部归农户所有，促进增收130多万元。持续实施百岁老人、失独家庭、计划生育手术并发症三类特殊人员慈善补助，共惠及646人次，慈善基金发放141.94万元。实施肺结核患者住院费用补助项目。成立总会志愿服务大队、各乡镇街道中队及8支专业慈善志愿服务队。扶持“衣旧情深”公益捐衣、“点亮星星携手前行”孤独症儿童帮扶、“强能力 激活力 聚合力”社会组织助力共富、“竹乡蓝天下 滴水润候鸟”关爱困境儿童4个优秀慈善项目。开展“善行安吉 爱在四季”活动，每季在广场、校区、基地等场所开展捐衣捐书、义诊、义剪、义卖等活动。开展各类慈善应急救助项目，捐赠天荒坪镇大溪村抗洪救灾应急善款5万元，支援甘肃临夏州积石山县抗震救灾10万元；大康控股集团、休闲户外运动协会分别通过县慈善总会支援甘肃5万元、2000元抗震救灾。支持东西部协作、山海协作等对口支援工作。对口支援四川省金川县10万元；捐赠丽水市松阳县竹源乡10万元，捐赠松阳县新兴镇19台(组)茶叶加工机械设备。

【透明监管】 印发《安吉县慈善总会管理制度》汇编，包含廉政建设、重大事项、财务审批、人才管理等方面共16项规章制度；建立县、乡镇（街道）、村（社区）慈善总会系统三级网络工作机制和联席会议制度。召开县慈善总会第四届理事会第四次会议。派遣优秀骨干参加省市举办的慈善工作培训交流会，鼓励工作人员参加社工职称考试。《关于县级慈善总会转型成为慈善行业组织的初步思考》入选2022年县社科联优秀课题。召开总会全体工作会议，开展党风廉政教育，提升自律能力和自治水平。完成总会财务年度审计，互联网募捐、财务线上管理系统等方面公开透明。用好“安吉慈善”数字捐赠平台，探索实现线上捐赠、监管审批、救助项目全流程闭环管理。梳理年度慈善（救助）项目在“安吉新闻”报及“最安吉”官方公众号连续公布三天。“慈善一日捐”期间，连续30天在“安吉慈善”公众号公开公示当日捐赠明细；公示所有单位、组织、企业等开展募捐活动的捐赠明细；每月公开公示所有救助项目及资金明细，接受全社会监督。

【“慈善一日捐”活动动员大会】 9月1日，全县举行“慈善一日捐”活动动员大会，会上播放《大善行安吉》宣传汇报视频；评选出2022年度“（冠名）慈善企业”“慈善村（社区）”“慈善商户”“慈善之星”等999个荣誉奖项；四家单位代表作表态发言。县四套班子领导现场带头捐赠。会后，县级机关各部门、乡镇（街道）机关纷纷开展捐赠活动。7大县属国企当天完成捐赠。各机关、企事业单位近2万名干部职工参与。共募集善款6465.64万元，全县210多家机关事业单位、1000多家企业、超15万人次参与。

（谢　安）

9月1日，全县“慈善一日捐”活动动员大会举行

民族宗教

·民族·

【概况】 2023年，全县登记在册少数民族人口5.3万人，包含畲族、苗族、水族、布依族、壮族、彝族、土家族等42个少数民族，主要来自云南、贵州、四川等省份；其中常住少数民族人口6190人，占全县总人口1.03%；80%以上外来少数民族流动人口主要在我县制造业、服务业等相关企业就业，以转椅企业为主。2个少数民族村报福镇中张村和章村镇郎村村，畲族人口约占村户籍总人口1/3。

打响民族融合特色品牌。迭代升级铸牢中华民族共同体意识“细胞工程”，创成4个省级民族团结进步重点培育单位、1个省级民族团结进步教育基地，新增20个“之江同心·石榴红”省级入库项目。举办第二届“安川各族青少年融情夏令营”，承办全国少数民族参观团170余名代表走进浙江活动，协助办好国家民委全国农村党组织书记学习“千万工程”经验培训示范班。

成立县民族团结进步促进会。指导康山村、科声磁材等新居民集聚村社及企业提升服务阵地、完善共建共治共享机制，推动各民族互嵌式发展。国家民委调研组以“四不两直”方式到安吉开展沉浸式调研并高度认可，民族融合相关工作经验获国家民委领导批示肯定。

指导民族村完成盘瓠公园等5个共富项目，民族团结专项资金148万元落到实处。培育

"好畲"项目10项,打造民族村共富基地2处,郎村村入选省级民族乡村振兴试点。探索"村民+村集体+企业"利益联结机制,实现集体增收村民致富。中张村和郎村村集体经营性收入分别为190万元和200万元,同比增长100%以上。

组建以50名县民促会成员为基础"石榴红"宣讲团,联合村社、学校及企业开展民族政策宣传、民族故事宣讲活动。依托长乐公园、民族村非遗展示馆等阵地,有机融入民族团结元素,打造多元宣传矩阵。牵头开展"三月三""非遗原乡迎亚运"等特色活动20余场次。

·宗教·

【概况】 2023年,全县有佛教、道教、基督教3大宗教,佛教协会、道教协会、基督教两会3个宗教团体,批准开放宗教活动场所42处,其中佛教场所14处、道教场所3处、基督教场所25处;全县民间信仰点78处。

全力推进宗教"中国化"实践。响应"之江同心·正信正行"品牌建设,举办"之江问道"讲经讲道交流活动、红色教育五百行动等100余场次。创新实施"六美""六好"创建培育行动,承办市级现场推进会1场次。深化生态寺观教堂建设,《安吉县生态寺院建设修建性详细规划(2021—2035)》通过县规委会评审。创成省级宗教中国化场所2个、培育市级生态寺观教堂及"六美"宗教活动场所18个。

加强宗教团体建设。落实宗教团体"六个一"制度,开展宗教领域"十百千万"普法活动,实现团体管理法治化、规范化。依托宗教活动场所负责人培训班、团体会议等常态化学习党的宗教政策与法律法规。坚持文化润教,常年举办中秋送福、腊八施粥等社会文化活动,成立北天目生态公益基金会,安吉宗教界全年开展慈善公益活动50余场次,共捐助善款约300万元。

全力维护宗教平安和谐。严格落实"除险保安""护航亚运""大排查大整治"等专项行动,实行全覆盖、常态化、专业性安全检查督查,"浙江掌上宗教"APP完成率100%。常态化开展安全知识教育和消防演练行动。协调处置城市有机更涉宗场所临时过渡及安置问题3件。创成省级平安宗教活动场所1家、省级百优争创示范单位1家,省级普法教育基地1个、省级宗教普法示范点1个。

【全国少数民族参观团走进安吉余村】 9月24日,国家民委组织2023年全国少数民族参观团到浙江安吉余村参观考察。这次参观团是党的二十大之后组织的首个参观团,由国家民委副主任边巴扎西带队,成员来自全国31个省、自治区、直辖市和新疆生产建设兵团以及解放军(武警部队),涵盖55个少数民族,共150人,均为获得过国家荣誉

9月24日,2023年全国少数民族参观团参观考察安吉余村

和为民族团结进步事业作出重要贡献的优秀代表。

【各族青少年融情夏令营(安川分营)举行】 8月22—23日，2023年“在湖州看见美丽中国”各族青少年融情夏令营(安川分营)在安吉举行，四川省阿坝藏族羌族自治州金川县40名各族学生代表到安吉戎创开启“绿水青山就是金山银山”理念诞生地研学之旅。活动中，各族青少年代表走进安吉青少年两山展示馆、安吉余村、浙江省自然博物馆等地观摩学习，体验穿越竹林等特色研学活动。邀请安吉县“8090”宣讲团成员给大家上一堂铸牢中华民族共同体意识专题课，在各族青少年心中根植“爱国种子”“民族团结种子”和“生态文明种子”。活动由浙江省民宗委指导，湖州市委统战部、安吉县委统战部及金川县民宗局主办。

【“六美六好”宗教教职人员培育工作推进会】 4月11日，湖州市“六美”宗教活动场所创建暨“六好”宗教教职人员培育工作推进会在安吉召开。各区县民宗局长、南太湖新区党群工作部负责人及业务科室负责人，宗教团体负责人及65个重点宗教活动场所负责人，市民宗局各科室负责人参加。安吉县、德清县分别作经验交流，全体与会人员参观安吉基督教堂、安吉灵峰寺“六美”“六好”建设成果展示，观看安吉生态寺院建设宣传片。

（黄仙露）

4月11日，“六美六好”宗教教职人员培育工作推进会

党政社团组织机构及其领导名录

(2023.01—2023.12)

中共安吉县第十五届委员会

书　　记:杨卫东
副 书 记:宁　云
　　　　柏建华
常　　委:沈霞俊(女)
　　　　王宗明
　　　　高发义
　　　　王新勇
　　　　黄　枫
　　　　赵德民
　　　　高安兵
　　　　卫勤超
　　　　贺　苗(女,2023.12 免)
　　　　彭　琳(女,2023.12 任)

安吉县委工作部门及直属单位

安吉县委办公室(县台办、保密办、机要局、档案局、县委生态文明办)

主　　任:顾建强(2023.11 免)
　　　　明瑞成(2023.11 任)
副 主 任:高　峰(兼)
　　　　杨　盛(兼)
　　　　任爱军(兼)
　　　　郑时骏(兼)
　　　　金枫涛(兼,2023.06 任)
　　　　叶志强(兼,2023.06 任)
　　　　周明辉(2023.06 由兼职转为专职,2023.08 免)
　　　　张　强(2023.01 免)
　　　　陈　韬(2023.01 任)
　　　　葛　迪(2023.08 任)
　　　　顾　鑫
　　　　陈蔚鹏(2023.06 免)
　　　　俞　凯
副主任、县委政研室主任:阮小明(2023.03 任)
机要局、保密局局长:顾建强(2023.11 免)
　　　　明瑞成(2023.11 任)
县台办主任:顾建强(2023.11 免)
　　　　明瑞成(2023.11 任)
县台办副主任:李铁红
县档案局局长:任爱军(兼)
县委生态文明办主任:柏建华
县委生态文明办常务副主任:顾建强(2023.11 免)
　　　　明瑞成(2023.11 任)
县委生态文明办专职副主任:叶志强
县委生态文明办副主任:朱红星(兼)
　　　　周建忠(兼)
办公会议成员:陈　东
　　　　盛　彬(2023.11 任)
　　　　傅驿盛

江忠波(2023.11免)

安吉县委组织部(公务员局、老干部局、党工委、编委办、县委两新工委)

部　　长:王新勇

常务副部长、县委编办主任、县公务员局局长:

董　良

副部长、县委老干部局局长:诸自力

副部长、县委人才办常务副主任:

郭兴华(2023.03任)

县委直属机关工委书记:王新勇

副　部　长:王红缨(女,兼)

李　强

叶爱阳(2023.08任)

部务会议成员、县委两新工委专职副书记:

吴贻嘉(2023.01任)

县委两新工委副书记:傅爱国(兼,2023.11免)

李敏飞(兼,2023.11任)

华新平(兼)

县委两新工委委员:张永玲(女,2023.02免)

王伟静(女)

朱家胜

翁　婧(女)

陶　玲(女,2023.01免)

邓锦森

秦光明

朱清清(女,2023.01任)

朱国强

张继华

童升明

部务会议成员、县关工委专职副主任,县委老干部局副局长(兼):牟娇珺(女)

县委直属机关工委专职副书记:叶爱阳

部务会议成员,县委直属机关工委委员、纪检监察工委书记:鲍　敏(女)

县委直属机关党工委委员:王伟静(女)

马　超(2023.11免)

夏　南(2023.11任)

沈安东(2023.01免)

部务会议成员、县委人才办专职副主任:沈安东

部务会议成员、县人才发展指导中心主任:

余海兵(2023.01免)

马作骅(2023.11任)

部务会议成员、县委编办副主任:陈月伟

部务会议成员:袁锡林

安吉县委宣传部

部　　长:黄　枫

常务副部长、县政府新闻办主任、县新闻出版局局长:

王伟静(女)

县文联主席:易国兵(2023.08免)

王伟静(女,兼,2023.08任)

县文联专职副主席:丁　盛

县社科联主席:王伟静(女,兼)

副部长、县文明办主任:王孝国

副部长、县网信办主任:张国锋

副　部　长:陆健斌(2023.01免)

胡天园(2023.01任)

部务会议成员、县社科联副主席:赵志行(女)

部务会议成员、县精神文明建设指导中心主任:

诸兴国

部务会议成员、县互联网舆情中心主任:

胡天园(2023.01免)

张泽人(2023.06任)

部务会议成员:谭益强

雷金虎(2023.06免)

张　超

安吉县委统一战线工作部(民宗局、侨办)

部　　长:王新勇

常务副部长、县侨办主任:吴国兴

副部长、民宗局局长:王　欢(2023.08免)

郑云武(2023.08任)

县侨联主席:胡立江(2023.12任)

副　部　长:张彩林

傅爱国(兼,2023.11免)

李敏芳(女,2023.11兼)

李铁红(兼)

部务会议成员、县侨联副主席:施润涛

部务会议成员:郭兆东

潘玲红(女)

应　波

安吉县委政法委员会

书　　记:柏建华

副　书　记:陈　悦(兼)

沈霞俊(女,兼)

周明辉(兼)

常务副书记:樊锡宏
副　书　记:沈德芳
　　　　　喻　南
　　　　　孙水明
委务会议成员:方照平
　　　　　　彭明晗
　　　　　　高　峰
　　　　　　彭逸艾(女,2023.01任)
政治处主任:李彩华(女,2023.01免)
　　　　　彭逸艾(女,2023.01任)
县法学会会长:柏建华
县法学会常务副会长:沈德芳
县法学会专职副会长:方照平

安吉县委党史研究室(县政府地方志编纂室)

主　　　任:杨　盛
副　主　任:查道胜

安吉县委县政府信访局

局　　　长:高　峰
副　局　长:王忠明
　　　　　杨兵斌(2023.01免)
　　　　　祝接兵
　　　　　陈海强(2023.01任)
　　　　　王　忠(兼)
局务会议成员:余洪波
　　　　　　陈海强(2023.01免)
　　　　　　盛秀奎

县社会治理中心(矛调中心、综合信息指挥中心)

主　　　任:柏建华
第一副主任:樊锡宏
党组书记、常务副主任:周明辉(2023.06免)
　　　　　　　　　　金枫涛(2023.06任)
党组成员、副主任:王　忠
　　　　　　　　蒋　健
　　　　　　　　李　笑(女)
副　主　任:施月素(女,兼)
　　　　　高　峰(兼)
　　　　　李　军(兼)
党 组 成 员:陈　新(女)

安吉县委党校(行政学校)

党 校 校 长:王新勇
行政学校校长:沈霞俊(女)
常务副校长:余　卫(2023.03免)
　　　　　王　欢(2023.08任)
副　校　长:余张良
　　　　　梅志丹
　　　　　徐　云(女)
　　　　　袁锡林(2023.06任)
校务会议成员:陈　纲
　　　　　　方勤江
　　　　　　陈美英(女)

安吉县档案馆

党组书记、馆长:任爱军
党组成员、副馆长:龚勇华
　　　　　　　　龚文金
党 组 成 员:张　敏(女,2023.01任)

安吉县第十七届
人民代表大会常务委员会

主　　　任:何晓红(女)
副　主　任:陈小龙
　　　　　王　捷(女)
　　　　　徐　勇
　　　　　王一明
　　　　　童师祥
　　　　　顾建强
安吉县人大常委会党组书记:何晓红(女)
安吉县人大常委会党组副书记:陈小龙
安吉县人大常委会党组成员:徐　勇
　　　　　　　　　　　　王一明
　　　　　　　　　　　　童师祥
　　　　　　　　　　　　顾建强
　　　　　　　　　　　　程　晖

安吉县人民代表大会
各专门委员会

监察和司法(法制)委员会

主 任 委 员:陈柏良(2023.01免)
　　　　　傅爱国(2023.11任)
副主任委员:陈国庆(2023.03免)
　　　　　戴泽万(2023.03任)

财政经济委员会

主 任 委 员:戴先才

副主任委员：陈秀宽（2023.06任）
应秋平

社会建设委员会

主任委员：凌海明
副主任委员：俞秋华（女）
王卓良

安吉县人民代表大会常务委员会各工作机构

办公室（研究室）

机关党组书记、办公室（研究室）主任：程　晖
办公室副主任：周长青
李　斌
研究室副主任：沈伟飞（2023.06免）
夏　炎（2023.11任）

教育科技文化卫生工作委员会

主　　任：施　霞（女，2023.01免）
谭丽丽（女，2023.01任）
副　主　任：王小平

农业与农村工作委员会

主　　任：肖建忠
副　主　任：张宏兵

城乡建设与环境资源保护工作委员会

主　　任：沈红林
副　主　任：任强松

代表与选举任免工作委员会

主　　任：谭丽丽（女，2023.01免）
施　霞（女，2023.01任，2023.11免）
王雪尧（2023.11任）
副　主　任：贾燕华（女）

监察与司法（法制）工作委员会

主　　任：陈柏良（兼，2023.01免）
傅爱国（兼，2023.11任）
副　主　任：戚继成

安吉县人民政府

县　　长：宁　云
副　县　长：沈霞俊（女）
卫勤超
管永丰
陈　悦
郭连伟
程文伟
张　昕（挂职，2023.02免）
徐　伟
阿地力江·吐尔洪（挂职，2023.04任）
县政府党组书记：宁　云
县政府党组副书记：柏建华（兼）
沈霞俊（女）
县政府党组成员：卫勤超
管永丰
陈　悦
程文伟
张　昕（2023.02免）
徐　伟
肖家青
马洪亮
阿地力江·吐尔洪（2023.02任）
夏中金（2023.03任）

安吉县人民政府工作部门及直属单位

安吉县人民政府办公室（外事办）

党组书记、主任：马洪亮
党组成员、副主任：黄　刚
江　燕（女，2023.01免）
马　超（2023.11免）
沈晓波（2023.02任）
夏　南（2023.11任）
潘思思（女，2023.01任）
江道海
施　展
何　云
副　主　任：吴晓明（保留正科长级，2023.11任）
李　军（兼）
李敏芳（女，兼，2023.11免）
金黎明（2023.11任）
邵炜钦（保留正科长级，2023.01任，2023.02免）
党组成员：魏建刚
李传家（2023.06免）

安吉县发改局(县委社会建设委员会)

党组书记、局长:沈　强(2023.01免)
曹宏华(2023.01任)
党组副书记:杨奎强
曹宏华(2023.01免)
马　权(2023.01任)
党组成员、副局长:韩凌云(女,2023.01免)
许晓亮
雷文华(女,2023.01任)
竺　亮(2023.06任)
周建忠
于淑芳(女,2023.01免)
党组成员、总工程师:莫晓龙
市政府驻上海联络处安吉工作部主　任:杨奎强
副主任:余明华
县国防动员办公室专职副主任:
吕佳生(2023.01任)
县委社会建设委员会主任:柏建华
县委社会建设委员会第一副主任:沈霞俊(女)
县委社会建设委员会常务副主任:
沈　强(2023.01免)
曹宏华(2023.01任)
县委社会建设委员会专职副主任:
潘思思(女,2023.01免)
于淑芳(女,2023.01任)

安吉县金融发展服务中心

主　　任:曹宏华(2023.01免)
马　权(2023.01任)
副　主　任:郑　晔(女)
邱翰韡
办公会议成员:陈　姗(女)
王　辉(2023.06免)
梁　靖(2023.11任)
张　雯(女,2023.11任)

安吉县经信局

党委书记、局长:傅海飞
党委副书记、副局长:王光伟(2023.06免)
徐　斌(2023.08任)
党委委员、总工程师:陈　蓓(女,2023.06任)
党委委员、副局长:李　丰
张　毅(2023.06任)
朱国强
副　局　长:唐　斌(2023.08免)
党　委　委　员:项国林
陈　蓓(女,2023.06免)
中小企业局局长:傅海飞

安吉县商务局

党委书记、局长(粮食和物资储备局局长)、县投资促进局局长、县贸促会会长:唐春燕(女)
党委副书记、副局长:周静红(女)
党委委员、贸促会专职副会长:邬如锦
党委委员、副局长,县粮食和物资储备局副局长:
郑　立
党委委员、副局长:徐　杰(2023.11免)
叶茂荣(2023.11任)
党委委员、总经济师:吴　叶(女)
党　委　委　员:胡志强

安吉县教育局

党委书记、局长:周　斌
县委教育工委专职副书记:秦光明(2023.01任)
县教育局党委副书记:秦光明(兼)
党委委员、副局长:左　巍(2023.06免)
刘远庆(2023.11任)
李　斌
党　委　委　员:万宝林
笪猛鹏
祝　林

安吉县科学技术局

党组书记、局长:朱家胜
党组副书记、副局长:朱清清(女)
党组成员、副局长:李贵洪
邱亦宸(2023.08任)
副　局　长:金水华(2023.08免)
党　组　成　员:董　军

安吉县公安局

党委书记、局长、督察长:陈　悦
党委副书记、政委:孙　晟(2023.08免)
章熙翔(2023.08任)
党委副书记、常务副局长:章熙翔(2023.08免)
张志龙(2023.08任)
党委副书记、副局长:王　超(2023.08任)
党委委员、副局长:周　勇
潘建军(2023.01任)
胡承东

章旭辉
沈　旭(2023.08 免)
党委委员、政治处主任:潘建军(2023.01 免)
朱　峥(2023.01 任)
交警大队大队长:周智国
交警大队教导员:章　莉(女)
党 委 委 员:刘利民

安吉县民政局

党组书记、局长:姜　平
党组副书记、副局长:华新平
党委委员、副局长:王家斌
童　辉(女,2023.01 免)
章　红(女,2023.01 任)
党 委 委 员:陈孝泉
陈庆胜
朱海兵(2023.01 免)

安吉县司法局

党委书记、局长:王　峰
党委副书记、副局长:董秀忠
党委委员、副局长:郑永华
方　亮(2023.03 免)
陈润锋(2023.06 任)
党委委员、政治处主任:翁　婧(女)
党 委 委 员:阮红权
沈学斌
郑　婧(女)
阮露云(女,2023.06 任)

安吉县财政局

党委书记、局长:李　明
党委副书记、副局长:童升明
党委委员、副局长:潘丽敏(女)
张　勇(2023.01 任)
刘　清
总 会 计 师:张　勇(2023.01 免)
柳世雯(2023.01 任)

安吉县国家税务局

党委书记、局长:张　杰
党委委员、副局长:阎远胜
姚小红(女,2023.03 免)
杨　斌
汪朝晖(2023.03 免)
邱兴建(2023.03 任)
包青龙(2023.12 任)
党委委员、纪检组组长:范　妍(女)

安吉县人力资源和社会保障局

党委书记、局长:王红缨(女)
党委副书记、副局长:陶　玲(女,2023.01 免)
叶　燕(女,2023.08 任)
党委委员、副局长:张敏飞
刘远成
党 委 委 员:郭田田(女)
周建伟(2023.08 免)
夏　南(2023.11 免)
公共就业和人才服务中心主任:
夏　南(2023.11 免)
向　丽(女,2023.11 任)
社会保险事业服务中心主任:徐真慧(女)

安吉县自然资源和规划局

党委书记、局长:章　毅
党委副书记:盛　强(兼)
党委副书记、副局长:邹　鹏(2023.06 任)
党委委员、副局长:王卫民
许军法
冯　瑜(女)
张　镔
党委委员、总规划师:张　华
县自然资源总督察:章　毅
县自然资源专职副总督察:钱　誉
县不动产登记中心主任:陈歆敏(女)

安吉县住建局

党委书记、局长:康锡刚
党委副书记、副局长:邓锦森
党委委员、副局长:叶戴麟(2023.06 任)
曾君兵
党委委员、副局长、人防办副主任:
朱　江(2023.06 免)
党委委员、总工程师:钟　强
党 委 委 员:杨来宏
程峰巍(2023.08 任)

安吉县交通运输局

党委书记、局长:赵双勤
党委副书记、副局长:蒋江宏
党委委员、副局长:杨爱禾
方　杰

党委委员、总工程师：秦连群
党 委 委 员：杨正勇
　　　　　　王　斌
县交通运输综合行政执法队队长：潘立文
县公路和运输管理中心主任：杨正勇
县港航管理中心主任：胡庆忠

安吉县水利局

党委书记、局长：柳初晓（女）
党委副书记、副局长：何敏杰
党委委员、副局长：马炳华
　　　　　　　　张清卫
党委委员、总工程师：程　平（2023.04 任）
党 委 委 员：康敏良
　　　　　　马超群
县赋石水库管理所所长：程　平（2023.01 免）
　　　　　　　　　　朱海兵（2023.01 任）
县赋石渠道管理所所长：孙　宙
县老石坎水库管理所所长：李　纲

安吉县农业农村局

党委书记、局长：刘　斌
党委副书记、副局长：崔列军
党委委员、副局长：韩树根
　　　　　　　　马道青
　　　　　　　　周　军
　　　　　　　　王健锋
　　　　　　　　陈　婷（女）
党委委员、总农艺师：吴旭东
党委委员、县农业综合行政执法队队长：
　　　　　　陈　铖（女，2023.01 免）
　　　　　　葛鹏炎（2023.01 任）

安吉县林业局（县森林碳汇管理局）

党 委 书 记：盛　强
局长，县森林碳汇管理局局长：
　　　　　　盛　强（2023.06 免）
　　　　　　胡可易（2023.06 任）
党委副书记、副局长：杨中军（2023.08 免）
　　　　　　　　　吴　凯（2023.08 任）
党委委员、副局长：孟振华
总 工 程 师：胡可易（2023.06 免）
县竹产业发展中心主任：陈　洁（女）
党 委 委 员：诸炜荣（2023.06 任）

安吉县文化和广电旅游体育局

党委书记、局长：罗福娣（女）
党委委员、副局长：施振鸿（2023.03 免）
　　　　　　　　叶明珠（女）
　　　　　　　　杨志梅（女，2023.06 任）
　　　　　　　　何海军
副　局　长：潘黎明
党委委员、总规划师：侯文亮（2023.01 免）
党委副书记、总规划师：
　　　　　　侯文亮（2023.06 任，2023.08 免）
　　　　　　王铖军（2023.08 任）
县文化市场综合行政执法队队长：
　　　　　　胡　杰（2023.08 免）
党委委员、县文化市场综合行政执法队队长：
　　　　　　诸海波（2023.08 任）
党 委 委 员：王家荣

安吉县卫生健康局

党委书记、局长：凌逸刚
党委副书记、副局长：朱　晖
党委委员、副局长：吕佳生（2023.01 免）
　　　　　　　　沈　巍
　　　　　　　　谢彦峰
　　　　　　　　王　伟（2023.01 任）
党委委员、计生协会专职副会长：
　　　　　　张明娣（女，2023.01 免）
　　　　　　朱亚尔（女，2023.01 任）
党 委 委 员：胡　斌（2023.01 任）

安吉县红十字会

会　　长：沈霞俊（女，兼）
党组书记、常务副会长：赵德忠（2023.07 免）
　　　　　　　　　　戎露波（2023.07 任）
党组成员、专职副会长：郭月红（女，2023.11 免）
副　会　长：沈　巍（兼）
　　　　　　江道海（兼）
　　　　　　蒋小杰（兼）
党 组 成 员：张　静
　　　　　　沈　巍（兼）

安吉县退役军人事务局

党组书记、局长：张　军
党组副书记、副局长：叶贤林
党组成员、副局长：马荣勇（2023.01 免）
　　　　　　　　杨兵斌（2023.01 任）

党 组 成 员：张应杰
　　　　厉有来（2023.03 免）
　　　　陈卫利（女）

安吉县审计局

党组书记、局长：沈卫江（2023.02 免）
　　　　徐启龙（2023.02 任）
党组副书记、副局长：张瀚尹（女）
党组成员、副局长：束国顺
　　　　梅敖铭（2023.06 免）
　　　　李　亮
党组成员、县经济责任审计工作联席会议办公室主任：徐　媺
党组成员、总审计师：张　林

湖州市生态环境局安吉分局

党组书记、局长：朱红星
党组副书记、副局长：盛勇华
党组成员、副局长：王灵君
　　　　鲍　鲲
　　　　钟永梅（女）
县生态环境保护综合行政执法队队长：
　　　　江海霞（女）
党 组 成 员：郑海军

安吉县统计局

党组书记、局长：尚亿勇
党组副书记、副局长：马贻松（2023.08 免）
党组副书记、总统计师：马贻松（2023.08 任）
党组成员、副局长：程　剡（女）
党组成员、总统计师：沈　坚（2023.01 免）
党 组 成 员：周旭红（女）
　　　　宋军花（女）

国家统计局安吉调查队

党组书记、队长：徐礼彬（2023.09 免）
党组成员、副队长：唐志平（2023.09 免）
　　　　程　炬（2023.09 任）
党组成员、纪检组组长：程　炬（2023.09 免）
　　　　唐志平（2023.09 任）

安吉县应急管理局

党委书记、局长：李　军
党委副书记、副局长：周　治（2023.06 任）
党委委员、副局长：李震伟
　　　　张云峰
　　　　梅宏业
党委委员、总工程师：郭海锋
党 委 委 员：施祎洲（2023.11 任）

安吉县医疗保障局

党组书记、局长：徐启龙（2023.01 免）
　　　　朱海燕（女，2023.01 任）
党组副书记、副局长：王　芸（女）
党组成员、副局长：陈　琦
党 组 成 员：鲁婷君（女）
　　　　沈美佳（女）

安吉县大数据发展管理局

党组书记、局长：施月素（女）
党组成员、副局长：王　炜（2023.01 免）
　　　　张建勇
　　　　陈　铖（女，2023.01 任）
总 工 程 师：施和平

安吉县综合行政执法局（县城市管理局）

党委书记、局长（大队长）：章熙翔（2023.01 免）
　　　　王有富（2023.01 任）
党委副书记、副局长：张惠红（女）
党委委员、副局长：黄　菽
　　　　张柏林
党委委员、副局长（副大队长）：吴宏亮
总 工 程 师：刘　宁（2023.08 免）
　　　　吴珠明（2023.08 任）
县公用事业管理服务中心主任：
　　　　吴珠明（2023.08 免）
党 委 委 员：余春龙
　　　　郭施舒（女，2023.11 免）
　　　　赵　惠（女，2023.11 任）

安吉县市场监督管理局

党委书记、局长，知识产权局局长：
　　　　王有富（2023.01 免）
　　　　张永玲（女，2023.01 任）
党委副书记、副局长：叶　燕（女，2023.08 免）
党委委员、副局长：周　峰
　　　　王　特（2023.06 任）
　　　　张友林
　　　　周汪明（2023.06 免）
党委委员、总工程师：白福川
党委委员、副局长、县知识产权局副局长：
　　　　郭豪杰（2023.01 任）
副 局 长：唐　斌（2023.08 任）

县市场监管综合行政执法队队长：李群刚
县知识产权服务中心主任：
　　黄　洁（女，2023.08 免）
　　张继华（2023.08 任）
党 委 委 员：张继华

安吉县机关事务管理中心

党组书记、主任：李敏芳（女，2023.11 免）
　　金黎明（2023.11 任）
党组副书记、副主任：陈学兴
党组成员、副主任：鄂荣梅（女）
　　胡　杰（2023.08 任）
副　主　任：毛自树（2023.08 免）
党 组 成 员：章旭军（2023.08 免）
　　冯　轩
　　陈　贵（2023.08 任）

安吉县政务服务管理办公室

党委书记、主任、县委改革办主任：沈霞俊（女，兼）
党委副书记、常务副主任、县委改革办副主任：
　　郑时骏
党委副书记、副主任：陈　刚（2023.01 免）
　　郑在文（2023.06 任）
党委委员、副主任：王旦晖
　　毛　军（2023.06 免）
　　李　健
副　主　任：石　轲（2023.01 任）
党 委 委 员：喻　鸿（女）
　　董昉杰

安吉县投资促进中心

党组书记、主任：沈高飞（2023.03 免）
党 组 书 记：许　杰（2023.03 任）
主　　任：金水华（2023.08 任）
党组副书记、副主任：陈　波（2023.11 免）
党组成员、副主任：阎莘颖（女）
　　陈欢明
　　章　磊（2023.01 免）
党 组 成 员：张　敏（女，2023.01 免）
　　姜海峰
　　任元锋（2023.01 免）
　　王哲琦（女，2023.01 任）

安吉县供销社联合社

党 委 书 记：夏　旦
主　　任：夏　旦（2023.06 免）
　　陈飞飞（2023.06 任）
党委副书记、副主任：周敏林（2023.08 免副主任）
党委副书记、监事会主任：周敏林（2023.08 任）
党委委员、副主任：叶茂荣（2023.11 免）
　　杨绍兴（2023.11 任）
党委委员、监事会主任：杨志梅（女，2023.06 免）
党 委 委 员：周克圣
　　明道兴

安吉县融媒体中心

党委书记、主任：祝　青
党委副书记、总编辑：施亚军
党委副书记、纪委书记：王　特（2023.06 免）
党委委员、副主任：祁乐乐
　　王　丞（2023.03 任）
　　孙朝阳
总 工 程 师：张　炳
副　主　任：章李梅（女）
党委委员、纪委书记：雷金虎（2023.06 任）
党 委 委 员：张安东
　　陈　亮
　　童海燕（女，2023.01 任）

安吉技师学院

党委书记、院长：姚池泉
党委委员、副院长：叶冬意
　　卓可耕（2023.06 免）
　　高慧芬（女）
　　吴秋红（女）
副　院　长：程益欢
党委委员、纪委书记：周　易（女，2023.01 任）

安吉小鲵国家级自然保护区管理中心

党组书记、主任：邵炜钦（2023.02 任）
党组成员、副主任：邱　娇（女，2023.06 任）
　　严　强（2023.06 任）
　　周建伟（2023.08 任）

安吉两山国控集团公司

党委书记、董事长：邹　进
总　经　理：邹　进（2023.06 免）
党委副书记、总经理：叶宏亮（2023.06 任）
党委副书记：杨俊伟（2023.08 任）
党委委员、纪委书记：朱　林
党委委员、总经济师：杨秀慧（女）
党委委员、副总经理：程　莹（女，2023.01 任）

党委委员、总审计师：王　辉(2023.06 任)
副 总 经 理：莫士杰(2023.08 免)
丁勇锦(2023.06 任)

安吉县城投集团公司

党委书记、董事长：孙传国
党委副书记、总经理、副董事长：刘海中
党委副书记：徐康东
党委委员、纪委书记：杨　姮(女)
党委委员、副总经理：张　军
廖　明
总 审 计 师：廖　明(2023.06 任)
副 总 经 理：计林龙
党 委 委 员：何敏杰
钱　炯(2023.01 任)

安吉县交投集团公司

党委书记、董事长：屠继忠(2023.03 免)
金　山(2023.03 任)
党委副书记、总经理，副董事长：朱浚氲
党委副书记：胡惠芬(女)
党委委员、纪委书记：徐新良
党委委员、副总经理：刘远庆(2023.11 免)
朱栋胜
总 审 计 师：朱　楠(2023.06 任)
党 委 委 员：毛自根(2023.01 任)

安吉县产投集团公司

党委书记、董事长：戎露波(2023.07 免)
徐　平(2023.07 任)
党委副书记、副董事长、总经理：
马　权(2023.01 免)
王光伟(2023.06 任)
党委副书记：张丽琴(女，2023.01 免)
陆建斌(2023.01 任)
党委委员、纪委书记：胡晓旻
党委委员、副总经理：康海滨
项志周
张　巍
闻伟平(2023.02 任)
党委委员、副总经理、总审计师：
石晶晶(女，2023.01 任)

安吉建控集团公司

党委书记、董事长：蒋晓燕(女)
党委副书记、总经理，副董事长：陆　恒
党委副书记：徐　侃
党委委员、纪委书记：范　斌
副董事长、副总经理：莫士杰(2023.08 任)
党委委员、副总经理：王　丞(2023.03 免)
汤常欢(女)
黄久鼎
沈　燕(女，2023.11 任)
总 经 济 师：林月茹(女)
总 审 计 师：卢　方

安吉农高新集团公司

党委书记、董事长：陈显永(2023.07 免)
张天滨(2023.07 任)
党委副书记、总经理，副董事长：
曹　颖(2023.11 免)
党委副书记：郭　峰
党委委员、纪委书记：陈　兵
副 总 经 理：陈志良
马双双(女)
胡新龙
总 审 计 师：王　伟(2023.01 任)

安吉国控集团公司

党委书记、董事长：胡可立
总经理、副董事长：张　力
党委委员、纪委书记：周　颖(女)
党委委员、副总经理：胡承钰
梁仁龙
贾　湛(2023.01 任)
彭　川(2023.06 任)
党委委员、总工程师：李文龙
党 委 委 员：潘司方(2023.01 任)

安吉余村集团公司

董事长、总经理：张　寅(2023.06 任)

湖州市住房公积金管理中心安吉县分中心

分党组书记、主任：楼　军
分党组成员、副主任：王永平(2023.01 免)
吴胜国(2023.01 免)
童　辉(女，2023.01 任)
谢伟国(2023.02 任)
分党组成员：赵　惠(女，2023.11 免)

安吉县气象局

党组书记、局长：叶戴麟(2023.06 免)
江　杰(2023.07 任)

党组成员、副局长：李　义（2023.09免）
宋超辉
党组成员：张　莹（女，2023.05任）

安吉县烟草专卖局（分公司）

党组书记、局长（经理）：何伟青
党组成员、纪检组长，副局长：金　平
党组成员、副经理：吴洪南

安吉县供电公司

党委副书记、总经理：石　勇（2023.09免）
雷江平（2023.09任）
党委书记、副总经理：汪卓俊
党委副书记、纪委书记、工会主席：
王玉铭（2023.04免）
纪委书记、党委委员、工会主席：
吴　健（2023.04任）
党委委员、副总经理：高久国
杨勇胜
刘　俊

安吉邮政管理局

党组书记、局长：戴　军
党组副书记、副局长：郑在文（2023.06免）
周汪明（2023.06任）
党组成员、副局长：吴高平
党组成员：戴　昊

安吉县邮政公司

党委书记、总经理：宣　东
党委委员、副总经理、纪委书记：沈　杰
党委委员、副总经理：胡　伟（2023.09任）

中国电信安吉分公司

党委书记、总经理：王理平
党委委员、副总经理、纪委书记（兼）：居里娜（女）
党委委员、工会主席、副总经理：周　捷

中国人民银行安吉县支行（国家外汇管理局安吉县支局）

党组书记、行长（局长）：黄金胜
党组成员、副行长：石荣海
党组成员、副行长、纪检组长：卢学铭

湖州银保监分局安吉监管组

组长：陈　健

中国农业发展银行安吉县支行

党支部书记、行长：李文龙
副行长：李天元

中国工商银行股份有限公司安吉支行

党总支书记、行长：孙忠军
副行长：楼　军
李　健
周潇儒

中国农业银行股份有限公司安吉县支行

党委书记、行长：汤晓莺（2023.08免）
丁　琴（2023.08任）
党委委员、纪委书记：傅　锋
党委委员、副行长：沈　平（2023.10免）
白　玛（农总行东西部交流挂职干部）（2023.11免）
党委委员、副行长：陈月江
王　罡
纪文君（2023.10任）

中国建设银行股份有限公司安吉支行

党委书记、行长：楼世杰
党委委员、副行长：杨之矫
梅　哲（女）
张　娟（女）

中国银行股份有限公司安吉县支行

党总支书记、行长：宋　璟
党总支委员、副行长：闵宏伟
陈国东

中国邮政储蓄银行股份有限公司安吉县支行

党支部书记、行长：潘华东
纪检委员、副行长：胡　飞

中信银行股份有限公司湖州安吉支行

党支部书记、行长：袁德华
副行长：杨　禧
蒋　东

湖州银行股份有限公司安吉支行

党支部书记、行长：高洪峰
长合区支行党支部书记、行长：张　明
副行长：缪　听
祁　阳（2023.04任）

杭州联合农村商业银行股份有限公司安吉绿色支行

党支部书记、行长：陈国强（2023.08免）
党支部书记、副行长（主持工作）：
马伟军（2023.08任）
组织委员、宣传委员、纪检委员、行长助理：
孙邵庆（2023.08任）

浙江安吉农村商业银行股份有限公司

党委书记、董事长：马莲贵
党委委员、行长：陶成斌
党委委员、监事长：曹治中
党委委员、副行长：赵　寅
　　　　　　　　　刘　裙（女）
　　　　　　　　　梅云飞

浙江安吉交银村镇银行股份有限公司

党委书记、董事长：徐　彤
党委委员、副行长（主持工作）：管小君
副　行　长：朱　昊
党委委员、行长助理：陈　婷（女）

政协安吉县第十届委员会常务委员会

主　　　席：何承明
副　主　席：梁　霜（女）
　　　　　　杨绍军
　　　　　　陈卫卫
　　　　　　马洪滨
　　　　　　杨鹤云
秘　书　长：王国明
安吉县政协党组书记：何承明
安吉县政协党组副书记：杨绍军（2023.11 任）
安吉县政协党组成员：马洪滨
　　　　　　　　　　郑继农
　　　　　　　　　　王国明

政协安吉县第十届委员会办公室及各专门委员会

办公室

主　　　任：何伟锋
副　主　任：黄　成
　　　　　　乔　梁

提案委员会

主　　　任：潘海丽（女）
副　主　任：郑　勇

经济委员会

主　　　任：吴榨胜
副　主　任：夏芳琴（女）

农业农村和人口资源环境委员会

主　　　任：李晓敏
副　主　任：梅利庆

文化文史和学习委员会

主　　　任：潘莉莉（女）
副　主　任：吴　蔚（女）

教育科技卫生体育委员会

主　　　任：王军民
副　主　任：黄丽芬（女）

社会法制委员会

主　　　任：戴开林
副　主　任：李静波

民族宗教和港澳台侨委员会

主　　　任：陈世斌
副　主　任：秦连荣（女，2023.03 免）
　　　　　　徐　笛（女，2023.06 任）

委员工作委员会

主　　　任：王永洪
副　主　任：金则英（女）

中共安吉县纪律检查委员会

书　　　记：王宗明
常务副书记：尹碧锃
副　书　记：余再鸣（2023.06 免）
　　　　　　张永玲（女，2023.02 免）
　　　　　　周创华（2023.02 任）
常　　　委：金黎明（2023.11 免）
　　　　　　宋　丽（女）
　　　　　　傅　强
　　　　　　王　凯（2023.03 任）
案件审理室主任：茹　斌
案件监督管理室主任：朱亚尔（女，2023.01 免）
　　　　　　　　　　余菊慧（女，2023.01 任）
党风政风监督室主任：张冰妍（女，2023.06 免）
　　　　　　　　　　邹林烽（2023.06 任）
第一纪检监察室主任：毛奕人
第二纪检监察室主任：蔡文江（2023.06 免）
　　　　　　　　　　张冰妍（女，2023.06 任）
第三纪检监察室主任：王应楠
第四纪检监察室主任：李诗琦
办公室主任：徐　韬

信访室主任：邹林烽（2023.06 免）
韩　玻（2023.06 任）
干部室主任：王丽萍（女）
宣教室主任：赵　丹
信息技术保障室主任：傅仙伟（2023.09 任）

安吉县委巡察办

巡察办主任：金黎明（2023.11 免）
傅　强（2023.11 任）
巡察办副主任：王　云
巡察组正科长级巡察专员：李雪峰（2023.01 任）
黄定瑞（2023.08 任）
刘伟栋（2023.01 任）
张　强（2023.01 任）
巡察组副科长级巡察专员：张丽琴（女，2023.01 任）
詹国方（2023.01 任）
施永清（2023.01 任）
李彩华（女，2023.01 任）
熊晓毅（2023.01 任）
韩　辉（2023.08 任）
陈美红（女，2023.01 任）
谢静川（女，2023.06 任）

安吉县纪委派驻纪检监察组

第一纪检监察组组　长：陈　东
副组长：王　伟
宣　晶（女，2023.06 任）
第二纪检监察组组　长：魏建刚
副组长：周志良
段正海
第三纪检监察组组　长：鲍　敏（女）
副组长：董家明
沈　坚（2023.01 任）
第四纪检监察组组　长：谭益强
副组长：方　伟（女）
戚寒斌
第五纪检监察组组　长：郭兆东
副组长：郭　亮
孟江雯（女）
第六纪检监察组组　长：彭明晗
副组长：刘忠元
第七纪检监察组组　长：汪治国
副组长：金　莹（女）
驻公安局纪检监察组组　长：刘利民
副组长：马碧云（女）
驻法院纪检监察组组　长：程晓波
副组长：伍高君
驻检察院纪检监察组组　长：陈琳玉（女）
副组长：胡　亮（2023.01 免）
马荣勇（2023.01 任）
县委副科级纪检监察员：徐国华
江　莉（女）
吴华军
张美星（女）
李亚明
宣　晶（女，2023.06 免）
陈　颖（女）
王舜源（女，2023.01 免）
潘新兰（女）
李　群（女）
周　易（女，2023.01 免）

安吉县监察委员会

主　　任：王宗明
副　主　任：尹碧锃
余再鸣（2023.06 免）
张永玲（女，2023.02 免）
周创华（2023.02 任）
委　　员：金黎明（2023.06 免）
傅　强（2023.11 免）
王　凯
高智恺
徐　韬（2023.06 任）

安吉县人民法院

党组书记、院长：王亚琪（女）
党组副书记、副院长：孟黎明（2023.10 免）
胡秀义（2023.10 任）
党组成员、副院长：陈昌松
汤珊珊（女）
党组成员、政治部主任：郭豪杰（2023.01 免）
刘明晖（2023.02 任）

审判委员会专职委员：梁　赟（女）
戴伟民
递铺法庭庭长：梁　赟（女，2023.01 免）
孙发国（2023.01 任）
梅溪法庭庭长：肖建平
天子湖法庭庭长：毛效龙
灵峰法庭庭长：刘　方
孝丰法庭庭长：陈　浩
杭垓法庭庭长：彭瑞森
党 组 成 员：程晓波
彭瑞森

安吉县人民检察院

党组书记、检察长：杨　旭
党组副书记、副检察长：胡秀义（2023.10 免）
孟黎明（2023.10 任）
党组成员、副检察长：孙红波
李国芳（女）
党组成员、政治部主任：王玮玉（女）
检委会专职委员：宋丽燕（女）
喻　琳（女）
党 组 成 员：陈琳玉（女）
夏泽鑫

社　会　团　体

安吉县总工会
主　　席：王一明
党组书记、常务副主席：朱车生
党组副书记、副主席：周春雨
党组成员、副主席：阎德顺
党组成员、经审会主任：黄薇娜（女）
党 组 成 员：曹永远（2023.01 免）
陈　胜
孔　虹（女）
郭施舒（女，2023.11 任）

共青团安吉县委员会
书　　记：管田甜（女，2023.01 免）
汤　潮（2023.01 任）
副 书 记：董　肖
方　达
楼　顺（挂职）
纪　娟（女，挂职，2023.01 任）

安吉县妇女联合会
党组书记、主席：朱海燕（女，2023.01 免）
陶　玲（女，2023.01 任）
党组副书记、副主席：陈　瑜（女）
党组成员、副主席：徐　笛（女，2023.06 免）
黄　洁（女，2023.08 任）
党 组 成 员：胡莉娟（女）
周秀梅（女）

安吉县科学技术协会
党组书记、主席：朱昌发
党组副书记、副主席：梅爱华（女）
党组成员、副主席：王欣欣
党 组 成 员：徐剑峰（2023.06 免）
任　仁
陈　新（女，2023.06 免）
卢德钟
金　盈（2023.06 任）

安吉县残联执行理事会
党组书记、理事长：潘安国
党组副书记、副理事长：王伟星
党组成员、副理事长：罗　飞
党 组 成 员：韩雪峰
李　萍（女）

安吉县工商业联合会
主　　席：陈卫卫
党组书记、常务副主席：傅爱国（2023.11 免）
李敏芳（女，2023.11 任）
党组副书记、副主席：黄宣华
党组成员、副主席：周忠林
党 组 成 员：王伟明
叶　烨（女）
姜根喜

安吉县文学艺术界联合会
主　　席：易国兵（2023.08 免）
主　　席：王伟静（女，兼，2023.08 任）

安吉县社科联
主　　席：王伟静（女，兼）

乡镇(街道)
党委、人大、政府、纪委

开发区

党工委书记:高安兵
党工委副书记:金　山(兼,2023.03 免)
余　卫(2023.03 任)
明瑞成(兼)
沈高飞(兼,2023.03 任)
许　杰(2023.03 免)
徐敏捷
陆文龙
党工委委员:吴晓明(兼,2023.11 免)
程杰杰(兼)
姚云峰(兼,2023.11 任)
章　红(女,2023.01 免)
蒋林斌
党工委委员、纪检监察工委书记:李成锋
管委会主任:高安兵(2023.03 免)
余　卫(2023.03 任)
管委会常务副主任(正科长级):
许　杰(2023.03 免)
管委会副主任:徐敏捷
章　红(女,2023.01 免)
蒋林斌
徐　斌(2023.08 免)
褚　希

递铺街道

党工委书记:明瑞成
党工委副书记:吴晓明(2023.11 免)
姚云峰
欧冬生(2023.11 任)
汤　军(2023.01 任)
人大工委主任:熊国斌
办事处主任:吴晓明(2023.11 免)
姚云峰(2023.11 任)
党工委委员、纪工委书记、监察办公室主任:
来　青
党工委委员、办事处副主任:
杨俊伟(2023.08 免)
徐　艳(女,2023.08 任)
党工委委员:卢培炎(人武部长)
郭月红(女,2023.11 任)
唐　超(派出所所长)
张彩莲(女)
李　伟(2023.01 任)
赵　纲(兼)
人大工委副主任:叶勤民
杨绍兴(2023.11 免)
朱成伟(2023.11 任)
办事处副主任:刘向葵
汤　军(2023.01 免)
邢　峰

孝源街道

党工委书记:金　山(2023.03 免)
沈高飞(2023.03 任)
党工委副书记:程杰杰
沈一平(2023.01 免)
刘列飞(2023.01 任)
人大工委主任:程卫军
办事处主任:程杰杰
党工委委员、纪工委书记、监察办公室主任:
卢柏鑫
党工委委员、办事处副主任:沈晓波(2023.02 免)
余海兵(2023.06 任)
党工委委员:刘明晖(2023.02 免)
张　伟(人武部长)
黄一丹(女)
赵　纲(派出所所长)
人大工委副主任:张世根
李一鸣
办事处副主任:郑　虎
陈　政

梅溪镇

党 委 书 记:夏中金
党委副书记:朱越峰
郑云武(2023.08 免)
许　君
刘　宁(2023.08 任)
人 大 主 席:章军平
镇　　　长:朱越峰
党委委员、纪委书记、监察办公室主任:周群毅
党委委员、副镇长:汪　鑫(2023.08 任)

党 委 委 员:王　炜(2023.01 任)
郑　浩
司冬歌(女,2023.11 免)
郑爱华(人武部长)
范晨恩(女)
吴成成(派出所所长)
人大副主席:李有成
副　镇　长:阎　彬(2023.06 免)
汪　波
赵　雯(女)
杨海波(2023.07 任)

天子湖镇

党 委 书 记:金　鸣
党委副书记:陈易新
周　俊
人 大 主 席:施明军(2023.07 免)
陈显永(2023.07 任)
镇　　　长:陈易新
党委委员、纪委书记、监察办公室主任:韩诗富
党委委员、副镇长:王铖军(2023.08 免)
徐　杰(2023.11 任)
党 委 委 员:葛鹏炎(派出所所长,2023.01 免)
刘列飞(2023.01 免)
陈　健(女)
夏筱丹(女)
黄岳峰(人武部长)
陈　东(派出所所长,2023.01 任)
严晓培(2023.01 任)
人大副主席:吴清泉
副　镇　长:张　毅(2023.06 免)
黄德志
姜星星
副科长级干部,四川省金川县政府办副主任(挂职):
张　振

溪龙乡

党 委 书 记:刘欣欣
党委副书记:邵炜钦(2023.01 免)
沈一平(2023.01 任)
吴　欣
人 大 主 席:黄定瑞(2023.08 免)
杨中军(2023.09 任)
乡　　　长:邵炜钦(2023.01 免)
沈一平(2023.02 任)
党委委员、纪委书记、监察办公室主任:陶　冶
党委委员、副乡长:江　平
党 委 委 员:张　贤(人武部长)
肖建峰
黄　赟(女)
钱　江(派出所所长)
副　乡　长:王　炜
汪　琦(2023.01 免)
张之涵(女,2023.06 任)

鄣吴镇

党 委 书 记:金枫涛(2023.06 免)
梅本炜(2023.06 任)
副　书　记:舒丽强
陈蔚鹏(2023.06 任)
人 大 主 席:戴泽万(2023.03 免)
屠继忠(2023.05 任)
镇　　　长:梅本炜(2023.06 免)
舒丽强(2023.07 任)
党委委员、纪委书记、监察办公室主任:
吴海燕(女)
党委委员、副镇长:陈　韬(2023.01 免)
王　凯(2023.08 任)
党 委 委 员:周道全(派出所所长,2023.01 免)
泉　鑫(人武部长)
董　肖(2023.01 任)
梁　波(女)
唐仁彬(派出所所长,2023.01 任)
人大副主席:姚尚平
副　镇　长:吴胜枫
朱　江(2023.07 任)
叶苏苏
闻伟平(2023.02 免)

杭垓镇

党 委 书 记:徐　平(2023.07 免)
干雪峰(女,2023.07 任)
党委副书记:周明辉(2023.08 任)
潘永林(2023.11 免)
人 大 主 席:徐　渊
镇　　　长:干雪峰(女)

党委委员、纪委书记、监察办公室主任：沈　阳
党委委员、副镇长：葛　迪（2023.08 免）
李植阳（2023.08 任）
党 委 委 员：阎　彬（丽水市松阳县农业农村局党组成员、副局长〈挂职〉，2023.06 任）
陈纯国（新疆阿克苏地区柯坪县乡村振兴局党组副书记、副局长〈挂职〉）
邱亦宸（2023.08 免）
杜　烨（派出所所长，2023.01 免）
朱于佳（女）
胡成功（人武部长）
历世华（派出所所长，2023.01 任）
人大副主席：张　行
副　镇　长：胡迎春（2023.01 免）
毛自树（2023.10 任）
姚　铖
王焕艺

孝丰镇

党 委 书 记：潘明亮（2023.01 免）
沈　强（2023.01 任）
党委副书记：王凌霄
管甜田（女，保留正科长级，2023.01 任）
周济时（2023.01 免）
何倩君（2023.01 任）
雷文华（女，2023.01 免）
人 大 主 席：周济时
镇　　　长：王凌霄（2023.02 任）
党委委员、纪委书记、监察办公室主任：邵云峰
党委委员、副镇长：范一华（2023.08 免）
姚法根（2023.01 免）
陈　钟（2023.08 任）
党 委 委 员：祝水宏（派出所所长）
刘美玉（女）
陈　峰（人武部长，2023.08 任）
施艳云（人武部长，2023.08 免）
邵金英（女）
王德清
汪　倩（女，2023.01 任）
人大副主席：陈世宏
副　镇　长：陈　峰（2023.08 免）
马立海（2023.02 任）

报福镇

党 委 书 记：徐　聪
党委副书记：叶　飞
欧冬生（2023.11 免）
潘永林（2023.11 任）
人 大 主 席：王　雅（女）
镇　　　长：叶　飞
党委委员、纪委书记、监察办公室主任：
竺　亮（2023.06 免）
毛　军（2023.06 任）
党委委员、副镇长：丁　兵
党 委 委 员：王　勇（派出所所长）
韩　辉（人武部长，2023.08 免）
谢传斌（人武部长，2023.08 任）
涂苏浙（2023.11 任）
谢静川（女，2023.06 免）
潘　晖
人大副主席：张卫成
副　镇　长：朱俊玮
周　颖（女）

章村镇

党 委 书 记：董建波
党委副书记：吴　凯
侯文亮（2023.08 任）
人 大 主 席：施旭锋
镇　　　长：董建波（2023.08 免）
侯文亮（2023.10 任）
党委委员、纪委书记、监察办公室主任：
盛　彬（2023.01 任，2023.11 免）
江忠波（2023.11 任）
党委委员、副镇长：沈一文
党 委 委 员：陈　波（人武部长）
泮剑锋（2023.01 任）
汤　潮（2023.01 免）
诸一洲（派出所所长）
蒋人杰（女，2023.01 任）
人大副主席：吴　军
副　镇　长：泮剑锋（2023.01 免）
邱　伟
周圣杰

天荒坪镇

党 委 书 记：贺　苗（女）
党委副书记：许进京
何倩君（2023.01 免）
冷云峰（2023.01 任）
人 大 主 席：陈秀宽（2023.06 免）
镇　　　长：许进京
党委委员、纪委书记、监察办公室主任：
陈润锋（2023.06 免）
张圣安（2023.06 任）
党委委员、副镇长：金　鑫（2023.01 任）
党 委 委 员：汪玉成（2023.01 免）
吴胜国（2023.01 任）
林欢欢（派出所所长，2023.08 免）
俞　丹（女）
郎国良
郑贤锋（人武部长，2023.01 任）
李　杰（派出所所长，2023.08 任）
人大副主席：俞军政
副　镇　长：石　轲（2023.01 免）
冷冰峰（2023.01 免）
胡迎春（2023.01 任）
陈一鸣
夏　苏（女，2023.02 任）
余村（山川）旅游度假区党工委书记：
贺　苗（女，兼，2023.01 任）
党工委副书记、管委会主任：
许进京（兼，2023.01 任）
党工委副书记、管委会副主任：
汪玉成（2023.01 任）
党工委副书记：王孟天（兼，2023.01 任）
党工委委员、管委会副主任：冷冰峰（2023.01 任）
党工委委员：江　燕（女，兼，2023.01 任）
管委会总工程师：胡　亮（2023.01 任）
管委会专职副主任：
诸海波（2023.01 任，2023.08 免）

上墅乡

党 委 书 记：王　凯（2023.11 免）
党委副书记：应建坤（2023.01 免）
马　超（2023.11 任）
马　赟
人 大 主 席：王雪尧（2023.11 免）
乡　　　长：应建坤（2023.01 免）
党委委员、纪委书记、监察办公室主任：
彭逸艾（女，2023.01 免）
朱青莲（女，2023.01 任）
党委委员、副乡长：卢　丰
党 委 委 员：石定一
谢传斌（人武部长，2023.08 免）
施艳云（人武部长，2023.08 任）
李省吉（派出所所长）
余　越（2023.01 任）
副　乡　长：褚雪松
吴钒雨（女）
朱峰辰

山川乡

党 委 书 记：华建伟（2023.01 免）
王孟天（2023.01 任）
党委副书记：江　燕（女，2023.01 任）
邹　鹏（2023.06 免）
江维平（2023.06 任）
人 大 主 席：朱　毅（2023.06 免）
左　巍（2023.07 任）
乡　　　长：王孟天（2023.01 免）
江　燕（女，2023.02 任）
党委委员、纪委书记、监察办公室主任：
张圣安（2023.06 免）
蔡文江（2023.06 任）
党委委员、副乡长：江维平（2023.06 免）
党 委 委 员：汪　欣（人武部长）
周道全（派出所所长，2023.01 任）
周兴伦
陈　东（派出所所长，2023.01 免）
李鹏飞
副　乡　长：黄　珺（女）
阮　悦（女）
山川旅游度假区管委会主任：
王孟天（兼，2023.01 免）
管委会副主任：诸海波（2023.01 免）
总 工 程 师：胡　亮（2023.01 免）

昌硕街道

党工委书记：王　兵
党工委副书记：周方平
陈　皓

人大工委主任：黄　强
办事处主任：周方平
党工委委员、纪工委书记、监察办公室主任：
　　孙　平
党工委委员、办事处副主任：方文明
　　楼高峰
党工委委员：朱　峥（昌硕派出所所长，2023.01免）
　　祝　冬
　　郑　龙
　　杜　烨（昌硕派出所所长，2023.01任）
　　周城枫（凤凰山派出所所长）
　　周　刚（人武部长）
　　张翠云（女）
人大工委副主任：何向华
办事处副主任：郭俊杰
　　李雪春

灵峰旅游度假区、灵峰街道

灵峰旅游度假区党工委书记：马洪滨
党工委副书记：张天滨（2023.07免）
　　曹　颖（2023.11任）
管委会主任：张天滨（2023.07免）
　　曹　颖（2023.11任）
管委会副主任：任元心（2023.11免）
　　余　越（2023.01免）
党工委委员、管委会副主任：章　磊（2023.01任）
　　李传家（2023.06任）
党工委委员、总工程师：楼　杰
灵峰街道党工委书记：马洪滨
党工委副书记：张天滨（2023.07免）
　　曹　颖（2023.11任）
　　喻锦程
人大工委主任：麻爱军
办事处主任：张天滨（2023.07免）
党工委委员、纪工委书记、监察办公室主任：
　　林　颖（女）
党工委委员、办事处副主任：
　　陆　勇
　　郭　伟（丽水市松阳县发改局党组成员、副局长〈挂职〉，2023.01任）
党工委委员：曹叶平（派出所所长）
　　袁克桂（人武部长）
　　朱晶晶（女）
人大工委副主任：周立智
办事处副主任：江五一
　　陈飞飞（2023.06免）
　　司冬歌（女，2023.11任）

安吉经济开发区

【概况】 安吉经济开发区成立于1992年，1994年8月经浙江省人民政府批准为省级经济开发区，2022年实行"党工委(管委会)+公司"模式。自2018年起，安吉经济开发区连续12年进入浙江省省级开发区综合考评前十强。2023年成功入围第二批省级"新星"疫苗(免疫)产业群培育名单；入选第一批"浙江制造"生物医药与医疗器械产业集群(生物药)协同区和第二批"浙江制造"现代家具与智能家电(高端办公家具)产业集群核心区创建名单。现有工业企业1300余家，其中规上企业344家，形成了绿色家居和生命健康、光电半导体和精密制造"1+3"产业发展体系。安吉经济开发区拥有东方基因、永艺家具、恒林家居、洁美电子等11家上市公司，国家级专精特新"小巨人"企业12家、国家级重点"小巨人"企业4家。2023年全年累计完成财政收入52.11亿元，完成规上工业总产值459.5亿元，规上工业增加值104.4亿元，完成亿元工业项目开工51个，亿元工业项目竣工23个，累计完成工业固定资产投资54亿元。省级高新区成功挂牌，绿色家居产业链获评省级"链长制"优秀示范；绿色家居小镇连续两年省级考核优秀，获评省产业工人队伍建设改革成绩突出集体。

【开发区域】 开发区总面积50.51平方公里，依托"三园两飞地"("三园"为主园区的高新技术产业园、绿色家居产业园、科教文新区，"两飞地"即孝丰片区、梅溪片区)，系统性构建产业布局、打造"专业园区"，促进项目集聚、链式发展。主园区新建的3000亩浙北生命健康产业园、2000亩孝源西拓平台(1000亩发展半导体及光电，另1000亩发展中大型高端医疗设备)，让项目落地有空间、产业发展有保障。

【项目引进】 积极探索"基金+招商"新模式，2023年成功招引3亿元项目25个，其中总投50亿元以上项目3个，实到外资12051.93万美元。

【人才招引】 全年新认定高企30家、省科小80家以上，申报省"尖兵""领雁"研发攻关计划项目11个。成功引进高层次人才项目31个，新引进大学生5282名，青年博士20名。

【要素保障】 重点保障31个项目的用地指标，其中，各类园区道路及基础设施11条，涉及总用地面积约147.25亩；工业项目17个，涉及总用地面积约687.16亩；经营性项目及其他3个，涉及总用地面积约3.27亩。谋划建设共富产业园7个，总用地面积879亩，总建筑面积172万平方米。

【安吉高新产业园区认定为省级高新技术产业园区】 1月，根据《浙江省人民政府关于认定宁波江北光电新材料等14家高新技术产业园区为省级高新技术产业园区的通知》(浙政发函〔2023〕2号)，认定14家省级高新区，安吉高新技术产业园区成功入选，这是浙江省施行省级高新区创建制以来省政府发文认定的首批省级高新技术产业园区。创建五年来，园区总产值从342.6亿元增加至535.94亿元，国家高新技术企业从78家增加至202家。安吉高新区创建主体为安吉经济开发区，于2018年1月经省政府批准创建，与安吉经济开发区实行“两块牌子一套班子”管理模式。园区总面积27平方公里，包括核心区、城西北片区、上港国际物流片区。园区拥有健康制造业、智能家居制造业、绿色高端装备制造业三大主导产业，高新技术企业超200家，高新技术产业占比达90%以上。技工贸总收入突破500亿元，已成为全省科技创新发展重要平台。

【多肽疫苗生产基地项目开工仪式】 2月10日，深化“在湖州看见美丽中国”实干争先主题实践安吉县项目建设攻坚年一季度重点项目集中开工活动举行。开发区12个项目参与，总投资41.56亿元。其中，投资规模最大的是固投10亿元的优峰生物年产1亿剂多肽疫苗生产基地项目。

【生物医药产业对接会举行】 3月22日，浙江省商务厅、浙江省开发区研究会在安吉县举办浙江开发区“三个一百”招商活动暨2023年生物医药产业对接会。活动现场，杭州、宁波、安吉等开发区生物医药项目举行签约仪式，签约项目涉及医药园区建设、医药攻坚领域，投资总额超过80亿元。

【首届肿瘤精准免疫治疗（安吉）峰会举行】 4月15—16日，2023首届肿瘤精准免疫治疗高峰会议在安吉举行，活动由省经信厅、省科技厅、省药品监督管理局指导，中国研究型医院学会生物治疗专业委员会、浙江大学癌症研究院、安吉县委县政府主办，湖州市市场监管局、安吉经济开发区、安吉县投促中心承办。会上16位嘉宾作主题报告，分享各自在肿瘤精准免疫治疗研究成果。启动建设浙江·安吉肿瘤免疫创新研究院，该研究院由开发区和科弈（浙江）药业科技有限公司共同打造，专注于肿瘤免疫领域应用研究和技术转化。业界专家、企业代表等参加。

4月15—16日，2023首届肿瘤精准免疫治疗（安吉）峰会举行

【“在湖州看见美丽中国”投资合作洽谈会召开】 5月12日，“在湖州看见美丽中国”投资合作洽谈会召开，近百个项目签约，覆盖金融、制造业、外资、人才、平台等多个领域，总投资1143亿元。本次“湖洽会”涉及安吉签约项目共11个，其中开发区项目4个，分别是年产5万台（套）云端特种机器人项目、年产超100kg抗体和蛋白类创新生物药项目、年产6000万米高分子汽车内饰新材料项目和盛大科技纳斯达克上市项目，总投资超30亿元。

【安吉绿色家居小镇考核优秀】 10月17日，浙江省特色小镇规划建设工作联席会议办公室印发《关于浙江省特色小镇2022年度评估情况的通报》，确定23个命名小镇、15个创建小镇为年度评估优秀单位。安吉绿色家居小镇地处安吉经济开发区西北部，总规划面积3.95平方公里，核心范围1.37平方公里，2021年成功入选浙江省第七批创建类特色小镇，并且在2021年年度考核中荣获优秀，连续两年考核优秀。

【第二届安吉两山·国际细胞与基因治疗（CGT）产业创新研讨会举行】 12月3日，2023第二届安吉两山·国际细胞与基因治疗（CGT）产业创新研讨会举行。会上，开发区与中国细胞生物学学会细胞治疗研究与应用分会、浙江省经纬生物医药产业

12月3日，2023第二届安吉两山国际细胞与基因治疗（CGT）产业创新研讨会举行

发展中心签订战略合作协议。临床专家、生物医药知名企业和投资机构代表等出席。

【绿色家居小镇获评国家级3A景区】 12月21日，湖州市文化和旅游品质评定与管理委员会公布湖州市国家3A旅游景区认定名单，安吉经济开发区绿色家居小镇获评国家级3A景区。

【绿色家居获全省"链长制"优秀示范】 12月21日，浙江省商务厅公布全省10家入选2023年浙江省经济开发区产业链"链长制"优秀示范单位，安吉经济开发区入选。

（丁乐章）

递铺街道

【概况】 递铺街道区域面积237平方公里，辖33个村（社区），街道户籍人口9.8万，登记在册流动人口7.8万，总人数约占全县30%。拥有约占全县1/3茶山，白茶生产经营主体2600余家，包括宋茗白茶、龙王山茶叶、芳羽白茶等农业龙头企业。工贸企业1800余家，包括恒林家居、中源家居、洁美科技、东方基因4家上市企业。浙江自然博物院安吉馆、中南百草原、田园鲁家、欢乐风暴、古城遗址公园等一批星级景区。老庄山居、涵田度假村、绿郡龙山驿、安吉中南百草原度假酒店等精品民宿酒店。"山水古韵·共富南溪"县域风貌样板区获评省级城乡风貌样板区。全省率先探索"跨区域共建共治"新模式，民族融合发展相关做法获国家民委高度肯定。获评全省电商镇、全省推动农民农村共同富裕成绩突出集体，获评全市科协系统成绩突出集体、全市"五水共治"工作考核优秀乡镇。

2023年，完成营利性服务业营收7.2亿元，同比增幅163%。限上批发销售额100.65亿元，增幅24.43%；零售销售额11.67亿元，增幅40.64%；住餐营业额0.95亿元；住宿增幅27.54%。限下批零住餐各项指标全线达标。规下工业营收增幅全县第一。新引进亿元以上项目3个，包括优蓝国际等新经济项目。完成固投5.4亿元，农批市场二期、"云梦谷"等4个亿元以上项目开工，中国物流浙江（安吉）现代物流园验收竣工。成功申报湖州市服务业大好高项目1个。消化"两未"土地3500亩，"腾笼换鸟"认定394亩，超任务目标131%。完成征借地超7300亩，青苗政策处理2000余户，保障生命健康产业园、数字物流港等一批千亩级重大平台顺利推进，辰隆半导体等一批固投50亿元项目落地。建成百人楼、百人村等6处，"递才荟"千人楼群成为全县实际入驻人数最多、功能最全面青年人才楼群，引进海道教育等大学生集聚项目23个，招引各类大学生3200名以上。

常态化治理工地扬尘，专项开展扬尘管控检查89处，摸排非正规垃圾堆放点35家，覆盖建筑废料150万平方米。开展企业环保排查500余家，开展海绵企业整治"回头看"140余家污水零直排工作提质增效，新建（扩建）雨污管网3公里，疏通290公里，非修复破损点位7400余处。开展水生态问题自查自纠750处，完成"找寻查挖"及上级交（督）办问题整改150处。新建农村生活污水终端3座，提标改造2座，河道清理白色垃圾100余吨。完成净土、塘浦2个农贸市场提升改造，安城垃圾中转站投入使用，塘浦、三官2个垃圾中转站验收竣工。集中开展市容市貌整治20次,完成上级交办问题整改462件,成功创建"美丽街巷"2条、"美丽小区"3个,南北庄、六庄、鲁家、古城、康山获省级高标准农村生活垃圾分类示范村。

持续推进古城、青龙、老庄三个全域整治项目,累计腾空474户。完成鹤鹿溪千亩方验收2930余亩,横塘村千亩方认定3500余亩。实施建设用地复垦、垦造耕地,新增耕地1320余亩。推进"大美古城"五村联建项目,南北庄村"民宿共富村"创建通过验收,康山村创建省级和美乡村特色精品村。新认定省级骨干农业龙头企业2家,市级农业龙头企业3家,市级未来农场2家,市级农业"大好高"项目4个,古城村农村一二三产融合发展列入第四批省级示范园项目。完成休闲旅游微改精提项目35个,山禾稻农场完成省3A级采摘体验基地验收,宋茗茶博园入选省级工业旅游示范基地,有序推进康山"黔味街"夜经济项目。完成规模种植水稻2.43万亩和小麦2.11万亩,同比增长16.83%、39.74%。推进"两入股三收益",经营性收入百万以上村全覆盖,万亩村集体经营性收入街道首个突破千万元。强村公司运营有力,年营收超6000万元,同比增长155.8%,29个股东村均分红超30万元。持续释放竹林碳汇改革效能,首批2069户竹农分红945.4万元。康山、东浜、三官、赵家上第一批职工公寓项目启动建设。

完成五彩共富路15条41.47公里,园区道路15条20.3公里,林道10个标段46.91公里。建设鲁家、马家回埠潭、鞍山等一批安置小区基础设施,加速推进城东幼儿园新建项目、城西北资源利用循环中心项目等民生实事工程,完成康山骨灰堂主体建设。荷花塘、赵家上、银湾排涝工程完工并度过汛期考验。完成辖区幼儿园监控增设和存储扩容等工程。鹤鹿溪教学点创评市级美丽乡村幼儿园。户籍人口参保率99.24%。办理创业担保贷款1670万元,大学生补贴1157人次570余万元。发放各类救济资金475万余元。开展"慈善一日捐"工作,募集善款超460万元。举办"我从递铺来"第二届古越文化节、世界遗产日浙江主场系列活动、第三届长三角体育节马拉松等重要活动30余场。古城"两弹一星"事迹馆获评国家级科学家精神基地。鲁家村获评省级文明村镇,六庄村、青龙村、雾山寺村获评市级文明村镇。

遏制较大及以上事故,工矿企业火灾事故起数同比下降33.3%,无亡人火灾事故。拆除低小散乱厂房856处、面积约100万平方米。开展工业企业"拔钉除患""大排查大提升"等专项整治,拆除占用消防通道违建9万平方米,推广安装消防喷淋面积35万平方米,创建"一厂多租"示范点3个。开展省市县街道四级挂牌督办,停业停产整顿16家,预处罚500起。护航杭州亚运会,化解省"十大领域"信访交办件3件、七张问题清单3件、疑难积案15件、矛盾纠纷300余起。累计办理12345热线2394件,3天办结率、初信初访办结率均100%。双河村、南北庄村创成省级民主法治村,雾山寺村、鹤鹿溪村创成省级善治示范村。抓实行政争议化解工作,保持零败诉,相关做法在全市复议应诉推进大会上交流发言。创新开展新居民"一件事一次办"改革,获选县营商环境最佳实践案例。"两无两违"优化产业发展环境,入选全县年度"微

5月20日,第三届长三角体育节山地马拉松赛暨安吉鲁家村山地马拉松挑战赛开赛

改革”十佳典型。服务元丰机械企业举措，获评全县政企恳谈会优秀案例。

【20亿安吉文旅消费券派发启动仪式举行】 2月28日，“风从长安来·春至安吉游”——20亿安吉文旅消费券派发启动仪式暨汉阳陵文物特展开幕仪式在安吉古城国家考古遗址公园举行。活动邀请省市县相关领导、国内考古领域顶尖专家学者、浙江省遗址公园和博物馆代表、金川县文旅嘉宾、长三角旅行社代表、安吉文旅企业代表、杭嘉湖网红达人、非遗文化传承人及400多位游客共同参与，并现场抽奖派送3000元文旅消费大礼包。

【“流动联合妇女之家”挂牌】 5月10日，安吉县妇联和黔南州三都县妇联在递铺街道康山村建立“流动联合妇女之家”，并在三都县人民政府驻安吉县联络部挂牌，将“流动联合妇女之家”打造成为黔南籍务工妇女就业服务便捷窗口、维护权益的温馨港湾、关心关爱的连心桥梁，实现共建、共享、共富。

【安吉鲁家村山地马拉松挑战赛】 5月20日，第三届长三角体育节山地马拉松赛暨安吉鲁家村山地马拉松挑战赛递铺街道鲁家村开赛。1200名来自长三角各地及福建、广东、云南、甘肃、辽宁等地的参赛选手参加。

【安吉·递铺第二届古越文化旅游节开幕式举行】 6月9日，安吉·递铺第二届古越文化旅游节开幕式举行。开幕式上，还举行创业梦想基金设立、递铺新生代专项贷款授信签约、招商招才项目集中签约等仪式。本次活动是2023年文化和自然遗产日浙江主场系列活动之一。此次活动以“我从递铺来”为主题，通过现场推介和文化表演，重新定义递铺的形象和标签，从而达到招募新生代、传递新生活、缔造未来城的目的。

6月9日晚，安吉·递铺第二届古越文化旅游节开幕式举行

【“两弹一星”事迹馆入选科学家精神教育基地】 6月14日，中国科协等7部门联合发布2023年度科学家精神教育基地认定名单，147个单位入选，其中浙江11个。递铺街道古城村“两弹一星”事迹馆入选。“两弹一星”主题文化园位于递铺街道古城村，主要包含“两弹一星”事迹馆、“两弹一星”大事记墙、亲历者手印墙、院士将军林等。

【民族同心圆文学艺术界联合会成立大会召开】 7月12日，安吉县递铺街道康山村民族同心圆文学艺术界联合会成立大会暨第一届代表大会召开。会议宣读《关于同意成立安吉县递铺街道康山村民族同心圆文学艺术界联合会的批复》，工作人员作安吉县递铺街道康山村民族同心圆文学艺术界联合会会议筹备工作报告，表决通过安吉县递铺街道康山村民族同心圆文学艺术界联合会章程，投票选举产生第一届安吉县递铺街道康山村民族同心圆文学艺术界联合委员会，当选委员会成员召开安吉县递铺街道康山村民族同心圆文学艺术界联合会第一次会议，最终举行授牌仪式。并在康山电影院门口开展市集和演出活动。递铺街道康山村成立全省首个民族文联、全县首个乡村级文联—民族同心圆文联。当天，同步成立芦笙铜鼓舞协会、马尾绣协会、民歌协会、民族服饰协会、民族文创协会、书画协会6个文艺协会。

【首个“全国生态日”主题宣讲交流会】 8月18日，由安吉县委宣传部、安吉县社科联主办，安吉县递铺街道承办，首个“全国生态日”主题宣讲交流会在递铺街道垅坝村山禾稻亲子农场举办。

【“优质水稻新品种高产创建”和“浙江省水稻新品种集中展示”现场考察交流会】 11月，在递铺街道古城村召开“优质水稻新品种高产创建”和“浙江省水稻新品种集中展示”现场考察交流会。省农业农村厅、省农科院、市农科中心、勿忘农种业股份有限公司、县农业农村局、各乡镇农技人员、种粮大户等30余人参加。与会人员观摩浙粳105、浙粳优1578、浙糯优1号、浙科优1号、华中优9326、浙杭优220、嘉丰优3号、嘉禾优7245、中浙优8号、浙两优858、泰丰优2号等23个品种生长情况。有关研究员现场介绍不同品种抗病性、适应性、丰产性，以及水稻抗性、米质等农艺性状，并与大家互动交流，答疑解惑。种粮大户也从实际需求对良种培育提出建议。

（汤可薇）

2023年递铺街道村(社区)基本情况一览表

表8

村、社区	村民小组（个）	户数（户）	人口（人）	劳动力（个）	面积（平方公里）	村级集体总收入（万元）	农民人均收入（元）	村级集体经营性收入（万元）	村级固定资产（万元）	书记/主任
安城村	58	1549	5148	2495	11	2068.85	44280	238.20	3239.49	吴国仁
鞍山村	23	526	1855	1138	10.2	824.35	45000	223.08	1090.28	雷金荣
赤芝村	25	1060	3581	2185	19.2	406.02	41120	108.14	2589.44	王乐华
东浜社区	17	662	1948	1035	3.55	314.77	51214	151.98	1857.53	徐宇平
东山垓村	13	317	1133	745	7.6	277.12	38000	108.49	957.73	王林顺
古城村	33	942	3274	2661	17.5	1056.40	46000	269.01	5445.04	张康钱
荷花塘村	18	650	2590	1580	5	487.11	45800	301.87	2855.44	崔百顺
鹤鹿溪村	25	943	3048	1854	8.6	321.31	45000	110.01	5636.43	李升阳
横塘村	24	801	2656	1790	6.4	648.61	34500	125.63	1859.12	杨　华
吉庆桥村	13	483	1555	912	2.2	204.42	38600	154.03	1774.64	朱惠荣
净土社区	9	588	1840	1014	4	644.85	41000	464.52	2919.04	傅世泽
康山村	18	850	2651	1742	7.16	1698.08	48126	460.00	3460.76	陈　磊
兰田村	19	630	2293	1280	12.2	1379.85	23100	109.33	1286.74	谢传洋
老庄村	23	566	2052	1150	12.6	1471.45	37450	152.45	2192.32	李建林
六庄村	11	454	1518	1002	6.8	216.83	32000	102.03	869.31	吴　凌
垅坝村	40	952	3352	2351	12.3	543.05	34000	124.39	1687.42	韩寨琴
鲁家村	16	643	2253	1604	16.8	1100.36	51500	691.29	10763.02	陈　潇/裘丽琴
马家村	19	832	3030	1988	16.6	545.38	40530	201.62	579.09	田忠根
南北庄村	24	1033	3266	1979	16.3	618.36	45593	156.56	3533.07	胡建国
青龙村	9	287	1053	673	9.7	545.74	35495	109.24	1425.54	徐俊君
三官村	26	1067	3674	2153	18	528.61	46000	237.36	4354.25	徐彩琴/周先武
双河村	30	1500	4912	2420	12	842.22	32508	683.95	3570.86	江　斌

续表 8

村、社区	村民小组（个）	户数（户）	人口（人）	劳动力（个）	面　积（平方公里）	村级集体总收入（万元）	农　民人均收入（元）	村级集体经营性收入（万元）	村　级固定资产（万元）	书记/主任
塘浦社区	12	478	1422	1063	2	515.97	37191	355.92	2311.91	娄云红
万亩村	28	1402	4158	2392	8.9	3615.83	45490	1099.85	2100.17	林长顺
雾山寺村	8	495	1741	839	3	659.56	45780	550.01	17302.02	高国强
义士塔村	7	236	805	407	3.8	465.16	45000	112.71	1112.29	吕吉娣
银湾村	10	422	1622	700	3	614.12	58000	358.54	2096.47	卜建平
长乐社区	23	774	2902	1598	10	1634.06	52000	757.46	12025.52	温兴元
赵家上村	10	559	2125	1475	4.5	1009.42	65000	201.68	3065.88	潘存义
合　计	591	21701	73457	44225	270.91	25257.85	/	8719.35	103960.82	/

2023 年递铺街道城市社区基本情况一览表

表 9

社　　区	居民小组（个）	居民户数（户）	户籍人口（人）	书记/主任
浦源社区	13	980	1677	孔繁斌
阳光社区	12	699	1484	陈白露
桃城社区	7	296	441	李潮鑫
茗秀社区	7	735	1649	张　弦
合　　计	39	2710	5251	/

灵峰街道

【概况】 灵峰旅游度假区（灵峰街道）前身为安吉环灵峰山建设发展总公司，于 2008 年 7 月从开发区单列成立，2011 年 6 月成立管委会，2014 年 2 月成立灵峰街道，实行“街区合一”管理体制。行政管辖面积 84 平方公里（度假区核心区域约 47.2 平方公里），下辖 6 个行政村，1 个农村社区，2 个城市社区，七普人口 36467 人，比六普增长 1.3 万余人。PM2.5 浓度均值 24 微克/立方米，空气质量优良率 92.8%。2023 年，完成财政收入 9.4 亿元，实现全年任务 106.3%。接待游客 220.43 万人次，旅游总收入 26.16 亿元。完成实到外资 6860 万美元，固定资产投资 11.77 亿元，完成全年任务 103%。限上住宿业、零售业同比分别增幅 90%、100%。完成“腾笼换鸟”100 亩。完成企业挂牌 2 家，完成 7 家省级科技型中小企业和 11 家国家级科技型小微企业申报工作。成功创建浙江省 5A 级景区街道（全县唯一）。

联动国控建控等国企平台，招引各产业类型项目 24 个，其中县级认定固投 3 亿元以上项目 5 个。成功签约人才创业项目 3 个，百人楼入驻并运营项目 8 个，招引青年博士 2 名，其他博士 3 名。外国专家办证 4 名，完成全年任务 130%。开展“三服务”2.0 版，浙北物流园、霞泉绿色家居产业园等 13 个亿元以上项目开工建设，“智慧谷”整体形象大变样，完成北部平台 80%工程量，完成梦栖互联网金融谷70%工程量。推进灵峰街道卫生院、灵峰法庭、第六中学等民生项目建设。上报新增建设用地1788亩。消化批而未供土地295亩，处置供而未用土地398亩，完成全年任务95.9%。完成工业用地收储62亩。全力保障做地出地工作，成交项目21个，总面积801亩。

完成横山坞村“全国乡村治理示范村”创建工作。完成5个竹材加工点建设，成立碳汇项目合作社。推进“两入股三收益”工作，新增项目3个。完成横山坞恒园广场及周边、大竹园千亩方道路等花卉种植养护、节点景观提升项目28个。联合文体旅游局、乡旅梦工厂实施“认养田”项目，谋划灵峰山景区总体及景观方案，灵峰山景区被评为国家AAA级旅游景区。完成“微改造精提升”项目入库27个，总投资8849万元。发放辖区民宿贴息贷款3200万元。搭建文旅宣传平台矩阵，实体化灵宝IP形象运作。开展长三角露营大会、运动休闲旅游节等活动260余次，吸引市民及游客20万余人次。

制定《灵峰街道2023年度深入打好污染防治攻坚战工作计划》。获评全省首批“省级污水零直排”标杆街道，实现全域污水应截尽截。排查整治环保问题130余处。开展乡镇（街道）“集中推进日”活动，共开展拆违行动14次，拆除违法建筑45处，拆违2万平方米，完成城中村、旧厂区、旧住宅区改造12.6万平方米。开展横山坞村香榧凹、大竹园农房试点等违法建筑拆违工作10余次。完成灵峰街道资源循环利用中心改造升级，开展“垃圾分类执法进小区”，再创5个省级垃圾分类高标准小区。开展美丽小区集中整治行动21次，补种绿化500平方米、处置乱堆放120余处。创建“美丽庭院”“美丽菜园”“美丽围墙”19个，打造乡村有机更新示范建设点10个。

成功化解各类矛盾纠纷593起，化解重点信访积案5件，初信初访和矛盾纠纷就地化解率95%以上，矛盾纠纷调处成功率99.1%。完成平安护航全国两会、亚运会、亚残会等重大活动维稳安保任务。推进安全生产隐患大排查大整治行动，排查企业1017家次，整改重大隐患34个、一般隐患2234个，停产停业4家，立案查处6家。开展“一季度一探访”，为困难家庭帮办代办各类实事40余件，发放困境儿童生活补贴28万余元。入驻运用“智治薪”平台，处理欠薪纠纷问题278件，讨回工资欠款4800余万元。开展健康促进类活动39场次，受益人数7200余人次，重点人群责任医生签约率和服务率均100%。优化“四个平台”，推进“152”与“141”体系融合试点。打造“反诈菜场”“反诈一条街”，辖区内所有城市社区全覆盖。推进网格管理精细化、数字化，夯实网格基层治理底座。完善出租房数字化管理系统开发。

【第二届应急救护员技能大比武】 5月12日，灵峰街道举办第二届应急救护员技能大赛，全面增强员工的安全意识，提高员工安全生产应急处置能力。60余人参加，最终一等奖1人，二等奖2人，三等奖3人。

【第二届长三角露营大会举行】 7月4日，第二届长三角露营大会暨首届安吉茶·咖啡生活节在安吉灵峰国家级旅游度假区举行。由浙江省文化和旅游厅

7月4日，第二届长三角露营大会暨首届安吉茶·咖啡生活节举行

指导，湖州市文化广电旅游局、安吉县人民政府主办，安吉县文化和广电旅游体育局、安吉灵峰度假区管委会承办，长三角自驾车旅游协会联盟协办。活动包含"一式"（第二届长三角露营大会暨首届安吉茶·咖啡生活节开幕式）、"一赛"（首届安吉咖啡拉花比赛）、"一市集"（露营茶咖生活市集）、"一巡游"（房车打卡露营咖啡地图巡游）以及多个子活动。大会以全面升级产业形象为目标，创新"露营＋"跨界模式，充分整合"咖啡""白茶""音乐"产业及多元商业，积极推动"露营＋文化""露营＋运动""露营＋咖啡茶饮"等融合新方向进行全面升级。

7月29日，浙江画院青年创作中心成立大会举行

【青年创作中心成立】　7月29日，浙江画院青年创作中心成立大会在安吉县灵峰街道会议室举行。青年创作中心是浙江画院在现有机制下，为凝聚优秀青年艺术创作者、培养中国画创作和研究后备力量而搭建的专门平台。大会向浙江画院青年创作中心特聘画师颁发了聘书，授牌灵峰街道为浙江画院青年创作中心采风基地，并为灵峰街道建立导师帮带制度，聘请文艺村长。

【全市首个乡镇（街道）级小微企业法律服务分中心成立】　8月31日，安吉县小微企业法律服务灵峰街道分中心完成揭牌，标志着全市首个乡镇（街道）级小微企业法律服务分中心正式成立。

（傅彩霞）

2023年灵峰街道村（社区）基本情况一览表

表10

村、社区	村民小组（个）	户数（户）	人口（人）	劳动力（个）	面积（平方公里）	村级集体总收入（万元）	农民人均收入（元）	村级集体经营性收入（万元）	村级固定资产（万元）	书记/主任
大竹园村	16	513	2116	1316	8.7	1161.76	55284	362	2603.98	褚飞明
灵峰村	22	1155	4042	2303	8	1993	55174	604	13096	周国锋
霞泉村	17	532	1748	1060	12	685.83	52198	399.79	3242.38	庞森茂
剑山村	14	495	1707	1025	6.9	919.87	56807	506.58	2619.24	丁其军
碧门村	16	497	1761	1016	10.2	511.75	52840	302.54	1862.13	李亚财
城南社区	21	1074	3650	2172	14.5	1509.19	56500	1094.23	2196.92	郑永军
横山坞村	11	453	1654	954	6.8	1075.35	58350	837.04	7515.50	蔡明福
合　计	117	4719	16678	9846	67.1	7856.75	/	4106.26	33136.15	/

2023 年灵峰街道城市社区基本情况一览表

表 11

社　　区	居民小组（个）	居民户数（户）	户籍人口（人）	书记/主任
浒溪社区	4	598	1271	管飞飞
灵溪社区	4	822	1744	陈红月
合　　计	8	1420	3015	/

昌硕街道

【概况】　昌硕街道位于安吉县城中心区域，是全县政治、经济和文化中心，区域总面积 102 平方公里。下辖 30 个村、社区，分别是绣岭、太和、箭东、清滨、三里亭、凤凰、天目、昌硕、凤亭、新街桥、玉磬、桃园、云鸿、广场、灵芝、铜山桥 16 个城市社区；上郎、芝里、递二、余墩、递铺、穆王城、山头、范潭、三友、朗里 10 个村改居社区；双一、高坞岭、双溪口、石鹰 4 个行政村。辖区 PM2.5 全年平均 29 微克/立方米，空气优良率达到 91.1%以上。凤凰水库饮用水源地水质考核优秀，省控递铺断面稳定保持在Ⅱ类水以上。2023 年，街道财政总收入 15.97 亿元，同比增长 24.6%，固定资产投资 4.2 亿元。居民人均可支配收入增长 5.5%。双一村获评省第三批低(零)碳村。

招引红河谷、浙江芯科半导体等 2 个 5 亿元以上项目落地。1 个规模 100 人的人才聚集项目落地，星耀酒店、锋跑汽车销售、元汐酒店等 6 家企业完成小升规。昌硕街道共富产业园二期、科技创业园投入使用。启用“硕青”青年大学生百人楼，有大学生集聚平台 5 个，其中百人楼 4 个，50 人及以上项目 5 个（150 人以上项目 1 个）。累计引育本地大学生返乡创业 230 余人，高技能人才引育 320 余人，申报青创项目 35 个，引进大学生创业团队 20 个并完成 2 个人才创业项目，吸引大学生 4500 余人。

完成 21 个老旧住宅小区微改造、精提升，投入 200 余万元。新建供水管网 20 公里、改建 8 公里。加快改造县城海绵城市微体育公园，完成改造祥云花园、竹贤山庄、蓝天花园、山水华庭等老小区。新建垃圾分类省高标小区 11 个。完成中心区块 731 户房屋全部签约、腾空、拆除任务，推进“两山”未来科技城项目，财富中心、文化艺术中心等五大地标建筑进行主体结构施工。推进云鸿路综合改造。

持续深化“千村示范、万村整治”工程，大力发展村级集体经济，硕强公司全年营收 3200 余万元，同比增长 167%，村社股东分红 280 余万元。建成村竹林碳汇竹（笋）材分解点 6 处、“五彩共富路”6.4 公里、林道 48.5 公里，共富工坊 12 家，吸纳 680 余名群众就业创业，带动 328 名低收入群众增收致富。发放各类救助慰问资金 530 余万元，为 1200 余名残疾人提供家门口免费体检。精准实施社会救助补充保险全覆盖项目，累计救助 87 人次，发放补充救助资金 23.6 万元。

成立楼道长创新发展学院，选优配强 1541 名楼道长。建成 16 个熟人计划示范小区。沿街商铺智能预警系统试点列入湖州市七张问题清单并销号闭环，昌硕街道食安办创建浙江省五星级食安办。发挥银雁工作室、婆妈和事馆等基层治理平台作用，调处各类矛盾纠纷千余件，调解成功率 99.9%。开展法律“十进”活动，完成“八五”普法中期督导验收。法律援助工作经验被列入“八八战略”实施二十周年浙江法治建设经验。街道综合信息指挥室荣获“建设国际化绿色山水美好城市”先进集体。

开展学习贯彻习近平新时代中国特色社会主义思想主题教育，街道各党组织开展集中学习 230 余场，书记授专题党课 148 次，覆盖党员 3000 余人次，开展“三进三访三解”主题活动，破解群众“关键小事”680 余件。通过政策宣传、多方恳谈等方式，持续优化青年人才留村任职个性化举措。创新“片区竞合·季度擂台”比拼机制，引导 30 个村社月度晾晒实绩、季度擂台比拼。常态化开展警示教育，实施主体责任履责常态化述评。完成15个清廉小区创建。清廉小区自治管理视频被中央纪委国家监委网站录用。精准运用监督执纪“四种形态”，全年共处置问题线索57件，查处党员干部违纪案件28件。

【上郎大厦建设项目启动奠基仪式】 2月5日，上郎大厦建设项目启动奠基仪式举行。“上郎大厦”位于天荒坪路东侧、昌硕路南侧，该区域是安吉城区高层公共建筑集中点，是县城城市形象主要展示面。

2月5日，昌硕街道上郎大厦建设项目奠基仪式

【“熟人计划”发布会】 3月16日，街道党工委举办“熟人计划”发布会。以“小城有大爱　邻里一家亲”为愿景，落足城市小区，通过活动设计、贤能挖掘、队伍组建，特色营造、环境美化等主动作为，构筑“熟人”架构、推行“熟人”作为、培育“熟人”文化、共识“熟人”内涵，充分发挥小县城地缘亲、人脉近优势下的熟人能效，助推小区居民联情共治。

【第三届长三角体育节飞盘邀请赛】 8月5—6日，第三届长三角体育节飞盘邀请赛在安吉县体育场举行，昌硕街道为本次赛事执行方，作为本届长三角体育节系列赛事之一，活动以“全民健身迎亚运　信心满怀奔共富”为主题，吸引200多名运动员参加。

【昌硕街道业主委员会工作联合会成立大会】 9月8日，昌硕街道党工委举办安吉县昌硕街道业主委员会工作联合会成立大会。该联合会进一步推动业委会、业监会等社会组织发展壮大，引导更多的人规范有序、协同高效、持续有力地参与社会治理，不断推进小区治理现代化，携手擘画“小城大爱·美好昌硕”和美蓝图。

（陆梦瑶）

2023年昌硕街道村(社区)基本情况一览表

表12

村、社区	村民小组个数	户数（户）	人口（人）	劳动力（个）	面　积（平方公里）	村级集体总收入（万元）	农　民人均收入（元）	村级集体经营性收入（万元）	村　级固定资产（万元）	书记/主任
余墩社区	11	556	1947	1312	3.5	1147	38500	610	1478	胡益法
芝里社区	6	429	1276	812	2.3	211	41600	127	434	郭梦骅
高坞岭村	11	475	1891	1035	10.2	187.5	35600	121.6	694.4	梅　军
递铺社区	20	1220	3367	1973	2.7	326.8	45067	274.5	1239	夏建强
三友社区	26	1518	5204	3705	24.8	2411	48000	1200	2372	陈亚军
双溪口村	10	450	1848	858	9.8	294.6	38458	95.3	1053.9	丁自云
上郎社区	6	225	640	470	1.0	109.9	38500	89.9	1065.1	王　惠

续表 12

村、社区	村民小组个数	户数（户）	人口（人）	劳动力（个）	面　积（平方公里）	村级集体总收入（万元）	农　民人均收入（元）	村级集体经营性收入（万元）	村　级固定资产（万元）	书记/主任
递二社区	12	619	1966	1135	2.0	550	39560	550	13000	冯安冬
穆王城社区	6	346	1168	682	1.2	1035.3	44839	997.6	17549.5	潘一丁
范潭社区	10	382	1184	736	1.7	1690.9	45768	1300.8	3399.4	徐永强
双一村	9	793	2599	1321	18.2	991.4	51840	291.4	4254.9	朱学星
山头社区	7	419	1394	787	3.3	1295.8	42900	839.1	18400	王恭平
石鹰村	9	483	1675	1178	14.6	418.5	37627	306.5	186.6	何丽燕
朗里社区	13	563	2016	806	7.7	1800	48500	1386	3244.7	李允河
合　计	156	8478	28175	16810	102	12469.7	/	8189.7	68371.5	

2023 年昌硕街道城市社区基本情况一览表

表 13

社　　区	居民小组（个）	居民户数（户）	户籍人口（人）	书记/主任
桃园社区	55	1817	4156	郭　继
三里亭社区	81	1891	4584	郑　敏
广场社区	33	1218	2916	陈义红
绣岭社区	27	238	521	郑伟加
天目社区	17	2521	5987	盛颖兰
云鸿社区	17	2266	5528	顾　艳
清滨社区	31	1557	3744	王　波
太和社区	9	200	432	权　琪
凤凰社区	52	2552	5942	许民强
灵芝社区	53	2507	5686	姚慧丽
铜山桥社区	35	1287	3007	胡秀平
箭东社区	25	89	178	何德根
昌硕社区	59	2435	5282	陈　飞
凤亭社区	51	1408	3131	楼亚芳
新街桥社区	56	3110	6410	王宪平
玉磬社区	11	1148	2541	郑久忠
合　　计	612	26244	60045	

孝源街道

【概况】　孝源街道位于安吉县中西部，孝文化、尚书文化源远流长，孝源因二十四孝之“郭巨奉母得金”典故而得名。街道交通便利，东接天子湖镇，南接孝丰镇，西临安徽省，距县城15公里，离客运中心2公里，12省道、严省线穿境而过。下辖5个行政村和1个社区、38个村民小组和3个居民小组、104个自然村，总人口10145人，约50平方公里。

2023年，完成西拓平台征地及青苗政策处理3800余亩，清表3000余亩，场地平整2100亩，保障长江存储、乐通等固投50亿元以上重大项目落地。开展“两无两违”专项治理攻坚行动，完成园区内13个厂区56家企业整治，园区外整治提升8家、清退15家、签约腾退18家。签约落地微蚁科技、猎猎风鸣2个阿里系大学生集聚型项目及大龙网跨境电商、浙江数字产业学院等新经济项目。建成绿沃川未来都市农场项目（一期），获评市农业大好高项目，建成蔓茶湾轻奢营地项目并开业，完成“大唐三万里”夜经济项目框架协议签约并开展前期工作，沪鼎房地产项目进场施工。打造“青英荟”青年人才社区，盘活老乡政府、老小学等资源，建设百人园，为项目落地和青年人才就业创业筑强平台。引进高层次创业人才项目2个。申报国家级、省级高层次人才创新项目6个。以安吉县浙科研究院为载体，全职引进国家级引才计划特聘专家1名，青年博士11名，组建校企联合研究中心2个，联合申请发明专利、软著等知识产权3件，围绕安吉产业需求设立科技攻关项目20项。

孝源小学投入使用，纵二路、北望路、笃学路等一批市政工程基本完工。推进椅艺孵化园二期、孝源职工之家、职工公寓等配套建设。完成椅艺孵化园众创空间装修改造、业态引进、氛围营造。装修300余套人才公寓、开通5条公交专列，完善人才基础配套。皈山场极白茶星空（唐味斋总部）项目、深圳扶风摩旅俱乐部项目、尚书干共富乡宿项目进行落地洽谈，签约尚书干竹海里野奢营地项目、洛四房国际房车营地项目。

完成杭州“亚运”“亚残”百日安保任务。开展海绵企业、有限空间、竹木加工企业、“一厂多租”专项整治，检查企业700家次，发现安全隐患7000余处，整改率100%。完成全县唯一一起省级挂牌督办整改任务和两次市级挂牌督办任务。打造华睿海绵和名江南家居“一厂多租”全县样板。获评2023年度湖州市企业安全生产标准化创建工作示范乡镇。

【孝源街道共享食堂开业】　3月31日，孝源街道“共享食堂”开业，该食堂是由县供销联社和孝源街道联合创办，旨在服务周边居民、企业职工、老年人及行动不便等特殊群体的惠民、便民食堂。

【蔓茶湾轻奢露营基地开业】　4月22日，孝源街道首家露营地蔓茶湾轻奢露营基地开业。该营地位于观音桥村姚坞水库旁，是一家融入茶园的营地，茶园占地面积130亩，集休闲娱乐、生态农场、民宿酒店、主题餐饮、亲子互动等业态于一体，旨在打造都市茶园里的慢生活空间。

【实验小学孝源校区启用】　8月23日，安吉县实验小学教育集团

8月23日，安吉县实验小学教育集团孝源校区揭牌仪式

孝源校区举行落成启用揭牌仪式。孝源校区位于孝源工业园区内，毗邻安吉技师学院、浙江科技学院中德工程师学院，是一所与园区相配套的现代化校园。学校规划面积46亩，建筑面积28285平方米，总投资约1.2亿元，可容纳36个教学班，总计提供1620个学位。

【首届篮球友谊赛开赛】 7月20日，孝源街道首届篮球友谊赛在孝源村文化礼堂举行。本次赛事共有来自孝源辖区的9支队伍108名运动员参赛，是孝源街道迎亚运群众性主题活动的重要一环。

（朱　华）

2023年孝源街道村基本情况一览表

表14

村	村民小组（个）	户数（户）	人口（人）	劳动力（个）	面　积（平方公里）	村级集体总收入（万元）	农　民人均收入（元）	村级集体经营性收入（万元）	村　级固定资产（万元）	书记/主任
孝源村	5	886	3213	1647	12	17300	49000	598	408	马家斌
尚书干村	3	309	980	563	5.94	445	43800	172	1247	周伟文
观音桥村	8	410	1297	770	10.6	586	43900	223	614	何　强
洛四房村	7	421	1317	637	4.68	603.9	44200	241.5	223.5	丁尚元
皈山场村	15	914	2900	1525	15	657.91	41840	223.4	573.9	徐正军
合　计	38	2940	9707	5142	48.22	19592.81	/	1457.9	3066.4	/

2023年孝源街道城市社区基本情况一览表

表15

社　区	居民小组（个）	居民户数（户）	户籍人口（人）	书记/主任
安孝社区	3	46	54	徐炜超
合　计	3	46	54	/

梅　溪　镇

【概况】 梅溪镇，位于安吉县境东北部，东经119.46°，北纬30.46°，地处杭嘉湖（杭州、嘉兴、湖州）平原西部边缘。东接长兴县和吴兴区；北连长兴县；西邻本县天子湖镇；南接德清县和本县递铺街道、溪龙乡。唐代建镇，距今已有1000多年历史，因溪上常有紫梅盛开，故名梅溪。梅溪曾是县政府所在地，素有安吉“小上海”美誉。先后经历6次撤乡并镇，现今梅溪由老梅溪、晓墅、昆铜3个片区组成，镇域面积202.68平方公里，下辖行政村22个，村改居社区1个，城市社区3个，总人口5.7万。镇党委下设二级党委14个，党总支部7个，党支部103个，党员3023名。2023年，全镇财政收入4.7亿元；规上工业总产值约百亿元；城乡居民人均可支配收入增速与县均速度持平。全面完成十项民生实事项目。荣获省级小城市培育试点优秀单位、省千万工程和美乡村示范乡镇、省级产城融合示范乡镇、省级电商镇等荣誉，县“以实绩论英雄贡献占比大比拼”活动获13张蓝牌，县“以实绩论英雄贡献占比大比拼”活动优胜单位。创建省一级乡镇街道禁毒办，全县唯一。

新招引世贤新材料、江平基

质栽培、龙庭柏康等亿元项目14个，其中3亿元项目6个，50亿元项目1个，总投资87亿元，全社会固定资产投资16.5亿元。开工深蓝智能制造、东部交旅中心等亿元项目16个，竣工泰科威、瑞珀妮等亿元项目14个，有序推进临港共富产业园等25个亿元以上项目，国能9h燃机项目取得重大进展。申吉宇航项目获评浙江省2023年度第一批重大产业项目。新引进创业人才项目6个，博士8人、各类大学生1800人，完成国、省引才计划申报共21人。出台《安吉县化工园区总体规划方案》并落地实施，保障园区企业“新改扩”需求，通过省级复评。完成800余亩园区北拓征地工作，推进400余亩兴山区块场平。园区内畅外联路网框架基本成形，外环北路基本完工，开工建设申水路、兴梅路等。推进园区有机更新，收储(购)企业8家，完成“腾笼换鸟”380亩，创建市级绿色园区。生态工业提质增效，规上工业企业增加至65家，实现工业总产值约百亿元，同比增长8.7%。新增国家级“小巨人”企业1家、省“专精特新”企业3家、获评市“大好高”项目3个。全镇企业研发投入增幅38.9%，培育国家级重点扶持高新企业5家。提能休闲旅游升级，完成投资3.5亿元，接待游客超25万人次，完成神游坞户外酒店主体建设，荆湾民宿共富村通过考核验收，完成“微改造·精提升”19处、省级示范点7处，持续发展深蓝计划、谷野营地等文旅新业态。培育省级农业龙头企业1家、市级2家，新增国家级生态农场1家。建成“产储加销一体化”项目3个，创建粮食绿色高产高效试点3家。推进白茶教研中心建设。

完成文体中心、东部交旅中心、晓墅大楼等项目主体建设，职工公寓建成投用。完善城镇路网，完成龙山路、仙溪路等建设，306省道左幅贯通。推进白云(一期)、龙翔(二期)、农民街(二期)等一批旧城改造及人居环境提升项目，完成良种场、原文化站等约150户危房解危工作。完成老梅溪临时公交站搬迁，新投用共享电动自行车300辆、充电桩35个，新增公共停车位500个。成立梅晓林业发展有限公司，完成首批竹林流转5.4万余亩和10个竹材分解点建设，发放竹林碳汇入股收益分红约1750万元，建成板桥中心路等100公里“五彩共富路”、俞坞里等55公里碳汇林道。开展土地综合整治，完成“非粮化”整治1万余亩，建成晓墅、龙口等村高标准农田2000余亩。农整项目竣工560余亩，在建待竣工验收210余亩，建成武康桥村和荆湾村“千亩方”整治工程。持续深化“两入股三收益”农民利益联结机制，强村公司主营收入6000万元，利润约600万元。23个村集体经营性收入80万元，其中超100万元占比91%。创新成立城市管理中心。全年投入综合管理资金1500余万元，完成梓坊、红庙等5个入城口节点打造，推进紫梅田园及周边环境改造，新建文化墙200米，改造路面超1万平方米。开展“新三大革命”行动，创成省级高标准垃圾分类示范村5个，攻坚花园山安置区等一批“环境老大难”问题，打造美丽田园系列10余个，建成俞家舍银杏公园，荆湾、长林垓、上舍创成省和美乡村达标村，白云社区创成省级普惠型未来社区，红庙创成市美丽乡村精品村。

梅溪一小开工建设，紫梅幼儿园梅航路分园、梅溪中学操场改建完工并投入使用，完成晓墅幼儿园昆铜分园、长林垓教学点竣工验收。建成红会应急救护培训基地，镇中心卫生院、儿童健康管理中心投入运营，完成11个5G智慧医疗和健康驿站建设，启动建设镇中心卫生院临港院区。建成残疾人维权服务站和龙翔残疾人就业创业中心，打造9个村级共富驿站，铜山村共富驿站被列为全省邮政快递网点。完成镇内两大农贸市场改造，钱坑桥等3个村市政供水主管网延伸工程基本完工。长林垓骨灰堂主体工程竣工，推进甲子骨灰堂、北大山公墓前期工作。梅溪镇食安办和农贸市场分别被评为省四星级食安办、省放心农贸市场。梅溪镇社会工作站获评省五星级乡镇(街道)社会工作站，白云社区创成省三星级社区服务综合体。推进“安心办”政务服务便利店，建设数量和标准排名全县前列。发放创业担保贷款1800万元，扶持创业170人，帮扶就业1100人，培育高技能人才280人，完成万名技工选树75名。扩面提档全民参保，参保率99%以上。获评市五星级基层武装部，红庙村创成省新时代“枫桥式”退役军人服务站。举办第9届马村蚕桑、首届龙口微马等四季文旅活动。

10 月 14 日，首届梅溪镇龙口村奔富微马节

荣获省戏曲之乡称号，长林垓获评省文化艺术村，长林垓、上舍获评市艺术乡建特色村，黄武农庄获评省乡村博物馆。完成杭州亚运、亚残运会除险保安任务，举办湖州市平安建设基层基础提升年现场会。成功创建省级“枫桥式”司法所，建成城镇大脑“梅管家”二期工程，完成“大综合一体化”行政执法改革赋权事项 104 项，立案处罚案件 170 余件。化解康桥佳苑等国家和省级督办信访积案 21 起，创成省级“扫黄打非”进基层示范点。抓好无欠薪乡镇、应急救援、安全生产等工作，推动应急管理和消防工作全面融入 141 基层治理体系，提升综合应急救援能力，完成森林防灭火规范化体系建设并通过省级验收。

自觉接受人大依法监督、政协民主监督和社会监督，办理人大建议 80 件，政协提案 100 件，阳光热线受理群众来电 1400 件，按时办结率 100%，群众满意率 99.2%。强化行政监察和行政问责，加强工程建设、中介机构、招投标等领域行业监管，优化营商环境。落实领导干部联系基层、项目、企业等制度，开展大督查大调研大落实活动。精简会议、文件和事务性活动，严格控制公务经费支出，“三公”经费下降 20%。成立梅溪镇合法性审查工作领导小组，累计提出审查意见 380 条，整改 370 条。创新“镇村联动”式普法，成功创建八个省级民主法治村（社区），实现市级民主法治村（社区）全覆盖。

【首届戏曲原乡上元灯会】 2 月 4 日，安吉县首届戏曲原乡上元灯会在安吉县梅溪镇白云公园举办。戏曲闹元宵是梅溪镇的一项传统节日活动。该镇戏曲发展群众基础扎实，现有民间戏曲艺术团体 20 多个、从业人员近 300 人，其中大型民营剧团有 2 家，长期活跃在古戏台、曲艺小苑、文化礼堂、老年活动中心等地。在浙江省文化和旅游厅公布的第三批“浙江省戏曲之乡”名单上，梅溪镇榜上有名。

【安吉县首个水上服务区正式启用】 6 月 28 日，安吉县首个水上服务区－梅溪水上服务区正式投入运营。意味着湖州市已正式投入运营 7 个水上服务区，实现县区全覆盖。梅溪水上服务区位于梅湖线航道老龙坝码头，主要分为锚泊区和“政务＋便民”服务两大功能区。在锚泊区，300 多米长的岸线上建成 12 个 500 吨级泊位，可同时容纳 36 艘船舶停泊需要。同时，在岸边安装 3 套岸电设施，2 套船舶污水接收装置以及水补给装置，满足船户航行所需。

【首届梅溪镇龙口村奔富微马节】 10 月 14 日，安吉县梅溪镇龙口村举办了一场和美乡村健康跑系列活动暨 2023 首届梅溪镇龙口村奔富微马节，当地农民及周边马拉松爱好者 500 余人共同参与。

【稻田音乐摄影节】 11 月 18 日，“十万青年大学生‘安吉行’暨‘风吹稻浪 才聚章湾’稻田音乐摄影节”在梅溪镇章湾村举行。由安吉县梅溪镇人民政府主办，梅溪镇总工会、梅溪镇妇联承办、梅溪镇章湾村协办，将“稻田”“音乐”与“企业青年人才”三大主题串联，搭配美陈场景、田野互动等，致力于打造一个集“音乐＋人文＋摄影＋农旅”为一体特色活动，在宣传“稻香章湾”同时，为企业单身青年人才提供一个相识相知交流平台。

（张　苑）

2023 年梅溪镇村(社区)基本情况一览表

表 16

村	村民小组（个）	户数（户）	人口（人）	劳动力（个）	面　积（平方公里）	村级集体总收入（万元）	农　民人均收入（元）	村级集体经营性收入（万元）	村　级固定资产（万元）	书记/主任
晓墅社区	14	667	1869	1209	2.13	454.87	38908	248.37	2071.33	陈双龙
甲子村	17	599	2007	1188	7.5	389.95	41006	148.11	990.20	杨中超
章湾村	11	324	1208	647	4	458.99	40003	106.48	788.33	魏　斌
石龙村	27	915	3156	1970	16.25	1010.17	47231	303.74	6266.86	徐焕雄
马村村	22	1200	4131	2122	15.6	635.88	42515	159.77	1558.09	李志能
龙口村	31	815	2870	1861	5.878	1596.90	46030	151.44	3526.62	何明华
红庙村	33	946	3353	2179	10.57	585.32	36193	202.39	1890.84	沈永甜
梅溪村	34	1239	3983	2411	5.5	581.91	35001	254.50	8898.47	张吉林
荆湾村	20	737	2656	1663	4.78	305.27	41057	182.04	1925.17	张利民
小溪口村	47	1325	4546	3279	8.68	451.08	38491	158.72	1354.74	俞　敏
板桥村	37	1556	5139	3663	15.3	378.51	44065	115.62	1536.05	刘州勇
华光村	19	657	2199	1462	4.32	301.67	38149	107.87	275.88	黄兆龙
独山头村	9	515	1787	1156	11.76	440.92	42552	235.62	4161.10	梁　鑫
干溪桥村	7	193	673	353	4.8	366.84	41554	99.48	698.90	尚意华
管城村	6	161	487	305	2.67	131.71	42674	80.72	1730.35	徐　勇
路西村	12	503	1773	1143	14	294.25	56053	124.57	1597.08	宫国亮
三山村	9	218	725	381	2.8	162.55	56319	101.15	2441.58	徐　胜
上舍村	14	393	1223	761	4.64	171.22	56781	101.07	1988.38	朱任重
梓坊村	11	395	1273	887	7.4	232.39	39126	100.97	1517.01	钱茂森
长林垓村	26	967	3152	2310	17.2	1089.18	37907	103.66	937.67	谢传超
铜山村	26	730	2365	1235	16.5	406.25	37888	151.61	1903.36	袁　斌
钱坑桥村	9	563	1860	1119	10.4	636.22	39029	173.72	3545.09	肖月华
武康桥村	26	1095	3687	2734	10	319.96	38620	133.74	655.25	徐国平
合　计	467	16713	56122	36038	202.68	11401.99	/	3545.36	31082.59	/

2023 年梅溪镇城市社区基本情况一览表

表 17

社　　区	居民小组（个）	居民户数（户）	户籍人口（人）	书记/主任
白云社区	18	1375	2655	周利平

续表 17

社　　区	居民小组（个）	居民户数（户）	户籍人口（人）	书记/主任
龙翔社区	13	1486	2396	沈　琪
紫梅社区	12	930	1730	白欣欣
合　　计	43	3958	6768	/

天子湖镇

【概况】　天子湖镇，因天子湖而名，由原高禹、良朋、西亩、南北湖4镇合并而成。位于安吉县北部，东联梅溪镇，南接递铺街道，西邻安徽省广德市，北壤长兴县，是浙皖两省三县汇合点。地处杭州都市经济圈与皖江产业示范带的交汇处，长三角经济圈的中心腹地，距杭州68公里、南京150公里、上海200公里。杭商高铁、杭长高速、235国道穿境而过，04省道、11省道、12省道纵横交错，商合杭高铁安吉站、杭长高速、天子湖互通等交通节点均位于天子湖镇，梅湖线依境而过，依托临港码头、安吉港可直达上海、宁波等重要港口。镇域面积201平方公里，辖21个行政村（社区），常住人口6.1万人。辖区现有安吉县第四大水库—天子岗水库，水库容量1861万立方米。2023年，完成财政收入6.83亿元，全镇域固定资产投资超19亿元。入选全国水污染防治地方治理典型案例，获评全省农村文化礼堂建设示范乡镇。

完成固定资产投资3.78亿元。新签约3亿元以上项目2个，其中10亿元以上项目1个，完成项目开工入库3个。加速推进荣耀天空之城（二期）、施家坞旅游综合体等重点项目。新招引科技人才项目5个，引进青年博士6人、各类大学生2118人，人才工作连续三季度全市同类乡镇排名第一。美维农业获评国家级生态农场，明康汇入选中国农村技术协会科技小院，豆宝乐园通过市级农业大好高项目认定，黄金茶叶专业合作社荣获首届安吉白茶“茶王争霸赛”特别金奖。完成高标准农田建设6537亩。新增茶花岭、木目岛等综合性露营项目3个。推动“乡村＋乡宿”联动建设，完成乡宿提升改造5家。举办全县首个白茶啤酒·麦浪音乐节，开展农耕文化节、玩水节等文体活动10余场，荣耀天空之城累计接待游客超35万人次。

良朋集镇老信用社、老财政所等危旧房屋拆除5处。谋划高禹集镇有机更新，制定完善招商引才政策，盘活高禹商贸城。实施安置区市政配套工程项目5个，投资6000万元。开展余石、长隆、高庄等村庄安置区建设及提升工程，打造未来乡村社区5个，投资3亿元以上。开展“腾笼换鸟”行动，高效签约拆除洁源砂厂、红达竹木等企业5家，腾出土地47.6亩。消化批而未供185.8亩，处置供而未用11.7亩，盘活存量103.82亩。启动全域土地综合整治项目5个，完成签约1582户、腾空1108户、拆除726户，实现增减挂钩指标1315亩。完成迂迢水库、施家坞水库除险加固、西亩溪整治，争取“一事一议”补助资金500万元以上。新增绿化面积6.8万平方米，拆除存量违法建筑2.5万平方米。全力推进五彩共富路建设55条，总长75公里。奋力打造高铁边青年人才社区，优化布局“一心二核三区”。挂牌启用天子湖镇中心卫生院新院区。

落实“两入股三收益”“两退出三保障”等富民增收机制，创新开展共富光伏项目，带动低收入农户和残疾人两大困难群体稳定增收。激发村集体“造血”功能，20村共实现经营性收入1600余万元。推进强村富民公司规范运行，完成营收5200余万元。全县首家服务园区企业衡冠智慧餐厅投入运营。推进竹林碳汇改革，流转毛竹林3.4万余亩，流转率100%，建成竹材分解点6个。推动企业成功申报农业标准地项目32个，已供地24个，开工14个，竣工10个，投产5个。迂迢村入选省级“百村争鸣”文化艺术村。高庄村创成省级文明村、下北墅自然村入选全市美丽街巷示范小区，良朋、里沟、西亩、南店等村创成市级文明村。打造三星级以上美丽庭院示范点12个，美丽庭院覆盖率90%以上。统筹推进治水、治气、治土、治废工作，空气优良率90.6%，常态化开展河长制巡查，提升大北湖周边环境。强化渣土管控，查获违规渣土600余吨，行政拘留6人。

开展"周三固定联村联企"活动，累计入户走访620人次，协调解决问题27个。新增低保户97户114人，救助困难群众50户84人，救助资金33.99万元。开展全民参保工作，养老、医疗保险参保率均99%以上。完成劳动纠纷个案调解106起，化解矛盾纠纷164件，根治欠薪工作考核全县排名前列。开展风险隐患"大排查大起底大整治"专项行动。推进"大综合行政执法一体化"改革，开展联合执法行动，办理案件430件。实施天子湖中学配套改造、校园安全改造维修等教育项目9个，投入资金660万元。开设慈善超市，发放慈善卡648张、慰问金12万元，帮助低收入农户缴纳南太湖保险30万元，惠及农户3500余名。建成天子湖老年食堂，实现老人自助用餐。建成村级共富驿站10个。高禹村创成省级公益性节地生态安葬示范点。

创新开设"湖畔学堂"。完善并严格执行规范性文件、重大政策决策备案审查制度，开展学法用法普及活动10次。自觉接受人大和社会各界监督，高质量办结人大议案11件，开展合同、文件合法性审查427次，依法进行政务信息公开120次。建设节约型乡镇，规范公务用车和办公用房管理。强化审计监督和审计结果运用，规范公共资源交易监管。

【天子湖镇中心卫生院新院区正式揭牌】　4月28日，天子湖镇中心卫生院新院区举行揭牌及与湖州市中心医院结对合作仪式暨第35个爱国卫生月活动。活动现场，湖州市中心医院与天子湖镇中心卫生院举行结对签约仪式。签约后，湖州市中心医院将在医疗技术、人才培养、教学科研等方面对天子湖镇中心卫生院进行深层次、多形式的指导帮扶。

【全市首个综合行政执法队党支部成立】　10月8日，天子湖镇成立全市首个综合行政执法队党支部。该党支部由天子湖镇党委副书记任支部书记，综合行政指挥室主任任副书记，着力构建"乡镇党委＋下沉部门党员＋党员联动系统"的"1＋N＋S"模式，充分发挥乡镇党委引领，联合搭建大综合一体化执法小分队，在关键处发力，向最末梢聚能，实现党建工作联创、公益事业联办、行政执法联管"三联动"，争创大综合一体化党建引领治理新模式，更好更高效解决乡镇执法难题。

（朱梦婷）

4月28日，天子湖镇中心卫生院新院区揭牌

2023年天子湖镇村基本情况一览表

表18

村	村民小组（个）	户数（户）	人口（人）	劳动力（个）	面积（平方公里）	村级集体总收入（万元）	农民人均收入（元）	村级集体经营性收入（万元）	村级固定资产（万元）	书记/主任
高禹村	47	1518	6016	3476	15.8	906	46000	755	8489.26	柯红标

续表 18

村	村民小组（个）	户数（户）	人口（人）	劳动力（个）	面　积（平方公里）	村级集体总收入（万元）	农　民人均收入（元）	村级集体经营性收入（万元）	村　级固定资产（万元）	书记/主任
高庄村	29	916	3199	2055	12.6	960.5	48000	622	5500	谢连贵
张芝村	17	539	1987	1050	12.5	542.5	37000	152	1696.68	程超军
吴址村	40	1137	4018	2765	13.2	671	28500	298	2008.22	黎　江
良朋村	29	1148	4165	2639	15.9	339	36500	207	3000.56	张光胜
南店村	16	485	1720	1138	4.8	453	39200	175	2589.43	刘世传
里沟村	14	675	2218	1462	6.58	548.5	39000	194	2339.74	张斗志
长隆村	11	561	1732	1164	4.96	1397	28000	105	1259.64	黄胜祥
五福村	10	322	993	560	2.4	278	38000	194	1127	陈良田
西亩村	28	944	3167	1801	16.6	795	37500	105	1217.66	董家方
南北湖村	20	621	2268	1430	6.8	398	32500	114	768.77	李爱芹
受荣村	17	386	1363	738	6.84	381	36000	152	2040.22	李孝松
古苑村	15	552	1744	1134	10.3	358.4	36000	92	678.66	吴安意
吟诗村	22	717	2409	1730	10.78	458	38500	110	1642	叶贤锋
晓云村	16	748	2512	1628	4.69	348	35680	109	2221.61	程华东
余石村	20	646	2259	1540	12.9	583	29000	203	1431.69	刘太喜
迂迢村	23	466	1602	942	7.8	284	29800	87	1040.14	孙实践
乌泥坑村	11	343	1028	715	7.49	408	45000	104	565	马雪佳
良村村	30	802	2815	2112	19.95	390	32000	121	1090.10	孙志锋
溪港村	13	614	1907	1200	8.6	299.6	36700	86	590	李新武
合　计	428	14140	49122	31279	201.49	10798.5	/	3985	41296.38	/

2023 年天子湖镇城市社区基本情况一览表

表 19

社　区	居民小组（个）	居民户数（户）	户籍人口（人）	书记/主任
长合社区	5	1219	1761	周利峰
合　计	5	1219	1761	/

溪　龙　乡

【概况】　溪龙乡，位于安吉县东北部，是一个半山区半平原乡镇，乡域面积 48.385 平方公里，户籍人口 8871 人，建乡于 1950 年，取仙溪水曲折、蜿似游龙之意得名。辖 5 个行政村，分别为溪龙、黄杜、徐村湾、后河和新丰。2023 年，财政总收入 9060 万元，同比增长 44.6%；新增规上工业企业 2 家，工业经济总产值 18.3 亿元；全年固定资产投资 2.76 亿元，同比增长 4.9%；外贸出口同比增幅 26.3%，全县第一。农民人均收入 6.02 万元，增幅 14%。获评全国基层农产品质量安全网格化监管服务典范、浙江省和美乡村示范乡镇等荣誉，便民服务举措入选2023年湖州市十佳特色“一件事一次办”。《安吉白茶促共富 品牌发展惠民生》入选浙江省地理标志富农最佳实践案例；《安吉白茶：一片叶子促共富 品牌发展惠民生》入选全国商标品牌建设优秀案例。《全方位全链条对口产业帮扶模式－安吉白茶“一片叶子再富一方百姓”》获浙江省改革突破铜奖。安吉白茶获中国地理标志农产品（茶叶）品牌声誉第二名。“一片叶子再富一方百姓”成浙江省对口工作“金名片”，入选《浙里改》获副省长批示肯定。

年产能销售五万斤以上千茶企业3家，订单茶农超220户。联合白茶协会探索推行原产地优质青叶优价收购模式，优化青叶交易市场设置，2023年全乡白茶产量600余吨，产值8.39亿元，同比增长9.1%和8.9%。完成“非粮化”整治1200余亩，土地开发45.7亩，新建提升机耕道路3.9公里，全年粮食产量4250吨，水产供给4911吨，同比增长2.3%和8.5%。

引进亿元以上项目2个（华茗园项目总投6.5亿元，智能茶机人才项目折抵3亿元），溪源茶谷、锂电池等4个重点项目开工入库，天鹰五金、欣悦家居成功升规，完成国家级科技型中小企业认定15家，省级8家。招引各类青年大学生152人、国家级引才1人、青年博士1人，落地人才创业项目3个，认定高技能人才144人，助力青年申报创业创新贴息贷款330万元。完成“腾笼换鸟”土地收储87.3亩，占全年任务102%。

完成微改造入库项目26个，总投资1.25亿元，投资完成率、项目完工率均100%。实现黄杜金叶子景区运营公司实体化运作，编制完成国家4A级景区总体规划，日均客流量持续刷新单日新高；新丰游运码头投入使用，苕溪首条游运航线正式通航；举办白茶开采节、艺术家市集、溪畔嘉年华等特色活动，全年吸引游客超30万人次，限上餐饮与住宿业增幅均超30%。

8月18日，首届溪畔嘉年华暨乡村威尼斯·新丰开园仪式

加快“专项债”项目建设，完成后河村村道老湾至龙荡道路提升、徐村湾村道改造等6个工程项目建设，推进溪龙石家村至杏红山道路、黄杜中心村提升等7个子项目，完成慎远堂骨灰堂项目配套建设提升并投入使用，完成黄杜竹材分解点建设，完成新丰和后河危桥改造工程桥梁主体建设，建成黄杜、后河、徐村湾3个共富驿站，打通快递入村“最后一公里”。现代化美丽城镇相关经验做法在全省交流发言。

累计拆除违建1700平方米，开展农村人居环境整治提升行动5次，修复破损道路约1200米，补种绿化约8000平方米，完成雨污管网修复41处，闭环销号生态环境问题253处，全年空气质量优良率89%，西苕溪断面水质常态化保持Ⅲ类及以上。后河村成功创建省“一村万树”示范村。

出台系列制度文件，压紧压实“河长制”“田长制”“路长制”工作职责，溪龙村、后河村、新丰村获县级督察“十个好”满堂红。推动垃圾分类智慧化监管实现全覆盖，全乡垃圾分类普及率实现100%，5个村获评市级垃圾分类标杆村，相关做法获浙江卫视等多家省级媒体关注报道。新丰村获评省和美乡村特色精品村，徐村湾村创成市级美丽乡村精品村。

启动实施黄杜—鲁家道路贯通工程；落实推动新丰安置问题。推动上年度5个“民生实事”项目落地，后河村老年公寓、徐村湾文体中心项目进场施工，完成小学迁建工程主体结顶，幼儿园迁建工程竣工，平安综合体项目进入市政装修收尾阶段，五彩共富路项目竣工验收。推动政策性保险扩面，职工基本养老保险参保率99%，乡村两级出资拼盘实现南太湖健康保全覆盖。全年募集各类善款捐助61万元，发放低保救助资金118万元，在院供养特困老人7人，政企联动帮扶困难人员就业20人。

推动“两入股三收益”利益连接机制在农标地、集体土地入市、项目招引中落地落实，推动村级资源入股经营性项目5个；拓展强村公司经营业态，承接各类业务40余项，其中本乡外项目7个，全年报表利润营收超200万元，可实现分红175万元。培育村集体经济新增长点，五个村实现集体经营性收入727.85万元，同比增长12%。完成DNA一、二期约3000平方米空间扩容，常态化驻地游民200人以上，获评全县首批大学生就业创业“百人园”标杆基地。

3家企业通过三级标准化创建评审验收；开展“两无两违”安全生产大排查大整治，全年发出提醒警示单103份，排查整改隐患705处，行政处罚4起，关停企业2家；强化应急救援队伍建设，乡应急救援队伍在全县消防演练比武中获二等奖。全年调处矛盾182起，受理上级交办信访案件19起，处理12345电话热线195起，全乡未发生一起重大平安稳定事件。接受人大法律监督和社会各界民主监督，执行重大事项向人大报告制度，全年办理人大代表议案建议10件，满意率100%。审查审核决策性文件及合同588份。开展内部审计，完成经济责任、工程项目等审计审价86项。政府条线完成问题整改31项，整改率100%。全年未发生行政违法风险事件。“三公”经费支出较上年缩减10.1%。

【黄杜金叶子景区入选国家3A级旅游景区】 安吉县溪龙黄杜金叶子景区入选湖州市国家3A旅游景区认定名单，成功创建为国家3A级旅游景区。溪龙黄杜金叶子景区位于有“中国白茶第一村”之称的溪龙乡黄杜村，总规划面积235.46公顷，以茶文化为基础，旅游资源丰富，拥有独特的自然风貌和人文历史。自然条件优越，气候温暖湿润，四季分明。景区内一片叶子茶饮、半日闲露营基地、帐篷客度假酒店等业态深受游客欢迎。

黄杜金叶子景区

【安吉白茶入选中国茶叶区域公用品牌价值十强】 5月21日，由浙江大学CARD中国农业品牌研究中心、中茶所《中国茶叶》杂志、中国国际茶文化研究会茶业品牌建设专委会、浙江大学茶叶研究所、浙江永续农业品牌研究院联合开展的“2023中国茶叶区域公用品牌价值专项评估”课题结果出炉。安吉白茶以52.06亿元的品牌价值，连续14年跻身中国茶叶区域公用品牌价值十强，位居第八位，为全市唯一入围品牌价值十强的茶叶区域公用品牌。

【首届溪畔嘉年华暨乡村威尼斯·新丰开园仪式】 8月18日，安吉临港绿水经济带首届溪畔嘉年华暨乡村威尼斯·新丰开园仪式在溪龙乡新丰村正式启动，乐园集水上运动、农事体验、艺术展览和品味美食于一体。开幕式上，乡村威尼斯·新丰作为临港首个文旅合作项目完成运营签约仪式。数千名游客在安吉西苕溪畔体验“追光逐绿”活动。

（化宏培）

2023 年溪龙乡村基本情况一览表

表 20

村	村民小组（个）	户数（户）	人口（人）	劳动力（个）	面　积（平方公里）	村级集体总收入（万元）	农　民人均收入（元）	村级集体经营性收入（万元）	村　级固定资产（万元）	书记/主任
徐村湾	23	641	2048	1530	12.46	343	58121	113	2061	杜传义
后　河	13	341	1175	801	3.35	321	54631	118	2149	余　凯
新　丰	9	376	1352	872	3.63	357	56928	165	2481	李正山
溪　龙	21	884	2784	1760	13.19	599	55671	312	3387	贾根林
黄　杜	9	420	1512	965	15.76	344	78607	176	1957	盛阿伟
合　计	75	2662	8871	5928	48.39	1964	/	884	12035	/

鄣　吴　镇

【概况】　鄣吴镇地处安吉县西北部，距离县城 30 公里，西北与安徽广德交界，是浙皖边贸重镇。镇域总面积 49.29 平方公里，总人口 11417 人。2023 年，财政收入 2812 万元，完成全年任务 123.6%；实现固定资产投资 1.53 亿元；处置批而未供土地 39 亩，供而未用土地 36 亩；全年旅游人数超 30 万人次，农民人均可支配收入 48500 元。获 2023 年湖州市“生态鼎”优秀乡镇，获评第一届全国古村古镇保护利用十佳案例。

全年累计引进项目 5 个，其中亿元以上项目 4 个。成功签约总投资约 13 亿元月亮湖旅游度假综合体项目，完成固投 5.3 亿元远山文化村项目备案，路弘科技、精康科技等一批高质量项目成功落户。环月亮湖水利综合开发乡村共同富裕样板地建设项目开工入库，全年完成项目开工数 5 个，竣工 2 个。完成建设用地复垦 60 余亩、千百亩方农田连片 500 余亩。土地利用工作获季度蓝牌 3 块，月度蓝灯 7 盏。推进营商环境优化提升“一号改革工程”，用好“开工零审批”“80 天审批”“1 天备案”等项目审批服务“组合拳”，项目审批效率提升 22% 以上。

发布“斜杠青年”招募计划，引进青年博士 1 名，青年大学生 66 名，其他大学生 318 名。建成溪南静室 · ICCD 百人园，完善创业创新服务体系，认定大学生创业项目 1 个，招引人才创业项目 3 个。花里尘外、仰观科技、垂直雾培等 13 个人才创业团队成功入驻。推出“浙里昌硕”文旅品牌，完成首届吴昌硕艺术国际论坛和“第五届安吉鄣吴亲子旅游节”等文旅活动 20 余场，吸引客流 5 万余人次。实施昌硕

4 月 13 日，浙江理工大学与鄣吴镇开展大中小学红色文化一体化传承联盟成立仪式

文化村落改造提升项目，打造“半日郚艺术家村落”，招引杨晓阳、蔡超等6名艺术大家签约入驻，引进高端乡宿、古镇剧本杀等新业态13个。

“鄣吴竹扇”获评省级非遗工坊，获浙江制造“品字标”产品认证和国际互认，成立制扇青年直播创业联盟，鄣吴竹扇入选第19届杭州亚运会开幕式开场伴手礼。完成县级“万名技工”培育选树工作，全镇入选首席技工5人、技能标兵8人，培育县级高技能人才创业创新工作室2家。

完成雷硕农业、山屿海农业园等市级大好高项目建设，农业固投入库5000万元。盘活乡村资产资源20余处，全镇村集体经营性收入1281万元，增幅11.3%。完成建设竹林鸡养殖基地3个，年产竹林鸡15万羽。稻蛙养殖、垂直雾培等生态农业模式渐成规模，休闲垂钓、农事体验等农旅业态多点开发。

修建林道21.8公里，发放碳汇分红1057万元。上堡村、鄣吴村分别入选环境设施提升试点村、全域运营提升试点村，推进景坞村“未来乡村”建设，新增省级高科技示范基地1个。联合天子湖镇、东亭乡、泗安镇探索浙皖区域联动发展新模式。完成安广公路改扩建、龙口至长隆和景坞至里庚公路改造，龙上线、鄣北线景观提升，建设“五彩共富路”23公里。推进6大安置区市政基础设施建设，完成镇域农村污水设施改造提升工程，新增污水终端2个。完成“微改造 精提升”项目22个，启动环湖生态绿道改造提升工程，推进“金銮殿”“天官墓”遗址修复工程。开展乡镇志编纂工作。“苏州弄”建成市级美丽街巷，湖州市“美丽城镇”长效管理示范镇实现“五连优”。启动“席地而坐”乡镇样板示范创建，建设广场、绿地、滨水岸线、城市书屋等应用场景。开展集中整治镇域环境12次，规范各类环境乱点360余处。开展治水、治气工作，交接断面水质100%Ⅱ类水质，PM2.5平均浓度28微克/立方米，空气优良率92.6%，成功获首批湖州市“生态鼎”。

对鄣吴柴岭陵园进行提档升级，增设壁葬区、草坪安葬区、树葬区和骨灰堂，建设成为全市首个综合性陵园。加大节地生态葬推进力度，制定《鄣吴村坟墓搬迁办法》，对选择树葬、草坪葬的户籍居民，给予每穴3000元奖补。全村已有32例选择树葬、30例选择壁葬、2例入骨灰堂（福寿堂）。

开展全民参保扩面提质工作，基本养老保险、基本医疗保险参保人数分别8764人、10420人。“安吉儿童村”幼儿园、鄣吴托育园开园，改造提升卫生服务站3个，完成60周岁以上老年人流感疫苗接种，镇老年学校建成投用。做好困难人员救助，发放慈善救助和残疾人补助款项160.2万元。成功创建省级无障碍小镇，获评浙江省首批“有爱无碍”景区镇。

统筹推进安全生产领域“1+6”专项攻坚行动，深入开展风险隐患排查整治，检查企业191家次，排查整改一般隐患741处、重大隐患89处，全年未发生亡人安全生产事故。完善预防预警和应急处置机制，提高防灾减灾救灾和急难险重突发公共事件处置保障能力。完成平安护航亚运维稳安保任务。推进包案化解机制，全年化解矛盾纠纷101起，网上信访13个。擦亮平安家园卫队群防群治金名片，工作经验获市委主要领导批示肯定。推动平安建设纵深拓展，探索构建“小而精”“精而细”的人防技防主防单元，获评平安安吉工作先进集体。

完善政府系统执行、协调、督查体系，抓好县委巡查反馈问题整改，建立完善42项制度。接受人大依法监督、政协民主监督和社会舆论监督，推进行政决策法治化、行政复议规范化建设，全年对267份合同文件开展合法性审查。主动公开政府信息86条，回复12345县长热线226个。

【昌硕小学获省级清廉学校建设示范校】 中共浙江省委教育工作委员会公布第二批浙江省清廉学校建设示范校名单，认定8所高校、142所中小学校为第二批浙江省清廉学校建设示范校。其中，安吉昌硕小学上榜。

【入选全国古村古镇保护利用十佳案例】 4月18日，由中国文物学会、中国文物报社主办的“第一届全国古村古镇保护利用十佳案例”宣传推介活动终评会在四川阆中举办。安吉县“鄣吴古镇以文促旅打造文旅融合产业版图利用案例”获评“第一届全国古村古镇保护利用十佳案例”。

【第五届安吉鄣吴亲子(研学)旅游节】　8月18日,浙里昌硕·寻迹鄣吴,2023年第五届安吉鄣吴亲子(研学)旅游节开幕,来自全国各地亲子家庭身着汉服到昌硕故里安吉县鄣吴镇进行研学"打卡"。在鄣吴镇鄣吴村文化礼堂制作精美竹扇、在修谱大屋体验活字印刷等。

【首届吴昌硕艺术国际论坛、拜谒吴昌硕衣冠冢活动】　9月12—13日,首届吴昌硕艺术国际论坛系列活动在安吉县举行。活动以"诗画江南·浙里昌硕"和"吴昌硕对二十世纪书画篆刻艺术的影响"为主题,共分为吴昌硕衣冠冢拜谒仪式,吴昌硕、王个簃、程十发师生三代作品展开幕式及首届吴昌硕艺术国际论坛三个子活动。活动邀请国内外专家学者代表、吴氏后裔代表、省市县文化机构代表等80余人到场,参观吴昌硕故居,游览非遗老街,拜谒吴昌硕衣冠冢,共同纪念吴昌硕担任西泠印社首任社长110周年。

8月18日,第五届安吉鄣吴亲子(研学)旅游节

【"昌古硕今翰墨传情"活动启动】　10月28日,十万青年大学生"安吉行"系列活动之"昌古硕今翰墨传情"活动启动仪式在鄣吴镇举行。鄣吴镇公布青年大学生进驻该镇福利政策,包括场地租金、人才住宿、金融优惠等;青年文创大赛、青年书画东方时装设计赛、青年共创赛等多项赛事发布;穿越四季旅游宣传片亮相,邀请大学生们到此感受古风之旅。

(何　帆)

2023年鄣吴镇村基本情况一览表

表21

村	村民小组(个)	户数(户)	人口(人)	劳动力(个)	面　积(平方公里)	村级集体总收入(万元)	农　民人均收入(元)	村级集体经营性收入(万元)	村　级固定资产(万元)	书记/主任
鄣吴村	39	1045	2790	1780	11.9	677.41	57750	431.85	2994.90	顾先方
玉华村	3	181	723	452	4.04	375.85	53400	143.79	869.04	邱兴平
景坞村	24	747	2747	1560	13.72	599.60	57750	358.87	1325.29	徐建国
民乐村	7	244	810	476	6.17	266.38	48923.6	89.32	923.04	何　俊
上吴村	20	698	2502	1596	9.34	260.54	48923.6	121.80	2612.7	朱有云
上堡村	10	241	845	409	4.12	631.00	48923.6	150.78	483	徐成贵
合　计	103	3156	11417	6273	49.29	2810.69	/	1296.41	9207.97	/

杭　垓　镇

【概况】　杭垓镇地处安吉县西南部,东连孝丰镇,南接报福镇、章村镇,西与安徽省广德市(四合乡)和宁国市(中溪镇)相邻,地域面积284.29平方公里,下辖18个行政村,341个村民组,总人口33421人。是安吉县内镇域面积第一、人口第五的浙皖边贸重镇和自然山水资源最丰富、原始生态保护最完好山区节点乡镇。2023 年，财政总收入 6197 万元，同比增长 60.7%，固定资产投资 2.8 亿元，同比增长 101.3%，全年旅游人次突破 20 万，全省首例水权交易案例成功落地，获评省级林权制度改革成绩突出集体、省“摄影之乡”，各项事业迈上新台阶。

全年获季度优胜蓝牌 6 张，月度蓝灯 10 盏，同类乡镇第一。完成规上工业总产值 1.43 亿元，规下样本企业营收增幅 12%。限上零售企业销售收入 2.75 亿元，限上住宿业 610 万元，同比增长分别 59%、80%。电商交易额突破 7 亿元，外贸出口额 1 亿元。引进 3 亿元以上项目 1 个，新经济项目 1 个，人才项目 2 个，在谈项目 8 个。开展项目建设攻坚年行动，佘居万石坞露营公园、龙出没探险漂流一期项目运营，实现旅游项目“零的突破”。悠然九希、竹抱泉等项目通过验收。推进欣远小微产业园二期、磻溪山地运动综合体、和村射击射箭基地、文岱户外运动公园、龙出没探险漂流二期、和村“柿”集等一批项目。欣远小微产业园获批县级小微产业园，入驻企业 31 家。新认定国家级科技型中小企业 1 家，省级科技型中小企业 2 家。招引健康 160、天津先众锂电和探诺无人机等一批新经济、人才双创项目落地。探诺无人机项目入选南太湖海外创业领军 C 类人才项目。开展“青英归巢 才聚家乡”杭垓青年说系列活动 8 场，完成大学生招引 540 名。创建省等级民宿 1 家，县等级民宿 1 家。推进千家乡宿建设，七管小岭、高村天锦堂 2 大群落全部结顶，七管村 17 套共富公寓投入使用。举办黄浦江源旅游度假区秋季招商推介会，承办长三角体育节飞镖赛、市全民运动会、安吉冬笋推介等系列活动，创造旅游收入 6100 万元，同比增长 32%。出清低效企业 6 家，收回低效用地 30.3 亩，完成全年任务 201%。开展耕地“进出平衡”，补充耕地指标 71.6 亩，改造提升高标准农田面积 1400 亩。处置“两未”土地 88.2 亩，完成建设用地复垦 15.6 亩。桐杭村“百亩方”耕地集中连片整治项目立项。新增建设用地指标 14.4 亩，林地指标 335 亩，完成集体土地入市项目 2 个。“田长制”工作荣获县级先进。水权交易案例入选县域“微改革”十佳案例。完成 18 个村竹林碳汇建档立卡工作，村集体平均增收 136 万元，户均增收 3638 元。完成林地空间综合治理工作，争取上级补助资金 7670 万元，村集体平均增收 260 万元，户均增收 10100 元。成功争取省级林业标准地试点乡镇，基本建成 18 个竹材分解点，完成唐舍点位全县首个招租。强村公司承接项目 21 个，盈利 202 万元。18 个村集体经营性收入总额较上年增长 21.7%。

组织编制《杭垓镇国土空间总体规划》，启动和村、文岱、磻溪、高姚吴等村庄规划。推进交通基础设施提升工程，511 工程基本完工，15 个专项债旅游道路全线贯通，完成 472 条 300 公里五彩共富路（林道）建设。启动建设文岱至七管、俞家至万石坞等 10 条度假区基础配套道路。完成警务中心、竹林科研实验复合基地、文体服务中心、市政供水管网延伸工程等一批项目建设。推进杭垓（缫舍）交通服务中心、老旧城区改造、集镇道路拓宽等一批重点项目。完成“微改造、精提升”入库项目 23 个，创成省级示范点 1 个，县级示范点 2 个。开展农村人居环境质量提升行动，沿路沿线环境整治 56 次，整治点位 3000 余处，拆除简易厕所 600 余个。松坑、唐舍等 5 个村获评省级高标准农村生活垃圾分类示范村，高村、桐坑等 5 个村获评市乡村治理示范村，和村成功创成省 3A 级景区村庄。完成生态环境整改问题点位 26 处。制定出台《杭垓镇建设项目扬尘管理办法》，落实在建工地扬尘管控 7 个 100%。开展秸秆焚烧专项清零行动，PM2.5 年指标稳控在 25 微克/立方米以内，空气优良率 94.5%。4 个河流入库断面水质均稳定Ⅱ类以上，集中式饮用水源地水质达标率 100%。完成总投资 2000 万元的中央资金水生态修复项目，成功申请县级生态修复资金 1036 万元。完成 8 个村级共富驿站、9 个村级医疗服务站改造提升、杭垓幼儿园扩建工程。推进卫生院迁建、老年活动和邻里中心新建、福利院扩建、高速安置区配套等 11 个民生项目。新上塘塘河综合服务中心入选省移民共富项目。开展健康讲座等“四进活动”，全年开展活动 93 场，完成 4 个健康村和 100 户健康家庭创建。开展危房常态化治理，完成 21 栋房屋实质性工程解危。医疗保险参保率、困难人群参保率分别 99.8%、100%。

完善低保管理，核定在册 324 户 443 人纳入农村社会救助范围。擦亮“一路同行”提低工程特色救助品牌，杭垓慈善分超市开张运营，发放慈善超市卡 880 张，总金额 44 万元，惠及群众 440 人。发放 820 名残疾人生活补贴，金额 240 万元。发挥杭垓镇公益基金会社会慈善功能，救助困难群众 29 人次。完成公积金扩面 83 人，南太湖健康保参保率 71.5%。全年镇域无一起重大刑事案件发生。完成“亚运会”“亚残运会”护航任务。依托“141”体系联合开展安全隐患排查线索集中攻坚、重点地区整治、清查等联合执法 58 次，检查企业、重点场所 300 余处。创新矛盾调解新方法，探索信访与“有事大家说”工作相结合机制，全年调解矛盾纠纷 500 余起，调解率 100%，县转办信访件同比下降 60%。开展各类增强群众禁毒、反邪教、反诈骗意识教育宣传活动 25 次。

【多工种技能大比武大赛】 3 月 14 日，由安吉县人力社保局，安吉县总工会，杭垓镇人民政府主办的 2023 年杭垓镇养老护理及手工木工从业人员技能比武大赛在杭垓镇杭垓村文化礼堂举行。

【“长三角·省际摄影原乡联盟”结对启动仪式】 4 月 12 日，第二届“杭垓人拍杭垓”摄影比赛暨“长三角·省际摄影原乡联盟”结对启动仪式在杭垓镇松坑村文化礼堂举行，活动现场，杭垓镇与安徽省四合乡围绕艺术创作这个中心环节达成共识并签署共建协议书，正式开启两地艺术共建工作。

4 月 12 日，“长三角·省际摄影原乡联盟”结对启动仪式

【安吉龙出没大峡谷漂流开幕式】 7 月 1 日，杭垓镇举办“安吉龙出没大峡谷漂流开幕式”暨第七届中国·安吉玩水节分会场活动。

【第三届长三角体育节暨“杭垓杯”飞镖比赛】 8 月 19—20 日，第三届长三角体育节暨“杭垓杯”飞镖比赛在杭垓镇和村村文化礼堂举行。活动以“全民健身迎亚运，信心满怀奔共富”为主题，吸引近 200 名运动员参加。

【“美味笋·安吉源”安吉冬笋节活动】 12 月 6 日，杭垓镇举办 2023 年“美味笋·安吉源”安吉冬笋节活动，邀请安吉籍即将毕业大学生 100 余人参加。品尝腌菜牛肉冬笋、腌笃鲜等百笋宴名菜，深入了解安吉笋竹文化内涵。现场同步举行筑梦山谷大学生创业空间揭牌仪式。

（朱　凡）

12 月 6 日，“美味笋·安吉源”2023 年安吉冬笋节活动

2023年杭垓镇村基本情况一览表

表22

村	村民小组（个）	户数（户）	人口（人）	劳动力（个）	面积（平方公里）	村级集体总收入（万元）	农民人均收入（元）	村级集体经营性收入（万元）	村级固定资产（万元）	书记/主任
大坑村	11	434	1378	982	10	250	40000	150	4000	杨希洲
杭垓村	19	876	3010	1920	19.3	627	32800	76	2300	王永平
杭河村	13	290	996	551	9.6	162.29	33500	104.7	1316.78	孙贵明
尚梅村	31	755	2328	1297	17.91	1100	36800	180	1944	姚培根
桐坑村	19	526	1788	992	11.75	300	45520	81	2900	胡爱武
和村村	27	841	2871	1550	18.3	422	42000	422	5920	李再清
姚村村	18	570	1742	941	25	500	24645	183	1500	邵　刚
桐杭村	19	625	2043	681	19.1	271.2	43798	177.3	2650.4	单明星
高村村	17	525	1701	950	23.5	455	24757	121	1301	胡友春
松坑村	18	503	1708	1000	11.2	406	49595	126	3387	程传法
岭西村	9	241	793	482	5.7	167.59	34000	100.76	1042	马明雁
文岱村	10	268	888	400	7.85	194	35000	104	1479	陈　刚
七管村	12	365	1250	625	9.8	280	30000	200	2564	胡来春
新上塘村	30	778	2605	960	27	1259	40339	249.66	3000	雷炳政
唐舍村	19	472	1647	890	9.18	360	45864	150	5000	周世强
磻溪村	27	800	2450	1480	19.6	1729.27	27800	101.28	6000	罗晓松
缫舍村	23	801	2620	1529	22.8	515	43256	515	1353	周先忠
吴村村	19	523	1603	979	16.7	275	35000	109	1500	陈有宽
合　计	341	10193	33421	18209	284.29	9273.35	/	3150.7	49157.18	/

孝　丰　镇

【概况】　孝丰镇位于安吉县西南部，是安吉西南部经济、文化和贸易中心，行政区域面积190多平方公里，下辖21个村、社区，常住人口5.6万人。现有耕地面积3.87万亩，其中水田2.48万亩。山林面积19.48万亩，其中毛竹8万亩。森林覆盖率73.47%、林木绿化率73.48%，大气质量国家一级标准，水体质量一、二类，是首批全国环境优美乡镇。入选国家级全域土地综合整治试点，获评全省首批红色根脉示范乡镇、省级减污降碳协同试点园区、省级电商镇、市生态文明典范城市综合评价优秀乡镇、“生态鼎”优秀乡镇等。南街市集入选全省100个重点培育文旅市集。全镇多个村社获评省红色根脉强基示范村社、市级实干争先奔跑者、奋斗者荣誉。

2023年，全年财政收入3.76亿元，城乡居民人均可支配收入分别增长9.9%和8%。在全县“以实绩论英雄”大比拼中亮蓝灯8次，获蓝牌4张。固定资产投资7.78亿元，其中工业投资6.39亿元，完成率全县第一。规上工业增加值转负为正，规下样本营收全县前三。规上工业产值总量40.7亿元，首次突破40亿元大关，同比增长4.7%。限上服务业实现营收4.18亿元，同比增长28.2%，村集体经营性收入全部突破100万元，同比增长18%。

签约来思达、鑫泽源、芈粤新能源等3亿元以上项目，霍里思特、嘉盛茶叶、安格兰等亿元以上项目各4个，实到外资641万美元。摩伽、盛贝等14个项目开工，万宝、兴华等6个项目竣工，待开工亿元以上项目17个，超额完成全年任务。完成五谷星空营地等项目市定"大好高"申报认定。完成"微改造、精提升"项目入库20个总投资8090万元。国家竹产业园区拔钉清障拉开框架700亩，下汤园区腾笼换鸟拆出220亩，金家弄区块有机更新60天完成78户签约腾空拆除。安全领域专项整治全覆盖，开展"两无两违"、交通安全、一厂多租等专项排查整治行动，推动"低小散乱污"企业关闭、提升、整合。完成园区"三区三线"调整，四横三纵框架构建成型。完成钱石一号、二号、孝源路等4条道路建设。清理腾退厂房58家22.6万平方米，盘活收储土地340亩，推动零土地技改5家共56亩，工业用地盘活再供102.5亩，完成年度任务170.8%。完成园区配套安置区85户安置抽签。规上企业科技研发经费投入总额1.92亿元，同比增长20%，高新技术产业投资6500万元，同比增长85.7%。申报国家级引才计划18人、省级引才计划2人。完成创业人才项目2个，招引青年博士1人、其他博士2人，办理外国人才专家A、B证共9人。完成"百人楼"认定，吸引大学生常态化入驻。"悦青春、越未来"大学生平台、青年旅社、专精特新人才加速器运营，招引投运肯德基、瑞幸、星巴克等餐饮，引入大学生集聚项目6个。

完成省级现代化美丽城镇和中国历史文化名镇评审。完善镇域总体城市风貌设计，完成2个老旧小区改造，新增停车场2个停车位100余个。南门老街引进南舍茶馆、惊梦楼餐厅等多个特色传统业态，举办多场市集、民俗展示、文娱活动。完成孝子公园、中山路、孝景路综合改造和智慧管网两期改造。加快灵龙门及溪边路历史建筑修缮，启动曙光桥主体建设和云鸿塔保护提升工程。立项交通碳汇项目15期，建成五彩共富路121公里，林道219公里、竹材分解点15个。完成危桥修整4座、农村公路大中修及联网公路项目10个，总投资约2000万元。完成西苕溪综合整治28公里，做好"两库饮水"工程，征借用地182亩。完成15个村造林4500亩。完成"三美"创建村20个。夏阳村荣获省和美乡村特色精品示范村，大竹等3个村创成省和美乡村，横柏等4个村创成省高标准农村垃圾分类示范村，下汤等3个村创成市精品示范村。白杨村土地综合整治入选省共同富裕基本单位建设典型案例。推动"五谷丰登·花园驿站"乡村振兴示范区建设，"水漾南溪"景观带初见成效，引进活水教育、义泉"米姑娘"、田园滑翔伞等项目10个。推进竹林碳汇工作，发放18个村社首批分红3500余万元。指导毛竹合作社统一经营，带动毛竹价格上涨25%。镇级强村公司实现经营性收入2143.9万元，全年分红271万元，同比增长50%。横溪坞毛竹合作社入选国家级示范，白杨村获评省第三批未来乡村，赋石村苔藓艺术项目摘得全国大学生"三创"大赛唯一特等奖。溪南"小而美"、夏阳"小杭坑"、白杨共富公寓等一批利益联结项目获各级媒体关注报道。

5月15日，"5·19中国旅游日"在溪南村开幕

对全镇各类困难群众850余户发放补助补贴1060余万

元，投保60周岁以上人群意外伤害险1.3万余人，老年共享食堂提供用餐6.5万余次。完成老年人认知床位专区改造、阳光厨房提升等省民生项目，完成全县首个乡镇零工市场建设。112人成功入选“万名技工”。竹根前村成立全县首个村级慈善超市，全镇发放救助卡1541张57万元。完成1.7万重点人群责任医生签约服务，投入资金50余万元。发放60周岁以上人群健康包1.3万余份。完成基本养老保险、医疗保险扩面及城乡医保征缴任务，全年参保率均99%以上。新增阳光水岸分园托幼试点，建成老石坎、北街社区2家向日葵亲子小屋。开展照护服务活动90余场，服务居民1600余人次。三眼井社区创成省第四批未来社区。成立全县首个乡镇600万元教育基金、300万元孝爱基金。完成孝丰小学外立面改造提升，新建赤坞小学停车场，完成孝丰成校搬迁装修，建成省级百姓健身房2个，多功能球场1个。选树各类先进典型36人，孝道模范8人。举办孝文化节，创新打造孝子宴、孝一拎等衍生产品，举办市第五届龙舟竞渡赛和第五届篮球文化节。

创新镇域生态文明“1037”工作机制，突出重点领域问题排摸，整治点位152处，发放相关补助60余万元。创建垃圾分类省高标小区1个，美丽小区2个，美丽街巷1条。启动赋石水库饮用水水源地生态修复、大河村水环境综合整治提升等工程。完成源头替代企业整治2家，工业企业污染防治提级3家。开展土地巡查110余次，拆除新增违法建筑1.6万平方米。立案查处林地、土地违法案件7起194亩。完成亚运维稳安保，排查化解矛盾纠纷286起，成功调处劳动人事争议案件211起，涉及金额485万元。创建反诈宣传街道2条，追回资金120余万元，预警100余起，止损80余万元。挂牌督办重大隐患单位74家，立案查处32家，停产整顿72家，整治一厂多租59家，淘汰低小散乱污企业130家。为571家企业办理各类补贴200余万元，为676名就业人员争取各类优惠政策3000余万元。完成企业经济普查382家，指导完成新时代产改试点2家。开展重点企业安全生产社会化服务24次106家，推进企业职业卫生健康保护专项行动，完成38家规上企业全覆盖巡查，企业自查率、风险化解率均100%。

每季度开展政府条线述职述廉工作。做好县委巡察、审计反馈意见整改，严格执行限额以下公共资源交易、工程项目建设及村级工程等管理办法。主动接受人大和社会监督，办理代表议案建议15件。深化“大综合一体化”改革试点工作，办理案件214起，行政执法覆盖事项22项，覆盖率全县第一。开展合法性审查223次，政务信息公开116条。

【孝丰镇开展第十二届孝文化节】 10月21日，“我们的节日·重阳”暨安吉县孝丰镇第十二届孝文化节在孝丰举行。本届孝文化节，除了孝爱市集，还同步举办孝城考古大讲堂、孝子宴、“众村孝起来”“百店孝起来”“全民孝起来”等子活动。全网传播量超3000万次。

【“孝丰历史文化展陈馆”开馆】 2月3日，“孝丰历史文化展陈馆”开馆，孝丰历史文化展陈馆位于安吉保存最为完好的历史文化老街——南门老街，展陈馆总面积430平方米，外观上保留原汁原味老街风貌，内部进行重新规划布局，馆内通过五个板块

10月21日，孝丰镇第十二届孝文化节开幕式

全面展示孝丰悠久的历史和现实发展的概貌，向游客展示孝丰悠久灿烂的历史文化。

【“趣赋石·游西溪”疯狂嬉水季活动】 6月22日，孝丰镇赋石村承办“全民健身·亚运同行”2023湖州市第五届全民健身节“龙舟竞渡”赛暨第七届中国·安吉玩水节分会场“趣赋石·游西溪”疯狂嬉水季。安吉五峰山队获评一等奖，安吉湖南商会获评二等奖，安吉赋石队获评三等奖。

【浙皖流域共治、生态共享8·15生态保护日活动】 8月6日，夏阳村、安徽卢村乡开展浙皖流域共治、生态共享8·15生态保护日活动，兑现横向生态保护补偿款。会上共同签订建立（西溪流域）跨省区域人大联动监督横向生态保护补偿机制共同宣言，并于会后开展第一次青年人大代表联盟生态保护主题活动。

【“恒林教育基金”第一次奖金发放仪式】 9月8日，孝丰镇召开庆祝第39个教师节暨“恒林教育基金”第一次奖金发放仪式，对优秀教师和优秀学生进行表彰奖励，切实营造尊师重教的浓厚氛围。

（吴璐璐）

2023年孝丰镇村(社区)基本情况一览表

表23

村、社区	村民小组（个）	户数（户）	人口（人）	劳动力（个）	面积（平方公里）	村级集体总收入（万元）	农民人均收入（元）	村级集体经营性收入（万元）	村级固定资产（万元）	书记/主任
孝丰社区	16	1030	3230	2600	10	1058.42	53660	1018.50	22965.33	李　翔
城东社区	12	593	1994	1220	6.4	505.82	48670	369.83	2996.54	金五一
城北社区	28	1280	4337	2478	13.3	489.88	53961	188.86	2354.73	钱雪峰
潴口溪村	14	600	1991	1100	7.5	878.38	53089	439.78	5643.59	叶国平
狮古桥村	15	638	1985	1120	10	420.28	55416	103.42	660.01	陈　立
横溪坞村	8	325	1067	580	8.5	1022.45	61844	241.82	2338.63	裘松伟
大河村	11	424	1456	1010	13.8	277.58	43254	104.43	2452.81	刘旭国
大竹村	10	342	1194	526	14.5	468.55	38681	105.89	2224.43	金　烨
老石坎村	17	625	2018	1131	10.6	482.29	44035	134.60	2700.46	金泰昌
横柏村	14	423	1327	824	9.9	530.15	51416	147.95	2797.05	朱党福
溪南村	18	557	1755	838	11.6	692.96	46189	216.29	3957.46	王宏光
白杨村	13	482	1840	880	11	1147.65	48732	532.51	12437.01	夏橡栋
夏阳村	18	451	1523	820	10.6	526.99	29820	240.10	2572.51	鲍　鑫
新村村	12	473	1335	790	8	265.98	39395	101.54	880.28	陈是良
下汤村	20	750	2351	1383	10.8	452.35	56910	163.96	3533.06	赵森华
赋石村	14	619	2093	1685	13.3	725.44	52367	161.49	1945.65	张闻泽
竹根前村	15	703	2246	1265	10	624.91	42029	170.84	4808.36	张春华
赤坞村	18	861	2612	1300	18	481.43	32580	153.61	1481.64	林　立
合　计	273	11176	36354	21550	197.8	11051.5	/	4595.41	78749.56	/

2023 年孝丰镇城市社区基本情况一览表

表 24

社　区	居民小组（个）	居民户数（户）	户籍人口（人）	书记/主任
北　街	20	678	1370	高　胜
南　台	26	1350	2462	沈　利
三眼井	18	1451	2682	蔡　军
合　计	64	3479	6514	/

报　福　镇

【概况】 报福镇位于安吉县西南部，天目山北麓，东邻上墅乡，南接临安区，西与章村镇交界，北接孝丰镇、杭垓镇。地势南高北低，最高处位于桐坑岗，海拔1506.9 米；最低处位于彭湖村，海拔 100 米，植被覆盖率 90%以上，森林覆盖率 86%。全镇总面积 186.92 平方公里，常住人口17486 人。2023 年，财政收入3927 万元，村均集体经营性收入超 100 万元，累计接待游客 200万人次，旅游收入 7 亿元。

完成亿元以上开竣工项目各一个，累计完成固投 2.7 亿元，同比增长 92.9%，民间投资占比全县第一。红石崖项目参与全县标志性事项比拼，完成固投达 1.2亿元。加速大场坪项目，大安基酒店、梅树坑民宿等子项目建设。完成驭风滑翔伞项目起飞场、上山道路扩建，新建降落场和咖啡屋，完成举办省滑翔伞锦标赛。中张漂流、彭湖小微园、乐那石谷二期等项目政策处理。启动云上龙王山项目前期工作。引进车小米智慧房车营地综合体项目并通过国千人才项目市级认定，聚引20 余名青年大学生。引进薪班班、宸锋科技，实现 50 人青年大学生聚引项目一个，15 人大学生创业项目一个。全年招引海外创新人才 3 个、大学生 543 人。盘活南坞山、上张老茶厂等资产资源，引进竹涧谷度假酒店、上张艺术民宿等项目。首次引进开元、微热山丘等集镇酒店项目。实到外资 826 万美元。召开营商环境推进专题会议。加强与企业主、项目方对接，畅通诉求反馈渠道，帮助企业解决通水、通电、化解纠纷等问题 500 余个。超额完成“腾笼换鸟”工作，腾退土地 22.7亩，完成全年任务 113%，开展“两无两违”专项治理，腾出建筑面积2.72 万平方米。

“微改精提”项目入库数 81个，投资总额 2.23 亿元，入选县级示范点 10 家，获评县白金宿 1家、银宿 3 家、其他奖项 7 个。深溪村、石岭村完成乡宿改提（新建）超百户。完成石岭龙潭改造提升工程，新增滨水游步道和 49个停车位，建设景点配套设施。完成深溪越野车项目场地提升，完成天目山、浙北峡谷、深溪峡谷 3 个漂流项目基础设施改造。加快建设公共服务中心、开元酒店等项目，304 省道高速连接线完成 243 户签约。景溪竹产品旗舰店和洪家南希南农创基地正式营业。六亩桥临时堆场建成生态停车场。景溪美食街、树

11 月 1 日，2023 年浙江省滑翔伞锦标赛

林烤肉等一批餐饮新业态开张营业。举办安吉白茶产业链技术创新发展论坛暨报福镇第九届“三月三”畲族文化旅游节、黄浦江源·十里景溪音乐美食节、浙江省滑翔伞锦标赛、首届“两山杯”全国大学生乡村振兴创新创意创业大赛闭幕式、安吉县“以竹代塑”应用推广会、安吉县高考毕业季烧烤节、安吉县古道徒步摄影大赛等活动。

常态开展洒水降尘作业、村级交叉检查，推进迎亚运两路两侧人居环境攻坚和“旱厕”排摸整改行动，抓实秸秆禁烧工作，河长制履职落实到位。省级高标准农村垃圾分类示范村全覆盖(全县唯一)。承办全县农村人居环境能级提升现场会，获评湖州市首届“生态鼎”优秀单位。建成集镇公共交通服务中心、中张畲民文化园、彭湖小微产业园、十村竹材分解点等。完成王孔线夜间亮化景观工程，兴福路、报福路和小微公园亮化提升，新建报福美丽田园公园，集镇颜值大幅提升。开展景溪河道 10 公里生态修复、石马水库系统治理、统溪河道水患点治理、横百坑水库除险加固。完成毛竹林流转 7.8 万亩，竹林碳汇首次分红 2800 万元。完成林地空间整治 1300 亩任务，首批 1500 多万补助资金到位。推进老石坎水库加高扩容工程，推进中张漂流、横柏坑小白楼建设，加快龙潭营地业态招引。盘活深溪三步石闲置农房、洪家老村委、景溪老村委等一批闲置资产。探索十村竹材分解点经营利用，景溪点位率先落户金蝉花项目。

投入 200 万元改提中心幼儿园场地设施、增设托幼班、奖励中小学优秀学生、引留小学名师，建设卫生院医患食堂。补助 30 万完成 6 户危房改造。彭湖人才公寓建成，景溪足球场投入使用，报福城市书房获评县最美农村书屋，上张山民文化生态展示馆获评省乡村博物馆。建立老娘舅调解团队。抓好矛盾纠纷源头化解，控制信访增量。加强网格员队伍建设，全覆盖走访 890 家重点场所、371 名重点人员，巡察发现并解决问题 4595 个。报福镇青年郭鑫勇救溺水者获评见义勇为奖；“家圆融冰”志愿服务项目获评浙江省志愿服务最美典型、庄月林获评三季度浙江好人称号。景溪村福林毛竹专业合作社实体经营共富模式获央视媒体点赞，获评省级示范性农民合作社，中张漂流、上张艺术民宿等新引进项目发展农企利益联结新模式。共富公司建成颐养公寓 48 套。“飞地强村”项目年度分红 36.2 万元，完成建设五彩共富路 150 公里，启动天路建设。

开展理论学习 12 次，专题研究法治工作 3 次。全年审查行政规范性文件 2 件、重大行政决策 12 件、政府合同 112 件。主动公开政府信息 60 条。主动接受群众监督，全年成功受理 12345 政府阳光热线 736 条。开展“助企纾困”活动 70 余次，解决难点问题 100 余件。严格执行重大事项报告制度、工程招投标制度、“三重一大”和村级民主决策制度，强化项目资金、财务收支管理，严控公务支出。开展村级财务、“组账村管”和村级平台公司财务不定期检查。修订《报福镇农村集体“三资”管理工作考核办法》，制定《报福镇三资规范管理一点通》指导手册。

【报福镇第九届“三月三”畲族文化旅游节】　4 月 6 日，安吉白茶产业链技术创新发展论坛暨报福镇第九届“三月三”畲族文化旅游节开幕。浙江省茶叶学会、浙江大学茶学系、安吉县人民政府主办；浙江大学茶文化与健康研究会、安吉县委统战部、共青团

4 月 6 日，报福镇第九届“三月三”畲族文化旅游节

安吉县委员会、安吉县科协、安吉县科技局、安吉县农业农村局、安吉县文体旅游局、安吉县报福镇人民政府、浙江安吉农投高新集团有限公司、安吉金甘茶叶科技有限公司承办。会议进行中国茶叶学会安吉服务站授牌和服务站全体成员见面仪式，中张村股份经济合作社——金甘茶叶有限公司“两入股三收益”畲乡茶产业园项目合作签约等活动。举行主题为金花白茶对于安吉白茶产业发展的推动和意义的圆桌论坛。

【举办安吉蝉花采收节】 6月21日，由安吉县报福镇人民政府主办、浙江好溢笙生物科技有限公司承办的“安吉蝉花采收节”成功举办。安吉蝉花被人们称为“大虫草”，作为新食品原料，市场需求不断增加。安吉县竹林资源丰富，是野生蝉花的主要产地，同时也为人工培植提供优质条件。在中国工程院院士、浙江大学教授喻景权的带领下，充分利用蝉花生长在竹林下的特性，科研团队设计出了全国首创方便移动式的“竹林蝉花智慧培植屋”，用于生产菌包中蝉花子实体的生长。为了扩大安吉蝉花的培植规模和带动当地的经济发展，在安吉建立了企业与农户有机结合的生产合作模式，促进农民致富增收，为乡村振兴赋能添力。此次举办“蝉花采收节”，旨在推动安吉蝉花产业规范化和高质量发展，促进农民增收、共富，同时展示安吉“山青、水绿、民富”的现代乡村风貌。

【浙江省滑翔伞(定点)锦标赛开赛】 11月1日，2023年浙江省滑翔伞(定点)锦标赛暨黄浦江源杯精英邀请赛在湖州市安吉县报福镇中张村滑翔伞(铜锣山)基地开赛。全镇领导班子、镇干部及村两委班子参加。

(汤　姣)

2023年报福镇村基本情况一览表

表25

村	村民小组(个)	户数(户)	人口(人)	劳动力(个)	面　积(平方公里)	村级集体总收入(万元)	农　民人均收入(元)	村级集体经营性收入(万元)	村　级固定资产(万元)	书记/主任
汤口村	10	310	1141	585	4.5	500	42000	130	1088	陈纪军
上张村	11	462	1553	893	10.8	664	46000	117	2033	王炳法
中张村	20	568	1784	1487	28.84	624	49000	171	1571	程　驰
洪家村	13	520	1893	1200	11.8	587	45000	193	1551	季高明
深溪坞村	15	449	1386	780	36.4	680	45000	110	804	童云飞
石岭村	10	269	885	564	35	776	46000	122	1076	谢五一
景溪村	8	388	1212	570	11.78	697	60000	153	2273	黄大伟
报福村	31	865	2650	1320	10.4	780	57200	126	2510	高彬波
彭湖村	26	641	2219	969	13.6	464	40000	227	1826	高前进
统里村	41	795	2763	1560	23.8	348.9	45000	153	1726	陈　超
合　计	185	5267	17486	9928	186.92	6120.9	/	1502	16458	/

章　村　镇

【概况】 章村镇位于浙江省安吉县西南、天目山北麓，地处浙皖二省三县交界处，为黄浦江源第一镇。南界本省临安区，西交安徽省宁国市。行政区域面积92平方公里，总人口14471人，辖8个行政村。少数民族风情镇。章村镇郎村村为湖州市仅有两个少数民族村之一，有畲族同胞540人。全镇8个行政村获“美丽乡村精品村”称号。获“全国环境优美乡镇”，植被覆盖率95%以上。年接待游客突破37万人次，旅游经济收入每年增长30%，实现休闲旅游收入9000余万元。成立郎村县内首家村级旅游公司。牛牯坳民俗文化园入选首批省十大非物质文化遗产旅游景点。

全镇毛竹林10万亩，农田6300亩。完成高山蔬菜特色农业园区、郎村牛牯坳休闲农业园区、高山珍稀干果精品园区和河干现代毛竹园区四大园区建设。启动万亩高效毛竹、万亩山地果蔬、万亩珍稀干果和特种冷水鱼养殖“3+1”特色农业基地建设。

财政税收、腾笼换鸟、固定资产投资分别完成全年任务190%、147%、106%，三个地块共计63亩土地摘牌。荣获2023年度全市首批“生态鼎”。《响木舞》亮相青岛、长城，参演第十三届中国民间艺术节，获全省广场舞大赛金奖。“她编织”获省级志愿服务大赛金奖。民族村工作获省民宗委领导批示。完成谷岸咖啡引进开业，完成林地空间治理1243亩。推进美丽乡村改造提升、乡宿共富区、南溪流域综合治理。实现慈善村全覆盖，举办元宵踩街、畲族乡俗体验、野放计划、章村之夜、诗画江南等活动。

推进“走基层、访民情、助共富”大走访大调研行动。开展青年干部“明德守法、完善自我”专项行动，落实“项目首席负责制”。全年完成征地1024亩，征迁104户，迁坟142穴。签订投资5亿元的双举塘山地旅游综合体框架协议，签约投资亿元以上的安吉之心户外运动综合体。完成龙王山抽水蓄能电站长探洞勘探工程，启动老石坎水库加高扩容实物量调查。推进黄浦江源景区、枕溪居、石龙露营、乐致·云深酒店、滑翔伞、梯田等项目。启动建设郎村、河垓、浮塘乡宿共富区，投资规模超2亿元。

灵峰路、云水路全面贯通，完成卫生院、幼儿园、新区配套用房主体建设，启动建设农贸市场。凤凰山绿道、黄浦江源绿道、便民服务中心、长潭、章里党群服务中心投入使用。推进高速连接线，累计浇筑林道160余公里。完成南溪流域整治集镇段建设、推进章里段施工，建成南溪公园并对外开放。城乡一体化供水工程完成80%以上。打好“降尘”“禁烧”组合拳，PM2.5月均浓度、空气优良率领跑全市，境内主要流域水质稳定在Ⅰ类。

6月9日，首届黄浦江源·章村镇四季“野放计划”嘉年华发布会

“两入股三收益”机制不断健全，持续壮大强村公司营收，实现村集体收入超百万全覆盖。成功招标共富漂流，建成8个村竹材分解点。完成章里村、浮塘村农村饮用水巩固提升工程。全镇基本养老保险参保率99.65%，医疗保险参保率99.94%。新增老年人体检项目，惠及2476人次，开展社会救助、慈善公益、残疾人帮扶、危旧房改造等关爱行动，红十字会经验做法入选省级典型案例。

招引大学生创业项目7个，各类人才386人。“吉茶”项目荣获首届全国“两山杯”大学生三创大赛创业赛道一等奖，章村镇获省大学生乡村振兴创意大赛优秀组织奖。龙王山大本营获评县级微改精提示范点。便民服务中心周六“延时错时”服务入选县级微改革项目。重启运营乡村振兴小院。章里村在“两山雄鹰”擂台赛中获优胜奖，郎村村获评省级民族乡村振兴试点。

平安指数、反诈指数位居全市前列，矛盾纠纷化解成效较好，护航杭州亚运。发现重点问题23个，纳入县级清单问题9处，均整改到位。实施“生态纪检”行动，开展各类专项督察和日常检查20余次，印发督察通报8期，持续护航绿色发展。

【"创在浦源"章村镇大学生创业沙龙】 在章村镇木田峪露营基地举办"创在浦源"章村镇创业沙龙活动，年轻创业者、优秀企业家、待创业大学生参加。

【首届黄浦江源·章村镇四季"野放计划"嘉年华活动】 6月9—11日，集户外运动、露营派对、乐器音乐会和疗愈体验于一体的首届黄浦江源·章村镇四季"野放计划"嘉年华活动正式启动。活动由中共安吉县委宣传部、中共安吉县委统战部、安吉县文化和广电旅游体育局、黄浦江源度假区主办。启动仪式上，章村镇与佛山市南海区里水镇共同成立"乡村振兴创富联盟"。

9月22日晚，"不一样的花火"演唱会现场

【"诗画江南·活力浙江·大美中华"原创歌曲创作演唱会】 9月22日，"诗画江南·活力浙江·大美中华"原创歌曲创作演唱会在章村镇举办。由中共浙江省委宣传部、浙江省文化和旅游厅、浙江广播电视集团、浙江省文学艺术界联合会、浙江音乐学院联合指导，中共安吉县委宣传部主办，安吉县黄浦江源旅游度假区、安吉县章村镇人民政府联合承办，浙江广播电视集团音乐调频执行承办，Z视介、浙江省音乐家协会、网易云音乐、全国音乐广播联盟、浙江省流行音乐协会合作支持。这是"不一样的花火"原创歌曲创作演唱会全省巡演第八站。

（汪 丹）

2023年章村镇村基本情况一览表

表26

村	村民小组（个）	户数（户）	人口（人）	劳动力（个）	面积（平方公里）	村级集体总收入（万元）	农民人均收入（元）	村级集体经营性收入（万元）	村级固定资产（万元）	书记/主任
浮塘村	10	360	1083	638	7.8	641.45	38930	101.47	968.17	张　星
章里村	19	638	2001	989	13.33	1151.08	38818	154.35	1327.56	李胜平
高山村	11	324	1001	450	9.79	299.47	39850	102	853.41	胡　旭
郎村村	13	464	1515	408	10.79	4396.54	50510	200.67	2832.32	应朝根
章村村	23	916	2839	1492	11.76	724.53	41820	131.01	2196.71	郎洪业
河垓村	15	598	1834	500	9.6	847.26	32690	100	711	邱　军
长潭村	17	513	1691	978	17.44	671.40	45316	195.03	2544.81	朱雪慧
茅山村	16	700	2507	1463	11.7	813.50	36407	124.07	1925.53	王永富
合　计	124	4513	14471	6518	92.21	9545.23	/	1108	13359	/

上　墅　乡

【概况】　上墅乡位于安吉县西南部，辖7个行政村，总面积83.97平方公里，常住人口1.2万。乡党委下设23个党(总)支部，共有党员664名、预备党员15名。现有耕地面积7507亩，山林面积91689亩。全乡有各类企业及个体工商户136家，其中规上企业12家，工业大好高项目2个。工业以绿色家居、五金配件等行业为主。2023年，实现财政收入8011万元，完成目标数102.7%；规上工业总产值10.81亿元，同比增长7%；农民人均纯收入51264元，增长9%。在2023年度县委"实绩论英雄"指标考核中获得七盏蓝灯、六块蓝牌。

亿元以上项目开工5个、竣工2个，完成全年任务125%和100%。新增固定资产投资2.4亿元，同比增长136%；争取乡域内企业"安吉县工业高质量发展"贴息贷款2066万元。完成企业成长板挂牌3家，股份制改造4家，资本对接4家，突破上市企业备案主体1家，新增省级专精特新企业1家，获评湖州市工业大好高项目2个。认定国家重点扶持高新技术企业1家，创建国家级科技型中小企业18家，省级科技型企业8家。新增年度光伏发电并网2.43兆瓦，完成率121.5%。全年收储土地161.3亩，清退企业27家。

发放农业补贴类55.03万元、林业补贴类65.1万元。完成6个竹材分解点建设。完成刘家塘村"千亩方"项目。完成刘家塘村、田垓村土地开发，上墅村、田垓村旱改水项目省级验收，新增耕地82亩，水田20余亩。完成农作物种植面积约4800亩，其中水稻种植面积3100亩。严格监管农产品安全，全年检测632批次，并完成农产品生产主体信用体系检测B级10家。创建县级示范性家庭农场1家，市级示范性家庭农场1家、农业重点项目4个、农标地项目1个。

深耕"音乐"品牌，输出大麓青年音乐节，举办乡村青年艺术节、"墅"写乐章联谊等系列活动20余场，艺术乡建短视频获市级金奖，提升上墅"音乐原乡"知名度。开展民宿(乡宿)共富村创建，刘家塘村、龙王村、董岭村等三村完成民宿(乡宿)共富村创建提升任务。完成30余家农家乐、民宿(乡宿)新建提改并完成县级乡宿认定。承办浙韵千宿·安吉县第二届民宿(乡宿)创新创业大赛。通过浙江省4A级景区乡镇验收，刘家塘村通过首批浙江省3A级景区村庄验收。7个微改项目获评县级示范点，3个项目获评省级示范点。可口可乐公司"们"计划全球首个在地公益项目——大聋谷护林营项目在龙王村落地。

签约大学生集聚类项目3个，招引各类大学生及青年人才800余名。完成全县乡镇级首个百人楼建设及运营。完成"两山职工之家"土建工程，建设高标准公寓房间57套，可入住100人以上，开通人才公交专列。

落实各项特殊人群帮扶政策，对全乡94户困难户发放低保金约122.31万元，对5户特困家庭发放救助款13.32万元，全年发放临时救助款9.19万元。免费提供6项肿瘤筛查纳入群众基础性体检，惠及5000余人。完成重点人群家庭医生签约和全乡基本养老保险、医疗保险扩面任务，参保率均99.95%以上。办理婴幼儿等安康保险100余人，60周岁以上老年人意外伤害险4000余人。开展武装及拥军优属工作，优秀青年大学生光荣入伍2名，为优抚对象和困难退役军人发放慰问金8万元。推进"无欠薪乡"建设，确保各欠薪平台线索件7天内处置完毕，安薪指数全市乡镇排名第11位。

邀请心理咨询师为青少年开展心理健康讲座4场，开放心理咨询室，对青少年、矫正对象、精神障碍患者、残疾人等各类群体开展心理健康咨询，并建立档案，注重健康随访。服务中心新增营业执照注册、变更、注销等事项，完成相关受理事项365件。启用政务服务2.0平台，线上收件率98%以上，办理事项969件，办结零超期，群众满意度98%以上。

开展干部下访109次，走访群众210人次，化解各类矛盾75起，推动信访总量同比下降74.2%，县级以上来访同比下降78.5%，12345来电同比下降22.1%，全乡信访积案和省十大信访领域交办件全部化解清零。开展"除险保安""两无两违""一厂多租""电气焊"等专项整治行动，累计检查企业(单位)310家次，排摸隐患1932处，并完成整改闭环。

1月17日，浙江省音协文艺进万家迎新音乐会举办

【浙江省音协文艺进万家迎新音乐会】 1月17日，上墅乡人民政府承办浙江省音协文艺进万家迎新音乐会。浙江省音乐家协会10余位音乐家走进安吉县“音乐原乡”上墅乡，开展“一起迎春天 福满文艺年”主题文化进万家志愿服务活动，安吉县委宣传部、县音协、上墅乡相关人员共同参与。

【大麓青年音乐节】 6月22—23日，大麓青年音乐节在上墅乡举行，两天吸引2.5万余名乐迷，超过500万人次观看直播。安吉大麓音乐山谷是市文联首批20家“文艺创作基地”之一。基地围绕“音乐乡村”建设目标，与全国各地音乐界积极开展交流合作，通过开办民谣音乐会、“蜗牛山谷音乐节”等形式，逐渐成为大批音乐人和音乐爱好者的乐土，吸引他们相聚于此，同唱山乡“共富曲”。

【第二届民宿(乡宿)创新创业大赛】 9月27日，浙韵千宿·安吉县第二届民宿(乡宿)创新创业大赛在安吉大余村乡村运营大本营举行。大赛集合2023年安吉县民宿(乡宿)微改精提大赛、等级民宿(乡宿)评定、特色旅游商品大赛、伴手礼设计大赛、民宿美食大赛等五个比赛单元。以民宿为载体，将安吉乡村历史、人文、自然景观等资源有机融合到旅游产品中，丰富呈现了安吉文旅资源及民宿的建设成果，推动安吉县乡村产业的多元化发展。

(王心怡)

2023年上墅乡村基本情况一览表

表27

村	村民小组(个)	户数(户)	人口(人)	劳动力(个)	面积(平方公里)	村级集体总收入(万元)	农民人均收入(元)	村级集体经营性收入(万元)	村级固定资产(万元)	书记/主任
罗村村	16	676	2059	1272	5.37	213.13	48585	132.97	2088.60	鲍俞林
施阮村	15	689	2113	1434	11	507.34	46142	182.74	3638.21	顾界泽
董岭村	3	134	470	337	11.5	280.08	54692	120.03	4954.76	王高峰
龙王村	14	667	2115	1250	32	382.61	54428	245.54	4245.13	张春华
刘家塘村	14	621	2116	1206	7.8	1153.70	55335	203.70	11168	褚雪松
上墅村	28	843	2638	1348	9.6	349.59	49550	133.37	3787.23	蔡松鹤
田垓村	17	555	1928	1100	6.7	278.70	46671	121.40	5400.40	陈吾强
合计	107	4185	13439	7947	83.97	3165.15	/	1139.75	35282.33	/

天荒坪镇

【概况】 天荒坪镇地处安吉县南端，镇域面积 113.63 平方公里，总人口 20948 人，下辖 11 个行政村，3 个居民区，162 个村民小组。2023 年，完成财政收入 2.1 亿元，规上工业总产值 15.38 亿元，工业增加值 3.2 亿元。全年 PM2.5 浓度 24 微克/立方米，空气优良率 94.2%。天荒坪镇作为唯一乡镇代表在全省深化"千万工程"推进会上交流发言。获评浙江省乡村振兴示范乡镇、湖州市"实干争先'奔跑者'"奖，获全市首批"生态鼎"。余村获评全国首个五星级地质文化村。

构建余村大景区、青年大社区两大载体，编制《大余村发展战略及产业布局》等 5 大类主导规划。划定余村样板区、度假核心区、1 镇 2 乡延展区 3 个发展圈层，湖州市安吉余村省级旅游度假区获省文旅厅批复。完成亿元以上项目开工 5 个、竣工 5 个，固定资产投资 5.35 亿元。推进民宿村落、索道工程、云上天路等一批重点项目，"千万工程"展示馆等 20 个重点项目竣工并投入运营。推进浒溪夜市亮化、余村大道绿化提升等"微改精提"项目 18 个，实施五彩共富路建设 123 公里，完成绿化种植 9.6 万平方米，立面改造 10 万平方米。完成"青来集"改造，打造青创空间 4 万方、工位 2000 余个，创新推出大自然工位 500 个。改建提升青年公寓 15 处，配置床位 1200 个，引入烘焙、西餐、火锅等行业品质商家 20 余家。招引 DN 余村、春山文化等项目 57 个，准独角兽企业邻汇吧等 6 个新经济总部项目落地，招引高层次人才 23 人，集聚大学生 1000 余人。成立世界最佳旅游乡村联盟，并设立秘书处。保障首个"全国生态日"主场考察活动、全国学习运用"千万工程"经验现场会、首届自然资源与生态文明论坛等大会活动，举办第二届 ECI 国际绿色乡村创新论坛。

新增规上工业企业 7 家，完成企业股改 4 家，成长版挂牌 3 家。完成白水湾园区主通道基础设施改造，11 万平方米"零土地"增高扩容厂房竣工投产。整治提升高耗低效企业 41 家，创建二星级以上绿色工厂 8 家。规上企业研发活动占比 100%，入库工业项目高新占比 100%。国家级田园综合体项目收尾。改造提升高标准农田 1200 亩，新建林下经济基地 150 亩，完成高质量种植 1500 亩。完成建设智慧农业数字平台，原力食品、聚山农业等 7 个现代化农业项目签约落地。浒溪幸福河湖项目入选全国示范项目，全省唯一。余村节水抗旱稻实验项目获水利部试点。大溪香炉山供水站成功创建省标准化水厂，潘村水库、冷水洞水库入选市级水库精品化工程。吸引上海美影、迷笛音乐等潮玩品牌 IP 入驻，引入千茶万别、青年灵感便利店、OKKA 骑行俱乐部等 30 余处网红业态。创建提升银坑、山河、大溪民宿村落，推进乡宿提改 58 家。推进 O_2 生态文化圈计划，举办全国青年大学生马拉松、国际后摇音乐节、余村梦想大会等文旅活动 200 余场。余村景区入选全省第三批大花园耀眼明珠名单。全年旅游人次 450 万人。

全国首款零碳游戏"碳游余村"正式上线，启动建设零碳余村综合运营管理平台。"余村印象"荣获国内国际碳中和建筑双铂金认证。银坑、马吉、山河、井村成功创建省级垃圾分类示范村。推进乡村有机更新，拆除农户 84 户、企业 47 家。完成 205

11 月 26 日，举办全国青年大学生马拉松(半程)

省道、白缸线、霞大线等区域环境风貌提升，拆除违章建筑1.8万平方米，闭环整改生态环境类问题1598个。完成大余村综合管网下地、井马大桥等一批重点工程建设，推进港口、五鹤市政管网供水延伸、港山线改扩建、山河、港口乡里中心等项目。白水湾农贸市场高标准提升。天荒坪镇获评全省现代化美丽城镇示范镇，五鹤村成功创建省级未来乡村。持续做大强村富民公司，五子联兴实现经营性收入3385万元，完成年度目标226%。组织24村与余村集团签订《乡村振兴战略合作协议》。五鹤、西鹤、大溪、马吉等村“共富驿站”建成投运。

养老保险、基本医疗保险参保率分别99.2%、99.5%。“小助大爱”乡村公益医疗互助项目群众覆盖率91.8%，发放补助金210余万元。加快构建“六有六无”综合救助体系，惠及困难群众300余人，发放低保金等各类补助300余万元。完成10件民生实事项目，购买60周岁及以上老年人意外伤害补充险5800余份。培育高技能人才230余人，选树“万名技工”47人。通过国家卫生乡镇创建初评。完成健康体检1.3万人次。推动天荒坪小学二期、港口小学、港口幼儿园等项目建设。老年学堂全域覆盖，建成启用银坑向日葵亲子小屋、五鹤儿童之家，镇中心幼儿园获评浙江省一级幼儿园和湖州市婴幼儿托育示范机构。镇便民服务中心获评省级示范便民服务中心。深度融合“综合执法＋网格治理”模式，规范化建设“1＋8＋1”基层执法队，实体运行监管一件事，通过省级县域社会治理现代化验收。开展隐患矛盾大排查，完成平安护航全国两会、杭州亚运会等重要活动50余次。开展9·27大溪抗洪抢险工作。镇司法所获评浙江省“枫桥式”司法所，横路入选浙江省民主法治村。

【余村获世界最佳旅游乡村称号】 2月23日，联合国世界旅游组织秘书长祖拉布·波洛利卡什维利一行来湖州考察，并现场授予余村世界最佳旅游乡村称号。

【“浙韵千宿 旅居安吉”安吉乡村旅游主理人招商大会】 3月22日，“浙韵千宿 旅居安吉”安吉乡村旅游主理人招商大会在安吉大年初一小镇召开。《安吉乡村旅游招商手册》正式发布。手册详细梳理了涉及14个乡镇，总面积逾千亩的68个招商地块，包括“乡宿民宿”和“露营地”两大类型。大会颁发了民宿（乡宿）共富村、省高等级民宿、县高等级民宿奖牌和资金奖补，奖补资金共1884万元。

【“全国五四红旗团支部”称号】 4月，共青团中央作出表彰决定，授予389个团组织全国五四红旗团支部称号，其中，安吉县天荒坪镇余村村团支部荣获“全国五四红旗团支部”称号。

【余村国漫青年图书馆投入运营】 4月23日，以余村水泥厂旧址为改造基础，完成中国首个国际铂金级零碳建筑，设立余村国漫青年图书馆作为主要空间内容，并于世界读书日之际正式投入运营。

【青来集正式开园】 6月26日，国内首个乡村人才社区青来集正式开园。项目总占地面积80亩，内有建筑26栋，总建筑面积3.7万平方米，规划总投资近1亿元。园区可提供独立、共享等各类办公工位1200余个，另有阳光草坪、青来广场、田野露营

6月26日，青来集正式开园

等公共服务空间，以及青来食堂、咖啡、火锅、烧烤等商业配套，共享电动车等公共交通。活动现场，数字游民新基地——DN余村正式启用，首批140位数字游民及云梯科技等创新型企业正式入驻办公。

【全国首个绿色知识产权推广中心揭牌运营】 9月6日，浙江绿色知识产权推广中心揭牌仪式在安吉县大余村青年人才社区“青来集”举行，这是全国首个揭牌运营的绿色知识产权推广中心。

【世界最佳旅游乡村联盟成立】 10月29日，世界最佳旅游乡村联盟成立暨浙江省乡村旅游“五创”行动启动仪式在安吉举行，设立余村秘书处国际交流窗口。文化和旅游部为8个“世界最佳旅游乡村”授牌，《余村宣言》发布。全国百名村支书参加“繁星乡谈”余村夜话。

【第二届ECI国际绿色乡村(中国·余村)创新论坛举行】 11月17日，第二届ECI国际绿色乡村(中国·余村)创新论坛暨2023余村梦想大会在天荒坪镇余村举行，中国合作经济学会会长、原农业部总农艺师孙中华，IECIA国际数字经济创新组织全球主席苏雄，市委常委、县委书记杨卫东致辞。会上，浙江大学环境与资源学院研究员张清宇发布了2023年“两山”发展指数研究成果及百强县名单，安吉各项指数均为A+，第六次获得第一名。全国人大代表、余村村党支部书记汪玉成和丝路合作智库创始人Stephan Horvath(德国)共同宣读了《全球乡村生态文明发展倡议——绿色心愿 数造未来》倡议书，呼吁全球乡村共同参与到生态文明发展中。在2023国际绿色乡村创新之夜暨ECI生态村年度创新人物颁奖晚宴上，国际数字经济创新组织依次公布获奖名单，表彰国内外在技术、产品、商业模式、服务模式、管理模式和营销等专业领域中作出创新贡献的十位个人，安吉绿乡运营管理有限公司总经理兼余村项目负责人丁文文荣获ECI生态村年度创新贡献人物奖，压轴登台领奖。

(王祥莹静)

2023年天荒坪镇村基本情况一览表

表28

村	村民小组(个)	户数(户)	人口(人)	劳动力(个)	面积(平方公里)	村级集体总收入(万元)	农民人均收入(元)	村级集体经营性收入(万元)	村级固定资产(万元)	书记/主任
大溪村	11	632	2070	1350	24.50	211.2	64677.80	60.9	1150.93	查李苏
横路村	21	1024	3272	1800	18.50	220.4	4.2	76	1200	郎文火
山河村	12	527	1560	875	3.72	648	5.8	381	5584	邵林峰
余村村	8	295	1057	588	4.62	1973.8	71000	527	250000	汪玉成
银坑村	6	285	874	541	6.87	385	55029	69	906	邵水良
马吉村	17	588	1928	1206	7.46	285	36571	133	550	徐　滨
井村村	12	451	1463	971	5.11	261	43565	89	840	瞿军凯
白水湾	15	702	2668	1900	11.61	391	47520	182	1915.56	王柏清
西鹤村	17	479	1500	878	7.14	338.3	54208	100.8	1041	梅良红
五鹤村	15	534	1811	851	10.92	1280	52350	254	298	李照宏
港口村	28	893	2745	1562	13.18	408	43880	162	1048	凌云海
合　计	162	6410	20948	12522	113.63	6401.7	/	2034.7	264533.49	/

山 川 乡

【概况】 山川乡位于安吉县南端，是一个以全乡域为创建范围的4A级旅游景区，省级旅游度假区。东邻余杭、南界临安，西北与天荒坪接壤，境内山清水秀，环境宜人，因多山多川，故名山川。行政区域面积46.94平方公里，位于长三角几何中心，区位优越交通便利，距04省道及杭长高速互通均仅9公里，离杭州市区仅50公里。全乡6个行政村，43个村民小组，1680户，5674人。年平均气温14.7℃，降水量1700毫米，水源充沛，竹类资源十分丰富，森林覆盖率88.8%，植被覆盖率93.2%，空气质量Ⅰ级，地表水质Ⅰ级。2023年，财政收入2984万元，村平均集体经营性收入近300万元，农民人均收入5.93万元，增幅超10%。为省级文明乡、国家级文明单位创建先进集体、国家级文明乡，全国首个乡域4A级旅游景区。获全国首个环境优美乡、中国美丽乡村精品乡、浙江省首届“我心中最美生态乡镇”、浙江省第二批省级运动休闲乡镇、新浪浙江十大旅游目的地，新浪中国“金足迹”奖等殊荣。全乡六个村实现村村生态村、文明村，其中五个村成功创建省级全面小康示范村，高家堂命名为国家级文明村、3A级旅游景区。创成全县首批“美丽特色乡镇”，市生态文明典范城市建设综合评价优秀乡镇并获2023年湖州市“生态鼎”，被评为省运动休闲小镇。

新引进固投10亿元以上文旅项目2个（仙侠小镇、云中部落），实现当年签约、当年备案、当年开工、当年营业；10亿元以上项目招引、开工数分别占全县1/4、1/5，竣工项目1个，投资完成率60%，主体竣工项目2个。完成固定资产投资2.9亿元，增幅12%。仙侠小镇项目获评市服务业“大好高”。开展集体土地入市、股权转让、腾笼换鸟、法拍工作，为住心川上、青涧·子悠山居等5个项目供地25.8亩，消化处置“两未”土地38.97亩。

实施人才引培计划，与清华美院建立战略合作，创设清华美院艺术创作营，发布“艺术乡建主理人”招募令，举办“百名硕博进山川”、“艺术进乡村”“纸·宣物语”艺术展等活动10场次。落地艺术家工作室5个，40多位艺术家实地创作，引进青年创业团队6个，集聚青年大学生90余人。轻木公露营、云下湖畔、角头酒吧等新业态开放运营，新增个体工商户、小微企业等市场主体245个，增幅23.12%。全年旅游人次突破220万，营收9亿元，分别增长22%、29%。全乡民宿（农家乐）数量超280家。营利性服务业增幅100%、住宿业增幅105%、餐饮业增幅72%。推进北弄游运中心、山川110kv新变电站配套工程、全域农村饮用水提升等12项民生工程建设。优化交通路网，完成霞大线、旅游大小环线“三化”（美化、绿化、亮化）提升和37公里五彩共富路建设，九亩到临安“浙北天路”4.5公里全线贯通，启用北弄生态停车场，新增停车位600个。实施污水零直排源头治理，完成33公里全域污水管网改造和30个终端建设工程，污水处理能力提升至日处理量1800吨。

制定实施《山川乡“全域美丽”包干整治工作方案》，构建“乡村干部网格化发现问题、综合执法＋环卫保洁班组化解决问题、督察组常态化督察问题”闭环管理机制，发现并整改问题3000余个，实现当天即查即改。改造垃圾中转站，新建建筑垃圾转运点。开展秸秆、垃圾焚烧联合执法，发现火点40余起、立案查处18起。提升旅游环境，完成项目入库37个，累计投资1.73亿元。金钱松森林公园、大里村、格物长然艺术部落获评年度旅游业“微改造 精提升”省级示范点，星空天文酒店获评金鼎级文化酒店，璞拉那酒店获评银百合乡村酒店，云上草原创成浙江省文旅融合IP。聚力“浪漫山川”旅游主品牌建设，“全域旅游、全季旅游、全天候旅游”三位一体游玩模式成型。创成省级运动休闲乡镇，云上草原获评国家体育产业示范单位，承办第七届中国残疾人冰雪运动季南方区主场活动、浙江省冬季冰雪系列赛暨第七届冰雪运动嘉年华活动，连续第五年成功举办省级品牌赛事——安吉山川“两山”山地户外运动多项赛。举办鼓韵、秋韵文化节，创新联动新业态快闪店、餐车市集、鼓韵巡游。

探索构建“政府投资盈利化＋企业轻资产运营＋村民个性化获益”三位融合共富新模式，打造高家堂“烟火夜肆”、九亩“漫画金钱松”2个整村运营试点项目，同期游客量增长10%，实现村集体增收超80万元，入选县“微改革”优秀案例和人社部调研报告典型，并获国家领导人批示肯定。深化“村企互助、资源共享、协调发展”工作机制，放大村企合作模式递增效应，依托云下湖畔等20余个改革项目，全年相关村集体增收180万元。全乡第一宗集体经营性建设用地入市地块挂牌出让，村级增收550万元。完成全部竹材分解加工点建设并通过验收，76亩林下经济大径毛竹省级示范点、140亩林下经济冬鞭笋县级培育基地验收通过，大里村县级林业机械化生产点投入生产，年加工竹材2000吨以上，全乡竹林合作社分红金1356万元，覆盖1439户。创成省级健康乡镇，养老保险参保覆盖率99.7%；新设乡卫生院口腔科门诊，专家“周周”下沉坐诊，为1797名60周岁以上老年人提供肿瘤标志物筛查免费体检。乡老年食堂及村级配送点建成运营，分年龄段为60周岁以上老人提供餐补，累计投入150余万元。完成山川小学食堂改扩建并投入使用，幼儿园主体竣工，发放学生营养餐补助11.14万元。“慈善一日捐”募得善款18.8万元。

开展“两无两违”企业大排查大整治、迎亚运安保维稳、燃气安全隐患排查、防汛防台防冻、旅游质监、食品安全等工作。摸排检查各类生产经营单位及场所1035家次，督促整改问题隐患556处；受理各类报警356起，调处各类矛盾纠纷271件，化解省级信访督查问题2个和信访积案2起。处理各类网络舆情事件，巡察录入基层智治综合应用问题1131个，办结率100%。指导制定村规民约及各项章程。提升新时代文明实践所（站）；培育壮大志愿者服务队伍，开展理论宣讲、文化文艺、移风易俗、扶贫帮困、科学普及等志愿服务活动20余次，志愿服务时长近800小时。山川村、大里村文化礼堂创成浙江省五星级文化礼堂，大里村文化礼堂入选湖州市礼堂“运营师”案例。

健全干部考核管理办法，落实值班值守、紧急信息报送等制度，强化审计监督，规范财务管理、政府采购和工程招投标。主动接受人大和群众监督，及时反馈代表建议，办理人大议案11件。落实“三重一大”决策、政府信息公开和合法性审查等制度，公开政府信息65条、重大行政决策5条，完成规范性文件及政府合同合法性审查114件。压缩“三公”经费开支。完成全乡干部职工廉政风险点排查，开展干部谈心谈话、廉政谈话85人次，约谈提醒8人次。开展“全科体检”工作。浙江云上草原旅游发展有限公司创成全县唯一省级清廉民营企业建设示范单位。

【文明旅游志愿先行活动启动仪式】　3月3日，山川乡人民政府在山川村广场举办“3·5”学雷锋志愿服务暨文明旅游志愿先行活动启动仪式。仪式现场成立六支志愿服务队，为“浪漫山川”志愿服务队授牌。志愿者代表宣读“文明旅游，志愿先行”志愿活动倡议书。

【安吉山川“两山”山地户外运动多项赛】　5月27日，2023安吉山川“两山”山地户外运动多项赛在山川举办。共有来自全球各地的1500余名选手参赛。此次大赛设领航者、探索者、发现者三个组别。

【第三届鼓韵文化节】　8月4日，浙江省安吉县大余村 O_2 生态文化圈计划·浪漫山川第三届鼓韵文化节在山川乡高家堂村开幕。现场进行“鼓舞浪潮·山川新SHOW”主题巡游、街头

8月4日，第三届鼓韵文化节举办

艺人表演、水上打铁花等多种艺术形式表演。

【首届“两山杯”全国大学生乡村振兴创新创意创业赛道(山川乡)项目论证会】 8月25日，首届“两山杯”全国大学生乡村振兴创新创意创业赛道(山川乡)项目论证会在山川乡举行。山川乡船村村、马家弄村共5个赛题，有14支团队创意设计较完整入围决赛。

8月25日，首届“两山杯”全国大学生乡村振兴创新创意创业大赛创意赛道(山川乡)项目论证会举行

【山川乡档案馆建成开馆】 9月12日，山川乡档案馆建成开馆。该馆现有库房100平方米，馆藏档案资料总计4808卷，10667件，包括党政文书、基建资料、财会文件等。馆内设施完善，标准化配备有档案柜组、电脑、复印、空调、除湿、监控、消防等硬件设施。该馆已实现信息化、网络化管理和服务，配备专职档案管理员1名，兼职档案管理员6名，日常负责对乡档案资料的收集、整理、归档等工作，能较好实现乡镇档案管理，依法依规提供方便快捷的档案服务。

【2023“美丽中国 白鹭创城”活动举行】 12月2日，十万青年大学生“安吉行”——2023“美丽中国 白鹭创城”山川行在山川乡山川村文化礼堂举行。本次活动是由湖州学院校团委主办，山川乡人民政府承办。

(廖鹏程)

2023年山川乡村基本情况一览表

表29

村	村民小组(个)	户数(户)	人口(人)	劳动力(个)	面积(平方公里)	村级集体总收入(万元)	农民人均收入(元)	村级集体经营性收入(万元)	村级固定资产(万元)	书记/主任
山川村	11	425	1398	850	5.84	360.31	60500	251.04	1687.65	张　力
高家堂村	9	255	870	513	6.33	753.09	63528	550.30	2469.32	周　斌
马家弄村	7	251	890	556	9.44	357.95	60514	192.23	1777.70	丁　爽
大里村	6	350	1123	699	8.86	736.85	63830	465	3762.46	应忠东
船村村	7	287	1008	821	10.74	291.65	55101	212.40	3077.14	周知恒
九亩村	3	112	385	262	5.73	322.40	52411	129	2305.53	管万成
合　计	43	1680	5674	3701	46.94	2822.25	/	1799.97	15079.80	/

说　明

1. 本索引采用主题分析方法，按主题词首字拼音字母顺序和音序排列，首字相同，则按第二字的音序排列，以此类推。
2. 阿拉伯数字、外文字母开头的词，单独排列。
3. 本年鉴的特载、专记、大事记的内容及插图不做索引。

A

B

F

G

H

J

K

L

M

N

P

Q

R

S

T

W

X

Y

Z

数字开头